KB214788

뜻으로 본 성경읽기

뜻으로 본 성경읽기

초판 1쇄 발행 | 2024년 2월 5일

지은이 | 하정완
펴낸이 | 이한민
펴낸곳 | 아르카

등록번호 | 제307-2017-18호
등록일자 | 2017년 3월 22일
주 소 | 서울 성북구 숭인로2길 61 길음동부센트레빌 106-1805
전 화 | 010-9510-7383
이메일 | arca_pub@naver.com

홈페이지 | www.arca.kr
블로그 | arca_pub.blog.me
페이스북 | fb.me/ARCApulishing

책 값 | 뒤표지에 있습니다
ISBN | 979-11-89393-36-6 03230

아르카ARCA는 기독출판사이며 방주ARK의 라틴어입니다(창 6:15).
네가 만들 방주는 이러하니 … 새가 그 종류대로, 가축이 그 종류대로,
땅에 기는 모든 것이 그 종류대로 각기 둘씩 네게로 나아오리니 그 생명을 보존하게 하라 _창 6:15,20

뜻으로 본 성경 읽기

• 하정완 •

맛있는 성경통독 안내서

아르카

맛있는 성경통독을 위해서

성경은 중요하다. 성경은 하나님의 말씀이시기 때문이다. 하나님은 말씀으로 천지를 창조하셨다. 말씀이 그 자체로 능력인 이유다. 무엇보다 중요한 이유는, 우리가 말씀으로 하나님의 뜻을 알게 되기 때문이다.

하나님의 뜻을 안다는 것

우리가 하나님의 뜻을 안다면 하나님의 뜻을 따라 살 가능성이 열린다. 그리고 하나님의 뜻을 따라 살 때 벌어지는 일은 놀랍다. 하나님이 기뻐하시는 일을 하게 되기 때문이다. 하나님이 기뻐하시는 일을 하기 때문에, 하나님께서 우리와 함께 하신다. 우리를 혼자 내버려두지 않으신다. 주님께서도 그렇게 말씀하셨다.

나를 보내신 이가 나와 함께 하시도다 나는 항상 그가 기뻐하시는 일을 행하므로 나를 혼자 두지 아니하셨느니라 _요 8:29

더 놀라운 것은, 우리가 말씀을 묵상하고 말씀을 통하여 주의 음성을 듣고 깨달으며 그 말씀을 따라 온전히 살게 될 때, 우리는 하나님과 일치에 이르게 된다는 것이다. 그때부터 우리가 하는 일은 주님의 일이 된다. 정확하게 말해 내가 하는 일을 주님이 맞춰준다는 뜻이 아니라, 내가 주님의 뜻과 일치된 까닭에, 내가 생각하는 것이 주님의 생각이 된다는 뜻이다. 성령이 우리에게 그렇게 가르치시고 역사하시기 때문이다. 그것을 요한복음은 말씀이 '생각나게 한다'는 말로 설명하였다.

보혜사 곧 아버지께서 내 이름으로 보내실 성령 그가 너희에게 모든 것을 가르치고 내가 너희에게 말한 모든 것을 생각나게 하리라 _요 14:26

이것을 제럴드 싯처가 그의 책 〈하나님의 뜻〉에서 이렇게 말했다.

"진실로 무엇보다 먼저 하나님을 구한다면, 구체적으로 어느 길을 선택하든 상관없이 우리는 언제나 하나님의 뜻을 행하고 있는 것이다. … 내가 어떻게 결정하든 하나님이 함께 가신다는 확신을 가질 수 있다. 다시 말해 절대 실패가 있을 수 없다. 하나님의 뜻 '바깥에' 있는 결정을 내릴 수 없다. 우리가 이미 그분의 뜻 '안에' 있기 때문이다."*

이것이 로마서 8장 28절이 말하고 있는 의미이기도 하다.

우리가 알거니와 하나님을 사랑하는 자 곧 그의 뜻대로 부르심을 입은 자들에게는 모든 것이 합력하여 선을 이루느니라 _롬 8:28

이때부터 이 사람은 삶 자체가 하나님의 뜻을 사는 것이 된다. 무슨 특별한 영적인 일을 하려고 애쓰는 것이 아니라, 삶 자체가 하나님을 위해

* 제럴드 싯처, 하나님의 뜻, 성서유니온선교회, 47

일하는 것이 되기 때문이다. 그 모습이 성화된 모습이라고 로렌스 형제가 〈하나님의 임재연습〉에서 말했다.

"우리의 성화는 우리가 추구하는 활동을 이것에서 저것으로 바꾸는 데 달려 있는 게 아니라, 그 활동들을 자기 자신이 아닌 하나님을 위해서 하는 데 있다."**

혼적인 사람과 영적인 사람

그러므로 우리 기독교인에게 가장 우선순위는 하나님의 뜻을 아는 것과 그 뜻이 내 안에 이뤄지는 것이라 할 것이다.

하지만 이 모든 것은 쉽지 않다. 가장 큰 이유는 우리 자신이 '그렇게 되기'를 원하지 않기 때문이다. 정확하게 말해서 육체가 원하지 않는다. 바울이 로마서에서 이렇게 고백하였다.

내가 원하는 바 선은 행하지 아니하고 도리어 원하지 아니하는 바 악을 행하는도다 만일 내가 원하지 아니하는 그것을 하면 이를 행하는 자는 내가 아니요 내 속에 거하는 죄니라 _롬 7:19-20

나의 참 자아, 곧 하나님의 통치를 받는 영적인 나는 '그렇게 되기'를 원하지만, 여전히 육체의 욕망이 강하기 때문이다. 예수님이 겟세마네 동산에서 베드로에게 한 말씀을 보면 알 수 있다.

시험에 들지 않게 깨어 기도하라 마음에는 원이로되 육신이 약하도다 _마 26:41

사실 베드로는 3년 동안 예수님과 함께 있었고, 이미 병을 고치고 귀신

** 로렌스 형제, 하나님의 임재연습, 40

을 쫓는 권세를 가진 자였다. 곧 성령의 통치를 받고 있었다. 그러므로 베드로에게 주님이 말씀하신 '마음에는 원이로되'란 혼적(魂的) 의지가 아니라 영적(靈的) 의지였다. 헬라어 성경에서 '마음'으로 번역된 단어는 '프뉴마'(spirit)로, 정확하게 번역하면 '베드로의 영이 원하되'라고 번역할 수 있기 때문이다. 그러므로 베드로가 우리와 똑같이 노력하고 애쓰는 것처럼 보이지만, 그의 노력은 영적이었다. 즉, 베드로는 보통 사람들과 다른 영적인 존재였다는 뜻이다. 그럼에도 불구하고 베드로를 여전히 지배하고 있는 것은 육체의 욕망이었다. 그런데 그것을 이기는 방법을 주님은 기도라고 말씀하셨다.

시험에 들지 않게 깨어 기도하라 … _마 26:41

기도, 쉽게 들리지만 실제로 보통 사람들, 곧 혼적인 상태에 있는 사람들은 그같은 상황에서 기도가 쉽지 않다. 어떤 경우엔 기도하자고 하면 화를 내기까지 한다. 그런데 영적인 사람들은 기도한다. 단지 육이 약하기 때문에 기도를 지속하지 못할 뿐이지만, 기도한다. 그래서 주님은 베드로에게 '깨어 기도하라'고 말씀하신 것이다.

여기서 '깨어'로 번역된 헬라어 '그레고류오'는 '정신차리다'라는 의미가 강한데, 다시 번역하면 '정신차리고 기도하라'는 뜻이다. 주의할 것은 '기도하라'로 번역된 '프로슈코마이'가 '명령법 현재 중간태 디포넌트'로 쓰였다는 점이다. 중간태라는 말은 우리의 능동적 기도 행위에 하나님의 수동적 임재가 임한다는 뜻이기에, 우리가 비록 약한 육체의 존재이지만 기도하고자 할 때 성령께서 도우신다는 뜻이다.

이와 같이 성령도 우리의 연약함을 도우시나니 우리는 마땅히 기도할 바를 알지 못하나 오직 성령이 말할 수 없는 탄식으로 우리를 위하여 친히 간구하시느니라 _ 롬 8:26

그런데 베드로는 기도하려 했겠지만 끝까지 기도할 수 없었다. 주님이 말씀하신 것처럼 그의 영적 상태는 약했고, 육의 상태가 강했기 때문이었다.

말씀은 더 중요하다

그렇다면 이제 어떻게 해야 하는가? 분명히 기도가 중요하지만 말씀은 더 중요하다. 기도의 대상이 하나님이시지만, 우리가 성령의 음성을 듣고 민감하게 반응할 수 있는 것은 하나님의 말씀이 있을 때 분명하고 강화되기 때문이다. 그러므로 말씀의 깊이에서 기도가 이뤄져야 온전히 기도가 되는 것은 두말할 것도 없다.

하나님이 이스라엘을 애굽에서 부르시고, 광야를 거쳐 가나안으로 이끄실 때였다. 하나님이 광야에서 그들에게 가르치신 것은 기도가 아니라 율법, 곧 말씀이었다. 신명기 6장 4절부터 '들으라'고 하신 소위 쉐마 명령을 주셨는데 , 이스라엘은 그 말씀대로 살아야 했다. 그러나 언제나 육체의 지배를 받고 흔들리는 그들에게 말씀을 듣고 따르는 것은 쉬운 일이 아니었다. 그런 까닭에 하나님의 요청은 강력했다.

오늘 내가 네게 명하는 이 말씀을 너는 마음에 새기고 네 자녀에게 부지런히 가르치며 집에 앉았을 때에든지 길을 갈 때에든지 누워 있을 때에든지 일어날 때에든지 이 말씀을 강론할 것이며 너는 또 그것을 네 손목에 매어 기호를 삼으며 네 미간

에 붙여 표로 삼고 또 네 집 문설주와 바깥 문에 기록할지니라 _신 6:6-9

다시 말하지만, 하나님께서 이스라엘에게 먼저 가르치신 것은 기도가 아니라 율법이었다. 영적인 존재이지만 여전히 육의 문제로 온전하지 못한 우리를 아신 것이다.

우리도 마찬가지다. 분명히 우리가 예수를 믿게 된 것은 성령의 역사였지만, 바울의 로마서 7장 고백처럼 여전히 육체에 프로그램된 것이 우리를 지배하고 있는 것이 현실이다. 바울은 그것을 '죄의 법'이라고 표현하였다.

그러므로 내가 한 법을 깨달았노니 곧 선을 행하기 원하는 나에게 악이 함께 있는 것이로다 내 속사람으로는 하나님의 법을 즐거워하되 내 지체 속에서 한 다른 법이 내 마음의 법과 싸워 내 지체 속에 있는 죄의 법으로 나를 사로잡는 것을 보는도다 _롬 7:21-23

바울도 괴로워하며 고백했듯이 죄와 육체의 욕망은 법과 같이 작용하고 있었다. 심지어 바울은 하나님의 법보다 육체 곧 죄의 법이 더 강력하게 자신을 지배하고 있음을 경험하며 절망한다. 그가 이 고통스러운 고백의 끝에 "아, 나는 비참한 사람입니다. 누가 이 죽음의 몸에서 나를 건져 주겠습니까?"(롬 7:24 새번역)라고 토로한 이유였다. 그러나 놀랍게도 이내 바울은 회복과 희망을 경험하는데, 그것은 그 자신의 능력이 아니라 그리스도로 말미암은 전적인 하나님 은혜였다.

우리 주 예수 그리스도로 말미암아 하나님께 감사하리로다 그런즉 내 자신이 마음으로는 하나님의 법을 육신으로는 죄의 법을 섬기노라 _롬 7:25

이같은 고백은 그가 매일 절망하고 무너지는 약한 존재이지만, 여전히 붙잡고 계신 하나님의 은혜 때문에 언제든 다시 시작할 수 있는 용기가 되었다. 바로 이어지는 8장 1절과 2절의 말씀을 선포한 이유였다.

그러므로 이제 그리스도 예수 안에 있는 자에게는 결코 정죄함이 없나니 이는 그리스도 예수 안에 있는 생명의 성령의 법이 죄와 사망의 법에서 너를 해방하였음이라 _롬 8:1-2

말씀 곧 율법이 중요하다

자신을 향하신 하나님의 뜻이 이토록 분명한 것을 안 바울은 하나님의 뜻을 따라 살 수 있는 성숙한 그리스도인이 되는 추구에 전념하였다. 그가 자기 '몸을 쳐서 복종시키는 것'에 힘쓴 이유였는데, 이같은 추구는 모든 하나님의 사람들에게는 당연한 것이었다.

그리스도 예수의 사람들은 육체와 함께 그 정욕과 탐심을 십자가에 못 박았느니라 _갈 5:24

분명히 이것은 육체적 행위인데, 모순처럼 보이지만 육체의 해결은 육체적인 노력에 있기 때문이다. 그래서 바울은 육체를 제어하는 역할을 하는 율법을 영적이라고 말한 것이다.

우리가 아는 대로 율법 자체는 영적인 것입니다. … _롬 7:14 공동번역

우선 율법은 우리들의 죄를 드러내며 그것들이 죄인 것을 알게 한다.

그러면 율법이 곧 죄라고 말할 수 있겠습니까? 절대로 그럴 수 없습니다. 그러나 율법이 없었던들 나는 죄를 몰랐을 것입니다. 탐내지 말라는 율법이 없었더라면 탐

욕이 죄라는 것을 나는 몰랐을 것입니다. _롬 7:7 공동번역

분명히 율법이란 표현이 우리에게 부정적으로 들리는 측면이 있지만, 사실 율법은 하나님이 주신 계명으로 하나님의 말씀이다. 그런 까닭에 육체적인 영역처럼 보이지만 영적인 영역임을 알 수 있다. 그러므로 율법, 곧 하나님의 말씀이 드러날 때, 우리 육체의 죄를 비롯해서 모든 것이 드러나는 기적이 벌어지는 것이다.

하나님의 말씀은 살아 있고 활력이 있어 좌우에 날선 어떤 검보다도 예리하여 혼과 영과 및 관절과 골수를 찔러 쪼개기까지 하며 또 마음의 생각과 뜻을 판단하나니 _히 4:12

분명히 말씀은 글자 이상의 것으로 하나님의 말씀이다. 그러므로 우리에게 계시된 하나님의 말씀, 성경은 스스로 일하신다. 마틴 루터를 비롯한 종교개혁자들이 '성경은 스스로 해석자'(Scriptura interpres sui ipsius)라고 고백한 이유이다. 심지어 요한복음은 말씀이 하나님이시라고 증거하였다.

태초에 말씀이 계시니라 이 말씀이 하나님과 함께 계셨으니 이 말씀은 곧 하나님이시니라 … 말씀이 육신이 되어 우리 가운데 거하시매 우리가 그의 영광을 보니 아버지의 독생자의 영광이요 은혜와 진리가 충만하더라 _요 1:1,14

'말씀이 육신이 되어', 말씀 속에 하나님이 계시되었다는 뜻이다. 하나님의 말씀이 육신을 입은 것이다. 그 육체가 곧 예수 그리스도이시고 말이다. 따라서 성경은 사람이 쓴 것이지만, 임의대로 쓴 것이 아니라 '하나님의 감동으로'(딤후 3:16) 된 것이다. 그러므로 성경은 많이 읽는 것이 중요

한 것이 아니라 하나님의 감동으로, 곧 영으로 읽어야 한다.

그렇다면 '영으로 말씀을 읽는다'는 말은 무슨 뜻일까? 그것은 우리가 이성적으로 읽고 이해하는 것으로는 성경 읽기가 불충분하다는 뜻으로, 성령이 우리 눈을 밝히 열어 주셔야 온전히 읽히고, 그 뜻을 깨닫게 된다는 뜻이다. 시편 기자(記者)가 고백한 것처럼 말이다.

내 눈을 열어서 주의 율법에서 놀라운 것을 보게 하소서 _시 119:18

그러므로 성경 묵상에서 가장 중요한 것은 지식과 연구보다 하나님을 향한 태도와 기다림. 곧 성령의 역사를 사모함으로 기다리는 것이다. 성령이 역사하시지 않으면 우리가 그 말씀을 온전히 읽을 수 없기 때문이다. 묵상에 수동적인 측면이 있어야 하는 까닭이다. 그렇게 기다리며 묵상하는 우리에게 어느 순간 하나님의 음성이 들릴 것이다. 우리를 가르치시고, 우리에게 하나님의 말씀을 생각나게 하실 것이다. 성령이 역사하시기 때문이다.

보혜사 곧 아버지께서 내 이름으로 보내실 성령 그가 너희에게 모든 것을 가르치고 내가 너희에게 말한 모든 것을 생각나게 하리라 _요 14:26

말씀 묵상의 용기

이런 일이 어떻게 가능하게 될까? 우리가 하는 것이 아니라 성령이 일하시기 때문이다. 곧 성령께서 오랫동안 만들어진 세상화된 우리 마음에서 굳은 마음을 제거하고 새 마음을 주시기 때문이다. 그래서 말씀이 이해되고 하나님의 음성이 들리는 일이 벌어지는 것이다.

또 새 영을 너희 속에 두고 새 마음을 너희에게 주되 너희 육신에서 굳은 마음을 제거하고 부드러운 마음을 줄 것이며 또 내 영을 너희 속에 두어 너희로 내 율례를 행하게 하리니 너희가 내 규례를 지켜 행할지라 _겔 36:26-27

모세가 죽은 후였다. 하나님께서 여호수아에게 나타나셔서 하신 말씀은 "모세와 함께 있었던 것 같이 너와 함께 있을 것임이니라"(수 1:5)라는 말씀이었다. 동시에 강하고 담대할 것을 요청하셨는데, 그것은 가나안 땅을 정복하는 전쟁을 담대히 하라는 명령이 아니라, 하나님의 말씀을 묵상하고 지키는 일에 담대하라는 명령이었다.

오직 강하고 극히 담대하여 나의 종 모세가 네게 명령한 그 율법을 다 지켜 행하고 우로나 좌로나 치우치지 말라 그리하면 어디로 가든지 형통하리니 이 율법책을 네 입에서 떠나지 말게 하며 주야로 그것을 묵상하여 그 안에 기록된 대로 다 지켜 행하라 그리하면 네 길이 평탄하게 될 것이며 네가 형통하리라 _수 1:7-8

하지만 주의 말씀을 사모하여 묵상하고 따르는 것은 이미 살핀 것처럼 쉬운 일이 아니다. 분명 용기가 필요하다. 하지만 용기를 내어 담대하게 말씀을 읽고 묵상하며 나아갈 때, 우리는 하나님의 뜻을 알게 될 것이고 말씀을 통하여 역사하시는 하나님을 만나게 될 것이다. 이후 벌어지는 우리의 길이 어떻게 될지는 상상 이상의 기적으로 나타나게 될 테니까.

맛있는 성경 통독을 위하여

한국교회는 하나님의 말씀을 사모하고 성경을 읽는 일에 전심을 기울이는 것이 사실이다. 어떤 이들은 일년에 성경을 100독 하기도 하고, 최소한

일 년에 일독(一讀) 하기를 노력한다.

이런 일이 있었다. 어떤 지역의 여러 교회 교인들이 함께 말씀을 나누는 사경회를 인도할 때였다. 평일 낮이었음에도 불구하고 열심히 참석한 이들이었는데, 대부분 수십년간 신앙생활을 하였고 최소 일년에 성경 일독은 기본이었으며, 그동안 신앙생활을 하면서 수십독을 한 이들이었다. 그때 내가 강의하던 내용은 사도행전 전체를 살피는 것이었는데, 이상한 것을 경험하였다. 분명 그들이 수십번을 읽은 사도행전이었음에도 불구하고 예상외로 단편적인 지식으로 이해하고 있다는 사실이 충격이었다. 분명히 성경을 읽고 있었지만, 각 성경을 관통하고 있는 주제와 의미를 알고 있지 못했을 뿐 아니라, 무척 가벼운 지식을 갖고 있음을 알 수 있었다. 더욱이 상당수가 그 흔한 큐티를 하지 않고 있었고, 하고 있는 이들조차 말씀을 묵상하는 것과는 상관없이 성경을 읽고 있었다.

이같은 한국교회 현실을 보면서 이 책 〈뜻으로 본 성경읽기〉를 정리하게 되었다. 이 책은 성경 전체를 통독하는 이들을 위해 썼는데, 더 깊게 성경을 읽을 수 있는 데 도움을 주기 위함이다.

예를 들어 사도행전을 통독하려 한다면 먼저 이 책의 사도행전 부분을 읽는다. 그때 사도행전의 전체 그림이 매우 쉽게 그려질 것이다. 이같은 읽기를 마치고 사도행전을 읽는다면, 그 전체 주제와 흐름을 놓치지 않고 본문을 이해하고 묵상하는 데 도움이 될 것이다. 또한 좀 더 용이하도록 각 장의 말미에 그 성경 부분의 전체 개관과 성경읽기표를 함께 넣었다. 아마 즐거운 성경통독이 되리라 믿는다.

이 책은 하루 아침에 쓴 것이 아니다. 2008년부터 시작한 월간지 '큐티밥'을 현재까지 단 한 달도 놓치지 않고 '하정완의 묵상나눔'이라는 이름으로 묵상을 써온 것의 열매인데, 이미 성경 66권 전권의 큐티 묵상나눔은 다 마쳤다. 그리고 창세기부터 시작하여 요한계시록까지, 매번 큐티책을 쓸 때마다 각 성경을 가이드하는 글을 적었는데, 이 책의 글들은 그 글들을 수정하고 보충하여 쓴 것이다. 어떻게 들릴지 모르지만, 〈뜻으로 본 성경읽기〉는 하루 아침에 쓴 책이 아니라 2008년부터 2023년까지 집필의 결과인 까닭에, 15년 동안 쓴 책이라 말하고 싶다.

이 책을 펴내는 일이 쉽지 않은 작업이지만 늘 기쁘게 만들어주신 아르카의 이한민 대표께 먼저 감사를 드리고 싶다. 그리고 이 말씀을 전하고 나누며 함께 울고 웃으며 걸어온 꿈이있는교회 지체들과, 특별히 사랑하는 아내 서은희에게 감사를 전한다. 무엇보다 늘 나의 허물을 참으시고 기다리시고 말씀으로 나를 인도해주신 하나님께 가장 깊은 감사를!

하정완 목사

| 목차 |

구약

신약

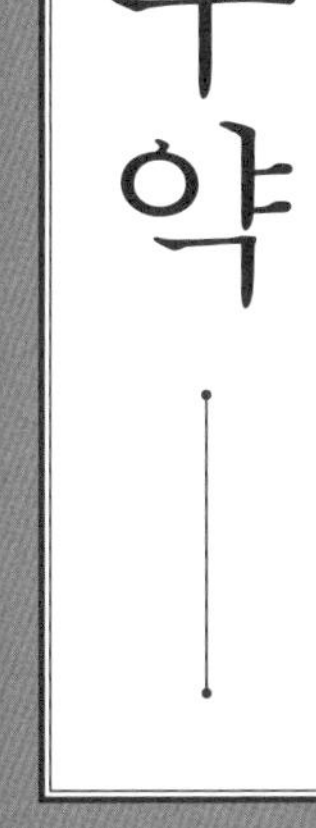

구약

분명히 말씀은 글자 이상의 것으로 하나님의 말씀이다. 그러므로 우리에게 계시된 하나님의 말씀, 성경은 스스로 일하신다. 마틴 루터를 비롯한 종교개혁자들이 '성경은 스스로 해석자'(Scriptura interpres sui ipsius)라고 고백한 이유이다. 심지어 요한복음은 말

씀이 하나님이시라고 증거하였다. '말씀이 육신이 되어', 말씀 속에 하나님이 계시되었다는 뜻이다. 하나님의 말씀이 육신을 입은 것이다. 그 육체가 곧 예수 그리스도이시고 말이다. 따라서 성경은 사람이 쓴 것이지만, 임의대로 쓴 것이 아니라 '하

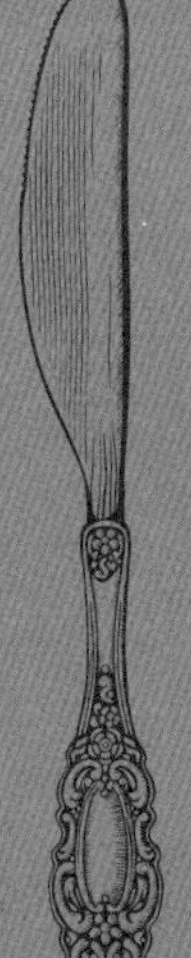

나님의 감동으로'(딤후 3:16) 된 것이다. 그러므로 성경은 많이 읽는 것이 중요한 것이 아니라 하나님의 감동으로, 곧 영으로 읽어야 한다. 그렇다면 '영으로 말씀을 읽는다'는 말은 무슨 뜻일까? 그것은 우리가 이성적으로 읽고 이해하는 것으로는 성경 읽기가 불충분하다는 뜻으로, 성령이 우리 눈을 밝히 열어 주셔야 온전히 읽히고, 그 뜻을 깨닫게 된다는 뜻이다. 시편 기자(記者)가 고백한 것처럼 말이다. "내 눈을 열어서 주의 율법에서 놀라운 것을 보게 하소서"(시 119:18). 그러므로 성경 묵상에서 가장 중요한 것은 지식과 연구보다 하나님을 향한 태도와 기다림, 곧 성령의 역사를 사모함으로 기다리는 것이다. 성령이 역사하시지 않으면 우리가 그 말씀을 온전히 읽을 수 없기 때문이다. 묵상에 수동적인 측면이 있어야 하는 까

닭이다. 그렇게 기다리며 묵상하는 우리에게 어느 순간 하나님의 음성이 들릴 것이다. 우리를 가르치시고, 우리에게 하나님의 말씀을 생각나게 하실 것이다. 성령

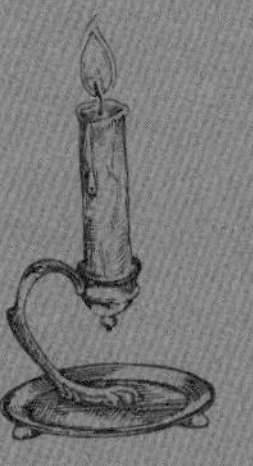

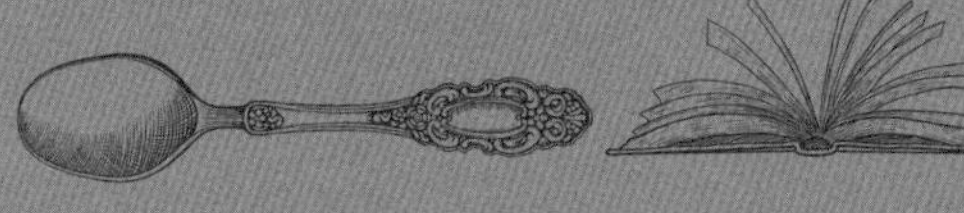

이 역사하시기 때문이다. 하지만 주의 말씀을 사모하여 묵상하고 따르는 것은 이미 살핀 것처럼 쉬운 일이 아니다. 분명 용기가 필요하다. 하지만 용기를 내어 담대하게 말씀을 읽고 묵상하며 나아갈 때, 우리는 하나님의 뜻을 알게 될 것이고 말씀을 통하여 역사하시는 하나님을 만나게 될 것이다. 이후 벌어지는 우리의 길이 어떻게 될지는 상상 이상의 기적으로 나타나게 될 테니까. 이 책은 성경 전체를 통독하는 이들을 위해 썼는데, 더 깊게 성경을 읽을 수 있는 데 도움을 주기 위함이다. 예를 들어 사도행전을 통독하려 한다면 먼저 이 책의 사도행전 부분을 읽는다. 그때 사도행전의 전체 그림이 매우 쉽게 그려질 것이다. 이같은 읽기를 마치고 사도행전을 읽는다면, 그 전체 주제와 흐름을 놓치지 않고 본문을 이해하고 묵상하는 데 도움이 될 것이다. 또한 좀 더 용이하도록 각 장의 말미에 그 성경 부분의 전체 개관과 성경읽기표를 함께 넣었다. 아마 즐거운 성경통독이 되리라 믿는다.

01

창세기 1

창조와 사람의 뜻

· 창세기 1-10장 ·

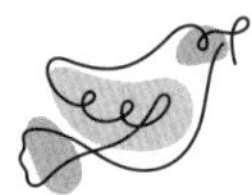

'형상대로'의 의미

태초에 하나님이 천지를 창조하시니라 _창 1:1

하나님이 세상천지를 창조하셨다는 것은 모든 것이 하나님의 것이라는 뜻이며, 모든 것이 하나님 안에 있다는 뜻이다.

… 하나님은 모든 것의(of all) 아버지시요, 모든 것 위에(over all) 계시고 모든 것을 통하여(through all) 계시고 모든 것 안에(in all) 계시는 분이십니다 _엡 4:6 새번역

그런데 천지를 창조하신 하나님께서 특별히 자신의 형상대로, 곧 하나님의 형상대로 사람을 창조하셨다(창 1:27)는 사실은 매우 중요하다. 이 표현은 창세기 5장 3절에도 나오는데, 성경은 아담이 "자기의 모양, 곧 자기의 형상과 같은 아들을 낳아 이름을 셋이라 하였다"라고 기록하였다. 이것을 볼 때 '자기의 형상대로'라는 표현은 아들, 곧 자녀를 말하는 표현임을 알 수 있다. 그러므로 우리는 창조될 때부터 하나님의 자녀로 창조된 것이다. 이같은 이해를 가지고 이어지는 28절을 읽으면 하나님에게만 적

용되는 표현이 나오는데, 바로 '다스리라'라는 표현이다.

하나님이 자기 형상 곧 하나님의 형상대로 사람을 창조하시되 남자와 여자를 창조하시고 하나님이 그들에게 복을 주시며 하나님이 그들에게 이르시되 생육하고 번성하여 땅에 충만하라, 땅을 정복하라, 바다의 물고기와 하늘의 새와 땅에 움직이는 모든 생물을 다스리라 하시니라 _창 1:27-28

하나님은 이처럼 사람을 거의 하나님의 권세를 가진 독립적인 존재로 지으셨다. 그러나 잊지 말아야 할 것은 우리가 지음받은 존재, 곧 피조(被造)된 존재라는 사실이다. 우리는 스스로 존재하는 자존(自存)적 존재가 아니라 하나님에게서 나온, 하나님에게 의존(依存)해야만 사는 존재이다. 그러므로 '우리가 피조되었다'라는 말 속에는 이미 '결핍'의 의미가 들어 있는 것이고, 그 결핍은 오로지 사람을 지으신 하나님 안에 거할 때만 채워질 수 있는 것임을 알 수 있다.

그런데 아담과 하와가 착각하였다. 그들 안에 불온한 상상이 생긴 것이다. 하나님을 의지하는 것이 아니라, 하나님을 떠나 독립하는 상상이었다. 이같은 상상이 가능한 것은 사람의 크기가 매우 신(神)적이기 때문이다. 거기서부터 죄가 시작되었다. 심지어 하나님으로부터 분리하여 스스로 하나님이 되고자 하였다. 그래서 뱀의 속삭임이 매력적으로 들린 것이다.

너희가 그것을 먹는 날에는 너희 눈이 밝아져 하나님과 같이 되어 선악을 알 줄 하나님이 아심이니라 _창 3:5

짐승과 일반이 되다

'하나님과 같이 되어 선악을 알 줄 안다'라는 말의 뜻은 하나님 없이도 얼마든지 살 수 있다는 뜻이다. 실제로 선악과를 먹은 후에도 사는 데는 아무 문제 없었다. 얼마든지 살아갈 수 있었다. 하지만 그 순간에 찾아온 것은, 하나님이 말씀하신 대로 죽음이었다.

하나님으로부터 자신을 스스로 분리하는 순간부터 인간은 모든 호흡하는 짐승과 같은 존재, 특별히 하나님의 형상대로 지어진 하나님의 자녀 된 존재와 상관없게 된 것이다. 그냥 짐승이 되었다. 전도서 기자가 하나님 없는 존재가 짐승과 일반이라는 사실을 알고서 이렇게 말하였다.

인생이 당하는 일을 짐승도 당하나니 그들이 당하는 일이 일반이라 다 동일한 호흡이 있어서 짐승이 죽음 같이 사람도 죽으니 사람이 짐승보다 뛰어남이 없음은 모든 것이 헛됨이로다 _전 3:19

그때 아담과 하와는 자신들의 죄를 인정하고 하나님께 돌아가는 회개로 나아가지 않았다. 그것은 하나님으로부터 단절을 의미했고, 동시에 피조된 존재로서 더 큰 결핍을 만나게 된 것이다. 그때부터 인간은 결핍을 채우기 위해 더 많이, 더 적극적으로 자신이 주인이 되어서 사는 삶을 택한 것이다. 그리고 그 삶은 크게 세 가지 모습으로 나타났다.

첫째는 자신의 결핍이 보이자 다른 이를 착취함으로 그 결핍을 채우려는 시도이다. 문제의 원인과 해결을 자신에게서 찾지 않고 타인에게서 찾은 것이다. 아담이 선악과를 먹은 원인을 하와에게 돌리고, 하와가 뱀에게 돌렸던 원죄의 방식은 가인에게서 드디어 폭발한다. 자신의 결핍을 동생 아벨을 죽임으로 해결하고자 한 것이다.

둘째는 하나님 없이 자기 마음대로 세상 쾌락을 누리며 사는 것으로 나타났다. 그 결과 하나님을 완전히 잊은, 하나님과 완전히 관계없는 모습이 되었다. 성경은 '자기들이 좋아하는 모든 여자를 아내로 삼는지라'(창 6:2)라고 표현하였다. 이처럼 쾌락의 끝은 또 다른 비참함이었다. 노아 홍수 사건이 그 결론이기 때문이다.

여호와께서 사람의 죄악이 세상에 가득함과 그의 마음으로 생각하는 모든 계획

이 항상 악할 뿐임을 보시고 _창 6:5

셋째는 제한적이고 결핍된 인간이 택한 삶의 마지막 방법으로서, 스스로 하나님이 되려는 종교적 행위였다. 아담과 하와가 범했던 것처럼 사람이 하나님이 되고 싶은 방법의 극단적 표현은 바벨탑 사건으로 나타났다. 사람들이 의도적으로 하늘에 닿으려는 시도를 한 것이다.

또 말하되 자, 성읍과 탑을 건설하여 그 탑 꼭대기를 하늘에 닿게 하여 우리 이름을 내고 온 지면에 흩어짐을 면하자 하였더니 _창 11:4

물론 이렇게 살 수 있다. 하지만 사람이 하나님 없이 스스로 자신이 주인이 되어 사는 것은 하나님과 분리된 존재를 의미했다. 하나님의 영이 없는 육체가 된 것이다.

여호와께서 이르시되 나의 영이 영원히 사람과 함께 하지 아니하리니 이는 그들이 육신이 됨이라 _창 6:3

우리는 하나님 없이 육체로 살 수 있다. 하지만 육체로 사는 것은 하나님과 분리된 까닭에 육체의 소멸 곧 죽음에 이르게 되는 것이다. 사실 노아의 홍수는 육체적 삶의 끝이 어떤 것인지를 보여주는 것이기도 했다. 홍수로 죽든지, 나이가 들어 죽든지 영원한 죽음은 동일할 것이기 때문이다.

사실 하나님이 함께 하시지 않는다는 것은 개나 돼지 같은 짐승과 마찬가지인 존재를 말한다. 육체에 불과하기 때문이다. 그러므로 하나님의 구원 계획은 육체가 아니라 영적인 존재로의 회복, 곧 원래 창조의 모습인 하나님의 자녀로 회복시키는 것에 있었다. 그 결정적 그림이 아브라함이며, 그 성취가 예수 그리스도이다. 이제 그 시작으로 하나님은 아브라함을 부르신 것이다. 위대한 구원의 역사가 시작되었다.

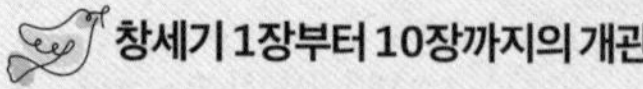

창세기 1장부터 10장까지의 개관

세상을 창조하시고 사람을 창조하셨다(1장). 에덴동산에서 아담과 하와는 하나님과 같이 되고자 선악과를 먹는다(3). 이로 인해 하나님과의 분리가 이뤄졌는데, 그 결과 가인과 아벨(4) 사건을 낳는다. 사람은 점점 많아졌지만(5) 인간의 계획은 항상 악했다(6), 그 결과가 노아의 홍수(7-8)였다. 하지만 하나님은 무지개 언약(9)으로 새로운 기회를 주셨다.

Reading Bible Checklist 창세기 1-10장

1	2	3	4	5	6	7	8	9	10					
●	●	●	●	●	●	●	●	●	●					

창세기 2

아브라함을 통한 구원 계획

• 창세기 11-28장 •

사람이 방법이다

여호와께서 이르시되 나의 영이 영원히 사람과 함께 하지 아니하리니 이는 그들이 육신이 됨이라 … _창 6:3

사람이 육체가 되었다는 것은 하나님의 영이 거하지 않는 존재, 곧 인간 스스로 존재하는 삶을 택했다는 뜻이다. 그것은 짐승과 일반(一般)인 삶이 되는 것을 말하며, 끝을 의미했다. 그래서 하나님은 육체가 아니라 영적인 존재로, 곧 하나님의 자녀로 회복시키는 복원 계획을 세우셨는데, 사람이 바로 하나님의 방법이었다. 그렇게 하나님은 한 사람을 부르시고 그를 통하여 구원의 계획을 제시하셨는데, 그가 바로 아브라함이다. 하나님은 아브라함을 통하여 민족을 이루고 그 민족을 세상의 제사장 나라로 삼아 하나님과 인간의 중보적 역할을 하도록 계획하셨다(출 19:4). 하나님이 아브라함을 부르신 이유이다.

내가 너로 큰 민족을 이루고 네게 복을 주어 네 이름을 창대하게 하리니 너는 복이 될지라 너를 축복하는 자에게는 내가 복을 내리고 너를 저주하는 자에게는 내가 저주하리니 땅의 모든 족속이 너로 말미암아 복을 얻을 것이라 하신지라 _창 12:2-3

이것이 하나님의 계획이었지만, 성취된 것은 아니었다. 우리가 아브라함이 믿음의 조상이라는 선입견을 가지지 않고 그의 이야기를 읽으면 알 수 있듯이, 그는 불신앙에 의심이 많고 매우 부도덕한 인간이었다.

여기서 우리가 교정할 것이 있는데, 아브라함에게 주어진 복은 아브라함이 행위적으로 온전했기 때문은 아니라는 사실이다. 만일 행위로 본다면 그는 자격 미달이었다.

만일 아브라함이 행위로써 의롭다 하심을 받았으면 자랑할 것이 있으려니와 하나님 앞에서는 없느니라 _롬 4:2

이 사실은 매우 중요하다. 아브라함에게 복을 주시고 복을 유통하는 존재로 세우신 것은 아브라함과 이스라엘만을 위한 복이 아니라 모든 민족, 곧 모든 사람을 위한 하나님의 계획이었다. 어떤 의미에서 아브라함은 우리가 하나님의 자녀가 되는 방법의 예시였다고 해야 옳다. 아브라함에게 부어주신 복이 어떻게 우리에게도 주어지는지를 보여주신 것이다.

믿음이 방법이다

다시 정리하면, 아브라함이 복의 근원이 된 것은 그의 의로운 행위 때문이 아니었다. 정확하게 말해서 아브라함의 의로움은 믿음 때문이었다. 그의 공로나 행위 때문이 아니었다.

성경이 무엇을 말하느냐 아브라함이 하나님을 믿으매 그것이 그에게 의로 여겨진 바 되었느니라 일하는 자에게는 그 삯이 은혜로 여겨지지 아니하고 보수로 여겨지거니와 _롬 4:3-5

창세기 15장을 보면 하나님이 아브라함에게 나타나셔서 '아브라함의 몸에서 날 자가 후사가 될 것'이라고 말씀하셨다. 그리고 하나님은 아브라함에게 "하늘의 별들을 세어 보라"고 하시면서 '뭇별과 같을 것'이라고 설명하셨는데, 아브라함이 그 말씀을 믿었다. 그리고 하나님께서 그것을 의로 여기셨다.

여호와의 말씀이 그에게 임하여 이르시되 그 사람이 네 상속자가 아니라 네 몸에서 날 자가 네 상속자가 되리라 하시고 그를 이끌고 밖으로 나가 이르시되 하늘을 우러러 뭇별을 셀 수 있나 보라 또 그에게 이르시되 네 자손이 이와 같으리라 아브람이 여호와를 믿으니 여호와께서 이를 그의 의로 여기시고 _창 15:4-6

이것이 비밀이다. 하나님이 아브라함을 통하여 예시하시고 그 자손들이 그 방법으로 살게 하셨으며, 오늘 우리에게까지 그 방법이 전해진 것이다. 그런 의미에서 아브라함은 '믿는 모든 이의 조상'(롬 4:11)이며, 우리는 예수를 믿을 때 아브라함의 자손이 되는 것이다. 당연히 아브라함에게 주셨던 그 모든 복이 우리에게도 주어지는 것이다.

그런즉 믿음으로 말미암은 자들은 아브라함의 자손인 줄 알지어다 또 하나님이 이방을 믿음으로 말미암아 의로 정하실 것을 성경이 미리 알고 먼저 아브라함에게 복음을 전하되 모든 이방인이 너로 말미암아 복을 받으리라 하였느니라 그러므로 믿음으로 말미암은 자는 믿음이 있는 아브라함과 함께 복을 받느니라 _갈 3:7-9

이상하게 들릴지 모르지만, 아브라함이라는 예시는 시원찮았다. 이어지는 이삭과 야곱과 이스라엘 역시 형편없는 예시였다. 우리가 창세기를 읽으면서 분명하게 보는 것처럼, 아브라함을 비롯하여 어느 누구도 온전한 존재들이 아니었다. 특히 야곱을 보면 알 수 있듯이, 아무리 좋게 말하려 해도 그는 사기꾼이었다. 하지만 하나님은 포기하신 적이 없으셨다. 그들에게 아무리 문제가 있을지라도 하나님의 의지는 확고하셨다. 그들이 완전히 무너지고 쓰러졌을 때도, 하나님은 아브라함과 맺은 약속을 기억하시고 다시 기회를 주셨다.

사실 그 약속, 언약이라는 것도 일방적으로 하나님이 무한으로 지키시는 것이었지만, 그들은 약속대로 살지 않기를 수없이 반복했다. 그때마다 늘 하시는 하나님의 말씀은 처음 했던 약속을 매번 확인하셨다. 아브라함에게 하신 약속은 이삭과 야곱에게 계속 이어졌고, 그들에게 복을 주시는 것은 언제나 '천하 만민이 복을 받는 일을 위함'이라고 말씀하셨다.

… 내가 이 모든 땅을 너와 네 자손에게 주리라 내가 네 아버지 아브라함에게 맹세한 것을 이루어 네 자손을 하늘의 별과 같이 번성하게 하며 이 모든 땅을 네 자손에게 주리니 네 자손으로 말미암아 천하 만민이 복을 받으리라"(이삭) _창 26:3-4

… 나는 여호와니 너의 조부 아브라함의 하나님이요 이삭의 하나님이라 네가 누워 있는 땅을 내가 너와 네 자손에게 주리니 네 자손이 땅의 티끌 같이 되어 네가 서쪽과 동쪽과 북쪽과 남쪽으로 퍼져나갈지며 땅의 모든 족속이 너와 네 자손으로 말미암아 복을 받으리라"(야곱) _창 28:13-14

새로운 아브라함의 자손

이 놀라운 약속은 이스라엘에게 이어졌다. 스데반이 대제사장 앞에서 자신의 존재 이유와 더불어 설교할 때였다. 그때 모세에 대한 이야기를 했는데, 스데반은 바로 이 약속을 꺼내어 말하였다.

나는 네 조상의 하나님 즉 아브라함과 이삭과 야곱의 하나님이라 하신대 모세가 무서워 감히 바라보지 못하더라 _행 7:32

그런데 이스라엘은 그 하나님의 뜻을 좇지 않았고, 하나님을 이스라엘 민족신(民族神) 정도로 전락시키고 말았다. 자기들만 하나님으로부터 특별히 택함받았고, 하나님께서 자기들만 축복하시며, 자기들만이 복의 근원이라고 여겼다. 여호와 하나님이 온 우주의 하나님이라는 사실을 부정하는 것은 아니었지만, 오직 자기들만 위한 하나님이라고 여긴 것이다.

하지만 착각이었다. 그런 까닭에 애굽에서 430년 동안의 노예생활, 40년의 광야생활, 70년의 포로생활을 겪으면서도 이스라엘은 하나님의 뜻을 이해하지 못한다. 그들은 하나님의 계획에 관심을 기울이지 않았을 뿐만 아니라, 요나의 예에서 보듯 순종하지도 않았다. 그런 이스라엘을 향하여 하나님은 계속 순종을 요청하셨다. 그같은 모습을 바울은 이사야의 말씀을 인용해서 이렇게 적었다.

이스라엘에 대하여 이르되 순종하지 아니하고 거슬러 말하는 백성에게 내가 종일 내 손을 벌렸노라 하였느니라 _롬 10:21

그럼에도 하나님의 계획은 훼손되거나 포기되지 않았다. 아브라함을 통한 하나님의 놀라운 구원 계획은 지금도 아브라함의 자손으로서 하나님을 믿는 이들을 믿음으로 세우고 있으며, 하나님은 지금도 여전히 그 계획을 진행하고 계신다는 사실이다. 세상을 살리고 복을 유통하는 존재로서 새로운 제사장의 등장은 그 계획의 정점이라 할 것이다.

… 너희는 택하신 족속이요 왕 같은 제사장들이요 거룩한 나라요 그의 소유가 된 백성이니 이는 너희를 어두운 데서 불러 내어 그의 기이한 빛에 들어가게 하신 이의 아름다운 덕을 선포하게 하려 하심이라 _벧전 2:9

창세기 11장부터 28장까지의 개관

바벨탑으로 하나님께 도전하지만(11), 하나님은 아브라함을 통한 구원을 계획하셨다(12). 조카 롯과의 결별, 멜기세덱의 아브라함 축복 사건(14) 후, 하나님은 아브라함의 믿음을 의로 여기셨다(15). 하나님을 의심하여 이스마엘을 낳지만(16), 하나님은 할례로 언약을 세우셨고(17), 아들 이삭을 약속하셨다(18). 여전히 세상은 완악하여 소돔과 고모라의 멸망을 만난다(19). 아브라함도 마찬가지여서 목숨 때문에 사라를 누이라고 속이지만(20), 하나님은 약속대로 이삭을 주셨고(21), 아브라함과 맺은 약속을 이어가셨다(22). 이후 아브라함이 죽고, 이삭은 에서와 야곱을 낳는다(25). 야곱이 이삭을 속이고 장자 명분을 빼고 도망하지만, 하나님은 아브라함과의 약속을 기억하시고 벧엘 언약을 맺으신다(27-28).

Reading Bible Checklist 창세기 11-28장

11	12	13	14	15	16	17	18	19	20	21	22	23	24	25
●	●	●	●	●	●	●	●	●	●	●	●	●	●	●
26	27	28												
●	●	●												

03

창세기 3

아브라함의 자손 예수

• 창세기 29-50장 •

하나님의 노력

아브라함과 이삭 그리고 야곱으로 이어지는 하나님의 구원 계획의 핵심은 믿음이다. 아무리 무너뜨리고 부수려 해도 절대 폐기되지 않는 하나님의 언약은 우리의 믿음으로 이어졌다. 더 놀라운 것은 그 믿음마저 하나님이 만들어 가신다는 사실이다.

야곱이 형 에서와 아버지를 속이고 장자의 축복을 받고 도망치던 그날 밤에 하나님이 야곱을 찾아오셨다. 사실 사기꾼 야곱을 하나님이 찾아오실 이유는 없었지만, 찾아오신 이유는 분명했다.

… 나는 여호와니 너의 조부 아브라함의 하나님이요 이삭의 하나님이라 … _창 28:13

하나님이 찾아오신 이유는 아브라함과 이삭을 통해서 이루고자 하신 약속 때문이었다. 그 약속이 야곱에게도 이어진 것이다.

네 자손이 땅의 티끌 같이 되어 네가 서쪽과 동쪽과 북쪽과 남쪽으로 퍼져나갈

지며 땅의 모든 족속이 너와 네 자손으로 말미암아 복을 받으리라 _창 28:14

이 말씀은 두려움에 떨고 있을 야곱에게 “내가 너의 생명을 보장해주겠다”라는 뜻이었다. 그리고 하나님은 야곱에게 매우 분명하게 하신 이 말씀을 ‘이루기까지 너를 떠나지 아니하리라’(창 28:15)라고 말씀하셨다. 이것 역시 하나님의 일방적인 약속이었고, 이해할 수 없는 하나님의 태도였다. 특히 야곱은 아브라함처럼 하나님을 믿는 자가 아니었다. 그래서 야곱이 하나님의 말씀을 듣고서 조건을 제시했다. 하나님이 자신의 하나님이 되려면, 자기에게 반드시 해주셔야 할 것을 말한 것이다.

야곱이 서원하여 이르되 하나님이 나와 함께 계셔서 내가 가는 이 길에서 나를 지키시고 먹을 떡과 입을 옷을 주시어 내가 평안히 아버지 집으로 돌아가게 하시오면 여호와께서 나의 하나님이 되실 것이요 내가 기둥으로 세운 이 돌이 하나님의 집이 될 것이요 하나님께서 내게 주신 모든 것에서 십분의 일을 내가 반드시 하나님께 드리겠나이다 하였더라 _창 28:20-22

이처럼 하나님께 흥정하듯이 거래를 하였던 야곱을 하나님은 지키시고 보호하였으며, 결국 가나안으로 돌아오게 하겠다는 약속을 지키셨다. 드디어 야곱이 다시 돌아와 가나안 땅 세겜 성에 정착하게 되었을 때, 그는 하나님을 위한 단을 쌓고 ‘그 이름을 엘엘로헤 이스라엘’(창 33:20)이라고 불렀다. 얍복 강 가에서 야곱이 하나님과 겨루어 이긴 다음에, 하나님께서 그의 이름을 ‘이스라엘이라 부르겠다’는 말씀을 좇아 “전능하신 하나님은 이스라엘, 곧 야곱의 하나님이십니다”라고 고백한 것이었다. 드디어 야곱이 믿은 것이다. 이 고백에 이르도록 하나님이 노력하신 것이다.

표현이 부적절해 보이지만, 그것은 분명히 ‘하나님의 노력’이다. 우리가 믿음에 이르도록 하나님께서 모든 노력을 아끼지 않으심을 믿어도 되는 이유이다. 아브라함이 믿은 것도 마찬가지이지만, 우리의 의로움에 기초한 것이 아니다. 그리고 야곱에 이르기까지 하나님이 보여주시는 예시는 너무나 분명하다. 절대 포기하지 않으신다는 사실이다. 이 놀라운 사실 앞에 바울은 이렇게 고백했다.

하나님의 은사와 부르심에는 후회하심이 없느니라 _롬 11:29

구원 계획의 구체적 방법

야곱에서 이어지는 요셉의 이야기에는 구원이 어떻게 이루어지는지 그 예시가 적혀 있다고 할 수 있는데, 두 가지 메시지가 있다. '절대로 실패하거나 망하는 법이 없다'라는 메시지와, '하나님 앞에 바르게 선 믿음의 사람들을 통한 구원의 역사'이다. 그래서 일부 신학자들은 요셉이 예수 그리스도를 예표(豫表)한다고 말하기도 한다.

실제로 형들에게 팔려 애굽의 노예가 되고 죽을 위기를 거치면서도, 하나님의 사람 요셉은 망하지 않았다. 하나님의 구원 계획이 진행되고 있었기 때문이고, 그 통로가 요셉이기 때문이었다. 드디어 애굽의 7년 대풍년과 7년 대흉년의 과정에서 하나님의 지혜를 가진 요셉은 사람들을 살리는 통로가 된다. 그가 자신을 팔아넘긴 까닭에 두려워하는 형들을 오히려 위로하며 건네는 말에서도 그 모습을 볼 수 있다.

요셉이 그들에게 이르되 두려워하지 마소서 내가 하나님을 대신하리이까 당신들은 나를 해하려 하였으나 하나님은 그것을 선으로 바꾸사 오늘과 같이 많은 백성의 생명을 구원하게 하시려 하셨나니 _창 50:19-20

이것이 하나님 앞에 준비된 하나님의 사람의 크기이다. 요셉이 세상을 구원하는 통로가 된 것은 그가 온전히 하나님을 신뢰함으로 단단히 선 자였기 때문이었다. 온전히 하나님을 신뢰하는 이를 통한 하나님의 역사였던 것이다. 바로 아브라함을 부르실 때 하나님께서 계획하신 것의 성취였다.

… 땅의 모든 족속이 너로 말미암아 복을 얻을 것이라 … _창 12:3

구원 계획의 완성으로서 그리스도

하나님은 이 구원 계획의 완성으로서 아브라함과 그 자손을 통한 계획을 이루셨는데, 바로 아브라함의 자손, 예수 그리스도를 통해서이다.

또 하나님이 이방을 믿음으로 말미암아 의로 정하실 것을 성경이 미리 알고 먼저 아브라함에게 복음을 전하되 모든 이방인이 너로 말미암아 복을 받으리라 하였느니라 … 이 약속들은 아브라함과 그 자손에게 말씀하신 것인데 여럿을 가리켜 그 자손들이라 하지 아니하시고 오직 한 사람을 가리켜 네 자손이라 하셨으니 곧 그리스도라 _갈 3:8,16

바울이 아브라함과 그 자손을 그리스도라고 말한 것은 놀라운 이해이다. 일반적으로 아브라함의 자손을 이스라엘로만 생각하기 때문이다. 그런데 바울이 놀라운 비밀을 말한 것이다.

이같은 관점에서 다시 창세기 12장 3절을 읽으면, '너로 말미암아'에서 '너'가 단수로 쓰였음을 주의할 필요가 있다. 예수 그리스도를 말하고 있는 것이다. "지나친 해석이 아니냐?"고 말할 수 있지만, 아브라함이 이삭을 모리아 산에서 바친 후 하나님이 하신 말씀을 보면 그것을 알 수 있다.

… 네가 이같이 행하여 네 아들 네 독자도 아끼지 아니하였은즉 내가 네게 큰 복을 주고 네 씨가 크게 번성하여 하늘의 별과 같고 바닷가의 모래와 같게 하리니 네 씨가 그 대적의 성문을 차지하리라 또 네 씨로 말미암아 천하 만민이 복을 받으리니 이는 네가 나의 말을 준행하였음이니라 하셨다 하니라 _창 22:16-18

그러고 보면 창세기에서 쓰인 '씨'나 창세기 13장 15절*, 창세기 26장

* 보이는 땅을 내가 너와 네 자손에게 주리니

3절**, 그리고 창세기 28장 14절*** 등에서 번역된 '자손'이란 단어가 '씨'로 번역된 히브리어 단어 '제라'를 같이 쓰고 있고, 모두 단수라는 점이다. 놀랍다. 하나님은 아브라함을 부르실 때 구원 계획의 완성으로서 예수 그리스도, 곧 완전한 복된 소식 자체를 말씀하셨던 것이다. 그러므로 아브라함에게 말씀하신 하나님의 복은 이 세상적인 것이 아니라 구원의 소식, 곧 그리스도로 말미암아 하나님의 자녀가 되는 것을 암시하고 있음을 알 수 있다.

이처럼 우리가 창세기를 통해 알 수 있는 것은 하나님의 구원 계획이다. 절대 포기할 수 없는 구원을 위해 아브라함을 택하시고, 그의 씨인 예수 그리스도를 통해 이미 복음을 준비하고 계셨다. 그리고 누구든지 예수를 믿을 때 아브라함의 자손이 되고, 동일하게 또 다른 의미의 복된 소식이 됨을 계획하신 것이다. 바로 하나님의 자녀가 되는 계획이다. 그 예시의 완성으로 요셉을 통한 구원을 보여주신 것이다.

그런즉 믿음으로 말미암은 자들은 아브라함의 자손인 줄 알지어다 … 그러므로 믿음으로 말미암은 자는 믿음이 있는 아브라함과 함께 복을 받느니라 … 너희가 그리스도의 것이면 곧 아브라함의 자손이요 약속대로 유업을 이을 자니라 _갈 3:7,9,29

그러므로 창세기는 세상의 시작을 말하는 책이지만, 동시에 하나님의 구원 계획과 완성을 보여주는 책임을 알 수 있다.

** 내가 너와 함께 있어 네게 복을 주고 내가 이 모든 땅을 너와 네 자손에게 주리라

*** 네 자손이 땅의 티끌 같이 되어 네가 서쪽과 동쪽과 북쪽과 남쪽으로 퍼져나갈지며 땅의 모든 족속이 너와 네 자손으로 말미암아 복을 받으리라

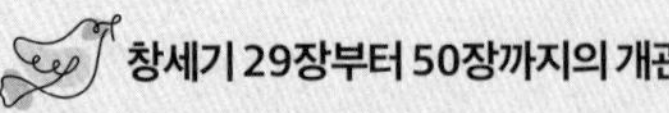

창세기 29장부터 50장까지의 개관

하란 땅에서 야곱은 도망자의 삶(29-30)을 살다가 삼촌 라반을 떠나지만(31), 가나안에는 형 에서가 있었다. 하지만 야곱은 얍복강에서 하나님과 해결한 후 에서를 만난다(32-33). 이후 디나 사건이 있었지만(34), 벧엘에서 한 하나님과의 약속을 지킨다(35). 요셉은 꿈 때문에 애굽으로 팔려간다(37). 보디발의 아내의 유혹(39) 때문에 감옥에 갇히지만(40), 바로의 꿈을 해석한 까닭에 총리로 중용된다(41). 기근 때문에 다시 형들을 만나고(42), 그립던 동생 베냐민도 만난다(43-44). 그리고 요셉은 형들을 용서한다(45). 마침내 험악한 세월을 살았던 야곱이 애굽으로 온다(46-47). 야곱은 모두를 축복하고 숨을 거두지만(48-49), 돌아보니 요셉은 하나님의 구원 계획이었다(50).

Reading Bible Checklist 창세기 29-50장

29	30	31	32	33	34	35	36	37	38	39	40	41	42	43
44	45	46	47	48	49	50								

04

출애굽기 1

약속을 기억하시는 하나님

• 출애굽기 1-14장 •

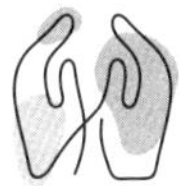

창세기의 마지막 기록(창 50:25-26)은 요셉의 강력한 유언과 가나안으로 돌아가는 이스라엘의 꿈을 기록하고 있다. 하나님의 구원 계획의 의미를 정확하게 말하는 요셉의 소원은 꿈에도 잊을 수 없는 가나안 땅, 아버지와 어머니가 묻혀 있는 곳, 무엇보다 하나님이 약속하신 땅으로 자신의 유골을 이관해달라는 유언이었다. 단순히 형들에게 한 부탁이 아니라 이스라엘 전체에게 부탁한 것이었다.

요셉이 또 이스라엘 자손에게 맹세시켜 이르기를 하나님이 반드시 당신들을 돌보시리니 당신들은 여기서 내 해골을 메고 올라가겠다 하라 하였더라 요셉이 백십 세에 죽으매 그들이 그의 몸에 향 재료를 넣고 애굽에서 입관하였더라 _창 50:25-26

그 유언대로, 무려 400년 이상이 지나서 출애굽할 때 모세는 요셉의 유골을 가지고 나온다.

… 이스라엘 자손이 애굽 땅에서 대열을 지어 나올 때에 모세가 요셉의 유골을 가졌으니 이는 요셉이 이스라엘 자손으로 단단히 맹세하게 하여 이르기를 하나님

이 반드시 너희를 찾아오시리니 너희는 내 유골을 여기서 가지고 나가라 하였음이더라 _출 13:18-19

하나님을 찾지 않은 이유

창세기를 잇는 출애굽기의 기록은 야곱의 자녀들이 애굽 땅에 처음 정착한 이야기부터 시작한다.

야곱과 함께 각각 자기 가족을 데리고 애굽에 이른 이스라엘 아들들의 이름은 이러하니 … 야곱의 허리에서 나온 사람이 모두 칠십이요 요셉은 애굽에 있었더라 _출 1:1,5

애굽에 갈 때는 70명이 전부였다. 하지만 요셉이 애굽의 총리대신인 까닭에, 이스라엘은 애굽에서 오래 애굽의 영화를 누리며 살 수 있었다. 하지만 사도행전 7장 6절의 "그 땅 사람들이 종으로 삼아 사백 년 동안을 괴롭게 하리라"는 기록을 볼 때 400년 이상 애굽에 있었던 것을 알 수 있는데, '그 오랜 날 동안 왜 하나님을 찾지 않았던 것일까?' 하는 의문이 생긴다. 이 비밀을 알기 위해 역사를 좀 살필 필요가 있다.

알다시피 애굽은 나일 강 하류의 비옥한 토지를 중심으로 세계 4대 문명 중 하나인 이집트 문명의 발상지이다. 이처럼 비옥한 애굽은 주변 나라들의 침략 대상이었다. 그러던 중 외국의 통치자라고 불렸던 힉소스 족(히타이트 + 후리 + 셈 족)이 비옥한 초승달 지역에 출현하여 시리아, 팔레스틴, 애굽에 이르기까지 영토를 확장한다. 그때 애굽을 점령한 힉소스 족이 애굽의 15,16,17대 왕조를 세웠고, 기존의 수도인 테베를 폐하고 고센 지방의 아바리스에 새로운 수도를 세운 것이다.

그 정확한 연대에 대한 주장은 다양한데, 우리가 관심을 갖고 있는 15대 왕조는 멜라트의 BC 1791년부터 버넬의 1750년, 그리고 캠브리지 고

대사의 1674년까지로 그 추정연도가 넓다. 하지만 힉소스족의 통치는 18대 왕조를 연 아모시스에 의해 종결되는데, 그것을 멜라트와 버넬은 1567년으로, 캠브리지 고대사도 같은 연도로 추정한다. 그래서 대체로 모세가 태어난 시기를 BC 1350년 경으로 볼 수 있는데, 그렇다면 약 BC 1750년 경에 야곱의 가족이 애굽에 온 것으로 추정할 수 있다.

그렇다면 힉소스 족의 통치 기간은 어느 정도였을까? 버넬의 경우 183년, 멜라트의 경우 224년, 캠브리지 고대사의 경우 107년 정도 이어진 것으로 보는데, 길게는 200년, 짧게는 100년 정도 힉소스 족이 통치했다는 뜻이다. 그러므로 이스라엘 족속은 애굽의 총리대신을 지낸 요셉의 후광 때문에 적게는 100년부터 200년 정도 부귀영화를 누렸음을 알 수 있다. 하지만 아모시스의 18대 왕조가 세워지면서 외국인 통치자로 불리던 힉소스 족은 축출되었는데, 그때부터 애굽인이 볼 때 외국인이었던 이스라엘이 고통을 당하게 된 것이다. 성경은 그것을 이렇게 기록하였다.

요셉을 알지 못하는 새 왕이 일어나 애굽을 다스리더니 _출 1:8

당연히 새 왕은 애굽 안의 힘의 지형을 살폈을 것이고, 가장 위험한 세력으로 이스라엘을 주목한 것이다. 애굽 밖으로 쫓겨난 외국인 통치자들이 다시 애굽을 침공하고자 한다면 연대할 수 있는 세력은 여전히 같은 외국인이면서 한때 혜택을 누렸던 이스라엘 족속일 것이 분명했기 때문이었다. 애굽의 바로는 그것을 걱정한 것이다.

그가 그 백성에게 이르되 이 백성 이스라엘 자손이 우리보다 많고 강하도다 자, 우리가 그들에게 대하여 지혜롭게 하자 두렵건대 그들이 더 많게 되면 전쟁이 일어날 때에 우리 대적과 합하여 우리와 싸우고 이 땅에서 나갈까 하노라 … _출 1:9-10

하나님을 찾은 이유

이스라엘은 400년(행 7:6) 혹은 430년(출 12:41)을 지내면서 강대해졌다. 이같이 많은 인구와 민족 특성상 강력한 연대감을 갖고 있던 이스라엘이 애굽인에게 위협으로 여겨진 것은 당연했다. 그것이 이스라엘 백성이 당한 고통의 이유였다. 그 고통은 심각했다.

그때 이스라엘 족속은 애굽이 위협을 느낄 만큼 번성하긴 하였지만, 그들은 하나님과 관계없는 족속으로 살고 있었고 노예에 불과했다. 그런데 430년의 세월 중에서 많은 기간을 애굽의 영화를 누리며 살던 이스라엘 백성이 박해가 심해지자 고통의 소리를 내기 시작한 것이다. 놀랍게도 하나님은 그 부르짖는 소리를 들으셨는데, 아브라함, 이삭, 야곱과 맺은 언약을 생각하신 것이다.

> 하나님이 그들의 고통 소리를 들으시고 하나님이 아브라함과 이삭과 야곱에게 세운 그의 언약을 기억하사 하나님이 이스라엘 자손을 돌보셨고 하나님이 그들을 기억하셨더라 _출 2:24-25

하나님이 '들으시고' 아브라함과 이삭과 야곱과 세운 언약, 곧 "땅의 모든 족속이 아브라함과 그 자손으로 말미암아 복을 받으리라"(창 12:3; 26:4; 28:14)는 약속을 이행하신다. 그들이 고통 가운데서 하나님을 생각한 것이다. 물론 하나님이 들으셨다는 것이 더 중요하다.

에스겔 선지자를 통해 하나님이 말씀하신 것처럼, 그들은 애굽에서 이미 애굽화되었고 애굽의 우상을 섬기고 있었다. 만일 하나님이 언약을 기억하지 않으셨다면, 이스라엘은 의미없는 변방의 한 민족에 불과했거나 혹은 사라졌을 것이다.

> 그들은 나에게 반항하여 내 말을 들으려 하지 않았다. 아무도 눈을 홀리는 구역질나는 우상을 내버리지 않았다. 에집트의 우상들을 버리지도 않았다. 그래서 나

는 그들에게 진노하여 바로 에집트 한복판에서 화풀이를 하고 싶었다. _겔 20:8 공동번역

온 세상을 위한 출애굽

430년이 지난 후, 하나님께서 아브라함과 그 자손과 세운 언약을 기억하여 구원 계획을 다시 시작하실 때 부르신 사람은 모세였다.

원래 모세는 히브리인이었지만 바로 왕의 딸의 양자였다. 그는 성장하면서 자신의 정체성을 두고 고민하였던 것으로 보인다. 그러던 어느 날, 자기 동족을 학대하는 애굽인을 죽였는데, 이 일을 알게 된 바로의 위협을 피해 미디안 광야로 도망쳤다. 그렇게 미디안 광야로 도망친 후 모세는 미디안 제사장 이드로의 딸 십보라와 결혼하였고, 양을 치는 목자로서 살았다. 그리고 오랜 시간이 흘렀다. 물론 이스라엘 백성은 애굽에서 노예생활을 하며 깊은 고통 가운데 있었는데, 앞에서 언급한 것처럼 어느 날부터 이스라엘 백성이 하나님께 고통을 호소한 것이다. 그리고 하나님이 그 부르짖음을 들으시고, 모세를 이스라엘을 구원하는 지도자로 세우신 것이다. 그때 그의 나이가 80세였다.

이제 내가 너를 바로에게 보내어 너에게 내 백성 이스라엘 자손을 애굽에서 인도하여 내게 하리라 _출 3:10

모세가 하나님의 부르심을 받고 바로 앞에 서지만, 바로가 모세의 말을 곧이 곧대로 들을 리 없었다. 이스라엘을 순순히 내어놓지 않았다. 이때부터 문제는 이스라엘을 묶어놓고 있는 애굽이었다. 사실은 단순히 애굽이 아니라, 하나님을 방해하는 애굽이라는 '신(神) 덩어리'가 문제였다. 그래서 출애굽기를 푸는 가장 중요한 열쇠는 열 가지 재앙과 상관이 있다. 애굽이 믿고 있는 모든 신들과 하나님의 전쟁이기 때문이다.

재앙 이름	해당 구절	애굽의 우상 이름
나일강이 피로 바뀜	출 7:14-24	나일강의 신 하피(Hapi)
개구리	출 8:1-15	개구리 머리를 한 신 헤크트(Hegt)
이	출 8:16-19	여신 하돌(Hathor), 혹은 눗(Nut)
파리	출 8:20-32	공기의 신 슈(Shu)
가축의 질병	출 9:1-7	황소 우상 아피스(Apis)
독종	출 9:8-12	온역을 진압하는 신 세크멧(Sekhmet)
우박	출 9:13-15	땅의 신 셉(Seb)
메뚜기	출 10:1-20	메뚜기로부터 구하는 신 세라피스(Serapis)
어둠	출 10: 21-29	태양신 라(Ra)
장자의 죽음	출 11:1-10	최고신 아문의 아들, 호루스의 성육신 존재

위 '도표'에서 보는 것처럼, 하나님이 내린 재앙들은 모두 애굽의 신들이 보잘것없는 우상에 불과함을 가르쳐주신 '하나님 드러내기' 사건이었다. 하나님의 재앙이 심판 혹은 보복이 아니라, 이스라엘과 애굽의 구원을 위한 하나님의 계획이었던 것이다.

그 날에 나는 내 백성이 거주하는 고센 땅을 구별하여 그 곳에는 파리가 없게 하리니 이로 말미암아 이 땅에서 내가 여호와인 줄을 네가 알게 될 것이라 _출 8:22

내가 이번에는 모든 재앙을 너와 네 신하와 네 백성에게 내려 온 천하에 나와 같은 자가 없음을 네가 알게 하리라 _출 9:14

모세가 그에게 이르되 내가 성에서 나가서 곧 내 손을 여호와를 향하여 펴리니 그리하면 우렛소리가 그치고 우박이 다시 있지 아니할지라 세상이 여호와께 속한 줄을 왕이 알리이다 _출 9:29

그런 까닭에, 이스라엘이 출애굽할 때 단순히 이스라엘만이 아니라 많은 다른 족속도 함께하고 있었다.

이스라엘 자손이 라암셋을 떠나서 숙곳에 이르니 유아 외에 보행하는 장정이 육

십만 가량이요 수많은 잡족과 양과 소와 심히 많은 가축이 그들과 함께 하였으며 _출 12:37-38

수많은 잡족들, 이스라엘 백성이 아니더라도 애굽인을 포함해 하나님을 인정하는 이들은 모두 출애굽에 참여할 수 있었다. 이것을 볼 때, 애굽인도 열 가지 재앙을 벗어날 수 있었음을 알 수 있다. 그러니까 하나님은 이스라엘 외의 모든 족속을 무시하는 이스라엘만의 하나님이 아니라, 모든 민족의 하나님이심을 출애굽사건을 통해 드러내는 것이었다.

광야로 간 이유

이스라엘이 출애굽하여 가나안 땅으로 들어가려면 광야 길보다 빠른 블레셋 사람의 길이 있었다. 해안선을 따라가는 길이었는데, 분명 가나안 땅이 가까웠다. 하지만 그곳에는 애굽의 주둔지가 있는 군사 요충지들이 20곳 넘게 있었다고 전해진다. 그래서 하나님께서 다른 길로 인도하셨는데, 이스라엘이 두려워 다시 애굽으로 돌아갈 것을 염려하신 까닭이었다.

바로가 백성을 보낸 후에 블레셋 사람의 땅의 길은 가까울지라도 하나님이 그들을 그 길로 인도하지 아니하셨으니 이는 하나님이 말씀하시기를 이 백성이 전쟁을 하게 되면 마음을 돌이켜 애굽으로 돌아갈까 하셨음이라 _출 13:17

물론 이같은 이유만 있는 것은 아니다. 오히려 하나님은 이스라엘의 두려움을 알고 광야길로 인도하셨지만, 이스라엘의 훈련으로 사용하셨다.

여기서 잊지 말아야 할 것은 구름기둥, 불기둥이 인도하는 길과 만나에 대한 이해이다. 보통 우리는 광야를 지날 때 하나님이 허락하신 구름기둥과 불기둥의 역할이 우리를 보호하는 것이라고 여기지만, 구름기둥과 불기둥의 가장 큰 역할은 '인도와 진행'이었다. 어디로 갈 것인지 알려주고 인도하는 것이 주된 목적이었다.

여호와께서 그들 앞에서 가시며 낮에는 구름 기둥으로 그들의 길을 인도하시고 밤에는 불 기둥을 그들에게 비추사 낮이나 밤이나 진행하게 하시니 _출 13:21

만나도 마찬가지 의미였다. 얼핏 보면 만나가 낭만적으로 보일지 모르지만, 하나님이 그것을 주신 목적은 하나님을 전적으로 의존하는 훈련을 시키기 위한 것이었다. 그들은 매일 매일 주시는 만나를 통하여 이스라엘은 매일을 사는 종말론적 삶의 방법을 배워야 했다.

여호와께서 이같이 명령하시기를 너희 각 사람은 먹을 만큼만 이것을 거둘지니 곧 너희 사람 수효대로 한 사람에 한 오멜씩 거두되 각 사람이 그의 장막에 있는 자들을 위하여 거둘지니라 하셨느니라 _출 16:16

출애굽기 1장부터 14장까지의 개관

요셉을 모르는 왕이 다스린다(1). 모세가 태어난다(2). 이스라엘이 고통으로 부르짖기 전에 준비하신 것이다. 모세를 호렙산에서 부르시고(3), 그에게 능력을 주셔서(4), 아론과 함께 바로 앞에 서게 하셨다(5). 바로가 출애굽을 거절하자 열 가지 재앙이 시작된다(7). 물이 피가 되는 재앙(7), 개구리 재앙과, 티끌이 이가 되는 재앙과, 파리 재앙(8), 가축의 죽음 재앙과, 악성 종기와 우박 재앙(9), 메뚜기 재앙과, 흑암이 땅을 덮은 재앙(10)이 있었다. 유월절과 처음 난 것의 죽음 재앙(13)이 있은 후, 바로는 이스라엘의 출애굽을 허락한다. 구름과 불기둥으로 보호받으며(13), 드디어 홍해를 건넌다(14).

Reading Bible Checklist													출애굽기 1-14장	
1	2	3	4	5	6	7	8	9	10	11	12	13	14	
●	●	●	●	●	●	●	●	●	●	●	●	●	●	

05

출애굽기 2

하나님의 계획은 여전하시다

• 출애굽기 15-40장 •

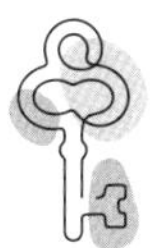

출애굽한 이스라엘이 가나안 땅에 이르는 가장 빠른 길은 지중해 해변을 낀 블레셋 사람의 길이었다. 하지만 거기는 도시가 형성되어 있었고, 애굽의 영향력이 여전히 미치고 있었다. 전쟁을 해야 할 상황이 벌어질 것이 분명했다. 이스라엘이 그것을 두려워하여 다시 애굽으로 돌아갈 것을 아신 하나님께서 그들을 광야로 인도하신 이유다.

바로가 백성을 보낸 후에 블레셋 사람의 땅의 길은 가까울지라도 하나님이 그들을 그 길로 인도하지 아니하셨으니 이는 하나님이 말씀하시기를 이 백성이 전쟁을 하게 되면 마음을 돌이켜 애굽으로 돌아갈까 하셨음이라 _출 13:17

하나님이 다 하셨는데

열 가지 재앙의 기적을 경험하며 애굽을 나온 이스라엘이었지만, 실제로 홍해를 만나자 절망하였다. 더욱이 재정비한 애굽의 군대가 쫓아온다는 소식 앞에 그들의 불신앙은 여지없이 드러났다. 그들은 불경스러운 말로 모세에게 항의했는데, 그것은 하나님께 하는 말이었다.

… 애굽에 매장지가 없어서 당신이 우리를 이끌어 내어 이 광야에서 죽게 하느냐 … 우리가 애굽에서 당신에게 이른 말이 이것이 아니냐 이르기를 우리를 내버려 두라 우리가 애굽 사람을 섬길 것이라 하지 아니하더냐 애굽 사람을 섬기는 것이 광야에서 죽는 것보다 낫겠노라 _출 14:11-12

그들은 벌써 열 가지 재앙 기적을 잊었다. 그들이 출애굽과 관련해서 한 일이 아무것도 없었다는 것도 잊고 있었다. 새삼스러운 일도 아니었다. 하지만 하나님은 이미 모든 것을 다 하실 준비가 되어 계셨다. 그 사실을 알고 있던 모세가 하나님께서 모든 것을 하실 것이라고 말하였다.

… 너희는 두려워하지 말고 가만히 서서 여호와께서 오늘 너희를 위하여 행하시는 구원을 보라 너희가 오늘 본 애굽 사람을 영원히 다시 보지 아니하리라 여호와께서 너희를 위하여 싸우시리니 너희는 가만히 있을지니라 _출 14:13-14

이상한 말씀이었다. 이 절체절명의 상황에서 분명히 무엇을 해야 할 것 같은데, 아무것도 하지 말라고 하셨기 때문이다. 그렇다면 왜 가만히 있어도 되는 것일까? 당연히 하나님이 대신하여 싸우시기 때문이었다. 그래도 그들은 가만히 있을 수 없었다. 하지만 정말 가만히 있어도 되었다. 실제로 하나님은 홍해를 갈라 마른 땅을 걷게 하셨다. 이것이 출애굽을 시작한 이스라엘이 경험한 것이었다. 하나님이 다 하셨다. 먹는 문제도 마찬가지였다, 하나님은 만나만 주신 것이 아니었다. 심지어 저녁에는 메추라기를 보내셨다.

내가 이스라엘 자손의 원망함을 들었노라 그들에게 말하여 이르기를 너희가 해 질 때에는 고기를 먹고 아침에는 떡으로 배부르리니 내가 여호와 너희의 하나님인 줄 알리라 하라 하시니라 _출 16:12

결국 이스라엘이 할 것은 아무것도 없었다. 그러므로 기다리면 되었다.

하지만 그들은 온전히 믿지 못하고 만나를 더 거두어 보관하는 호들갑을 떨기도 했지만, 점점 하나님의 역사에 익숙해져갔다. 이렇게 40년 광야 생활동안 이스라엘은 온전히 하나님을 좇는 존재로 변해갔는데, '이스라엘을 통하여 모든 민족이 복을 받는 계획'을 이루기 위함이었다.

다시 맺은 계약

이스라엘이 시내산 광야에 이르렀을 때, 하나님은 이스라엘과 다시 계약을 맺고자 하셨다. 그래서 하나님이 모세를 시내산 꼭대기로 부르시지만, 일방적으로 명령하신 것은 아니었다. 먼저 그간의 하나님의 역사하심을 설명하신 후, 이스라엘의 동의를 묻게 하셨다.

내가 애굽 사람에게 어떻게 행하였음과 내가 어떻게 독수리 날개로 너희를 업어 내게로 인도하였음을 너희가 보았느니라 세계가 다 내게 속하였나니 너희가 내 말을 잘 듣고 내 언약을 지키면 너희는 모든 민족 중에서 내 소유가 되겠고 너희가 내게 대하여 제사장 나라가 되며 거룩한 백성이 되리라 너는 이 말을 이스라엘 자손에게 전할지니라 _출 19:4-6

여기서 '지키면'은 '칼 동사 완료형'으로 쓰여졌는데, 정확하게 이스라엘이 지키겠다는 완료적 의지가 들어 있어야 한다는 뜻이다. 그러므로 좀 쉽게 표현하면 '너희가 내 말을 잘 듣고 내 언약을 지키겠다면'이라는 조건, 곧 그들의 의지를 물으신 것이다. 이에 모세가 산 아래로 내려가 장로들을 불러 모으고 백성에게 의사를 물었다. 그때 그들의 대답은 일제히 하나님의 뜻을 따르겠다는 것이었다.

모세가 내려와서 백성의 장로들을 불러 여호와께서 자기에게 명령하신 그 모든 말씀을 그들 앞에 진술하니 백성이 일제히 응답하여 이르되 여호와께서 명령하신 대로 우리가 다 행하리이다 모세가 백성의 말을 여호와께 전하매 _출 19:7-8

그리고 3일 동안 이스라엘 백성은 옷을 빨고 정결하게 하였고, 하나님은 '우레와 번개와 빽빽한 구름'(출 19:16) 가운데 자신을 드러내셨다. 그것은 하나님의 약속을 보증하는 것이었다. 이렇게 준비된 이스라엘을 보면서 모세를 시내산 꼭대기로 부르신 하나님은 '이스라엘이 동의한' 하나님의 언약을 다시 주시는데, 바로 십계명이다. 또한 십계명을 새긴 돌비와 함께 자세한 규례들을 말씀하셨는데, 20장에서 31장까지의 내용이다.

그래도 하나님과 상관이 없다

그런데 모세가 산에서 내려오는 것이 더뎌지고 40일 동안 이어지자, 이스라엘 백성은 흔들렸다. 드디어 사단이 일어났는데, 백성이 모세의 형 아론에게 자신들을 인도해낼 하나님을 만들라고 요청한 것이다.

… 우리를 위하여 우리를 인도할 신을 만들라 … _출 32:1

물론 이 말은 이스라엘이 여호와 하나님을 버렸다는 뜻은 아니다. 단지 자신들이 원하는 하나님, 자신들의 뜻대로 움직이는 하나님을 믿겠다는 뜻이었다. 더 놀라운 것은 아론이었다. 그가 이스라엘의 요청을 듣고서 그들을 설득한 것이 아니라, 그들의 뜻대로 했기 때문이다. 드디어 아론이 백성의 요청을 따라 신을 만들었는데, 바로 금으로 만든 송아지였다. 놀랍게도 그들이 만든 금송아지는 여호와 하나님을 가리키는 것이었다.

아론이 그들의 손에서 금 고리를 받아 부어서 조각칼로 새겨 송아지 형상을 만드니 그들이 말하되 이스라엘아 이는 너희를 애굽 땅에서 인도하여 낸 너희의 신이로다 하는지라 아론이 보고 그 앞에 제단을 쌓고 이에 아론이 공포하여 이르되 내일은 여호와의 절일이니라 하니 _출 32:4-5

아론이 두려워서 백성의 요구에 응답한 것인지 모르지만, 이스라엘 백성을 위하여 만든 금송아지를 '애굽 땅에서 인도하여 낸 너희의 신' 곧 여호와라고 선포하였고 송아지 신상 앞에 제단을 만들었으며, 다음 날을 여호와의 절일(節日)로 공포하였다. 그리고 자기들 임의로 번제와 화목제를 드리고 정신없이 즐겼다.

이튿날에 그들이 일찍이 일어나 번제를 드리며 화목제를 드리고 백성이 앉아서 먹고 마시며 일어나서 뛰놀더라 _출 32:6

여기서 주의할 단어는 '뛰놀더라'로 번역된 히브리어 '짜하크'이다. 이 단어의 용법을 이해하기 위해 창세기 26장 8절에 쓰인 '이삭이 그 아내 리브가를 껴안다'라는 부분에 주목할 필요가 있다. 공동번역이나 NIV가 '애무하다'(caress)로 번역했듯이, 성적인 유희를 즐긴 것으로 해석되는 이 단어 역시 '짜하크'라는 점이다. 그러니까 그들은 금송아지 주변에서 그들이 애굽에서 보았던 우상 놀음, 곧 매우 성적인 행위로 신을 만족시키는 행위를 했던 것이다. 놀랍게도 그들은 하나님이 모세를 통해 주시는 십계명의 제1, 제2 계명을 범한 것이기도 했다.

너는 나 외에는 다른 신들을 네게 두지 말라 너를 위하여 새긴 우상을 만들지 말고 또 위로 하늘에 있는 것이나 아래로 땅에 있는 것이나 땅 아래 물 속에 있는 것의 어떤 형상도 만들지 말며 그것들에게 절하지 말며 그것들을 섬기지 말라 … _출 20:3-5

그들에게 하나님은 중요하지 않았다. 정확하게 말해서 하나님의 뜻이나 사명은 중요하지 않았다. 관심이 전혀 없었다. 그들의 관심은 오로지 자기의 복락이었던 것이다.

사실 오늘 우리의 관심도 이스라엘과 크게 다르지 않다고 말해도 틀리지 않다. 우리가 져야 할 십자가와 사명의 부르심에는 집중하지 않는다. 예수를 믿지만, 오로지 자기 자신만 위한다. 그것이 우리 신앙의 전부이다. 그들의 그런 모습을 보면서 하나님은 극도로 진노하셨다. 하나님은 모세에게 '이스라엘을 진멸하고, 모세를 중심으로 새로운 나라를 일으키겠다'고 말씀하신 것이다.

그들이 내가 그들에게 명령한 길을 속히 떠나 자기를 위하여 송아지를 부어 만들고 그것을 예배하며 그것에게 제물을 드리며 말하기를 이스라엘아 이는 너희를 애굽 땅에서 인도하여 낸 너희 신이라 하였도다 여호와께서 또 모세에게 이르시되 내가 이 백성을 보니 목이 뻣뻣한 백성이로다 그런즉 내가 하는 대로 두라 내가 그들에게 진노하여 그들을 진멸하고 너를 큰 나라가 되게 하리라 _출 32:8-10

그러나 이대로 이뤄지지는 않았다. 하나님께서 모세의 중보적 기도 때문에 진노를 철회하셨기 때문이다. 그리고 하나님께서 다시 돌비에 십계명을 새겨 주시므로 다시 기회를 갖게 하셨다.

하나님이 우리 안에 거하시다

모세는 이처럼 하나님께서 다시 주신 기회를 따라, 곧 하나님의 명령을 좇아 성막을 만들고, 하나님이 임재하시는 언약궤를 그 안에 두었다. 그곳이 지성소다. 언약궤 안에는 십계명 돌판과 아론의 싹 난 지팡이와 만나 항아리가 있었다. 그리고 언약궤의 속죄소(the atonement cover, NIV) 위에는 그룹(cherubim, NIV, 일종의 천사)들이 마주 보고 있었고, 하나님은 그 그룹 사이에 임하셨다.

… 속죄소 위 곧 증거궤 위에 있는 두 그룹 사이에서 내가 이스라엘 자손을 위하여 네게 명령할 모든 일을 네게 이르리라 _출 25:22

여호와께서 다스리시니 만민이 떨 것이요 여호와께서 그룹 사이에 좌정하시니 땅이 흔들릴 것이로다 _시 99:1

정말 놀라운 은혜이다. 어떤 모양의 상(像)도 만들지 말 것을 명령하신 하나님께서 유일하게 당신이 임재하시는 장소를 눈에 보이도록 만들게 하셨기 때문이다.

하나님은 성막과 그 안에 있는 모든 기구들에 기름을 발라 거룩하게 하라고 명령하신 후, 아론과 그의 아들들에게는 기름을 부어 제사장으로 세우셨다. 하나님과 백성들 사이에 중보자로 세우신 것이다. 드디어 이 모든 것이 준비되어 그들이 처음 '여호와께서 모세에게 명령하신 대로'(출 40:29) 회막 안의 등잔대에 불을 켜고 번제와 소제를 드렸을 때, 하나님의 영광이 성막에 충만히 임하였다.

… 모세가 이같이 역사를 마치니 구름이 회막에 덮이고 여호와의 영광이 성막에 충만하매 모세가 회막에 들어갈 수 없었으니 이는 구름이 회막 위에 덮이고 여호와의 영광이 성막에 충만함이었으며 _출 40:33-35

성막에 임재한 하나님의 영광은 시내산에서 모세가 만났던 영광보다 강력하였다. 하나님을 만났던 모세조차 회막에 들어갈 수 없었던 것을 보면 알 수 있다. 그러나 가장 중요한 것은 이스라엘에게 지성소가 있는 성막을 주신 이유다. 그것은 우리를 만나고 싶어하시는 하나님의 뜻 때문이었다. 하나님은 성막을 핑계로 우리(이스라엘) 안에 거하고 싶으셨던 것이다. 회중 가운데 성막을 두어서라도 우리를 만나고 싶어 하신 것이다. 시내산보다 더 강력하게 말이다. 그래서 우리가 예배하는 순간, 하나님은 약속하신 대로 우리 가운데 임재하신다. 온전히 드리는 예배가 모든 것의 대답인 이유이다. 그러므로 이제는 시내산에 갈 필요가 없다. 우리가 예배할 때 우리 가운데 계시기 때문이다.

이스라엘 백성의 삶이 단순해진 것은 바로 그때부터였다. 이같이 하나님의 임재를 경험했기 때문이다. 이제는 하나님의 영광을 따라 움직이면 되었다. 출애굽기 마지막 40장의 마지막 부분의 기록이다.

구름이 성막 위에서 떠오를 때에는 이스라엘 자손이 그 모든 행진하는 길에 앞

으로 나아갔고 구름이 떠오르지 않을 때에는 떠오르는 날까지 나아가지 아니하였으며 _출 40:36-37

이스라엘은 하나님께서 계획하신 제사장 나라, 곧 세상과 하나님 사이의 중보자로 살며, 구원과 복을 유통시키며 살아가는 존재로서 온전히 서기 위하여 광야 생활을 시작한 것이다. 그것은 온전한 순종을 배우는 시간이었다. 그렇게 해서 그들은 '가라면 가고, 멈추라면 멈추고'로 설명되는 삶을 시작한 것이다. 한 마디로 그들은 그렇게 제사장 나라로 준비되어갔다.

출애굽기 15장부터 40장까지의 개관

모세와 미리암의 노래와 마라의 쓴 물 사건(15) 이후, 하나님께서 이스라엘 족속에게 광야 생활 중에 만나와 메추라기를 먹이시고(16), 반석에서 물을 내어 마시게 하셨다(17). 장인 이드로의 조언을 받고(18), 마침내 시내산에 이르렀다(19). 그들에게 십계명을 허락하시고(20), 종 제도, 폭행, 소유에 관한 법(21), 배상과 도덕에 관한 법(22), 공평과 안식년과 안식일과 세 가지 절기에 관한 법(23)을 주시며, 시내산에서 언약을 세우셨다(24). 성소(25), 성막(26), 제단(27), 제사장의 옷과 흉패(28)에 관한 지침을 주시고, 아론의 아들들에게 제사장 직분을 위임하셨다(29). 제단(30)과 회막 기구를 만들게 하고, 안식일(31)에 대해 구체적으로 가르치셨다. 하지만 그들은 금송아지를 만들었다(32). 시내산을 떠나라고 명하시고(33), 두 번째 돌판을 주시고 언약을 다시 세우신다(34). 안식일(35), 성막(36), 언약궤(37), 번제단(38), 제사장의 옷(39)에 관한 규례를 가르치셨고, 그들은 성막을 봉헌한다(40). 이스라엘의 광야 생활을 준비하게 하신 것이다.

Reading Bible Checklist														출애굽기 15-40장
15	16	17	18	19	20	21	22	23	24	25	26	27	28	29
30	31	32	33	34	35	36	37	38	39	40				

레위기

잃어버린 거룩을 회복하라

• 레위기 1-27장 •

이스라엘은 제사장 나라로서 온전히 서기 위하여 하나님의 언약을 지키는 삶을 광야에서 살았는데, 그곳에서 그들은 하나님을 좇아 사는 전적인 순종을 배우기 시작했다(출 40:36-37). 하나님의 백성으로서 어떻게 살 것인지를 구체적으로 배운 것이다. 그 모든 규범을 적어놓은 책이 레위기이다. 레위기 전체를 읽으면 느끼게 되겠지만, 매우 까다롭고 지키기 쉽지 않은 법들이 세밀하게 적혀 있다. 이처럼 세밀하고 까다롭게 쓰신 것은 삶에 대한 책이기 때문이다. '구속받은 하나님의 백성으로서 어떻게 살 것인가?' 하는 질문과 그것의 답이 되는 모든 규범을 적어놓았기 때문이다.

예배가 우선이다

그 법과 규범 중 하나님이 제일 먼저 말씀하신 것은 제사, 곧 예배에 대한 것이다. 이것은 놀라운 것이 아닐 수 없다. 사실 사람이 하나님께 나아갈 수 있는 방법은 존재하지 않는다. 부정하고 더러운 사람이 거룩하신 하나님 앞에 나아가는 일 자체가 불가능하다. 그런데 하나님이 회막(會幕), 일종의 미팅룸(Tent of Meeting)을 만드시고 모세를 부르셨다. 그곳에서 하나님은 모세에게 제사법을 가르치셨다.

이스라엘 자손에게 말하여 이르라 너희 중에 누구든지 여호와께 예물을 드리려거든 가축 중에서 소나 양으로 예물을 드릴지니라 _레 1:2

'제사법을 가르치셨다!' 이것은 매우 중요하다. 왜냐하면 하나님이 우리를 만나고 싶어하셔도 우리의 죄 때문에 거룩하신 하나님을 만날 수 없기 때문이다. 그러므로 하나님이 가르쳐주신 제사법은 죄의 해결로서 속죄제와 하나님과의 친밀함을 이루는 화목제 같은 제사를 드리게 하기 위함이었다. 이때 하나님을 만날 수 있는 길이 열리기 때문이다. 그래서 하나님은 매우 단도직입적으로, 첫 시작부터 모세에게 제사법을 말씀하신 것이다. 하나님의 강력한 의지를 알 수 있는 부분이다. 이처럼 하나님이 주신 레위기의 제사법과 그 외의 규례들은 모두 하나님께서 사람들과의 화해와 교제를 강력하게 원하시는 표현임을 알 수 있다.

하나님은 우선 번제를 시작으로 총 다섯 종류의 예배에 대한 규례를 말씀하셨다. 그 첫 번째 규례의 그룹은 하나님과의 교제가 이루어지고 있을 때 드리는 제사로서 번제(1장), 소제(2장), 화목제(3장)이다. 이 제사들은 특별히 어떤 죄 때문에 드리는 제사가 아닌 까닭에 자원하는 헌신의 제사이기도 하다. 그래서 이 제사들은 하나님 앞에 '향기로운 냄새'(레 1:9)의 제사라고 불렸다. 반면에 속죄제(4장)와 속건제(5장)는 하나님과의 교제가 단절되었을 때 드리는 회복의 제사이다. 이스라엘은 하나님께서 가르쳐주신 이런 제사법을 통해 언제든지 하나님께 나아갈 수 있었다.

하지만 제사법은 매우 까다로웠다. 왜 그런 것일까? 가장 큰 이유는 우리의 죄가 단순하지 않고 심각하기 때문이다. 쉽게 설명하고 대충 처리할 수 있는 문제가 아니기 때문이다. 그러므로 이스라엘 백성은 매우 주의깊게 제사를 드려야 했다. 심지어 화목제 같은 자발적 제사라 할지라도 언제나 주의해야 했다. 예배의 대상이 하나님이시기 때문이었다.

하나님을 의식하는 삶

하나님께서 사람이 당신에게 나아가는 길을 가르친 것이 제사법이라면, 사람은 제사만이 아니라 하나님의 백성으로서 다른 방식의 삶을 살아야 했다. 그런 까닭에 하나님은 이스라엘 백성에게 삶에 대한 방법을 주의깊게 가르치셨다. '어떻게 살 것인가' 하는 것은 자신이 누구인지를 아는 길이었기 때문이었다.

하나님은 먼저 의식주 문제를 가르치셨다. 먹는 문제로 예를 들면, 소나 양같이 쪽발이면서 새김질하는 것은 먹을 수 있었다. 다만 돼지처럼 쪽발이어도 새김질하지 않는 짐승들은 부정하다고 하셨다. 이스라엘 백성은 그런 부정한 짐승을 먹거나 그 주검을 만지기만 해도 부정하다는 취급을 받았다(레 11:8). 물고기는 지느러미가 있고 비늘이 있어야 먹을 수 있었다(레 11:9). 조류 중에선 아예 먹을 수 없는 새들을 정확하게 적어놓았다(레 11:13-19). 곤충 중에서 메뚜기 같은 것은 먹을 수 있지만, 날개가 있으면서 네 발로 기어다니는 종류는 부정하다고 규정하셨다(레 11:22-23). 모든 동물을 일일이 언급하진 않으셨지만, 이처럼 매우 자세하게 먹는 것에 대하여 말씀하셨다.

사실 땅 위에 있는 모든 종류의 살아 있는 생물에 대해 먹을 수 있는 것과 없는 것을 구분하여, 부정한 것과 그렇지 않은 것을 규정한 것이 '지나치게 민감하신 것은 아닌가?'라고 생각할 수 있다. 하지만 하나님의 생각은 분명했다. 우리가 거룩한 존재이기 때문이라는 말로 그 이유를 설명하셨다.

나는 여호와 너희의 하나님이라 내가 거룩하니 너희도 몸을 구별하여 거룩하게 하고 … 나는 너희의 하나님이 되려고 너희를 애굽 땅에서 인도하여 낸 여호와라 내가 거룩하니 너희도 거룩할지어다 _레 11:44-45

우리가 거룩한 존재이기에 아무것이나 먹으며 아무렇게나 살 수 없다는 것을 말씀하신 것이다. 이를 통해 이스라엘은 자신의 정체성을 갖게 되었다. 곧 먹을 것을 가리고, 입는 것과 거주 공간 등의 삶의 모든 문제를 의식하는 것은 마치 왕이 아무것이나 먹고 입을 수 없는 것과 같았다. 그것 자체가 자신이 누구인지를 알게 하는 통로다.

그래서 하나님은 단순히 먹는 문제만이 아니라 정결에 대한 이야기도 매우 자세히 적어놓으셨다. 출산에 대하여(12장), 문둥병에 대하여(13-14장), 유출병에 대하여(15장) 상세히 말씀하셨다. 그리고 마지막으로 이스라엘 백성 전체가 하나님 앞에 드리는 대속죄에 대한 규례를 가르치셨다. 모두가 하나님 앞에서 정결하기를 원하신 것이다(16-17장). 이상의 규례들을 정리하면, 우선 예배의 길을 여시고, 삶 속에서 어떻게 정결하게 살 것인지를 가르치신 것이다. 거룩한 존재로서 다른 삶을 살아야 한다는 말씀이었다.

사람을 의식하는 삶

하나님께 예배함으로 거룩하게 되고, 삶의 의식주 전반에서 민감하게 반응하며 살아야 했던 이스라엘 백성은 '공동체 속에서 어떻게 살 것인가?' 하는 문제 또한 알아야 했다.

하나님이 먼저 강조하신 것은 성적 범죄에 대한 규례였다(18장). 이어서 사회 질서에 대한 이야기(19장)와 질서를 벗어난 부도덕한 범죄에 대한 형벌 등(20장)에 대해 말씀하셨다. 그리고 하나님과 사람들 사이에서 중보의 역할을 해야 하는 제사장들은 어떻게 성별된 삶을 살 것인지를 가르치셨다(21-22장). 나머지 내용은 부록이라고 할 수 있는데, 23장은 절기에 대한 것이고, 성소 규례(24장), 안식년과 희년(25장), 서원과 십일조(27장)에 대한 기록이 이어졌다.

레위기 전체에 흐르는 까다로운 규범들은 이스라엘이 하나님께서 거룩하게 구별하신 존재가 되는 방법이었다. 말하자면 거룩함으로 나아가는 방법이었다. 이스라엘이 실제로 거룩해야 했기 때문이다. 세상 사람과 똑같이 세상을 사는 것이 아니라, 하나님의 소유된 백성으로서 다르게, 제사장 나라의 역할을 하는 것이 하나님이 세우신 구원의 방법이기 때문이었다. 무엇보다 하나님이 거룩하시기 때문이다. 더욱이 하나님의 형상을 닮은 우리가 거룩을 추구하는 것은 당연한 일이기도 했다.

… 내가 거룩하니 너희도 거룩할지어다 _레 11:45

레위기의 규범들을 따라 살아야 했던 이스라엘 백성은 예배부터 시작해서 의식주의 모든 문제에 이르기까지, 삶의 모든 영역에서 그 규례를 의식하고 긴장해야 했다. 하나님의 사람으로서 깊이 생각하며 살아야 했다. 그래서 레위기는 지금도 귀하다. 오늘날 우리 세대가 이미 많은 영역에서 거룩함과 존귀함을 상실했기 때문이다. 그러므로 레위기의 가르침은 우리가 잃어버린 거룩성을 회복하는 방법을 깨닫게 하는 유익이 있다.

하나님은 어떤 혁명적인 변화를 요청하지 않으셨다. 하지만 우리가 레위기 법의 정신을 좇아 거룩을 회복하고 하나님의 백성으로 살게 된다면, 우리는 세상을 살리는 하나님의 방법이 될 것이다. 왜냐하면 거룩한 자의 등장이 더럽고 부정한 곳에서 죄를 드러내는 것이고, 온전히 거룩한 자가 잘못된 길에서 불의함으로 사는 이들에게 '죄에서 벗어나라'는 도전을 주기 때문이다. 그러므로 이스라엘이 제사장 나라가 되는 것의 우선순위는 먼저 세상과 구별된 거룩한 존재가 되는 것이었다.

오늘 우리가 제사장이 되는 것도 마찬가지이다. 내가 먼저 거룩해야 한다. 실제로 대제사장이 대속죄일에 백성을 대표해서 제사를 드리기 전에 먼저 자신을 위한 속죄제를 드려야 했던 것처럼, 내가 거룩해지는 것이 하나님이 주신 사명과 부르심에 대답하는 가장 적확한 길이기 때문이다.

레위기 1장부터 27장까지의 개관

회막에서 모세를 부르셔서 제사법을 가르치셨는데, 번제(1), 소제(2), 화목제(3), 속죄제(4-6), 속건제(7)를 가르치셨고, 제사장을 세우셨다. 제사장 위임식(8) 이후 아론이 첫 제사(9)를 드리지만, 불경건함 때문에 아들 제사장 나답과 아비후가 죽는다(10). 하나님은 모두가 지켜야 할 정결 규례로서 부정한 짐승(11), 출산(12), 나병과 피부병 구분(13), 나병 정결 규례(14), 피의 유출에 관한 규례(15), 속죄일(16)을 가르치시고, 피를 먹지 말 것(17)과 세상의 풍속 규례(18)와 거룩에 대하여(19), 그리고 반드시 죽는 죄(20)와 제사장 규례(21), 성물 먹는 규례(22), 유월절, 속죄일, 초막절 등 절기 규례(23)를 말씀하셨다. 특히 여호와의 이름을 모독할 경우(24)에 대한 문제와 안식년 규례(25), 규례와 계명을 지킬 때 임하는 상과 지키지 못하면 임하는 징벌(26)을 말씀하시며, 서원 예물의 값과 십일조(27)에 대한 규례를 주셨다.

Reading Bible Checklist 레위기 1-27장

1	2	3	4	5	6	7	8	9	10	11	12	13	14	15
●	●	●	●	●	●	●	●	●	●	●	●	●	●	●
16	17	18	19	20	21	22	23	24	25	26	27			
●	●	●	●	●	●	●	●	●	●	●	●			

민수기 1

숫자의 문제가 아니다

• 민수기 1-14장 •

이스라엘은 시내 광야에 이르러 하나님의 백성으로서 지켜야 할 규례들을 받았다(출 19:1-6). 그리고 약 1년이 지난 '둘째 해 둘째 달 첫째 날'(민 1:1)에 하나님께서 모세에게 인구조사를 시키셨는데, '20세 이상으로 싸움에 나갈 만한 자'가 모두 60만 3,550명으로 조사되었다(민 1:46). 하나님이 이끄신 애굽 세대의 위용이었다. 애굽에서는 보잘것없던 이스라엘, 노예인 '합비루'로 불리며 살던 하찮은 백성이 이렇게 엄청난 민족으로 바뀐 것이다.

레위 지파의 존재 이유

이제 모든 것이 준비되었다. 이때 하나님이 계수에 포함되지 않는 지파로 레위 지파를 남겨두셨는데, 그들은 어떤 기업도 가질 수 없고 사업도 할 수 없었다. 특히 전쟁을 위해서도 계수되지 않았다. 오로지 하나님에게 속한 일만 하였다.

너는 레위 지파만은 계수하지 말며 그들을 이스라엘 자손 계수 중에 넣지 말고 _ 민 1:49

레위 지파의 존재 이유는 오로지 하나님과 성막이었다. 그런 까닭에 레위 지파는 이스라엘의 심장이었다. 여기서 레위 지파와 아론과 모세의 관계를 살펴볼 필요가 있다. 정확하게 말하면 아론과 모세 역시 레위 지파이다. 레위는 아들을 셋 두었는데 '게르손, 고핫, 므라리'(민 3:17)이다. 둘째 고핫의 아들들이 '아므람, 이스할, 헤브론, 웃시엘'(민 3:19)인데, 모세와 아론은 아므람의 아들들이다. 이들 중 아론의 아들들을 구분하여 제사장으로 세우셨고(민 3:2-3), 그들로 하여금 가나안으로 들어갈 모든 준비를 하게 하셨다. 하지만 가나안으로 들어가는 것은 쉽지 않은 일이었고 전쟁은 불가피한 것이었다.

물론 단순한 전쟁이 아니라, 그것은 예배여야 했다. 그러므로 이스라엘의 전쟁을 위한 준비는 하나님께 드리는 제사가 시작이었던 까닭에, 제사장과 레위 지파가 중요했다. 하나님 앞에 바르게 선 제사장, 곧 지도자를 세우는 것이 모든 싸움의 중요한 출발점이었다는 뜻이다. 또한 이스라엘은 가나안 땅으로 가기 위해 하나님께서 명령하신 싸울 만한 인구를 계수한 일반인 인구조사(1-2장)에 이어 레위인의 인구조사와 준비를 별도로 한 뒤(3-4장), 전쟁하는 자들이 지켜야 할 규례와 율법들을 정리하였다(5-6장). 마지막으로 지도자들의 헌신(7장)과 함께 두 번째 유월절을 지켰다(9장). 가나안을 향해 출발할 준비를 다 마친 것이었다.

가나안 정탐 실패

둘째 해 둘째 달 스무날에 구름이 증거의 성막에서 떠오르매 이스라엘 자손이 시내 광야에서 출발하여 자기 길을 가더니 바란 광야에 구름이 머무니라 _민 10:11-12

구름이 성막 위에 떠올랐다. 위대한 행진을 알리는 표시였다. 드디어 대장정을 시작한 것이다. 이 대장정의 핵심은 하나님이 명령하신 것을 온전히 따르는 것이었다. 하지만 그들은 준비가 된 상태가 전혀 아니었다. 그들의 관심은 사명이나 제사장 나라가 아니라, 고작 애굽에서 종노릇의 대가로 먹었던 고기, 생선, 수박, 부추, 파, 마늘(민 11:4-6)을 그리워하는 것이었다. 단순히 먹는 문제만이 아니었다. '우리 정력이 쇠약하되'(개역, 민 11:6)라는 표현에서 알 수 있듯이, 세상 관심으로 가득 찬 육체에 불과했다. 모세가 이같은 이스라엘을 이끌고 우여곡절 끝에 도착한 곳은 가나안으로 들어서는 요충지인 가데스바네아였다. 모세는 그곳에서, 각 지파에서 한 명씩 뽑은 12명의 지도자를 정탐꾼으로 삼아 가나안 땅으로 들여보낸다. 정탐꾼들은 가나안의 풍성함도 보았지만, 에스골 골짜기의 헤브론에서 거인인 아낙 자손을 만났다. 그들의 결론이 두려움에 이른 이유였다. 여호수아와 갈렙을 제외한 10명의 정탐꾼이 선언하듯 말하였다.

… 우리는 능히 올라가서 그 백성을 치지 못하리라 그들은 우리보다 강하니라 하고 _민 13:31

얼핏 들으면 두려움에 찬 이들이 할 수 있는 발언일 수 있지만, 이 말은 다른 메시지를 주고 있었다. "그들은 우리보다 강하니라"라는 말은 "그들은 하나님보다 강하다"는 의미이기 때문이다. 정말 기막힌 메시지가 아닐 수 없었다. 어떻게 홍해를 건너고 광야를 지나온 이들이 이렇게 반응할 수 있을까? 궁금하지 않을 수 없다. 하지만 그들의 말에 그 이유가 들어 있다.

거기서 네피림 후손인 아낙 자손의 거인들을 보았나니 우리는 스스로 보기에도 메뚜기 같으니 그들이 보기에도 그와 같았을 것이니라 _민 13:33

그들의 말이 틀리진 않았다. 사실이기 때문이다. 하지만 그들이 아직도 보지 못하는 것이 있었다. 믿음이란 '(눈에 보이는) 사실을 다르게 보는 것'

이기 때문이다. '사실 너머에 있는 것'을 보는 것을 모른 것이다. 그것이 그들의 치명적인 무지였다.

믿음은 바라는 것들의 실상이요 보이지 않는 것들의 증거니 _히 11:1

부정적인 10명의 정탐꾼들의 부정적 메시지 때문에 여호수아와 갈렙이 "하나님이 우리와 함께 계시기에 그들은 우리의 밥이라"(민 14:9)고 외쳤지만 소용없었다. 오히려 이스라엘 백성들은 돌을 들어 두 사람을 쳐 죽이려 하였다. 그들의 행동은 하나님을 무시하고 믿지 않는다는 불신앙의 표현이었다. 이스라엘은 하나님 앞에서 더 이상 의미 없는 백성이었다. 그때 하나님은 모세에게 이스라엘을 전염병으로 멸하고, 모세를 중심으로 새로운 민족을 일으키겠다고 말씀하셨다. 능히 하실 수 있는 일이었다. 그런데 거기에 모세가 있었다. 모세는 하나님께 그 계획을 철회하시고 한번 더 기회를 주실 것을 요청하였는데, 하나님은 모세 때문에 그 뜻을 철회하신다. 모세 때문이었다.

여호와는 노하기를 더디하시고 인자가 많아 죄악과 허물을 사하시나 형벌 받을 자는 결단코 사하지 아니하시고 아버지의 죄악을 자식에게 갚아 삼사대까지 이르게 하리라 하셨나이다 구하옵나니 주의 인자의 광대하심을 따라 이 백성의 죄악을 사하시되 애굽에서부터 지금까지 이 백성을 사하신 것 같이 사하시옵소서 여호와께서 이르시되 내가 네 말대로 사하노라 _민 14:18-20

40년 광야 생활의 이유

하지만 이스라엘 백성은 대가를 치러야 했다. 하나님은 이스라엘 백성이 부정적인 정탐꾼들의 보고를 듣고 모세와 아론 앞에서 원망하며 탄식하던 말, "이 광야에서 죽었으면 좋았을 것을"(민 14:2)이라는 말대로 여호수아와 갈렙을 제외한 20세 이상의 사람들이 가나안에 들어가지 못하고 광야에서 죽게 하셨다. 그들이 정탐했던 40일의 날들을 연수로 계산하여 40년 동안 광야 생활을 하도록 하신 것이다.

> 너희는 그 땅을 정탐한 날 수인 사십 일의 하루를 일 년으로 쳐서 그 사십 년간 너희의 죄악을 담당할지니 너희는 그제서야 내가 싫어하면 어떻게 되는지를 알리라 … _민 14:34

하지만 그 일에는 부정적인 것만 있는 것이 아니다. 이후 광야에서 태어난 광야 세대는 40년간 광야 생활을 하는 동안 애굽 세대의 죽음을 보면서 하나님 앞에서 준비될 수 있었기 때문이다. 다른 종류의 '하나님 세대'가 출현하게 된 것이다. 하나님이 다시 기회를 주신 것이다.

민수기 1장부터 14장까지의 개관

가나안 정복을 위한 인구조사(1)가 진행되었는데, 진(陣)의 구성(2)과 레위 자손과 그 역할(3-4), 이스라엘의 성별로서 분리(5)를 가르치시고, 나실인(6)과 예배를 통한 성별(7), 그리고 성별되는 레위인(8)을 구분하셨다. 구름기둥과 불기둥(9)을 따라 시내 광야를 떠나지만(10), 끊임없는 이스라엘의 불평과 모세의 실패(11), 그리고 미리암의 실패(12)가 이어졌다. 드디어 가데스에서 가나안을 정탐하지만(13), 정탐 후의 원망은 40년 광야생활의 이유가 된다(14).

Reading Bible Checklist														민수기 1-14장
1	2	3	4	5	6	7	8	9	10	11	12	13	14	
●	●	●	●	●	●	●	●	●	●	●	●	●	●	

08

민수기 2

광야세대, 미드바르 제너레이션

• 민수기 15-36장 •

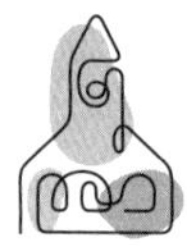

고라 반역사건

한바탕 하나님의 징계가 지난 후에, 하나님께서 제사 규례를 다시 설명하심으로 이스라엘에게 새로운 기회가 주어진다. 하지만 아직 '살아 있는' 애굽세대 이스라엘은 여전히 문제였다. 이번에는 레위 지파에서 문제가 발생했다. 모세에 대한 고라 자손의 반역 사건이었다.

이 반란의 주동자는 고라였는데, '레위의 증손 고핫의 손자 이스할의 아들'이다. 3장에 나오는 대로 레위는 세 아들 '게르손, 고핫, 므라리'(민 3:17)를 두었다. 그 중 고핫의 아들들이 '아므람, 이스할, 헤브론, 웃시엘'(민 3:19)인데, 모세와 아론은 첫째인 아므람의 아들들이었다. 그러므로 고라는 고핫의 둘째인 이스할의 아들로서 모세와는 사촌지간이다. 그런데 고라가 모세와 아론의 리더십을 문제 삼은 것이다.

… 회중이 다 각각 거룩하고 여호와께서도 그들 중에 계시거늘 너희가 어찌하여 여호와의 총회 위에 스스로 높이느냐 _민 16:3

그런데 그건 고라 단독의 소요가 아니었다. 고라는 이미 장자 르우벤의 자손인 엘리압의 아들 다단과 아비람과 벨렛의 아들 온과 함께 하고 있었고, '이스라엘 자손 총회에서 택함을 받은 자 … 이름 있는 지휘관 이백오십 명'(민 16:2)이 함께 하고 있었다. 혼자가 아니었다. 그러니 그들의 주장은 강력했다. 모세도 어찌할 수 없었다. 그가 할 수 있는 것은 그들에게 "너희가 너무 분수에 지나치다"(민 16:7)라는 말 외에 없었다. 하나님만이 개입하실 수 있는 상황이었다.

그렇다면 고라의 불만은 무엇이었을까? 도대체 무엇이 문제였던가? 모세의 말에 그 답이 담겨 있다.

이스라엘의 하나님이 이스라엘 회중에서 너희를 구별하여 자기에게 가까이 하게 하사 여호와의 성막에서 봉사하게 하시며 회중 앞에 서서 그들을 대신하여 섬기게 하심이 너희에게 작은 일이겠느냐 _민 16:9

고라는 자기 일이 제사장 직보다 부족하고 작은 일이라고 생각한 것이다. 하나님의 일에는 낮고 높음이 없는데 말이다. 사실 레위 지파 고라의 반역은 매우 강력하고 위험했다. 분명히 하나님이 정하고 계획하신 것을 거부한 것이었다. 이에 대한 하나님의 징벌은 매우 끔찍하였다. 묘사만 보아도 알 수 있지만, 끔찍한 지옥문을 연 것 같았다.

그들과 그의 모든 재물이 산 채로 스올에 빠지며 땅이 그 위에 덮이니 그들이 회중 가운데서 망하니라 _민 16:33

고라와 함께 했던 250명이 그때 여호와의 불로 심판받았고(민 16:35), 그 일로 말미암아 염병이 돌아 14,700명이 죽었다(민 16:49). 그런데 흥미롭게도 이후 민수기 26장의 인구조사를 보면 고라 자손이 살아남아 있음을 볼 수 있다.

땅이 그 입을 벌려서 그 무리와 고라를 삼키매 그들이 죽었고 당시에 불이 이

백오십 명을 삼켜 징표가 되게 하였으나 고라의 아들들은 죽지 아니하였더라 _민 26:10-11

이후에 그들의 삶을 바꿨기 때문이었다. 그들은 성전 문지기(대상 9:19)로, 빵 굽는 요리사(대상 9:31)로서 살았다. 이전에 고라가 소요를 일으켰을 때 투덜댔던 바로 그 '작은 일'(민 16:9)을 사랑하며 산 것이다. 그것이 생존의 이유였다. 우리는 여기서 하나님이 진정 원하시는 것이 심판이 아니라는 것을 알게 된다. 우리는 언제든 다시 시작할 수 있다. 고라의 자손들처럼 말이다. '작은 일'이라도 우습게 여기지 않고 있다면 말이다.

저주할 수 없는 사람들

레위 자손만이 문제는 아니었다. 이스라엘은 40년 광야생활 동안 고라 사건이나 놋뱀 사건 등을 거치면서 반역과 회복의 시간을 반복하였다. 그리고 드디어 요단강을 건너기 전, 이스라엘 자손이 여리고 맞은 편 모압 평지에 진을 쳤을 때다. 그것을 바라보고 있는 모압 족속에게는 이스라엘이 그 평원에 있는 것만으로도 두려움 자체였다. 그래서 모압 왕 발락은 당시에 널리 알려지고 용한 점술가인 발람을 불러 이스라엘을 저주하게 시켰다. 하지만 불가능한 일이었다. 도무지 저주할 수 없었다. 왜냐하면 이스라엘은 하나님으로부터 '복을 받은 자들'(민 22:12)이기 때문이었다. 이스라엘이 하나님의 편이라는 의미이다. 이것이 우리의 정체성이기도 하다. 이런 까닭에 발람은 오히려 이스라엘을 축복할 수밖에 없었다.

이처럼 하나님이 이스라엘과 함께 하고 있었지만 여전히 이스라엘은 문제였다. 이스라엘이 가나안 정복을 앞두고 싯딤에 머물게 되었을 때였다. 그들은 제사장 나라 백성으로서의 삶은 잊은 채 그 땅의 거민들과 음행을 하기 시작했다. 이것은 다른 형태로 변형된 '발람의 꾀'였다. 그같은 꾀의 핵심은 이스라엘의 욕망을 건든 것이었는데, 이스라엘이 속절없이 넘어간 것이다. 이같은 이스라엘에게 하나님은 강력한 형벌로 염병을 내리셨지만, 다행히 이스라엘은 속히 회개로 돌아왔다. 이스라엘 백성이 하나님의 진노하심을 보며 깨달아 회막 문 앞에 모여 울며 회개하기 시작한 것이다. 바로 그때였다. 시므온 지파의 지도자인 시므리(민 25:14)가 이같은 심각성을 모른 채 미디안의 여인을 데리고 온 것이다. 통곡하며 하나님 앞에 서 있는 이스라엘의 회개가 하찮아지는 순간이었다. 그러자 제사장 비느하스가 그것을 깨닫고 창으로 두 사람을 죽였는데, 순식간의 일이었다. 그가 그런 행동을 한 이유를 성경은 이렇게 적었다.

아론의 손자요 엘르아잘(엘르아살)의 아들인 비느하스 사제를 보아서 나는 이스라엘 백성에게서 진노를 거두었다. 너희 가운데에서 나의 질투를 같이 느낀 사람은 그밖에 없었다. 내키는 대로 했다면 이스라엘 백성을 다 없애 버렸을 것이다. _민 25:11 공동번역

비느하스는 하나님의 마음을 알고 행동한 것이었다. 이처럼 단 한 명, 하나님의 마음을 알고서 행동하는 사람 때문에 하나님의 진노가 멈춰졌다는 사실은 중요하다. 바로 그 사람이 희망의 자리이기 때문이다.

미드바르 제너레이션

이후, 하나님은 이스라엘에게 가나안 정복을 준비시키셨다. 그 주체는 광야에서 태어난 세대였는데, 소위 광야 세대(미드바르 제너레이션)였다.

이스라엘 자손의 온 회중의 총수를 그들의 조상의 가문을 따라 조사하되 이스라엘 중에 이십 세 이상으로 능히 전쟁에 나갈 만한 모든 자를 계수하라 하시니 _민 26:2

인구조사를 통해 드러난 이스라엘 자손의 숫자는 601,730명이었다(민

26:51). 이 인구는 이스라엘이 애굽에서 나온 다음 조사했던 첫 번째 인구조사(603,550명)에 비해 1,820명이 줄어든 것이었다.

2차 인구조사의 특징은 하나님이 가데스바네아에서 말씀하신 것처럼 광야 세대였다. 여호수아와 갈렙을 제외하고, 애굽에서 나온 20세 이상으로 이 인구조사에 포함된 사람은 없었다(민 26:64,66). 완전히 새로운 존재들이었다. 광야에서 단련된, 강력한 광야 세대였다. 이른바 '미드바르(광야) 제너레이션'이다. 모세의 시대가 끝났다는 뜻이었다. 그리고 하나님은 모세를 이어 여호수아를 택하셨다. 모세가 선택하여 함께 다닌 여호수아는 하나님의 마음에 합하였고, 하나님의 영이 머무는 자였다. 하나님이 여호수아를 택한 이유였다.

여호와께서 모세에게 이르시되 눈의 아들 여호수아는 그 안에 영이 머무는 자니 너는 데려다가 그에게 안수하고 … 네 존귀를 그에게 돌려 이스라엘 자손의 온 회중을 그에게 복종하게 하라 _민 27:18,20

'하나님의 영이 머무는 자', 그것이 모세가 여호수아를 후계자로 주장하지 않아도 하나님이 쓰시는 이유였다. 이제 모든 준비는 끝났다. 광야 세대의 가나안 정복이 시작된 것이다.

민수기 15장부터 36장까지의 개관

제사 규례를 다시 설명하시지만(15), 여전한 고라의 반역(16), 그 후 아론의 지팡이(17), 제사장과 레위인의 직무(18), 므리바 사건과 모세의 죄(20), 그리고 놋뱀 사건(21)까지, 흔들린 이스라엘의 이야기가 묘사된다. 그럼에도 그들이 요단 동쪽을 점령하게 하셨다(21). 모압 왕 발락이 발람에게 이스라엘을 저주하라는 요청을 하지만(22), 저주가 불가능한 이스라엘이었다(23-24). 여전히 모압땅 싯딤에서 음행하지만, 비느하스로 인해 재앙을 면한다(25). 가나안 땅을 정복할 준비로서 두 번째 인구조사가 이뤄지고(26), 제사와 절기와 서원 규례를 한다(27-30). 가나안 정복(31)과 땅의 분할(32-34), 레위 지파를 위한 성과 도피성(35), 이후 벌어질 가나안 땅의 상속 문제로 가나안 정복 이야기가 진행된다(36).

Reading Bible Checklist														민수기 15-36장
15	16	17	18	19	20	21	22	23	24	25	26	27	28	29
●	●	●	●	●	●	●	●	●	●	●	●	●	●	●
30	31	32	33	34	35	36								
●	●	●	●	●	●	●								

신명기

야웨 엘로헤누 야웨 에하드

• 신명기 1-34장 •

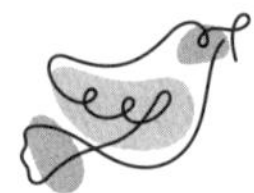

마흔째 해 열한째 달 그 달 첫째 날에 … 모세가 요단 저쪽 모압 땅에서 이 율법을 설명하기 시작하였더라 … _신 1:3,5

신명기(申命記)는 모세가 40년 광야 생활을 마치고 가나안 땅을 점령하기 전에 약 한 달간, 요단 북편 모압 땅에서 한 고별 메시지를 기록한 것이다. 그것을 들은 이들은 애굽에서 나온 세대가 아니라 광야에서 태어난 신세대였다. 모세는 그들에게 새롭게 해석된 '뉴 버전(new version)의 율법'을 전했는데, '전혀 새로운 세상, 가나안 땅이라는 그 미지의 세계와 미래 앞에서 이제 어떻게 행동하고 살아야 하는가?'에 대한 내용이었다. 그래서 책 제목이 '두 번째'(deutero)와 '율법'(nomos)이란 단어들이 합쳐진 '신명기'(Deuteronomy)가 된 것이다.

첫 번째 설교, 기억하는 것

신명기는 큰 범주로 모세가 한 3개의 설교로 이뤄지는데, 모세는 1장 1절부터 4장 43절까지 이어지는 첫 번째 설교에서 40년 동안의 광야 생활을 회상한다. 모세는 '하나님께서 이스라엘의 불신앙을 심판'하시지만, 또한 하나님의 새로운 계획과 축복을 말하면서 순종의 중요성을 강조한다. 그것의 핵심은 하나님을 기억하는 것이었다.

그런즉 너는 오늘 위로 하늘에나 아래로 땅에 오직 여호와는 하나님이시요 다른 신이 없는 줄을 알아 명심하고 오늘 내가 네게 명령하는 여호와의 규례와 명령을 지키라 … _신 4:39-40

두 번째 설교, 사랑이었다

두 번째 설교는 4장 44절부터 26장 19절까지이다. 이스라엘에게 펼쳐진 새로운 세상과, 하나님의 백성으로서 미래에 무엇을 어떻게 해야 할지를 가르친 것이다. 모세는 이를 위해 '이스라엘이 왜 하나님이 첫 번째로 주셨던 십계명과 규례를 버리고 살았는지'를 먼저 돌아본 것이다. 그 결과, 이스라엘이 첫 번째로 받은 십계명과 규례를 지키지 못한 이유를 '사랑의 결핍'에 있다고 진단하였다. 즉, 이스라엘이 십계명에서 계명과 순종이라는 명령적 구조만 보고, 그 속에 들어 있는 하나님의 사랑과 부르심을 간과했기 때문임을 안 것이다.

실제로 하나님께서 산 위, 불과 구름 가운데에서, 흑암 가운데에서(신 5:22) 첫 번째 십계명과 규례를 주셨을 때의 놀라운 광경을 모세가 설명하자 이스라엘은 심히 두려워했다. 그래서 모세가 십계명을 이야기한 후에, 이전에 십계명과 규례를 말할 때 언급하지 않았던 사랑을 말한 것임을 알 수 있다. 사실 이것은 모세가 40년 동안 광야 생활을 통하여 경험했던 것이기도 했다.

드디어 모세가 '들으라'로 시작되는 쉐마 명령을 하는데, 이 명령은 선언적 고백과 명령으로 나눠져 있다. 먼저는 절대 변할 수 없는 가치와 선언적 고백이었다.

"쉐마 이스라엘 야웨 엘로헤누 야웨 에하드."

"이스라엘아 들으라. 우리 하나님 야웨는 오직 하나이신 야웨시다."

그런데 이렇게 전능하며 유일하신 하나님께서 이스라엘의 하나님이 되신다는 것 자체가 사랑을 말하는 것이었다. 그런데도 그동안 사랑은 간과한 채 상하관계로서의 명령으로만 십계명을 이해했던 것이 문제였다. 더불어 기억해야 할 것은 유일하신 하나님이 이스라엘을 생각하신다는 것과 놀라운 사명으로 부르셨다는 사실이었다. 명령이지만 사명이기도 했다. 그런 까닭에 모세는 여호와가 하나님 되심과 놀라운 사명을 주셨다는 사실을 말하면서, 이것을 지키는 데 필요한 것은 순종이지만, 하나님에 대한 사랑이 필요하다는 사실을 말하였다. 그런데 '사랑하라'는 것은 명령이었다.

너는 마음을 다하고 뜻을 다하고 힘을 다하여 네 하나님 여호와를 사랑하라 _신 6:5

사랑이 먼저였다. 모세는 아예 이스라엘의 존재 이유인 한 분 하나님을 사랑하며 사는 것을 생활화할 것을 요청하였고, 자녀들에게도 똑같이 가르칠 것을 요청하였다.

오늘 내가 네게 명하는 이 말씀을 너는 마음에 새기고 네 자녀에게 부지런히 가르치며 집에 앉았을 때에든지 길을 갈 때에든지 누워 있을 때에든지 일어날 때에든지 이 말씀을 강론할 것이며 너는 또 그것을 네 손목에 매어 기호를 삼으며 네 미간에 붙여 표로 삼고 또 네 집 문설주와 바깥 문에 기록할지니라 _신 6:6-9

모세는 이제야 하나님의 마음을 안 것이다. 첫 번째 계명을 말할 때 표현하지 않았던 '사랑하라'를 말한 이유였다. 이것은 놀라운 설득이었다. 이스라엘 백성이 하나님을 사랑하는 것이 무엇인지 질문을 던지게 하였고, 그들을 제사장 나라로서 부르신 사명을 따르는 것으로 드러났기 때문이다. 또한 그같은 사랑에서 흘러나오는 반응으로서 듣고 지키고 준수하는 것이 중요하다는 것을 드러낸 것이었다. 그러므로 그들이 사명을 이루기 위해 '듣고'(50회), 하나님의 명령을 '기뻐함'(21회)으로 '행하고 지키고 준수'(177회)하는 것이 기꺼운 즐거움이 될 것이 분명했다. 이처럼 모세가 40년 동안 걸어왔던 세월의 이야기를 그렇게 언급하고, 두 번째 십계명을 다시 받은 이야기를 하고 난 후에 강조한 것도 사랑이었다.

이스라엘아 네 하나님 여호와께서 네게 요구하시는 것이 무엇이냐 곧 네 하나님 여호와를 경외하여 그의 모든 도를 행하고 그를 사랑하며 마음을 다하고 뜻을 다하여 네 하나님 여호와를 섬기고 내가 오늘 네 행복을 위하여 네게 명하는 여호와의 명령과 규례를 지킬 것이 아니냐 _신 10:12-13

세 번째 설교, 그래도 사랑

세 번째 설교는 27장부터 34장까지 기록된 것이다. 모세는 이스라엘이 요단을 건너 가나안 땅에 들어갈 때 큰 돌을 세우고 언약을 세울 것을 요청한다.

너희가 요단을 건너 네 하나님 여호와께서 네게 주시는 땅에 들어가는 날에 큰 돌들을 세우고 석회를 바르라 요단을 건넌 후에 이 율법의 모든 말씀을 그 위에 기록하라 … _신 27:2-3

모세는 순종으로 받는 복에 대해 1절에서 14절까지 이어지는 말씀으로 이스라엘 백성에게 설명했는데, 우리가 익히 아는 내용이다.

네가 네 하나님 여호와의 말씀을 청종하면 이 모든 복이 네게 임하며 네게 이르리니 성읍에서도 복을 받고 들에서도 복을 받을 것이며 네 몸의 자녀와 네 토지의 소산과 네 짐승의 새끼와 소와 양의 새끼가 복을 받을 것이며 네 광주리와 떡 반죽

그릇이 복을 받을 것이며 네가 들어와도 복을 받고 나가도 복을 받을 것이니라 _신 28:2-6

우리가 주의하고 잊지 말아야 할 것은 똑같은 내용의 반대 설명, 곧 저주받는 삶에 대하여는 15절부터 68절까지 훨씬 긴 내용을 말씀하셨다는 사실이다. 이것이 우리가 늘 기억하며 읽어야 할 부분이다. 깨어 잊지 말아야 한다는 의미에서, 같은 내용의 반대 설명인 저주의 말씀을 읽어보자.

네가 만일 네 하나님 여호와의 말씀을 순종하지 아니하여 내가 오늘 네게 명령하는 그의 모든 명령과 규례를 지켜 행하지 아니하면 이 모든 저주가 네게 임하며 네게 이를 것이니 네가 성읍에서도 저주를 받으며 들에서도 저주를 받을 것이요 또 네 광주리와 떡 반죽 그릇이 저주를 받을 것이요 네 몸의 소생과 네 토지의 소산과 네 소와 양의 새끼가 저주를 받을 것이며 네가 들어와도 저주를 받고 나가도 저주를 받으리라 _신 28:15-19

하지만 이같은 모세 설교의 종결부에서 강조한 것은 '다시 사랑'이었다. 하나님을 사랑할 것을 거듭하여 강조하였다.

곧 내가 오늘 네게 명령하여 네 하나님 여호와를 사랑하고 그 모든 길로 행하며 그의 명령과 규례와 법도를 지키라 하는 것이라 그리하면 네가 생존하며 번성할 것이요 또 네 하나님 여호와께서 네가 가서 차지할 땅에서 네게 복을 주실 것임이니라 _신 30:16

그리고 모세는 여호수아에게 리더십을 넘겼는데, 그때 모세가 여호수아를 축복하면서 한 마지막 부탁은 이것이었다.

너희는 강하고 담대하라 두려워하지 말라 그들 앞에서 떨지 말라 이는 네 하나님 여호와 그가 너와 함께 가시며 결코 너를 떠나지 아니하시며 버리지 아니하실 것임이라 … _신 31:6

이후 모세는 모압 평지 가나안이 보이는 느보산에서 여호수아에게 안수한 후, 그토록 사모하던 가나안 땅을 바라보며 하나님의 부르심을 받는다. 아름다운 사명의 완성이었다.

신명기 1장부터 34장까지의 개관

모세가 가나안 땅을 앞두고서 율법을 설명하고, 정탐꾼을 보냈다(1). 하나님은 에돔, 모압, 암몬과 싸우지 말라고 말씀하셨다(2). 므리바 물 사건 때문에 모세는 가나안으로 들어가지 못하지만(3), 이스라엘에게 자세히 설명한다. 하나님의 규례들(4)과 십계명(5)과 쉐마명령(6) 법도를 지키고(7), 무엇보다 여호와를 기억하라고 강조한다(8). 하지만 반역이 되풀이되고(9), 하나님은 다시 십계명을 주신다(10). 하나님은 축복과 저주(11), 예배 처소 문제(12), 우상숭배 척결 명령(13), 음식과 십일조(14), 빚 면제 법과 노예에 관한 법(15), 유월절, 칠칠절, 초막절의 절기 규례(16)와 시민법과 왕의 직무(17), 제사장과 레위인(18), 도피성(19), 전쟁의 법(20), 살인 처리법(21), 결혼 관련법(22), 총회법(23), 이혼과 재혼을 포함한 사회윤리(24-25), 그리고 토지 소산의 십일조를 가르치셨다(26). 에발 산에서 모세가 강력히 경고한다(27). 순종할 때의 복과 불순종할 때의 저주를 말씀하시고(28), 모압 땅에서 언약을 세웠다(29). 이스라엘이 복을 받는 길이었다(30). 마침내 여호수아가 모세를 이었는데(31), 모세의 노래(32)와 모세의 축복(33) 후, 모세는 느보산에서 가나안을 보며 죽는다(34).

Reading Bible Checklist														신명기 1-34장
1 ●	2 ●	3 ●	4 ●	5 ●	6 ●	7 ●	8 ●	9 ●	10 ●	11 ●	12 ●	13 ●	14 ●	15 ●
16 ●	17 ●	18 ●	19 ●	20 ●	21 ●	22 ●	23 ●	24 ●	25 ●	26 ●	27 ●	28 ●	29 ●	30 ●
31 ●	32 ●	33 ●	34 ●											

10

여호수아

지켜 행하고 조심하여 사랑하라

· 여호수아 1-24장 ·

하나님은 아브라함을 부르셨고 요셉을 사용하셨으며, 모세를 통하여 출애굽을 이끄셨다. 그런데 모세가 죽자(수 1:1-2) 이스라엘은 걱정한다. 하지만 하나님이 모세를 통하여 세운 여호수아가 있었다. 그래도 여호수아 역시 걱정하고 있었다. 그때 하신 하나님의 말씀은 놀라웠다. 모세에게 했던 것과 똑같이 여호수아와 함께 하시겠다는 말씀이었다.

네 평생에 너를 능히 대적할 자가 없으리니 내가 모세와 함께 있었던 것 같이 너와 함께 있을 것임이니라 내가 너를 떠나지 아니하며 버리지 아니하리니 강하고 담대하라 … _수 1:5-6

강하고 담대해야 할 것

그러므로 담대할 것을 요청하셨다. 하지만 그것은 가나안 정복 전쟁에 대한 이야기만이 아니었다. 그보다 먼저 강하고 담대히 지켜야 할 것이 있었는데, 바로 말씀이었다.

오직 강하고 극히 담대하여 나의 종 모세가 네게 명령한 그 율법을 다 지켜 행하고 우로나 좌로나 치우치지 말라 그리하면 어디로 가든지 형통하리니 이 율법책을 네 입에서 떠나지 말게 하며 주야로 그것을 묵상하여 그 안에 기록된 대로 다 지켜 행하라 그리하면 네 길이 평탄하게 될 것이며 네가 형통하리라 _수 1:7-8

드디어 여호수아의 인도 아래 제사장들은 언약궤를 메고 요단강을 건넌다. 그때는 모맥을 거두는 시기였고 물이 언제나 언덕까지 넘쳤다. 하지만 믿음으로 걸음을 나서자 물은 멈춰 섰다. 그들이 마른 땅을 건널 수 있었던 이유였다(수 3:15-17). 이것은 또 다른 의미의 홍해사건이었고, 특별하고 엄청난 믿음의 행동이었다. 그런데 이 사건이 홍해사건과 다른 점은, 지금의 이스라엘에게는 의심이 없다는 것이었다. 과연 다른 광야 세대였다. 그들은 요단을 건넌 후 하나님의 말씀을 좇아 요단강에서 돌들을 취하여 열두 개를 세웠는데, 그 일은 모세가 말한 것의 성취였다.

너희가 요단을 건너 네 하나님 여호와께서 네게 주시는 땅에 들어가는 날에 큰 돌들을 세우고 석회를 바르라 요단을 건넌 후에 이 율법의 모든 말씀을 그 위에 기록하라 … _신 27:2-3

이상한 명령

이스라엘이 요단강을 건넌 후 제일 먼저 한 일은 군사적 행동이 아니라 길갈에서 한 할례였다. 이것 역시 하나님이 명령하신 일이었다. 광야에서 난 자들은 할례를 받지 못한(수 5:5) 까닭이었다. 할례는 하나님과 언약을 맺은 새로운 백성이란 뜻으로 반드시 해야 할 일이었다. 그러나 인간적으로 생각하면 적이 알면 큰일 날 상황이 된 것이다.

우리는 여기에서 매우 중요한 것을 깨닫게 된다. 우선순위에 관한 것이다. 전쟁이 아무리 코앞에 닥친다 해도 먼저 할 일이 있다는 것이다. 우리가 놓치지 말아야 하는 부분이다. 이렇게 이스라엘은 40년 동안 광야생활을 마치는 일로서 길갈에서 할례를 행한 후 여리고 평지에 진을 쳤고, 그곳에서 유월절을 지켰다(수 5:10). 그런데 그 다음날부터 40년 동안 매일 그들을 먹여 살렸던 만나가 그친다.

유월절 이튿날에 그 땅의 소산물을 먹되 그 날에 무교병과 볶은 곡식을 먹었더라 또 그 땅의 소산물을 먹은 다음 날에 만나가 그쳤으니 이스라엘 사람들이 다시는 만나를 얻지 못하였고 그 해에 가나안 땅의 소출을 먹었더라 _수 5:11-12

'만나가 더 이상 내리지 않았다!' 이 말은 하나님의 보호가 끝났다는 뜻이 아니다. 이제부터 가나안의 소산을 먹어야 한다는 뜻이었다. '가나안 땅은 이제 너희들의 땅이다'라는 의미였다. 그때 여호수아가 만난 이가 바로 여호와의 군대장관이다. 하나님은 그를 통해 이 전쟁이 어떻게 진행될 것인지를 보여주셨다.

여호와의 군대 대장이 여호수아에게 이르되 네 발에서 신을 벗으라 네가 선 곳은 거룩하니라 하니 여호수아가 그대로 행하니라 _수 5:15

여리고는 문제가 아니다

'네 발에서 신을 벗으라!' 여호수아가 밟는 땅이 거룩한 땅이라는 말이었고, 하나님이 늘 함께하신다는 말이었다. 전쟁 승리의 이유였다. 그러므로 가나안의 관문에 있는 견고한 성 여리고도 아무런 문제가 되지 않았다.

이스라엘은 우선 하나님의 명령을 따라 성 주위를 조용히 돌았는데, 아침 일찍 일어나서(수 6:12) 여리고 성을 한 바퀴 돌아 진으로 돌아와서는 잠을 자는 것이 전부였다(수 6:11).

여호와의 궤가 그 성을 한 번 돌게 하고 그들이 진영으로 들어와서 진영에서 자니라 _수 6:11

물론 그들이 일주일 동안 여리고 성 주변을 돌면서 아무것도 하지 않은 건 아니다. 그들이 한 일은 오로지 하나님만 생각하는 것이었다. 이것은 이미 애굽 세대들이 홍해 앞에서 경험했던 것이었다.

모세가 백성에게 이르되 너희는 두려워하지 말고 가만히 서서 여호와께서 오늘 너희를 위하여 행하시는 구원을 보라 너희가 오늘 본 애굽 사람을 영원히 다시 보지 아니하리라 여호와께서 너희를 위하여 싸우시리니 너희는 가만히 있을지니라 _출 14:13-14

사실 광야 40년은 하나님만 바라보는 '거룩한 응시'의 훈련이었다. 하나님은 지금의 이스라엘에게 그때와 똑같이 요청하고 계신 것이었다. 40년 동안의 광야 경험 가운데에서 그들이 배운 것은 '싸움의 주체가 하나님이시라는 것'이고, '그들이 할 일은 하나님을 의존하는 것'뿐이라는 교훈이었다. 그러므로 이스라엘이 여리고 성 앞에서 할 것은 하나님을 생각하는 것이었다. 하나님을 묵상하는 것, 그것이 그들의 힘의 근원이었다. 드디어 이스라엘 백성이 행동하였는데, 그것은 고작 함성이었다. 이 전쟁에서 이스라엘이 한 거의 유일한 일이었다. 하지만 여리고 성이 무너졌다.

… 백성이 나팔 소리를 들을 때에 크게 소리 질러 외치니 성벽이 무너져 내린지라 … _수 6:20

아이 성이 문제였다

'여리고 성이 무너지다!' 상상할 수 없는 일이었다. 하지만 하나님이 함께 하심으로 승리한 것이었다.

이스라엘은 여리고 성을 점령한 후, 다음 성인 아이 성으로 이동하였다. 아이 성은 여리고 성에 비하면 보잘 것 없었다. 정탐을 마친 정탐꾼들이 여호수아 장군에게 보고한 내용을 보면 알 수 있다.

백성을 다 올라가게 하지 말고 이삼천 명만 올라가서 아이를 치게 하소서 그들은 소수이니 모든 백성을 그리로 보내어 수고롭게 하지 마소서 _수 7:3

정말 가벼운 성이었다. 하지만 결과는 참담한 패배였다. 36명 정도가 죽은 것에 불과했지만, 패배주의와 절망감이 이스라엘 진영을 휩쓸었다. 그와 같은 절망감은 여호수아에게도 똑같이 다가왔다.

이르되 슬프도소이다 주 여호와여 어찌하여 이 백성을 인도하여 요단을 건너게 하시고 우리를 아모리 사람의 손에 넘겨 멸망시키려 하셨나이까 우리가 요단 저쪽을 만족하게 여겨 거주하였더면 좋을 뻔하였나이다 _수 7:7

멋있던 여호수아는 온데간데 없었다. 물론 여호수아가 이렇게 반응한 것은 아이 성 전투의 패배가 확실히 하나님이 도우시지 않은 거라는 걸 알았기 때문이지만, 그것은 여호수아의 진정한 모습이기도 했다. 하나님이 없으면 아무것도 아닌 존재, 그것이 이스라엘의 모습이기도 했다.

그런데 아이 성 패배의 원인에는 또 다른 이유가 있었다. 그것은 유다 지파 아간이 자기를 위해 가로챈 전리품과 관계가 있었다. 전리품은 '시날 산의 아름다운 외투 한 벌과 은 이백 세겔과 그 무게가 오십 세겔 되는 금덩이 하나'(수 7:21)였다. 아간 한 사람에게는 큰 재물일 수 있지만, 민족 전체로 보면 보잘 것 없는 것이었다. 그런데 그걸 하나님이 문제 삼으신 것이다. 하나님이 싫어하시는 일이었다. 아주 작은 것이라 할지라도 하나님을 속이고 자기 뜻대로 행동하는 것 말이다. 그들은 정결해야 했다.

갈렙이 있었다

이스라엘은 여호수아의 인도 아래 가나안의 전 지역을 점령해갔으나, 여전히 점령하지 못한 지역이 남아 있었다. 그 중에서도 가데스바네아에서 12명의 정탐꾼 중 10명이 두려워했던 아낙 자손이 사는 헤브론이었다.

그때 갈렙이 나섰다.

그 날에 여호와께서 말씀하신 이 산지를 지금 내게 주소서 당신도 그 날에 들으셨거니와 그 곳에는 아낙 사람이 있고 그 성읍들은 크고 견고할지라도 여호와께서 나와 함께 하시면 내가 여호와께서 말씀하신 대로 그들을 쫓아내리이다 하니 _수 14:12

갈렙이 이스라엘 지파들이 꺼려하던 땅, 아낙 자손이 거하는 헤브론 지경을 달라고 한 것이었다. 당연히 그날 이후로 그곳에서의 전쟁은 끝이 난다. 갈렙 때문이었다. 놀랍게도 그때 갈렙의 나이는 85세였다. 여호수아와 함께 최고령이었다.

헤브론의 옛 이름은 기럇 아르바라 아르바는 아낙 사람 가운데에서 가장 큰 사람이었더라 그리고 그 땅에 전쟁이 그쳤더라 _수 14:15

가나안 땅은 전쟁이 끝난 후에 각 지파 별로 분배된다. 땅 분배가 다 끝난 후, 여호수아는 요단강 동편을 배정받았던 르우벤 지파, 갓 지파, 므낫세 반 지파가 자기 땅으로 돌아가는 것을 허락한다.

이처럼 가나안에 들어온 지 오랜 시간이 흘러 이스라엘은 어느 정도 안정을 찾았다. 그 사이에 여호수아의 나이도 많이 들어 죽음이 가깝게 되었다. 그런데 여호수아는 하나님의 품에 들어가기 전에 이스라엘의 모든 지도자에게 꼭 하고 싶은 이야기가 있었다. 여호수아는 그들을 불러 모았다(수 23:2). 그는 그 자리에서 자신이 수행했던 전쟁 승리의 비결을 먼저 꺼냈는데, 여호수아의 고별 설교다.

너희의 하나님 여호와께서 너희를 위하여 이 모든 나라에 행하신 일을 너희가 다 보았거니와 너희의 하나님 여호와 그는 너희를 위하여 싸우신 이시니라 _수 23:3

하나님을 가까이 하라

'하나님이 우리를 위하여 싸우셨다!' 여호수아가 하고 싶었던 가장 핵심적인 말이었다. 여호수아나 군사들이 싸운 것이 아니라 하나님이 싸우셨다! 그러므로 비록 앞으로 정복해야 할 땅이 있을지라도 걱정할 일이 아니라고 말한 것이다.

… 너희의 하나님 여호와께서 너희에게 말씀하신 대로 너희가 그 땅을 차지할 것이라 _수 23:5

이를 위해 이스라엘이 반드시 해야 할 것이 있었다. 첫째는 말씀을 지키는 것이었고(수 23:6), 둘째는 하나님의 백성으로서 자부심을 가지고 가나안과 섞이지 않으며 다른 신은 절대로 섬기지 않는 것이었다(수 23:7). 여호수아는 이것을 다른 말로 표현하였다.

오직 너희 하나님 여호와를 친근히 하기를 오늘날까지 행한 것 같이 하라 _수 23:8 개역한글

'하나님을 친근히(가까이) 하라!' 여호수아가 이것을 강조한 이유는 간단했다. 하나님과 친밀한 관계를 유지하는 것이 승리의 원인이라는 것을 알았기 때문이다. 우리와 함께 계시는 하나님이 우리를 위하여 싸우실 것을 알았기 때문이었다.

너희 중 한 사람이 천 명을 쫓으리니 이는 너희의 하나님 여호와 그가 너희에게 말씀하신 것 같이 너희를 위하여 싸우심이라 _수 23:10

이어 여호수아가 마지막으로 정말 강조한 것은 모세가 자신과 이스라엘 백성에게 부탁했던 것이었는데, '하나님을 사랑하는 것'이었다.

여호수아는 모세가 이야기하였던 "마음을 다하고 뜻을 다하고 힘을 다하여 네 하나님 여호와를 사랑하라"(신 6:5)는 표현을 좀 다르게 바꿔 말하였는데, 참 아름다운 표현이었다.

그러므로 스스로 조심하여 너희의 하나님 여호와를 사랑하라 _수 23:11

'스스로 조심하여', 여호수아와 이스라엘이 가나안 정복을 기가 막히게 하였지만, 그것은 그들 스스로 한 것이 아니라는 고백이기도 했다. 그것을 잊지 말라고 부탁한 것이다.

… 두 아모리 왕을 몰아낸 것은 너희의 칼도, 너희의 화살도 아니었다. _수 24:12 공동번역

모든 것을 하나님이 하셨음을 잊지 말라는 뜻이다. 여호수아가 강조하고 싶은 것이었다. 그래서 여호수아는 죽기 전에 마지막으로 이스라엘 백성에게 일편단심 사랑을 요청하였다.

그러니 여러분은 이제 야훼를 경외하며 일편단심으로 그를 섬기시오. … _수 24:14 공동번역

하지만 여호수아가 그걸 무조건 강요하지는 않았다. 하나님께서 그동안 역사한 것을 보면서 느낀 이 기막힌 사실을 이스라엘이 잘 알면서도 거부한다면, 그들을 그냥 내버려두는 것이 오히려 적절하다고 생각한다. 그래서 이제는 스스로 결단할 것을 요청하였다.

만일 야훼를 섬기고 싶지 않거든, 누구를 섬길 것인지 여러분이 오늘 택하시오. … _수 24:15 공동번역

이렇게 백성에게 요청하면서 "오직 나와 내 집은 여호와를 섬기겠노라"(수 24:15)고 선언한다. 물론 이스라엘 백성 모두 역시 여호수아처럼 오직 하나님만 섬기겠다고 고백한다. 이것이 세겜에서 한 신앙고백이었다.

여호와께서 또 모든 백성들과 이 땅에 거주하던 아모리 족속을 우리 앞에서 쫓아내셨음이라 그러므로 우리도 여호와를 섬기리니 그는 우리 하나님이심이니이다 하니라 _수 24:18

이것이 여호수아의 마지막이었다. 그리고 이스라엘이 그 약속을 한 이

들이 살아 있는 동안 하나님을 섬기며 살았다고 기록하지만, 무엇인가 아쉬운 결말이었다.

이스라엘이 여호수아가 사는 날 동안과 여호수아 뒤에 생존한 장로들 곧 여호와께서 이스라엘을 위하여 행하신 모든 일을 아는 자들이 사는 날 동안 여호와를 섬겼더라 _수 24:31

여호수아 1장부터 24장까지의 개관

모세를 이은 지도자 여호수아에게 하나님이 말씀하셨다(1). 여리고 정탐(2) 후 요단강을 기적으로 건너고(3), 기념 돌비를 길갈에 세운다(4). 길갈에서 할례(5)하고 여리고 성을 정복한다(6). 아간의 범죄와 아이 성 패배(7), 아이 성 점령과 에발 산 언약 갱신(8), 기브온이 속이고 맺은 맹약(9), 그 맹약을 지키고 아모리로부터 구한다(10). 북부 가나안을 정복하고(11), 정복된 왕들(12), 요단 동쪽 분배(13), 요단 서쪽 분배(14), 유다의 땅과 기업(15), 요셉과 에브라임의 땅(16), 므낫세의 땅(17), 나머지 땅의 분배와 베냐민의 땅(18), 시므온, 스불론, 잇사갈, 아셀, 납달리, 단의 땅(19), 도피성(20)과 레위인을 위한 성읍(21), 요단 동편 분배로 보냄받음과 정착(22), 여호수아의 마지막 부탁(23), 세겜에서 언약의 갱신, 이후 여호수아가 죽다(24),

Reading Bible Checklist														여호수아 1-24장
1 ●	2 ●	3 ●	4 ●	5 ●	6 ●	7 ●	8 ●	9 ●	10 ●	11 ●	12 ●	13 ●	14 ●	15 ●
16 ●	17 ●	18 ●	19 ●	20 ●	21 ●	22 ●	23 ●	24 ●						

사사기

하나님만이 왕이십니다

• 사사기 1-21장 •

'여호수아가 죽은 후에'(삿 1:1)라는 말로 사사기는 시작되지만, 가나안 땅 점령은 계속되었다. 그 전쟁의 선봉장은 갈렙이 있는 유다 지파였다. 그들은 아낙의 세 아들이 있는 헤브론을 점령하였다. 하지만 이후의 전쟁은 순조롭지 않았다. 모든 지파가 승리한 것도 아니었다. 쫓아내지 못하고 패배하는 일이 벌어진 것이다.

> 골짜기의 주민들은 철 병거가 있으므로 그들을 쫓아내지 못하였으며 … 베냐민 자손은 예루살렘에 거주하는 여부스 족속을 쫓아내지 못하였으므로 … 므낫세가 … 주민들을 쫓아내지 못하매 … 에브라임이 게셀에 거주하는 가나안 족속을 쫓아내지 못하매 … 스불론은 기드론 주민과 나할롤 주민을 쫓아내지 못하였으므로 … 아셀이 … 납달리는 … _삿 1:19-33

패배의 이유

엄밀히 살피면 패배의 또 다른 이유는 타협이었다. 정확하게 말해, 이스라엘에게는 노예가 필요했기 때문이었다. 그것이 전쟁에 패했거나 대충 싸운 이유였다.

납달리 지파는 벳세메스 주민과 벳아낫 주민을 몰아내지 못하고, 그 땅의 주민인 가나안 사람과 섞여 살면서, 벳세메스와 벳아낫 주민을 부역꾼으로 삼았다. _삿 1:33 표준새번역

하나님의 명령을 따라 제대로 점령하지 않고 타협한 것이다. 그것이 그들의 문화와 우상을 섬기게 되는 이유로 작용하게 된다. 이것을 하나님이 경고하지만, 그들은 듣지 않는다.

그러므로 내가 또 말하기를 내가 그들을 너희 앞에서 쫓아내지 아니하리니 그들이 너희 옆구리에 가시가 될 것이며 그들의 신들이 너희에게 올무가 되리라 하였노라 _삿 2:3

그런데 문제는 정작 여호수아가 110세에 죽으면서 벌어졌다(수 2:8). 이스라엘은 기막히게도 여호수아가 사는 날 동안과 여호수아 뒤에 생존한 장로들, 곧 여호와께서 이스라엘을 위하여 행하신 모든 큰 일을 본 자들이 사는 날 동안만 제대로 여호와를 섬겼던 것이다(삿 2:7). 여호수아서의 마지막 기록에서 우리가 읽은 걱정이 현실이 된 것이다. 그리고 매우 빠른 속도로 타락과 죄된 지경에 이른다. 기억하지 못하고 알지 못하는 자들의 비극인데, 사사기는 그 이유를 이렇게 기록하였다.

그 세대의 사람도 다 그 조상들에게로 돌아갔고 그 후에 일어난 다른 세대는 여호와를 알지 못하며 여호와께서 이스라엘을 위하여 행하신 일도 알지 못하였더라 _삿 2:10

알지 못한 것이 이유였다. 하나님을 아는 지식이 없었다. 쉐마 명령에서 보았듯이 하나님께서 계명을 주셨고, 귀에 못이 박히도록 말씀하셨고 행동하게 하셨지만, 그들은 제대로 지키지 않았다. 분명히 그들의 아버지와

어머니는 자녀들을 가르치지 않은 것이다. 정확하게 말하면, 부모 자신도 지키지 않았음을 의미하였다. 이같은 일이 벌어진 것, 곧 하나님을 모르는 백성이 되는 것은 하나님과 관계없는 백성이 된 것을 의미했다. 그들을 부르신 하나님의 소명, 곧 제사장 나라로서의 삶이 전혀 의미없게 되는 것을 말했다. 하나님이 재앙을 내리신 이유였다. 계명을 주시면서 경고하신 것의 결과이지만, 재앙을 주신다는 것은 한편으로 아직도 하나님이 포기하지 않으셨다는 뜻이기도 했다.

그들이 어디로 가든지 여호와의 손이 그들에게 재앙을 내리시니 곧 여호와께서 말씀하신 것과 같고 여호와께서 그들에게 맹세하신 것과 같아서 그들의 괴로움이 심하였더라 _삿 2:15

사사를 주시다

하나님은 재앙을 내리시지만 금방 돌이키셨다. 하나님의 본심이 아니었다는 뜻이다. 또한 하나님께서 사사를 세우신 이유이기도 했다. 그러나 이스라엘 백성은 괜찮아지면 다시 '속히 치우쳐'(삿 2:17) 원래대로 돌아갔다. 사사기는 이같은 이스라엘의 모습을 '자기의 소견에 옳은 대로'(삿 17:6;21:25) 행한 삶이라고 표현하였다.

그 때에 이스라엘에 왕이 없으므로 사람이 각기 자기의 소견에 옳은 대로 행하였더라 _삿 21:25

이유는 '왕이 없으므로'라고 설명하는데, 이스라엘은 세속적인 왕을 생각한 것이다. '하나님이 왕이시라는 사실'이라는 사실을 간과하고 말이다. 그들은 가나안 땅의 문화와 정치, 심지어 종교의 영향을 이미 받고 있었던 까닭에 세속적인 왕을 원한 것이다. 비록 가나안 땅에 정착하게 된 하나님의 백성이었지만, 하나님은 그들에게 왕, 곧 절대적으로 신앙하는 존재가 아니었다. 이처럼 그들이 하나님과 관계없는 존재가 되자 "그들의 조상들보다 더욱 타락하여 … 그들의 행위와 패역한 길을 그치지 아니하였"(삿 2:19)고, 급기야 가나안 땅의 사람들과 동화되어갔다.

그들의 딸들을 맞아 아내로 삼으며 자기 딸들을 그들의 아들들에게 주고 또 그들의 신들을 섬겼더라 _삿 3:6

이스라엘 백성들에게 하나님이 주신 십계명과 규례는 그들이 누구인지를 알게 하는 매우 중요한 것이었는데, 그것들을 가볍게 여기고 버렸기 때문에 이 지경에 이른 것이고, 자신들의 생각을 좇아, 즉 자기 소견대로 행하게 된 이유였다.

가끔 우리는 '자기 소견에 옳은 대로 행동하는 것이 반드시 틀린 것인가?' 하는 의문을 제기한다. 물론 그렇지 않을 수도 있겠지만, 그것은 우리가 본래적으로 타락한 존재라는 사실을 인정하지 않기 때문이다. 아담과 하와 이래 계속된 인간들의 죄의 모습이었다

사실 루터가 이야기한 것처럼, 우리의 죄는 '본래적'이다. 우리의 소견대로 움직일 때는 죄로 흐르는 경향이 있다는 뜻이다. 그러므로 사사기에서 '자기 소견에 옳은 대로 행하였다'고 한 말은 '하나님의 소견에 옳은 대로 행하지 않았다'는 말과 같은 것이다. 그러므로 우리에게 필요한 것은 '인간의 자율성'이 아니라 '하나님에게로의 의존성'이다. 인간이 스스로 완벽한 삶을 살 수 있다고 주장하는 것이 아니라. 우리의 제한성을 인정하는 것이 중요하다. 주님은 이것을 '자기부인의 삶'이라고 말씀하셨다.

사사기의 구조

이후 사사기는 매우 단순한 구도로 기록된다. 하나님은 죄를 행하고 타락한 이스라엘에 대해 진노하셔서, 이스라엘을 대적의 손에 넘기심으로 징

벌하신다. 그때 이스라엘이 회개하고 하나님을 구하면 사사를 세우고 구원하신다. 이같은 사이클이 약 400년간 반복되었다. 이 시대가 사사 사무엘을 포함하여 모두 17명의 사사가 활동한 소위 사사시대이다.

여기서 우리가 주의할 것은, 사사들이 탁월한 엘리트가 아니었다는 점이다. 사사기의 가장 많은 분량을 차지하고 있는 몇 사람을 살펴보아도 충분히 알 수 있다. 예를 들어 에훗은 당시에 천하게 취급받던 왼손잡이였다(3:15). 삼갈은 소를 모는 목동이었고(삿 3:30), 드보라(삿 4-5)는 당시에 천대받던 여자였으며, 기드온(삿 6-8)은 스스로 고백한 것처럼 겁많고 약한 자였다(삿 6:11-12,15). 입다(삿 11-12)는 기생의 아들이었고 잡류 출신이었다(삿 11:1-3). 그는 성급하게 서원함으로 자신의 딸을 번제로 드려야 하는 어리석음을 범하기도 한다. 반면에 마지막 사사인 삼손(삿 13-16)은 나실인으로 준비된 자처럼 보였지만, 실상은 호색한(好色漢)이었다. 그는 아내가 있지만 기생을 찾는 등 여색(女色)에 약한 모습을 보이다(삿 16:1), 결국 블레셋의 덫이었던 들릴라 때문에 죽음에 이르게 된다.

중요한 것은 이같이 약점투성이인 이들을 이스라엘의 구원을 위한 하나님의 사사들로 세우셨다는 점이다. 무엇을 말하고 있는 것일까? 모자라고 부족한 것 투성이였던 사사들을 통하여 그들이 두려워하는 적들을 물리치게 하셨다는 말은, 그들이 그렇게 원하는 왕이 없어도 싸움의 주체가 그들이 아니라는 뜻이었다. 사사든 왕이든 전쟁은 하나님께 속해 있다는 뜻이었다. 그런데 그렇게 사사를 세우기를 반복했음에도 불구하고, 이스라엘은 그것을 인식하지 못했다. 비극이다.

비극의 시작

첫 번째, 사사기 1장 1절에서 3장 6절까지는 이스라엘의 죄와 사사들을 세우시는 하나님을 그리는 서론이다. 특히 2장은 사사기의 요약 부분이라고 말할 수 있다.

두 번째, 3장 7절에서 16장까지는 사사 옷니엘부터 시작하여 총 17명의 사사가 활동했던 이야기들을 사건별로 기록한 것으로, 400년간 이어지는 암흑시대이다.

세 번째, 17장에서 21장까지는 연대기적으로 볼 때 사사 이야기 앞에 위치해야 옳지만, 하나님이 이스라엘을 징벌하신 이유, 즉 이스라엘의 죄를 자세히 기록한 부분이다.

여기서 알 수 있는 이스라엘의 죄는 두 가지로 설명된다. 첫째는 미가 신상 사건을 통해, 개인과 지파 전체에 퍼져 있는 우상숭배의 상태(삿 17-18장)이다. 둘째는 한 레위인의 첩과 기브아 사건을 통해 알 수 있는 광범위한 도덕적 타락이다(삿 19장). 이 사건은 더러운 행위를 한 베냐민 지파와 이스라엘 동족간의 싸움으로 발전하여 한심한 난맥상을 보인다. 이로써 사사기 시대의 타락한 모습들을 기록하고 사사기는 끝을 맺는다(삿 20-21장).

사사기는 이 모든 것을 기록하면서, "이스라엘에 왕이 없으므로 사람이 각기 자기의 소견에 옳은 대로 행하였더라"(삿 21:25)라는 결론을 맺는다. 그들에게 왕이 필요하다는 결론이었다. 그들은 통제가 필요하다는 뜻이었다. 이에 하나님이 그들을 위해 왕을 세우기로 작정하셨고, 사울을 왕으로 세우신 이유였다. 하나님의 양보, 하나님의 타협이었다. 그러나 비극의 시작이었다.

착각하지 말라. 믿음이 좋다는 것은 내가 스스로 할 수 있는 존재가 된다는 뜻이 아니라 하나님을 더 철저하게 의존하는 존재가 된다는 뜻이다. 그런데 이스라엘이 그 점을 놓쳤다. 그렇게 하나님을 떠나 독립적인 존재가 되고 인간 왕국을 계획하는 순간, 하나님은 시야에서 사라졌다. 그것은 제사장 나라로서 사명을 상실하는 것과 마찬가지였다.

계속된 가나안 정복 전쟁과 실패(1). 그 실패의 이유는 우상숭배와 하나님의 백성됨을 잊었기 때문이다(2). 그로 인해 환난을 당하고, 이스라엘이 돌아서면 사사를 통하여 구원하셨다. 옷니엘, 에훗, 삼갈(3)을 세우시고, 가나안에 대항하기 위해 드보라와 바락을 세우셨다(4). 미디안에 대항하기 위해 기드온을 세우시고(6), 그는 미디안을 정복한다(7-8). 사사 아비멜렉이 왕이 되려 했다가 망한다(9). 사사 돌라와 야일을 세우시고, 암몬에 대항하기 위해 입다를 세우셨지만(10), 입다의 어리석은 서원은 문제가 있었다(11). 이후 입다와 에브라임의 싸움, 그리고 사사 입산과 압돈을 거쳐(12), 블레셋에 대항하기 위한 삼손이 출생한다(13). 삼손은 죄악된 결혼을 하였지만(14), 블레셋과 싸움에서 당나귀 턱뼈를 가지고 승리했다(15). 하지만 들릴라에게 눈 먼 삼손은 실패에 이른다(16). 타락의 극치로 미가 개인을 위한 제사장이 세워지고(17), 단 지파의 우상숭배는 심각했다(18). 심지어 타락한 레위 사람이 첩을 두고, 그 첩은 베냐민 지파 기브아 거민에 의한 강간 사건으로 희생된다(19). 그로 인해 이스라엘과 베냐민 지파 사이에 전쟁이 일어나고 대규모 살육이 벌어진다(20). 그 후 이스라엘이 후회하지만, 동조하지 않은 길르앗 주민을 살육한다(21). 그로 인해 씨가 끊길 것 같자, 실로의 여인들을 보쌈하여 이어가려 한다(21). 자기 소견대로 산 모습 자체였다.

Reading Bible Checklist														사사기 1-21장
1 ●	2 ●	3 ●	4 ●	5 ●	6 ●	7 ●	8 ●	9 ●	10 ●	11 ●	12 ●	13 ●	14 ●	15 ●
16 ●	17 ●	18 ●	19 ●	20 ●	21 ●									

12

룻기

나의 하나님이십니다

• 룻기 1-4장 •

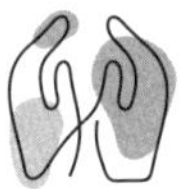

사사들이 치리하던 때에 그 땅에 흉년이 드니라 유다 베들레헴에 한 사람이 그의 아내와 두 아들을 데리고 모압 지방에 가서 거류하였는데 _룻 1:1

'사사들의 치리하던 때에'라는 표현은 '타락, 징벌, 간구, 구원'을 반복하는 사사시대를 말한다. 그때 이스라엘은 곤경에 처하면 하나님께 아쉬운 요청을 하다가, 문제가 해결되면 헌신짝처럼 잊고 버리는 배신의 역사를 걷고 있었다. 400년 동안 17명의 사사가 존재했던 것도 그것을 말하지만, 특히 사사기 17장에서 21장까지 기록된 '미가 집안이 하나님을 함부로 대한 사건'과 함께 레위인의 첩과 기브아 사건 등에서 알 수 있듯이, 이미 종교적, 도덕적 타락과 쾌락을 위한 자기 욕망을 좇는 것이 만연한 사회였다. 서로의 신의를 지키는 것이나 하나님과의 약속을 지키는 것이 의미없는 시대였다. 그것이 룻기의 배경이다.

나의 하나님이십니다

사사기 시대에 유대인인 나오미 가정이 모압으로 이주해 살면서, 두 아들이 모압 여자들과 결혼한다. 그런데 행복하지 못했다. 두 아들이 이국 땅에서 모두 죽은 것이다. 그래서 나오미는 할 수 없이 고향으로 돌아가기로 결정한다. 그리고 며느리들에게는 선택권을 주었다. 그들은 모압 여자였기 때문에, 남편도 없는 마당에 굳이 나오미를 좇아 고향을 떠날 이유가 없었다. 그런데 룻이 시어머니 나오미를 따르겠다고 결정한 것이다. 여기서 룻이 나오미에게 말하는 고백이 매우 중요하다.

룻이 이르되 내게 어머니를 떠나며 어머니를 따르지 말고 돌아가라 강권하지 마옵소서 어머니께서 가시는 곳에 나도 가고 어머니께서 머무시는 곳에서 나도 머물겠나이다 어머니의 백성이 나의 백성이 되고 어머니의 하나님이 나의 하나님이 되시리니 _룻 1:16

개역개정의 번역을 읽으면, 그 뉘앙스는 '지금까지는 아니었지만, 이제부터는 어머니의 하나님이 나의 하나님이 될 것'이라는 말로 보인다. 그러나 히브리어 성경을 읽으면 다음과 같다.

'우바아쉘 탈리니 알린 암메크 암미 웨로하이크 엘로하이.'

'우바아쉘 탈리니(당신이 머물게 되는 곳에) 알린(나도 머물겠습니다)'이라는 것이다. 이 구절에서 '머물다'는 의미를 가진 동사 '린'이 있는데 '칼동사'로서 미완료형이다. 그러므로 "어머니께서 머무시는 곳에서 나도 머물겠나이다"라는 번역이 틀린 것은 아니다. 그런데 재미있는 것은 이어지는 '암메크 암미 웨로하이크 엘로하이'에 동사가 없다는 점이다. 직역하면 '암메크 암미' 곧 '당신의 백성이 내 백성'이고, '웨로하이크 엘로하이' 곧 '그리고 당신의 하나님이 나의 하나님'이 된다. 이처럼 동사가 없는 까닭에 개역개정은 앞의 문장과 같이 칼동사 미완료형으로 번역한 것으로 보인다. 그래서 가능한 해석이지만, 엄밀하게 말하면 지나친 해석일 수 있다. 그러므로 칼동사 미완료로 번역하지 않고 있는 그대로 번역하면 '당신의 백성이 내 백성이며 당신의 하나님이 나의 하나님이다'라고 번역할 수 있다. 공동번역은 이같은 방법으로 번역했다.

"어머님 가시는 곳으로 저도 가겠으며, 어머님 머무시는 곳에 저도 머물겠습니다. 어머님의 겨레가 제 겨레요 어머님의 하나님이 제 하나님이십니다."

그러므로 얼핏 보면 룻이 어머니를 택한 것처럼 보이지만, 룻은 이미 하나님을 믿는 백성이었다는 뜻이다. 그래서 룻은 시어머니 나오미와 함께 하나님을 따라나선 것이다.

룻의 헤세드

시어머니와 같이 간 베들레헴에서의 삶은 궁핍했다. 룻은 밭에서 일하다가 떨어진 이삭을 주워 식량으로 삼아야 했는데, 보아스가 룻이 이삭 줍는 것을 허락한다. 보아스가 나오미 집안의 기업을 무를 자 중에 하나(룻 2:20)였는데, 이미 소식을 들어 룻을 알고 있었기 때문이었다.

보아스가 그에게 대답하여 이르되 네 남편이 죽은 후로 네가 시어머니에게 행한 모든 것과 네 부모와 고국을 떠나 전에 알지 못하던 백성에게로 온 일이 내게 분명히 알려졌느니라 여호와께서 네가 행한 일에 보답하시기를 원하며 이스라엘의 하나님 여호와께서 그의 날개 아래에 보호를 받으러 온 네게 온전한 상 주시기를 원하노라 하는지라 _룻 2:11-12

나오미는 룻이 보아스를 만난 사실을 알고서 그의 은혜를 구하게 하였다. 룻 역시 자신에게 친절을 베푸는 보아스를 보며 어머니의 말에 동의한다. 도덕적 부패가 난무했던 시절에 룻이 보인 태도, 그녀가 보여준 신의는 아름다운 것이었다. 사실 보아스에게도 마찬가지였다. 분명 그가 '기업

무를 자' 중에 하나였지만, 룻은 젊거나 더 부유한 자를 따를 수도 있었다. 하지만 그녀는 친절을 베푼 보아스를 존중했다. 그래서 기업 무를 자로 보아스에게 기댄 것이다. 그런 룻을 보아스는 기꺼이 받아들인다.

그가 이르되 내 딸아 여호와께서 네게 복 주시기를 원하노라 네가 가난하건 부하건 젊은 자를 따르지 아니하였으니 네가 베푼 인애가 처음보다 나중이 더하도다 _룻 3:10

여기서 보아스가 말한 '너의 베푼 인애(헤세드)가 처음보다 나중이 더하도다'에서 쓰인 단어 '헤세드'에 주의할 필요가 있다. 놀랍게도 보아스가 룻의 모습을 보면서 '헤세드'라는 단어를 썼기 때문이다. 물론 하나님의 헤세드와 비교할 수 없겠지만, 룻에게서 하나님의 '헤세드'를 본 것이다.

알다시피 헤세드는 하나님의 사랑, 은혜, 자비, 친절 등으로 번역되는데, 구약에서 245번 나온다. 룻기에는 '선대'(1:8), '은혜'(2:20), '인애'(3:10)라는 말로 번역되었다. 이처럼 다양하게 번역되고 있는 '헤세드'를 이해하기 위해서는 먼저 '베리트', 즉 언약을 이해할 필요가 있다.

예를 들어 하나님이 다윗과 언약, 곧 베리트를 맺으셨다. 그 언약은 계속 진행된다. 이처럼 언약이 진행되는 상태를 '은혜' 혹은 '은총'이라는 의미로 '헤세드'라 부르는 것이다. 그래서 솔로몬은 아버지 다윗과의 언약을 상기하면서, 하나님이 베풀어주신 '은혜'(헤세드)를 감사하며 일천번제를 드린 것이다.

솔로몬이 이르되 주의 종 내 아버지 다윗이 성실과 공의와 정직한 마음으로 주와 함께 주 앞에서 행하므로 주께서 그에게 큰 은혜를 베푸셨고 주께서 또 그를 위하여 이 큰 은혜를 항상 주사 오늘과 같이 그의 자리에 앉을 아들을 그에게 주셨나이다 _왕상 3:6

이처럼 하나님의 헤세드는 하나님의 언약에 따른 일방적이고 계속된 사랑을 말한다. 그토록 끊임없이 반복하는 이스라엘의 배신의 역사에도 불구하고 하나님이 포기하지 않으신 이유이다. 여기에 룻기의 의미가 있다. 그러니까 룻기는 하나님의 헤세드에 응답하지 못하고 배신을 반복하는 이스라엘을, 비록 이방 여인이지만 하나님의 헤세드를 드러낸 룻을 통하여 설득하려는 의도가 있음을 알 수 있다.

그렇다면 보아스는 "너의 베푼 인애가 처음보다 나중이 더하도다"라는 말을 왜 했을까? 사실 보아스는 나이가 들도록 상속자가 없었던 것으로 보인다. 그런데 룻이 그와 결혼한 것뿐 아니라 아들 오벳을 낳아 상속을 잇게 하였기 때문일 것이다. 이후 룻은 이방 여인으로서 다윗의 증조모가 되고(룻 4:17) 예수의 족보에 기록되었다(마 1:5).

> 살몬은 보아스를 낳았고 보아스는 오벳을 낳았고 오벳은 이새를 낳고 이새는 다윗을 낳았더라 _룻 4:21-22

의리의 룻

우리는 룻기를 통하여 이방인이 처음부터 제외되고 이스라엘만 택함받은 것이 아님을 알 수 있다. 누구든지 하나님을 인정하는 자들은 하나님의 자녀가 된다는 사실이다. 아브라함처럼 믿음이 있는 자는 모두 아브라함의 후손이 된다는 진리를 룻기에서도 발견할 수 있다.

> 아브라함이 하나님을 믿으매 그것을 그에게 의로 정하셨다 함과 같으니라 그런즉 믿음으로 말미암은 자들은 아브라함의 자손인 줄 알지어다 _갈 3:6-7

마지막으로 재미있는 것은 '룻'이라는 단어의 뜻이다. 고유명사이지만 일반명사로는 '친구, 우정'을 뜻한다. 요즘 쓰는 말로 하면 '의리'라고 할 수 있다. 하나님의 엄청난 '헤세드' 앞에서 인간이 보여야 할 태도라 할 수 있다. 사실 우리가 하나님의 헤세드에 상응할 만한 삶을 살 수는 없겠지만, '의리 정도는 있어야 하지 않는가' 하는 질문을 룻기가 말하고 있음을 알 수 있다.

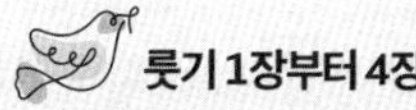

룻기 1장부터 4장까지의 개관

모압 땅에서 남편들이 죽자, 룻은 시어머니 나오미를 좇아 베들레헴에 온다(1). 룻이 이삭을 줍는 과정에서 보아스를 만나게 되는데(2), 그는 나오미 집안의 기업 무를 자로서, 룻은 보아스에게 기업 무를 것을 요청한다(3). 이를 받아들인 보아스는 룻과 결혼하여 아들을 두는데(4), 룻은 다윗의 증조모가 되고 예수의 족보에 들어온다.

Reading Bible Checklist 룻기 1-4장

1	2	3	4											
●	●	●	●											

13

사무엘상 1

순종이 제사보다 낫다

· 사무엘상 1-15장 ·

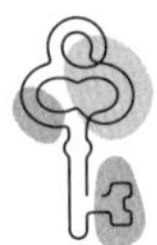

사무엘상의 시작은 마지막 사사인 사무엘이다. 그는 부패한 엘리 제사장과 그 가문의 몰락을 보며 하나님의 소명을 받는다. 그때만 해도 그는 흠 없이 준비된 하나님의 사사였다. 그는 엘리 제사장과 그의 아들들인 제사장 홉니와 비느하스가 하나님께 드려진 제물을 자기 마음대로 처분하는 등 하나님께 드리는 제사를 멸시하는 태도를 취하고(삼상 2:12-17), 심지어 성전에서 수종 드는 여인과 간음을 행하는(삼상 2:22) 범죄로 인하여 두 아들이 죽는 것을 보았다. 그 일로 인하여 엘리 제사장마저 의자에서 넘어져 목이 부러진 채 죽는 비참함도 보았다(삼상 4:18). 그 일들은 엘리 제사장이 아들들을 잘 양육하지 못한 결과였다.

왕을 요구한 이유

분명 사무엘은 그같은 아픔은 피하고 싶었을 것이다. 하지만 사무엘이 나이가 들자 자신을 대신할 사사로 세운 아들 요엘과 아비야 역시 놀랍게도 엘리의 아들들처럼 자기 이익을 따라서 움직이고, 뇌물받기를 즐겨하며 바른 정치를 하지 않았다. 사사로서 사무엘 아들들의 역할은 매우 미흡하였다. 급기야 이스라엘 백성은 사무엘의 아들들과 사무엘을 원망하기 시작하였다. 결국 이스라엘의 모든 장로들이 사무엘에게 나아가 항의하며 왕을 요구하는 일이 벌어졌다(삼상 8:4).

그에게 이르되 보소서 당신은 늙고 당신의 아들들은 당신의 행위를 따르지 아니하니 모든 나라와 같이 우리에게 왕을 세워 우리를 다스리게 하소서 한지라 _삼상 8:5

엘리 제사장과 그 아들들의 말로를 뼈저리게 기억하고 있었을 사무엘이 그 정도는 아니지만 유사한 비참함을 경험한 것이다. 이런 일이 왜 벌어진 것일까? 분명 사무엘은 자신이 경험했던 엘리 제사장의 경우 때문에 아들들의 교육에 깊이 신경 썼을 것이다. 매우 주의깊게 가르쳤을 것이다. 사무엘은 분명 바른 의지가 있었을 것이다. 하지만 그는 인간적 의지로 아들들을 양육한 것으로 보인다. 실제로 사무엘의 두 아들이 사사가 된 것은 사무엘이 한 일이었다. 사사 옷니엘이 세워질 때의 기록과 사무엘의 아들들이 사사로 세워질 때의 기록을 비교해서 읽으면 알 수 있다.

여호와의 영이 그에게 임하셨으므로 그가 이스라엘의 사사가 되어 나가서 싸울 때에 여호와께서 메소보다미아 왕 구산 리사다임을 그의 손에 넘겨 주시매 옷니엘의 손이 구산 리사다임을 이기니라 _삿 3:10

사무엘이 늙으매 그의 아들들을 이스라엘 사사로 삼으니 _삼상 8:1

그러므로 이스라엘이 왕을 요구한 것은 사무엘의 잘못과도 관계가 있지만, 이스라엘의 마음 역시 잘못되었기 때문이다. 이스라엘이 사무엘의 아들들을 핑계로 사무엘에게 왕을 세워달라고 요청했기 때문이다. 하지만 하나님은 이스라엘의 의도를 알고 있었다.

이는 그들이 너를 버림이 아니요 나를 버려 자기들의 왕이 되지 못하게 함이니라 _삼상 8:7

잊은 것 때문이다

표면적으로는 사무엘을 버리는 것이지만, 진짜 이유는 하나님을 버린 것이었다. 그러나 더 결정적인 이유는, 하나님이 이스라엘을 제사장 나라로 부르셨지만 그들 스스로 자신의 정체성을 상실하고 스스로 '모든 나라와 같이' 생각한 것이다. 그래서 왕을 요청한 것이다. 하나님이 이스라엘의 왕이시라는 사실을 간과한 것이다. 잊은 것이다.

우리도 다른 나라들같이 되어 우리의 왕이 우리를 다스리며 우리 앞에 나가서 우리의 싸움을 싸워야 할 것이니이다 _삼상 8:20

하나님은 이같은 이스라엘을 보면서, 왕정 제도의 위험성을 경고하시면서도 이스라엘이 원하는 가장 완벽한 왕을 세우셨다. 그가 사울이다. 집안도 유력하였고 외모로도 완벽하였다.

기스에게 아들이 있으니 그의 이름은 사울이요 준수한 소년이라 이스라엘 자손 중에 그보다 더 준수한 자가 없고 키는 모든 백성보다 어깨 위만큼 더 컸더라 _삼상 9:2

또한 매우 겸손하기까지 하였다. 사무엘이 사울을 만나 하나님의 계획을 이야기했을 때 그의 반응이 증명한다.

나는 이스라엘 지파의 가장 작은 지파 베냐민 사람이 아니니이까 또 나의 가족은 베냐민 지파 모든 가족 중에 가장 미약하지 아니하니이까 당신이 어찌하여 내게 이같이 말씀하시나이까 _삼상 9:21

이렇게 멋있는 사람이었기에, 사울이 왕이 되었을 때 모든 백성은 만족하였다(삼상 10:24). 완벽한 왕이었다. 더욱이 하나님은 모든 것을 아끼지 않고 사울을 지원하셨다. 하나님의 영이 사울에게 임하셨고, 하나님의 예언자 그룹에 속할 만큼 거룩하게 구별하셨다. 인간적으로도 완벽했지만, 하나님의 영이 임재함으로 거룩하게 구별하신 것이다.

네게는 여호와의 영이 크게 임하리니 너도 그들과 함께 예언을 하고 변하여 새 사람이 되리라 _삼상 10:6

하지만 사무엘은 알고 있었다. 자신조차 실패한 것을 보면서 '인간의 완벽함이란 것이 아무것도 아니라는 것'을 말이다. 그런 까닭에 그가 이스라엘의 요청을 따라 사울을 왕으로 세웠지만, 걱정한 것은 왕정제도로 인한 그들의 멸망이었다. 이스라엘 백성에게 이렇게 말한 이유이다.

나는 너희를 위하여 기도하기를 쉬는 죄를 여호와 앞에 결단코 범하지 아니하고 선하고 의로운 길을 너희에게 가르칠 것인즉 너희는 여호와께서 너희를 위하여 행하신 그 큰일을 생각하여 오직 그를 경외하며 너희의 마음을 다하여 진실히 섬기라 _삼상 12:23-24

완벽함의 올무

'완벽한 왕' 사울, 하지만 바로 그 완벽함이 사울의 올무가 되었다. 방향을 잘못 잡았기 때문이다. 사울은 늘 절대 완전하신 하나님 앞에서 자신을 보아야 했는데, 하나님이 아니라 자신의 완벽을 본 것이다. 왕이 되었기 때문에 벌어진 일이었다. 높아진 것, 정상에 오른 것이 문제였고, 그 순간 자신보다 더 높게 평가받는 다윗이 그의 눈에 들어온 것이다. 그로 하여금 평생 다윗을 향한 질투와 비교의식에 사로잡혀 살았고, 결국 망하게 된 이유가 된다. 사울 스스로 자신이 완벽하다 여겼기에, 다윗을 용납할 수 없었던 것이다. 이미 그의 교만은 아담과 하와가 범한 것과 같이 하나님을 향하고 있었다. 블레셋이 쳐들어왔을 때의 일이 그 증거이다. 전쟁을 시작해야 하는데, 사무엘이 늦게 오자 사울이 대신 하나님께 번제를 드렸다.

월권이었다. 사울은 예배를 자기가 원하는 일의 도구로 사용한 것이다. 하나님 없이, 자기가 왕이 되어 행동한 것이다. 이것은 시작이었다. 마침내 결정적 사건이 벌어지는데, 아말렉과의 전쟁에서 이긴 사울이 하나님의 말씀에 순종하지 않고 자기 마음대로 전리품을 처리하고 취한 것이다. 하나님은 안중에도 없었다. 하나님이 그것을 아셨다.

"나는 사울을 왕으로 삼은 것을 후회한다. 그가 나에게 등을 돌렸고 내가 시키는 대로 하지 않았다." 사무엘은 애가 타서 밤새도록 야훼께 부르짖었다. _삼상 15:11 공동번역

그의 행동은 하나님에게 등을 돌린 것이었고, 의도적인 태도가 그 안에 있었다. 이렇게 된 것은 그가 모은 20만 명의 군사와 강력한 왕권의 구축과 관계있을지 모른다. 부요와 성공, 권력이 그를 무너지게 한 것이다. 그때 순종할 수 없는 존재가 되고 말았다. 사무엘이 하는 이야기에서 알 수 있다.

사무엘이 이르되 왕이 스스로 작게 여길 그때에 이스라엘 지파의 머리가 되지 아니하셨나이까 _삼상 15:17

사무엘이 아쉬워하며 사울에게 하던 말을 우리도 주의해야 한다.

사무엘이 이르되 여호와께서 번제와 다른 제사를 그의 목소리를 청종하는 것을 좋아하심 같이 좋아하시겠나이까 순종이 제사보다 낫고 듣는 것이 숫양의 기름보다 나으니 _삼상 15:22

그것이 끝이었다. 사울이 사무엘에게 사정하며 돌아선 듯 보였으나, 아니었다. 그 마지막을 성경은 이렇게 기록하였다.

사무엘이 죽는 날까지 사울을 다시 가서 보지 아니하였으니 이는 그가 사울을 위하여 슬퍼함이었고 여호와께서는 사울을 이스라엘 왕으로 삼으신 것을 후회하셨더라 _삼상 15:35

이후 남은 것은 다윗에게 묶인 비참한 자의 삶이었다. 마지막 죽음에 이를 때까지 그는 다윗 때문에 살았고 다윗 때문에 최후를 마친다. 여기서 이런 질문을 던지지 않을 수 없다.

"거룩한 부자가 불가능하고, 절대 권력의 겸손은 불가능한가?"

그러므로 그런 존재가 되기를 구하는 것보다, 매일 하나님 앞에 서서 살아가는 수련을 게을리하지 말아야 한다. 자신을 믿지 말고 하나님을 온전히 믿음으로써 말이다.

사무엘상 1장부터 15장까지의 개관

사무엘이 태어난다(1). 한나가 하나님께 기도드리지만, 그당시 제사장 엘리의 제사장 아들들은 죄악 자체였다. 하나님의 저주를 받는 삶을 살고 있었다(2). 그때 하나님이 사무엘을 부르셨다(3). 돌아서지 못한 엘리와 아들들은 언약궤를 들고 전쟁에 나가지만 죽는다(4). 비록 빼앗겼지만, 언약궤는 블레셋에게는 저주였다(5-6). 이후 사무엘이 이스라엘을 다스리지만(7) 이스라엘은 왕을 요구하였다(8). 그들의 요청 앞에 하나님은 인간적으로 가장 근사한 사울을 택하시고(9), 사무엘에게 기름을 붓게 하여 왕으로 삼으니(10), 길갈에서 왕으로 추대되었다(11). 사무엘이 이스라엘에게 경고하는 설교를 하였다(12). 인간적으로 근사한 왕은 자신의 분수를 넘었고, 그때 사울이 무너졌다(13). 사울은 더 이기적인 비신앙으로 나아갔고(14), 아말렉과의 싸움 후, 이기적 욕망을 드러낸 사울을 하나님이 버리신다(15).

Reading Bible Checklist 사무엘상 1-15장

1	2	3	4	5	6	7	8	9	10	11	12	13	14	15
●	●	●	●	●	●	●	●	●	●	●	●	●	●	●

14

사무엘상 2

마음을 빼기지 말라

· 사무엘상 16-31장 ·

사울의 문제가 인간적인 완벽함과 자기중심주의에서 나온 삶, 곧 하나님의 통치를 받지 않는 삶의 전형이라면, 다윗은 사울과 전혀 달랐다. 다윗은 외모부터 사울과 달랐다. 인간적인 기준으로 볼 때 겉모습은 왕의 제목이 전혀 아니었다. 그래서 사무엘마저 혼동했다. 그때 하나님이 이렇게 말씀하셨다.

여호와께서 사무엘에게 이르시되 그의 용모와 키를 보지 말라 내가 이미 그를 버렸노라 내가 보는 것은 사람과 같지 아니하니 사람은 외모를 보거니와 나 여호와는 중심을 보느니라 _삼상 16:7

사도행전은 이 부분을 좀 더 자세히 설명하였다.

다윗을 왕으로 세우시고 증언하여 이르시되 내가 이새의 아들 다윗을 만나니 내 마음에 맞는 사람이라 내 뜻을 다 이루리라 _행 13:22

마음을 보셨다는 뜻

하나님이 중요하게 여기시는 것은 외적인 것이 아니라 내적인 마음이었다. 하나님이 다윗의 마음을 보셨다는 것은 하나님을 의지하고 하나님을 인정하는 왕을 찾으셨다는 뜻이었다. 그러므로 다윗의 강점은 마음이었다. 동시에 우리의 가능성이기도 하다.

하나님이 중요하게 여기시는 것이 스펙이 아니라 마음, '중심'이기 때문이다. 다른 말로 하면 심장이 살아 있는 사람이라는 뜻이다. 다윗은 하나님이 통치하시는 심장을 가진 사람이었다. 그 심장을 가진 자의 연주는 사울에게 들린 악신(악령)을 쫓아낼 수 있었고(삼상 16:23), 골리앗 같은 강한 적 앞에서도 전혀 위축되지 않았다. 싸움의 핵심이 칼과 창이 아니라 하나님에게 속해 있다는 걸 알고 있었던 것이다.

여기 모인 모든 사람은 이제 야훼께서는 칼이나 창 따위를 써서 구원하시는 것이 아니라는 사실을 알게 되리라. 야훼께서 몸소 싸우시어 네놈들을 우리 손에 넘겨주실 것이다. _삼상 17:47 공동번역

골리앗의 무기는 칼과 창이었지만, 다윗의 무기는 하나님이었다. 그가 골리앗에게 나아가며 외치던 말이 너무나 아름다운 이유이다

너는 칼과 창과 단창으로 내게 나아 오거니와 나는 만군의 여호와의 이름 곧 네가 모욕하는 이스라엘 군대의 하나님의 이름으로 네게 나아가노라 _삼상 17:45

이런 아름다움 때문에 사울의 아들 요나단은 다윗의 모습을 보며 '자기 생명처럼 사랑'(삼상 18:2 현대인의성경)하였고, 사울 역시 그를 자신의 곁에 있게 하였다. 그리고 군대의 사령관으로 임명하였지만, 사람들의 반응은 사울을 거슬리게 하였다. 특히 여인들이 부르는 '다윗 송'이 그를 불안하게 하였다. 사울 스스로 레임덕을 느낀 것이다.

여인들이 뛰놀며 노래하여 이르되 사울이 죽인 자는 천천이요 다윗은 만만이로

다 _삼상 18:7

그때부터였다. 사울은 다윗에게 딸 미갈을 주어 사위로 삼지만, 거짓이었다. 인생의 목적을 다윗을 죽이는 것으로 삼았다. 아무런 이유 없이, 그 존재를 보는 것이 고통이었기 때문이다. 그런 아버지를 보며 요나단이 하는 말이 기막히다.

어찌 까닭 없이 다윗을 죽여 무죄한 피를 흘려 범죄하려 하시나이까 _삼상 19:5

도망자의 삶

그때부터 다윗은 도망자의 삶을 살아야 했다. 결국 다윗은 유대 땅에서 살 수 없었고, 도망친 곳은 골리앗의 고향인 블레셋 땅 가드였다(삼상 17:4). 그곳에서 목숨을 부지하기 위하여 미친 척까지 한다. 다른 방법이 없었다.

… 그는 갓 나라 왕 아기스가 몹시 두려워 사람들 앞에서 일부러 미친 시늉을 하다가 사람들에게 붙잡혀서는 발작을 일으키고 성문짝에 글자를 되는 대로 써갈기기도 하며 수염에 침을 흘리기도 하였다. _삼상 21:13-14 공동번역

그런데 미친 척하는 것도 한시적일 수밖에 없다는 것을 안 다윗이 피신한 곳은 아둘람 굴이었다. 아둘람 굴은 이제 더 이상 아무것도 의지할 수 없는 다윗이 갈 수 있는 마지막 피난처였다. 그런데 비록 굴로 숨어든 것이었지만, 하나님의 그늘 아래로 피한 것이었다.

시편 57편은 다윗이 아둘람 굴로 피했을 때 쓴 시인데, 그 첫 구절에서 하나님을 바라보는 다윗의 심경을 알 수 있다.

나를 불쌍히 여기소서. 하느님, 나를 불쌍히 여기소서. 당신께 이 몸을 숨기렵니다. 이 태풍이 지나기까지 당신의 날개깃 그 속에 이 몸을 숨기렵니다. _시 57:1 공동번역

모든 인간적인 방법이 사라져버린 순간에 할 수 있는 고백이었다. 하나님을 전적으로 의존함이었다. 그것이 다윗의 힘의 근원이기도 했다. 특히

고난을 통해 자신의 완전한 무력함을 느끼는 순간, 하나님을 향한 마음은 완전히 확정되었다. 시편 57편에서 그것을 고백하는데, 이 시편은 '다윗이 사울을 피하여 굴에 있던 때에'라는 표제어가 붙어 있다.

하나님이여 내 마음이 확정되었고 내 마음이 확정되었사오니 내가 노래하고 내가 찬송하리이다 내 영광아 깰지어다 비파야, 수금아, 깰지어다 내가 새벽을 깨우리로다 _시 37:7-8

그러는 사이에 사람들이 아둘람 굴로 몰려오기 시작하였다. 동병상련을 겪고 있는 자들이 온 것이긴 하지만, 하나님이 일하시는 방법이었다. 어느 사이엔가 400여 명이 모여 있었다.

환난당한 모든 자와 빚진 모든 자와 마음이 원통한 자가 다 그에게로 모였고 그는 그들의 우두머리가 되었는데 그와 함께 한 자가 사백 명 가량이었더라 _삼상 22:2

하나님 앞의 겁쟁이

이처럼 다윗은 사울을 피하며 도망치고 다녔지만, 언제나 하나님을 의식하며 하나님 앞에 서 있는 자였다.

어느 날 사울이 서슬 퍼런 모습으로 다윗을 찾아 엔게디 광야까지 좇아왔을 때였다. 엔게디는 사해 근처의 도시로, 엔게디 광야로 갔다는 것은 더 이상 도망할 곳이 없는 끝을 의미했다. 그런데 사울이 다윗을 찾다가, 뒤를 볼(개역성경은 '발을 가리다'로 번역했다) 곳을 찾으러 다윗이 숨어 있는 동굴로 들어온다. 무장이 완전 해제된 상태로 혼자 굴로 들어온 것이다. 다윗과 다윗의 부하들은 사울을 죽일 수 있는 절호의 기회를 만난 것이다. 부하들이 죽이자고 하였다. 하지만 다윗은 그렇게 할 수 없었다. 한 일이라고는 고작 사울의 겉옷자락을 가만히 벤 것뿐이었다.

여호와께서 당신에게 이르시기를 내가 원수를 네 손에 넘기리니 네 생각에 좋은 대로 그에게 행하라 하시더니 이것이 그날이니이다 하니 다윗이 일어나서 사울의 겉옷 자락을 가만히 베니라 _삼상 24:4

더 기막힌 것은 그 후에 보인 다윗의 태도이다. 다윗은 기름 부음 받은 자의 겉옷 자락을 자르는 것조차 힘들어했기 때문이다.

그리 한 후에 사울의 옷자락 벰으로 말미암아 다윗의 마음이 찔려 자기 사람들에게 이르되 내가 손을 들어 여호와의 기름 부음을 받은 내 주를 치는 것은 여호와께서 금하시는 것이니 그는 여호와의 기름 부음을 받은 자가 됨이니라 _삼상 24:5-6

엄밀하게 말하면 다윗은 용맹스러운 사람이 아니었다. 하나님을 두려워하는 하나님 앞의 겁쟁이였다. 하나님 없이는 아무것도 할 수 없었던 사람이었다. 그래서 사울과 싸울 수 없는 것이고, 하나님의 흔적이 있는 사울을 죽일 수 없었던 것이다. 달리 말해서 하나님에게 철저히 속한 하나님의 사람이었다. 이렇게 하나님을 의식하는 것이 다윗이라는 존재였다.

반면에 평생 다윗만 좇아 다니던 사울은 블레셋과의 싸움에서 패배하고 길보아 산에서 스스로 죽는다. 마침내 완전한 종말을 만난 것이다.

이에 사울이 자기의 칼을 뽑아서 그 위에 엎드러지매 무기를 든 자가 사울이 죽음을 보고 자기도 자기 칼 위에 엎드러져 그와 함께 죽으니라 사울과 그의 세 아들과 무기를 든 자와 그의 모든 사람이 다 그날에 함께 죽었더라 _삼상 31:4-6

사무엘상 16장부터 31장까지의 개관

사무엘이 다윗에게 기름을 부었고(16), 그 후 하나님은 사울을 떠나가셨다(16). 하나님이 함께 하는 다윗이 골리앗을 이기자(17) 이스라엘은 열광하는데, 그럴수록 사울은 다윗을 불쾌히 여겼다. 곁에 잡아두기 위해 사위로 삼는다(18). 그리고 가능한 기회를 봐서 다윗을 죽이려 하였다(19). 사울과 달리 요나단은 다윗을 진정 친구로 사랑하여 위기에서 피하도록 돕는다(20). 사울의 의도를 안 다윗은 적국 블레셋 왕 아기스에게 도망하여, 미친 척하며 목숨을 보존해야 했다(21). 이후 아둘람굴로 피했고, 이 과정에서 다윗을 도운 아비멜렉 등 놉의 제사장들은 사울에게 죽임을 당한다(22). 이처럼 점점 더 조여오자, 다윗은 엔게디 요새로 피하였다(23). 그곳까지 찾아온 사울이 오히려 죽을 위험에 처했지만, 다윗이 사울을 살려준다(24). 이후 다윗은 아비가일과 결혼하였고(25), 여전히 쫓아다니는 사울을 십 광야에서 두 번째로 살려준다(26). 그러나 사울은 신접한 여인을 찾아가는 등 하나님과 관계없는 존재였다(28). 결국 블레셋과의 전쟁에서 사울과 요나단이 죽는다(31). 비참한 죽음이었다.

Reading Bible Checklist 사무엘상 16-31장

16	17	18	19	20	21	22	23	24	25	26	27	28	29	30
31														

15

사무엘하

다윗이 왕의 기준인 이유

· 사무엘하 1-24장 ·

다윗은 하나님을 두려워하는 하나님 앞의 겁쟁이였고, 사울이 사는 동안 도망자의 삶은 하나님을 더욱 의존하게 하였다. 다윗의 영성은 그렇게 만들어진 것이었다. 고난이 그를 겸비하게 하였고, 하나님을 두려워함이 삶을 조심하게 한 것이다.

아름다운 왕

무엇보다 그는 하나님을 사랑하는 예배자였다. 특히 법궤를 예루살렘으로 모시고 올 때 그의 모습은 가장 아름다운 예배자의 그것이었다. 사람을 의식하지 않았고, 오로지 하나님만 생각하는 예배자였다. 속살이 다 드러나도록 정신없이 하나님을 기뻐하였다. '신령과 진정'의 의미가 보이는 예배였다.

그리고 다윗은 모시 에봇을 입고 야훼 앞에서 덩실거리며 춤을 추었다. … 사울의 딸 미갈이 나가 다윗을 맞으며 말하였다. "'늘 이스라엘의 임금으로서 체통이 참

볼만하더군요. 건달처럼 신하들의 여편네들 보는 앞에서 몸을 온통 드러내시다니" _삼하 6:14,20 공동번역

다윗은 이처럼 하나님을 사랑하며 하나님을 기억하며 살았다. 그리고 모든 전쟁이 거의 끝났을 때였다. 다윗은 하나님의 성전을 짓고자 하였다. 그 동기는 물론 자기의 왕국을 튼튼히 하기 위함이 아니라 하나님을 사랑하는 마음이었다.

왕이 선지자 나단에게 이르되 볼지어다 나는 백향목 궁에 살거늘 하나님의 궤는 휘장 가운데에 있도다 _삼하 7:2

이처럼 아름다운 왕이었다. 그런 다윗을 하나님은 좋아하셨을 뿐 아니라, 모든 왕들의 기준으로 삼으셨다(왕상 11:38; 왕하 16:2; 대하 7:17; 대하 28:1). 하나님께서는 특히 솔로몬에게, 어떻게 하면 하나님의 은혜 가운데 천만세를 누리는 왕이 될 수 있는지를 이야기할 때 '다윗같이'라는 말씀을 하셨다.

네가 만일 내가 명령한 모든 일에 순종하고 내 길로 행하며 내 눈에 합당한 일을 하며 내 종 다윗이 행함 같이 내 율례와 명령을 지키면 내가 너와 함께 있어 내가 다윗을 위하여 세운 것같이 너를 위하여 견고한 집을 세우고 이스라엘을 네게 주리라 _왕상 11:38

이해할 수 없는 사실

지금까지의 기록만 보면 다윗이 모든 왕들의 기준이 되는 것이 이해된다. 하지만 알고 보면 다윗은 치명적인 죄를 범한 왕이었다. 자기 부하 장수 우리아의 아내를 왕권을 가지고 간음하여 소유하고, 그를 죽음으로 내몬 불의한 왕이었다. 그럼에도 불구하고 하나님이 높게 평가하시며 모든 왕의 기준이 된 까닭은 무엇일까? 그 비밀을 알기 위해 우리는 다윗의 치명

적인 범죄인 밧세바 사건을 살필 필요가 있다. 이토록 아름다운 왕인 다윗이 끔찍한 범죄를 저지른 이유는 우선 무엇일까? 그동안 치열한 싸움을 지내던 다윗이 "여호와께서 주위의 모든 원수를 무찌르사 왕으로 궁에 평안히 살게 하신 때"(삼하 7:1)였다. 더 이상 직접 전쟁을 치를 필요가 없을 만큼 강력한 나라가 되었고, 성공한 왕이 된 때였다.

그 해가 돌아와 왕들이 출전할 때가 되매 다윗이 요압과 그에게 있는 그의 부하들과 온 이스라엘 군대를 보내니 그들이 암몬 자손을 멸하고 랍바를 에워쌌고 다윗은 예루살렘에 그대로 있더라 저녁 때에 다윗이 그의 침상에서 일어나 왕궁 옥상에서 거닐다가 그곳에서 보니 한 여인이 목욕을 하는데 심히 아름다워 보이는지라 _삼하 11:1-2

놀랍게도 다윗도 어느 왕들이나 성공한 자들이 범한 죄의 길로 들어선다. 그리고 다윗은 1년 가까이 자신의 죄를 회개하지 않고 산 것으로 보인다. 그런데 밧세바 사이에서 아이를 낳은 후 어느 날, 나단 선지자를 통하여 하나님께서 그 잘못을 지적하고 징계를 말씀하시는데, 그 내용은 매우 끔찍하였다. 첫째는 다윗의 부인들이 백주에 겁탈당할 것(삼하 12:12)이라는 잔혹한 예언이었고, 또한 밧세바 사이에서 난 아들이 죽을 것이라는 예언이었다. 둘 다 끔찍한 것이었다.

나단이 다윗의 아들이 죽을 것이라고 예언하자마자, 그 아들은 심한 병을 앓기 시작하였다(삼하 12:15). 다윗은 그같은 상황에서 아이를 위한 금식기도를 시작한다. 하지만 아이는 일주일만에 죽고 만다. 그러자 다윗의 일주일의 금식기도 또한 끝이 났다. 다윗은 매우 자연스럽게 목욕을 했고, 머리에 기름을 바르고 옷을 갈아입고 음식을 먹는 등, 일상적인 삶으로 돌아간다. 신하들이 그런 다윗의 행동에 의아해했다. 신하들의 질문에 다윗이 이처럼 행동하는 이유를 말한 것이 약간은 이상하다.

가로되 아이가 살았을 때에 내가 금식하고 운 것은 혹시 여호와께서 나를 불쌍히 여기사 아이를 살려 주실는지 누가 알까 생각함이어니와 _삼하 12:22

매우 그럴듯해 보이는 말이다. 하지만 다윗이 반드시 해야 하는 일이 있었다. 그는 자신의 목숨을 가져가시더라도 아이를 살려달라는 기도를 하나님께 해야 했다. 단순히 아이를 살려달라는 기도만이 아니어야 했다. 그 아이의 죽음이 바로 다윗이 지은 죄의 결과였기 때문이다. 하지만 아들이 죽은 그 순간 어이없게도 멈춘 것이다.

다윗이 쉽게 금식을 풀고 기도를 끝내서는 안 되었을 이유는 또 있었다. 나단의 또 다른 예언, 즉 다윗의 아내들이 백주에 겁탈당할 것이라는 예언 때문이다. 더욱이 나단 선지자가 "그 사람이 네 처들로 더불어 백주에 동침하리라"(삼하 12:11)라고 예언하였지만, 다윗은 '그 사람이 누구인지'에 대한 관심도 없었다. 그가 한 금식기도 정도로 충분하다고 생각했던 것이다. 이미 균열이 생긴 영성이었다.

다윗이 다 끝났다고 생각했던 나단의 예언, 아마도 자신의 금식기도로 충분했다고 생각했던 그 예언은 비참하게도 아들 압살롬에 의해 진행된다. 나단이 예언한 다윗의 부인들이 겁탈당하는 사건을 일으킬 '그 사람'은 바로 자신의 아들 압살롬이었다(삼하 16:22). 말할 수 없는 수치였다. 대수롭게 여기지 않은 다윗이 만난 비참한 현실이었다. 일주일의 금식기도로 끝난 것으로 알았던 사건이 끝내 터진 것이다.

아직 끝난 것이 아니었다

놀랍게도 현재, 즉 충분히 회개하지 않고 해결하지 않은 현재가 미래에 영향을 준 것이다. 현재가 미래와 촘촘히 연결되어 있었던 것이다. 그 시작을 연 사람은 다윗의 삶을 배운 아들 암논이었다. 자신의 죄를 우습게 알고 자기만 회개하면 끝나는 것으로 생각한 다윗에게 찾아온 죄의 열매였다. 암논은 다윗이 눈 하나 깜짝하지 않고 우리아를 죽인 것처럼, 눈 하나 깜짝하지 않고 이복 누이동생 다말을 겁탈하였다. 다윗에게는 끝난 문제였을지 모르지만, 자식들에게는 끝난 문제가 아니었던 것이다.

암논은 다윗의 매우 가볍고 편의주의적인 회개기도를 보면서 그렇게 행동했을지도 모른다. 사실 충실한 신하의 아내를 빼앗아 겁탈하고, 그것을 감추기 위해 그 남편을 죽인 일이 작은 일인가? 자발적인 회개도 하지 않았을 뿐만 아니라, 그것이 하나님의 경고 앞에서 고작 일주일의 금식으로 끝날 문제였는가? 그리고 비록 부정하게 낳은 아들이긴 하지만, 그 아들의 죽음이 더 많은 날 동안 옷을 찢고 재를 뒤집어쓰며 회개해야 할 문제였지, 아무 일도 없었던 것처럼 금세 일상으로 돌아올 문제였는가? 암논은 그것을 배운 것이다. 그런 의미에서 암논이 다말을 강간하고 버린 일은 바로 다윗의 범죄였다. 하지만 다윗은 현실에만, 다른 말로 하면 자신만 바라보고 있었다. 암논은 염두에도 없었고, 이로 인해 상처받은 압살롬은 생각도 하지 않았다.

여기서 우리가 기억해야 할 것이 있다. 우리의 죄가 늘 공동체적이라는 사실이다. 우리의 현실은 촘촘히 얽힌 미래와 연결되어 있기 때문이다. 우리의 회개는 자기로만 끝나는 것이 아니라 다른 수많은 사람들과도 관계가 있다는 것을 기억해야 한다. 물론 다윗은 암논의 행위에 대해 분노했었다(삼하 13:21). 하지만 그것으로 끝이었다. 암논을 징계하지 않았다. 사실 다윗은 암논을 징계할 수 없었다. 그 자신이 부도덕한 아버지였기 때문이다. 그때 다윗은 회개했어야 했다. 하지만 다윗은 이때도 촘촘히 얽힌 미래를 보지 못했다. 현실만 보고 대충 넘어가길 원했다. 이제 다윗의 죄는 촘촘히 얽혀 압살롬에게로 넘어간다. 압살롬은 자신의 친누이 다말을 위해 분노하였고 암논을 죽인다.

이번에도 다윗은 무책임하였다. 어쩌면 그것으로 '또' 끝났다고 생각했는지도 모른다. 그는 모든 것이 자신에게서 비롯되었다는 것을 읽을 눈이 없었다. 어떤 조치도 취하지 않았다. 암논의 죽음이 자기의 잘못으로 인한 것이라고 고백하는 처절한 회개도 없었고, 누이 다말을 위해 이복형제를 죽일 수밖에 없었던 압살롬에 대한 긍휼도 없었다.

암논을 죽이고 도망간 압살롬이 3년 후 요압의 간청으로 다시 예루살렘으로 돌아왔지만, 다윗은 압살롬을 위로하지도 않고 보려 하지도 않았다. 다윗은 2년 동안이나 압살롬을 외면하였다(삼하 14:28). 다윗은 자신의 잘못은 기억하지 못하는 매우 단편적인 사람이었다. 하지만 사정하는 요압 때문에 다윗이 아들 압살롬을 결국 만나지만, 그것이 끝이었다(삼하 14:33). 다윗은 그때에도 압살롬을 위로히지 않았다. "아들아 미안하다"라는 말 한 마디도 하지 않았다. 아들을 깊이 끌어안고 통곡하지도 않았다. 다 끝난 일이라고 생각했기 때문이었을 것이다. 과거와 촘촘히 얽힌 현재, 그리고 그 현재는 미래와도 매우 촘촘히 얽혀있다는 것을 다윗은 이해하지 못한 것이다. 압살롬은 그런 아버지를 만나고 난 후, 바로 반란을 준비한다(삼하 15장). 그것은 아버지 다윗이 뿌린 씨앗의 결과였다.

정확하게 돌아선 사람

이제 우리는 이런 다윗을 하나님께서 왜 모든 왕들의 기준으로 삼으신 것인지 이유가 궁금해진다. 그런 점에서 보면 분명한 차이가 있다. 대부분의 왕들은 죄를 짓고서도 그 죄에서 벗어나지 않고 살았지만, 다윗은 엄청난 죄를 범하였지만 정확하게 돌아선 사람이었다는 점이다. 실제로 하나님께서 그 점을 중요하게 여기셨다고 성경은 기록하였다.

이는 다윗이 헷 사람 우리아의 일 외에는 평생에 여호와 보시기에 정직히 행하고 자기에게 명하신 모든 일을 어기지 아니하였음이라 _왕상 15:5

분명히 다윗은 자기 죄를 정확히 인식하지 못하였고, 한참이나 완전히 돌아서지도 않은 것이 사실이다. 그러다가 터진 것이 아들 압살롬의 반란이었다. 그때야 비로소 다윗은 정확하게 자신의 죄와 잘못을 깨달은 것으로 보인다. 특히 압살롬의 반란에 대한 다윗의 태도를 보면 충분히 이해할 수 있다. 다윗이 반란을 피해 도망칠 때였다. 사독 제사장과 레위 사람들은 전쟁에서 싸우는 조건이면서 늘 승리를 보장했던 법궤를 들고 나온다. 그것은 다윗 왕국을 보전하는 가장 중요한 방법이었다. 하지만 다윗은 미리 성을 빠져나와 법궤를 들고서 자신을 기다리고 있는 사독 제사장 무리를 칭찬하지 않고, 법궤를 예루살렘으로 다시 돌려놓을 것을 지시하였다(삼하 15:29). 왜 그랬을까?

다윗은 지금 자신에게 벌어지는 현실을 보면서, 그 일의 의미가 무엇인지를 알고 있었던 것이다. 이 상황이 자기의 잘못으로 인해 일어났다는 걸 알고 있었던 것이다. 이런 인식 앞에서, 그는 자신을 위해 예배(법궤)를 이용하지 않고, 겸손히 하나님의 음성을 기다리며 그 인도하심에 맡긴 것이다. 무언가를 억지로 조작하지 않고 벌어진 현상을 받아들이며, 그것이 자신의 죄 때문이라는 사실을 분명히 깨닫고서 하나님 앞에 정직하게 선 것이다. 다윗은 분명히 씻을 수 없는 잘못을 범한 존재임에 틀림없지만, 이런 모습이 하나님이 그를 아름답게 평가하신 이유의 근거임을 알 수 있다.

다윗이 압살롬을 피해 도망갈 때, 사울왕의 족속인 시므이가 다윗을 향하여 돌을 던지며 저주할 때였다. 다윗의 장수였던 아비새는 자기의 왕에게 욕하는 시므이를 가만히 둘 수 없었다. 단칼에 베어 버리기를 허락해달라고 다윗에게 요청한다. 하지만 다윗의 입장은 명료했다.

그가 저주하는 것은 여호와께서 그에게 다윗을 저주하라 하심이니 네가 어찌 그리하였느냐 할 자가 누구겠느냐 하고 또 다윗이 아비새와 모든 신하들에게 이르되 내 몸에서 난 아들도 내 생명을 해하려 하거든 하물며 이 베냐민 사람이랴 여호와께서 그에게 명령하신 것이니 그가 저주하게 버려두라 _삼하 16:10-11

다윗의 생각은 간단하였다. "시므이의 저주는 이유가 있다. 혹시 하나님이 저주하라고 시킨 것일지도 모르니까 가만히 두어라." 압살롬의 사건을 통해, 다윗에게 하나님의 음성을 들을 수 있는 센서가 회복된 것이다. 다윗이 자신의 죄를 정확하게 인식하는 순간, 그는 철저히 하나님을 인정하며 하나님 앞에 선 것이다. 그런 의미에서 하나님의 저주 혹은 징계는 다윗에게 새로운 출발점이 된 것이었다.

상한 심령을 가진 존재

하나님이 보실 때 다윗이 모든 왕들의 기준이 된 이유는, 그가 치명적인 죄를 범하였지만 그의 온전한 회개를 하나님께서 인정하셨기 때문임을 알 수 있다. 그의 강점은 그가 처음에 보였던 것처럼, 하나님 앞에 선 정직이었다. 그렇다면 이제는 "그의 죄는 죄가 아닌가?"라고 물을 수 있다. 그럼에도 불구하고 하나님이 그를 인정하신 이유는 무엇일까? 동의하겠지만, 우리가 한번 상처를 입으면 원래로 돌아가는 것이 힘들다. 회복은 정말 힘들다. 그런데 그때 다윗이 한 것은 자신의 모습과 상태 그대로 하나님 앞에 정직하게 나갔다. '상한 마음' 그대로 가지고 나간 것이다.

하나님께서 구하시는 제사는 상한 심령이라 하나님이여 상하고 통회하는 마음을 주께서 멸시하지 아니하시리이다 _시 51:17

그리고 그가 드린 기도였다.

하나님이여 내 속에 정한 마음을 창조하시고 내 안에 정직한 영을 새롭게 하소서 나를 주 앞에서 쫓아내지 마시며 주의 성령을 내게서 거두지 마소서 주의 구원의 즐거움을 내게 회복시켜 주시고 자원하는 심령을 주사 나를 붙드소서 _시 51:10-12

다윗은 그의 고백처럼 이것을 알았다. 하나님이 그와 같이 고백하고 시인하며 나오는 존재를 멸시하지 않으신다는 사실 말이다. 이후 하나님은 다윗을 멸시하지 않으신 것만 아니라, 마치 아무 일도 없었던 것처럼 다윗을 평가하고 받아들이신 것이다. 모든 왕의 기준이 된 이유였다. 정말 놀라운 은혜의 하나님이시다.

사무엘하 1장부터 24장까지의 개관

다윗이 사울과 요나단을 위해 조가를 불렀다(1). 이스라엘의 왕은 여전히 사울의 아들 이스보셋인 까닭에 유다의 왕 다윗과 전쟁이 있었다(2). 아브넬이 이스보셋을 배반하나 요압에게 살해되고(3), 이스보셋도 살해된다(4). 그 후 다윗이 온 이스라엘의 왕이 된다(5). 그는 먼저 언약궤를 예루살렘으로 옮겼고(6), 하나님은 그런 다윗에게 나라와 자손이 든든할 것을 약속하셨다(7). 언제나 모든 싸움에서 승리하게 하셨다(8). 다윗은 요나단과 의리를 지켜 아들 므비보셋을 선대하였다(9). 다윗은 암몬을 패퇴시키는 등(10) 모든 것이 잘 되어가자, 그 즈음 밧세바를 범하는 죄를 저질렀다(11). 하나님은 나단을 통해 책망하셨고, 아이를 데려가신다(12). 다 끝나지 않았다. 암논과 다말의 불륜과 다말을 버림으로 인해 압살롬의 복수가 이어진다(13). 나중에 압살롬이 예루살렘으로 오고 다윗과 화해한 것처럼 보였지만(14), 압살롬은 반란을 일으켰고 다윗은 도망쳐야 했다(15). 그런 다윗을 시므이가 저주하지만, 다윗은 받아들였다(16). 일시적으로 압살롬이 통치하지만(17), 결국 압살롬은 패배하고 죽음에 이른다(18). 다윗의 왕권은 회복되었고(19), 그와 함께 한 다윗의 용사들의 이름이 나열되며(21), 다윗의 승전가가 이어진다(22). 하지만 다윗은 인구조사로 자신을 드러냈고 하나님의 진노를 산다(24).

Reading Bible Checklist														사무엘하 1-24장
1	2	3	4	5	6	7	8	9	10	11	12	13	14	15
16	17	18	19	20	21	22	23	24						

16

열왕기상 1

마음의 틈이 벌어지다

• 열왕기상 1-12장 •

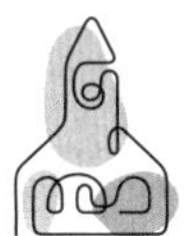

사무엘서를 이어 이스라엘 역사를 기록한 책은 열왕기서와 역대기서이다. 얼핏 보면 같은 연대기를 택하고 있는 두 권의 책이라서 약간 혼동이 될 수 있다. 하지만 조금만 자세히 살펴보면 두 책의 관점에 매우 큰 차이가 있다는 것을 알 수 있다.

우선 열왕기서는 포로기 초반에 기록된 책으로, 이스라엘 멸망의 원인에 대한 분석에 관심과 초점이 맞춰져 있다. 반면에 역대기서는 고레스에 대한 기록에서도 알 수 있듯이 포로 후기에 쓰여진 책으로서, 포로생활로 정체성의 위기를 겪고 있는 이스라엘 민족을 회복하고 힘을 주려는 데 주된 목적이 있음을 알 수 있다. 이런 까닭에 열왕기서에서 빈번하게 등장하는 적나라한 범죄와 잘못에 대한 기록들을 역대기서에서는 가능한 삭제하였고, 대신 하나님과의 아름다웠던 관계를 기술하는 데 관심을 갖고 있음을 볼 수 있다.

열왕기상은 다윗의 마지막과 솔로몬의 즉위로 시작된다. 솔로몬은 원래 평범한 왕이었다. 하지만 그가 특별한 왕으로서 등장하게 된 것은 단 한 가지 이유, 곧 지혜를 구한 것 때문이었다 _왕상 3:7-9

솔로몬이 지혜를 구한 이유

솔로몬이 왕위에 올랐을 초기에 왕권은 불안정했다. 자신이 통치하는 데 장애로 작용하게 될 정적이며 자신의 이복형, 실제로 왕위찬탈의 야심을 버리지 못하고 있던 아도니야가 있었다. 그래서 아도니야는 물론이고, 아도니야를 지지했던 대제사장 아비아달과 요압 장군, 다윗을 저주했던 시므이 등 모든 정적을 제거한다(왕상 2:13-46). 그리고 견고하지 못한 자신의 왕권을 강화하기 위해 주변 강국이던 애굽과 결혼동맹을 맺는다(왕상 3:1). 솔로몬은 이런 노력에도 불구하고 늘 걱정에 사로잡혀 있었다.

솔로몬에게 가장 큰 걱정은 '하나님의 백성을 잘 치리할 수 있을까?' 하는 것이었다. 솔로몬이 드렸던 일천번제는 바로 이런 염려와 관심에서 나온 것이었다. 일천번의 제사는 하루에 한번이라면 3년이 넘는 기간의 예배였고, 하루 세 번씩 드리는 제사였다 할지라도 1년간 지속되었을 예배였다. 그것은 지극한 겸손의 표현이었고, 하나님께 절대적으로 의존한다는 표현이었다. 솔로몬은 이렇게 기도하였다.

나의 하나님 여호와여 주께서 종으로 종의 아버지 다윗을 대신하여 왕이 되게 하셨사오나 종은 작은 아이라 출입할 줄을 알지 못하고 주께서 택하신 백성 가운데 있나이다 그들은 큰 백성이라 수효가 많아서 셀 수도 없고 기록할 수도 없사오니 누가 주의 이 많은 백성을 재판할 수 있사오리이까 듣는 마음을 종에게 주사 주의 백성을 재판하여 선악을 분별하게 하옵소서 _왕상 3:7-9

우리는 이같이 지혜를 구한 솔로몬에게 하나님께서 축복하신 것이라고 말하지만, 이 일을 단순히 솔로몬이 지혜를 구한 사건 정도로 말해서는 안

된다. 그것의 핵심이 다윗의 회복을 시사하고 있음을 알아야 한다. 하나님께서는 다윗을 왕으로 세우실 때, 그 이유를 이렇게 설명하셨다.

다윗을 왕으로 세우시고 증언하여 이르시되 내가 이새의 아들 다윗을 만나니 내 마음에 맞는 사람이라 내 뜻을 다 이루리라 _행 13:22

'마음에 합하다', 그러니까 다윗은 하나님의 마음을 정확하게 읽고 있는 사람이었다. 이후부터 하나님은 다윗을 모든 왕들의 표준으로 삼으셨던 것이다. 그런데 이 기록에 가장 부합한 사람이 솔로몬이었다. 그가 일천번제를 드리고 지혜를 구한 것은, 하나님께서 다윗에게 말하신 것과 똑같이 하나님의 마음에 맞는 사건이었다.

솔로몬이 이것을 구하매 그 말씀이 주의 마음에 든지라 _왕상 3:9-10

놀라운 말씀이다. '이것을 구하매', 곧 하나님의 마음을 좇아 지혜를 구한 것이다.

지혜는 두려움이다

그렇다면 솔로몬이 구한 지혜는 무엇이었을까? 잠언을 읽으면 알 수 있는데, '여호와를 경외하는 것이 지혜의 근본'(잠 9:10)이라는 사실이다. 그러니까 그가 구한 지혜란 하나님을 두려워하고 하나님의 통치를 인정하며, 그에게 청종한다는 뜻임을 알 수 있다.

'하나님이 두려웠다.' 그것이 지혜를 구한 이유였지만, 그 기저에는 자신이 연약하다는 인식이 있었다. 심지어 솔로몬은 자신을 '작은 아이'와 같은 존재이며 '출입도 할 줄 모른다'(왕상 3:7)라고 말하였다. 그는 자신을 진실로 알고 있었고, 그래서 하나님을 두려워하였던 것이다.

솔로몬은 이스라엘 백성을 자기 백성이나 통치 대상으로 이해하지 않고 'this great people of Yours', 즉 하나님이 다스리는 위대한 백성으로서 인식하였다. 그랬기에 '하나님의 백성을 어떻게 바르게 이끌 것인가?'를 하나님에게 묻게 된 것이다. 이 모습이 하나님의 마음에 맞았다. 하나님이 이런 솔로몬에게 지혜와 함께 무한한 복을 주신 이유였다.

네가 이것을 구하도다 자기를 위하여 장수하기를 구하지 아니하며 부도 구하지 아니하며 자기 원수의 생명을 멸하기도 구하지 아니하고 오직 송사를 듣고 분별하는 지혜를 구하였으니 내가 네 말대로 하여 네게 지혜롭고 총명한 마음을 주노니 네 앞에도 너와 같은 자가 없었거니와 네 뒤에도 너와 같은 자가 일어남이 없으리라 내가 또 네가 구하지 아니한 부귀와 영광도 네게 주노니 네 평생에 왕들 중에 너와 같은 자가 없을 것이라 _왕상 3:11-13

이 두려움은 아버지 다윗이 갖고 있던 것이었고, 그것이 자신의 죄 앞에서 하나님께로 돌아가게 하는 힘이었다. 하지만 솔로몬에게 다윗 만큼의 영성은 없었다. 다윗을 말할 때 이야기한 것이지만, 죄는 범하였지만 완전히 끊고 돌아서는 다윗의 영성은 누구나 가질 수 있는 것이 아니다. 그것이 하나님께서 다윗을 인정하신 이유임을 새삼 깨닫게 된다.

여하튼 고난과 어려움이 없는 평안과 부요는 솔로몬에게 독이 되었다. 더욱이 지혜를 구한 이유가 하나님의 백성을 잘 돌보기 위한 것이었는데, 자신의 부요와 영광을 위해 그 지혜를 쓰는 순간, 그것은 멸망을 향하게 하는 것이었다. 마치 아담과 하와가 쓴 인간적 지혜와 비슷했다.

자기를 위해 쓴 지혜

그렇다면 솔로몬의 멸망은 구체적으로 어디에서 시작된 것일까? 그는 하나님이 그에게 주신 지혜로 무엇을 한 것일까?

첫째, 그는 지혜를 편의주의적인 예배자의 삶을 위해 썼다. 솔로몬이 성전을 지을 때 걸린 시간은 7년에 지나지 않았지만(왕상 6:37-38) 자신의 왕궁을 짓는 데는 무려 13년이나(왕상 7:1) 걸렸다. 더욱이 성전은 자신의 편의를 따라 지었다. 그가 지은 이른바 '솔로몬 성전'은 역대 왕들의 편의주의적 신앙의 기초가 된다.

에스겔 선지자에 의하면, 솔로몬은 왕궁과 성전 사이를 오갈 때 출입을 편하게 하려고 성전과 왕궁의 문지방을 성별시키지 않았다(겔 43:6-9). 이것은 어쩌면 예배가 언제나 편해지게끔 하려는 지혜였는지 모르지만, 결국 그것이 이스라엘의 폐해를 가져왔다. 더욱이 후대에는 성전 옆에 음란한 우상들을 자리잡게 하였고, 무덤과 시체들을 성전 곁에 두어 하나님을 향한 불경을 행하게 만든 원인이 되었다.

둘째, 그는 놀라운 지혜를 인간적인 것들과 쾌락을 위해 사용하였다. 그는 기막힌 지혜를 발휘하여 수많은 나라들과 결혼동맹을 맺었고, 여자들을 탐하기 시작하였다. 후비가 무려 700명, 빈장이 300명(왕상 11:3), 모두 1000명의 부인을 둔 쾌락의 삶을 살았다. 이같은 솔로몬의 쾌락적인 삶은 하나님의 지혜를 완전히 상실하게 하였고, 더 이상 하나님의 음성을 듣지 않고, 하나님을 두려워하지도 않는 삶을 살게 하였다.

이같이 자신을 위해 쓴 무분별한 지혜는 두려운 상황을 만나게 하였다. 하나님을 두려워하지 않고 자기 마음대로 살아가는, 실제로는 무늬만 하나님을 믿는 사람이 된 것이다. 드디어 그는 부인들을 따라 좇아온 수많은 이방신들을 섬기는 일을 하였다(왕상 11:4-8). 어린이를 제물로 바치는 의식을 요구하는 몰록신과 아스다롯, 암몬의 밀곰, 모압의 그모신 등 수없이 많은 신들을 섬기고 제사하게 하였다. 그래도 죄책감이 조금도 없었다. 그는 더 이상 하나님의 사람이 아니었다. 하나님이 진노하셔서, 두 번이나 솔로몬에게 나타나셔서 돌아설 것을 명령하셨지만, 솔로몬은 하나님의 명령을 듣지 않을 만큼 완악한 사람, 지혜가 상실된 사람이 되었다.

그가 또 그의 이방 여인들을 위하여 다 그와 같이 한지라 그들이 자기의 신들에게 분향하며 제사하였더라 솔로몬이 마음을 돌려 이스라엘의 하나님 여호와를 떠나므로 여호와께서 그에게 진노하시니라 여호와께서 일찍이 두 번이나 그에게 나타나시고 이 일에 대하여 명령하사 다른 신을 따르지 말라 하셨으나 그가 여호와의 명령을 지키지 않았으므로 _왕상 11:8-10

어느 사이엔가 솔로몬은 하나님을 두려워하는 사람이 아니라, 우습게 여기는 사람이 되어 있었다. 이처럼 그의 멸망은 바로 하나님을 두려워하지 않는 사람이 되었을 때 오는 자연스러운 현상이었다.

마침내 통일왕국은 솔로몬 시대로 끝이 나고, 어리석은 아들 르호보암의 과중한 세금 정책으로 북이스라엘과 남유다로 나뉘는 분열이 발생한다. 이같은 왕국 분열은 예루살렘 성전으로부터 북이스라엘 10지파가 분리되는 것을 의미했다. 그런 까닭에 북이스라엘의 왕이 된 여로보암은 탈(脫) 예루살렘 정책을 펴게 되었고, 벧엘과 단에 금송아지를 만들어 전을 세웠다(왕상 12:28-33). 그것은 시내 광야에서 아론이 만들었던 바로 그것이었는데, '너희를 애굽 땅에서 인도하여 올린 너희의 신들'(왕상 12:28)이라고 선포하고, 레위 자손이 아닌 보통 백성으로 제사장을 삼고(왕상 12:31) 예배하게 하였다. 하나님과 멀어진 인간 왕국으로 들어서는 순간이었다.

우리가 드릴 기도

이같은 역사를 보면서 새삼스럽게 '아굴의 기도'를 하게 되는 것은 우리 역시 그같은 길로 들어설 가능성 때문이다.

내가 두 가지 일을 주께 구하였사오니 내가 죽기 전에 내게 거절하지 마시옵소서 곧 헛된 것과 거짓말을 내게서 멀리 하옵시며 나를 가난하게도 마옵시고 부하게도 마옵시고 오직 필요한 양식으로 나를 먹이시옵소서 혹 내가 배불러서 하나님을 모른다 여호와가 누구냐 할까 하오며 혹 내가 가난하여 도둑질하고 내 하나님의 이름을 욕되게 할까 두려워함이니이다 _잠 30:7-9

열왕기상 1장부터 12장까지의 개관

다윗이 죽은 후 아도니야가 야심을 품지만, 결국 솔로몬이 왕위에 오른다(1). 마지막으로 다윗이 솔로몬에게 권면한 후 죽는다. 이후 솔로몬은 아도니야, 요압, 시므이 등 정적을 제거하여 왕권을 세운다(2). 하지만 부족함을 느낀 솔로몬은 백성들을 잘 돌보기 위한 지혜를 구하였고(3), 하나님은 그에게 지혜와 영화를 주셨다(4). 솔로몬은 다윗의 부탁대로 성전 건축을 준비하여(5) 성전 건축을 한다(6). 하지만 더 크고 웅장한 왕궁을 건축함으로 틈이 벌어진다(7). 이후 언약궤를 성전으로 옮긴 후에 드린 솔로몬의 기도와, 성전봉헌식 이후(8), 하나님은 기도에 응답하시고 성전에 계시겠다고 말씀하신다(9). 스바의 여왕 및 세상 나라가 솔로몬의 지혜에 감탄하였고(10), 상상할 수 없는 솔로몬의 부요와 영광이 드러났다(10). 그런데 하나님을 신뢰하지 못하고 이방여인들과 결혼동맹 등으로 통혼하면서 솔로몬은 타락해갔다(11). 이후 솔로몬은 죽음에 이른다(11). 아들 르호보암은 어리석은 통치를 하였고, 북쪽 열 지파의 반란으로 나라가 나뉘어지고, 벧엘과 단에서 금송아지로 예루살렘을 대신하면서, 소위 여로보암의 죄가 기원된다(12).

Reading Bible Checklist														열왕기상 1-12장
1	2	3	4	5	6	7	8	9	10	11	12			

17

열왕기상 2 - 열왕기하 1

여로보암의 죄에 잡히다

• 열왕기상 13장 - 열왕기하 8장 •

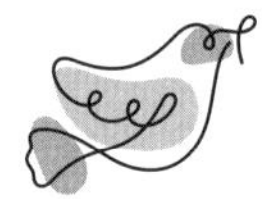

북이스라엘을 향한 하나님

여로보암의 죄로 대표되는 이스라엘의 죄와 배역은 점점 심화되었다. 왕들은 대부분 여로보암의 모든 길(왕상 16:26)로 행하였다. 그러나 하나님의 원래 뜻은 여로보암을 다윗과 솔로몬을 잇는 왕이 되게 하는 것이었다. 그래서 하나님은 선지자 아히야를 통하여 제안하셨다. 하나님의 선한 의지를 밝히신 것이다.

내가 너를 취하리니 너는 네 마음에 원하는 대로 다스려 이스라엘 위에 왕이 되되 네가 만일 내가 명령한 모든 일에 순종하고 내 길로 행하며 내 눈에 합당한 일을 하며 내 종 다윗이 행함 같이 내 율례와 명령을 지키면 내가 너와 함께 있어 내가 다윗을 위하여 세운 것 같이 너를 위하여 견고한 집을 세우고 이스라엘을 네게 주리라 _왕상 11:37-38

여로보암도 초기에는 그럴 마음이 있었던 것으로 보인다. 아들 이름을 '아비야'(왕상 14:1)라고 붙인 데서 짐작할 수 있다. 그 뜻은 '여호와는 나의 아버지이시다'였다. 하지만 여로보암이 선택한 것은 자신과 왕국을 위하여 또 다른 예루살렘, 곧 벧엘과 단에 제단을 세워 금송아지로 하나님을 대신하였고, 자기 뜻대로 절기를 정하고 아무나 제사장으로 삼았다. 완벽한 배신이었다. 이것은 하나님을 떠나는 인간의 기준이 되었다.

그렇다면 하나님은 왜 잠시라도 솔로몬의 아들 르호보암이 아니라 여로보암을 생각하신 것일까? 그것은 아버지를 이어 왕이 된 르호보암이 솔로몬보다 더 심각하게 죄를 범하였기 때문이다. 그는 그의 조상들이 행한 모든 일보다 뛰어나게 범한 죄로 여호와를 노엽게 하였다(왕상 14:22). 기막히게 탁월한 죄였다.

이는 그들도 산 위에와 모든 푸른 나무 아래에 산당과 우상과 아세라 상을 세웠음이라 그 땅에 또 남색하는 자가 있었고 여호와께서 이스라엘 자손 앞에서 쫓아내신 국민의 모든 가증한 일을 무리가 본받아 행하였더라 _왕상 14:23-24

르호보암은 도대체 어떻게 이런 일을 벌인 것일까? 여러 가지 이유를 설명할 수 있겠지만, 솔로몬의 이방 처들, 이른바 '어머니들'이 그에게 영향을 끼쳤을 것으로 보인다. 실제로 르호보암의 어머니는 암몬 여인 나아마(왕상 14:21)였다. 솔로몬이 쌓아놓은 죄의 열매를 아들이 먹고 있었던 것이다.

이렇게만 살핀다면 남유다와 북이스라엘은 별 차이가 없어 보인다. 하지만 결론의 차이는 극명하다. 북이스라엘이 먼저 앗수르에게 멸망당하였고, 혼합 족속인 사마리아인이 된다. 예수님 당시에는 유대인으로부터 이방인보다 더 멸시받는 이들이 된다. 하지만 남유다는 달랐다. 그들 역시 바벨론에게 멸망당했지만, 여전히 정통성을 유지한다. 그렇다면 북이스라엘과 남유다의 차이는 도대체 무엇에서 발생한 것일까?

남유다와 북이스라엘의 차이

분명한 차이가 한 가지 있다. 남유다의 근거는 다윗이었지만, 북이스라엘의 근거는 여로보암이었다. 비록 르호보암이 우상을 섬기며 잘못된 길로 들어섰고, 그 아들 아비얌도 아버지를 닮아 '그의 아버지가 이미 행한 모든 죄를 행'(왕상 15:3)하지만, 증조할아버지 다윗의 덕이 그를 살렸다.

> 그러나 주 하나님께서는 다윗을 생각하셔서, 예루살렘에다가 한 등불을 주시고, 그의 뒤를 이을 아들을 세우셔서, 예루살렘을 굳게 세워 주셨다. _왕상 15:4 새번역

'다윗을 생각하셨다!' 하나님께서 그토록 오랜 날 동안 다윗을 생각하고 계셨다는 게 중요하다. 또한 다윗을 모든 긍휼의 핑계로 삼고 계셨다. 말하자면 다윗이 희망이었다. 그런 까닭에 아비얌의 아들 아사가 아버지를 본받지 않고, 다윗을 본받아 하나님 앞에서 신실한 삶을 산 것이다. 그래서 뿌리가 중요하다. 믿음의 가정과 함께 교회가 중요하고, 목사가 잘해야 하는 아유이다.

> 그런데 아사는 조상 다윗을 본받아 야훼께서 보시기에 곧바른 일을 하였다. 왕은 전국에서 남창들을 소멸하고 그의 선왕들이 만든 우상들을 없애 버렸다. … 아사는 일생 동안 야훼께 한결같이 신실하였다. _왕상 15:11,12,14 공동번역

반면에 북이스라엘은 기준이 다윗도 아니고 예루살렘 성전도 아니었다. 그들의 기준은 여로보암이었다. 그를 이은 아들 나답도 마찬가지였다.

> 그가 여호와 보시기에 악을 행하되 그의 아버지의 길로 행하며 그가 이스라엘에게 범하게 한 그 죄 중에 행한지라 _왕상 15:26

바아사가 아버지 여로보암을 따라 하나님의 뜻과 다른 삶을 살았던 나답을 죽이고 일시적으로 왕이 된다. 그가 반란을 일으킨 이유는 반 여로보암 정책을 펴기 위한 것이었기에, 여로보암의 길을 따라나설 이유는 없었다. 그런데 그 역시 여로보암의 길로 들어선다. 하나님의 뜻에 반하는 행

동이었다.

내가 너를 티끌에서 들어 내 백성 이스라엘 위에 주권자가 되게 하였거늘 네가 여로보암의 길로 행하며 내 백성 이스라엘에게 범죄하게 하여 그들의 죄로 나를 노엽게 하였은즉 _왕상 16:2

북이스라엘의 기준은 이미 여로보암이었고, 금송아지를 섬기는 벧엘과 단이 중심이었다. 그때 북이스라엘은 하나님과 관계없는 인간 왕국을 이루고 있었다. 약육강식, 비참의 역사가 북이스라엘 역사가 된 이유다.

잠깐만 살펴도 알 수 있는데, 반란으로 왕위에 오른 바아사와 그를 이은 엘라의 통치는 불과 2년 만에 그의 신복이었던 시므리 장군의 반란으로 끝나고 만다. 하지만 6개월 만에 또 다른 장군 오므리가 왕위에 오른다. 모두 여로보암의 길을 걸은 결과였다. 시간이 갈수록 악은 더 깊어졌다. 깊어진 악의 결말을 성경은 이렇게 기록한다.

악을 더욱 행하여 … 가볍게 여기며 … 그는 그 이전의 이스라엘의 모든 왕보다 심히 이스라엘 하나님 여호와를 노하시게 하였더라 _왕상 16:33

그런 까닭에 북이스라엘이 200년 넘게 지속되는 동안 하나님이 선하다고 평가한 왕은 하나도 없었다. 그들은 한결같이 하나님 보시기에 악하였다. 19명의 왕 중에서 1명은 하나님이 치셨고, 2명은 전쟁에서 죽었으며, 1명은 포로생활 중에 죽었으며, 6명은 살해되었고, 10명의 왕은 큰 전쟁에 휘말렸다.

반면에 남유다는 달랐다. 앞에서 살핀 것처럼 왕들이 잘못을 범하여 우상을 섬기다가도 다시 돌아오는 왕이 생긴 이유는 다윗이라는 기준과 함께 예루살렘 성전이 있었기 때문이었다.

하나님의 마음

우리는 북이스라엘과 남유다의 다른 모습을 보면서 '하나님께서 불공평하지 않은가?' 하는 질문을 던질 수 있다. 하지만 그렇지 않다. 하나님은 북이스라엘을 사랑하셨고, 그들을 회복시키기 위해 부단한 노력을 기울이셨다. 남유다보다 압도적으로 많은 선지자를 보내셨다. 아히야(왕상 11:29-39), 익명의 예언자들(왕상 13장), 예후(왕상 16:1,7,12)와 이세벨을 왕비로 두었던 아합 왕 시대에 살았던 예언자 엘리야(왕상 17-19장)와 엘리사(왕상 19장 이후), 그리고 미가야(왕상 22:13-28) 등이 모두 북이스라엘의 예언자들이다. 듣기만 해도 알 수 있는 대단한 선지자들이다. 특히 엘리야와 엘리사는 이름만으로도 놀랍다. 그런데 그들을 보내신 이유가 회복을 위한 하나님의 열심이었다는 사실이다.

엘리야가 호렙산에서 바알과 아세라 선지자 850명과 일전을 벌였을 때이다. 그 싸움에서 엘리야가 일방적으로 이기지만, 싸움의 목적은 머뭇거리며 양다리 걸친 신앙을 살던 이스라엘이 하나님께 돌아오게 하는 데 있었다. 다시 시작할 수 있는 기회였다.

> 너희가 어느 때까지 둘 사이에서 머뭇머뭇하려느냐 여호와가 만일 하나님이면 그를 따르고 바알이 만일 하나님이면 그를 따를지니라 _왕상 18:21

특히 엘리야가 그 싸움을 벌이면서 했던 기도를 보면 하나님의 마음을 정확하게 알 수 있다.

> 여호와여 내게 응답하옵소서 내게 응답하옵소서 이 백성에게 주 여호와는 하나님이신 것과 주는 그들의 마음을 되돌이키심을 알게 하옵소서 _왕상 18:37

하나님은 엘리야가 사역을 멈춘 후에도 엘리사를 후계자로 삼게 하여 하나님의 뜻을 계속 행하도록 하셨다. 엘리사는 엘리야의 영성과 능력을 그대로 이어받은 하나님의 사람이었다. 어찌 보면 엘리야보다 더한 영성을 가졌던 것 같다. 그를 통하여 하나님이 말하고자 하신 것은 매우 단순했다. 모든 나라가 하나님의 통치 아래 있게 되고, 화목과 회복은 하나님의 뜻이라는 것이다.

예를 들어 일반적으로 볼 때는 이스라엘과 적국이 존재하였고, 그 관점에서 당시 최고의 적은 아람이었다. 하지만 엘리사는 하나님의 뜻을 분명하게 드러내었다. 엘리사는 아람의 군대장관 나아만(왕하 5:1)의 나병을 고쳤고, 아람 왕 하사엘의 병을 고친다. 뿐만 아니라 하나님께서 새로운 왕을 세우는 일도 엘리사를 통하여 하신 일이었다(왕하 8:7-5). 사실 거슬러 올라가 보면, 엘리야가 하사엘에게 기름을 부어 아람 왕이 되게 한 일도 하나님이 시키신 일이었다(왕상 19:15). 하나님 앞에서는 적과 아군이 존재하지 않았다. 적과 아군을 구분한 것은 모두 인간 왕국이 한 일이었다. 중요한 것은 왕이 누구인가 하는 것뿐이었다.

열왕기상 13장부터 열왕기하 8장까지의 개관

어떤 하나님의 사람이 벧엘 제단을 비난하였다(왕상 13). 이후 여로보암과 아들들이 죽었고(14), 유다 왕 르호보암, 아비얌, 아사, 그리고 이스라엘 왕 나답과 바아사(15), 엘라와 시므리와 오므리에 이어 아합이 왕이 된다(16). 그때 가뭄이 있었지만, 하나님이 엘리야와 사르밧 과부 이야기와 같은 기적을 베푸셨고(17), 엘리야는 갈멜산에서 바알과 아세라 선지자들과 850대 1의 싸움에서 이긴다(18). 그러나 이세벨의 위협 때문에 광야로 도망치는데, 하나님이 그를 회복시키셨다(19). 아합이 포도원을 뺐은 나봇의 포도원 사건이 있었고(21), 미가야가 아합을 경고하지만, 결국 아합이 죽음에 이른다(22). 유다는 아하시야가 통치하였는데(왕하 1), 그 즈음 엘리야가 승천하며, 이어 엘리사가 후계한다(2), 여호람의 통치 시절(3)에 하나님이 엘리사를 통해 과부와 수넴 여인 사건으로 역사하셨고(4), 아람 군대장관 나아만의 나병을 고쳤다(5). 나중에 아람의 공격을 받고 포위당해 사마리아의 기근이 심했지만(6), 하나님께서 개입하셔서 아람 군대를 패퇴시키셨다(7). 하지만 여호람이 아합 딸과 결혼하는 어리석음을 범하므로(8), 유다가 아합의 집과 같아지는 길에 들어선다.

Reading Bible Checklist														열왕기상 13-열왕기하 8장
13 ●	14 ●	15 ●	16 ●	17 ●	18 ●	19 ●	20 ●	21 ●	22 ●	1 ●	2 ●	3 ●	4 ●	5 ●
6 ●	7 ●	8 ●												

열왕기하 2

하나님을 구하지 않은 결과

• 열왕기하 9-21장 •

돌아올 수 없었다

하나님은 엘리사를 통하여 예후를 세우셨는데(왕하 9), 예후는 하나님의 계획이었다. 예후는 열심이 있었고, 그가 왕위에 오른 후에는 매우 분명하게 하나님만이 왕이라는 사실을 선언하였다. 그는 우상과 불순종으로 가득한 아합의 집을 멸망시켰고(왕하 10), 바알의 당을 훼파하고 변소로 만들었다(왕하 10:27). 이처럼 그의 외형적인 행위는 근사해 보였다. 그런데 그가 이상한 일을 하였는데, 벧엘과 단에 금송아지를 섬기는 일을 떠나지 않은 것이다(왕하 10:29). 왜 그런 것일까? 성경은 그런 예후의 죄를 '전심으로 행하지 않았기 때문'이라고 쓰고 있다.

그러나 예후가 전심으로 이스라엘 하나님 여호와의 율법을 지켜 행하지 아니하며 여로보암이 이스라엘에게 범하게 한 그 죄에서 떠나지 아니하였더라 _왕하 10:31

'전심이 아니었다.' 그것은 마음이 쪼개져 있었다는 뜻이다. 쪼개진 마음은 '하나님만이 왕이시다'라는 고백의 불완전성을 말하며, 그 결과가 금송아지를 남겨놓게 한 것이었다. 이와 같은 2%의 모자람, 그것이 그들의 죄였다. 그 2%는 늘 하나님을 섬기면서도 다른 신을 섬기는 이중성으로 드러난다. 아직도 하나님을 전적으로 신뢰하지 않고, 인간을 믿고 자신들을 믿는 행위의 이중성이었다. 결국 이스라엘은 BC 721년에 앗수르에게 멸망당하는데, 여로보암의 죄에서 벗어나지 못한 결과였다.

이스라엘 자손이 여로보암이 행한 모든 죄를 따라 행하여 거기서 떠나지 아니하므로 … 이스라엘이 고향에서 앗수르에 사로잡혀 가서 오늘까지 이르렀더라 _왕하 17:22-23

죄가 전파되다

아히야, 예후, 미가야, 엘리야, 엘리사에 이르기까지 쟁쟁한 예언자들을 북이스라엘에 보내신 것을 통해 우리는 북이스라엘을 바라보는 하나님의 마음을 느낄 수 있다. 하지만 여로보암의 죄는 돌이킬 수 없을 만큼 깊어져 있었다.

비극적인 것은 여로보암의 죄로 대표되던 북이스라엘의 죄가 아합 이후에는 남유다로 넘어간 것이다. 남유다 여호사밧의 아들 여호람과, 북이스라엘 아합과 이세벨의 딸 아달랴가 결혼한 것이 시작이었다. 이로 인해 여호사밧은 정치적인 안정을 이뤘지만, 하나님을 제대로 믿던 남유다는 변질을 만난다. 어머니 이세벨을 좇아 바알을 섬기는(왕하 8:18,25-28) 아달랴의 영향으로 여호람 역시 악한 길로 들어서기 때문이다. 아버지 여호사밧은 심각하게 생각하지 않았겠지만, 또한 아들 여호람과 아달랴의 결혼이 정치적 안정을 꾀하려는 시도였는지도 모르지만, 그 결혼이 영의 연합임을 간과한 것이다. 놀랍게도 단지 한 여성이 남유다로 들어왔을 뿐인데, 그 영향은 강력했다. 남유다가 '아합의 집과 같이' 변한 것이다.

그가 이스라엘 왕들의 길을 가서 아합의 집과 같이 하였으니 이는 아합의 딸이 그의 아내가 되었음이라 그가 여호와 보시기에 악을 행하였으나 _왕하 8:18

여호람은 아내 아달랴가 믿어온 북이스라엘의 신앙으로 기울어진다. '유다 여러 산에 산당을 세워 예루살렘 주민으로 음행하게 하고 또 유다를 미혹하게'(왕하 8:11) 하였다. 하나님은 엘리야를 통하여 그것을 여호람에게 경고하셨다.

네가 네 아비 여호사밧의 길과 유다 왕 아사의 길로 행하지 아니하고 오직 이스라엘 왕들의 길로 행하여 유다와 예루살렘 주민들이 음행하게 하기를 아합의 집이 음행하듯 하며 _대하 21:12-13a

이런 여호람을 하나님이 치셨는데, '창자가 빠져나오는'(대하 21:19) 탈장으로 고생하였다. 그럼에도 돌아서지 않는 여호람과 남유다를 '블레셋 사람들과 아라비아 사람들을 하나님께서 움직여 치게'(대하 21:16) 하셨다. 그로 인해 '왕궁의 모든 재물과 그의 아들들과 아내들을 탈취하였으므로 막내 아들 여호아하스만'(대하 21:17) 남게 된다. 그럼에도 불구하고 변하지 않는 여호람을 다시 치셨고, 탈장으로 인한 병으로 죽음에 이르게 하셨다. 그가 얼마나 못된 왕이었는지 백성도 그에게 분향하지 아니하였고(대하 21:19) 열왕의 묘실(대하 21:20)로도 모시지 않았다. 하지만 죄의 전파는 이렇게 시작되었다.

죄라는 유산

이어 여호아하스라고도 불리우는 여호람의 아들 아하시야(BC 842-841)가 왕위에 오른다. 남편 여호람도 쥐락펴락하던 아달랴의 손에서 아들 아하시야는 꼭두각시 같은 왕에 불과하였다. 아버지 여호람과 다를 바가 전혀 없었고 아합의 집과 같았다. 열왕기서는 이렇게 기술하였다.

아하시야가 아합의 집 길로 행하여 아합의 집과 같이 여호와 보시기에 악을 행하였으니 그는 아합의 집의 사위가 되었음이러라 _왕하 8:27

이처럼 북이스라엘과 함께 남유다조차 '이세벨화'되어가는 것에 대해 하나님이 일으킨 심판의 도구는 예후였다. 북이스라엘의 장수였던 예후는 북이스라엘과 남유다 연합군이 아람 왕 하사엘과 전쟁을 벌이고 있을 때 혁명을 일으킨다. 전쟁 중에 요람이 부상을 입고 후방으로 이동했을 때 아하시야가 문병왔는데, 그때 예후가 거사를 일으킨 것이다. 그로 인해 북이스라엘의 요람과 함께 남유다의 아하시야가 죽는다. 불과 즉위 1년만에 벌어진 일이었다.

아들 아하시야가 갑자기 죽자 실권은 어머니 아달랴, 곧 아합의 딸에게 넘어갔다. 왕권이 당연히 아하시야의 아들 중의 한 사람에게로 이양되어야 했지만, 아달랴가 욕심을 낸 것이다. 욕망에 사로잡힌 아달랴는 상상할 수 없는 살육을 행한다. 아하시야의 모든 씨, 놀랍게도 자신의 손자들을 비롯하여 왕족을 다 죽이고 스스로 왕위에 오른 것이다.

아하시야의 어머니 아달랴가 그의 아들이 죽은 것을 보고 일어나 왕의 자손을 모두 멸절하였으나 _왕하 11:1

다행히 아하시야의 누이인 여호세바가 조카인 아하시야의 아들 요아스를 몰래 숨기는 바람에 왕가의 멸족은 면하였지만, 요아스는 6년 동안이나 '여호와의 전'에 숨어 있었다.

요아스가 그와 함께 여호와의 성전에 육 년을 숨어 있는 동안에 아달랴가 나라를 다스렸더라 _왕하 11:3

엄청난 악을 저지른 아달랴를 역대기서는 '악한 여인'(대하 24:7)이라고 기록한다. 그녀는 통치하는 6년 동안 하나님의 전을 파괴하였고, 모든 성물을 바알 제사에 사용하게 하는 패역을 행하였다. 아달랴가 통치한 지 7

년 째 되던 해에 제사장 여호야다가 혁명을 일으켰고, 아달랴는 제거되었고 숨어 있던 요아스가 왕이 되었다. 요아스는 초기엔 통치를 잘했다. 순전히 제사장 여호야다 때문이었다. 하지만 여호야다가 죽자, 요아스는 다시 할머니 아달랴의 신앙으로 돌아간다. 똑같이 할머니가 가지고 온 신들을 섬겼다. 원수 같은 할머니였지만, 나라 전체를 지배하고 있는 뿌리 깊은 이세벨의 그림자에 기댄 것이다.

악의 영향력

요아스가 어떻게 이렇게 금방 원래로 다시 돌아갔던 것일까? 죄가 장성한 것이다. 여호야다의 생존 시절에도 요아스는 모든 죄를 버리지 않고 죄를 일부 남겨두었었다. 틈이었다. 그것이 문제였다.

요아스는 제사장 여호야다가 그를 교훈하는 모든 날 동안에는 여호와 보시기에 정직히 행하였으되 다만 산당들을 제거하지 아니하였으므로 백성이 여전히 산당에서 제사하며 분향하였더라 _왕하 12:2-3

요아스 역시 양다리 신앙을 갖고 있었는데, 그것은 제사장 여호야다의 선보다 아달랴의 악이 더 매력적이고 강력했기 때문이었다. 그런 사이에 남유다 전체는 이미 영향받은 우상에 기울어져 갔다. 그러다 자신의 선생인 제사장 여호야다가 죽자, 요아스는 남유다의 방백들이 요청에 따라 하나님을 버리고 우상을 섬기는 길로 들어선다.

여호야다가 죽은 후에 유다 방백들이 와서 왕에게 절하매 왕이 그들의 말을 듣고 그의 조상들의 하나님 여호와의 전을 버리고 아세라 목상과 우상을 섬겼으므로 _대하 24:17-18

아달랴의 우상숭배와 그로 인해 유지되던 이세벨의 그림자가 남유다를 지배하고 있었던 것이다. 이미 유다의 신하들과 백성은 아세라 목상과 우상을 섬기고 있었다. 악의 영향력이었다.

이후 하나님은 선지자들을 보내 거듭 경고하시지만, 요아스는 듣지 않았다(대하 24:19). 심지어 요아스는 하나님의 영이 임한 여호야다의 아들 스가랴의 예언과 경책을 받지 않았는데, 오히려 그를 여호와의 전 뜰 안에서 돌로 쳐 죽이는 극악한 죄를 범하였다(대하 24:21). 끝이었다. 성경은 그 끝을 이렇게 기록하였다.

일 주년 말에 아람 군대가 요아스를 치려고 올라와서 유다와 예루살렘에 이르러 백성 중에서 모든 방백들을 다 죽이고 노략한 물건을 다메섹 왕에게로 보내니라 _ 대하 24:23

이 모든 것이 우리에게도 벌어질 수 있다. 사랑하여 결혼하였는데, 남편 혹은 아내와 연결된 것을 끊을 수 없는 지경에 이를 수 있다. 더욱이 어머니와 아버지가 가지고 있는 신앙이 유산으로 이어질 수 있는데, 이것 역시 강력하다. 뿐만 아니라 나라 전체 혹은 세상을 지배하고 흐르고 있는 신앙의 경향이나 왜곡된 가르침에 영향받을 수도 있다. 그러므로 믿음을 지키고 바른 신앙적 세계관을 갖기 위한 우리의 삶은 더 치열해야 한다. 안일하게 믿어도 될 만큼 괜찮은 시대는 이미 지났다. 깨어 있어야 하는 이유이다.

아까운 신 때문에

요아스를 뒤이어 왕좌에 오른 아들 아마샤에게도 아달랴의 훼손된 피는 여전히 흐르고 있었다. 그러나 그는 예상외로 나름 좋은 왕이었다. 다윗만큼 되지는 않았지만, 아버지의 좋은 점만을 좇은 왕이었다. 하나님도 그것을 인정하셨다.

그는 야훼께서 기뻐하실 일을 하고 부왕 요아스에 못지 않게 야훼의 눈에 드는

바른 정치를 폈지만, 선조 다윗과 같지는 못하였다. _왕하 14:3 공동번역

실제로 아마샤가 했던 아름다운 일 중의 하나는 자신의 아버지를 죽였던 살인자들의 자녀를 살려준 것이다. 아마샤가 그렇게 행동한 것은 모세의 율법을 따른 것이었다(왕하 14:6). 그런데 모자란 것이 있었다. 역대기서는 그가 '온전한 마음으로 행하지 아니하였다'(대하 25:2)라고 기록한다.

아마샤가 여호와께서 보시기에 정직하게 행하기는 하였으나 온전한 마음으로 행하지 아니하였더라 _대하 25:2

마음 전체가 아니라 일부분은 틈이 벌어져 있었다는 뜻이다. 드디어 사단이 벌어진다. 그 일은 아마샤가 에돔과의 전쟁에서 에돔 사람 만 명을 죽이고 주요한 성읍인 셀라를 취하는 등 괄목할만한 승리를 거두면서 일어났다. 아마샤가 엉뚱하게도 에돔을 치고 돌아올 때, 전리품으로 그들이 섬기는 신을 가져온 것이다. 그것만이 아니라, 어이없게도 그 신을 경배하였다.

아마샤가 에돔 사람들을 죽이고 돌아올 때에 세일 자손의 신들을 가져와서 자기의 신으로 세우고 그것들 앞에 경배하며 분향한지라 _대하 25:14

왜 이렇게 어이없어 보이는 행동을 한 것일까? 당시에는 전쟁에서 이기면 신들의 싸움에서 이겼다고 생각해서 그 신상들을 전리품으로 가져오는 풍습이 있었다. 뿐만 아니라 그것을 자신들을 위한 신들로 삼았는데, 아마샤도 그렇게 행동한 것이었다. 신들(우상)이 '아까웠던 것'이다. 비유가 적절치 않지만, 집 앞에서 우연히 가방을 발견했는데 며칠째 아무도 안 가져간다. 그래서 주워 와서 안을 들여다보니 매우 고가의 양주가 들어 있다. 버리기 아깝다. 그래서 마셨다. 그런 일과 비슷하다.

아마샤도 전리품 신들이 고가의 양주처럼 아깝다고 여겨서 그 신들을 섬긴 것이다. 심지어 그것을 하나님과 달리, 오로지 자기만을 위해 존재하

고 빌어주는 집안 신으로 받아들인 것이다. 자신에게 패한 세일 자손의 신을 경배함으로써, 세일 자손의 신이 자신을 축복하라고 '압박'한 것이다. 절대로 그렇게 해선 안 될 일이고, 여호와 하나님에 대한 반란이었다.

드디어 아마샤가 이상해진다. 북이스라엘을 노린 것이다. 어쩌면 자신이 노략한 새로운 신들을 과시하려 했는지도 모른다. 아마샤는 북이스라엘의 왕 요아스*에게 싸움을 걸었다. 요아스는 싸우지 않기를 원했지만, 계속 시비를 거는 아마샤와 결국 전쟁을 벌이게 되었는데, 결과는 의외로 아마샤의 대패였다. 아마샤의 기고만장한 태도에 대한 하나님의 심판이라고 말할 수밖에 없다. 그는 결국 아버지처럼 자신의 군사들에 의해 살해당한다. 근사한 왕이 될 뻔한 기회를 또 놓친 것이다. 남유다의 왕들은 매번 이랬다. 약간씩 모자라거나 지나쳤다. 참 아쉬운 일이다. 남유다의 왕들은 대체로 하나님 보시기에 정직하게 행했지만(12:2 요아스, 14:3 아마샤, 15:3 아사랴, 15:34 요담, 18:3 히스기야) 약간씩 모자라거나 지나쳤다.

구하지 않겠다

이같은 시간을 지나면서 남유다는 서서히 뿌리깊게 이방 신앙이 자리잡혀 갔다. 그리고 요담의 아들 아하스에 이르자 터졌는데, 그는 매우 공개적으로 산당제사를 행했고, 북이스라엘이 행하는 이방종교를 철저히 신봉하였다. 기막힌 일이었다. 심지어 아하스는 자신의 자녀들까지 불살라 제사했다.

또 힌놈의 아들 골짜기에서 분향하고 여호와께서 이스라엘 자손 앞에서 쫓아내신 이방 사람들의 가증한 일을 본받아 그의 자녀들을 불사르고 _대하 28:3

이것은 앗수르의 신 몰록을 예배하는 것이었다. 아하스는 뼛속까지 앗

* 아마샤의 아버지와 이름이 같은 인물

수르 사람이 된 것이었다. 한마디로 말해 하나님과 상관없는 자였다.

그 즈음의 국제 정세는 앗수르 왕국이 강력해지던 시기였다. 이같은 앗수르의 성장을 경계하던 북이스라엘의 베가가 다메섹의 르신과 함께 반앗수르 동맹을 맺었다. 그리고 남유다 아하스에게도 반 앗수르 동맹에 가입할 것을 요청하였다. 하지만 이미 앗수르를 추종하던 아하스는 베가의 제안을 거절하였다. 그러자 북이스라엘 왕 베가와 다메섹의 르신이 남유다를 공격하였다. 이같이 심각한 위기 앞에서 근심하고 있는 아하스에게, 이사야 선지자는 걱정하지 말라고 말한다.

그에게 이르기를 너는 삼가며 조용하라 르신과 아람과 르말리야의 아들이 심히 노할지라도 이들은 연기 나는 두 부지깽이 그루터기에 불과하니 두려워하지 말며 낙심하지 말라 _사 7:4

하나님은 이어서 두 나라의 공격으로부터 남유다를 지킬 것이고 인도하실 것이라고 확언하셨다. 심지어 징조를 구하면 보여주겠다는 말씀까지 하셨다. 하지만 어이없게도 아하스는 거절하였다.

아하스가 이르되 나는 구하지 아니하겠나이다 나는 여호와를 시험하지 아니하겠나이다 한지라 _사 7:12

아하스에게는 그 정도의 신앙도 없었던 것이다. 그는 오히려 자신이 믿고 있던 앗수르의 디글랏 빌레셀에게 도움을 청한다(왕하 16:7). 디글랏 빌레셀은 아하스의 요청을 빌미로 와서 다메섹을 치고, 르신을 죽인 후에 북이스라엘의 많은 성들을 점령하였다. 이것은 결정적으로 북이스라엘의 약화를 가져왔는데, 친앗수르파 호세아가 약화된 이스라엘의 왕 베가를 살해하였다(왕하 15:30). 북이스라엘의 마지막 현상이었다.

반면에 디글랏 빌레셀의 도움을 받아 정권을 유지하게 된 남유다는 그때부터 완벽하게 앗수르의 속국이 된다. 그 후 아하스가 감격했던 것인지,

직접 앗수르의 왕 디글랏 빌레셀을 만나러 다메섹까지 간다. 그곳에서 아하스는 하나님이 통치하시는 남유다의 왕이라고 말할 수 없는 행동을 하였다. 진정성이 있었는지는 알 수 없지만, 아하스는 다메섹의 신을 섬기는 제단을 보자 그 구조와 양식을 그려 제사장 우리야에게 보냈다. 속히 이대로 만들라는 지시였다. 놀랍게도 하나님의 종인 제사장 우리야 역시 왕의 명령을 따라 제단을 만들었다. 아하스는 돌아오자마자 그 제단에서 제사를 드렸고, 여호와의 전에 있는 놋 제단까지 그 제단의 북쪽으로 치워버렸다. 그것만이 아니었다. 아예 여호와의 성전 문을 폐쇄하였다. 하나님을 완전히 등지는 행위였다.

아하스가 하나님의 전의 기구들을 모아 하나님의 전의 기구들을 부수고 또 여호와의 전 문들을 닫고 예루살렘 구석마다 제단을 쌓고 유다 각 성읍에 산당을 세워 다른 신에게 분향하여 그의 조상들의 하나님 여호와를 진노하게 하였더라 _대하 28:24-25

완벽한 배교였다. 그 이유는 그가 하나님보다 앗수르 왕을 두려워했기 때문이었다.

안식일에 쓰기 위하여 성전에 건축한 낭실과 왕이 밖에서 들어가는 낭실을 앗수르 왕을 두려워하여 여호와의 성전에 옮겨 세웠더라 _왕하 16:18

기막히게도 하나님은 두렵지 않았던 것이다.

잊을 수 있지만

그러나 여전히 희망은 존재했다. 비록 아하스의 아들이었지만, 히스기야가 다윗의 길을 좇은 것이다. 희망의 근원은 역시 다윗이었다. 그래서 남유다의 멸망이 유보되는데, 그 이유는 좇고 본받을 다윗의 길이 존재했기 때문이었다. 이처럼 다윗의 길을 따르는 히스기야는 왕 위에 오르자마자 종교개혁을 일으키고 하나님을 지극으로 섬긴 것이다.

히스기야가 그의 조상 다윗의 모든 행위와 같이 여호와께서 보시기에 정직하게 행하여 그가 여러 산당들을 제거하며 주상을 깨뜨리며 아세라 목상을 찍으며 모세가 만들었던 놋뱀을 이스라엘 자손이 이때까지 향하여 분향하므로 그것을 부수고 느후스단이라 일컬었더라 _왕하 18:3-4

그때 그는 불과 25세의 청년이었다(왕하 18:2). 하나님 앞에 서 있는 청년이 민족을 구한 것이다. 히스기야는 하나님만을 섬기는 왕이었고, 하나님은 그런 그와 함께 하셨다.

히스기야가 이스라엘 하나님 여호와를 의지하였는데 그의 전후 유다 여러 왕 중에 그러한 자가 없었으니 곧 그가 여호와께 연합하여 그에게서 떠나지 아니하고 여호와께서 모세에게 명령하신 계명을 지켰더라 여호와께서 그와 함께 하시매 그가 어디로 가든지 형통하였더라 _왕하 18:5-7

이같은 신앙고백은 하나님만 섬기며 '앗수르 왕을 배반하고 섬기지 아니하는'(왕하 18:7) 모습으로 나타났다. 그 순간 남유다는 당연히 앗수르가 손볼 공공의 적이 되었다. 드디어 앗수르가 북이스라엘을 멸망시킨 후, 히스기야 왕 14년에 남유다를 공격해온 이유였다. 강력한 힘을 갖고 있던 앗수르의 산헤립 왕의 공격 앞에 유다의 모든 견고한 성읍들은 함락되어 갔다.

유다의 견고한 성읍들**이 무너져가자 히스기야는 당황했다. 무엇인가를 해야 했다. 그래서 히스기야 왕은 항복 사신을 보냈고, 산헤립이 요청하는 '은 삼백 달란트와 금 삼십 달란트'(왕하 18:14)를 바치기 위해 성전의 은과 금까지 긁어낸다. 비참한 일이었다. 그것만이 아니었다. 스스로 이방신의 제사장이기도 한 산헤립에게 굴복한다. 신앙의 포기를 의미하였다.

** '요새화된 성읍', 공동번역

유다의 왕 히스기야가 라기스로 사람을 보내어 앗수르 왕에게 이르되 내가 범죄하였나이다 나를 떠나 돌아가소서 왕이 내게 지우시는 것을 내가 당하리이다 _왕하 18:14

도대체 왜 이렇게 된 것일까? 언제나 함께하시고 형통하게 하시는 하나님을 잊었기 때문이었다. 앗수르는 그 정도로 끝내지 않았다. 오히려 점점 더 강력하게 공격해왔다. 심지어 앗수르의 장수 랍사게로부터 모욕적인 말을 듣는다.

히스기야가 너희를 설득하여 이르기를 여호와께서 우리를 건지시리라 하여도 히스기야에게 듣지 말라 민족의 신들 중에 어느 한 신이 그의 땅을 앗수르 왕의 손에서 건진 자가 있느냐 _왕하 18:32-33

그러므로 잊어서는 안 된다

랍사게가 한 하나님을 모독하는 말을 듣자 히스기야의 정신이 번쩍 들었다. 사실 오늘 우리도 정신차려야 한다. 세상이 교회를 비난하고 하나님에게 손가락질하는 상황에서 정신차리고 우리 죄를 돌아봐야 한다.

그제야 히스기야는 비로소 잃어버렸던 기도를 회복하고 하나님께 나아간다. 바른 결정이었다.

히스기야 왕이 듣고 그 옷을 찢고 굵은 베를 두르고 여호와의 전에 들어가서 _왕하 19:1

히스기야 왕은 막다른 길에 들어서서야 하나님께로 기도하며 나아갔지만, 사실 그것이 유일할 뿐 아니라 가장 옳은 길이었다. 하지만 그는 하나님을 자신의 하나님이라고 말하기도 부끄러웠던 것 같다. 이사야에게 요청하는 그의 말이 그것을 증명한다.

당신의 하나님 여호와께서 그 들으신 말 때문에 꾸짖으실 듯하니 당신은 이 남

아 있는 자들을 위하여 기도하소서 _왕하 19:4

'당신의 하나님'이라니! 언제나 히스기야와 함께하셨던 하나님의 얼굴을 볼 수 없을 만큼 자신이 부끄러웠던 것이다. 하지만 히스기야가 어떻게 생각하든, 하나님은 언제나 히스기야와 함께 계셨다. 어쩌면 그의 입술이 열리기를 기다렸던 것인지도 모른다. 이어서 이사야를 통하여 들려온 소식은 앗수르 왕의 죽음에 대한 이야기였다.

너는 앗수르 왕의 신복에게 들은 바 나를 모욕하는 말 때문에 두려워하지 말라 내가 한 영을 그의 속에 두어 그로 소문을 듣고 그의 본국으로 돌아가게 하고 또 그의 본국에서 그에게 칼에 죽게 하리라 _왕하 18:6-7

이사야로부터 들은 이 소식은 그를 안심하게 했을 것이다. 하지만 또 이내 들려온 소식은 산헤립의 협박이었다. 구스 왕과 전쟁 중이었던 산헤립이 사신을 통해 히스기야에게 협박성 편지를 보낸 것이다. 산헤립은 하나님을 믿지 말라고 하면서, 이번에는 더 구체적으로 정복의 역사를 들어 협박하였다.

내 조상들이 멸하신 여러 민족 곧 고산과 하란과 레셉과 들라살에 있는 에덴 족속을 그 나라들의 신들이 건졌느냐 하맛 왕과 아르밧 왕과 스발와임 성의 왕과 헤나와 아와의 왕들이 다 어디 있느냐 _왕하 19:12-13

아하스와 히스기야의 차이

히스기야는 이같은 협박 앞에 지난번과 다른 태도를 취하였다. 하나님이 자신과 함께 하고 계시다는 걸 안 이상, 더 이상 두려워할 필요가 없었던 것이다. 그의 기도는 간단했다. 하나님 앞에 그 편지를 펴 놓고 기도하기 시작하였다.

그 편지를 여호와 앞에 펴 놓고 그 앞에서 히스기야가 기도하여 이르되 그룹들 위에 계신 이스라엘의 하나님 여호와여 주는 천하 만국에 홀로 하나님이시라 주께서 천지를 만드셨나이다 _왕하 19:14-15

하나님은 이사야를 통하여 히스기야의 기도를 들으셨다고 말씀하시면서, 동시에 앗수르 왕 산헤립에게 하신 하나님의 말씀을 히스기야에게 들려주셨다. 그 말씀대로 하나님은 앗수르와 산헤립을 치셨는데, 먼저 이름 모를 질병을 앗수르 진영에 범람하게 하셨다. 185,000명이 아침에 시체로 발견되었다. 그것은 산헤립의 통치 기반이 흔들리는 사건으로 작용하였다. 결국 이같은 패배로 약화된 산헤립을 향해 반란이 일어났는데, 산헤립의 마지막이었다.

그가 그의 신 니스록의 신전에서 경배할 때에 아드람멜렉과 사레셀이 그를 칼로 쳐죽이고 아라랏 땅으로 그들이 도망하매 그 아들 에살핫돈이 대신하여 왕이 되니라 _왕하 19:37

산헤립을 죽인 아드람멜렉과 사레셀은 그의 아들들이었다.*** 교만한 권력의 대가였다.

아하스와 히스기야의 차이는 간단하다. 둘 다 두려움에 하나님을 의심하여 앗수르에 의지하였던 점에선 같지만, 아하스는 끝까지 하나님께 구하지 않은 왕이었으나 히스기야는 하나님께 구한 왕이라는 점이다. 아하스는 망하고 히스기야는 산 이유였다.

55년 동안 숙성된 죄

여호람, 아하시야 그리고 아달랴의 6년 통치 기간에 남유다는 엉망진창이 되었다. 요아스, 아마샤, 웃시야, 요담까지 간신히 경계선을 들락거리며 이어오던 남유다에 1차 붕괴가 오는데, 바로 아하스 왕 때였다. 그때 하나

*** '그의 몸에서 난 자들', 대하 32:21

님은 이사야를 통하여 경고하고 이끄셨지만, 그의 대답은 "나는 (하나님께) 구하지 아니하겠나이다"(사 7:12)라는 대답이었다.

물론 하나님의 긍휼은 히스기야 시대를 거치면서 일시적으로 회복되는 듯했다. 하지만 므낫세에 이르러 완전한 붕괴에 이르렀다. 므낫세는 무려 55년이나 통치하였는데, 그때 남유다는 하나님과 완전히 관계없는 나라가 된다. 그가 본받은 것은 아버지 히스기야가 아니라 북이스라엘의 아합이었다. 그는 바알을 섬기고 아세라와 일월성신을 숭배하며 섬겼다. 그것만이 아니었다. 사술(邪術)을 좇았고, 심지어 아들을 제물로 바치는 기막힌 짓도 서슴치 않았다(왕하 21:6). 므낫세가 한 일은 이스라엘이 악한 일을 하도록 인도한 것이었다.

… 오히려 므낫세는, 주님께서 이스라엘 자손의 면전에서 멸망시키신 그 이방 민족들보다 더 악한 일을 하도록 백성을 인도하였다. _왕하 21:9 새번역

그때부터 므낫세는 새로운 악의 기준이 된다. 그전까지의 왕들을 언급할 때는 보통 통치 전반기의 괜찮았던 것이 우선 기준으로 기술되었다. 이런 식이다.

아마샤가 여호와 보시기에 정직히 행하였으나 그의 조상 다윗과는 같지 아니하였으며 그의 아버지 요아스가 행한 대로 다 행하였어도 _왕하 14:3

아사랴가 그의 아버지 아마샤의 모든 행위대로 여호와 보시기에 정직히 행하였으나 _왕하 15:3

요담이 그의 아버지 웃시야의 모든 행위대로 여호와께서 보시기에 정직히 행하였으나 _왕하 15:34

그러나 므낫세 이후엔 달라진다. 악한 왕의 기준이 므낫세가 된다. 그 아들 아몬에 대한 기록이다.

아몬이 그의 아버지 므낫세의 행함 같이 여호와 보시기에 악을 행하되 _왕하 21:20

이미 돌아설 수 없는 지경에 이른 모습임을 알 수 있다. 드디어 여호야김 3년에 다니엘과 세 친구가 바벨론의 1차 포로로 잡혀간다(단 1:1). 열왕기서는 그 상황에 대하여 이렇게 기록한다.

이 일이 유다에 임함은 곧 여호와의 말씀대로 그들을 자기 앞에서 물리치고자 하심이니 이는 므낫세의 지은 모든 죄 때문이며 _왕하 24:3

므낫세 통치 55년은 남유다로 하여금 하나님과 관계없는 이방 민족 같은 나라가 되기에 충분한 시간이었다. 모두 므낫세가 한 일이었다. 그는 모든 종류의 악행과 배교 행위를 했다. 이런 므낫세 때문에 백성은 다른 어떤 이방 나라들보다도 더 악한 배교의 삶을 살게 되었다. 그걸 '므낫세의 꾀임'이라고 역대기서 기자는 기록하였다.

유다와 예루살렘 주민이 므낫세의 꾀임을 받고 악을 행한 것이 여호와께서 이스라엘 자손 앞에서 멸하신 모든 나라보다 더욱 심하였더라 _대하 33:9

므낫세는 단순히 다른 신을 허용하거나 제단을 만든 정도가 아니었다. 예루살렘 성전에서 아예 다른 신들을 섞어 예배하게 하였다.

여호와께서 전에 이르시기를 내가 내 이름을 예루살렘에 두리라 하신 여호와의 성전에 제단들을 쌓고 또 여호와의 성전 두 마당에 하늘의 일월 성신을 위하여 제단들을 쌓고 … 또 자기가 만든 아로새긴 아세라 목상을 성전에 세웠더라 옛적에 여호와께서 이 성전에 대하여 다윗과 그의 아들 솔로몬에게 이르시기를 내가 이스라엘의 모든 지파 중에서 택한 이 성전과 예루살렘에 내 이름을 영원히 둘지라 _왕하 21:4-5,7

므낫세가 55년 동안 왕위에 있는 동안 온 이스라엘은 다른 신들과 함께 하나님을 믿었다. 이미 혼합된 신이었다.

나는 돌아갈 수 있어도

물론 므낫세는 말년에 앗수르의 포로가 되었을 때 하나님 앞에 뉘우치고 돌아설 기회가 있었다. 므낫세는 포로로 잡혀간 그곳에서 하나님 앞에 '크게 겸손하여 기도'(대하 33:13)하였다. 하나님은 그 기도를 들으셨고, 므낫세를 다시 예루살렘으로 돌아올 수 있게 하셨다. 므낫세는 비로소 여호와께서 하나님(대하 33:13)이심을 고백한다.

그가 환난을 당하여 그의 하나님 여호와께 간구하고 그의 조상들의 하나님 앞에 크게 겸손하여 기도하였으므로 하나님이 그의 기도를 받으시며 그의 간구를 들으시사 그가 예루살렘에 돌아와서 다시 왕위에 앉게 하시매 므낫세가 그제서야 여호와께서 하나님이신 줄을 알았더라 _대하 33:12-13

은혜로운 결론이다. 이후 므낫세는 이방신들과 우상들을 제거하고 여호와의 전을 중수하면서, 백성에게 하나님만 섬길 것을 요청하였다.

여호와의 제단을 보수하고 화목제와 감사제를 그 제단 위에 드리고 유다를 명령하여 이스라엘 하나님 여호와를 섬기라 _대하 33:16

하지만 엎질러진 물이었다. 재위 기간 55년 동안 대부분 이방신을 섬겼던 백성은 우상을 섬기는 일이 생활화되어 있었다. 이미 회복될 수 없을 지경이었다. 므낫세는 회개하였지만, 그가 저지른 악행으로 인한 생활화는 돌이킬 수 없었다.

누구나 므낫세처럼 돌아갈 수 있을지 모른다. 그러나 죄를 범하게 한 것을 되돌리고, 마치 아무것도 없었던 것처럼 원래대로 만들 수는 없다. 나는 돌아갈지라도, 나 때문에 죄를 범한 주변 사람들은 어떻게 되는가? 누구의 책임인가? 그러므로 우리가 온전한 신앙을 갖고 바른 영성을 지니는 것이 우리와 관계되는 사람들에게 가장 큰 도움이라는 것을 잊어서는 안 된다.

드디어 말년의 므낫세의 바람과 달리, 아들 아몬에게 당장 '그 일'이 벌어진다. 놀랍게도 므낫세 때문이었다.

그의 아버지 므낫세의 행함 같이 여호와 보시기에 악을 행하여 아몬이 그의 아버지 므낫세가 만든 아로새긴 모든 우상에게 제사하여 섬겼으며 … 백성들이 아몬 왕을 반역한 사람들을 다 죽이고 그의 아들 요시야를 대신하여 왕으로 삼으니라 _대하 33:22,25

그러나 아직 소망이 있었다. 분명히 이방신을 섬기는 것이 생활화된 것이 사실이었지만, 동시에 회개한 므낫세로 인하여 믿음을 회복하고 하나님을 믿고 있던 경건한 이들이 생긴 것이다. 바로 그들, 백성(국민)이 아몬과 반란을 일으킨 자들을 다 죽이고 아들 요시야를 왕으로 추대한 것이다. 이들은 바로 '국민'으로 번역된 '암하아렛츠', 그 땅의 풀뿌리 신앙을 가진 자들이었다. 그들이 요시야를 왕으로 세운다. 그래도 희망이 있었던 것이다.

그의 신복들이 그에게 반역하여 왕을 궁중에서 죽이매 그 국민이 아몬 왕을 반역한 사람들을 다 죽이고 그의 아들 요시야를 대신하게 하여 왕을 삼았더라 _왕하 21:23-24

열왕기하 9장부터 21장까지의 개관

이후 북이스라엘에서는 예후가 왕위에 오른다(9). 예후는 이스라엘 왕 요람과 유다 왕 아하시야와 이세벨을 죽인다(9). 또한 아합의 아들들을 비롯해 가문을 멸망에 이르게 하였고, 이후 예후가 죽었다(10). 하지만 더 큰 악으로, 이세벨의 딸 아달랴는 자신의 손자들을 죽인 후 음흉하게 유다를 통치하였다. 하지만 살아남은 요아스가 제사장 여호야다의 도움으로 왕위에 오른다(11). 유다 왕 요아스(12)와 이스라엘 왕 여호아하스와 요아스로 이어갔고, 엘리사도 하나님의 부름을 받는다(13). 유다 왕 아마샤와 이스라엘 왕 여로보암 2세(14), 유다 왕 아사와 이스라엘 왕 스가랴, 살룸, 므나헴, 브가히야, 베가, 그리고 유다 왕 요담을(15) 지나면서 아하스에 이르자, 그는 산당제사를 지내는 등 엉망이었다(16). 북이스라엘은 마지막 왕 호세아를 끝으로 앗수르에게 패망당하여, 앗수르의 혼합정책으로 정체성을 상실한다(17). 이후 앗수르의 예루살렘 공격과 히스기야의 어리석은 결정으로 한 때 어려움을 당하지만(18), 히스기야의 회개로 회복되고, 하나님이 산헤립을 치시므로 위험에서 벗어난다(19). 하나님은 히스기야의 생명을 연장시켜주시는 은총을 베푸셨지만(20), 남유다에 짙게 깔린 55년간의 므낫세의 죄는 형성된 상태였다(21).

Reading Bible Checklist														열왕기하 9-21장
9	10	11	12	13	14	15	16	17	18	19	20	21		
●	●	●	●	●	●	●	●	●	●	●	●	●		

19

열왕기하 3

죄가 생활화되어 있었다

• 열왕기하 22-25장 •

종교개혁이 가능하지 않을 때가 있다

이제 요시야가 등장한다(왕하 22장). 그가 왕 위에 오를 때가 8살이었는데(대하 34:1), 왕위에 오른 지 8년째인 16살에 하나님을 '비로소 찾고'(대하 34:3) 온전히 믿었다. 그리고 재위 12년에 종교개혁을 일으켰는데, 산당을 정리하고 예루살렘을 새롭게 하였다.

제십이년에 유다와 예루살렘을 비로소 정결하게 하여 … 제단들을 허물며 아세라 목상들과 아로새긴 우상들을 빻아 가루를 만들며 온 이스라엘 땅에 있는 모든 태양상을 찍고 예루살렘으로 돌아왔더라 _대하 34:3,7

이같은 요시야의 개혁에 참여한 하나님의 선지자가 예레미야이다. 예레미야는 요시야의 개혁 1년 후인 요시야 13년에 하나님으로부터 소명을 받는다. 그는 이미 종교개혁을 시작한 요시야의 외적 개혁과 함께 내면적 개혁을 주도하며 하나님의 마음을 전하는 통로가 되었다.

아몬의 아들 유다 왕 요시야가 다스린 지 십삼 년에 여호와의 말씀이 예레미야

에게 임하였고 _렘 1:2

그 당시 예레미야의 나이는 20세 정도였다. 젊은 왕에게 젊은 선지자가 합류한 것이다. 요시야는 온 이스라엘 땅을 다니며 종교개혁을 일으켰다. 단순히 예루살렘만이 아니라 유대 전역에 걸쳐 단행한(대하 34:6-7) 까닭에 그의 종교개혁은 요시야 18년까지 무려 6년이 소요된다. 그의 나이 26살 때까지였다. 그때 비로소 '땅과 성전을 정결하게 하기를 마칠'(대하 34:8) 수 있었다. 그리고 요시야는 여호와의 전을 수리하게 하였다.

그런데 성전을 수리하던 중, 대제사장 힐기야가 모세의 율법책을 발견하였다(대하 34:14). 하나님의 은총이었다. 힐기야가 건넨 율법책을 가지고 서기관 사반이 요시야 왕에게 가져와 읽을 때였다. 요시야가 그걸 듣고서 옷을 찢었다. 요시야는 정말 아름다운 왕이었다. 이후 요시야는 그동안 제대로 드린 적이 없던 유월절을 온전히 지켰다. 사사 시대 이후 모든 열왕들이 해보지 못한 철저한 유월절이었다.

왕이 뭇 백성에게 명령하여 이르되 이 언약책에 기록된 대로 너희의 하나님 여호와를 위하여 유월절을 지키라 하매 사사가 이스라엘을 다스리던 시대부터 이스라엘 여러 왕의 시대와 유다 여러 왕의 시대에 이렇게 유월절을 지킨 일이 없었더니 _왕하 23:21-23

산을 없애고 나무를 없앨 수 없었으니

그런데 하나님께서 여선지자 훌다를 통하여 이상한 예언을 하셨다. 그것은 유다의 멸망에 대한 예언이었다. 그동안 그토록 열심히 종교개혁을 시행하였는데 말이다.

여호와께서 이같이 말씀하시기를 내가 이곳과 그 주민에게 재앙을 내리되 곧 유다 왕 앞에서 읽은 책에 기록된 모든 저주대로 하리니 이는 이 백성이 나를 버리고 다른 신들에게 분향하며 그의 손의 모든 행위로 나의 노여움을 샀음이라 그러므로 나의 노여움을 이 곳에 쏟으매 꺼지지 아니하리라 하라 하셨느니라 _대하 34:24-25

또한 하나님은 요시야의 죽음을 예언하게 하였다.

내가 이 곳과 그 주민을 가리켜 말한 것을 네가 듣고 마음이 연약하여 하나님 앞 곧 내 앞에서 겸손하여 옷을 찢고 통곡하였으므로 나도 네 말을 들었노라 여호와가 말하였느니라 그러므로 내가 네게 너의 조상들에게 돌아가서 평안히 묘실로 들어가게 하리니 내가 이 곳과 그 주민에게 내리는 모든 재앙을 네가 눈으로 보지 못하리라 하셨느니라 _대하 34:27-28

요시야는 므깃도 전투에서 죽음을 당한다. 요시야는 애굽이 앗수르와 동맹하여 바벨론을 치러 북진하고 있었다. 그런데 요시야는 정치적으로나 종교적으로 앗수르에 반대하고 있었기에, 애굽군을 막으려고 므깃도에서 애굽에 대항하여 전투를 벌인다. 하지만 허무하게 죽음에 이르렀다(왕하 23:29). 하지만 그것은 하나님의 배려였다. 유다의 멸망을 보지 않게 하려는 은혜였다.

여하튼 이 기막힌 예언을 들은 요시야는 '유다 모든 사람과 예루살렘 주민들과 제사장들과 레위 사람들과 모든 백성이 노소를 막론하고' 모두를 예루살렘 성전으로 불러 모았다. 백성의 멸망을 두고 볼 수 없었던 것이다. 요시야는 그가 발견한 언약책의 모든 말씀을 읽어 모든 백성으로 듣게 한다. 그리고 언약을 세우고 '예루살렘과 베냐민에 모인 모든 사람들을 서약'하게 시켰다(대하 34:32 공동번역). 역대하 기자는 이것을 해피엔딩으로 기록하였다.

요시야가 이스라엘 자손에게 속한 모든 땅에서 가증한 것들을 다 제거하여 버리고 이스라엘의 모든 사람으로 그들의 하나님 여호와를 섬기게 하였으므로 요시야가 사는 날에 백성이 그들의 조상들의 하나님 여호와께 복종하고 떠나지 아니하였

더라 _대하 34:33

하지만 이 말씀은 예레미야의 예언과 충돌한다.

요시야 왕 시절에 야훼께서 나에게 이렇게 이르셨다. "이스라엘이 나를 배반하고 무슨 짓을 하였는지 너는 보았다. 높은 산마다 올라가고, 무성한 나무 밑마다 찾아가서 음란을 피우지 않더냐? 그런 짓을 실컷 하고 나면 행여 나에게 다시 돌아올까 하였지만, 끝내 돌아오지 않고 말았다. 그 아우 유다도 똑같은 화냥년으로, 언니가 하는 짓을 모두 보았다. 나를 배반하고 놀아났다가 이혼장을 받아 쥐고 내쫓기는 것도 보았다. 그러고서도 겁없이 배신하고 나가서 저도 음란을 피웠다. 돌과 나무를 섬기며 음란을 피워 땅을 더럽혔다." _렘 3:6-9 공동번역

이 말씀 역시 요시야가 사는 날 동안의 기록이다. 요시야가 31년을 통치했는데, 언약책을 듣고 유월절을 지키던 시점이 요시야 18년이니, 그 후로도 13년을 하나님을 더 섬긴 셈이다. 분명 역대하의 근사한 기록과 예레미야의 기록이 조금 다른 것처럼 보인다. 어떻게 이해해야 할까? 분명 요시야가 여호와를 섬기게 하였으므로 백성은 분명히 외형적으로는 복종하고 떠나지 아니하였다. 그런데 속마음은 아니었다. 예레미야 선지자가 매우 적나라하게 실제 모습을 묘사하였다.

"샛서방을 보며 마음껏 바람을 피우고 나서는 나에게 돌아오는 체만 하고, 진심으로 돌아오지 않았다. 똑똑히 들어라." 야훼께서 나에게 또 이르셨다. "이스라엘도 배반은 하였지만, 본심은 화냥년인 유다보다는 낫다." _렘 3:10-11 공동번역

역대하의 기록처럼 요시야의 종교개혁은 분명히 성공하였고, 요시야가 사는 동안 유월절을 지키고, 언약책을 좇아 말씀을 따르며 성전 제사를 드렸다. 그런데 사실은 아니었다. 몰래 못된 짓을 한 것이다. 예레미야는 그것을 '바람을 피웠다'라는 말로 설명하였다. 어떤 못된 짓을 어떻게 한 것일까? 다시 예레미야 말씀을 읽어보자.

… 이스라엘이 나를 배반하고 무슨 짓을 하였는지 너는 보았다. 높은 산마다 올라가고, 무성한 나무 밑마다 찾아가서 음란을 피우지 않더냐? … 돌과 나무를 섬기며 음란을 피워 땅을 더럽혔다. _렘 3:6,9 공동번역

분명히 외형적으로 볼 때 바알과 아세라 목상, 태양신상과 일월성신을 위한 제단과 신당과 산당 등은 없었다. 그런데 그들은 높은 산마다 올라가 나무와 돌들을 섬긴 것이다. 완전한 종교개혁을 이룰 수 없던 이유였다. 설령 요시야가 그것을 알았어도 산을 없앨 순 없는 일이고, 모든 나무를 베고 돌들을 부술 수는 없었기 때문이다.

생활화의 견고함

요시야는 분명 확실히 종교개혁을 하였다. 언약책을 발견한 후 민족 집회를 소집하고 '다 여기에 참여하게'(대하 34:32) 하고 '모든 사람으로 그들의 하나님 여호와를 섬기게'(렘 34:33) 하였다. 그것이 요시야가 할 수 있는 전부였다.

여기서 '참여하게 하다'나 '섬기게 하다'라는 표현에서도 알 수 있지만, 모두 '히필형'을 쓰고 있다. 히필형은 히브리어 동사의 유형 중 '원인'을 드러내는 것이다. 그들이 섬기고 참여한 이유가 요시야 때문이었다는 뜻이다. 자발적인 것이 아니었다. 그들은 외형적으로는 예배자였고 종교개혁에 참여한 자들이었지만, 한밤중에는 몰래 화냥년처럼, 불륜남처럼 아무도 모르게 범죄한 것이다. 사람들 앞에서는 경건하고 거룩한 자처럼 보이면서 말이다. 그러니 예언이 무섭고 하나님이 두려워도 돌아올 수 없었던 것이다. 이미 하나님 없이 내 마음대로 사는 것, 심지어 악한 삶을 사는 것이 체질화, 소위 생활화되어 있었기 때문이었다.

아프지만 요시야가 죽은 후에 아들 여호아하스가 왕이 된다(대하 36:1).

그런데 므깃도 전투 이후 애굽 왕 느고는 남유다를 침공하였고, 여호아하스를 폐위시키고 애굽으로 잡아갔다(대하 36:4). 즉위 3개월 만의 일이었다. 그리고 친 애굽파였던 엘리야김을 왕으로 세우고 이름을 여호야김으로 바꾸게 하였다.

바로 느고에 의해 왕 위에 오른 여호야김은 매년 은과 금으로 애굽에 조공을 바쳤다. 애굽이 바벨론의 위협으로부터 자신을 지켜줄 것이라 믿었기 때문이다. 하지만 예레미야는 다른 시각으로 보고 있었다. 유다가 해야 할 것은 먼저 죄와 불의를 회개하는 것이었다. 그러나 여호야김은 관심이 없었다.

여호야김이 그의 조상들이 행한 모든 일을 따라서 여호와 보시기에 악을 행하였더라 _왕하 23:37

사실 애굽의 바로 느고가 무서운 것이 아니었다. 이미 세계 패권은 바벨론이 잡고 있었고, 남유다는 하나님을 주시하여야 했다. 그들이 걸어온 길을 회개하고 하나님께 돌아가야 했다. 이를 알고 있는 예레미야가 수없이 예언하지만, 그들은 돌아오지 않았다. 드디어 예레미야가 무서운 예언을 하였는데, 바벨론 느부갓네살에 의한 침공과 폐허에 대한 예언이었다.

보라 내가 북쪽 모든 종족과 내 종 바벨론의 왕 느부갓네살을 불러다가 이 땅과 그 주민과 사방 모든 나라를 쳐서 진멸하여 그들을 놀램과 비웃음거리가 되게 하며 땅으로 영원한 폐허가 되게 할 것이라 여호와의 말씀이니라 _렘 25:9

예레미야는 여호야김이 이 예언을 듣지 않을 것을 알았다. 그럼에도 불구하고 예언하였다. 이 예언은 예레미야 26장에서 한 성전 설교였는데, 여전히 희망을 갖고 있었던 것이다.

그들이 듣고 혹시 각각 그 악한 길에서 돌아오리라 그리하면 내가 그들의 악행으로 말미암아 그들에게 재앙을 내리려 하던 뜻을 돌이키리라 _렘 26:3

23년 동안의 예언

물론 이 예언은 일시적인 것이 아니었다. 사실 요시야의 종교개혁과 달리, 예레미야는 요시야 13년에 예언 사역을 시작한 이래 23년 동안 끊임없이 하나님의 예언을 대언했다. 하지만 이처럼 '꾸준히 일렀으나 이스라엘은 순종하지' 않았다.

유다의 왕 아몬의 아들 요시야 왕 열셋째 해부터 오늘까지 이십삼 년 동안 여호와의 말씀이 내게 임하기로 내가 너희에게 꾸준히 일렀으나 너희가 순종하지 아니하였느니라 _렘 25:3

23년 동안 하나님의 예언을 선포한 선지자는 예레미야만이 아니었지만, 그들은 듣지 않았다.

그러므로 여호와께서 그의 모든 종 선지자를 너희에게 끊임없이 보내셨으나 너희가 순종하지 아니하였으며 귀를 기울여 듣지도 아니하였도다 그가 이르시기를 너희는 각자의 악한 길과 악행을 버리고 돌아오라 _렘 25:4-5a

선지자들의 메시지는 하나였다. '돌아오라.' 하지만 남유다는 회개하지 않고 돌아서지 않았다. 앞에서 언급한 것처럼 돌아올 수 없는 상태로 생활화되어 있었기 때문이었다.

그런데 애굽의 꼭두각시 왕으로 즉위한 여호야김은 하나님께 악을 행할 뿐 아니라 애굽의 선심을 사기 위해 인간적인 방법을 따라 많은 세금을 바쳤다. 하지만 자국민에게는 포악한 정치를 함으로 어리석은 통치를 하였다. 끝으로 가고 있었다. 그리고 때가 이르는데, 23년간의 예레미야 예언의 끝이기도 했다. 예레미야는 그날을 이렇게 기록했다.

유다의 왕 요시야의 아들 여호야김 넷째 해 곧 바벨론의 왕 느부갓네살 원년에… _렘 25:1

이즈음에 유다 역사의 마지막을 유발시키는 전쟁이 유브라데스강 유역의 갈그미스에서 일어난다. 이때는 여호야김 4년, 느부갓네살 원년으로, 갈그미스 전투가 벌어진 BC 605년이었다. 그때에도 하나님은 예레미야를 통해 남유다에게 돌아올 것을 요청하셨지만, 여호야김은 아예 귀를 막았다. 심지어 하나님은 듣지 않는 여호야김과 이스라엘을 위해 그 예언들을 두루마리에 기록하게 하셨다. 예레미야는 바룩의 도움을 받아 그 예언들을 두루마리에 적어두었다.

그 즈음, 갈그미스 전쟁에서 이긴 느부갓네살이 예루살렘을 공격해올 조짐을 보인다. 그제야 예레미야의 예언을 심각하게 여긴 의식있는 고관들이 예레미야와 바룩을 피신시킨 후에, 이 예언을 왕에게 알렸다. 그런데 여호야김은 여후디가 읽던 예레미야의 예언 두루마리를 듣는 족족 면도칼로 베어 화롯불에 던져 태웠다.

여후디가 서너 쪽을 낭독하면 왕이 면도칼로 그것을 연하여 베어 화로 불에 던져서 두루마리를 모두 태웠더라 _렘 36:23

여호야김 4년, 예레미야 사역 23년, 그리고 느부갓네살 원년인 BC 605년은 경계선의 끝이었다. 더 이상 돌아올 수 없는 시점이었다. 기회의 거의 마지막 지점이었다. 그때부터 예레미야는 구체적으로 바벨론에서의 70년 포로생활을 예언하면서 하나님의 계획이 시작되었음을 예언하였다.

너는 내 손에서 이 진노의 술잔을 받아가지고 내가 너를 보내는 바 그 모든 나라로 하여금 마시게 하라 _렘 25:15

남유다의 끝

갈그미스 전쟁에서 승리한 바벨론은 드디어 앗수르, 곧 친애굽 정책을 편 팔레스타인 국가들을 초토화시켰는데, 유다도 예외는 아니었다. 유다를 침공한 바벨론은 다니엘을 비롯한 세 친구, 왕족과 귀족 몇 사람(단 1:3)을 포로로 잡아갔다. 이것이 BC 605년에 일어난 바벨론 1차 포로이다. 바로 다니엘서가 기록된 시기이기도 하다.

유다 왕 여호야킴 제삼 년에 바빌론 왕 느부갓네살이 쳐들어와 예루살렘을 포위한 일이 있었다. … 느부갓네살 왕은 내시부 대신 아스브낫에게 명하여 이스라엘 사람 가운데서 왕족과 귀족들의 자제를 몇 명 뽑아 들이되, … 그들 가운데 유다인으로는 다니엘, 하나니야, 미사엘, 아자리야라는 젊은이들이 있었다. _단 1:1,3,6 공동번역

잊지 말아야 할 것은, 멸망이 하루 아침에 이뤄지는 것이 아니라는 것이다. 오랜 시간 동안 벌어진 죄의 퇴적물이고, 회개하지 않은 자의 최후라는 사실이다. 그래서 하나님은 늘 유보하는 방법을 즐겨하신다. 기회를 주시는 것이다. 그런 관점에서 1차 침공인 BC 605년을 기점으로 볼 때, BC 587년의 유다의 멸망까지 약 20년 정도의 기회가 있었다. 그때 예레미야가 외쳤던 메시지이다.

그런즉 너희는 너희 길과 행위를 고치고 너희 하나님 여호와의 목소리를 청종하라 그리하면 여호와께서 너희에게 선언하신 재앙에 대하여 뜻을 돌이키시리라 _렘 26:13

기회가 끝난 적은 없다. 그러므로 회개가 답이었다. 하지만 남유다의 모습을 보듯이, 회개가 불가능했던 것은 너무 오랫동안 이뤄진 죄의 생활화 때문임을 잊어서는 안된다. 더 이상 스스로 돌아갈 수 없는 상태가 되었기 때문이다. 그러므로 우리도 그렇게 방치해서는 안 된다.

열왕기하 22장부터 25장까지의 개관

요시야가 율법책을 발견하고 종교개혁을 일으켰다(22). 출애굽 후 첫 번째 유월절을 지키는 등 요시야의 강력한 개혁이 있었지만, 눌러붙은 므낫세의 죄를 넘지 못하고 므깃도 전투에서 하나님의 부르심을 받았다. 이후 여호아하스와 여호야김의 희망 없는 통치가 이어졌고(23), 여호야긴과 마지막 왕 시드기야 때(24) 예루살렘은 바벨론에게 멸망당하고, 예루살렘 성전은 파괴되었으며, 백성들은 포로로 잡혀간다. 예루살렘에서는 그달리야가 총독이 되었다(25). 남유다가 멸망한 것이다.

Reading Bible Checklist														열왕기하 22-25장
22	23	24	25											

20

역대상

아름다움만 기록하신다

• 역대상 1-29장 •

에스라가 쓰다

역대기서는 열왕기서와 거의 같은 내용인 것 같아서 잘 읽지 않는 성경이지만, 둘은 분명한 차이가 있다. 사무엘서부터 시작하여 열왕기하까지 계속된 방대한 이스라엘 역사의 연장선상에서 쓰여진 것이 열왕기서라면, 역대기서는 다른 관점에서 쓰여졌다. 그 다른 관점을 알려면 저자를 아는 것이 필요하다. 역대기서의 저자는 역대하의 끝(대하 36:22-23)과 에스라서의 시작(스 1:1-2)의 동일한 기록에서 찾을 수 있다. 비교해서 읽어보면 쉽게 알 수 있다.

바사의 고레스 왕 원년에 여호와께서 예레미야의 입으로 하신 말씀을 이루시려고 여호와께서 바사의 고레스 왕의 마음을 감동시키시매 그가 온 나라에 공포도 하고 조서도 내려 이르되 바사 왕 고레스가 이같이 말하노니 하늘의 신 여호와께서 세상 만국을 내게 주셨고 나에게 명령하여 유다 예루살렘에 성전을 건축하라 하셨나니 너희 중에 그의 백성된 자는 다 올라갈지어다 너희 하나님 여호와께서

함께 하시기를 원하노라 하였더라 _대하 36:22-23

바사 왕 고레스 원년에 여호와께서 예레미야의 입을 통하여 하신 말씀을 이루게 하시려고 바사 왕 고레스의 마음을 감동시키시매 그가 온 나라에 공포도 하고 조서도 내려 이르되 바사 왕 고레스는 말하노니 하늘의 하나님 여호와께서 세상 모든 나라를 내게 주셨고 나에게 명령하사 유다 예루살렘에 성전을 건축하라 하셨나니 _스 1:1-2

히브리어 성경을 읽어보면 모음이 약간 누락되었거나 혹은 변형됐을 뿐이지 똑같은 문장임을 알 수 있다. 그래서 구약학자들은 에스라가 역대하의 저자라고 여긴다. 이처럼 에스라가 역대기의 저자라는 사실은 이 책의 성격이 어떻게 흘러갈 것인지를 충분히 알게 한다.

역대기의 의도와 흐름

이스라엘 백성은 바벨론 포로생활을 마치고 귀환하였지만 정체성의 위기를 겪고 있었다. 예루살렘을 회복시켜야 하는 막막한 부담도 갖고 있었던 이스라엘 백성에게 에스라는 새로운 동기를 부여해야 했다. 그래서 이스라엘 역사를 새로운 시각에서 정리하였다. 우선 에스라는 이스라엘 민족을 향한 하나님의 계획이 끝나지 않았다는 것을 강조한다. 이같은 목적으로 역사를 정리한 까닭에, 역대기에는 사무엘서와 열왕기서에 없는 기록들이 있고, 혹은 있던 것이 삭제돼 있다.

첫째로, 에스라는 하나님이 이스라엘 민족을 버리지 않으셨고 이끄신다는 것을 말하기 위하여 뿌리에 대한 점검을 시작한다. 그래서 역대상 1장에서 9장까지의 첫 기술은 아담으로부터 시작하여 다윗까지 이르는 방대한 분량의 족보를 정리한다. 단순히 아브라함으로부터 시작한 인간의 뿌리가 아니라, 하나님이 창조하신, 하나님의 형상을 닮은 아담으로부터

기원했음을 말함으로써 분명한 정체성을 갖게 하려는 의도가 있음을 알 수 있다.

둘째로, 사무엘서와 열왕기서가 이스라엘이 멸망한 원인에 기록의 초점을 둔 까닭에 이스라엘의 잘못을 적나라하게 기술하지만, 역대기서는 포로생활로 정체성의 위기를 겪은 이스라엘 민족을 회복시키고 힘을 불어넣어주려는 데 주된 목적이 있기 때문에, 적나라한 범죄와 잘못에 대한 기록은 가능한 삭제하고 하나님과 아름다웠던 관계를 기술하는 데 집중하였다. 이런 이유 때문에 몇 가지 사실들이 제외되거나 축소되었음을 알 수 있다.

예컨대 사울에 대한 기록을 한 장으로(10장) 끝낸 것은 이스라엘 멸망의 출발점이 그저 사울의 인간 왕국이었다는 것을 말하기 위함이라는 측면이 있다. 그래서 사울을 짧게 언급하면서, 그의 잘못에 대한 신학적인 입장을 다음과 같이 정리한다.

사울이 죽은 것은 여호와께 범죄하였기 때문이라 그가 여호와의 말씀을 지키지 아니하고 또 신접한 자에게 가르치기를 청하고 여호와께 묻지 아니하였으므로 여호와께서 그를 죽이시고 그 나라를 이새의 아들 다윗에게 넘겨 주셨더라 _대상 10:13-14

반면에 역대기서는 다윗에 대한 기록을 매우 광범위하게 기록하는데, 사울에 대한 기록이 끝난 10장 이후, 23장에서 27장을 제외한 11장부터 29장까지 모두를 다윗에게 초점을 맞춰 기록한다. 무엇보다 긍정적인 측면에서 기록하는 데 관심을 갖고 있었기 때문에, 다윗의 긍정적인 면만 기록하고 부정적인 부분들은 기록하지 않았다. 그런 까닭에 사무엘서에서 매우 길게 기록되어 있는 다윗과 사울의 갈등에 대한 기록이나 밧세바 사건과 압살롬의 반역에 대한 기록은 아예 삭제한 것을 볼 수 있다.

다윗과 성전

역대상 기록의 가장 중요한 관심사는 성전과 매우 밀접한 관련이 있다. 그래서 사무엘서에서 소홀히 다룬 성전에 대한 기록이 많이 등장한다. 에스라가 해야 할 중요한 일이 성전 재건과 관계있고, 성전과 예배를 회복하는 일이 이스라엘이 사는 길임을 알았기 때문이다.

예를 들어 사무엘하에서는 '언약궤가 예루살렘으로 돌아오는 장면'을 6장에서 간단히 다루었지만, 역대상에선 13장에서 16장까지 매우 자세히 기록한다. 뿐만 아니라 다윗 이야기도 성전 건축과 관련된 부분에 집중해서 기록하였다. 다윗이 하나님 앞에서 성전을 짓겠다는 서원과, 다윗과 하나님 사이의 언약(17장)을 중심으로 성전을 짓도록 준비시키는 다윗의 사역에 집중한 것이다. 마치 다윗이 성전을 짓기 위해 태어난 사람으로 비춰질 만큼 성전 건축을 강조하였다.

다윗은 단순히 성전을 짓는 데 필요한 은과 금 등의 재원과 목재 같은 재료만 준비한 것이 아니라, 성전과 그 안에 들어가는 모든 것들을 직접 디자인하는 역할까지 하였다고 역대상은 기록한다(22-29장). 그러므로 역대기(역대상하)를 보면 성전 건축은 다윗의 존재 이유 가운데 최고였고, 성전은 거의 다윗이 지은 것이나 다름없음을 알 수 있다.

다윗이 이르되 내 아들 솔로몬은 어리고 미숙하고 여호와를 위하여 건축할 성전은 극히 웅장하여 만국에 명성과 영광이 있게 하여야 할지라 그러므로 내가 이제 그것을 위하여 준비하리라 하고 다윗이 죽기 전에 많이 준비하였더라 _대상 22:5

우리는 여기서 다윗과 사울의 차이를 보게 된다. 하나님의 말씀을 청종치 않고 하나님을 구하는 것에는 관심이 없던 사울과 달리, 다윗은 비록 범죄하였지만 하나님을 구하고 하나님이 거하시는 성전을 세워, 수많은 백성이 그곳을 통해 회복되기를 꿈꾸는 왕이었다. 뿐만 아니라 다윗 자신이 반드시 성전을 지으려는 욕망에 사로잡힌 것도 아니었다. 그는 자신이 피를 많이 흘린 왕이기에 성전을 지을 수 없다는 하나님의 말씀을 받아들였고, 그가 할 수 있는 최선의 준비만을 하였다.

나의 형제들, 나의 백성아 내 말을 들으라 나는 여호와의 언약궤 곧 우리 하나님의 발판을 봉안할 성전을 건축할 마음이 있어서 건축할 재료를 준비하였으나 하나님이 내게 이르시되 너는 전쟁을 많이 한 사람이라 피를 많이 흘렸으니 내 이름을 위하여 성전을 건축하지 못하리라 하셨느니라 _대상 28:2-3

우리가 역대상을 읽으며 안도하는 것 중 하나는, 하나님께서 피를 많이 흘린 다윗을 인정하신 이유가 그의 순수성을 중요하게 여기셨기 때문이라는 사실을 안 것이다. 또 한 가지 알게 된 더 중요한 것이 있다. 역대상을 읽으며 정말 안도하는 것으로, 우리가 비록 범죄한 존재들이지만, 결국 역대상에 기록하지 않은 허물과 죄에 대한 기록처럼 우리의 모든 잘못의 기록들이 지워질 것이라는 사실이다. 하나님 앞에 설 때 그 기록은 존재하지도 않을 것이다. 반면에, 우리가 주를 바라보며 살려고 했던 아름다운 노력과 헌신들은 매우 자세히 기록될 것이다. 다윗처럼 말이다. 역대기는 바로 이런 관점에서 새로운 희망을 말하는 역사책이라 할 수 있다. 우리의 아름다움만 기록하시는 하나님이라니, 얼마나 좋은가?

역대상 1장부터 29장까지의 개관

아담부터 야곱까지 족보(1), 유다 자손과 갈렙의 족보(2), 다윗과 솔로몬 자손의 족보(3), 유다와 시므온(4), 르우벤, 갓, 므낫세(5), 레위와 아론(6), 잇사갈, 베냐민, 납달리, 므낫세, 에브라임, 아셀(7), 베냐민, 기브온 사람들의 족보(8), 포로 귀환자들의 족보와 사울의 족보(9)가 이어진다. 사울이 죽고(10) 다윗이 왕위에 오른다. 함께 했던 다윗의 용사들(11), 각 지파에서 도운 용사들(12)이 나열되고, 오벧에돔에 언약궤(13)가 있게 된다. 다윗이 블레셋을 이기고(14), 언약궤를 예루살렘으로 옮긴다(15-16). 다윗언약과 감사기도(17), 다윗의 승전 기록(18), 암몬과 아람을 치고(19) 블레셋을 이기다(20). 어리석은 인구조사(21)와 다윗의 성전 건축 준비(22), 레위 자손의 조직과 임무(23), 제사장 직분의 조직(24), 찬양대 사람들의 조직(25), 성전 문지기와 곳간 맡은 자의 조직(26), 각 지파의 지도자들(27), 다윗의 성전 건축 지시(28), 다윗이 준비한 성전 건축 예산과 다윗의 감사기도(29), 솔로몬이 왕위에 오르고 다윗이 죽다.

Reading Bible Checklist														역대상 1-29장
1	2	3	4	5	6	7	8	9	10	11	12	13	14	15
16	17	18	19	20	21	22	23	24	25	26	27	28	29	

21

역대하

성전과 예배

• 역대하 1-36장 •

성전과 예배

역대기가 희망을 말하는 역사책이라면, 그 희망의 근거는 어디에 두고 있을까? 두말할 것도 없이 하나님이시다. 그러므로 하나님의 자기 계시의 현장인 성전은 역대기서가 말하는 중심 내용임을 알 수 있다.

역대상이 성전이 삶의 중심이 되었던 다윗으로 시작해서 성전 건축을 위한 그의 준비로 끝을 맺는다면, 역대하는 그 성전을 건축하는 솔로몬 이야기로 시작된다. 1장에서 7장까지는 솔로몬의 성전 건축과 봉헌 이야기이고, 8장과 9장은 솔로몬 왕국의 번영을 기록한 것이다.

10장부터는 이스라엘의 몰락과 회복의 역사가 기록되는데, 이상하게 처리된 부분이 있다. 이스라엘 역사를 말할 때 북왕국이 중요한데, 역대하에서는 전혀 기록되지 않은 것이다.

앞에서 언급했지만 북왕국의 왕들이 역대하에 기록되지 않은 이유는 간단하다. 그들이 예루살렘 성전 중심의 삶을 포기하고, 자기들 마음대로 하나님을 섬겼기 때문이다. 성전 중심이 되지 않는 순간, 그들은 하나님과 상관없는 족속이 되고 만 것이다. 그런 의미에서 '하나님과 상관없는 족속이 역대기에 기록될 수 없는 것'이라고 해석할 수 있다. 이토록 이스라엘에게는 성전이 중요하다. 그래서 역대하의 중심 구절은 솔로몬이 하나님께 성전을 봉헌하였을 때 하셨던 하나님의 말씀이다.

내 이름으로 일컫는 내 백성이 그들의 악한 길에서 떠나 스스로 낮추고 기도하여 내 얼굴을 찾으면 내가 하늘에서 듣고 그들의 죄를 사하고 그들의 땅을 고칠지라 이제 이 곳에서 하는 기도에 내가 눈을 들고 귀를 기울이리니 이는 내가 이미 이 성전을 택하고 거룩하게 하여 내 이름을 여기에 영원히 있게 하였음이라 _대하 7:14-16

'이제 이 곳에서 하는 기도'에 귀를 기울이시겠다는 말씀은 매우 중요하다. 이스라엘 백성에게 이제 언제든지 하나님을 만날 수 있는 길이 완전하게 열렸다는 뜻이기 때문이다. 이처럼 역대하의 관심은 온통 성전에 있다. 포로기를 거치면서 예배가 모든 것이라는 걸 깨달았기 때문이다.

그래서 역대기에서는 성전 예배를 강조하면서, 20명의 유다 왕 중에서도 성전을 회복하고 성전 중심의 삶을 살았던 다섯 명의 왕들이 특별히 강조되어 기록되어 있다. 14장에서 16장까지 아사 왕, 17장에서 20장까지 여호사밧 왕, 23장에서 24장까지 요아스 왕, 29장에서 32장까지 히스기야 왕, 그리고 34장에서 35장까지 요시야 왕에 대한 기록에 지면을 할애한다. 아사 왕과 요아스 왕이 비록 말년에 하나님을 의뢰하지 못하는 어리석음을 범하긴 하였지만, 그 위치 역시 중요하게 평가되었음을 알 수 있다. 그들도 성전을 중요하게 여기는 이들이었기 때문이다. 이처럼 성전과 예배는 역대기의 전부나 다름없다.

성전이 중요한 이유

이 대목에서, '그렇다면 지금도 성전이 그렇게 중요한가?'라고 질문할 수 있다. 물론 성전이 우상이 되어서는 안 된다. 과거 로마 가톨릭교회가 성전을 지나치게 거룩하게 여기는 것 때문에 의식이 중요해지고 말씀이 간과된 측면이 있는 것이 사실이다.

사실 하나님이 성전에만 계신 것은 아니다. 하나님은 어디에나 계시다. 하지만 성전이 지금도 중요하다면 어떤 의미에서인가? 엄밀하게 말해서 성전은 하나님이 계실 곳이 없어서 거하시는 처소가 아니라, 우리를 만나기 위해 당신을 제한하신 은혜의 처소라는 사실이다. 순전히 우리를 위한 곳이 성전이다. 역대기서는 이같은 성전의 중요성과 의미를 놀랍게 상세히 기록하고 있다.

역대기서를 읽어보면 알겠지만, 역대기서의 압권은 성전을 지은 후에 하나님께 드렸던 솔로몬의 기도에 대한 하나님의 응답이다. 열왕기상에서 솔로몬의 기도는 8장 22절에서 53절까지 기록되었는데, 역대하 역시 6장 12절에서 42절까지 거의 같은 분량으로 같은 내용이 기록돼 있다. 하지만 성전을 봉헌하면서 하나님께 희생제사를 드릴 때, 14일 동안 절기를 지킨 후에 응답하신 하나님의 말씀에 대한 기록은 현저한 차이가 있다. 두 부분에 공통으로 기록된 내용은 하나님께서 '내 눈길(대하 : 눈)과 내 마음이 항상 거기에(대하 : 여기에)'* 있겠다는 말씀이지만, 역대하에는 더 자세하고 놀라운 기록이 있다.

밤에 여호와께서 솔로몬에게 나타나사 그에게 이르시되 내가 이미 네 기도를 듣고 이 곳을 택하여 내게 제사하는 성전을 삼았으니 혹 내가 하늘을 닫고 비를 내리지 아니하거나 혹 메뚜기들에게 토산을 먹게 하거나 혹 전염병이 내 백성 가운데에

* 왕상 9:3; 대하 7:16

유행하게 할 때에 내 이름으로 일컫는 내 백성이 그들의 악한 길에서 떠나 스스로 낮추고 기도하여 내 얼굴을 찾으면 내가 하늘에서 듣고 그들의 죄를 사하고 그들의 땅을 고칠지라 _대하 7:12-14

사실 솔로몬의 기도를 자세히 보면 알 수 있지만, 성전의 의미는 성전을 찾아와서 예배를 드리는 것만으로 이뤄지지 않는다. 그러니까 성전에 와서 드리는 기도만이 아니라 성전에 올 수 없는 상황에서도 드리는 기도 역시 하나님이 들으신다는 것을 강조한다.

만일 그들이 주께 범죄함으로 말미암아 하늘이 닫히고 비가 내리지 않는 주의 벌을 받을 때에 이 곳을 향하여 빌며 주의 이름을 인정하고 그들의 죄에서 떠나거든 _대하 6:26

만일 이 땅에 기근이나 전염병이 있거나 곡식이 시들거나 깜부기가 나거나 메뚜기나 황충이 나거나 적국이 와서 성읍들을 에워싸거나 무슨 재앙이나 무슨 질병이 있거나를 막론하고 한 사람이나 혹 주의 온 백성 이스라엘이 다 각각 자기의 마음에 재앙과 고통을 깨닫고 이 성전을 향하여 손을 펴고 무슨 기도나 무슨 간구를 하거든 _대하 6:28-29

주의 백성이 그 적국과 더불어 싸우고자 하여 주께서 보내신 길로 나갈 때에 그들이 주께서 택하신 이 성과 내가 주의 이름을 위하여 건축한 성전 있는 쪽을 향하여 주께 기도하거든 _대하 6:34

자기들을 사로잡아 간 적국의 땅에서 온 마음과 온 뜻으로 주께 돌아와서 주께서 그들의 조상들에게 주신 땅과 주께서 택하신 성과 내가 주의 이름을 위하여 건축한 성전 있는 쪽을 향하여 기도하거든 _대하 6:38

이 기도들에서 알 수 있듯이, 성전에 직접 나아갈 수 없는 상황이라도 이스라엘은 기도할 수 있었다. 바로 성전 때문이었다. 비록 '성전을 향하여' 기도할지라도 하나님이 그 기도에 응답하겠다고 말씀하신 것이다.

내가 하늘에서 듣고 그들의 죄를 사하고 그들의 땅을 고칠지라 _대하 7:14

이런 내용은 역대하에만 있는 기록이다. 그러므로 성전은 이스라엘 백성과 예루살렘 성전에만 강조되는 것이 아니다. 성전은 하나님이 '거기 계시겠다'는 상징적 표현이기 때문이다. 그런 의미에서 성전이 중요한 것이다.

성전을 향하여

사실 하나님은 어디에나 계시고 우리의 기도를 어디서나 들으시는데, '굳이 성전을 향하는 것이 무슨 의미가 있을까' 하고 생각할 수 있다. 옳은 말이다. 하나님은 어디에나 계시다. 그러므로 어디서나 어느 방향으로나 예배할 수 있다. 가정이나 세상 어디나 예배하는 성전으로 삼을 수 있다. 그런데 이것은 쉽지 않다. 우리가 문제이기 때문이다. 우선 싸움과 술수가 난무하는 직장에서 예배가 가능할까? 현실과 인터넷 할 것 없이 오염돼 있지 않은 공간이 교회 밖에 있는가? 가정은 과연 거룩한가?

우리가 기도하려 해도 잘 되지 않는 이유는 바로 우리 자신 때문이다. 내가 '거룩하게 구별된 존재'가 아니고, 내 삶이 온전하지 못하여 하나님의 임재하심을 믿지 못하기 때문이다. 그래서 하나님께서 이스라엘 백성에게 성전을 허락하신 것이다. 우리가 범죄하고 비참해졌을 때, 기도할 힘이 없고 입을 열 수도 없을 때라도 성전을 향하여 몸을 움직일 수 있게 허락하신 것이다. 이 놀라운 사실을 역대기가 기록하고 있다는 점이 중요하다. 역대하 마지막 장인 36장 27절의 기록, 곧 바사 왕 고레스가 성전을 건축하라는 명령이 이상하지 않은 이유이기도 하다.

바사 왕 고레스가 이같이 말하노니 하늘의 신 여호와께서 세상 만국을 내게 주셨고 나에게 명령하여 유다 예루살렘에 성전을 건축하라 하셨나니 너희 중에 그의 백성된 자는 다 올라갈지어다 _대하 36:23

역대하 1장부터 36장까지의 개관

지혜를 구한 솔로몬(1), 성전 건축 준비와 건축(2-4), 언약궤 안치(5), 솔로몬의 설교와 기도(6), 성전 봉헌과 하나님의 응답(7), 솔로몬의 업적(8), 스바 여왕의 방문과 솔로몬의 지혜와 부(9), 그러나 그도 죽었다. 왕국의 분열(10), 북 왕국의 약화와 남 유다의 강해짐(11), 애굽의 공격과 르호보암의 죽음(12), 아비야(13), 아사(14), 아사의 개혁(15), 하나니의 아사 견책(16), 여호사밧(17), 미가야가 아합에게 한 경고와 죽음(18), 여호사밧(19), 여호사밧의 아람 전쟁(20), 여호람(21), 아하시야와 아달랴의 통치(22), 여호야다에 의한 부흥과 개혁(23), 요아스(24), 아마샤(25), 웃시야와 나병(26), 요담(27), 아하스와 앗수르에게 항복하는 죄(28), 히스기야의 성전 정화(29), 히스기야가 유월절을 지킴(30), 히스기야의 개혁(31), 앗수르의 예루살렘 공격(32), 히스기야의 병과 영광 그리고 죽음(32), 므낫세의 꾀(33), 요시야의 개혁과 율법책 발견(34), 요시야의 죽음(35), 여호아하스, 여호야김, 여호야긴, 시드기야(36), 예루살렘의 멸망과 고레스의 포로 귀환 조서(36).

Reading Bible Checklist														역대하 1-36장
1	2	3	4	5	6	7	8	9	10	11	12	13	14	15
16	17	18	19	20	21	22	23	24	25	26	27	28	29	30
31	32	33	34	35	36									

22

에스라

하나님이 모든 것을 하셨다

• 에스라 1-10장 •

바사 왕 고레스 원년에 여호와께서 예레미야의 입을 통하여 하신 말씀을 이루게 하시려고 바사 왕 고레스의 마음을 감동시키시매 그가 온 나라에 공포도 하고 조서도 내려 이르되 바사 왕 고레스는 말하노니 하늘의 하나님 여호와께서 세상 모든 나라를 내게 주셨고 나에게 명령하사 유다 예루살렘에 성전을 건축하라 _스 1:1-2

고레스 조서

BC 538년 고레스 왕 원년에 이스라엘 백성에게 예루살렘 귀환 명령이 선포된다. 고레스는 자기 신들의 산당에 두었던 예루살렘 성전의 그릇들을 꺼내어, 신임 총독인 세스바살에게 넘겨주어 가져가게 하였다.

고레스 왕이 또 여호와의 성전 그릇을 꺼내니 옛적에 느부갓네살이 예루살렘에서 옮겨다가 자기 신들의 신당에 두었던 것이라 바사 왕 고레스가 창고지기 미드르닷에게 명령하여 그 그릇들을 꺼내어 세어서 유다 총독 세스바살에게 넘겨주니 _스 1:7-8

그래서 세스바살이 포로들을 인솔하여 예루살렘으로 돌아갈 때에 그 그릇들을 가지고 간다.

금, 은 그릇이 모두 오천사백 개라 사로잡힌 자를 바벨론에서 예루살렘으로 데리고 갈 때에 세스바살이 그 그릇들을 다 가지고 갔더라 _스 1:11

2장에는 포로였다가 1차로 귀환했던 이들의 명단이 각 자손 별로 자세하게 기술돼 있는데, 약 5만 명이었다. 재미있게도 그 귀환을 주도한 자는 스룹바벨이다.

옛적에 바벨론 왕 느부갓네살에게 사로잡혀 바벨론으로 갔던 자들의 자손들 중에서 놓임을 받고 예루살렘과 유다 도로 돌아와 각기 각자의 성읍으로 돌아간 자 곧 스룹바벨과 예수아와 느헤미야와 스라야와 르엘라야와 모르드개와 빌산과 미스발과 비그왜와 르훔과 바아나 등과 함께 나온 이스라엘 백성의 명수가 이러하니 _스 2:1-2

이같은 기록 때문에 요세푸스는 세스바살과 스룹바벨을 동일 인물로 보았다. 여하튼 포로 귀환은 전적으로 하나님의 역사였다.

오랫동안 꿈꿔왔던 예루살렘 귀환이었지만, 쉬운 일은 아니었다. 이미 오랜 시간 동안 이스라엘은 문명화된 도시인 바벨론(페르시아)에서 안정된 생활을 하였다. 그런 까닭에 대략 200만에서 300만 정도가 되었던 포로 가운데 1차로 귀환한 이들의 수는 매우 적었다. 고작 42,360명(스 2:64)에 불과했고, 유다 지파와 베냐민 지파와 레위 지파 사람들이 대부분이었다. 그들의 귀향은 약 1,450킬로미터 정도나 떨어진 곳으로부터의 귀향이었다. 그러나 무엇보다 돌아와서도, 예루살렘 주변의 많은 반대를 받으면서 성전을 지어야 했다.

그들은 예루살렘에 귀환한 후 정착과 성전 건축을 위해 석수와 목수를 모집하고 목재 등의 재료를 준비하는 데 약 2년의 시간을 보낸다. 그런 다음 성전 공사가 진행되었고, 2년 뒤 둘째 달, 곧 BC 536년에 성전의 기초를 놓는다. 그때의 감격스러운 장면을 에스라서는 이렇게 기록하였다.

제사장들과 레위 사람들과 나이 많은 족장들은 첫 성전을 보았으므로 이제 이 성전의 기초가 놓임을 보고 대성통곡하였으나 여러 사람은 기쁨으로 크게 함성을 지르니 백성이 크게 외치는 소리가 멀리 들리므로 즐거이 부르는 소리와 통곡하는 소리를 백성이 분간하지 못하였더라 _스 3:12-13

이처럼 귀환과 성전 기초공사는 1장에서 3장까지 기록되어 있지만 순조롭지는 않았다. 이후 예루살렘 성전 건축은 지체되었다. 포로생활 70년 동안에 새롭게 형성된 예루살렘 지역 세력의 방해 때문이었다. 그들은 처음엔 성전을 같이 건축하자는 제의를 해왔다(스 4:1-2). 하지만 스룹바벨과 예수아는 단호히 거절하였다(스 4:3). 고레스의 명이 그렇다고 말했다.

스룹바벨과 예수아와 기타 이스라엘 족장들이 이르되 우리 하나님의 성전을 건축하는 데 너희는 우리와 상관이 없느니라 바사 왕 고레스가 우리에게 명령하신 대로 우리가 이스라엘의 하나님 여호와를 위하여 홀로 건축하리라 하였더니 _스 4:3

다리오 조서

예루살렘 지역 세력의 방해는 생각보다 강력했다. 그런 까닭에 성전 건축 공사는 중단된다. 그때부터 BC 520년 경인 다리오 왕 2년까지 공사를 할 수 없었다.

이로부터 그 땅 백성이 유다 백성의 손을 약하게 하여 그 건축을 방해하되 바사 왕 고레스의 시대부터 바사 왕 다리오가 즉위할 때까지 관리들에게 뇌물을 주어 그 계획을 막았으며 … 이에 예루살렘에서 하나님의 성전 공사가 바사 왕 다리오 제이년까지 중단되니라 _스 4:4-5,24

그런데 다리오 왕이 악메다 궁성에서 고레스 원년에 내렸던 조서를 발견한다. 성전 건축이 다시 재개된 이유였다. 더욱이 모든 경비는 다리오 왕실에서 제공하였다.

이에 다리오 왕이 조서를 내려 문서창고 곧 바벨론의 보물을 쌓아둔 보물 전각에서 조사하게 하여 메대도 악메다 궁성에서 한 두루마리를 찾았으니 거기에 기록하였으되 고레스 왕 원년에 조서를 내려 이르기를 예루살렘에 있는 하나님의 성전에 대하여 이르노니 이 성전 곧 제사 드리는 처소를 건축하되 지대를 견고히 쌓고 그 성전의 높이는 육십 규빗으로, 너비도 육십 규빗으로 하고 큰 돌 세 켜에 새 나무 한 켜를 놓으라 그 경비는 다 왕실에서 내리라 _스 6:1-4

드디어 BC 515년 다리오 6년에(스 6:15) 스룹바벨 성전이 완성되는데, 5장과 6장의 기록이다. 이처럼 1장에서 6장까지는 성전 건축을 중심으로 기록되었다.

타락한 예루살렘

7장부터는 시대가 바뀐다. "이 일 후에"라는 말로 시작하지만 시간의 간격이 존재한다.

이 일 후에 바사 왕 아닥사스다가 왕위에 있을 때에 에스라라 하는 자가 있으니라 _스 7:1

아닥사스다는 아닥사스다 1세로 BC 464-423년까지 바사와 그 지배 국가들을 통치한 왕이다. 그렇다면 BC 515년에 성전을 건축한 것으로 볼 때 벌써 수십년의 시간이 지났음을 알 수 있다. 더욱이 에스라가 '아닥사스다 왕 제칠년'(스 7:7)에 예루살렘으로 올라왔다는 기록을 볼 때, 이때는 BC 457년으로 성전 건축 후 약 58년 정도의 시간이 지났음을 알 수 있다.

이같은 시간의 간격을 볼 때 우리는 성전이 지어졌음에도 불구하고, '이 일 후에'라고 기록된 58년 동안 예루살렘이 피폐해져 있었음을 알 수 있다. 대표적으로 제사장과 레위인들이 이방 여자들과 통혼하며 사는 등, 성전을 지키며 사는 이들의 타락이 심각했다. 이것은 하루 아침에 벌어진 일이 아니라 무려 58년 동안 벌어진 일이었다. 거의 총독 수준의 권한을 갖고 있던 에스라에게 지도자(방백)들이 찾아와 말하는 것을 들어보면 알 수 있다.

이 일 후에 방백들이 내게 나아와 이르되 이스라엘 백성과 제사장들과 레위 사람들이 이 땅 백성에게서 떠나지 아니하고 가나안 사람들과 헷 사람들과 브리스 사람들과 여부스 사람들과 암몬 사람들과 모압 사람들과 애굽 사람들과 아모리 사람들의 가증한 일을 행하여 그들의 딸을 맞이하여 아내와 며느리로 삼아 거룩한 자손이 그 지방 사람들과 서로 섞이게 하는데 방백들과 고관들이 이 죄에 더욱 으뜸이 되었다 하는지라 _스 9:1-2

에스라는 이 말을 듣고 '속옷과 겉옷을 찢고 머리털과 수염을 뜯으며'(스 9:3) 기가 막힌 상태로 저녁 제사 때까지 있었다. 이후 그가 제사를 드리면서 근심 중에 드린 기도만 들어봐도 그 참담한 심정을 알 수 있다.

나의 하나님이여 내가 부끄럽고 낯이 뜨거워서 감히 나의 하나님을 향하여 얼굴을 들지 못하오니 이는 우리 죄악이 많아 정수리에 넘치고 우리 허물이 커서 하늘에 미침이니이다 _스 9:6

에스라가 드린 것은 회개의 기도였다. 9장 전체가 그 기도의 내용인데, 우리가 간과하지 말아야 할 구절만 읽어보자.

우리가 비록 노예가 되었사오나 우리 하나님이 우리를 그 종살이하는 중에 버려두지 아니하시고 바사 왕들 앞에서 우리가 불쌍히 여김을 입고 소생하여 우리 하나님의 성전을 세우게 하시며 그 무너진 것을 수리하게 하시며 유다와 예루살렘에서 우리에게 울타리를 주셨나이다 우리 하나님이여 이렇게 하신 후에도 우리가 주의 계명을 저버렸사오니 이제 무슨 말씀을 하오리이까 _스 9:9-10

에스라가 기도했듯이, 예루살렘 성전을 건축하게 한 이는 고레스 왕, 곧 페르시아의 왕이었다. 오랜 시간 동안 멈췄던 성전 건축을 완료하게 한 이도 다리오의 페르시아 왕이었다. 이렇게 타락하고 피폐한 성읍, 그것도 영적인 타락의 극치에 이른 예루살렘에 에스라를 보낸 사람도 놀랍게도 페르시아의 아닥사스다 왕이었다는 사실이다. 어떻게 해서 아닥사스다가 이같은 일을 명한 것일까?

아닥사스다 조서

'도대체 무슨 일이 벌어진 것일까?' 하는 질문이 생긴다. 우리가 알아야 할 역사적 정황은 다리오 1세의 통치 기간이 BC 486년까지인데, 반면에 에스라를 보낸 아닥사스다 1세가 통치를 시작한 때는 BC 464년이다. 그러니까 다리오와 아닥사스다 사이에 왕이 한 사람 더 있었다는 뜻이다. 바로 아하수에로 왕이다. 그는 영화 300에 나오는 크세르크세스로 그의 부인이 바로 에스더 왕비다. 그러므로 아하수에로의 아들 아닥사스다는 에스더 왕비의 친아들은 아니었지만, 에스더의 아들이었음을 알 수 있다. 하나님이 이렇게 역사하신 것이다.

이 놀라운 이야기는 에스더서를 살필 때 더 자세히 나누려 한다. 여하튼 에스라의 기도에는 하나님의 놀라운 섭리를 통해 예루살렘 건축과 예루살렘 백성의 영적 회복까지의 모든 것이 페르시아 왕들을 통해 일하신 것임을 인정하는 내용이 들어 있다. 실제로 아닥사스다 왕은 학사 에스라를 예루살렘으로 보내면서 누구든지 가도 좋다는 조서를 내렸다.

모든 왕의 왕 아닥사스다는 하늘의 하나님의 율법에 완전한 학자 겸 제사장 에스라에게 조서를 내리노니 우리 나라에 있는 이스라엘 백성과 그들 제사장들과 레위 사람들 중에 예루살렘으로 올라갈 뜻이 있는 자는 누구든지 너와 함께 갈지어

다 _스 7:12-13

이때 에스라와 함께 한 인원은 1,754명에 불과하였지만, 에스라에게는 강력한 권한이 있었다. 아닥사스다는 예루살렘을 돌보기 위해 일곱 명의 자문관을 보냈을 뿐만 아니라 모든 것을 제공하였는데, 그 물량은 다윗이 성전을 준비하던 것과 거의 비견될 만큼이었다.

왕과 자문관들이 예루살렘에 거하시는 이스라엘 하나님께 성심으로 드리는 은금을 가져가고 또 네가 바벨론 온 도에서 얻을 모든 은금과 및 백성과 제사장들이 예루살렘에 있는 그들의 하나님의 성전을 위하여 기쁘게 드릴 예물을 가져다가 그들의 돈으로 수송아지와 숫양과 어린 양과 그 소제와 그 전제의 물품을 신속히 사서 예루살렘 네 하나님의 성전 제단 위에 드리고 그 나머지 은금은 너와 너의 형제가 좋게 여기는 일에 너희 하나님의 뜻을 따라 쓸지며 … 나 곧 아닥사스다 왕이 유브라데 강 건너편 모든 창고지기에게 조서를 내려 이르기를 하늘의 하나님의 율법학자 겸 제사장 에스라가 무릇 너희에게 구하는 것을 신속히 시행하되 은은 백 달란트까지, 밀은 백 고르까지, 포도주는 백 밧까지, 기름도 백 밧까지 하고 소금은 정량 없이 하라 무릇 하늘의 하나님의 전을 위하여 하늘의 하나님이 명령하신 것은 삼가 행하라 어찌하여 진노가 왕과 왕자의 나라에 임하게 하랴 _스 7:15-22

이것만이 아니었다. 아닥사스다가 에스라에게 한 조서는 매우 정치적이었을뿐 아니라 강력한 권한을 말하는 내용을 담고 있었다.

에스라여 너는 네 손에 있는 네 하나님의 지혜를 따라 네 하나님의 율법을 아는 자를 법관과 재판관을 삼아 강 건너편 모든 백성을 재판하게 하고 그 중 알지 못하는 자는 너희가 가르치라 _스 7:25

하나님의 열심

이같이 전권을 갖고 예루살렘에 온 에스라는 먼저 제사장과 레위인들의 이방여인과의 통혼을 금지하고 회개를 촉구하였다. 이에 이스라엘 백성이 대답하였고, 이방 여인을 아내로 맞이했던 제사장들과 레위인들이 이방 아내들을 모두 떠나보내기로 하고 하나님께 속건제를 드린다. 그 기록이 에스라 10장이며, 18절부터 44절까지는 이방 여자를 아내로 맞이한 제사장들과 레위인들과 백성의 이름을 적는 것으로 에스라서는 끝을 맺는다.

우리는 이 놀라운 에스라서를 통하여 하나님의 열심을 다시 볼 수 있다. 이미 성전을 지을 수도 없게 되었고, 심지어 제사장과 레위인들이 성전제사를 제대로 섬길 수도 없을 만큼 타락한 지경에 있을 때, 하나님께서 페르시아의 왕들을 통하여 적극적으로 역사하셨기 때문이다. 우리가 읽은 것에서 알 수 있듯이, 페르시아 왕들이 하나님을 더 잘 섬기고 두려워하고 있다는 사실이 놀랍다. 하나님께서 이스라엘을 넘어 모든 나라의 하나님이심을 말하고 있음을 다시 깨닫게 된다.

에스라 1장부터 10장까지의 개관

고레스의 조서와 포로 귀환이 이뤄지다(1). 포로 귀환자 명단(2). 성전 건축이 시작되나(3), 성전 건축 방해로 인하여 중단되다(4). 다시 성전 건축이 재개되었는데(5), 예전의 고레스 조서가 발견되면서 다리오의 명령으로 온전히 수행할 수 있었고, 성전이 완공되다(6). 제사장 에스라의 인도로 두 번째 귀환, 아닥사스다 왕의 조서를 따라 개혁을 준비하다(7), 에스라와 귀환한 자들의 명단(8), 에스라의 회개기도와 함께(9), 먼저 이스라엘의 이방여인들과의 통혼에 대한 개혁이 시작되다(10).

Reading Bible Checklist														에스라 1-10장
1	2	3	4	5	6	7	8	9	10					
●	●	●	●	●	●	●	●	●	●					

23

느헤미야

한 손에 벽돌을 다른 손에 병기를

· 느헤미야 1-13장 ·

BC 515년 스룹바벨 성전이 재건되었고, 제사장들과 레위인들이 있었지만 절기와 제사를 온전히 드리지는 못하고 있었다. 심지어 에스라가 '아닥사스다 왕 제칠년'(스 7:7), 곧 BC 457년에 예루살렘에 돌아왔을 때(2차 귀환) 목격한 모습은 제사장들과 레위인들이 이방 여자들과 통혼하여 사는 등 성전을 지키며 사는 이들의 타락이 심각한 상태였다. 에스라가 율법을 가르치면서 예배를 회복하는 일에 주력하였고 통혼을 금지하며 주의시켰지만, 온전한 회복이 이뤄지지 않았던 것이다.

하나님의 사람 느헤미야

그 당시 느헤미야는 왕의 술관원이라는 고위직에 있었다. 어느 날 예루살렘에서 온 동생 하나니(느 1:2)를 통해 예루살렘에 대한 소식을 듣는데, 예루살렘이 여전히 무너진 채로 있다는 것이었다.

…"포로민 가운데서 살아 남은 이들은 그 곳에서 몹시 고생하며 수모를 받고 있

습니다. 예루살렘 성벽은 무너진 채요, 성문들은 불에 탄 채로 그냥 있습니다." _느 1:3 공동번역

느헤미야는 그때부터 깊은 슬픔에 잠긴 채 며칠을 울고 금식하며 기도한다. 분명히 그는 슬펐지만 기도를 놓치지 않았고, 동시에 자신에게 주어진 직임 역시 소홀히 하지 않았다. 그러던 중 아닥사스다가 느헤미야의 '얼굴에 수심'(느 2:2)이 있는 모습을 보고 이유를 묻는다. 그때 느헤미야가 예루살렘 때문임을 말한다.

왕께 대답하되 왕은 만세수를 하옵소서 내 조상들의 묘실이 있는 성읍이 이제까지 황폐하고 성문이 불탔사오니 내가 어찌 얼굴에 수심이 없사오리이까 _느 2:3

그것이 계기였다. 아닥사스다는 느헤미야가 다시 성읍을 세우게 해달라는 요청을 받아들이고 총독으로 임명하여 보낸 것이다. 물론 다시 돌아올 것을 약속받은 후(느 2:6)에 보낸다. BC 444년, 아닥사스다 왕 20년(느 2:1)에 느헤미야는 총독이 되어(느 5:14) 예루살렘으로 귀환하였다.

왕의 심복인 술관원의 위치를 내려놓고 예루살렘으로 돌아온 느헤미야는 에스라와 달리 페르시아 정부가 임명한 총독이었다. 하지만 페르시아의 권세는 예전 같지 못한 상황이었다. 후기 페르시아로 접어들면서, 그동안 약화되었던 이집트의 국력이 상승하기 시작한 까닭에 이집트에서는 봉기가 시도되고 있었고(BC 460-458) 헬라 세계가 힘을 얻기 시작한 시기였다. 더욱이 페르시아가 BC 479년에 살라미스 해전에서 패하면서 그 힘이 예전 같지 않았던 것이다. 이것은 예루살렘에서도 페르시아의 통치 기반의 약화를 의미했다.

그런 까닭에 느헤미야가 성을 중건하라는 아닥사스다의 명령, 곧 주변 지역의 총독들까지 그를 도와야 한다는 내용이 포함되어 있었지만(느 2:7-9), 호론 사람 산발랏과 암몬 사람 도비아(느 2:10)를 중심으로 한 팔레

스틴 거민의 조직적 반대가 가능했던 이유였다. 심지어 그들은 군대를 일으켰고, 사마리아 연합군을 형성한다(느 4:2). 느헤미야의 지휘 아래 짓기 시작한 성벽 공사가 만만치 않았던 이유였다.

드디어 사마리아 연합군이 예루살렘을 공격하기로 결정하고 선전포고를 한다(느 4:7-8). 대단한 위기였다. 예루살렘의 유대인들 안에는 갑자기 부정적인 생각이 팽배해져갔다. 누가 지었는지 모르지만, 부정적인 내용의 노래가 예루살렘에 퍼졌다.

흙 무더기가 아직도 많거늘 짐을 나르는 자의 힘이 다 빠졌으니 우리가 성을 건축하지 못하리라 _느 4:10

한 손에 벽돌을 한 손에 병기를

하지만 느헤미야는 백성을 독려하며 성벽을 쌓기 시작하였다. 약해진 페르시아로부터 적절한 도움을 기대할 수 없고, 방해자들의 공격이 거센 상태에서 느헤미야가 한 것은 먼저 하나님께 구하는 기도였다.

그래서 우리는, 한편으로는 우리의 하나님께 기도를 드리고, 다른 한편으로는 경비병을 세워, 밤낮으로 지키게 하였다. _느 4:9 새번역

그리고 그들은 예루살렘 성벽 건축 공사를 스스로 하면서 사마리아 연합군의 공격까지 대비하였다. 한 손에는 벽돌을 들고 다른 한 손에는 병기를 든 것이다,

성을 건축하는 자와 짐을 나르는 자는 다 각각 한 손으로 일을 하며 한 손에는 병기를 잡았는데 건축하는 자는 각각 허리에 칼을 차고 건축하며 나팔 부는 자는 내 곁에 섰었느니라 _느 4:17-18

그런데 성벽 공사를 반대하는 세력은 밖에만 있는 것이 아니었다. 또 다른 문제가 뿌리깊게 있었다. 그들 사이에 벌어진 빈부의 격차 문제였다.

부자나 지도자들*은 고리대금업으로 같은 유대인을 착취하고 있었다. 심지어 빚을 갚지 못해 자신들의 밭과 포도원을 넘겨주고, 먹고 살기 위해 딸을 파는 일까지 있었다(느 5:3-5). 이같은 사실을 알게 된 느헤미야는 참담한 심정과 분노를 가지고 대회를 열어 그런 지도자들을 꾸짖었는데, 그의 말은 설득력이 있었다.

그들에게 이르기를 우리는 이방인의 손에 팔린 우리 형제 유다 사람들을 우리의 힘을 다하여 도로 찾았거늘 너희는 너희 형제를 팔고자 하느냐 더구나 우리의 손에 팔리게 하겠느냐 하매 그들이 잠잠하여 말이 없기로 내가 또 이르기를 너희의 소행이 좋지 못하도다 우리의 대적 이방 사람의 비방을 생각하고 우리 하나님을 경외하는 가운데 행할 것이 아니냐 나와 내 형제와 종자들도 역시 돈과 양식을 백성에게 꾸어 주었거니와 우리가 그 이자 받기를 그치자 그런즉 너희는 그들에게 오늘이라도 그들의 밭과 포도원과 감람원과 집이며 너희가 꾸어 준 돈이나 양식이나 새 포도주나 기름의 백분의 일을 돌려보내라 하였더니 _느 5:8-11

이같은 요청에 그들은 모두 동의하고 실행하기로 서약한다. 그때부터인지, 아니면 그들이 예루살렘에 왔을 때부터인지 모르지만, 느헤미야는 예루살렘 총독으로 있는 12년 동안 총독의 녹을 받지 않았다(느 5:14). 그렇게 한 이유에 대해 느헤미야는 '백성의 부역이 중하기' 때문이라고 말하였는데, 이같은 리더십에 백성이 감동받은 것은 당연했고, 다른 지도자들도 녹을 받지 않는 결정을 하는 이유가 되었다.

또한 유다 땅 총독으로 세움을 받은 때 곧 아닥사스다 왕 제이십년부터 제삼십이년까지 십이 년 동안은 나와 내 형제들이 총독의 녹을 먹지 아니하였느니라 … 내가 총독의 녹을 요구하지 아니하였음은 이 백성의 부역이 중함이었더라 _느 5:14,18b

* 귀인(귀족)과 민장, 느 5:7

이런 결단들 때문에 성벽 재건 공사는 순조롭게 진행된다. 놀랍게도 그동안 성공하지 못했던 성벽 재건 공사가 불과 52일 만에 완성된 것이다(느 6:15). 놀라운 기적의 역사였지만, 하나님의 도우심이었다.

성벽 역사가 오십이 일 만인 엘룰월 이십오일에 끝나매 우리의 모든 대적과 주위에 있는 이방 족속들이 이를 듣고 다 두려워하여 크게 낙담하였으니 그들이 우리 하나님께서 이 역사를 이루신 것을 앎이니라 _느 6:15-16

이같이 성벽을 완성하고 마지막으로 성 문짝을 달고 난 후(느 7:1)에 모든 이스라엘 백성이 모여서 성벽을 봉헌하였는데, 그 의식은 성전 봉헌과 버금가는 것이었다. 도처에 있던 모든 레위 사람들과 제사장들이 정결례를 행한 후(느 12:30) 찬양하는 무리들과 악기를 연주하는 이들이 성곽을 따라 행진하였는데, 학사 에스라가 앞서서(느 12:36) 이끌었다. 그리고 난 후 하나님께 제사드리고 기뻐하는 모습을 이렇게 기록하였다.

이날에 무리가 큰 제사를 드리고 심히 즐거워하였으니 이는 하나님이 크게 즐거워하게 하셨음이라 부녀와 어린 아이도 즐거워하였으므로 예루살렘이 즐거워하는 소리가 멀리 들렸느니라 _느 12:43

계속되지 않았기 때문에

이후 느헤미야가 12년의 총독생활을 마치고 BC 432년(느 13:6)에 처음 왕과의 약속한 것을 지켜 페르시아로 돌아갔다가, BC 425년에 예루살렘으로 다시 돌아왔을 때였다. 놀랍게도 그 사이에 예루살렘의 영적 상태는 엉망으로 변해 있었다. 그 타락은 지도층에서 시작된 것이었다. 제사장들은 물질에 욕심을 품고서 주님께 드린 제물을 뒤로 빼돌리는 일을 하고 있었고(느 13:4-5) 주의 성전을 자기 안방처럼 사용하는 범죄를 저지르고 있었다(느 13:7-9). 두말할 것도 없이 그들은 안식일을 우습게 여기고 있었고, 안식일에 물건을 파고 사는 것도 일반이었다(느 13:15). 이뿐 아니라 정체성을 지켜야 할 유대인들이 모압 여인을 아내로 삼는 일을 하였고, 자기의 언어를 우습게 여겼다. 이방인의 언어는 알고 사용하였지만 유대인의 언어는 제대로 구사하지 못하는 자녀들이 생겨날 만큼, 그들의 교육 역시 하나님을 떠난 상태였다(느 13:23-24).

그들은 이토록 완전히 무너져 있었다. 너무나 허무하였다. 그들의 문제는 성벽이 아니라 영성이었다. 성(城)과 성벽은 단단히 세워졌지만, 그들의 영(靈)은 퇴락했고, 그 영적인 빈틈으로 타락이 들어와 있었다. 신구약 중간기의 암흑시대로 들어가는 조짐이었다.

왜 이렇게 된 것일까? '계속되지 않았기 때문'이다. 계속되지 않으면 단 하루에도 일년 동안 쌓은 공력을 무너뜨릴 수 있다는 것을 보여주는 것이었다. 그러니까 이전에 그들이 느헤미야와 에스라의 지도력 아래 몸부림쳤던 것으로 모든 것이 완성된 것은 아니었다. 더욱이 그걸 통해 다 이룬 것도 아니었다. 그들은 성전 건축과 성벽 재건을 위해 했던 것과 같은 '몸부림'을 계속 했어야 했다.

우리도 마찬가지이다. 무엇을 성취했다 해도 다 되었다고 여겨서는 안 된다. 우리는 지금도 그렇지만, 예전이나 앞으로나, 언제나 길 위에 서 있음을 알아야 한다. 계속 걸어가야 한다.

우리의 삶과 신앙은 마치 자전거 타기와 같다. 자전거 타는 법을 배웠다고 해서 끝난 것이 아니다. 페달을 계속 돌려야 한다. 자전거를 타다 보면 모든 것이 잘되는 것 같은 내리막길만 있는 것이 아니다. 지루한 일상인 평지도 있고, 어렵고 힘든 위기의 오르막길도 있다. 이때 우리가 해야 할 것은 페달을 계속 밟는 것이다. 멈추면 쓰러질 것이다. 목적지에 이를 때까지 밟아야 한다.

빌 하이벨스가 쓴 〈리더십의 용기〉를 보면 그의 절친한 친구이자 믿음의 형제였던 존 래스머슨이 죽기 전에 빌과 나누었던 대화를 소개하고 있다. 레스머슨이 죽음 앞에서 빌에게 내민 것은 나침반이었다. 그 나침반의 뒷면에는 'stay your course'(끝까지 이 길을 유지하십시오)라는 글귀가 쓰여 있었다. 아픈 것은, 이 나침반을 받은 빌 하이벨스 목사도 이후 성 스캔들로 도중하차하였다.

그러므로 누구도 방심해서는 안 된다. 자신이 걸어가는 길을 잃지 않고, 매일 자신을 혁명하면서 걸어가는 것을 멈춰서는 안 된다. 무엇보다 세상을 바꾸기 전에 먼저 자신을 바꾸는 삶을 놓쳐선 안 된다. 느헤미야가 요청한 것처럼, 언제나 긴장하며 한 손에는 쟁기를, 다른 손에는 병기 곧 말씀이라는 무기를 들고서 살아야 한다. 그렇게 계속 살아가야 한다는 것을 잊지 말아야 한다.

느헤미야 1장부터 13장까지의 개관

느헤미야의 기도 후(1) 예루살렘 총독으로 가다(2). 건축자들에 대한 기록(3). 재건에 대한 산발랏 등의 반대(4)와 내부의 비윤리적인 부도덕함을 보며, 느헤미야는 총독 급여를 받지 않았다(5). 느헤미야에 대한 유혹과 비방이 계속되었지만, 성벽 재건을 마쳤다(6). 포로 귀환자 명단(7). 성벽 재건 후 에스라가 백성들 앞에서 율법책을 낭독하며 감격하였고(8), 백성들은 회개하며 언약을 갱신하였다(9). 언약의 인봉자들(10), 예루살렘에 거주할 자들의 명단(11), 대제사장과 제사장들의 명단과 느헤미야의 성벽 봉헌(12), 통혼 금지, 안식일 회복 등의 느헤미야의 개혁(13).

Reading Bible Checklist														느헤미야 1-13장
1	2	3	4	5	6	7	8	9	10	11	12	13		
●	●	●	●	●	●	●	●	●	●	●	●	●		

에스더

기도가 정치다

• 에스더 1-10장 •

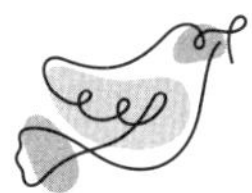

BC 537년, 고레스 원년(스 1:1)에 스룹바벨과 함께 1차 포로 귀환이 이뤄졌지만, 성전 재건은 BC 515년에 완료되었다. 그리고 BC 457년, 에스라의 인도 아래 2차 귀환이 있었다. 이후 성벽 재건은 BC 444년 느헤미야가 총독으로 부임한 후에 이뤄졌다. 이 일들은 모두 아닥사스다 왕 때에 이뤄졌는데, 바로 에스더 왕비의 아들의 영향이었다. 그런 의미에서 그 이전의 기간에 무슨 일이 있었는지 살피는 것이 중요하다. 바로 에스더서의 내용이다. 영화 〈300〉으로 알려진 크세르크세스, 곧 아하수에로 왕(486-465)이 통치하던 시절의 역사이다.

에스더와 모르드개

에스더 1장은 페르시아의 왕 아하수에로 3년, 곧 BC 483년에 벌어진 와스디 왕후의 폐위 사건을 다루고 있다. 왕은 모든 지방관과 대신들을 위하여 잔치를 열던 도중에 와스디 왕비를 보여주고 싶어서 오라고 하였는데,

왕비가 거절하였다. 이에 당황한 왕이 신하들과 논의한 끝에, 그들의 의견을 받아들여 와스디를 폐한 것이다(에 1:19). 이 모습을 볼 때 아하수에로는 난폭하고 감정에 치우치는 왕임을 알 수 있다.

그리고 '그 후에 아하수에로 왕의 노가 그치매'로 시작되는 2장 1절 이하에서 와스디를 이을 왕비의 간택 이야기가 나온다. 이때 에스더가 왕후로 간택된 것이다. 이같은 에스더서의 기록을 단순히 보면 와스디의 폐위와 에스더의 간택은 이어진 사건으로 보이지만, 2장을 여는 첫 구절 '그 후에'는 최소한 4년의 시간 공백이 있음을 알아야 한다.

페르시아의 역사를 보면, 아하수에로는 와스디 폐위 후 3년 정도가 지난 후에 아버지 다리오를 이어 그리스 정복을 시도하였다. BC 480년, 영화 〈300〉에 나오는 크세르크세스의 그리스 정복 전쟁이 그것이다. 그는 스파르타를 중심으로 30개의 도시 국가가 뭉친 그리스 동맹과 전쟁을 벌였다. 하지만 테르모필레 전투와 살라미스 해전에서 패배한다. 아하수에로는 그 전쟁을 마치고 돌아온 후에 후궁들에게서 위안을 찾았다고 헤로도토스는 〈역사〉에서 말한다.* 그러면 와스디 왕후는 이미 전쟁이 일어나기 전인 아하수에로 3년(에 1:3)에 폐위되었음을 알 수 있다. 그러므로 2장 1절 이후는 '그 전쟁 후에' 벌어진 일이다. 실제로 에스더서는 에스더가 왕비로 간택된 때를 '아하수에로 왕의 제칠년 시월'(에 2:16), 곧 BC 479년으로 기록하고 있다.

2장에는 에스더가 어떤 사람인지 그 출생 배경이 기록돼 있다. 에스더는 모르드개의 사촌 누이인 하닷사의 딸이었는데, 어렸을 때 부모가 죽자 모르드개가 양녀로 삼아 키웠다. 그러던 중에 왕비 간택령이 내려지자 에스더를 궁궐에 들여보냈고, 왕의 마음에 들어 왕후가 된 것이다. 그때 혹

* 부르스 윌킨슨 외, 한눈에 보는 성경, 디모데, 272

시나 하고 염려한 모르드개는 에스더에게 "자기 민족과 종족을 말하지 말라"(에 2:10)고 시킨다. 지금까지 살핀 것에서 알 수 있듯이, 모르드개와 에스더는 다니엘과 세 친구나 에스라와 느헤미야와 달리, 유대인임을 드러내거나 하나님을 예배하는 자로서 자신을 드러내기보다 유대인임을 감추고 '페르시아화'되었던 사람들로 보인다. 실제로 에스더서에는 하나님의 이름이 한 번도 나오지 않으며, 예배, 기도, 율법에 대한 이야기도 쓰여 있지 않다.

그러므로 에스더서는 포로 귀환과 상관없이 살았던 백성의 이야기이다. 좀 쉽게 말하면, 하나님의 약속을 따라 예루살렘으로 돌아간 신실한 백성의 이야기가 아니라, 현재 살고 있는 세상에서 편안과 세상 지위를 버리고 싶지 않았던 사람들의 이야기이다. 그래서 에스더서는 정경 선택과정에서 많이 고민하게 만든 책이고, 심지어 마틴 루터는 에스더서에 대하여 이렇게 말했다.

나는 이 책에 대해 반대하는 마음이 강하기 때문에 오히려 이 책이 성경에 없었기를 바랐다. 왜냐하면 이 책은 너무도 유대적이다. 따라서 많은 이방인을 아무것도 아닌 것으로 보기 때문이다.**

죽으면 죽으리라

에스더가 왕비가 된 후에 삼촌 모르드개는 궁궐 일을 보게 되었다. 그러던 어느 날 아하수에로를 암살하려는 음모를 알게 된 모르드개가 왕에게 알림으로 왕이 위험에서 벗어나게 하였다(에 2:21-23). 이 일로 왕의 눈에는 들었지만, 왕이 그에게 특별한 직책이나 보상을 내린 것은 아니었다.

그 당시 페르시아의 2인자는 아각 사람 하만이었다. 왕이 사람들이 하

** 아놀드 로드스, 통독을 위한 성서해설, 대한기독교서회, 267

만에게도 꿇어 절하게(에 3:2) 할만큼 하만은 권력이 있었지만 모르드개는 절하지 않았다. 그 모습을 하만은 용납할 수 없었고, 결국 모르드개를 죽이려는 음모를 꾸몄다. 그런데 그 정도가 아니라 모르드개의 족속인 유대인 전체를 몰살하는 음모를 세운 것이다.

일단 하만은 유대인이 왕의 법률을 지키지 않는다고 모함하여 자기 뜻대로 왕의 조서를 받아냈다. 그것은 유대인의 몰살을 의미하였다(에 3:13). 왕의 조서는 제비를 뽑아 정해진 날에 페르시아 치하의 모든 민족은 누구나 유대인을 몰살할 수 있다는 영이었는데(에 3:12-14), 제비로 뽑은 그날은 아하수에로 왕 십이년 열두째 달인 아달월 십삼일(에 3:7)이었다. 그리고 그 조서는 각 지방에 전달되었다.

이에 그 조서를 역졸에게 맡겨 왕의 각 지방에 보내니 열두째 달 곧 아달월 십삼일 하루 동안에 모든 유다인을 젊은이 늙은이 어린이 여인들을 막론하고 죽이고 도륙하고 진멸하고 또 그 재산을 탈취하라 하였고 이 명령을 각 지방에 전하기 위하여 조서의 초본을 모든 민족에게 선포하여 그날을 위하여 준비하게 하라 하였더라 역졸이 왕의 명령을 받들어 급히 나가매 그 조서가 도성 수산에도 반포되니 왕은 하만과 함께 앉아 마시되 수산 성은 어지럽더라 _에 3:13-15

이 조서가 내려지자 위험에 빠진 모든 유대인이 금식하며 울며 부르짖었는데, 굵은 베옷을 입고 재에 누운 유대인이 무수히 많았다. 하지만 살아날 방법은 없었다. 그래서 모르드개가 유일한 희망이기도 한 에스더에게 "왕에게 나아가서 그 앞에서 자기 민족을 위하여 간절히 구하라"(에 4:8)고 요청한 것이다. 하지만 사실 그것도 방법은 아니었다. 페르시아의 법이 문제였다. 왕이 부르지 않았는데 나가는 것 자체가 사형에 해당되기 때문이었다. 더욱이 에스더는 자신이 왕의 부름을 받지 못한 것이 30일이나 된 상태였다.

왕의 신하들과 왕의 각 지방 백성이 다 알거니와 남녀를 막론하고 부름을 받지 아니하고 안뜰에 들어가서 왕에게 나가면 오직 죽이는 법이요 왕이 그 자에게 금규를 내밀어야 살 것이라 이제 내가 부름을 입어 왕에게 나가지 못한 지가 이미 삼십 일이라 하라 하니라 _에 4:11

에스더가 이런 말을 한 것은, 비록 자신이 왕비이지만 총애를 받는 상황이 아니었다는 것을 의미하였고, 자기가 아무 것도 할 수 없다는 이야기였다. 어쩌면 에스더 왕비 자신이 위험을 느꼈기 때문으로 보인다. 알다시피 아하수에로 왕은 여러 면에서 매우 괴팍한 왕이었다. 이전 왕비인 와스디가 왕의 연회에 나오지 않았다는 이유로 폐위시킨 것만 봐도 알 수 있었다. 하지만 이 모든 것을 역시 알고 있는 모르드개는 에스더에게 분명한 얘기를 하였다. 지금은 자신의 목숨에 연연할 때가 아니라 무엇보다 민족의 목숨이 달려 있다는 사실이었다. 하지만 모르드개는 당당했다. 하나님이 계시다는 사실을 알기 때문이었음을 에스더에게 강조하였다.

너는 왕궁에 있으니 모든 유다인 중에 홀로 목숨을 건지리라 생각하지 말라 이 때에 네가 만일 잠잠하여 말이 없으면 유다인은 다른 데로 말미암아 놓임과 구원을 얻으려니와 너와 네 아버지 집은 멸망하리라 네가 왕후의 자리를 얻은 것이 이 때를 위함이 아닌지 누가 알겠느냐 _에 4:13-14

죽으면 죽으리라

에스더는 승산이 없는 싸움이라는 것을 알고 있었다. 그녀가 선택할 수 있는 것은 하나님께 구하는 기도밖에 없었다. 그녀는 매우 극단적인 절규로 유대인에게 기도할 것을 모르드개에게 요청하였다. 그것은 죽음을 각오한 기도였다.

"빨리 수사에 있는 유다인들을 한자리에 모으십시오. 그리고 저를 생각하고 사흘 동안 밤낮으로 먹지도 마시지도 말고 단식 기도를 올려 주십시오. 저도 시녀들과 함께 단식 기도를 올리겠습니다. 그런 뒤에 법을 어겨서라도 어전에 나가 뵙겠습니다. 그러다가 죽게 되면 기꺼이 죽겠습니다." _에 4:16 공동번역

놀랍게도 금식하고 기도하며 왕 앞에 나아간 에스더를 기다리고 있는 것은 기적이었다. 30일 만에 만난 에스더가 왕의 눈에 아름다워 보인 것이다. 성격이 급한 왕은 에스더가 원하는 것은 무엇이든지, 심지어 나라의 절반이라도 주겠다고 말한다.

왕이 어전에서 전 문을 대하여 왕좌에 앉았다가 왕후 에스더가 뜰에 선 것을 본즉 매우 사랑스러우므로 손에 잡았던 금 규를 그에게 내미니 에스더가 가까이 가서 금 규 끝을 만진지라 왕이 이르되 왕후 에스더여 그대의 소원이 무엇이며 요구가 무엇이냐 나라의 절반이라도 그대에게 주겠노라 _에 5:1-3

드라마 같은 이야기이지만, 왕의 눈에 에스더가 아름답게 보인 것은 하나님의 은혜 외에 설명할 길이 없다. 여하튼 에스더가 한 일은 왕의 제안을 듣고서 왕과 하만을 잔치에 초대한 것이 전부였다. 하만은 그 자리에서 왕의 마음이 이미 에스더에게 기울어진 것을 발견하지만, 여전히 자신에게 절하지 않는 모르드개를 죽이는 계획은 예정대로 진행하였다.

그날 밤, 왕은 잠이 오지 않아 역대일기를 읽게 되었고, 자신을 암살하려던 사건을 자세히 보게 된다. 그리고 모르드개에게 존귀와 관작(에 6:3)을 베풀지 않은 것을 알게 된다. 그 와중에 바깥 뜰에서 모르드개를 처형할 나무를 준비하던 하만은 왕을 만나게 되는데, 그 암살 사건 때문에 왕이 모르드개를 마음에 두고 있는 것도 모르고, 자기를 염두에 둔 것으로 착각한 하만은 거의 왕 같은 수준의 상을 내릴 것을 요청하였다. 당연히 수혜자는 모르드개였다.

왕께 아뢰되 왕께서 사람을 존귀하게 하시려면 왕께서 입으시는 왕복과 왕께서

타시는 말과 머리에 쓰시는 왕관을 가져다가 그 왕복과 말을 왕의 신하 중 가장 존귀한 자의 손에 맡겨서 왕이 존귀하게 하시기를 원하시는 사람에게 옷을 입히고 말을 태워서 성 중 거리로 다니며 그 앞에서 반포하여 이르기를 왕이 존귀하게 하기를 원하시는 사람에게는 이같이 할 것이라 하게 하소서 하니라 _에 6:7-9

이렇게 일이 꼬여가는 상태에서 두 번째 잔치가 열렸다. 그 자리에서 왕은 다시 에스더에게 "그대의 소청이 무엇이냐 곧 허락하겠노라 그대의 요구가 무엇이냐 곧 나라의 절반이라 할지라도 시행하겠노라"(에 7:2)고 말한다. 그러자 에스더는 드디어 자신이 유대인인 것을 밝히고, 자신의 민족을 말살시키려는 하만의 음모를 이야기하였다.

왕은 그 사실을 알고서 매우 노하였고 잠시 후원으로 물러갔을 때 하만이 에스더에게 목숨을 구걸하였는데, 다시 돌아온 왕은 그런 하만의 모습을 에스더를 강간하려는 것으로 착각한다. 결국 왕후 강간 시도죄(에 7:8)까지 억울하게 추가된 채, 하만은 모르드개를 매달려 했던 나무에 달려 죽는다.

부림절의 유래

아하수에로 왕은 모르드개에게 하만에게 끼웠던 반지를 끼워 2인자로 세운다. 하지만 왕이 이미 내린 유대인을 몰살하라는 영은 거둘 수 없었다. 그래서 왕은 다시 조서를 내리는데, 유대인들이 공격받는 날에 스스로 방어해도 좋다는 영을 내린 것이다(에 8:9-14). 이로 인해 이스라엘은 2인자가 된 모르드개의 힘을 바탕으로 모든 대적을 멸하고 견고한 위치를 갖게 되었다. 이후 유대인이 그것을 기념하여 지킨 것이 '제비'라는 뜻을 가진 '부림절'이다.

이 달 이 날에 유다인들이 대적에게서 벗어나서 평안함을 얻어 슬픔이 변하여 기쁨이 되고 애통이 변하여 길한 날이 되었으니 이 두 날을 지켜 잔치를 베풀고 즐기며 서로 예물을 주며 가난한 자를 구제하라 하매 … 무리가 부르의 이름을 따라 이 두 날을 부림이라 하고 … 각 지방, 각 읍, 각 집에서 대대로 이 두 날을 기념하여 지키되 이 부림일을 유다인 중에서 폐하지 않게 하고 그들의 후손들이 계속해서 기념하게 하였더라 _에 9:22,26,28

이같은 기록들을 볼 때 에스더의 아들인 아닥사스다(BC 464-424)가 아버지 아하수에로를 이어 왕이 된 후 BC 457년 에스라에 의해 주도된 2차 귀환을 허락하는 원인이 된 것이고, 느헤미야에 의한 성벽 재건에까지 영향을 미쳤음을 알 수 있다.

희망이 되는 사람

우리는 간혹 하나님의 뜻과 상관없이 자기 마음대로 살 때가 있다. 하지만 그때에도 하나님께서 일하시고 우리를 이끌고 계심을 잊어서는 안 된다. 하나님의 일과 전혀 상관없어 보이는 것을 통해서도 하나님은 일하실 수 있기 때문이다. 우연처럼 보이지만, 하나님의 개입을 말하지 않으면 설명할 수 없는 일들이 인생에 벌어지기 때문이다. 그러므로 민감하게 결정해야 하는 때가 왔을 때는 그때를 놓치지 않고 결정하는 것이 중요하다. 하나님이 어떤 문제를 놓고 기도하게 하고 행동하게 하실 때 일할 수 있는 사람이 되는 것이 중요한 이유이다.

분명한 것은 에스더처럼 기도해야 할 때 기도할 수 있는 사람은 그 어떤 정치인보다 강력한 하나님 나라의 정치를 펼치는 것이라고 할 수 있다. 문제 앞에서 금식하며 기도로 나아갈 수 있는 영성을 가진 사람, 아무리 하나님과 상관없어 보이는 시대에도 그런 사람이 있다면, 세상엔 희망이 있는 이유이다.

에스더 1장부터 10장까지의 개관

왕의 잔치에 참여하지 않았다는 이유로 왕비 와스디가 폐위된 후(1), 에스더가 왕비가 된다(2). 유대인을 질투한 2인자 하만이 유대인 몰살 음모를 세우고, 아하수에로 왕의 허락 조서를 받는다(3). 심각성을 안 모르드개의 강력한 요청에 에스더 역시 '죽으면 죽으리이다'(4:16)라는 결단을 한다(4). 어느 날 에스더가 왕과 하만을 잔치에 초청하였는데, 하만이 음모를 꾸몄다(5). 하지만 하만의 음모는 실패로 돌아가고, 오히려 모르드개가 중용된다(6). 에스더의 두 번째 초청 잔치에서 하만의 음모가 드러나는데, 그로 인해 교수형을 당했다(7). 하만의 계획은 역으로 유대인들을 우대하는 조서로 바뀌어, 오히려 본토 백성조차 유대인이 되려 하는 자가 많아졌다(8). 이같은 유래로, 유대인들의 승리 잔치로서 부림절이 시작되었다(9). 그리고 모르드개가 2인자가 되었다(10).

Reading Bible Checklist														에스더 1-10장
1	2	3	4	5	6	7	8	9	10					

욥기 1

진짜 믿음의 사람의 모습

• 욥기 1-31장 •

우리는 욥기를 주로 '왜 의인이 고난받는가?' 하는 관점에서 읽는다. 그러나 엄밀하게 살펴보면, 욥기는 고난, 축복, 시험 같은 문제에 중심 논의가 있는 것이 아니다. 믿음에 대한 책이라고 보아야 한다.

고난에 대한 관점

욥기를 이끄는 매우 중요한 코드는 사탄이 하나님께 던진 질문과 매우 밀접한 관계를 맺고 있다. 그 질문이 치명적이다.

사탄이 … 욥이 어찌 까닭 없이 하나님을 경외하리이까 _욥 1:9

사탄의 무기는 인과론이었다. 사람들이 세상에서 하나님을 믿는 이유가 축복이나 성공의 보증 때문이라고 몰아붙인 것이다. 사실 우리도 그렇다. 어느 날부터인지는 모르지만, 가난과 장애와 고통당하는 상황을 하나님의 유기(遺棄) 혹은 저주라는 뉘앙스로 말하기 좋아하는 것이 사실이다. 반대로 성공과 물질적 풍요를 하나님의 축복이라고 말한다. 사탄은 이런 논리로 접근했다. 하나님이 그토록 칭찬하는 욥이 하나님을 경외하는 것은 하나님으로부터 복을 받기 위해, 혹은 받고 있기에 하나님을 잘 믿고 있는 것이라고 주장한 것이다. 이같은 사탄의 지적이 어떤 면에서 정확한 것은, 우리가 그런 이유로 하나님을 믿기 때문이다.

하지만 처음부터 이런 관심사에서 어떤 고난을 보고 문제를 이해하게 되면, 그 고난의 문제는 복잡해진다. "왜 의로운 사람이 고난을 받습니까?" 하면서 하나님께 항의하는 결론에 이를 뿐이다. 사실 욥기 대부분을 차지하는 내용이 그런 항의와 논쟁이다. 욥기 3장에서 31장까지 그런 토론이 지루하게 이어지지만, 해결되지 않는 결과만 나타나는 이유이다.

그러므로 욥기를 읽으면서 주의할 것은 "왜 우리에게 고난이 있는가?"만을 묻는 위험에서 벗어나는 것이다. 사탄은 언제나 "왜 고난이 있는가?"를 묻게 하면서, 우리를 불손한 상상력이나 가정에 빠지게 한다.

'하나님은 살아계시지 않다.'

'하나님이 살아계시더라도 너를 사랑하지는 않으신다.'

'우리가 고통당하는 것은 우리 죄 때문이다.'

'그렇지 않더라도 모든 건 하나님의 주권의 문제이다.'

이같은 생각은 우리를 매우 위험하게 만든다. 우선 눈에 보이는 현상에만 집중하게 만들고, 그것만 가지고 해석하게 한다. 그 순간 우리의 신앙은 힘들어지고 두려움에 사로잡힐뿐 아니라, 결론은 '하나님이 나를 사랑하지 않으신다'는 데에 이르게 할 수도 있다. 또한 고난을 죄의 도식에서 이해하게 만든다. 우리가 경험하게 되는 고난이 잘 이해되지 않기 때문이다. 그래서 고난의 문제를 인과응보의 태도로 해석하게 된다.

더욱 심각한 것은, 인과응보의 시선으로 해석할 때 다른 사람의 고난에 대해선 더 가혹해지는 경향을 띨 수밖에 없다. 가족 중의 한 사람이 암으로 고통받고 죽을 지경에 이르러 고통하는 이에게 교회가 '죄를 많이 지어서 그렇다. 십일조를 안 해서 그렇다' 따위의 말을 하는 경우를 보는 이유이기도 하다. 실제로 어떤 설교자는 가난과 질병과 장애를 죄 때문이라고 말하고, 부요와 성공이나 권력과 번영이 하나님의 축복이라고 말했다. 이런 세계관을 가진 세상에서 욥이 재앙을 만나 모든 재산을 잃고 자녀들마저 불행한 죽음에 이른 것이다. 하지만 이에 대한 욥의 반응은 세상과 달리 하나님에 대한 신뢰였다.

욥이 일어나 겉옷을 찢고 머리털을 밀고 땅에 엎드려 예배하며 이르되 내가 모태에서 알몸으로 나왔사온즉 또한 알몸이 그리로 돌아가올지라 주신 이도 여호와시요 거두신 이도 여호와시오니 여호와의 이름이 찬송을 받으실지니이다 하고 이 모든 일에 욥이 범죄하지 아니하고 하나님을 향하여 원망하지 아니하니라 _욥 1:20-22

그런데 그것으로 끝나지 않았다. 사탄이 하나님께 요청한 시험의 끝은 욥 자체를 치도록 허락해달라는 것이었다. 그래서 그의 목숨을 뺀 모든 종류의 고통이 욥을 엄습한다. 그의 아내는 욥이 고통 때문에 "재 가운데 앉아서 질그릇 조각을 가져다가 몸을 긁고"(욥 2:8) 하는 걸 보면서 "하나님을 욕하고 죽으라"(욥 2:9)고 말한다. 충분히 그럴만했다. 하지만 욥의 믿음은 흔들림이 없었다.

그가 이르되 그대의 말이 한 어리석은 여자의 말 같도다 우리가 하나님께 복을 받았은즉 화도 받지 아니하겠느냐 하고 이 모든 일에 욥이 입술로 범죄하지 아니하니라 _욥 2:10

세 친구와의 논쟁

욥이 고난당한 소식이 알려지자 그를 찾아온 세 친구가 있었다. 엘리바스와 빌닷과 소발이다. 그들은 분명 처음에는 욥의 비참한 모습을 보고 그 고통에 함께 한다.

… 그들이 일제히 소리 질러 울며 각각 자기의 겉옷을 찢고 하늘을 향하여 티끌을 날려 자기 머리에 뿌리고 밤낮 칠 일 동안 그와 함께 땅에 앉았으나 욥의 고통이 심함을 보므로 그에게 한마디도 말하는 자가 없었더라 _욥 2:12-13

이 기막힌 고통 앞에서 자신들을 위해 울어주는 친구들을 만난 욥은 아내에게도 말하지 않은 절망적인 마음을 드러냈다. 그것은 고통당하는 자의 탄식이었고, 자신이 만난 상황에 대한 토로였다. 다음은 그 일부이다.

나의 모태가 그 문을 닫지 않아 내 눈이 마침내 고난을 보게 되었구나. 내가 어찌하여 모태에서 죽지 아니하였으며 나오면서 숨지지 아니하였는가? _욥 3:10-11 공동번역

하지만 일주일 동안 함께 아파하던 세 친구가 욥의 탄식을 들으면서 그의 고통을 해석하기 시작하였다. 특히 욥이 자신의 고통을 자기 죄 때문으로 보지 않는 것을 보면서, 일반적으로 적용하는 세상의 인과론으로 욥을 설득하려 하였다. 그것이 욥기의 상당 부분을 할애하는 내용으로 3장에서 31장까지 이어진다. 세 친구의 발언과 욥의 대답으로, 세 번에 걸쳐 이뤄진 순환 논쟁이 그것이다. 그 논쟁에서 세 친구는 욥이 잘못을 인정하게 하려고 일종의 훈계를 하는데, 요지는 매우 간단하다.

"하나님은 죄 없는 자를 징계하지 않으신다."

"네가 고통당하고 있다면 지금 죄 가운데 있기 때문이다."

즉, 죄와 고난의 관계로 논쟁의 상당 부분을 할애한 것이다. 첫 번째로 말을 꺼낸 엘리바스의 논지는, "정직한 자의 끊어짐이 어디 있는가"(욥 4:7)라는 말에서 알 수 있듯이 하나님의 의로움을 강조하며, 욥의 고난이 죄 때문이라고 말한다. 그러므로 그 징계를 빨리 받아들일 것을 요청한 것

이다. 이런 엘리바스의 말은 4-5장, 15장과 22장에 기록되어 있다.

볼지어다 하나님께 징계 받는 자에게는 복이 있나니 그런즉 너는 전능자의 징계를 업신여기지 말지니라 _욥 5:17

어찌하여 네 마음에 불만스러워하며 네 눈을 번뜩거리며 네 영이 하나님께 분노를 터뜨리며 네 입을 놀리느냐 _욥 15:12-13

하나님이 너를 책망하시며 너를 심문하심이 너의 경건함 때문이냐 네 악이 크지 아니하냐 네 죄악이 끝이 없느니라 _욥 22:4-5

두 번째로 빌닷이 논지를 말하는데, "너는 옛 시대 사람에게 물으며 조상들이 터득한 일을 배울지어다"(욥 8:8)라고 말하는 그의 훈계에서 알 수 있듯이, 악인이 고난당하는 것은 역사 속에서 언제나 있었던 일임을 강조하며 욥에게 회개할 것을 요청하였다. 빌닷의 말은 8장과 18장과 25장에 기록되어 있다.

하나님이 어찌 정의를 굽게 하시겠으며 전능하신 이가 어찌 공의를 굽게 하시겠는가 _욥 8:3

악인의 빛은 꺼지고 그의 불꽃은 빛나지 않을 것이요 _욥 18:5

그런즉 하나님 앞에서 사람이 어찌 의롭다 하며 여자에게서 난 자가 어찌 깨끗하다 하랴 _욥 25:4

세 번째로 소발은 자신의 죄를 인정하지 않는 욥을 보면서 매우 퉁명스럽게 말하였는데, 악인의 무지라고 본 것이다.

그러나 악한 자들은 눈이 어두워서 도망할 곳을 찾지 못하리니 그들의 희망은 숨을 거두는 것이니라 _욥 11:20

소발의 말은 11장과 20장과 25장에 기록되어 있다.

하나님은 허망한 사람을 아시나니 악한 일은 상관하지 않으시는 듯하나 다 보시느니라 허망한 사람은 지각이 없나니 그의 출생함이 들나귀 새끼 같으니라 _욥

11:11-12

네가 알지 못하느냐 예로부터 사람이 이 세상에 생긴 때로부터 악인이 이긴다는 자랑도 잠시요 경건하지 못한 자의 즐거움도 잠깐이니라 _욥 20:4-5

그런즉 하나님 앞에서 사람이 어찌 의롭다 하며 여자에게서 난 자가 어찌 깨끗하다 하랴 … 하물며 구더기 같은 사람, 벌레 같은 인생이랴 _욥 25:4,6

세 친구가 꺼낸 논쟁의 주제는 사실 한 가지로, 죄와 고난에 대한 원인과 결과의 이야기였는데, 이같은 논쟁을 통하여 드러난 것은 죄에 대한 인간의 편협한 이해였다.

하나님 앞의 욥

정작 중요한 것은 욥이었다. 욥은 분명 아름다운 사람이었다. 친구들이 아무리 '고난이 죄의 결과'라고 이야기해도 욥은 동의할 수 없었다. 그는 자신이 죄인이라고 말할 수 없을 만큼 자기 삶에 대하여 자신이 있었다. 그러니 자신의 잘못을 인정할 수 없었다.

내가 죄없다는 주장을 굽힐 성싶은가? 이 날 이 때까지 마음에 꺼림칙한 날은 하루도 없었네. _욥 27:6 공동번역

세 친구는 욥과 같은 삶을 살지 못한 우리들 같은 이들이었다. 하지만 욥은 하나님이 인정하신 것처럼 '온전하고 정직하여 하나님을 경외하며 악에서 떠난 자'(욥 1:8)였다. 이런 까닭에 모두가 고난의 이유를 죄의 문제로 몰아갔지만, 욥은 놀랍게도 끝까지 고난을 믿음의 문제, 하나님과의 관계 문제로 보았다. 그는 하나님의 신실하심을 믿었다. 그가 이렇게 고백한 이유이다.

그런데 내가 앞으로 가도 그가 아니 계시고 뒤로 가도 보이지 아니하며 그가 왼쪽에서 일하시나 내가 만날 수 없고 그가 오른쪽으로 돌이키시나 뵈올 수 없구나

그러나 내가 가는 길을 그가 아시나니 그가 나를 단련하신 후에는 내가 순금 같이 되어 나오리라 _욥 23:8-10

하지만 세 친구는 자신들의 주장만으로 욥을 정죄하는 데 이른다. 욥이 세 친구와의 대화를 끝낸 이유였다. 오히려 욥은 하나님 앞에 단독자로 서서 스스로 자기를 변호하는 독백을 시작한다. 27장부터 31장까지의 내용이다. 욥이 하나님께 고소장을 써서 제출한 것이다.

누구든지 나의 변명을 들어다오 나의 서명이 여기 있으니 전능자가 내게 대답하시기를 바라노라 … _욥 31:35

욥이 묻고 있는 것은 자신에게 임한 '고난의 이유'였다. 하나님의 뜻이 무엇인지를 물은 것이다. 삶의 모든 것을 하나님과의 관계로 보았기에 할 수 있는 질문이었다.

욥기를 읽으면서 우리가 주의해야 할 또 다른 논제는 욥의 의로움에 관한 것이다. 모든 인간은 죄인이고 의로운 사람은 하나도 없지만, 욥처럼 하나님 앞에서 늘 바르게 살아간 자가 있다는 사실이다. 물론 욥을 실제 인물이 아닌 설화의 주인공처럼 볼 수도 있지만, 욥의 이야기는 매우 도전적인 주제가 아닐 수 없다.

욥기 1장부터 31장까지의 개관

사탄과 하나님의 논쟁 후(1), 하나님의 허락 아래 사탄이 욥을 시험한다(2). 욥이 고통 속에서 생일을 저주한다(3). 세 친구 중 엘리바스의 첫 번째 말(4-5)과 욥의 대답(6-7), 빌닷의 첫 번째 말(8)과 욥의 대답(9-10), 소발의 첫 번째 말(11)과 욥의 대답과 기도(12-14)가 있은 후, 두 번째 논쟁이 시작된다. 엘리바스의 두 번째 말(15)과 욥의 대답(16-17), 빌닷의 두 번째 말(18)과 욥의 대답(19), 소발의 두 번째 말(20)과 욥의 대답(21), 엘리바스의 세 번째 말(22)과 욥의 대답(23-24), 빌닷의 세 번째 말(25)과 욥의 대답(26), 그리고 세 친구의 말에 대한 욥의 독백이 이어진다(27-31).

Reading Bible Checklist 욥기 1-31장

1	2	3	4	5	6	7	8	9	10	11	12	13	14	15
16	17	18	19	20	21	22	23	24	25	26	27	28	29	30
31														

26

욥기 2

사람이 아름답다

• 욥기 32-42장 •

누구든지 나의 변명을 들어다오 나의 서명이 여기 있으니 전능자가 내게 대답하시기를 바라노라 … _욥 31:35

욥의 말은 자신이 무죄하다는 뜻이었다. 그 순간 논쟁하던 친구들이 할 말을 잃는다. 그런데 그 자리에는 세 친구와 욥의 논쟁을 듣던 이가 또 있었는데, 바로 엘리후였다. '나는 연소하고 당신들은 연로하므로'(욥 32:6)라고 말한 것처럼 욥과 다른 친구들보다 나이가 어렸지만, 더 이상 어떤 말도 못 하는 세 친구를 대신해 욥 앞에 나섰다.

엘리후의 논증

엘리후는 비록 나이는 제일 어렸지만, 분노를 토하며 먼저 친구들의 문제점을 지적하였다. 엘리후의 지적은 '세 친구가 본질은 알지 못한 채 눈에 보이는 현상만 가지고 논증하는 것이 어리석다'는 것이었다. 사실 우리는 이 세 친구들과 매우 비슷한 모습으로 사람을 바라보는 세계관을 가지고 있다. 그래서 함부로 판단한다. 물론 엘리후는 욥에게도 분노한다. 욥이 주장한 것이 결국 자신이 하나님보다 의롭다는 것이기 때문이었다. 엘리후는 이런 욥을 보며, 욥이 보지 못하고 있는 것에 대해 지적하였다. 그는 세 친구처럼 인과론에 기초해서 논증하지 않았다. 오히려 '존재됨'에 대해 말하였다. 그것이 욥의 치명적인 죄인 것을 지적한 것이다.

이르기를 나는 깨끗하여 악인이 아니며 순전하고 불의도 없거늘 참으로 하나님이 나에게서 잘못을 찾으시며 나를 자기의 원수로 여기사 내 발을 차꼬에 채우시고 나의 모든 길을 감시하신다 하였느니라 내가 그대에게 대답하리라 이 말에 그대가 의롭지 못하니 하나님은 사람보다 크심이니라 _욥 33:9-12

'하나님은 사람보다 크시다!' 하나님만 의로우시다는 말이었다. 그러므로 우리는 존재 자체가 하나님과 비교할 수 없는 존재라는 뜻이고, 본래적 죄인이라는 의미였다. 그러므로 아무리 선하더라도 본질적으로 선하지 않은 존재가 인간이라는 뜻이었다. 사실 모든 구도자들이 고백했던 것처럼, 인간이 아무리 구도적 열심을 가지고 살더라도 온전한 선에 이를 수는 없다. 그러므로 엘리후의 주장은 욥이 하나님에게 고소장을 제출한 근거가 자신의 무죄함이었지만, 그렇다고 해서 그가 하나님보다 클 수 없다는 존재론의 관점에서 말한 것이다. 따라서 욥에게 하는 엘리후의 마지막 충고는 하나님을 생각하라는 것이었다.

욥이여 이것을 듣고 가만히 서서 하나님의 오묘한 일을 깨달으라 _욥 37:14

엘리후의 이 말은 욥으로 하여금 깊은 생각을 하게 한 것으로 보인다. 세 친구의 말에 대해 긴 말로 자신을 주장하던 욥이, 자신보다 나이가 어린 엘리후의 말에 아무런 대답을 하지 않은 것에서 알 수 있다. 욥은 그동안 자기만 바라보았던 것이다. 자신만 봄으로써 하나님을 보고 있지 못했던 것이다. 그것이 욥의 한계였다.

하나님은 하나님이시다

하지만 욥의 고소장을 접수하신 하나님이 엘리후를 이어 나타나셨다. 그 순간 잔뜩 벼르고 있던 욥의 공격을 받으셔야 할 것 같았다. 그런데 아니었다. 욥이 아니라, 하나님이 먼저 말을 꺼내셨다. 엘리바스나 친구들이 주장한 대로, 벌레만도 못하게 하찮은 인간에게 반응을 보이실 리 없다던 하나님이 38장에서 41장까지 한 호흡으로 욥에게 말씀하신 것이다. 그건 놀랍게도 욥의 잘잘못을 따지는 이야기가 아니었다. 어떤 면에서 보면 하나님의 긴 변명이었다.

하나님은 아예 욥이 대답할 수 없게 일방적인 대화를 이어가셨다. 그 시작부터 심상치 않았다. 하나님은 '폭풍우 가운데에서'(욥 38:1) 나타나셨는데, 기선을 제압하는 출현이었다. 욥이 무엇이라 말할 수 있는 상황이 아니었다. 그리고 말을 꺼내셨는데, 그것 역시 기막힌 말씀이었다.

> 내가 땅의 기초를 놓을 때에, 네가 거기에 있기라도 하였느냐? 네가 그처럼 많이 알면, 내 물음에 대답해 보아라. _욥 38:4 새번역

> 바다 속 깊은 곳에 있는 물 근원에까지 들어가 보았느냐? 그 밑바닥 깊은 곳을 거닐어 본 일이 있느냐? 죽은 자가 들어가는 문을 들여다본 일이 있느냐? … _욥 38:16-17a 새번역

욥은 하나님의 말씀을 듣고서 아예 말을 멈출 수밖에 없었다.

> 아, 제 입이 너무 가벼웠습니다. 무슨 할 말이 더 있겠사옵니까? 손으로 입을 막을 도리밖에 없사옵니다. 한 번 말씀드린 것도 무엄한 일이었는데 또 무슨 대답을 하겠습니까? 두 번 다시 말씀드리지 않겠사옵니다. _욥 40:4-5 공동번역

욥은 입을 닫았다. 물론 입을 닫았다고 해서 설득되었다고 말할 수는 없다. 그때 하나님이 이렇게 말씀하셨다.

> 네가 나의 판결을 뒤엎을 셈이냐? 너의 무죄함을 내세워 나를 죄인으로 몰 작정

이냐? _욥 40:8 공동번역

하나님은 계속 이어 말씀하셨다. 4장 분량의 긴 이야기였지만, 만일 욥이 반응하지 않았다면 40장의 분량이라도 말씀하셨을 것이다.

그런데 하나님의 말씀을 듣던 욥이 깨닫는데, 그것은 하나님의 마음이었다. 이 세상을 창조하신 이야기의 광대함과 강력함, 이어진 리워야단 이야기의 비밀스러움(욥 41:1-11)과 세상에 대한 하나님의 세심한 배려를 들으면서 욥은 감동한 것이다. 그 순간, 세 친구들의 이야기처럼 '구더기 같은 사람, 벌레 같은 인생'(욥 25:6)이 아니라는 것을 하나님의 설명을 들으면서 깨닫는다. 그래서 질문이 생겼지만, 또한 곧 그 해답을 찾는다. 이 광대하신 하나님께서 인간을 세밀히 보시고 살피시는데, '왜 자신에게 이런 고난이 있게 된 것일까' 하는 질문에 대한 답을 찾은 것이다.

우리는 그 답을 하나님의 말씀에 대한 욥의 대답에서 찾을 수 있다. 동시에 욥이 회개한 이유였다.

주께서는 못 하실 일이 없사오며 무슨 계획이든지 못 이루실 것이 없는 줄 아오니 무지한 말로 이치를 가리는 자가 누구니이까 나는 깨닫지도 못한 일을 말하였고 스스로 알 수도 없고 헤아리기도 어려운 일을 말하였나이다 내가 말하겠사오니 주는 들으시고 내가 주께 묻겠사오니 주여 내게 알게 하옵소서 내가 주께 대하여 귀로 듣기만 하였사오나 이제는 눈으로 주를 뵈옵나이다 그러므로 내가 스스로 거두어들이고 티끌과 재 가운데에서 회개하나이다 _욥 42:2-6

공동번역은 2절을 이렇게 번역하였다.

알았습니다. 당신께서는 못하실 일이 없으십니다. 계획하신 일은 무엇이든지 이루십니다. _욥 42:2 공동번역

더 편한 언어로 다시 번역하면, 이렇게 말할 수 있다.

"아, 맞습니다. 주님께서는 못하실 일이 없으십니다."

사람이 아름답다

욥이 하나님의 긴 말씀을 들으면서 '하나님은 못하실 일이 없으시다'는 것을 깨달았다. 새삼스럽게도 말이다. 욥은 그 순간, 하나님이 자신을 이 같은 고통에 두지 않을 수도 있지만, 그 고통 가운데 두신 이유를 생각하게 되었다. 그렇다면 하나님은 무엇을 말씀하고자 하신 것일까? 하나님의 거룩하심에 손상을 입힐 뻔한, 이 기막힌 시험을 허락하신 이유는 무엇 때문일까?

세 친구의 이야기처럼, 세상은 고난과 아픔이나 가난과 장애는 모두 그걸 당한 사람의 잘못으로 인한 결과로 몰아붙인다. 이같은 인식은 사람이 아름다운 존재가 아니라, 보잘것없는 벌레나 구더기 같은 존재이기 때문이라는 생각에서 비롯된 것이다. 그것이 세 친구의 논리였다.

보라 그의 눈에는 달이라도 빛을 발하지 못하고 별도 빛나지 못하거든 하물며 구더기 같은 사람, 벌레 같은 인생이랴 _욥 25:5-6

하지만 하나님께서 욥에게 극한의 고통을 주시고, 심지어 하나님 스스로 '죄인'(?)이라는 오명을 받으시면서까지 욥의 까닭 없는 고난을 통하여 말씀하고자 하신 것은 '사람이 아름답다'는 것이었다. 욥의 까닭없는 고난을 통하여 모든 고난받는 자들을 위로하신 것이다. 그리고 그 정점에서 그리스도 예수께서 고난받고 죽으심으로써 완성하신 것이고 말이다.

사실 지금도 가난한 자는 더 가난해지고, 불이익을 당하는 자는 힘 있는 자들에 의해 계속해서 사회적 계층화와 차별화로 고통받고 있다. 하지만 그것보다 더 고통스러운 것은, 그 힘과 부유가 하나님의 축복이라고 전하는 거짓 선지자들의 메시지이다.

그동안 우리는 잘못된 설교를 해왔다. 가난과 장애를 가진 자들은 자신을 부끄러워하고 비참하게 살도록 만들었다. 심지어 우리는 한동안 우리의 비참한 전쟁과 침략당한 역사 때문에 죄인처럼 살아야 했다. 우리가 침략과 전쟁의 수모를 당한 것이 우리의 죄에 대한 하나님의 징벌이라고 해석했기 때문이다. 그런데 아니다. 하나님은 욥의 고난을 통하여 그것을 말씀하신 것이다.

하나님께서는 우리가 무엇을 하지 않아도 아름답게 보신다. 심지어 우리 대부분이 바울처럼 주를 위해 순교의 길을 간 것처럼 살지 못해도 아름답다고 말씀하신다. 이것이 욥기의 의미이다.

"얘들아, 그게 아니다. 그게 아니다! 너희들은 내게 아름답다. 너희들은 내게 아름답다!"

그러므로 우리는 이제 이렇게 말해야 한다.

"고통과 고난이 하나님의 저주나 징계가 아니며, 가난도 죄가 아니다. 학력이 낮고 볼품없는 직장과 수입이 시원찮은 것, 심지어 난치병에 걸리거나 장애를 갖고 있는 것도 하나님의 징벌이 아니다."

사족, 욥의 아름다움

이제 욥의 아름다움을 보도록 하자. 우리는 그 아름다움의 힌트를 사탄과 나누는 대화에서 찾을 수 있다. 사탄이 이런 질문을 던지지 않았는가?

… 욥이 어찌 까닭 없이 하나님을 경외하리이까 _욥 1:9

여기서 우리는 사탄의 질문에 대한 대답으로 욥을 내세운 하나님을 보면서, 그 행간에 숨은 비밀을 보게 된다. 욥의 아름다운 모습이다. 그 핵심은 사탄의 질문에서 찾을 수 있는데, 바로 '까닭없이 하나님을 경외하는 것'에서 찾을 수 있다. '까닭없이' 바꿔 말하면 '하나님이 계시다'는 것이 욥에게 유일한 이유라는 말이다. 다른 까닭이 없었다. 그러니 욥은 부당하고 억울한 고난을 당하고 있었다. 그래서 엘리바스와 친구들은 고난의 이유가 하나님의 형벌이라는 입장을 계속 견지했던 것이다.

그런데 이처럼 고통받던 욥은 어느 순간엔가 가난한 자와 고난받는 자들의 대변인이 되어 있었다. 욥은 24장에서 이렇게 대답한다. "하나님은 반드시 억울하게 고난당하는 자들과 가난한 자들의 아픔을 아시고, 불의를 행하는 자들은 반드시 심판하신다"고 말이다. 문제는 오늘날 어떤 이들은 욥처럼 고난당하고 있고 문제가 해결될 기미가 보이지 않는다는 데 있다. 그럼에도 불구하고, 욥은 다음과 같은 결론을 말한다.

그들은 잠깐 동안 높아졌다가 천대를 받을 것이며 잘려 모아진 곡식 이삭처럼 되리라 가령 그렇지 않을지라도 능히 내 말을 거짓되다고 지적하거나 내 말을 헛되게 만들 자 누구랴 _욥 24:24-25

'가령 그렇지 않을지라도', 그러니까 여전히 불의가 성행하고 부당하고 억울한 고통이 지속되더라도, 하나님은 반드시 하나님의 의를 드러내실 것이라고 말한 것이다. '옳은 것은 옳은 것이다.' 즉, 당장 그것이 이루어지지 않아도, 아니 영원히 이루어지지 않아도 '하나님은 하나님이시다'라고 말하고 있다. 그러니까 욥은 늘 이렇게 살아온 것이다. '까닭 없이' 심지어 '가령 그렇지 않을지라도' 하나님을 신뢰하며 자기의 길을 걸어온 것이다. 그것이 바로 하나님과의 친밀함이었다. 욥은 자신이 사는 삶의 현장에서 하나님과 동행한 것이다. 절대가치로 산 것이다. 복을 받기 위해 착한 일을 한 것도 아니었다. 그것이 욥이었다. 그는 하나님을 믿는 하나님의 사람으로 산 것이다.

엘리바스와 친구들과 아내, 그리고 많은 사람들이 욥을 공격하고 심하게 비난한 것은 그들이 볼 때 욥이 대단하지 않았기 때문이었는지도 모른다. 욥을 지지하는 사람이 단 한 명도 보이지 않은 걸 볼 때 말이다. 하지만 중심을 보시는 하나님이 보시기에는 욥이 아름다웠다. 욥에게는 '까닭'이 하나님을 믿는 이유가 아니었다. 그런 까닭에 욥은 더더욱 하나님을 만나고 싶었다. 하나님을 직접 만나 따지려 한 것이다. 드디어 욥이 일전을 준비하였다. 뿐만 아니라 욥은 자신이 이길 것을 확신했다.

오늘 또 이 억울한 마음 털어 놓지 않을 수 없고 그의 육중한 손에 눌려 신음소리조차 내지 못하겠구나. 그가 어디 계신지 알기만 하면, 당장에 찾아 가서 나의 정당함을 진술하겠네. 반증할 말도 궁하지는 않으련만. 그가 무슨 말로 답변하실지를 꼭 알아야겠기에 그 하시는 말을 하나도 놓치지 않고 들어야겠네. 그가 온 힘을 기울여 나를 논박하실까? 아니, 나의 말을 듣기만 하시겠지. 그러면 나의 옳았음을 아시게 될 것이고 나는 나대로 승소할 수 있을 것일세. _욥 23:2-7 공동번역

욥이 어떻게 이런 주장을 할 수 있을까? 까닭 없이 하나님을 믿기 때문이다. 하나님이시니까 하나님을 사랑하시는 것이다. 자식이니까 어머니가 사랑하고, 어머니이기에 아들이 사랑하는 것과 같다. 이유, 까닭이 없다. 그것이 깊은 친밀감이다. 그 앞에서 나는 사라지기 때문이다. 어머니 앞에서 자식이 계급장이나 세상의 영광을 드러낼 필요가 없는 것과 같다. 그것 때문에 나를 사랑하시는 것이 아니기 때문이다. 그러므로 예배는 삶이고, 우리가 선한 기독교인으로서 사는 것은 당연하다. 그래서 하나님에게 가까이 갈수록 우리는 착해지는 것이다. 내가 사라지기 때문이다. 나를 주장하지 않기 때문이다. 이런 점에서 볼 때, 오늘날 기독교의 가치는 매우 깊이 타락하였음을 알 수 있다. 물질적 축복, 세상적 성공이 신앙의 주된 가치가 되었기 때문이다. '까닭 없이 하나님을 경외하는 것이 불가능한 기독교인'을 너무 많이 만나기 때문이다.

인간은 무죄할 수 있는가

우리는 여기서 인간이 무죄할 수 있다는 놀라운 사실에 직면한다. '그것이

어떻게 가능할까?' 하고 여길지 모르지만, 그 비밀이 욥기 1장에 적혀 있다. 욥의 생일에 그는 집에서 일곱 아들들이 누이 세 명과 함께 잔치를 열었는데, 욥은 아침에 가족 모두를 위한 성결례로 번제를 드렸다.

그들이 차례대로 잔치를 끝내면 욥이 그들을 불러다가 성결하게 하되 아침에 일어나서 그들의 명수대로 번제를 드렸으니 이는 욥이 말하기를 혹시 내 아들들이 죄를 범하여 마음으로 하나님을 욕되게 하였을까 함이라 욥의 행위가 항상 이러하였더라 _욥 1:5

'욥의 행위가 항상 이러하였더라.' 욥은 매일 하루를 종결하는 삶을 살았던 것이다. '욥의 번제가 죄사함을 완벽하게 의미하는가?'는 2차 문제이다. 이것은 하나님이 보시는 문제이기 때문이다. 중요한 것은 우리 역시 그처럼 놀라운 삶을 살 수 있다는 사실이다. 우리도 예수 그리스도의 구원 사역을 힘입어 하루를 종결하고 새로운 삶을 살 수 있기 때문이다. 매일 새로울 수 있는 것이다.

욥기 32장부터 42장까지의 개관

엘리후가 욥의 태도를 보며 논쟁에 끼어들어 세 번의 논박을 한다(32-35). 하나님이 욥을 연단하고 계시다고 엘리후가 결론짓는다(36-37). 드디어 하나님이 첫 번째 말씀을 하시자(38-39), 욥이 짧게 대답하였다(40:3-5). 이어 하나님이 두 번째 말씀을 하신다(40-41). 그 말씀을 듣고 욥이 회개하였다(42).

Reading Bible Checklist														욥기 32-42장
32	33	34	35	36	37	38	39	40	41	42				
●	●	●	●	●	●	●	●	●	●	●				

시편 1

주가 다스리시기 때문에

• 시편 1-50편 •

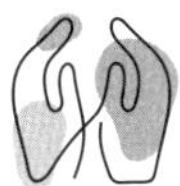

시편은 그 책의 히브리어 제목 '테힐림'(Tehillim)에서 알 수 있듯이 '찬양'을 모은 책이다. 지금 우리가 쓰는 제목인 시편(Psalm)은 칠십인역에서 헬라어 '프살모이'(Psalmoi)로 제목을 정하면서부터다. '프살모이'는 '악기의 반주에 따라 불리는 시들'이라는 의미를 갖고 있다. 말 그대로 찬양시들을 모은 책이다.

주가 다스리신다

시편은 모세 시대부터 시작해서 포로 이후 시대까지 약 천년의 시간 동안 쓰인 글들을 모았기 때문에 저자가 여러 명이고 독자층도 다양하다. 또한 세상에서 만날 수 있는 모든 경우의 사연을 만날 수 있다. 그래서 우리는 시편에서 천년이 지나도 변하지 않는 메시지를 찾을 수 있는데, 바로 '아도나이(야웨) 말라크', 곧 '주가 다스리신다'라는 고백이다.

클라우스 베스터만은 시편의 양식을 찬양시, 탄식시, 제왕의 시, 기타로 크게 구분하였지만, 가장 대표적인 양식은 찬양시로서 '주가 다스리신다'라는 고백이다. 그러므로 찬양의 내용에서 왕이신 하나님을 높이며 그의 주권을 인정하고 찬송하는 것이 매우 중요하다는 걸 알 수 있다. 우리가 결단코 놓칠 수 없는 찬양의 핵심이다.

우리가 오해할 수 있는 것이 있다. 다윗이 적군을 물리치고 이기게 하신 후 왕위에 오르게 하신 일처럼, 객관적으로 하나님께 영광을 돌려드려야 할 것 같은 좋은 경우만 찬양이라고 생각하는 것이다. 그렇다면 녹록지 않은 우리 삶의 대부분의 상황에서는 찬양이 힘들 것이다. 하지만 시편 기자는 모든 경우에 찬양하라고 요청한다. 하나님의 다스리심이 찬양의 이유이기 때문이다.

여호와께서 다스리시니 만민이 떨 것이요 여호와께서 그룹 사이에 좌정하시니 땅이 흔들릴 것이로다 시온에 계시는 여호와는 위대하시고 모든 민족보다 높으시도다 주의 크고 두려운 이름을 찬송할지니 그는 거룩하심이로다 _시 99:1-3

한마디로 말해 하나님은 모든 상황과 경우에서 찬양받기 합당하신 분이시기 때문이다. 하나님을 찬양하고 예배하는 것은 어떤 환경과 조건에도 영향을 받지 않는다는 뜻이다. 모든 경우에 주가 다스리시기 때문이다. 그래서 시편 기자들은 어떤 상황에서도 찬양하는 '풀타임 예배자'(full time worshiper)들이었다. 감옥이든, 적군에게 쫓기는 상황이든, 병상이든, 그들은 어디서든 하나님을 찬양하였다. 무슨 특별한 좋은 일이 있어서가 아니었다. 하나님이 존재하시고, 모든 경우에 하나님께서 다스리시는 것이 찬양의 이유였다. 시편 전체를 통틀어 '찬양시'라고 말할 수 있는 이유이다.

예를 들어 시편 34편은 '다윗이 아비멜렉 앞에서 미친 체하다가 쫓겨나서 지은 시'라고 쓰고 있다. 다윗은 자신을 죽이려고 혈안이 되어 있는 사울을 피해 자신이 죽인 골리앗의 형제 자매들이 있는 블레셋으로 들어갔을 때였다. 다윗은 두려움에 차 있었다. 오죽했으면 미친 척을 했을까? 하지만 그가 그 상황에서 입에서 꺼낸 첫 마디는 찬양이었다.

내가 여호와를 항상 송축함이여 내 입술로 항상 주를 찬양하리이다 내 영혼이 여호와를 자랑하리니 곤고한 자들이 이를 듣고 기뻐하리로다 나와 함께 여호와를 광대하시다 하며 함께 그의 이름을 높이세 _시 34:1-3

분명 두려운 상황이었지만, 그의 생각과 달리 하나님이 그를 다스리고 계셨기 때문이다. 미친 척하지만 두려움이 사라졌기 때문이다. 이어지는 고백이다.

내가 여호와께 간구하매 내게 응답하시고 내 모든 두려움에서 나를 건지셨도다 _시 34:4

신앙고백

이 놀라운 시에서 알 수 있듯이, 찬양은 우리가 하는 것 같지만 하나님의 다스리심을 경험한 것에서 나오는 신앙고백임을 알 수 있다. 이 사실을 다윗은 잘 알고 있었다.

시편 51편은 다윗이 밧세바를 범한 후 오랫동안 하나님께 회개하지 않고 살다가, 나단 선지자를 통해 하나님의 예언을 들었을 때 쓴 시이다. 이때 다윗은 하나님을 찬양할 수 없는 상태였다. 그의 죄악이 그를 찬양할 수 없는 사람으로 만든 것이다. 그때 다윗이 놀라운 기도를 한다. 그가 드린 기도는 '입술을 열어달라'는 기도였다. 찬양을 하게 하시는 이가 하나님이심을 알고 있었던 것이다.

주여 내 입술을 열어 주소서 내 입이 주를 찬송하여 전파하리이다 _시 51:15

이 고백은 하나님이 우리의 입을 열어서 찬양하게 하지 않으시면 찬양할 수 없다는 뜻이었다. 그래서 그가 한 것은 찬양이 아니라 하나님과의 관계 회복을 위한 간구였고, 그로 인한 회개가 전부였다. 이미 다윗 안에는 찬양이 사라진 상태였기 때문이다. 찬양할 수 없는 존재가 된 것을 그가 안 것이다.

하나님이여 내 속에 정한 마음을 창조하시고 내 안에 정직한 영을 새롭게 하소서 나를 주 앞에서 쫓아내지 마시며 주의 성령을 내게서 거두지 마소서 주의 구원의 즐거움을 내게 회복시켜 주시고 자원하는 심령을 주사 나를 붙드소서 _시 51:10-12

'주의 구원의 즐거움을 내게 회복시켜 주시고.' 참 기막힌 소원이다. 여기에는 이미 상실된 즐거움, 찬양하지 못할 만큼의 아픔이 깊이 배어 있음을 알 수 있다. 그러므로 찬양할 수 있는 것은 언제나 하나님의 은혜이다. 우리가 말로는 찬양하는 것처럼 보이지만, 사실은 하나님이 우리 입을 열어주지 않으시면 진정한 찬양을 드리는 것은 불가능하기 때문이다. 그래서 다윗이 드린 이 기도가 매우 중요한 것이다.

하나님이여 나의 구원의 하나님이여 피 흘린 죄에서 나를 건지소서 내 혀가 주의 의를 높이 노래하리이다 주여 내 입술을 열어 주소서 내 입이 주를 찬송하여 전파하리이다 _시 51:14-15

찬양의 기적

찬양은 억지로 하는 것이 아니다. 찬양을 주시고, 찬양할 수 있도록 허락하시는 분은 하나님이시기 때문이다. 물론 억지로라도 하는 것이 나쁘지는 않지만, 그것보다 중요한 것은 다윗처럼 하나님 앞에 정직하게 나가는 것이다. 하나님과 온전히 친밀한 관계를 유지하는 것이 더 중요한 이유이다.

새 노래 곧 우리 하나님께 올릴 찬송을 내 입에 두셨으니 많은 사람이 보고 두려

위하여 여호와를 의지하리로다 _시 40:3

'찬송을 내 입에 두셨다.' 이같이 노래하게 된 것은 그들의 의지가 아니었다. 그 내면에 하나님을 향하는 선한 자신이 있었기 때문이다. 그곳에 주님이 거하시기 때문에, 온전히 하나님과 영적 친밀감을 누리고 있는 영이 하나님을 찬양한 것이다. 그러므로 온전한 찬양은 목소리로 하는 것이 아니라 영으로 하는 것이다. 내 영이 하나님을 찾는 것이다.

하나님이여 사슴이 시냇물을 찾기에 갈급함 같이 내 영혼이 주를 찾기에 갈급하니이다 _시 42:1

그러므로 시편을 읽으면서 우리가 먼저 생각할 것은 '하나님과의 깊은 교제'이다. 우리가 찬양하는 것 같지만, 모든 상황과 형편과 관계없이 우리에게 찬양이 흘러나올 수 있는 것은 그것이 영의 찬양이기 때문이다.

하나님은 영이시니 예배하는 자가 영과 진리로 예배할지니라 _요 4:24

이 사실을 이해하지 못하면 시편의 찬양들을 도무지 이해할 수 없다. 하나님이 다스리신다는 절대 고백이 온전히 이뤄져, 모든 상황을 넘어서는 완전한 평화를 누리므로 나온 것이 시편의 찬양이기 때문이다.

그러므로 시편의 찬양에는 유형적 형태의 가사가 있고 악기가 존재하며, 목소리로 노래하는 것이기보다 먼저 하나님과의 깊은 영적 교제가 있어서, 그 넘쳐나는 기쁨과 평안이 흘러나온 것임을 기억해야 한다. 노력이 아니라 자연스러움이다.

예를 들어 다윗이 압살롬을 피해 비참하게 도망칠 때 쓴 시가 3편이다. 사람들은 다윗을 보면서 그 비참함을 이렇게 표현했다.

여호와여 나의 대적이 어찌 그리 많은지요 일어나 나를 치는 자가 많으니이다 많은 사람이 나를 대적하여 말하기를 그는 하나님께 구원을 받지 못한다 하나이다 (셀라) _시 3:1-2

그런데 그때 다윗이 한 것은 하나님께 부르짖어 기도한 것이었고, 놀랍게도 하나님의 평화가 찾아온다. 그 기록이 놀랍다.

내가 나의 목소리로 여호와께 부르짖으니 그의 성산에서 응답하시는도다 (셀라) 내가 누워 자고 깨었으니 여호와께서 나를 붙드심이로다 _시 3:4-5

그래서 비참한 상황에서 찬양도 할 수 있는 것이다. 다윗이 아들의 반란 앞에서 인간적으로는 절대 잠을 이룰 수 없었지만 잘 수 있던 것처럼, 우리도 절대로 노래할 수 없는 상황이지만 찬양할 수 있는 것처럼 말이다.

다윗의 평안과 찬양은 하나님으로부터 온 것이다. 모든 상황을 다스리시는 하나님의 주권이 그로 하여금 찬양할 수 있도록, 이해하지 못할 평화를 주신 것이다.

Reading Bible Checklist														시편 1-50편
1	2	3	4	5	6	7	8	9	10	11	12	13	14	15
16	17	18	19	20	21	22	23	24	25	26	27	28	29	30
31	32	33	34	35	36	37	38	39	40	41	42	43	44	45
46	47	48	49	50										

시편 2

탄식도 찬양이다

• 시편 51-100편 •

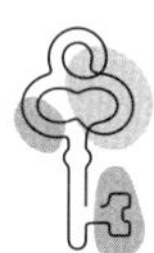

주여 깨소서 어찌하여 주무시나이까 일어나시고 우리를 영원히 버리지 마소서 _시 44:23

절대 주무시지 않으실 하나님께 이같은 표현으로 불평하듯 외치는 '탄식시'는 시편에는 예상외로 많은데, 전체 150편 중에서 3분의 1 가량이나 된다.

불경한 불평

탄식시는 고통과 절망의 상황에서 하나님께 도움을 청하는 내용을 담고 있다. 그 시작은 대부분 하나님에 대한 불평으로 시작한다.

여호와여 어찌하여 멀리 서시며 어찌하여 환난 때에 숨으시나이까 _시 10:1

여호와여 어느 때까지니이까 나를 영원히 잊으시나이까 주의 얼굴을 나에게서 어느 때까지 숨기시겠나이까 _시 13:1

내 하나님이여 내 하나님이여 어찌 나를 버리셨나이까 어찌 나를 멀리 하여 돕

지 아니하시오며 내 신음 소리를 듣지 아니하시나이까 _시 22:1

여호와여 내 기도를 들으시고 나의 부르짖음을 주께 상달하게 하소서 나의 괴로운 날에 주의 얼굴을 내게서 숨기지 마소서 주의 귀를 내게 기울이사 내가 부르짖는 날에 속히 내게 응답하소서 _시 102:1-2

그런데 시편을 더 읽다 보면 단순히 불평하는 정도가 아니다. 하나님에 대한 원망과 함께, 심지어 하나님께 훈계하거나, 사람으로 치면 거의 인신공격의 차원에 이르는 모습도 보인다.

여호와여 일어나옵소서 하나님이여 손을 드옵소서 가난한 자들을 잊지 마옵소서 _시 10:12

시편 44편은 원망이 좀 더 진하게 깊이 배어있는 탄식시다. 시편 기자의 상황이 무엇인지 알 수 없지만, 그는 능욕과 조롱과 수치와 고난을 당하는 상황이었다. 그런데 하나님은 보이지 않는다는 고백이다. 매우 불경스럽다.

우리가 종일 주를 위하여 죽임을 당하게 되며 도살할 양 같이 여김을 받았나이다 주여 깨소서 어찌하여 주무시나이까 일어나시고 우리를 영원히 버리지 마소서 어찌하여 주의 얼굴을 가리시고 우리의 고난과 압제를 잊으시나이까 _시 44:22-24

'어찌 주무십니까? 일어나십시오!' 주무실 리 없는 하나님에게 '일어나시라, 왜 주무시고 계시는가?'라고 탄식하는 내용이 이상해 보인다. 이런 내용이 시편에 왜 들어 있는 것일까?

가장 진실한 신앙 행위

영화 〈밀양〉을 보면 신애(전도연 분)는 남편이 죽은 후에 아들을 데리고 남편의 고향으로 내려온다. 꽤 돈 많은 여자인 것처럼 티를 낸 까닭에 아들이 유괴 대상이 되는데, 슬프게도 유괴범에 의해 아들이 죽는다. 슬픔에 잠겨 있던 신애가 예수를 믿는다. 그녀가 아들이 죽고 난 후에 예수를 믿는 것처럼 보이지만, 사실은 매몰되어버린 자신을 추스르기 위한 것이었다. 그러니까 신애에게 기독교 신앙은 칼 막스가 이야기한 것처럼 아편이었고, 자기가 만난 고통을 주도적으로 해결하고 대처하려는 시도였다. 그녀의 믿음은 자신을 위로하는 것으로서 믿는 행위였다. 그런데 자신의 신앙을 드러내며 유괴 살인범을 용서하기위해 형무소에 면회하러 간 자리에서 무너진다. 그 살인범으로부터 하나님이 먼저 용서하셨다는 말을 들은 것이다. 갑자기 신애는 하나님이 용서되지 않았다.

"내가 그 인간을 용서하기 전에 어떻게 하나님이 용서하실 수 있어요? 그 인간은 하나님의 사랑으로 용서받고 구원받았어요. 어떻게 그러실 수 있어요!"

신애의 이같은 토로는 중요하다. 이 토로는 그녀가 진짜 하나님을 만났기 때문에 나온 것이라고 볼 수 있기 때문이다. 그동안 그녀에게 하나님은 자신을 위해 존재하는 기복적인 하나님이거나 마음대로 조종할 수 있는 자판기 하나님이었다. 혹은 삶의 액세서리 정도로 생각하고 있었는데, 진짜 하나님이 보였기 때문이다. 그 순간 분노가 터져나온 것이다. 하나님이 보이자 탄식과 분노가 나온 것이다. 그때 신애가 통곡하였다.

그런데, 이같은 반응은 옳다. 우리가 그런 아픔을 겪을 때 외치는 우리의 절규는 틀리지 않다. 잘못된 것이 아니다. 욥이 매우 강력하게 하나님께 고백한 것처럼, 우리는 하나님께 그렇게 반응할 수 있다. 신앙은 아편이 아니기 때문이다.

영화에서 신애는 더 극단적으로 하나님과 싸운다. 하나님이 보였기 때문이다. 그러자 하나님에 대한 극한의 불평이 나타난다. 하나님이 보이니까 정말로 하나님을 용서할 수 없었다. 자신을 '왜 이렇게 방치하였는가'

하는 외침이었고, '나에게 왜 이런 고통을 주는가' 하는 절규였다. 정말로 하나님을 인식하였고, 하나님이 살아계신 것을 경험한 것이다.

만일 신애가 시편 기자의 마음으로 시를 쓴다면 이렇게 쓸 수 있을 것 같다.

"그동안 어디 계셨습니까? 무슨 하나님이 그렇게 방관할 수 있습니까? 우리 아들이 저 놈한테 죽을 때 무엇 하셨습니까? 그런데 그런 놈을 용서하셨다고요? 어떻게 그럴 수 있습니까? 어떻게 나한테는 한마디 안 하고 그럴 수 있는 것이냐구요! 왜요?"

신애는 도무지 받아들일 수 없었다. 그때부터 신애는 죄를 범할 때마다 더 적극적으로 하늘을 쳐다보며 하나님께 비꼬듯이 말한다. 특히 신애가 사과를 깎던 칼로 자기 손목을 그은 다음 하늘을 바라보면서 "봐! 보여? 허허허" 하고 웃을 때는 정말 가슴이 아팠다. 그때 하나님의 얼굴이 보였다. 하나님은 그녀의 울부짖음과 눈물에 아팠을 것이다. 정말 괴로웠을 것이다. 분명 신애의 자해 행동은 부정적이지만, 그것은 철저히 하나님을 인정하는 신앙적 행위였다. 신애의 부정과 도발은 정말로 하나님을 안 것이었기에 따지는 절규였다.

탄식시의 의미

〈밀양〉의 신애 이야기처럼 불경스러운 내용들이 시편에 실려 있다는 것은 우리가 하나님을 하나님으로서 인정하므로 외치는 우리의 모든 소리를 듣고 계시다는 뜻이고, 하나님이 그런 우리의 삶을 귀하게 여기고 계심을 말한다.

시편 3편에서 시인은 탄식했다. 그는 자신의 죄 때문에 탄식하고 있었다. 그는 자신이 대적을 만난 모든 원인을 자신의 죄 때문이라고 생각했다. 그때 시인이 한 것이 탄식이었다.

내가 탄식함으로 피곤하여 밤마다 눈물로 내 침상을 띄우며 내 요를 적시나이다 내 눈이 근심으로 말미암아 쇠하며 내 모든 대적으로 말미암아 어두워졌나이다 _시 6:6-7

하지만 시인은 하나님이 그의 눈물을 받으셨음을 경험으로 깨닫는다.

악을 행하는 너희는 다 나를 떠나라 여호와께서 내 울음 소리를 들으셨도다 _시 6:8

하나님이 왜 인간이 되신 것일까? 피조물의 고통과 탄식으로 오신 이유는 무엇일까? 인간의 탄식이 하나님의 마음을 건드리는 것이기 때문이다. 더욱이 하나님은 억울하고 이유없는 고난과 고통을 간과하지 않으시기 때문이다.

요한계시록에서 다섯째 인을 뗄 때 벌어지는 사건에 대한 기록이다. "하나님의 말씀과 저희의 가진 증거를 인하여 죽임을 당한 영혼들이 제단 아래 있어 큰 소리로 불러 가로되 거룩하고 참되신 대주재여 땅에 거하는 자들을 심판하여 우리 피를 신원하여 주지 아니하시기를 어느 때까지 하시려나이까"(계 6:9-10)라고 외친다. 그리고 18장 20절에선 "하늘과 성도들과 사도들과 선지자들아 그를 인하여 즐거워하라 하나님이 너희를 신원하시는 심판을 그에게 하셨음이라"는 말씀으로 우리를 신원하시는 것이 심판의 결말임을 드러낸다. '신원하다', 하나님이 그 원한을 풀어주신다는 뜻이다. 하나님은 시편의 탄식과 인간적인 절규를 들으신 것처럼, 우리의 기도도 듣고 계시다는 뜻이다.

탄식시의 또 다른 의미는 시인 자신이 하나님을 인정하고 있음을 드러내는 것이다. 그러나 우리는 많은 경우의 고통과 탄식의 상황에서 하나님을 잊는다. 기도로서 탄식하기도 사실은 불가능하다. 탄식할 때는 하나님을 경험하지 못하기 때문이다. 그러므로 시인이 고통의 순간에 하나님께 탄식한다는 것은 그가 하나님만 바라보고 있다는 뜻이다. 하나님 외에는 아무것도 없다는 것을 고백하는 것이다. 동시에 탄식은 자신을 정직하게 드러내는 고백이기도 하다.

내가 어렸을 때, 정말 억울하고 비참하여 탄식할 때 어머니가 먼저 울고 계셨다. 그랬기에 나의 비참한 탄식으로 모든 것이 끝나는 것을 경험했다.

탄식하지 않는 것이 오히려 위험하다. 무감각하고 양심에 화인 맞은 것처럼 행동하는 것이 더 위험한 일이다. 병들고 문제가 있는 상태라는 말이기 때문이다. 예를 들어 아이가 아파서 아무 떼도 쓰지 않고 몸에 힘을 잃은 채 축 처져 있는 모습은 어머니를 아프게 한다. 그런 의미에서 탄식도 하나님께는 아름다운 소리이다. 그러므로 어쩌면 탄식이야말로 가장 강력하게 하나님을 인정하는 고백이라 할 것이다.

Reading Bible Checklist														시편 51-100편
51 ●	52 ●	53 ●	54 ●	55 ●	56 ●	57 ●	58 ●	59 ●	60 ●	61 ●	62 ●	63 ●	64 ●	65 ●
66 ●	67 ●	68 ●	69 ●	70 ●	71 ●	72 ●	73 ●	74 ●	75 ●	76 ●	77 ●	78 ●	79 ●	80 ●
81 ●	82 ●	83 ●	84 ●	85 ●	86 ●	87 ●	88 ●	89 ●	90 ●	91 ●	92 ●	93 ●	94 ●	95 ●
96 ●	97 ●	98 ●	99 ●	100 ●										

시편 3

가장 아름다운 감사

• 시편 101-150편 •

'아도나이(야웨) 말라크', '주가 다스리신다'라는 고백에서 나오는 찬양시가 존재론적 고백이라면, 그 짝은 '감사시'이다. 감사할 수 있기에 아무리 괴롭고 힘든 탄식의 상황에서도 하나님을 찬양하는 것이다. 동시에 하나님의 개입과 역사를 경험한 시인들은 감사를 드린다. 찬양과 감사가 언제나 짝을 이루는 이유이다.

찬양 감사 대장 아삽

찬양과 감사가 짝을 이루는 원칙과 같은 경우를 여러 시편에서 찾을 수 있는데, 시편 100편이 가장 정확하게 보여준다. '여호와가 우리 하나님이신 줄 너희는 알지어다'(시 100:3)라는 고백으로 시작되는 '주가 다스리신다'라는 증언과 함께 하나님 앞에 나아가는 자의 두 가지 노래가 등장한다. 그 하나가 찬양이고 다른 하나는 감사이다.

여호와가 우리 하나님이신 줄 너희는 알지어다 그는 우리를 지으신 이요 우리는 그의 것이니 그의 백성이요 그의 기르시는 양이로다 감사함으로 그의 문에 들어가며 찬송함으로 그의 궁정에 들어가서 그에게 감사하며 그의 이름을 송축할지어다 _시 100:3-4

이 놀라운 사실을 알았던 까닭에 시편을 보면 아예 하나님만 찬양하고 감사하는 이들이 나온다. 그들은 하나님께서 다스리심을 알기 때문이다. 다윗의 시편 역시 이같은 구조로 찬양과 감사를 고백하는데, 이 사실을 아예 미리 증거하고 선포하는 '찬양 감사 대장'이 시편의 저자 중에 있다. 바로 아삽 같은 이다. 아삽이 쓴 시는 시편 가운데 50편 외에 73-83편까지 총 12편이다. 아삽은 레위 지파 게르손의 자손으로(대상 6:43) 베레갸의 아들(대상 6:39)이다. 아삽의 역할에 대한 기록은 다윗이 하나님의 궤를 오벧에돔에서 예루살렘으로 옮기던 장면에서 구체적으로 나타난다. 그때 제사장 사독과 아비아달 등 레위 지파가 여호와의 궤를 메고(대상 15:11-12) 올라가는데, 노래하는 자들이 연주하며 동행한다. 그 규모가 놀랄 정도였음을 역대기 기록에서 알 수 있다.

다윗이 레위 사람의 어른들에게 명령하여 그의 형제들을 노래하는 자들로 세우고 비파와 수금과 제금 등의 악기를 울려서 즐거운 소리를 크게 내라 하매 레위 사람이 요엘의 아들 헤만과 그의 형제 중 베레갸의 아들 아삽과 그의 형제 므라리 자손 중에 구사야의 아들 에단을 세우고 그 다음으로 그들의 형제 스가랴와 벤과 야아시엘과 스미라못과 여히엘과 운니와 엘리압과 브나야와 마아세야와 맛디디야와 엘리블레후와 믹네야와 문지기 오벧에돔과 여이엘을 세우니 노래하는 자 헤만과 아삽과 에단은 놋제금을 크게 치는 자요 스가랴와 아시엘과 스미라못과 여히엘과 운니와 엘리압과 마아세야와 브나야는 비파를 타서 알라못에 맞추는 자요 맛디디야와 엘리블레후와 믹네야와 오벧에돔과 여이엘과 아사시야는 수금을 타서 여덟째 음에 맞추어 인도하는 자요 레위 사람의 지도자 그나냐는 노래에 익숙하므로

노래를 인도하는 자요 _대상 15:16-22

이 가운데 17절의 기록에서 알 수 있듯이 3명의 찬양 감사 대장이 등장하는데 그 중 한 사람이 바로 아삽이다. 다윗이 여호와의 궤를 장막으로 옮긴 후에 레위 사람을 세워 드디어 감사와 찬양으로 하나님을 노래하게 했는데, 아삽이 그 우두머리(대장)였던 것이다.

또 레위 사람을 세워 여호와의 궤 앞에서 섬기며 이스라엘 하나님 여호와를 칭송하고 감사하며 찬양하게 하였으니 아삽은 우두머리요 … _대상 16:4-5

이후 찬양대는 구체적으로 구분하여 운영되었는데, 여두둔은 그 아들들과 함께 '수금을 잡아 신령한 노래를'(대상 25:3) 하였고, 헤만은 자녀들과 함께 '제금과 비파와 수금을 잡아'(대상 25:6) 노래하였으며, 아삽과 아들들은 '아삽의 지휘 아래 왕의 명령을 따라 신령한 노래를'(대상 25:2) 하였다.

아삽의 예언적 찬양

이후 아삽의 자손들은 대대로 노래하는 일을 하였다. 에스라의 기록을 보면 이스라엘이 스룹바벨과 느헤미야 등과 함께 예루살렘으로 돌아왔을 때 그들은 노래하는 자들로 분류되었다.

노래하는 자들은 아삽 자손이 백이십팔 명이요 _스 2:41

여기서 주의할 것은 아삽이 단순히 노래만 부른 것이 아니라는 사실이다. 주가 다스린다는 고백에서 나오는 감사와 찬양을 했다는 점이다. 그래서 필자가 임의로 '찬양 감사 대장'이라고 별명을 붙인 것이다.

또한 주의하여 볼 것은, 그들의 찬양과 감사가 승리하거나 일이 해결된 후에 드리는 것만이 아니라, 비록 탄식의 상황이어도 주가 다스리시므로 이기게 하시고 섭리하실 것을 미리 찬양하고 감사드린다. 그러므로 그들의 찬양은 예언적이라고 말할 수 있다. 그래서 아삽이 쓴 시편 50편의 경우 시작부터 단순한 노래가 아니다. 예언자들이 하나님의 말씀을 대언하는 것과 똑같이, 그 일이 결국 드러난다. 미리 감사하는 것에는 성취된 미래가 담겨 있기 때문이다. 그래서 아삽은 '하나님은 전능하신 이'이심을 먼저 선포하면서 하나님을 대언한다.

내 백성아 들을지어다 내가 말하리라 이스라엘아 내가 네게 증언하리라 나는 하나님 곧 네 하나님이로다 _시 50:7

여기서 아삽이 매우 중요한 것을 말하는데, 그 핵심은 하나님께서 우리에게 아무것도 바라지 않는다는 점이다. 그것이 감사와 찬양의 이유이다. 당시의 예배는 짐승을 제물로 바치는 제사 방식이었는데, 하나님이 그런 제사 자체를 기뻐하지 않으시는 이유를 이렇게 말한다.

이는 삼림의 짐승들과 뭇 산의 가축이 다 내 것이며 산의 모든 새들도 내가 아는 것이며 들의 짐승도 내 것임이로다 _시 50:10-11

모든 것이 하나님의 소유이기 때문이다. 하지만 사람들이 그런 방식으로 하나님을 감동시키려 한 이유는 하나님을 우리처럼 물질적인 것을 먹고 즐기는 분이라고 착각한 것에 있다고 말한다.

내가 가령 주려도 네게 이르지 아니할 것은 세계와 거기에 충만한 것이 내 것임이로다 내가 수소의 고기를 먹으며 염소의 피를 마시겠느냐 _시 50:12-13

제사를 예배가 아니라 일종의 뇌물 같은 것으로 여긴 것이다. 뇌물이나 과도한 물질적 행위로 사람을 감동시킬 수 있는 것처럼, 하나님도 제사로 조종할 수 있다고 착각한 것이다. 하나님을 인간처럼 여긴 것이다.

네가 이 일을 행하여도 내가 잠잠하였더니 네가 나를 너와 같은 줄로 생각하였도다 … _시 50:21

심지어 어떤 이들은 하나님께 드린 제사와 제물을 무기로 자신의 이익을 추구했다. 예배를 개인 이익의 방편으로 사용한 것이다. 하나님이 그것에 분노하셨다. 그런 행위는 하나님을 함부로 대하고 무시하는 것임을 알고 계셨다. 그런 하나님의 분노와 징계를 아삽이 대언하였다.

하나님을 잊어버린 너희여 이제 이를 생각하라 그렇지 아니하면 내가 너희를 찢으리니 건질 자 없으리라 _시 50:22

아삽이 매우 중요한 것을 노래한 것이다. 하나님을 인간처럼 생각해서는 안 되며, 오로지 하나님이 하나님이심을 고백하며, 진정성을 가지고 그 앞에 나아가야 한다는 것이다.

뿐만 아니라, 하나님은 우리를 위해 모든 것을 하시는 분이시기에, 우리는 어떤 물질적인 것으로든 하나님을 기쁘시게 할 수 없다고 말하면서, 하나님이 기뻐하시는 두 가지를 말한다. 바로 감사와 옳은 행위이다.

감사로 제사를 드리는 자가 나를 영화롭게 하나니 그의 행위를 옳게 하는 자에게 내가 하나님의 구원을 보이리라 _시 50:23

따라서 우리는 하나님이 기뻐하시는 것이 무엇인지, 다시 말해 사람이 하나님께 드릴 수 있는 최고의 제물이 무엇인지를 시편을 통해서 알 수 있다.

첫째는 '아도나이 말라크', 주가 다스리심을 인정하는 것이다.

둘째는 탄식일지라도 정직하게 하는 것이다.

셋째는 죄와 더러움을 정확하게 회개하는 것이다.

넷째는 하나님을 신뢰함으로 미리 감사와 찬양을 드리는 것이다.

다섯째는 삶이 예배가 되는 행위의 제사이다.

그러므로 형제들아 내가 하나님의 모든 자비하심으로 너희를 권하노니 너희 몸을 하나님이 기뻐하시는 거룩한 산 제사로 드리라 이는 너희의 드릴 영적 예배니라 _롬 12:1 개역한글

간과하지 말아야 할 고라 자손

시편을 읽으면서 유념할 시인들이 있는데, 바로 고라 자손이다. 시편 중에 고라 자손이 쓴 시는 10편이나 된다. 재미있는 것은 고라 자손에 대한 기록이다.

민수기 16장에는 고라 자손이 모세에게 반역한 사건이 나온다. 이 소요의 주동자는 고라였는데, 레위의 세 아들 '아므람, 이스할, 헤브론, 웃시엘'(민 3:19) 중 둘째 이스할의 아들이다. 그러니까 모세와 사촌지간임을 알 수 있다. 고라는 자신을 동조하는 무리와 함께 모세와 아론에게 문제를 제기하였는데, 특히 제사장직을 독점한 것에 대한 것이었다. 자신들이 하는 일이 작은 일이라고 생각하였다. 제사장직보다 부족하다고 생각한 것이다. 이것은 하나님의 뜻을 거역한 것을 의미했고, 그로 인해 그때 함께 했던 250명이 여호와의 불로 심판을 받았고(민 16:35) 고라의 일로 염병이 돌아 14,700명이 죽는다(민 16:49).

하지만 이후 민수기 26장의 인구조사를 보면 고라 자손이 살아남아 있음을 볼 수 있다. 도대체 어떻게 해서 살아남게 된 것일까? 더 놀라운 것은 이후 고라 자손들의 삶을 보면 알 수 있다. 시편에는 42편을 비롯하여 여러 개의 시가 고라 자손에 의해 쓰여졌다(시 42, 44-49, 84-85, 87-88편) 더욱이 고라의 자손들은 성전 문지기(대상 9:19)로 빵 굽는 요리사(대상 9:31)로 살았다. 이전 고라가 소요를 일으켰을 때 투덜댔던 바로 그 '작은 일'*을 하며 살고 있었던 것이다. 그것이 이유였다.

이런 이해를 가지고 고라 자손이 쓴 시편을 몇 구절만 읽어도 이해가 된다. 고라 자손만이 고백할 수 있는 찬양이고, 고라처럼 배신했다가 돌아온

* "여호와의 성막에서 봉사하게 하시며 회중 앞에 서서 그들을 대신하여 섬기게 하심이 너희에게 작은 일이겠느냐"(민 16:9)

이들을 위로할 수 있는 시편임을 쉽게 알 수 있다.

내 뼈를 찌르는 칼 같이 내 대적이 나를 비방하여 늘 내게 말하기를 네 하나님이 어디 있느냐 하도다 _시 42:10

주의 궁정에서의 한 날이 다른 곳에서의 천 날보다 나은즉 악인의 장막에 사는 것보다 내 하나님의 성전 문지기로 있는 것이 좋사오니 _시 84:10

하나님의 일은 모두 아름답다. 귀하고 천한 것이 있을 수 없다. 그러므로 교회 안에서 혹여나 차별이 이뤄지는 일이 있어서는 안된다. 목사만이 중요한 것은 아니다. 모든 하나님의 일은 아름답기 때문이다.

Reading Bible Checklist														시편 101-150편
101 ●	102 ●	103 ●	104 ●	105 ●	106 ●	107 ●	108 ●	109 ●	110 ●	111 ●	112 ●	113 ●	114 ●	115 ●
116 ●	117 ●	118 ●	119 ●	120 ●	121 ●	122 ●	123 ●	124 ●	125 ●	126 ●	127 ●	128 ●	129 ●	130 ●
131 ●	132 ●	133 ●	134 ●	135 ●	136 ●	137 ●	138 ●	139 ●	140 ●	141 ●	142 ●	143 ●	144 ●	145 ●
146 ●	147 ●	148 ●	149 ●	150 ●										

30

잠언

하나님을 경외하라

• 잠언 1-31장 •

잠언서는 3000편의 잠언을 말하였고 1005편의 노래(왕상 4:32)를 지을 만큼 지혜로웠던 솔로몬이 거의 다 쓴 책이다. 솔로몬 외에 지혜로운 자들의 글(잠 22:17-25:1)과 잘 알려지지 않은 인물인 아굴(잠 30:1-33)과 르무엘 왕의 어머니(잠 31:1-31)의 글도 실려 있다.

잠언서가 쓰인 시기는 대체로 솔로몬 왕이 재위 기간인 BC 971-931년 사이라고 보는데, 책의 모습으로 완결된 시기는 히스기야 시대로 본다. 성서학자들은 일반적으로 아가서는 솔로몬의 청장년기에, 잠언서는 중년기에, 그리고 전도서는 그의 생애 끝 무렵에 쓴 것으로 평가한다.

이것도 솔로몬의 잠언이요 유다 왕 히스기야의 신하들이 편집한 것이니라 _잠 25:1

하나님을 아는 지식

솔로몬은 서두에 책을 쓴 목적을 썼는데, 한 마디로 지혜를 얻는 것을 돕기 위해 쓴 것이라고 밝혔다.

이는 지혜와 훈계를 알게 하며 명철의 말씀을 깨닫게 하며 지혜롭게, 공의롭게, 정의롭게, 정직하게 행할 일에 대하여 훈계를 받게 하며 어리석은 자를 슬기롭게 하며 젊은 자에게 지식과 근신함을 주기 위한 것이니 지혜 있는 자는 듣고 학식이 더할 것이요 명철한 자는 지략을 얻을 것이라 _잠 1:2-5

'알게 하며, 깨닫게 하며, 받게 하며, 슬기롭게 하며, 지식을 주기 위한 것이다!' 하나님이 도와주지 않으시면 절대로 깨달을 수 없는 말씀의 열쇠가 잠언에 들어 있다는 뜻이다. 한마디로 '기막힌 책'이다.

잠언서는 지혜에 관한 책인 까닭에 '여호와를 경외하는 것이 지혜의 근본'(잠 9:10)이란 말씀이 중심인 것이 틀림없다. 그런데 잠언서의 시작은 '지식'을 먼저 언급한다.

여호와를 경외하는 것이 지식의 근본이거늘 미련한 자는 지혜와 훈계를 멸시하느니라 _잠 1:7

이렇게 쓴 것은 잠언이 분명 지혜를 위한 책이지만, 지혜를 얻는 것을 통해 하나님을 두려워하는 것과 더불어 무엇을 추구해야 하는지를 말하고 있는 것이다. 유진 피터슨은 이 구절을 재미있게 번역하였다.

하나님으로 시작하여라. 지식의 첫걸음은 하나님께 엎드리는 것이다. _잠 1:1 메시지

다시 번역하면 이런 뜻이다.

하나님을 두려워하여라. 거룩한 두려움은 하나님을 알고자 하는 자의 근본 자세이다. _잠 1:1 하정완 역

지혜가 생긴 자의 결과로서 드러나는 것은 분명 하나님을 두려워하는 것이지만, 하나님을 아는 것, 곧 지식에 이르기 위해서도 하나님을 두려워함으로 시작해야 한다는 뜻이다. 그런 까닭에 지혜가 잠언의 중심이지만 지식을 먼저 언급한 것이다. 이런 관점에서 볼 때 솔로몬이 지혜를 구한

것은 하나님을 두려워하기 때문이었는데, 솔로몬에게는 이미 그 지식이 있었다는 뜻이다.

솔로몬이 다윗을 이어 왕이 되었을 때이다. 그의 왕위는 매우 불안정했다. 그래서 정권의 위협이 되는 이복형 아도니야와 그를 지지했던 대제사장 아비아달과 요압 장군 등 모든 정적들을 제거한다. 또한 애굽과 같은 나라들과 결혼동맹을 맺었다. 두려웠던 것이다. 하지만 그 두려움의 근원은 왕위 유지나 세속적 성공이나 주변 나라 같은 것이 아니었다. 무엇보다 하나님이었다. 특히 '주의 백성'(왕상 3:9), 즉 '하나님이 다스리는 위대한 백성'을 통치한다는 것 자체가 두려웠다. 그 두려움은 하나님을 두려워하는 것이기도 했다. 이처럼 그는 하나님을 두려워하는 지식을 갖고 있었다. 그것이 하나님께 일천번제를 드린 이유였다.

하나님의 지혜

일천 번의 제사, 하루에 한 번씩이라면 3년이 넘는 기간의 예배였고, 하루 세 번씩 드리는 제사라 할지라도 1년이 지속되는 예배였다. 그것은 지극한 겸손의 표현이었고, 하나님께 절대적으로 의존하는 표현이었다. 솔로몬은 이렇게 기도하였다.

나의 하나님 여호와여 주께서 종으로 종의 아버지 다윗을 대신하여 왕이 되게 하셨사오나 종은 작은 아이라 출입할 줄을 알지 못하고 주께서 택하신 백성 가운데 있나이다 그들은 큰 백성이라 수효가 많아서 셀 수도 없고 기록할 수도 없사오니 누가 주의 이 많은 백성을 재판할 수 있사오리이까 듣는 마음을 종에게 주사 주의 백성을 재판하여 선악을 분별하게 하옵소서 _왕상 3:7-9

이처럼 솔로몬은 하나님을 두려워하는 지식이 있었고, 그런 까닭에 하나님께 지혜를 구한 것이다. 이 모습이 하나님의 마음에 든다.

솔로몬이 이것을 구하매 그 말씀이 주의 마음에 든지라 이에 하나님이 그에게 이르시되 네가 이것을 구하도다 자기를 위하여 장수하기를 구하지 아니하며 부도 구하지 아니하며 자기 원수의 생명을 멸하기도 구하지 아니하고 오직 송사를 듣고 분별하는 지혜를 구하였으니 내가 네 말대로 하여 네게 지혜롭고 총명한 마음을 주노니 네 앞에도 너와 같은 자가 없었거니와 네 뒤에도 너와 같은 자가 일어남이 없으리라 내가 또 네가 구하지 아니한 부귀와 영광도 네게 주노니 네 평생에 왕들 중에 너와 같은 자가 없을 것이라 _왕상 3:10-13

분명 우리는 지혜를 구해야 하지만, 그 전에 하나님을 두려워할 줄 아는 것이 중요하다. 그같은 경지에 이르기 위해서는 하나님을 알아야 한다. 그런데 문제는 우리가 하나님을 알려고 하지 않는 것이다. 한마디로 말해 하나님을 아는 지식이 없다. 그 지식에 이르기를 추구하지 않는다. 그것이 문제라고 잠언은 말한다.

너희 어리석은 자들은 어리석음을 좋아하며 거만한 자들은 거만을 기뻐하며 미련한 자들은 지식을 미워하니 어느 때까지 하겠느냐 … 내가 불렀으나 너희가 듣기 싫어하였고 내가 손을 폈으나 돌아보는 자가 없었고 도리어 나의 모든 교훈을 멸시하며 나의 책망을 받지 아니하였은즉 _잠 1:22, 24-25

그래서 잠언 기자는 은을 구하듯이 지식을 구할 것을 요청하였다. 그때 하나님 경외를 깨닫게 되고, 지혜가 올 것이라고 말한다.

지식을 불러 구하며 명철을 얻으려고 소리를 높이며 은을 구하는 것 같이 그것을 구하며 감추어진 보배를 찾는 것 같이 그것을 찾으면 여호와 경외하기를 깨달으며 하나님을 알게 되리니 대저 여호와는 지혜를 주시며 지식과 명철을 그 입에서 내심이며 _잠 2:3-6

이같은 추구를 할 때, 분명 우리는 하나님을 아는 지식으로 인해 경외하는 삶을 살 것이고, 우리에게는 하나님의 지혜가 생길 것이다. 하지만 이때부터가 더 중요하다. 지식을 잃지 말아야 하고, 지혜는 하나님을 두려워함으로 써야 한다. 그래서 잠언 기자가 우리에게 이렇게 부탁한 이유다.

내 아들아 나의 법을 잊어버리지 말고 네 마음으로 나의 명령을 지키라 … 너는 범사에 그를 인정하라 그리하면 네 길을 지도하시리라 스스로 지혜롭게 여기지 말지어다 여호와를 경외하며 악을 떠날지어다 _잠 3:1,6-7

우리가 알고 있는 솔로몬의 퇴락은 하나님 알기를 지속하여 추구하지 않았으며, 하나님이 주신 지혜를 자신을 위해 사용했기 때문이다. 그같은 행위의 바탕은 '하나님을 두려워함'이 사라졌기 때문이었다. 그래서 하나님을 무시하는 행위가 나타난다. 자신의 편의를 위해 성전과 왕궁의 문지방을 구별하지 않았고(겔 43:6-9), 기막힌 지혜를 사용하여 수많은 나라들과 결혼 동맹을 맺었다. 그 결과 모두 1000명의 부인(왕상 11:3)을 둔 쾌락의 삶을 살았다. 그는 마침내 하나님을 무시하는 극단적인 행동까지 하였는데, 아들을 제물로 바치는 의식을 하는 몰록신과 아스다롯, 암몬의 밀곰, 모압의 그모신 등 수없이 많은 신들을 섬기고 제사하는 불경을 범한다. 솔로몬에게서 두려움이 사라진 것이다.

하지만 재미있게도 솔로몬에게서 지혜가 사라진 건 아니었다. 물론 그 지혜는 선악과를 먹은 후에 생긴 지혜처럼 인간적인 것이었다. 그에게 사라진 것은 두려움이었다. 하나님을 잊고 간과하는 무지에서 비롯된 결과였다. 이것은 하나님을 아는 지식 역시 사라졌음을 의미한다. 그것은 죽은 것과 다름이 없는 것이었다.

… 미련한 자는 지식이 없어 죽느니라 _잠 10:21

이제 이해될 것이다. 솔로몬이 책의 서두에서 '여호와를 경외하는 것이 지식의 근본'이라고 말한 이유 말이다.

하나님 사람의 등장

그러면 우리는 어떻게 하면 이같은 퇴락에서 벗어날 수 있는 것일까? 솔로몬은 우선 말씀에 귀를 기울이고 주의할 것과, 말씀이 마음에서 떠나지 않도록 지킬 것을 요청하였다. 말씀, 곧 계명이 우리 영혼을 지키기 때문이라고 말한 것이다.

내 아들아 내 말을 지키며 내 계명을 간직하라 내 계명을 지켜 살며 내 법을 네 눈동자처럼 지키라 이것을 네 손가락에 매며 이것을 네 마음판에 새기라 _잠 7:1-3

계명을 지키는 자는 자기의 영혼을 지키거니와 … _잠 19:16

잠언 기자는 좀 더 구체적으로, 이것을 지키는 방법으로 사랑할 것을 말한다.

나를 사랑하는 자들이 나의 사랑을 입으며 나를 간절히 찾는 자가 나를 만날 것이니라 _잠 8:17

또한 잠언 기자는 하나님을 신뢰함으로 모든 것을 하나님께 맡길 것을 요청하였다. 그러므로 온전한 지혜란 하나님께 온전히 맡기는 것이라 할 것이다.

너의 행사를 여호와께 맡기라 그리하면 네가 경영하는 것이 이루어지리라 … 사람이 마음으로 자기의 길을 계획할지라도 그의 걸음을 인도하시는 이는 여호와시니라 _잠 16:3,9

그렇다면 가장 아름다운 세상, 복된 세상은 어떤 세상인가? 바로 하나님을 경외함으로 하나님을 알고, 하나님의 지혜로 가득한 자가 등장하는 세상이다. 그 사람이 세상을 아름답게 하고 새롭게 할 것이기 때문이다.

성읍은 정직한 자의 축복으로 인하여 진흥하고 악한 자의 입으로 말미암아 무너지느니라 _잠 11:11

성읍, 곧 도시는 정직한 자 곧 지혜로운 자의 축복으로 부흥할 것이다.

당연한 일이다. 알다시피 요한 웨슬리의 기도로 영국이 회복되었고, 조나단 에드워드의 기도로 미국의 영적 부흥이 시작되었다. 이들이 사람들에게 영향을 주고 새롭게 하는 존재였다는 뜻이다. 존재의 구조가 다른 그들이 세상을 살아갈 때, 그 세상의 사람들이 물들기 때문이다.

철이 철을 날카롭게 하는 것 같이 사람이 그의 친구의 얼굴을 빛나게 하느니라 _잠 27:17

내 얼굴은 남의 얼굴에, 물에 비치듯 비치고 내 마음도 남의 마음에, 물에 비치듯 비친다. _잠 27:19 공동번역

이처럼 도시와 나라, 민족의 부흥 뒤에는 하나님을 아는 지혜를 가진 자들이 있었다. 영적 부흥은 우연히 혹은 어쩌다 시작되지 않았다. 하나님의 사람들이 있었다.

세상을 살리는 방법

이 법칙은 오늘날 우리에게도 동일하다. 그러므로 가장 시급한 것은 어떤 경제적 부흥이나 지식의 습득이 아니라, 하나님을 아는 지식을 가진 자들이 이 땅에 충만해지는 것이다. 그것이 이 땅을 살리는 일이기 때문이다. 모든 피조물이 고대하는 일이기도 하다.

모든 피조물은 하나님의 자녀가 출현하기를 간절히 기대하고 있다. _롬 8:19 하정완 역

그런데 가끔 우리가 착각하고 속아 넘어가는 지점이 있다. 바로 우리의 열심이다. 그러나 잊지 말아야 할 것은, 아무리 열심이 있을지라도 하나님을 아는 지식이 없는 열심은 언제나 어리석은 것이라는 사실이다.

지식 없는 열심은 위험하고, 조급히 일을 처리하면 그르친다. _잠 19:2 쉬운성경

잘못된 열심도 물론 문제이지만, 게으름 역시 문제이다.

네가 좀더 자자, 좀더 졸자, 손을 모으고 좀더 누워 있자 하니 네 빈궁이 강도 같이 오며 네 곤핍이 군사 같이 이르리라 _잠 24:33-34

이제 구원받은 우리는 늘 하나님 알기를 추구해야 한다. 그때 우리는 하나님을 경외하게 될 것이고, 그 결과로 하나님께서는 지혜를 주실 것이다. 그러므로 늘 말씀 가운데 집착하고, 마음을 빼기지 않고 주님을 늘 추구해야 한다. 그러지 않으면 자신의 문제를 극복하지 못하고, 죄와 미련을 반복할 것이기 때문이다.

개가 그 토한 것을 도로 먹는 것 같이 미련한 자는 그 미련한 것을 거듭 행하느니라 _잠 26:11

우연일지 모르지만, 재미있는 것은 잠언이 31장으로 이뤄졌다는 점이다. 매일 한 장씩 잠언을 읽음으로써 한 달을 '잠언 여행'으로 삼아보라. 근사하지 않은가?

Reading Bible Checklist														잠언 1-31장
1	2	3	4	5	6	7	8	9	10	11	12	13	14	15
16	17	18	19	20	21	22	23	24	25	26	27	28	29	30
31														

31

전도서

모든 사람의 본분

• 전도서 1-12장 •

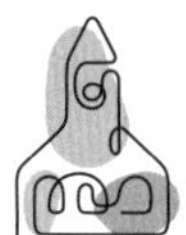

책 제목이 참 도발적이다. '전도하는 책' 같으니 말이다. 특히 현시대를 살고 있는 우리에게는 그렇게 들린다. 길에서 '예수천당 불신지옥'이라는 빨갛게 쓰인 띠를 두르고 다니는 전도자가 연상된다.

그러나 전도서는 그런 의미가 아니다. 원래 히브리어 제목은 '코헤레트'로 '소집하다, 모이다'라는 의미인 '카할'에서 유래된 단어로 '설교자, 소집자'로 번역된다. 헬라어 성경인 칠십인역 역시 그런 의미를 가진 단어인 '에클레시아스테스'를 썼는데, '교회, 모임'으로 번역되는 '에클레시아'에서 나온 단어로, 이 또한 '사람들 앞에 선 설교자'라는 뜻이다. 이와 달리 신약에 등장하는 단어 '전도자'는 분명히 '에클레시아스테스'를 쓰지 않고 '복음을 전하는 자'라는 의미의 '유앙겔리스테스'를 쓴다. 그러므로 전도서의 주인공인 '전도자'는 '설교자'(공동번역), 'preacher'(KJV)로 번역하는 것이 더 적절하다.

모든 것이 헛되다

그렇다면 사람들 앞에서 설교자가 하고 싶었던 이야기는 무엇이었을까? 그가 회중에게 하고 싶은 메시지는 놀랍게도 매우 파격적인 허망함이었다.

전도자가 이르되 헛되고 헛되며 헛되고 헛되니 모든 것이 헛되도다 해 아래에서 수고하는 모든 수고가 사람에게 무엇이 유익한가 _전 1:2-3

'헛되다', 설교자는 정말 이 말을 말하고 싶었던 것 같다. 무려 37번이나 언급하기 때문이다. 그렇다면 이같은 인식에 이르게 된 것은 어떤 계기에서 발생한 것일까? 사실 전도서 안에서 명확하게 발견할 수는 없지만 '헛되다'는 단어만큼이나 반복되는 단어인 '해 아래서'가 그 단초일 수 있다. '해 아래서'란 표현은 무려 36회나 등장하는데, 그 표현이 등장하는 문장에서 그 숨겨진 의미를 찾을 수 있다.

내가 해 아래에서 행하는 모든 일을 보았노라 보라 모두 다 헛되어 바람을 잡으려는 것이로다 _전 1:14

사실 이같은 고백이 우리에게 충격적으로 다가오는 것은 솔로몬이 우리가 누리고 싶어하는 모든 것을 누렸던 왕이기 때문이다. 그는 실제로 원하는 것을 모두 가져보았다고 말한다. 하지만 그 모든 것이 헛되다는 말로 결론을 맺었다.

무엇이든지 내 눈이 원하는 것을 내가 금하지 아니하며 무엇이든지 내 마음이 즐거워하는 것을 내가 막지 아니하였으니 이는 나의 모든 수고를 내 마음이 기뻐하였음이라 이것이 나의 모든 수고로 말미암아 얻은 몫이로다 그 후에 내가 생각해 본즉 내 손으로 한 모든 일과 내가 수고한 모든 것이 다 헛되어 바람을 잡는 것이며 해 아래에서 무익한 것이로다 _전 2:10-11

전도서 기자는 모든 것이 헛되다는 주장을 증명하기 위해 그가 추구하였던 것들을 구체적으로 서술하였다. 자신을 설레게 하고 즐겁게 하였던 것들이었다. 곧 '희락, 술, 여자, 사업, 권력, 부요'(전 2:1-11) 등인데, 그런 것들을 다 소유해보았다고 말한다. 하지만 어느 것도 진정하고 영원한 의미를 주지 못했음을 고백한다.

물론 그는 지혜와 지식도 추구했었다. 실제로 솔로몬은 대단한 지식을 가진 지혜자였다. 그 지식과 지혜의 깊이에 이르기 위하여 무한한 노력을 기울였다. 그러나 그 지혜라는 것도 우매자와 다를 바가 없었다. 그것을 추구하였던 삶은 '괴로움이요 모두 다 헛되어 바람을 잡으려는 것'(전 2:17)임을 깨달았다. 그래서 매우 치명적으로 말한다.

> 내가 다시 지혜를 알고자 하며 미친 것들과 미련한 것들을 알고자 하여 마음을 썼으나 이것도 바람을 잡으려는 것인 줄을 깨달았도다 지혜가 많으면 번뇌도 많으니 지식을 더하는 자는 근심을 더하느니라 _전 1:17-18

잠언에서 살핀 것처럼, 전도서 기자가 말하는 지식과 지혜는 하나님을 경외하는 것에 기초한 것이 아니다. 소위 세상에서의 지식과 지혜로, 하나님 없는 지식과 지혜이다. 그러므로 전도서 기자의 결론은 두 가지 모두 영원한 것이 아닌 유한한 것을 추구하는 것을 말하고 있다. 그런 점에서 지혜는 세상에서의 우매와 별로 다르지 않다고 말한다.

> 내가 내 마음속으로 이르기를 우매자가 당한 것을 나도 당하리니 내게 지혜가 있었다 한들 내게 무슨 유익이 있으리요 하였도다 이에 내가 내 마음속으로 이르기를 이것도 헛되도다 하였도다 _전 2:15

하나님의 선물

가장 결정적으로, 모든 것이 헛된 이유는 하나님이 섭리하시고 다스리시기 때문이라고 말한다. 하나님이 정해놓으셨다는 것이다. 어떻게 보면 매우 운명론적으로 보이는 측면이 있지만, 하나님이 정하셨다는 관점에서는 옳다.

범사에 기한이 있고 천하 만사가 다 때가 있나니 날 때가 있고 죽을 때가 있으며 심을 때가 있고 심은 것을 뽑을 때가 있으며 죽일 때가 있고 치료할 때가 있으며 헐 때가 있고 세울 때가 있으며 울 때가 있고 웃을 때가 있으며 슬퍼할 때가 있고 춤출 때가 있으며 … 사랑할 때가 있고 미워할 때가 있으며 전쟁할 때가 있고 평화할 때가 있느니라 일하는 자가 그의 수고로 말미암아 무슨 이익이 있으랴 _전 3:1-3,8-9

하나님이 때에 맞게 일하시고 모든 것을 섭리하시기 때문이라는 말이다. 그런 의미에서 하나님은 공평하시다. 그러므로 가장 지혜로운 자는 하나님을 추구하고 하나님을 따라 사는 자이다. 하지만 우리는 그렇게 살지 않는다. 무엇이든 소유하려 하고 스스로 이루려 한다. 다른 이들보다 더 많은 것을 소유하고 쟁취하려 한다. 그래서 힘들다. 약육강식, 적자생존의 세상이기 때문이다.

그러다가, 어쩌다 무엇을 이룬 것처럼 보여도 이내 모든 것을 두고 떠나야 하는 상황을 만난다는 사실을 전도서 기자는 강조한다. 그런 점에서 볼 때, 지금 내가 선을 행하며 수고한 것으로 먹고 마시고 즐거움을 누리는 것은 하나님의 선물이다. 그 어떤 것도 영원하지 않기 때문이다.

사람들이 사는 동안에 기뻐하며 선을 행하는 것보다 더 나은 것이 없는 줄을 내가 알았고 사람마다 먹고 마시는 것과 수고함으로 낙을 누리는 그것이 하나님의 선물인 줄도 또한 알았도다 _전 3:12-13

내가 관찰해보니, 하나님께서 주신 자신의 생애 동안 먹고, 마시며, 자신이 하는 일에서 보람을 느끼는 것이 행복이요, 적절한 일이다. 그것이 인생의 몫이기 때문이다. _전 5:18 쉬운성경

이렇게 살아온 것은 아무런 부작용이 없는, 우리가 누릴 수 있는 순수한 즐거움이라는 뜻이지만, 그것으로 전부이고 그렇게만 산다면 그 마지막

은 짐승과 별반 다르지 않다는 것을 말하였다.

인생이 당하는 일을 짐승도 당하나니 그들이 당하는 일이 일반이라 다 동일한 호흡이 있어서 짐승이 죽음 같이 사람도 죽으니 사람이 짐승보다 뛰어남이 없음은 모든 것이 헛됨이로다 _전 3:19

하나님을 경외하라

그렇다면 이제 어떻게 살아야 하는가? 무엇이 헛되지 않은 것이고, 무엇을 추구해야 옳은 것일까? 전도서 기자는 누구보다 젊은 청년들에게 그 비밀을 말했다. 모든 것이 헛된 것이고 사라져버릴 것이기에, 아직 시간이 남아 있는 청년들에게 권면한 것이다. 그런데 그 권면이 재미있다.

청년이여 네 어린 때를 즐거워하며 네 청년의 날들을 마음에 기뻐하여 마음에 원하는 길들과 네 눈이 보는 대로 행하라 … _전 11:9a

어떻게 보면 매우 방종을 허용하는 것처럼 들릴 수 있다. 하지만 솔로몬은 그런 뜻이 아니라는 것을 덧붙이는 말을 통하여 분명히 한다.

그러나 하나님이 이 모든 일로 말미암아 너를 심판하실 줄 알라 _전 11:9b

솔로몬은 방종을 말한 것이 아니다. 하나님 안에서 모든 것을 하라는 말을 한 것이다. 그렇다면 이런 질문을 던질 수 있다.

"하나님 안에서 해야 한다면, 그것이 과연 내가 하고 싶은 대로 사는 것인가?"

이같이 질문하는 이유는 '내가 하고 싶은 대로 하는 것'을 쾌락적이고 죄악을 내포한 행위들을 하는 것으로 오해하기 때문이다. 그러나 그런 뜻이 아닌 시각에서 우리는 얼마든지 하고 싶은 일을 할 수 있다. 하고 싶은 착하고 근사한 일은 얼마든지 있기 때문이고, 악하지 않은 많은 일이 존재하기 때문이다. 그런 의미에서 하나님 안에서 마음껏, 실컷 살아보라고 전도서 기자는 말한 것이다.

이어 전도서 기자는 시간이 충분하지 않다는 것을 강조하며, 속히 그렇게 살 것을 요청한다.

너는 청년의 때에 너의 창조주를 기억하라 곧 곤고한 날이 이르기 전에, 나는 아무 낙이 없다고 할 해들이 가깝기 전에 해와 빛과 달과 별들이 어둡기 전에, 비 뒤에 구름이 다시 일어나기 전에 그리하라 _전 12:1-2

마음대로 주님과 하나님 나라를 위해 사는 것, 원 없이 그렇게 살아보는 것을 심지어 청년의 시절부터 살 수 있다면 얼마나 근사하겠는가? 모든 것을 가져보고 누려본 솔로몬이 깨달은 것이다.

이제 마지막 결론으로 꺼낸 말 역시 "헛되고 헛되도다 모든 것이 헛되도다"(잠 12:8)였다. 그가 전도서를 쓰면서 찾았던 아름다운 말이 바로 '헛되다'라는 말이었음을 간접적으로 시사한 것이다. '헛되다'는 것을 아는 것이 우리 삶을 다시 걸어가게 하기 때문이다.

전도자는 힘써 아름다운 말들을 구하였나니 진리의 말씀들을 정직하게 기록하였느니라 _전 12:10

이같이 헛되다는 사실을 알고 살아가는 자들이 가져야 할 사람의 본분을 말함으로써 전도서 기자는 글을 매듭짓는다.

일의 결국을 다 들었으니 하나님을 경외하고 그의 명령들을 지킬지어다 이것이 모든 사람의 본분이니라 하나님은 모든 행위와 모든 은밀한 일을 선악 간에 심판하시리라 _전 12:13-14

전도서 1장부터 12장까지의 개관

모든 것이 헛되다(1). 모든 수고가 헛되다(2). 모든 것에는 때가 있기 때문이다(3). 삶은 공정하지 않고(4), 종교도 재물도 부요도 헛될 뿐이고(5), 미래를 보장하지 않는다(6). 지혜자든 어리석은 자든 똑같고(7), 악인과 의인이 똑같은 것은(8), 모든 것이 하나님 손 안에 있기 때문이다(9). 그러므로 지혜롭게 사는 것이 중요한데(10-11), 하나님을 기억하고 그 명령을 지키는 것이 그 길이다(12).

Reading Bible Checklist 전도서 1-12장

1	2	3	4	5	6	7	8	9	10	11	12			
●	●	●	●	●	●	●	●	●	●	●	●			

32

아가

상사병에 걸리신 하나님

• 아가 1-8장 •

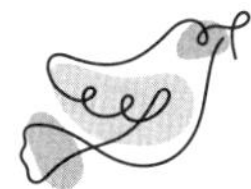

그리워라, 뜨거운 임의 입술, 포도주보다 달콤한 임의 사랑. _아 1:2 공동번역

안티레고메나

'솔로몬의 아가라'(아 1:1)라고 쓴 후에 이어진 이 첫 구절부터 평범하지 않다. 더욱이 읽다 보면, 영화 등급으로 R 정도 되는 이야기와 묘사를 만나게 되니 더 당황스럽다.

사랑아 네가 어찌 그리 아름다운지, 어찌 그리 화창한지 즐겁게 하는구나 네 키는 종려나무 같고 네 유방은 그 열매송이 같구나 내가 말하기를 종려나무에 올라가서 그 가지를 잡으리라 하였나니 네 유방은 포도송이 같고 네 콧김은 사과 냄새 같고 네 입은 좋은 포도주 같을 것이니라 이 포도주는 내 사랑하는 자를 위하여 미끄럽게 흘러내려서 자는 자의 입을 움직이게 하느니라 나는 내 사랑하는 자에게 속하였도다 그가 나를 사모하는구나 내 사랑하는 자야 우리가 함께 들로 가서 동네에서 유숙하자 _아 7:6-10

더 문제가 되는 것은 하나님에 대한 묘사가 단 한 번(아 8:6)밖에 나오지 않는 것이다. 그래서 과연 아가서를 정경에 포함시킬 것인지에 대해 분분한 논란이 있었다. 교회 초기 역사에서 무려 300여년 동안이나 이 문제는 고민거리였다. 아가서는 소위 '안티레고메나'('반대받다'라는 의미로 논란이 있었던 책들) 중의 하나였다. 당연히 이같은 의심이 생길 것이 분명한데, 하나님은 왜 우리에게 아가서를 주신 것일까?

이런 이유 때문에 비록 위기를 겪긴 했지만, 교회는 매우 적극적으로 아가서를 해석하였다. 특히 오리게네스(185-254), 아다나시우스, 제롬, 어거스틴(353-430) 등은 아가서를 주로 알레고리적으로 해석하기를 좋아했다. 그 내용을 그리스도와 교회와의 사랑에 대한 해석으로 이해하려 했고, 이런 해석이 오랜 세월 지지를 받은 것이 사실이다.

우리의 사랑은 아름답다

하지만 알레고리적 해석 방법은 본문의 해석을 자신이 편의적으로 원하는 것으로 이어갈 수 있고, 본문의 의도와 달리 해석하고 적용할 수 있는 약점을 지닌 까닭에 알레고리적 해석을 조심하는 것이 현대 신학의 경향이다. 하지만 중요한 것은 우리가 어떻게 해석하든지 그 본문의 내용을 깊이 정리하는 것이다. 편견을 가지고 본문을 읽는 것이 아니라, 본문이 처음부터 무엇을 이야기하려고 쓰인 것인지를 보는 것이다.

그런 관점에서 본다면, 아가서는 내용 그대로 솔로몬이 사랑하는 술람미 여인과의 사랑 이야기를 적어놓은 책이다. 읽으면 읽을수록 두 사람 사이의 은밀한 고백과 사랑을 기록한 것을 알 수 있다. 매우 구체적인 묘사부터 시작하여 자신들이 겪은 심리까지 묘사하고 있다. 게다가 그들은 상사병에 빠질 정도로 서로를 사랑하고 있었다.

너희는 건포도로 내 힘을 돕고 사과로 나를 시원하게 하라 내가 사랑하므로 병이 생겼음이라 _아 2:5 술람미 여인

내가 내 사랑하는 자를 위하여 문을 열었으나 그는 벌써 물러갔네 그가 말할 때에 내 혼이 나갔구나 내가 그를 찾아도 못 만났고 불러도 응답이 없었노라 … 예루살렘 딸들아 너희에게 내가 부탁한다 너희가 내 사랑하는 자를 만나거든 내가 사랑하므로 병이 났다고 하려무나 _아 5:6,8 술람미 여인

내 누이, 내 신부야 네가 내 마음을 빼앗았구나 네 눈으로 한 번 보는 것과 네 목의 구슬 한 꿰미로 내 마음을 빼앗았구나 내 누이, 내 신부야 네 사랑이 어찌 그리 아름다운지 네 사랑은 포도주보다 진하고 네 기름의 향기는 각양 향품보다 향기롭구나 _아 4:9-10 솔로몬

우리는 아가서를 읽을 때, 오히려 이 시대의 사랑 방식에 대한 하나님의 경고로 이해해야 한다. 상사병에 빠질 정도로 헌신하고 희생하고 자신을 던지는 사랑을 하지 않는, 매우 편의적이고 이기적인 현대인의 사랑에 대한 하나님의 답답함이 적혀 있음을 볼 필요도 있다. 그러니까 아가서는 하나님이 우리들의 사랑을 어떻게 보시는지를 알게 한다.

사랑은 불경하거나 음란한 것이 아니다. 오히려 우리들의 정직하지 못한 마음이나 불륜, 혹은 문란한 성적 생활과 지조 없이 행동하는 사랑법을 질타하고 있다. 그러므로 아가서에서 하나님이 드러내신 사랑의 방식은 상사병을 가진 사랑이다. 혼이 나갈 정도로 뜨거운 사랑이다. 언제부터인가, 이 시대에 찾아보기 힘든 사랑의 방식 말이다.

상사병에 걸리신 하나님

앞에서 언급한 것처럼, 초기 교부들이 솔로몬과 술람미 여인의 진한 사랑 이야기를 그리스도와 교회와의 사랑에 대한 해석으로 '알레고리컬'하게

읽은 것은 문제가 있을 수 있다. 물론 이렇게 문제를 삼은 이들은 이런 사랑을 하나님에게 적용하는 것이 불경스러워 보일 수 있다는 점에서 그렇게 주장한 것이다.

하지만 조금만 더 생각해보면, 호세아와 고멜의 사랑 이야기나 하나님께서 자신과 이스라엘을 남편과 아내로 묘사하는 등 성경의 다른 기록들을 볼 때, 하나님의 사랑은 사실 이보다 더 강렬하다 해도 틀리지 않다. 왜냐하면 하나님은 사랑의 본체이시고 근거이시기 때문이다. 그러므로 하나님은 당연히 아가서의 이런 사랑을 비롯한 모든 사랑으로 가득 차 계시며, 상사병에 걸릴 만큼 우리를 사랑하고 계신 것이 이상하지 않다. 이것이 아가서가 정경이 된 이유일 것이다. 우리를 향한 하나님의 사랑의 강력함을 우리가 살면서 한 번쯤은 경험해본 적이 있는 사랑 이야기로 설명하는 것이 설득되기 때문이다. 아가서에 등장하는 단 한 번의 하나님에 대한 명칭과 이야기가 그것을 뒷받침한다.

너는 나를 도장 같이 마음에 품고 도장 같이 팔에 두라 사랑은 죽음 같이 강하고 질투는 스올 같이 잔인하며 불길 같이 일어나니 그 기세가 여호와의 불과 같으니라 많은 물도 이 사랑을 끄지 못하겠고 홍수라도 삼키지 못하나니 사람이 그의 온 가산을 다 주고 사랑과 바꾸려 할지라도 오히려 멸시를 받으리라 _아 8:6-7

이처럼 상사병에 걸릴 만큼 강력한 하나님의 지독한 사랑을 이해한다면, 아가서는 설렘과 사모함의 책으로 다가올 것이다. 깊이 하나님을 체험했던 사람들이 매우 자주 공통적으로 듣는 음성을 아가서의 이 구절에서 보았듯이 말이다.

나의 사랑하는 자가 내게 말하여 이르기를 나의 사랑, 내 어여쁜 자야 일어나서 함께 가자 겨울도 지나고 비도 그쳤고 지면에는 꽃이 피고 새가 노래할 때가 이르렀는데 비둘기의 소리가 우리 땅에 들리는구나 무화과나무에는 푸른 열매가 익었고 포도나무는 꽃을 피워 향기를 토하는구나 나의 사랑, 나의 어여쁜 자야 일어나서 함께 가자 _아 2:10-13

아가 1장부터 8장까지의 개관

솔로몬과 술람미 여인이 상사병에 걸리다(1-3). 사랑함으로 결혼에 이르다(3-4). 사랑의 갈등도 있지만(5), 서로에게 서로는 가장 아름답다(6-7). 사랑은 불같이 아름답다(8).

Reading Bible Checklist														아가 1-8장
1	2	3	4	5	6	7	8							

이사야 1

그루터기와 남은 자

• 이사야 1-39장 •

성경 중에서 그 분량이 많기도 해서 대선지서로 분류되는 이사야서, 예레미야서, 그리고 에스겔서를 공부해야 할 때가 왔다. 세 개의 책 모두 시대적 상황이 비슷한 것처럼 보이지만, 관점에는 현저한 차이가 있다.

희망의 책

우선 이사야서는 북이스라엘의 임박한 멸망과 남유다의 위기라는 상황에서 쓴 것이다. 아직 멸망이 온 상황은 아니었다. 그런 까닭에 임박한 심판을 말하지만, 동시에 소망이 공존하고 있다. 반면에 예레미야서는 남유다의 멸망을 직면한 상태에서 쓰인 까닭에 심판에 대한 메시지가 강하다. 에스겔서는 이미 멸망한 유다가 어떻게 회복될 것인지에 초점이 맞춰져 있다. 이것이 이 세 책들의 차이이다. 우리가 살필 이사야서는 아직 남유다가 멸망하지 않은 상태에서 임박한 위기와 심판에 대한 언급, 그리고 회개와 소망의 이야기가 함께 기록된 바람에 약간 복잡하게 읽힐 수 있다. 뿐만 아니라 이같은 복잡으로 인한 차이 때문에 과거에는 다른 저자들의 책이 합쳐진 것이라는 주장이 정설처럼 받아들여진 적도 있다. 특히 1892년 둠(B. Duhm)이 쓴 이사야 주석에서 분류한 것처럼, 이사야서가 '세 권의 책'으로 구성된 것이라는 주장을 받아들이는 경향이 거의 100년 이상 지속되었다. 하지만 최근의 양식비평과 편집비평적 접근들을 통해, 이사야서는 오히려 통일된 저작물이란 결론에 이른다. 더욱이 1947년에 발견된 사해사본의 이사야서에는 둠의 분류 같은 흔적이 전혀 없음이 밝혀지면서 독립적인 책이라는 데 의견이 모아졌다. 이사야서는 분명히 예레미야서나 에스겔서보다 희망적인 메시지를 많이 던지는 책이다. 완전한 멸망에 이르지 않은 때에 쓴 것이기 때문에 아직 희망이 있었다. 그런 까닭에 이사야서는 우리에게 아직 멸망이 오지는 않았지만, 위험한 시대를 사는 방법을 정확히 제시하는 책이라고 할 수 있다.

구원의 패턴

이사야를 히브리어로 읽으면 '예사야'로, '구원하다'라는 의미를 가진 '야샤'와 '여호와'의 축약형인 '야' 두 단어의 합성어이다. 의미는 '여호와는 구원이시다'이다. 이같이 이사야라는 이름의 뜻이 담고 있듯이, 이 책은 '하나님의 구원 패턴'이 쓰인 책이라 할 수 있다.

이사야서는 웃시야 왕의 말년부터 시작하여 요담, 아하스, 히스기야 왕 시대까지를 기록하고 있는데, 1장부터 39장까지는 하나님을 알지만 부패한 세상에 대하여 기록하였다. 특히 1장에서 부패와 죄로 인한 심판에 이르게 되는 패턴을 축약적으로 드러내는데, 하나님을 거절하고, 하나님을 알지 못하는 현상까지 먼저 언급한다(사 1:2-3).

… 내가 자식을 양육하였거늘 그들이 나를 거역하였도다 _사 1:2

그때부터 사람들에게는 폐허처럼 변하고 피곤한 삶이 연속된다(사 1:4-6).

너희가 어찌하여 매를 더 맞으려고 패역을 거듭하느냐 온 머리는 병들었고 온 마음은 피곤하였으며 _사 1:5

그 상태에서 사람들이 예배를 드리지만, 이미 하나님은 받지 않는 예배였다(사 1:11-15).

헛된 제물을 다시 가져오지 말라 분향은 내가 가증히 여기는 바요 월삭과 안식일과 대회로 모이는 것도 그러하니 성회와 아울러 악을 행하는 것을 내가 견디지 못하겠노라 _사 1:13

이제 회복될 수 있는 길은 하나님 앞에 정직하게 서는 것이었다. 더욱이 하나님은 그들이 그동안 행한 패역은 문제 삼지 않겠다고 말씀하시기 때문이다(사 1:18). 이것은 우리에게도 마찬가지로 적용된다.

… 오라 우리가 서로 변론하자 너희의 죄가 주홍 같을지라도 눈과 같이 희어질 것이요 진홍 같이 붉을지라도 양털 같이 희게 되리라 _1:18

기회였다. 하지만 그래도 돌아오지 않는 이들을 하나님은 심판하실 것이다(사 1:19-20).

너희가 거절하여 배반하면 칼에 삼켜지리라 … _사 1:20

종합적 부패

이같은 하나님의 초청에도 이스라엘은 반응하지 않았다. 이미 그 시대를 지켜야 할 하나님의 선한 양심인 이스라엘이 무너졌다는 뜻이었다. 그러므로 세상의 부패와 패역은 이를 데가 없었다.

예루살렘이 멸망하였고 유다가 엎드러졌음은 그들의 언어와 행위가 여호와를 거역하여 그의 영광의 눈을 범하였음이라 _사 3:8

하나님의 백성인 이스라엘이 무너졌다는 것은 모든 것이 끝난 것을 의미했다. 다시 말해, 유다가 멸망한 여파로 어떤 나라도 회복될 수 없게 된 것이다. 앗수르(사 10:5-12:6) 바벨론(사 13:1-14:23), 블레셋(사 14:28-32), 모압(사 15:1-16:14), 다메섹과 사마리아(사 17:1-14), 이디오피아(구스)(사 18:1-7), 이집트(애굽)(사 19:1-20:6), 두마(에돔)(사 21:11-12), 아라비아(사 21:13-17), 두로와 시돈(사 23:1-18)까지 모든 나라가 멸망의 대상이 되었다. 하나님은 이사야를 통하여 그 심판과 진노의 모습을 28장에서 34장까지 예언하게 하셨다. 우리는 기억해야 한다. 하나님의 것이 무너지면 모든 것이 무너진다는 사실 말이다. 그러므로 만일 우리가 심각하게 무너지고 쓰러지면 세상의 소망 또한 사라질 것이다. 하지만 '그 날에'(바욤 하후), 곧 종말의 날에 하나님이 구원을 계획하셨다. 바로 그날에 종말론적인 행위로서 메시아 도래에 의한 희망을 예언하신 것이다.

그 날에 여호와의 싹이 아름답고 영화로울 것이요 그 땅의 소산은 이스라엘의 피난한 자를 위하여 영화롭고 아름다울 것이며 _사 4:2

여기서 '여호와의 싹'이라는 표현은 '가지'라는 단어로도 번역되는 히브리어 '체마흐'의 번역으로, 예레미야(렘 23:5,33:15), 스가랴(슥 3:8,6:12) 등에도 나오는 표현이다. 주로 다윗을 통한 메시아의 도래를 설명할 때 쓰였다.

… 보라 때가 이르리니 내가 다윗에게 한 의로운 가지를 일으킬 것이라 그가 왕이 되어 지혜롭게 다스리며 세상에서 정의와 공의를 행할 것이며 _렘 23:5

그러니까 이사야는 완전한 회복으로서 메시아 도래를 예언한 것이다.

또한 주의할 단어가 '남은 자'* 이다.

시온에 남아 있는 자, 예루살렘에 머물러 있는 자 곧 예루살렘 안에 생존한 자 중 기록된 모든 사람은 거룩하다 칭함을 얻으리니 _사 4:3

* '남아 있는 자', 개역개정

놀랍게도 하나님이 둘러보시다 만난 사람들이 바로 '남은 자'(remnamt)들이다(사 4:2-4). '남은 자'란 무엇을 할 수 있는 힘 있는 자들이 아니다. 환난과 패역의 폭풍이 몰아치는 상황에서도 언제나 자기의 자리를 지키는 사람들, 곧 모든 것이 무너질 때 신앙을 지킨 자들을 말한다. 그들이 하나님의 구원 계획의 그루터기, 곧 모판과 같은 근거였다. 그들이 바로 남은 자이다. 이사야는 그 '남은 자'들이 세상을 구원하시려는 하나님의 사역의 그루터기라고 말한다(사 6:13).

남은 자와 그루터기

하나님은 무너진 이스라엘과 세상을 구원하는 계획의 중심으로 남은 자들, 곧 그루터기를 사용하신다(사 6:13)고 말씀하셨는데, 곧 이새의 줄기가 예수 그리스도께서 세상에 나시는 그루터기였다.

이새의 그루터기(줄기, 개역성경)에서 햇순이 나오고 그 뿌리에서 새싹이 돋아난다. _사 11:1 공동번역

이처럼 남은 자들이 언제나 하나님의 희망이 된다. 이사야는 36장에서 39장까지 쓴 역사의 기록을 통해 남은 자 이야기를 다시 확인하는데, 바로 앗수르 침공 사건이었다. 앗수르의 산헤립은 장수 랍사게를 앞세워 남유다를 공격하였다. 이미 멸망 직전의 상황이었다. 이때 히스기야가 실수하지만 다시 돌아서서 이사야에게 기도를 요청하였는데, 그 근거는 '남은 자'였다.

… 바라건대 당신은 이 남아 있는 자를 위하여 기도하라 … _사 37:4

'남은 자 혹은 남아 있는 자', 하나님 앞에서 믿음을 지키고 위기 앞에서도 자리를 지킨 자, 그들이 하나님께서 일하시는 이유였다. 하나님은 그들로 인해 역사하셨다. 산헤립의 앗수르 군대가 졸지에 몰살한 이유였다. 남

은 자 때문이었다.

이처럼 남은 자가 언제나 이 세상의 희망이다. 하나님은 그들로 인해, 그들 때문에 일하시기 때문이다. 그래서 그들이 있는 곳이 그루터기가 되는 것이다. 가정, 교회, 민족은 물론이고, 세상의 희망 역시 남은 자들이다. 하나님을 의존하며 그 자리를 지키는 자를 하나님은 버리지 않으시기 때문이다. 또한 그들이 하나님께서 역사하시는 근거가 되기 때문이다. 그 그루터기에서 그리스도 예수가 나오신다. 그러므로 만일 그루터기, 곧 남은 자들이 없었다면 그리스도 예수는 이 땅에 도래하지 않았을지도 모른다. 오늘 우리가 이 세상의 남은 자가 되어야 하는 이유이다. 하나님의 구속 사역은 계속 이어질 것이기 때문이다.

이사야 1장부터 39장까지의 개관

죄가 가득한 유다를 심판하시니(1), 곧 여호와의 날이다(2-5). 그런데 하나님이 이사야를 부르시고(6), 임마누엘의 징조를 주신다(7). 메시아 탄생 예언(9), 멸망 중에 남은 자를 두셨다(10-11). 바벨론(13), 앗수르, 블레셋(14), 모압(15-16), 다메섹과 사마리아(17), 구스(18), 애굽 19-20), 다시 바벨론과 에돔, 아라비아(21), 예루살렘(22), 두로에 대한 예언(23)과 함께 심판을 말씀하신다(24). 그러나 하나님이 회복하신다(25-27). 에브라임(28), 예루살렘(29), 애굽(30-31)에게 화가 임할 것이나, 메시아가 도래할 것이다(32). 그러므로 하나님께서 은혜를 주시며(33), 열방을 심판하시고(34), 거룩한 길을 여실 것이다(35). 중간 삽입으로, 앗수르의 예루살렘 협박(36)과, 이사야의 예언과, 앗수르를 멸하신다는 내용(37). 히스기야가 병으로부터 구원받으나, 어리석음을 범한다(39).

Reading Bible Checklist														이사야 1-39장
1	2	3	4	5	6	7	8	9	10	11	12	13	14	15
16	17	18	19	20	21	22	23	24	25	26	27	28	29	30
31	32	33	34	35	36	37	38	39						

34

이사야 2

고난받는 종 메시아

• 이사야 40-66장 •

이사야는 1장부터 39장까지 이스라엘과 국가들을 강력하게 심판하시는 하나님의 모습을 드러내면서, 동시에 이새의 그루터기, 곧 남은 자들을 통한 구원 계획과 메시아 예수에게로 이어지는 계획을 예언하였다.

위로하시는 하나님

그런데 당혹스러운 것은 40장부터 66장의 구원 계획에 대해서 예언되는 메시아는 왕으로서의 메시아가 아니라, 매우 애절한 모습의 고난받는 종으로 묘사된다는 점이다. 특히 고난받는 종으로서의 메시아 이야기는 49장에서 57장까지 구체적으로 이어진다. 이처럼 이사야서는 매우 분위기가 다른 두 개의 글(1-39장까지와 40장 이후) 때문에 40장부터 66장까지는 바벨론 포로 후기에 쓰여진 것으로 보고 '제2 이사야서'라고 주장하는 이들이 생겨나기도 했다. 앞에선 심판을 강조하다가, 뒤에선 우리의 구원을 위해 고난받는 종의 모습이 묘사된 것 때문에 당황할 수도 있지만, 성경에서는 이와 유사한 하나님의 모습을 쉽게 찾을 수 있다.

예를 들어 호세아를 보면 충분히 알 수 있다. 하나님은 분명 '다시는 사랑하지 아니하리라'(호 9:15)고 말씀하시며 이스라엘을 용서하지 않겠다고 강조하셨다. 하지만 실제로는 호세아와 고멜의 관계를 통하여 이미 창녀가 되고 수없이 배반한 이스라엘을 품으시고 사랑하시는 모습을 보여주셨다. '다시는 사랑하지 않겠다'는 것은 하나님의 본심(本心)이 아니었다. 이같은 시각을 가지고 읽어보면, 심판의 메시지가 주를 이루는 1장에서 39장까지와 달리, 40장 이후부터 가득해지는 위로의 메시지를 이상하게 볼 이유는 없다. 특히 40장에서 48장까지에는 위로의 메시지가 가득 나오는데, 몇 구절만 읽어도 하나님의 마음을 충분히 짐작할 수 있다.

소년이라도 피곤하며 곤비하며 장정이라도 넘어지며 쓰러지되 오직 여호와를 앙망하는 자는 새 힘을 얻으리니 독수리가 날개치며 올라감 같을 것이요 달음박질하여도 곤비하지 아니하겠고 걸어가도 피곤하지 아니하리로다다 _사 40:30-31

두려워하지 말라 내가 너와 함께 함이라 놀라지 말라 나는 네 하나님이 됨이라 내가 너를 굳세게 하리라 참으로 너를 도와 주리라 참으로 나의 의로운 오른손으로 너를 붙들리라 _사 41:10

… 이스라엘아 너를 지으신 이가 말씀하시느니라 너는 두려워하지 말라 내가 너를 구속하였고 내가 너를 지명하여 불렀나니 너는 내 것이라 네가 물 가운데로 지날 때에 내가 너와 함께 할 것이라 강을 건널 때에 물이 너를 침몰하지 못할 것이며 네가 불 가운데로 지날 때에 타지도 아니할 것이요 불꽃이 너를 사르지도 못하리니 대저 나는 여호와 네 하나님이요 이스라엘의 거룩한 이요 네 구원자임이라 … _사 43:1-3

심판을 말하지만, 또한 회복과 구원을 계획하시는 하나님을 볼 수 있다. 하나님은 왜 이런 모습을 보이시는 것일까?

포로생활에 대한 하나님의 해석

이사야서를 읽다 보면 매우 재미있는 구절을 발견하게 되는데, 포로생활이 하나님의 심판으로서 까닭없이 잡혀간 일이라고 말씀하신 부분이다.

… 내 백성이 까닭 없이 잡혀갔으니 내가 여기서 어떻게 하랴 … _사 52:5

이스라엘의 포로생활은 분명히 까닭이 있는 것이었다. 그들의 범죄로 인한 대가였다. 그런데 하나님이 포로생활에 대해 이같이 말씀하신 것이다. 마치 하나님이 실수했다고 말하시는 느낌까지 드는 것이 사실이다. 그리고 하나님은 이사야를 통하여 '이제 다시는 그같은 수치와 황폐함을 당하지 않을 것'이라고 약속하셨다. 이스라엘의 고통을 마치 아이를 낳지 못하는 과부의 치욕으로 비유하시면서 말이다. 참 기막히신 하나님이시다.

두려워하지 말라 네가 수치를 당하지 아니하리라 놀라지 말라 네가 부끄러움을 보지 아니하리라 네가 네 젊었을 때의 수치를 잊겠고 과부 때의 치욕을 다시 기억함이 없으리니 _사 54:4

도대체 하나님께서 왜 이토록 미안하게 여기시는 것일까? 그 이유는 이스라엘을 아내처럼 여기시기 때문이다.

너의 창조주께서 너의 남편이 아니시냐? … 그렇다, 버림받은 여자, 가슴에 상처를 입은 너를 야훼께서 부르신다. "조강지처는 버림받지 않는다." … _사 54:5-6 공동번역

그래서 하나님은 당신의 사랑을 감추지 않으셨다. 절대로 이스라엘을 포기하지 않으시는 이유였다.

내가 분이 복받쳐 내 얼굴을 잠깐 너에게서 숨겼었지만, 이제 영원한 사랑으로 너에게 자비를 베풀리라. … 산들이 밀려 나고 언덕이 무너져도 나의 사랑은 결코 너를 떠나지 않는다. … _사 54:8,10 공동번역

이처럼 기막힌 하나님의 마음이지만, 문제는 이스라엘이 스스로 자신을 구원할 수 있거나 돌아올 수 있는 여력이 없었다. 뿐만 아니라, 이미 왜

곡돼 있었다.

고난받는 종 메시아

스스로 자신을 구원할 수 없는 인간, 그 인간을 사랑하시는 하나님의 사랑, 하지만 인간의 죄를 그냥 무시할 수 없는 하나님의 공의와 사랑의 충돌, 하나님은 거기에서 스스로 우리 죄를 위하여 고난받으신 것이다. 그가 바로 고난받는 종으로서의 메시아 예수이시다. 우리 죄를 대신 지신 것이다.

우리는 다 양 같아서 그릇 행하여 각기 제 길로 갔거늘 여호와께서는 우리 모두의 죄악을 그에게 담당시키셨도다 그가 곤욕을 당하여 괴로울 때에도 그의 입을 열지 아니하였음이여 마치 도수장으로 끌려 가는 어린 양과 털 깎는 자 앞에서 잠잠한 양 같이 그의 입을 열지 아니하였도다 _사 53:6-7

예수 그리스도께서 우리 모든 죄를 배상하시기 위하여 스스로 속건제물(사 53:10)이 되셨다. 우리의 죄악을 모두 담당하신 것이다. 그것이 지금도 그리스도께서 우리를 위하여 기도하실 수 있는 근거이며, 하나님이 들으실 수밖에 없는 이유이기도 하다.

그가 자기 영혼의 수고한 것을 보고 만족하게 여길 것이라 … 그가 자기 영혼을 버려 사망에 이르게 하며 범죄자 중 하나로 헤아림을 받았음이니라 그러나 그가 많은 사람의 죄를 담당하며 범죄자를 위하여 기도하였느니라 _사 53:11-12

이 놀라운 비밀을 알았던 바울도 같은 고백을 하였다.

누가 정죄하리요 죽으실 뿐 아니라 다시 살아나신 이는 그리스도 예수시니 그는 하나님 우편에 계신 자요 우리를 위하여 간구하시는 자시니라 _롬 8:34

도무지 이해할 수 없는 하나님의 사랑이다. 그래서 요한은 놀라운 말로 그 비밀을 설명하였는데, 바로 하나님의 '이처럼 사랑하심'이었다.

하나님이 세상을 이처럼 사랑하사 … _요 3:16

사실 우리의 머리로 이 사랑을 이해하는 것은 불가능한 일이다. 그것만이 아니라, 한 걸음 더 나아가 이사야가 본 것은 하나님의 초대였다. 하나님이 세우신 무한한 사랑과 용서와 구원의 계획으로의 초대였다. 그러므로 이제 우리에게 필요한 것은 하나님이 이루시는 구원 계획에 응답하는 것, 곧 하나님께로 돌아가는 것만 남아 있는 것이다.

너희는 여호와를 만날 만한 때에 찾으라 가까이 계실 때에 그를 부르라 악인은 그의 길을, 불의한 자는 그의 생각을 버리고 여호와께로 돌아오라 그리하면 그가 긍휼히 여기시리라 우리 하나님께로 돌아오라 그가 너그럽게 용서하시리라 _사 55:6-7

구약의 요한계시록

이같은 이해를 가지고 복음서를 보면, 누가복음에 기록돼 있는 이사야서의 말씀이 예수님의 사명선언문 같은 것임을 알 수 있다. 예수께서 나사렛 회당에서 읽으신 말씀이 바로 이사야 61장이었다. 고난받는 종으로서 메시아 예언의 성취였다.

선지자 이사야의 글을 드리거늘 책을 펴서 이렇게 기록된 데를 찾으시니 곧 주의 성령이 내게 임하셨으니 이는 가난한 자에게 복음을 전하게 하시려고 내게 기름을 부으시고 나를 보내사 포로 된 자에게 자유를, 눈 먼 자에게 다시 보게 함을 전파하며 눌린 자를 자유롭게 하고 주의 은혜의 해를 전파하게 하려 하심이라 하였더라 _눅 4:17-19

주 여호와의 영이 내게 내리셨으니 이는 여호와께서 내게 기름을 부으사 가난한 자에게 아름다운 소식을 전하게 하려 하심이라 나를 보내사 마음이 상한 자를 고치며 포로된 자에게 자유를, 갇힌 자에게 놓임을 선포하며 여호와의 은혜의 해와 우리 하나님의 보복의 날을 선포하여 모든 슬픈 자를 위로하되 _사 61:1-2

이사야서가 아름다운 이유는 요한계시록과 같이 최후의 승리, 곧 하나님 나라가 이뤄진 모습을 기록하였기 때문이다. 그런 의미에서 이사야서는 구약의 요한계시록이라고 말할 수 있다. 그리고 이사야서는 이 모든 성취를 이룬 하나님 나라를 예언함으로 끝을 맺는다.

보라 내가 새 하늘과 새 땅을 창조하나니 이전 것은 기억되거나 마음에 생각나지 아니할 것이라 너희는 내가 창조하는 것으로 말미암아 영원히 기뻐하며 즐거워할지니라 … 그들이 부르기 전에 내가 응답하겠고 그들이 말을 마치기 전에 내가 들을 것이며 이리와 어린 양이 함께 먹을 것이며 사자가 소처럼 짚을 먹을 것이며 뱀은 흙을 양식으로 삼을 것이니 나의 성산에서는 해함도 없겠고 상함도 없으리라 여호와께서 말씀하시니라 _사 65:17-18,24-25

이사야 40장부터 66장까지의 개관

하나님은 구원하시며(40), 응답하신다(41). 메시야를 보내시며(42), 반드시 구원하시니, 새 일을 행하실 것이다(43). 오로지 하나님만이 하나님이시기에(44), 하나님은 고레스를 세우시고(45), 바벨론을 심판하실 것이다(46-47). 하나님은 예루살렘을 회복하시고(49), 고난받는 종 메시야를 통해 구속을 이루신다(52-53). 하나님의 자비 가운데(54) 하나님의 긍휼을 누리며(55), 하나님은 우리의 모든 것을 고치실 것이다(56-57). 그러므로 온전한 예배로(58), 죄악을 자백하고(59), 회복하여 하나님의 백성이 되어(60), 구원이신 메시야를 맞을 준비를 하라(61-62). 하나님은 은혜를 베푸시며(63-64), 패역한 백성을 벌하시나, 새 하늘과 새 땅을 창조하시고 이루신다(65-66).

Reading Bible Checklist 이사야 40-66장

40	41	42	43	44	45	46	47	48	49	50	51	52	53	54
55	56	57	58	59	60	61	62	63	64	65	66			

35

예레미야 1

징계 전에 돌아가야 한다

• 예레미야 1-26장 •

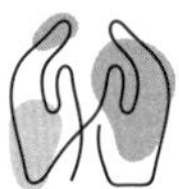

예레미야가 활동을 시작할 때, 남유다는 기회의 때였다. 므낫세와 아몬에 이어 요시야(BC 639-609) 통치 시기였기 때문이다. 요시야는 즉위 12년에 종교개혁을 단행했는데, 예레미야는 1년 후인 요시야 13년에 그 종교개혁 사역에 참여하였다. 요시야가 산당을 정리하고 예루살렘을 새롭게 하고자 할 때였다.

… 제십이년에 유다와 예루살렘을 비로소 정결하게 하여 … 제단들을 허물며 아세라 목상들과 아로새긴 우상들을 빻아 가루를 만들며 온 이스라엘 땅에 있는 모든 태양상을 찍고 예루살렘으로 돌아왔더라 _대하 34:3,7

요시야의 종교개혁 시대

요시야의 종교개혁은 즉위 후 18년까지 진행되었다. 그 결과 우상과 산당을 다 소멸하는 개혁을 이뤘고, 성전을 수리하던 중에 하나님의 은혜로 모세의 율법책을 발견하기도 한다. 그래서 사사시대 이후에 단 한번도 지키지 않았던 유월절을 지킬 수 있었다(왕하 23:22-23). 역대기는 이 일에 대해 '요시야가 살아 있는 동안 이스라엘 백성이 하나님을 섬기고 복종하였다'라고 기록하였다.

이와 같이 요시야가 이스라엘 자손에게 속한 모든 땅에서 가증한 것들을 다 제거하여 버리고 이스라엘의 모든 사람으로 그들의 하나님 여호와를 섬기게 하였으므로 요시야가 사는 날에 백성이 그들의 조상들의 하나님 여호와께 복종하고 떠나지 아니하였더라 _대하 34:33

하지만 아니었다. 백성의 외형적 개혁은 어느 정도 권력 차원에서 진행할 수 있었지만, 내면의 개혁은 쉬운 일이 아니었다. 오랫동안 자리를 잡은 폐해가 그들을 돌아설 수 없게 만든 것이다. 이미 생활화된 상태였다. 이런 상태를 예레미야는 알고 있었다.

요시야 왕 때에 여호와께서 또 내게 이르시되 너는 배역한 이스라엘이 행한 바를 보았느냐 그가 모든 높은 산에 오르며 모든 푸른 나무 아래로 가서 거기서 행음하였도다 … 그의 반역한 자매 유다는 그것을 보았느니라 … 이 모든 일이 있어도 그의 반역한 자매 유다가 진심으로 내게 돌아오지 아니하고 거짓으로 할 뿐이니라 여호와의 말씀이니라 _렘 3:6-7,10

남유다는 분명히 유월절을 지키고 언약책을 좇아 말씀을 따르고 성전 제사를 드렸다. 그런데 속은 아니었다. 분명히 바알과 아세라 목상, 태양 신상과 일월성신을 위한 제단과 신당, 그리고 산당 등을 없앤 것은 맞다. 그런데 그들은 높은 산마다 올라가 나무 밑과 돌들을 섬긴 것이다. 모든 것을 우상으로 섬겼다. 이것은 요시야 이전, 므낫세 55년 동안 생활화된 우상숭배의 모습이었다. 우리가 앞에서 살핀 것처럼 하나님이 요시야를 데려가신 이유이기도 했다.

눈물의 선지자

요시야가 죽은 후에 예레미야는 혼자 남았다. 그때부터 희망은 사라진 것이나 마찬가지였다. 그가 평생 눈물의 선지자로 살 수밖에 없는 이유였다. 그는 요시야, 여호아하스, 여호야김, 여호야긴, 시드기야와 그달리야 총독 때까지, 곧 요시야의 희망부터 시드기야의 멸망까지 자신이 예언한 멸망을 직접 경험한 비극적 선지자로서 살았다.

예레미야의 메시지는 언제나 유다의 타락과 하나님을 배반한 삶에서 돌아서라는 것이었다. 여전히 하나님은 이스라엘이 돌아올 것을 강력하게 요청하시기 때문이었다. 하나님은 이스라엘을 두 가지 관점, 곧 간음하였지만 여전히 아내로(렘 3:6-10,20), 배역하였지만 여전히 자녀(렘 3:14)로 바라보고 계셨다. 하나님에게 이스라엘은 사랑하는 아내요, 버릴 수 없는 자식이 이스라엘이었다. 그러므로 남은 것은 유다가 빨리 뉘우치고 하나님 앞에 겸손히 서는 것이었다. 잘못한 것을 인정하고 징계를 받아들이는 것이 필요했다. 하나님은 이미 용서할 준비를 하고 계셨기 때문이다. 그러므로 돌아가면 되었다. 예레미야가 선포한 메시지의 핵심이었다.

… 배역한 이스라엘아 돌아오라 나의 노한 얼굴을 너희에게로 향하지 아니하리라 나는 긍휼이 있는자라 노를 한없이 품지 아니하리라 … _렘 3:12

그런데 유다의 행위는 늘 요행수를 택하거나, 어떻게 하든지 고통과 어려움을 피하려고 눈가림으로 행동하였다. 뿐만 아니라, 거짓을 예언하는 거짓 선지자들의 '평안할 것'이라는 달콤한 예언만 듣고서(렘 5:31) 회피하려 하였다. 그것을 하나님은 '무섭고 놀라운 일'이라고 말씀하셨다.

이 땅에 무섭고 놀라운 일이 있도다 선지자들은 거짓을 예언하며 제사장들은 자기 권력으로 다스리며 내 백성은 그것을 좋게 여기니 마지막에는 너희가 어찌하려느냐 _렘 5:30-31

'무섭고 놀라운 일' 선지자들은 거짓, 곧 평강과 번영을 예언하였다. 아무 일이 없을 것이고, 하나님은 절대 재앙을 내리지 않을 것이라고 예언하였다. 언제나 복을 빌어주었다. 그리고 제사장들은 자신의 권력을 갖고 있었고, 그것으로 목회하였다. 종이 아니라 왕으로 군림하였다. 마치 오늘날의 어떤 목사가 권력을 휘두르는 것과 같고, 세상처럼 권력을 탐하는 삶을 사는 것과 같았다. 백성도 그런 거짓 선지자들의 예언과 권력에 빌붙어 살았다. 자기들이 짓고 있는 죄는 보지 않았다. 그저 던져주는 축복의 떡을 받아먹은 것이다. 한마디로 요약하면, 모두 하나님과 관계없는 자들로 살고 있었다. 끝을 만날 수밖에 없는 이유였다. 하나님이 이같이 탄식한 이유였다.

… 그러다가 끝나는 날이 오면 어떻게 하려느냐? _렘 5:31 공동번역

예레미야의 설교

하나님이 예레미야를 부르신 소명(1장)에 이어, 2장에서 6장까지의 내용은 타락하고 회복 불능 지경에 이른 이스라엘을 향한 요시야의 종교개혁과 시기를 같이 한다. 시종일관 하나님의 진노와 심판을 말하며, 진정한 종교개혁을 촉구하였다. 하지만 너무 오랫동안 완악해진 까닭에 심판의 예언은 강력했다. 6장까지의 기록이 심각했던 이유이다. 그런데 7장에 들어서면서 갑자기 다른 기록이 등장한다.

여호와께로부터 예레미야에게 말씀이 임하니라 이르시되 너는 여호와의 집 문에 서서 이 말을 선포하여 이르기를 여호와께 예배하러 이 문으로 들어가는 유다 사람들아 여호와의 말씀을 들으라 _렘 7:1-2

이 내용은 26장과 비교하여 읽을 필요가 있다. 26장에는 7장과 같은 논지의 설교가 적혀 있는데, 예루살렘과 성전과 실로를 연결시킨 것도 같고,

그 시작도 비슷하다.

여호와께서 이와 같이 말씀하시니라 너는 여호와의 성전 뜰에 서서 유다 모든 성읍에서 여호와의 성전에 와서 예배하는 자에게 내가 네게 명령하여 이르게 한 모든 말을 전하되 한 마디도 감하지 말라 _렘 26:2

이같은 기록 때문에 구약학자들은 7장과 26장을 같은 시기의 기록으로 여긴다. 그렇다면 26장 1절의 서술, '요시야의 아들 여호야김이 다스리기 시작한 때'(렘 26:1)임을 주목할 필요가 있다. 7장의 위치가 요시야가 죽은 후에 기록된 것을 말하기 때문이다. 그래서 크리스토퍼 라이트는 7장이 예레미야가 소명을 받은 지 약 18년이 되던 해인 주전 609년 혹은 608년에 성전 뜰에서 행한 설교라고 주장한다.* 대부분의 학자들이 이 의견에 동의한다. 요시야의 종교개혁을 지지하며 함께 사역하던 예레미야가 요시야가 죽은 후 종교개혁의 효과가 떨어지고 예전으로 돌아가는 상황에서 본격적으로 예언 사역을 시작했다는 뜻이다.

2장 1절부터 시작된 첫 번째 설교와 3장부터 6장까지의 두 번째 설교가 요시야 왕이 생존할 때 예레미야가 한 것이라면, 7장부터는 요시야가 죽은 후에 이뤄진 세 번째 설교이며, 25장까지 열두 번째의 설교가 이어진다.

기도하지 말라

7장부터 10장까지 이어지는 성전 뜰에서 행한 세 번째 설교에서, 예레미야는 이미 타락한 성전 제사와 '우리에게는 여호와의 율법이 있다'(렘 8:8)고 말하며 왜곡된 메시지를 전하는 제사장과 선지자의 모습에 대해 경고하였다. 하지만 예레미야는 절망하고 있었다.

* 크리스토퍼 라이트, 예레미야 강해, IVP, 142

이 백성은 영영 살아날 길이 막혔습니다. 가슴은 미어지고 마음은 터질 것 같습니다. _렘 8:18 공동번역

11장에서 12장까지 계속되는 네 번째 설교에서는 이스라엘에 '모든 성읍의 숫자'(렘 11:13)만큼 다른 신들이 있을 만큼 비참한 모습을 지적했는데, 하나님은 예레미야에게 뜻밖의 명령을 하셨다. '기도하지 말라'는 것이었다.

그러므로 너는 이 백성을 위하여 기도하지 말라 그들을 위하여 부르짖거나 구하지 말라 그들이 그 고난으로 말미암아 내게 부르짖을 때에 내가 그들에게서 듣지 아니하리라 _렘 11:14

물론 하나님의 이 말씀은 진심이 아니다. 예레미야는 14장에서 15장까지 이어지는 여섯 번째 설교에서 울고 계신 하나님의 마음을 알 수 있었기 때문이다.

너는 이 말로 그들에게 이르라 내 눈이 밤낮으로 그치지 아니하고 눈물을 흘리리니 이는 처녀 딸 내 백성이 큰 파멸, 중한 상처로 말미암아 망함이라 _렘 14:17

하지만 아무리 이런 예언으로 하나님의 마음을 이야기해도 유다는 회개할 생각이 없었다. 뿐만 아니라, 예레미야를 향한 압박과 박해는 오히려 심해졌다. 그러던 어느 날, 예레미야가 포기하고 싶은 순간이 온다. 18장에서 20장까지 기록된 여덟 번째 설교 이후, '여호와의 성전의 총감독'(렘 20:1) 바스훌이 그를 체포했을 때였다. 바스훌은 그에게 나무 고랑 차꼬를 채우고 감금하였는데, 심지어 예레미야의 예언을 들은 이스라엘 백성조차 그를 조롱하고 놀림감으로 삼았기 때문이다. 그때 예레미야의 하나님을 향한 토로를 들으면 충분히 짐작할 수 있다.

야훼여, 저는 어수룩하게도 주님의 꾐에 넘어갔습니다. 주님의 억지에 말려들고 말았습니다. 그래서 날마다 웃음거리가 되고 모든 사람에게 놀림감이 되었습니다.

저는 입을 열어 고함을 쳤습니다. 서로 때려 잡는 세상이 되었다고 외치며 주의 말씀을 전하였습니다. 그 덕에 날마다 욕을 먹고 조롱받는 몸이 되었습니다. _렘 20:7-8 공동번역

하지만 예레미야는 멈추지 않았다. 이같은 모욕과 박해를 받으면서도 유다의 회개를 촉구하는 동시에, 하나님의 사랑이 확고하므로 빨리 잘못을 시인하고 징계를 받아들이자고 요청하는 예언을 계속해서 하였는데, 요시야 13년부터 여호야김 4년까지 23년 동안(렘 25:3) 끊임없이 이어졌다.

유다의 왕 요시야의 아들 여호야김 넷째 해 곧 바벨론의 왕 느부갓네살 원년에 … 유다의 왕 아몬의 아들 요시야 왕 열셋째 해부터 오늘까지 이십삼 년 동안 여호와의 말씀이 내게 임하기로 내가 너희에게 꾸준히 일렀으나 너희가 순종하지 아니하였느니라 _렘 25:1,3

끝이 오다

사실 23년 동안 하나님의 예언을 선포한 것은 예레미야만이 아니었다. 다른 선지자들도 있었지만, 그들이 듣지 않았던 것이다.

그러므로 여호와께서 그의 모든 종 선지자를 너희에게 끊임없이 보내셨으나 너희가 순종하지 아니하였으며 귀를 기울여 듣지도 아니하였도다 그가 이르시기를 너희는 각자의 악한 길과 악행을 버리고 돌아오라 _렘 25:4-5a

드디어 마지막 시기가 온다. 바로 여호야김 4년이다. 그 해는 BC 605년으로 바벨론의 느부갓네살이 통치를 시작하던 해였고, 무엇보다 중요한 것은 느부갓네살이 갈그미스 전투에서 애굽을 이기고 바벨론 통치 시대를 연 때였다.

그런데 이스라엘은 더 이상 회복이 불가능한 상황에 이른 상태였는데,

하나님의 말씀에 순종하지 않은 정도를 넘어 다른 신을 따르거나, 심지어 자신들의 손으로 신을 만들어 섬겼다. 이것은 더 이상 자신들이 하나님의 종이 아니라, 스스로 신 위에 있는 신적 존재라고 말하는 반역이었다.

너희는 다른 신을 따라다니며 섬기거나 경배하지 말며 너희 손으로 만든 것으로써 나의 노여움을 일으키지 말라 그리하면 내가 너희를 해하지 아니하리라 하였으나 너희가 내 말을 순종하지 아니하고 너희 손으로 만든 것으로써 나의 노여움을 일으켜 스스로 해하였느니라 여호와의 말씀이니라 _렘 25:6-7

이어지는 8절의 '그러므로'는 하나님의 반응을 말하는데, 하나님이 다른 종을 세우신 것이다. 놀랍게도 그는 바벨론의 느부갓네살 왕이었다.

그러므로 만군의 여호와께서 이와 같이 말씀하시니라 너희가 내 말을 듣지 아니하였느니라 보라 내가 북쪽 모든 종족과 내 종 바벨론의 왕 느부갓네살을 불러다가 이 땅과 그 주민과 사방 모든 나라를 쳐서 진멸하여 그들을 놀램과 비웃음거리가 되게 하며 땅으로 영원한 폐허가 되게 할 것이라 여호와의 말씀이니라 _렘 25:8-9

그렇다고 해도 하나님이 포기하신 것은 아니었다. 하나님은 바벨론의 느부갓네살을 도구로 이스라엘을 징계하시지만, 동시에 회복의 길을 말씀하셨다. 그러므로 아직도 이스라엘은 돌아가면 되었다. 그것이 예레미야가 '성전 뜰에 서서'(렘 26:2) 한 설교의 핵심이었다.

그런즉 너희는 너희 길과 행위를 고치고 너희 하나님 여호와의 목소리를 청종하라 그리하면 여호와께서 너희에게 선언하신 재앙에 대하여 뜻을 돌이키시리라 _렘 26:13

예레미야 1장부터 26장까지의 개관

예레미야를 부르시고(1), 그는 말씀을 좇아 유다와 이스라엘의 반역을 예언하였다(2-3). 그러므로 이스라엘은 돌아와야 한다(4). 하나님이 버리시고(5), 멸망하기 전에(6), 하나님의 말씀을 들어야 한다(7). 그러나 듣지 않는 이스라엘은(8-9) 참 하나님 대신 고작 우상에 기웃거리니(10), 하나님의 저주가 있지 않겠는가(11). 이같이 예언하는 예레미야를 죽이려는 그들 때문에 힘들지만(12), 하나님의 심판을 예언해야 한다(13-14). 하지만 하나님의 계획은 회복이므로(16), 안식일을 지키며(17), 토기장이 비유를 기억해야 한다(18-19). 이같은 심판에 대한 예언 때문에 예레미야는 죽고 싶지만(20), 사망의 길에 들어선 자들에게 말씀을 전하는 것이 사명이며(21), 하나님은 심판하시지만 메시야를 보내시고(23) 회복시키시는 까닭에, 70년 포로생활을 두려워하지 말고(25), 회개할 것을 성전 뜰에서 선포한다(26).

Reading Bible Checklist														예레미야 1-26장
1	2	3	4	5	6	7	8	9	10	11	12	13	14	15
16	17	18	19	20	21	22	23	24	25	26				

36

예레미야 2

언제나 돌아설 수 있다

• 예레미야 27-52장 •

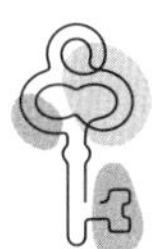

여호야김 4년과 느부갓네살 1년, 그리고 예레미야의 사역 23년째 해였던 BC 605년에 일어난 갈그미스 전쟁에서 느부갓네살이 바로를 이기면서 세력의 판도는 완전히 바뀌었다. 예레미야가 끊임없이 예언해온 하나님의 심판이 현실로 나타난 것이다.

여호야김 4년

점점 가까워진 심판 때문에 예언의 강도는 매우 강해졌다. 예레미야는 바벨론과 느부갓네살의 역할을 말하면서 70년 포로생활을 예언하였다.

이 일대는 끔찍한 폐허가 되고 여기에 살던 민족들은 모두 칠십 년 동안 바벨론 왕의 종노릇을 할 것이다. 그 칠십 년이란 시한이 차면 나는 바벨론 왕과 그 민족의 죄를 벌하여 바벨론 땅을 영원히 쑥밭으로 만들리라. 이는 내 말이라, 어김이 없다.
_렘 25:11-12 공동번역

여호야김 4년은 분명히 그동안 선포하였던 예언이 구체화된 때이지만,

여전히 희망이 남아 있는 때이기도 했다. 하나님은 포기하지 않고 계셨다.

'여호야김 제사년에'(렘 36:1) 벌어진 사건은 36장에도 이어지는데, 하나님께서 듣지 않는 여호야김과 이스라엘을 위해 두루마리에 그 예언을 기록하게 하신 기록에서 알 수 있다. 그때 예레미야는 바룩의 도움을 받아 그 예언을 두루마리에 적어놓았다.

그 즈음은 갈그미스 전쟁에서 이긴 느부갓네살이 예루살렘을 공격해올 조짐이 보였을 때였다. 그제야 그동안 했던 예레미야의 예언을 인지하고 심각하게 여긴 의식 있는 고관들이 예레미야와 바룩을 피신시킨 후, 이 예언을 왕에게 알렸다. 하지만 그 예언을 듣던 왕은 듣는 즉시 그 두루마리를 베어 화롯불에 던져 태워버린다.

> 여후디가 서너 쪽을 낭독하면 왕이 칼로 그것을 연하여 베어 화로 불에 던져서 두루마리를 모두 태웠더라 _렘 36:23

여호야김의 행위는 희망을 찢어 태우는 행위와 다름없었다. 이제 하나님의 심판은 구체적으로 진행된다. 드디어 갈그미스 전쟁에서 승리한 바벨론의 느부갓네살이 친애굽파인 남유다의 여호야김을 공격한 것이다. 여호야김은 가볍게 항복하였다. 이때 다니엘을 비롯한 왕족과 귀족 몇 사람(단 1:3)이 포로로 잡혀가는데, 이것이 소위 바벨론 1차 포로이다. BC 605년의 일이었다.

연대를 무시한 배열

예레미야서의 흥미로운 부분은 여호야김, 시드기야, 여호야긴 할 것 없이 연대순으로 기록되지 않고 시대를 넘나들며 기록되었다는 점이다. 이미 살핀 것처럼 25장과 26장은 여호야김 시대를 기록하지만, 27장부터는 시드기야 시대로 옮겨간다. 그렇게 연대순으로 기록하는 듯하다가, 36장부터 다시 여호야김 4년으로 옮겨간다. 그리고 또 37장부터는 시드기야 때로 돌아간다.

이런 기록 방식은 어떤 아쉬움을 표현하는 예레미야의 방법으로 보인다. 이미 멸망 앞에 있는 시드기야 시대를 기술하다가 여호야김 4년으로 돌아가고, 그러다가 아직 희망이 있는 여호야김 1년(26-27장)으로 돌아가서 기록하는 방법이다. 이같이 혼란스러운 시대를 섞어놓은 기술은 27장에서 재미있는 모습으로 나타나는데, 이렇게 쓰고 있다.

유다의 왕 요시야의 아들 여호야김이 다스리기 시작할 때에 여호와께서 말씀으로 예레미야에게 임하시니라 _렘 27:1

분명히 25장과 26장과 같은 시기인 여호야김이 다스리기 시작할 때라고 표현하지만, 내용은 시드기야 시대의 기록이다. 그래서 많은 구약학자들은 이것을 기록의 착각이라고 생각한다. 개역성경이나 KJV는 히브리어 성경에 기록된 여호야김을 고집스럽게 쓰지만, 공동번역, 현대인의 성경, NIV 등은 시드기야로 바꿔 번역한 것이 그 때문이다. 물론 이름을 착각할 수는 있다. 하지만 성경은 있는 그대로 읽는 것이 옳다. 그러므로 25장과 26장을 예레미야가 여호야김 1년의 시기를 아쉬워하는 기록으로 이해할 수 있다. 그때로 돌아가고 싶은 예레미야의 마음이거나 하나님의 마음일지도 모른다. 여호야김 1년은 아직 문제가 심각하게 발생하지 않았을 때일 뿐 아니라, 그래도 돌아갈 수 있는 때였기 때문이다.

하지만 여호야김 4년이 오고야 말았고 제1차 포로로 잡혀가는 수모를 당한 것이다. 하지만 이후에도 여호야김은 돌아서지 않았다. 그런 까닭에 BC 598년에 바벨론은 다시 남유다를 침공하여 여호야김을 폐위시키고, 쇠사슬에 묶어 바벨론으로 잡아간다. 그리고 아들 여호야긴이 왕 위에 오르지만, 불과 석달 열흘(대하 36:9)간 통치했을 뿐이었다. 이어 느부갓네살은 그를 폐위시키고 그의 숙부 시드기야를 왕으로 세운다. 이때 여호야긴을 포함해 에스겔과 유대의 상류층 인사 등 일만 명이 포로로 끌려간다(왕하 24:12-16). 이것이 바로 예레미야 27장의 위치이다.

예레미야와 하나냐

조카 대신 왕이 된 시드기야는 적통 왕이 아니라 바벨론의 꼭두각시 같았기에 늘 부담감에 시달렸다. 이스라엘은 여호야긴이 돌아올 것을 기대하고 있었고, 바벨론에 대한 거부감은 여전했기 때문이다. 그런 까닭에 시드기야는 더욱더 무언가를 해야 했다. 그래서 시드기야가 개최한 것이 에돔, 모압, 암몬, 두로와 시돈 등 6개국이 참여하는 대대적인 국제회의였다. 일종의 반바벨론 국제동맹 같은 것을 만들려는 의도였다. 그런데 예레미야가 하나님의 명령을 좇아 목에 줄과 멍에(렘 27:2)를 매고 그 회의장에 나타난다. 그 나라의 사신들에게 그 멍에를 나눠주며 바벨론의 왕의 멍에(렘 27:8)를 멜 것을 요청한 것이다. 그것만이 멸망당하지 않는 방법이라는 예언이었다.

그러나 그 목으로 바벨론의 왕의 멍에를 메고 그를 섬기는 나라는 내가 그들을 그 땅에 머물러 밭을 갈며 거기서 살게 하리라 하셨다 하라 … _렘 27:11

이같은 예레미야의 행동을 시드기야는 제재할 수 없었다. 이미 그토록 예레미야를 싫어했던 여호야김은 죽었고, 지금은 예레미야의 예언대로 진행되고 있었기 때문이다. 백성이 예레미야를 무시하지 않은 이유이고, 시드기야 역시 아버지 요시야 때부터 활동해온 예레미야를 함부로 대할 수 없었기 때문이었다.

내가 이 모든 말씀대로 유다의 왕 시드기야에게 전하여 이르되 왕과 백성은 바벨론 왕의 멍에를 목에 메고 그와 그의 백성을 섬기소서 그리하면 사시리라 _렘 27:12

그때 나타난 예언자가 하나냐이다. 그는 예레미야와 전혀 다른 예언을 하였다. 그의 예언은 매우 구체적이었고, 모든 예언의 보증수표인 '여호와의 말이니라'는 예언구조를 사용하여 예언하였다. 하나님은 바벨론 왕의 멍에를 꺾을 뿐 아니라, 2년 안에 여호야긴과 빼앗겼던 성전의 기구들이 모두 돌아올 것이라고 예언한 것이다.

만군의 여호와 이스라엘의 하나님이 이같이 일러 말씀하시기를 내가 바벨론의 왕의 멍에를 꺾었느니라 내가 바벨론의 왕 느부갓네살이 이 곳에서 빼앗아 바벨론으로 옮겨 간 여호와의 성전 모든 기구를 이 년 안에 다시 이 곳으로 되돌려 오리라 _렘 28:2-3

분명히 예레미야의 예언과 정면 배치되는 거짓 예언이었다. 하지만 그의 예언은 성전에서 제사장들과 모든 백성을(렘 28:1) 안심하게 하는 메시지였다. 더욱이 하나냐는 하나님의 말씀임을 강조하기 위하여 예레미야의 목에 맨 멍에를 모든 백성 앞에서 꺾어버렸다(렘 28:10-11). 졸지에 예레미야는 공갈과 엄포를 일삼는 거짓 선지자가 되었고, 하나냐는 사랑의 하나님의 메시지를 전하는 옳은 선지자가 되는 순간이었다. 하지만 이때 예레미야는 의외의 반응을 보였다. 예레미야 역시 하나냐의 예언이 맞기를 원한 것이다.

선지자 예레미야가 말하니라 아멘, 여호와는 이같이 하옵소서 여호와께서 네가 예언한 말대로 이루사 여호와의 성전 기구와 모든 포로를 바벨론에서 이 곳으로 되돌려 오시기를 원하노라 _렘 28:6

참 기막힌 예레미야의 소원이다. 어쩌면 비아냥처럼 들리기도 하지만, 말 그대로 그렇게 되기를 예레미야도 원했다. 하지만 그 일은 이루어지지 않았다. 오히려 하나님은 하나냐가 꺾어버린 나무 멍에 대신 쇠 멍에를 만들었다(렘 28:14)고 말씀하셨기 때문이다. 그리고 거짓을 예언한 하나냐는 죽임을 당한다.

끝에 이르는 것은 소망이다

어쩌면 소원일 수도 있고 위로일 수도 있었던 하나냐의 예언을 하나님은 그냥 넘어가지 않으셨다. 알다시피 제사장을 비롯한 모든 백성이 하나냐의 예언을 하나님의 말씀으로 받아들였다. 하지만 하나냐의 예언은 사람들의 소망을 말한 것이었겠지만, 하나님을 무시하고 변형하는 오만한 행위였다. 우리는 여기서 매우 중요한 것을 배우게 되는데, 그것은 분별법이다. 그 메시지는 분명하다.

'죄를 지었는데도 평안을 말하는 것은 하나님의 말씀이 아니다!'

죄 가운데 있고 죄를 회개하지 않았는데도, 순간적으로 자신이 당한 환난이 지나갈 때 즐거워해선 안 된다. 오히려 환난으로 들어가고, 그것으로 고통을 당하는 것이 더욱 행복한 하나님의 뜻에 참여하는 것일 수 있다. 그래서 하나님은 멸망의 날에 라마에서 있을 통곡에 대하여 말씀하신 후(렘 31:15-16) 매우 중요한 희망을 말씀하신 것이다.

나 여호와가 말하노라 너의 최후에 소망이 있을 것이라 너의 자녀가 자기들의 경내로 돌아오리라 _렘 31:17 개역한글

'너의 최후(장래)에'란 '미래'를 내포하고 있지만, 달리 보면 '끝에 이르러서야 소망이 있다'는 뜻이기도 하다. 라마의 통곡처럼 모든 것이 무너지는 순간이 될 때 깨닫게 될 가능성 때문이다.

역설적이지만, 이것이 멸망해야 하는 이유이다. 멸망이 하나님을 찾는 참된 소망이 될 수 있기 때문이다. 그래서 이스라엘의 멸망은 또 다른 의미의 희망이었다. 그런 의미에서 멸망은 하나님이 여전히 희망을 갖고 계시다는 최후의 방법임을 기억해야 한다. 하나님의 말씀을 들어보면 더 분

명하게 알 수 있다.

유다 족속이 내가 그들에게 내리려 한 모든 재앙을 듣고 각기 악한 길에서 돌이킬듯 하니라 그리하면 내가 그 악과 죄를 사하리라 _렘 36:3 개역한글

그런 까닭에 예레미야는 포기하지 않았다. 여호야긴과 시드기야까지 이르러 멸망당할 때까지, 예레미야는 마지막까지 왕과 이스라엘의 회개를 이끌어내기 위해 몸부림쳤다. 하지만 평강을 말하지 않는 예레미야는 구덩이에 던져졌고, 거의 죽음 직전에(렘 38:10) 이르기도 한다. 그러나 그는 자신의 목숨에는 아랑곳하지 않았다. 마지막까지 그는 하나님의 징계를 받아들여 바벨론에게 항복하자고 요청하였다. 그러나 그런 일은 일어나지 않았다. 결국 예레미야는 시위대 뜰에 잡혀 있는 상태로 예루살렘이 함락되는 것을 볼 수밖에 없었다(렘 39:28). 많은 방백들과 귀인들이 죽임을 당했고, 시드기야는 눈이 뽑힌 채 포로로 잡혀갔다. BC 587년 남유다, 곧 이스라엘의 멸망이었다. 그리고 총독으로 그다랴가 임명되지만, 그가 반란으로 죽고 난 후(41장)에 이스라엘의 군 지휘관들은 바벨론을 피해 애굽으로 도망치는데(43장), 그때 예레미야도 동행하였다. 그것이 예레미야 예언의 끝이다.

그리고 45장은 다시 여호야김 4년에 예레미야가 불러주던 예언을 바룩이 쓰는 것을 기록함으로써 회상한다. 바룩에게 한 예언이 끝나고 난 후, 46장부터 52장까지는 세계 열방들을 향한 하나님의 계획과 심판이 예언돼 있다. 열방에 대한 예언의 끝은 바벨론의 멸망이었다.

만군의 여호와께서 이와 같이 말씀하시니라 바벨론의 성벽은 훼파되겠고 그 높은 문들은 불에 탈 것이며 백성들의 수고는 헛될 것이요 민족들의 수고는 불탈 것인즉 그들이 쇠잔하리라 _렘 51:58

예언이 끝나다

예레미야는 바벨론의 멸망을 알았다. 예레미야가 시드기야 4년, 느부갓네살에게 보내는 왕의 사신에게 '이스라엘 백성에게 쓴 편지'를 들려 보내는데, 예레미야 29장 11절이 포함된 아름다운 편지였다. 그때 간 사신들은 사반의 아들 엘라사와 힐기야의 아들 그마랴(렘 29:3)였지만, 예레미야는 바룩의 형제인 네리야의 아들 스라야 편에 바벨론에게 닥칠 모든 예언이 담긴 책을 가지고 가게 한다.

유다의 시드기야 왕 제사년에 마세야의 손자 네리야의 아들 스라야가 그 왕과 함께 바벨론으로 갈 때에 선지자 예레미야가 그에게 말씀을 명령하니 스라야는 병참감이더라 예레미야가 바벨론에 닥칠 모든 재난 곧 바벨론에 대하여 기록한 이 모든 말씀을 한 책에 기록하고 스라야에게 말하기를 너는 바벨론에 이르거든 삼가 이 모든 말씀을 읽고 _렘 51:59-61

예레미야는 바벨론을 향한 예언의 내용을 스라야로 하여금 바벨론에 가서 읽게 하였다. 스라야가 그것을 읽은 곳이 어디이고 누가 들었는지는 알 수 없다.

말하기를 여호와여 주께서 이 곳에 대하여 말씀하시기를 이 땅을 멸하여 사람이나 짐승이 거기에 살지 못하게 하고 영원한 폐허가 되리라 하셨나이다 하라 하니라 _렘 51:62

스라야는 그렇게 읽은 후, 예레미야의 명령을 좇아 책에 돌을 매어 유브라데 강에 던졌다. 이 장면은 요나가 니느웨에 가서 "하루 동안 다니며 외쳐 이르되 사십 일이 지나면 니느웨가 무너지리라"(욘 3:4)고 선포한 장면을 생각나게 한다. 그때 왕을 비롯한 니느웨가 대대적인 회개를 하였다. 하지만 바벨론에서 그런 일은 일어나지 않았다. 유브라데 강에 던진 책이 가라앉은 것처럼, 바벨론의 회복은 일어나지 않았다. 이미 그들은 하나님보다 더 높은 위치로 자신들을 올려놓은 교만의 극치 가운데 있었던 것이다. 이 예언으로 예레미야의 예언은 끝난다.

말하기를 바벨론이 나의 재난 때문에 이같이 몰락하여 다시 일어서지 못하리니 그들이 피폐하리라 하라 하니라 예레미야의 말이 이에 끝나니라 _렘 51:64

하나님의 편지

예레미야를 마치면서, 우리가 꼭 기억해야 할 말씀이 있다. 다시 시기를 거슬러 올라가, BC 598년 여호야긴 왕과 에스겔 등 약 1만여 명이 잡혀갔던 바벨론 2차 포로 때의 기록이다. 포로로 잡혀간 이스라엘 백성에게 질문이 생긴다.

'하나님은 우리를 왜 버리셨는가? 이제 어떻게 살아야 하는가?'

바벨론의 이스라엘 백성은 몹시 힘이 들어 이같은 질문을 했다. 더욱이 그들 중에 골라야의 아들 아합과 마아세야의 아들 시드기야(렘 29:21)와 스마야(렘 29:31) 같은 이들이 거짓 예언으로 이스라엘 포로들을 미혹하고 있었다. 그들은 거짓 예언을 일삼았고, 이웃의 아내와 간음(렘 29:23)하는 등 비도덕적인 삶을 살고 있었다. 그들은 이스라엘이 다시 유대 땅으로 돌아갈 것이라고 하나님의 이름을 빙자하여 예언하든지, 아니면 (그들의 비도덕적 삶을 보면 알 수 있듯이) 하나님이 이스라엘을 버린 것이라고 말하며 자포자기를 조장했다. 이같은 도덕적 해이와 타락에 직면했을 '절망적인 바벨론의 장로들과 제사장들과 선지자들과 모든 백성'(렘 29:1)에게 예레미야가 편지를 보낸 것이다. 정확하게 언제부터 보내기 시작한 것인지 알 수 없지만, 기록으로 남아 있는 시기는 2차 포로로부터 약 4년이 지난(렘 28:1) 어느 날이었다.

시드기야가 느부갓네살에게 보내는 사신들인 사반의 아들 엘라사와 힐기야의 아들 그마랴 편(렘 29:3)에 전해진 것은 확실하다.

유다의 왕 시드기야가 바벨론으로 보내어 바벨론의 왕 느부갓네살에게로 가게 한 사반의 아들 엘라사와 힐기야의 아들 그마랴 편으로 말하되 만군의 여호와 이스라엘의 하나님께서 예루살렘에서 바벨론으로 사로잡혀 가게 한 모든 포로에게 이와 같이 말씀하시니라 _렘 29:3-4

이런 편지는 여러 경로로 여러 통이 보내진 것으로 보이는데, 29장만 해도 예레미야가 보낸 편지는 세 통이나(렘 29:1-23, 렘 29:24, 렘 29:31-32) 있는 것으로 드러난다.

엘라사와 그마랴 편으로 전해진 예레미야의 편지는 하나님을 대언한 말씀으로서 상상을 초월하는 내용을 담고 있었다. 바벨론 땅에서 집을 짓고 농사를 지으며(렘 29:5) 결혼하고 아이를 낳고 살라는(렘 29:6) 예언이었기 때문이다. '언제쯤 돌아갈 수 있을까?'를 기대하는 포로 이스라엘에겐 받아들이기 힘든 말씀이었다.

너희는 집을 짓고 거기에 살며 텃밭을 만들고 그 열매를 먹으라 아내를 맞이하여 자녀를 낳으며 너희 아들이 아내를 맞이하며 너희 딸이 남편을 맞아 그들로 자녀를 낳게 하여 너희가 거기에서 번성하고 줄어들지 아니하게 하라 _렘 29:5-6

일상적인 생활을 하라는 말씀은 단순한 포로가 아니라는 뜻이었다. 더 기막힌 말씀이 이어졌다. 그들을 포로로 잡아온 바벨론의 성읍의 평안을 구하고 기도하라는 말씀이었다.

너희는 내가 사로잡혀 가게 한 그 성읍의 평안을 구하고 그를 위하여 여호와께 기도하라 이는 그 성읍이 평안함으로 너희도 평안할 것임이라 _렘 29:7

다른 클래스의 삶

더 놀라운 것은 그들이 이 말씀대로 살았다는 것이다. 실제로 이후 역사를 보면 다니엘이 느부갓네살 왕의 꿈을 풀어주기도 하는 등 바벨론에 협조한다. 이로 인해 느부갓네살은 다니엘을 세워 바벨론 온 지방을 다스리게 하였고 바벨론의 모든 지혜자의 어른으로 삼았다(단 2:48). 다니엘의 세 친구인 사드락과 메삭과 아벳느고 역시 바벨론 지방의 일을 다스리게(단 2:49) 하였다. 이같은 다니엘과 세 친구의 활동은 이어서 포로로 잡혀온 다른 이스라엘 백성에게도 같은 영향을 끼쳤을 것으로 보인다. 그들은 예레미야의 예언대로 산 것이다. 이것은 그들이 자신들을 침략한 바벨론의 주구가 아니라 하나님의 백성으로서 의식과 수준을 유지하며, 오히려 바벨론을 통치하는 주도적인 삶을 산 것임을 알 수 있다. 예레미야를 통해 알려진, 하나님이 원하시는 이스라엘의 삶이었다.

이후 다니엘은 바벨론의 멸망 후에 페르시아 왕국에서도 총리대신이 된다. 다니엘을 비롯한 이스라엘 백성의 이와 같은 모습은 예루살렘의 회복과 포로 귀환이 고레스나 다리오의 강력한 뜻이 되게 한다. 특히 다리오의 조서에 나타난 예루살렘 성전 공사 명령은 감동적이다. 다리오는 성전 건축 명령만이 아니라 모든 자재를 주었고, 심지어 경비까지 제공하였다. 포로를 회복시키고 예루살렘 성전을 다시 지은 이는 다리오였던 것이다.

또 느부갓네살이 예루살렘 성전에서 탈취하여 바벨론으로 옮겼던 하나님의 성전 금, 은 그릇들을 돌려보내어 예루살렘 성전에 가져다가 하나님의 성전 안 각기 제자리에 둘지니라 하였더라 … 내가 또 조서를 내려서 하나님의 이 성전을 건축함에 대하여 너희가 유다 사람의 장로들에게 행할 것을 알리노니 왕의 재산 곧 유브라데 강 건너편에서 거둔 세금 중에서 그 경비를 이 사람들에게 끊임없이 주어 그들로 멈추지 않게 하라 또 그들이 필요로 하는 것 곧 하늘의 하나님께 드릴 번제의 수송아지와 숫양과 어린 양과 또 밀과 소금과 포도주와 기름을 예루살렘 제사장의 요구대로 어김없이 날마다 주어 그들이 하늘의 하나님께 향기로운 제물을 드려

왕과 왕자들의 생명을 위하여 기도하게 하라 _스 6:5,8-10

바벨론 포로 70년 동안, 이스라엘은 이미 주도적인 민족이 되어 있었다. 그 기간에 그들이 살던 삶의 방법, 곧 하나님의 백성으로서 당당하게 살았던 삶의 결과였다.

여기서 우리는 매우 중요한 사실을 깨닫게 된다. 그것은 이스라엘이 멸망했을지라도 그들에게 주어진 사명과 부르심이 상실된 것이 아니라는 것이다. 비록 포로로 잡혀 있을지라도 자신의 존엄과 자부심을 상실하여 비굴하게 살아서는 안 된다는 것이다. 이스라엘은 버림받은 백성이 아니며, 바벨론은 오히려 그들을 다시 새롭게 세우는 장소였기 때문이다.

드디어 예레미야가 매우 중요한 하나님의 말씀을 예언하였다. 재앙처럼 보이는 하나님의 심판의 이유였다. 그 심판을 통한 하나님의 계획을 예언한 것이었다.

여호와의 말씀이니라 너희를 향한 나의 생각을 내가 아나니 평안이요 재앙이 아니니라 너희에게 미래와 희망을 주는 것이니라 _렘 29:11

'재앙이 아니라 평안이다', 예를 들어 큰 잘못을 저지른 아들이 어머니에게 심하게 매를 맞는다고 하자. 그때 매를 맞는 것은 재앙처럼 보이지만, 사실은 평안이다. 왜냐하면 매를 맞고 나면 이전 것은 해결된 것이기 때문이다. 그래서 미래와 희망이 열리는 것이다.

아들이 징계를 받은 까닭에, 어머니는 이제 다시 미래를 계획하며 희망할 것이다. 미래를 디자인하고 추구한다. 이같이 미래와 희망이 생겼다는 증거가 하나님께 기도할 수 있다는 사실에서 발견된다. 기도하지 말라고 요청하셨던 하나님이 기도하라고 요청하신 것이다.

너희가 내게 부르짖으며 내게 와서 기도하면 내가 너희들의 기도를 들을 것이요 너희가 온 마음으로 나를 구하면 나를 찾을 것이요 나를 만나리라 _렘 29:12-13

이제 부르짖는 것이 가능해졌다. 부르짖고 기도하면 당연히 응답하시겠다고 말씀하시기 때문이다. 완전한 회복이었다. 그래서 멸망이 회복의 방법이다. 실제로 이스라엘은 포로생활에서 그것을 경험했을 것이다. 그리고 즐겼을 것이다. 다니엘의 경우에서 보는 것처럼, 그들은 하나님의 말씀을 따라 일상을 살기 시작했을 것이다. 하나님의 사람임을 인식하고 사는 자들의 클래스였다.

예레미야 27장부터 52장까지의 개관

하나냐 같은 거짓 선지자들은 여전했지만(27-28), 예레미야는 사명을 좇아 포로들에게 편지를 보내 포로 귀환을 예언하였다(29-31). 예레미야는 상징으로 아나돗 밭을 샀는데, 언약의 확인이었다(32-33). 아직 멸망하기 전의 시드기야에게(34), 레갑사람들과 백성들에게 예언하였다(35). 바룩이 예레미야의 예언이 적힌 두루마리를 읽지만, 여호야김은 찢어 불태운다(36). 멸망 직전에 시드기야가 왕이 되지만(37), 껄끄러운 예레미야를 가둔다(38). 그러나 예루살렘은 멸망하고(39), 그다랴가 총독이 되나(40), 이스마엘이 반란한다(41). 완전히 멸망한 후, 예레미야는 백성들을 좇아 애굽으로 간다(42-43). 애굽의 유다 사람들에게 예언한다(44-45). 애굽, 블레셋, 모압, 암몬, 에돔, 다메섹, 게달과 하솔, 엘람과 바벨론의 멸망에 대해 예언하고(46-51), 한번 더 시드기야의 죽음과 성전 파괴와 포로로 잡혀감을 기록한다(52).

Reading Bible Checklist														예레미야 27-52장
27	28	29	30	31	32	33	34	35	36	37	38	39	40	41
42	43	44	45	46	47	48	49	50	51	52				

37

예레미야애가

눈물에 눈이 썩다

• 예레미야애가 1-5장 •

예레미야는 역사상 가장 비참한 선지자였다. 사랑하는 부모와 같은 조국의 멸망이 자신이 예언한 대로 정말로 이루어지는 것을 보기 때문이다. 그는 그 비참함에 묻혀서 밤새도록 통곡하였다.

내 눈이 눈물에 상하며 내 창자가 끊어지며 내 간이 땅에 쏟아졌으니 … _애 2:11

눈물에 눈이 썩다

'눈물에 눈이 상하다.' 눈물이 멈추지 않은 까닭에 눈이 썩은 것이다. 이처럼 눈이 썩도록 운 것은 예레미야만이 아니었다. 하나님도 울고 계셨다. 하나님도 '밤낮으로 그치지 않는 눈물'을 흘리고 계셨다.

… 내 눈이 밤낮으로 그치지 아니하고 눈물을 흘리리니 이는 처녀 딸 내 백성이 큰 파멸, 중한 상처로 말미암아 망함이라 _렘 14:17

예레미야는 이같이 놀라운 하나님의 눈물을 보며 더욱 통곡하였다. 그의 통곡은 단순히 이스라엘의 패망 때문이 아니었다. 하나님을 떠나, 하나님을 버린 이스라엘에 대한 통곡이었다. 그래서 하나님께 돌아올 것을 예레미야가 내내 예언한 이유였다. 하지만 돌아서지 않았다.

예레미야는 그 이유가 지도자들에게 있음을 알고 있었다. 사실 하나님의 진노는 잘못된 지도자, 불의한 지도자, 타락한 지도자들 때문이다. 그래서 하나님께서 이스라엘을 원수로 여기시면서 모든 것을 파괴하실 때 그 주요 대상은 '왕과 제사장'(애 2:6)이었고, 그들이 이용하는 안식일과 하나님의 제단이었다고 예레미야는 말한다.

주께서 그의 초막을 동산처럼 헐어 버리시며 그의 절기를 폐하셨도다 여호와께서 시온에서 절기와 안식일을 잊어버리게 하시며 그가 진노하사 왕과 제사장을 멸시하셨도다 여호와께서 또 자기 제단을 버리시며 자기 성소를 미워하시며 … 그 성의 선지자들은 여호와의 묵시를 받지 못하는도다 _애2:6-7a,9b

지도자들은 이미 하나님의 계시를 받지 못하는, 비전이 없는 자들이었다(애 2:9). 그러나 더 심각한 것은 그들이 잘못된 계시를 받고, 백성에게 잘못된 가르침을 주는 거짓 종들이었다는 사실이다. 그것 때문에 하나님의 백성이 멸망에 이르게 된 것이다. 그래서 예레미야는 그들이 미웠다. 정확한 예언의 말씀을 전하지 않은 선지자들에게 화가 났다. 결과적으로 그들이 백성을 망치고 회개하는 것을 막은 것이기 때문이었다.

네 예언자들이 환상을 보고 일러준 말은 얼마나 허황한 거짓말이었던가? 네 죄를 밝혀 운명을 돌이켜 주어야 할 것을, 허황한 거짓 예언만 늘어놓다니! _애 2:14 공동번역

그 결과 이미 모든 것이 파괴된 예루살렘을 보는 것은 또 다른 통곡의 이유였다. 아름다운 예루살렘은 사라지고 없었고, 성소의 헐린 돌들이 널브러져 있었다. 살아 있는 것이 고통이었다. 살아 있으니 굶어 죽지 않으려고 자식들을 잡아먹기도 하니, 차라리 칼에 찔려 죽는 것이 좋은 것이었다.

칼에 죽은 자들이 주려 죽은 자들보다 나음은 토지 소산이 끊어지므로 그들은 찔림 받은 자들처럼 점점 쇠약하여 감이로다 딸 내 백성이 멸망할 때에 자비로운 부녀들이 자기들의 손으로 자기들의 자녀들을 삶아 먹었도다 _애 4:9-10

이런 날이 올 줄은 꿈에도 몰랐다. 그들이 이렇게 짐승이 될 줄은 꿈에도 몰랐다. 이 아름답고 거룩한 성이 대적의 손에 넘어갈 줄도 꿈에도 몰랐다. 그런데 이것 역시 그들의 죄, 특히 선지자들과 제사장들의 죄 때문이었다.

대적과 원수가 예루살렘 성문으로 들어갈 줄은 세상의 모든 왕들과 천하 모든 백성이 믿지 못하였었도다 그의 선지자들의 죄들과 제사장들의 죄악들 때문이니 그들이 성읍 안에서 의인들의 피를 흘렸도다 _애 4:12-13

하나님만이 방법이시다

이제 방법이 없었다. 예레미야가 할 수 있는 것은 기도밖에 없었다. 온 도시와 백성에게 더불어 함께 기도하자고 요청하였다. 아니, 명령하였다. '쉬지 말고 기도하자.'

그들의 마음이 주를 향하여 부르짖기를 딸 시온의 성벽아 너는 밤낮으로 눈물을 강처럼 흘릴지어다 스스로 쉬지 말고 네 눈동자를 쉬게 하지 말지어다 _애 2:18

하지만 기도하는 이는 예레미야뿐이었다. 그런 까닭에 이스라엘 온 백성이 당하는 고난의 무게를 예레미야 홀로 져야 했다.

여호와의 분노의 매로 말미암아 고난 당한 자는 나로다 _애 3:1

예레미야는 그래도 포기하지 않고 백성에게 먼저 근심할 것을 요청하였다. 단순한 근심이 아니라 깊은 묵상이 이루어진 근심이었다. 지금 나라가 멸망할지라도 영원한 멸망이 아니며, 하나님의 본심이 아니라는 사실을 알기 때문이었다.

그가 비록 근심하게 하시나 그의 풍부한 인자하심에 따라 긍휼히 여기실 것임이라 주께서 인생으로 고생하게 하시며 근심하게 하심은 본심이 아니시로다 _애 3:32-33

바울도 같은 이야기를 하였다. 바울이 고린도 교회에 보낸 '그들을 꾸짖는 편지'는 그들을 근심하게 만들었다. 한편으로는 그것이 바울에게도 마음이 아픈 내용이었고, 그가 후회도 하였지만, 결국 고린도 교회가 근심 가운데 회개하였다는 소식을 듣고 기뻐한다. 그리고 이렇게 말한다.

하나님의 뜻대로 하는 근심은 후회할 것이 없는 구원에 이르게 하는 회개를 이루는 것이요 세상 근심은 사망을 이루는 것이니라 _고후 7:10

'하나님의 뜻대로 하는 근심', 그것은 예레미야가 요청하는 근심과 같았다. 사실 오늘 우리에게도 그런 근심이 필요하다. 하나님의 뜻에 비춰서 하는 '나의 죄와 불의함과 음란함'에 대한 근심, 악한 길에 서 있고 바르지 못한 것에 대한 근심 같은 것 말이다. 이같은 근심이 중요한 이유는, 다시 말하지만 끝이 아니기 때문이다. 그런 까닭에 눈물이 썩도록 울던 예레미야가 잿더미 속에서 희망을 노래한다.

여호와의 인자와 긍휼이 무궁하시므로 우리가 진멸되지 아니함이니이다 이것들이 아침마다 새로우니 주의 성실하심이 크시도소이다 _애 3:22-23

비록 멸망처럼 보이고 재앙의 끝처럼 보였지만 끝난 것이 아니었기 때문이다. 예레미야는 하나님의 마음을 알고 있었다. 그래서 그는 다시 희망을 말한다. 그 엄청난 잿더미 속에서 부르는 희망의 노래였다.

우리가 스스로 우리의 행위들을 조사하고 여호와께로 돌아가자 우리의 마음과 손을 아울러 하늘에 계신 하나님께 들자 _애 3:40-41

하나님을 예배하던 옛날로 돌아가자고 말한다. 하지만 예레미야는 그들 스스로 그렇게 할 수 있는 방법이 없다는 것을 알기 때문에, 하나님이 일방적으로 역사하시기를 기도하였다.

여호와여 우리를 주께로 돌이키소서 그리하시면 우리가 주께로 돌아가겠사오니 우리의 날들을 다시 새롭게 하사 옛적 같게 하옵소서 _애 5:21

오로지 하나님만이 희망이라는 고백이었다. 죽든지 살든지, 모든 것이 하나님께 달려 있다는 전적인 의존의 고백이었다.

예레미야애가 1장부터 5장까지의 개관

예루살렘의 멸망에 대한 선지자의 애가(1). 멸망은 하나님의 진노 때문이었다(2). 예레미야는 고통의 기도밖에 드릴 것이 없었다(3). 멸망당할 때의 예루살렘은 비참하였다(4). 그러므로 이스라엘을 기억하시고 살려주옵소서(5).

Reading Bible Checklist														예레미야애가 1-5장
1 ●	2 ●	3 ●	4 ●	5 ●										

38

에스겔 1

너희는 찌꺼기다

· 에스겔 1-24장 ·

이스라엘 남유다의 멸망은 하루 아침에 이루어진 것이 아니다. 오랜 시간 동안 벌어진 죄의 퇴적물이고, 돌이킬 수 없을 만큼 생활화된 것의 결과였다. 뿐만 아니라, 하나님은 그들의 멸망을 진행하실 때에도 돌아설 기회를 주셨다. 알다시피 바벨론의 1차 침공(BC 605년)을 기점으로 볼 때 BC 587년 유다의 완전한 멸망까지 약 20년 정도의 기회가 있었다. 그때 예레미야가 외쳤던 메시지이다.

그런즉 너희는 너희 길과 행위를 고치고 너희 하나님 여호와의 목소리를 청종하라 그리하면 여호와께서 너희에게 선언하신 재앙에 대하여 뜻을 돌이키시리라 _렘 26:13

하지만 변화는 없었다. 여호야김을 이어 아들 여호야긴이 18세에 왕위에 오르지만, 그 역시 그 아버지와 전혀 다르지 않았다.

여호야긴이 그의 아버지의 모든 행위를 따라서 여호와께서 보시기에 악을 행하였더라 _왕하 24:9

그 후 BC 597년 바벨론의 2차 예루살렘 침공이 벌어졌다. 여호야긴 재위 불과 3개월 만에 일어난 일이었다. 느부갓네살은 예루살렘 성전의 '모든 보물과 왕궁 보물을 집어내고 … 성전의 금 그릇을 다 파괴'(왕하 24:13)하였고 인질로 왕 여호야긴과 유대의 상류층 인사를 포함하여 일만 명(왕하 24:12-16)을 잡아갔는데, 그 중에 에스겔도 있었다.

그가 또 예루살렘의 모든 백성과 모든 지도자와 모든 용사 만 명과 모든 장인과 대장장이를 사로잡아 가매 비천한 자 외에는 그 땅에 남은 자가 없었더라 _왕하 24:14

젊은 포로

1차 포로 때는 귀족과 왕족들의 자제들을 잡아가 이데올로기 교육을 시켰지만, 2차 포로 때는 바벨론의 토목공사 등 강제노역에 동원시켰다. 이때 에스겔은 25살의 젊은 수습 제사장이었다. 그후 바벨론은 요시야의 아들이며 여호야긴의 숙부인 시드기야를 봉신(封神)으로 삼아 왕으로 세웠다. 하지만 시드기야는 애굽과 동맹을 맺으려 시도하였고, 결국 BC 587년 느부갓네살의 침략을 받고 멸망에 이르게 된 것이다.

이후 바벨론은 그다랴를 유다의 총독으로 임명하여 그 땅을 직접 치리하였다. 그리고 세 번째 바벨론 포로가 이루어지는데, 시드기야는 두 눈이 뽑힌 채로 잡혀간다(왕하 25:7). 에스겔서는 이같은 역사적 배경을 가지고 바벨론의 그발 강 가에서 이야기를 시작한다. 하나님이 에스겔에게 나타난 때는 그가 30살이 되던 해(겔 1:1)였고 에스겔이 포로로 잡혀온 지 5년이 지난 때였다(겔 1:2).

서른째 해 넷째 달 초닷새에 내가 그발 강 가 사로잡힌 자 중에 있을 때에 하늘이 열리며 하나님의 모습이 내게 보이니 여호야긴 왕이 사로잡힌 지 오 년 그 달 초

닷새라 _겔 1:1-2

'에스겔에게 하나님이 나타나셨다!' 여기서 주의할 부분은 '서른째 해 넷째 달 초닷새'라는 기술(記述)이다. 구체적인 날짜를 쓴 것은 그날이 특별히 기억할 만한 날이기 때문일 것이다. 제사장으로서 직무를 30살에 시작한다는 것을 생각하면, 그 일시는 그의 생일일 수 있다. 그날이 제사장 직무 시작일이기 때문이다. 여하튼 비참한 포로인 상태로 '사로잡힌 자 중에 있을 때에' 하늘이 열리고 하나님의 모습을 보게 된 것이다. 그리고 그곳 그발 강 가에서 하나님의 부르심을 받았다. 제사장으로 직무를 수행해야 하는 그날에 하나님의 예언자로 부름받은 것이다.

갈대아 땅 그발 강 가에서 여호와의 말씀이 부시의 아들 제사장 나 에스겔에게 특별히 임하고 여호와의 권능이 내 위에 있으니라 _겔 1:3

흥미로운 것은 그때 에스겔과 다니엘의 나이 차이가 별로 없다는 점이다. 에스겔이 잡혀오던 BC 597년에 25살이라면, 다니엘이 1차 포로로 잡혀갔던 BC 605년에 에스겔의 나이는 17살이 된다. 그렇다면 그때 15살 전후로 추정되는 다니엘과 또래임을 알 수 있다. 젊은 포로들이었다. 그런데 하나님이 젊은 포로들에게 임하신 것이다. 하나님께서 절망하던 이스라엘 중에서 청년들을 부르신 것이다.

충분한 고난

이스라엘은 포로로 잡혀온 상태에서 자신들의 처지를 한탄하며 하나님이 버리셨다고 탄식하면서도, 자신들의 상태는 돌아보지 못했다. 이처럼 닫혀 있는 영적 상태가 문제임을 인식하지 못한 것이다. 그것을 아는 것이 먼저인데, 하지만 모르는 까닭에, 하나님은 그 답답함을 이렇게 말씀하셨다.

… 인자야 내가 너를 이스라엘 자손 곧 패역한 백성, 나를 배반하는 자에게 보내

노라 그들과 그 조상들이 내게 범죄하여 오늘까지 이르렀나니 이 자손은 얼굴이 뻔뻔하고 마음이 굳은 자니라 내가 너를 그들에게 보내노니 너는 그들에게 이르기를 주 여호와의 말씀이 이러하시다 하라 _겔 2:3-4

그들은 하나님이 하시는 말씀을 듣지 않았다. 듣기 싫어하였다. 더 답답한 일이었다. 그래도 하나님은 에스겔에게 전하라고 말씀하셨다. '듣든지 듣지 않든지.'

그들은 심히 패역한 자라 그들이 듣든지 아니 듣든지 너는 내 말로 고할지어다 _겔 2:7

이후 하나님은 에스겔에게 하나님의 보좌 환상을 보이신 후 그를 파수꾼으로 세우셨다. 하나님을 대신하여 하나님의 말씀을 대언하는 역할을 맡기신 것이다.

그런데 에스겔을 예언 사역으로 부르실 때, 에스겔에게 요청한 하나님의 예언 방식은 매우 독특하였다. 일종의 연극배우처럼 하나님의 뜻을 예언하게 하신 것이다. 그 시작은 하나님이 에스겔을 집에 연금시키고 온몸을 포승으로 묶게 하신 것으로 나타났다. 그리고 침묵하도록 입을 막으셨다. 에스겔서 3장은 그가 그렇게 밧줄에 묶인 채 집에 있었다고 전한다. 하나님께서 그로 하여금 입술의 말로 예언을 선포하게 하시기 전에 먼저 무언극(마임 mime)으로 예언하게 하신 것이다. 그때부터 에스겔의 집은 연극 무대가 되었다.

4장에는 토판을 가져다가 거기에 예루살렘 성을 그리게 한 이야기가 나오는데, 바벨론이 예루살렘 성을 포위하고 공격하는 형국이었다. 이어지는 퍼포먼스는 왼쪽으로 390일, 오른쪽으로 40일을 누워 1년 2개월(430일)을 지내면서, 쇠똥으로 구운 빵과 약간의 물을 마시며 하나님의 예언을 하게 한 것이다.

5장은 하나님께서 에스겔에게 삭도로 머리털과 수염을 깎는 부정한 행위의 두 번째 마임을 요청하신다. '삭도 퍼포먼스'는 그것으로 끝나는 것이 아니라 다음 퍼포먼스로 이어졌다. 에스겔은 하나님의 명령을 따라 자른 터럭을 셋으로 나눠 "… 삼분의 일은 성읍 안에서 불사르고 삼분의 일은 성읍 사방에서 칼로 치고 또 삼분의 일은 바람에 흩으라 …"(겔 5:2)는 명령을 따른다. 이것은 예루살렘이 불에 타서 사라지고, 백성의 3분의 1이 칼로 죽임을 당하고 나머지 3분의 1은 사방으로 흩어질 것이라는 예언이었다.

멸망과 징계의 이유

하나님이 에스겔을 통해 이와 같은 이스라엘의 멸망을 예언하시며 징계하시는 이유는 무엇일까? 가장 중요한 이유는 이스라엘을 세상의 중심으로 삼았는데, 이스라엘이 세상의 중심으로서 하나님의 뜻을 따라 살기는커녕, 이방인보다 더 악을 행하여 하나님의 규례를 따르지 아니하였고, 심지어 다른 민족들이 지키는 법마저(겔 5:7b 공동번역) 지키지 않았기 때문이었다. 세상의 중심으로서 역할은커녕 하나님 없는 자들만도 못한 삶을 살았기 때문이었다. 그래서 그토록 경고하고 돌아올 것을 요청했지만 그들은 돌아서지 않았고, 물질적 삶을 전부로 알고 살아온 행위와 죄악에 대한 것이었다.

내가 그 행위대로 그들에게 갚고 그 죄악대로 그들을 심판하리니 내가 여호와인 줄을 그들이 알리라 _겔 7:27b

그러므로 심판은 하나님이심을 드러내는 사건이었다.

8장에서는 하나님이 거하시는 성전을 떠나시는 환상을 보여주셨는데, 예루살렘 성전이 이유였다. 성전에는 하나님께서 가증하게 여기시는 우상, 곧 각양 곤충과 짐승 그리고 이스라엘 족속의 모든 우상이 그 사방 벽에(겔 8:10) 그려져 있었다. 더 놀라운 것은 이스라엘 족속의 장로 중 70명이 각종 우상에게 분향하고 태양신을 섬기고 있었다. 그들은 이미 하나님을 B급 신으로 취급하고 있었다. 총체적 타락이었다. 이 기막힌 상황이 하나님께서 예루살렘을 떠나신 이유였다. 그러므로 희망은 오히려 바벨론 포로들에게 있었다. 하나님은 분명 예루살렘을 떠나 동편 산에 계시는 환상을 보여주셨지만, 사실은 바벨론의 포로들과 함께 계셨다. 하나님이 직접 바벨론에 같이 계심으로, 포로들이 있는 곳이 눈에 보이지 않는 성소가 되신 것이다.

그런즉 너는 말하기를 주 여호와의 말씀에 내가 비록 그들을 멀리 이방인 가운데로 쫓아내어 여러 나라에 흩었으나 그들이 도달한 나라들에서 내가 잠깐 그들에게 성소가 되리라 하셨다 하고 _겔 11:16

그리고 하나님의 구체적인 회복 계획을 말씀하셨는데, 포로로 잡혀온 이스라엘 백성이 나중에 예루살렘에 돌아가서, 그들에게 그 가증한 것들을 제거하는 기회가 주어질 것이라는 말씀을 하신 것이다(겔 11:18). 그때 하나님께서 그들의 잘못으로 인해 상하고 부서져 굳어진 마음을 새롭게 하심으로, 이스라엘을 하나님의 규례를 지켜 살 수 있는 백성으로 다시 회복시키시겠다는 말씀이었다.

내가 그들에게 한 마음을 주고 그 속에 새 영을 주며 그 몸에서 돌 같은 마음을 제거하고 살처럼 부드러운 마음을 주어 내 율례를 따르며 내 규례를 지켜 행하게 하리니 그들은 내 백성이 되고 나는 그들의 하나님이 되리라 _겔 11:19-20

우리 여호와이시기 때문에

하지만 포로로 잡혀온 이스라엘 백성은 자신들의 처지를 보며 하나님이 버리셨다고 탄식하고 있었다. 여전히 자신들의 잘못을 깨닫지 못한 채 오히려 "아버지가 신 포도를 먹었으므로 그의 아들의 이가 시다"(겔 18:2)라는 속담을 좇아 조상 탓을 하였다. 그러나 그들이 징계를 받은 이유는 그들의 잘못 때문이었다. 더욱이 죄 없는 피를 흘리며 악을 행한 것이 이유였다. 그 중심에 하나님을 버리고 우상을 섬긴 행위가 있었다.

너는 죄없는 피를 흘려 벌을 자청하고 제 손으로 우상을 만들어 부정해졌다. 이렇게 망할 날을 스스로 앞당겨, 갈 데까지 다 가고 말았다. … _겔 22:4 공동번역

그동안의 환난과 징계는 기회였다. 하나님은 은을 연단하듯이 풀무불 가운데서 그들을 제련하신 것이었다. 그렇게 여러 환난을 통하여 연단의 과정을 거쳤는데, 놀랍게도 오히려 찌꺼기, 곧 쓰레기가 더 드러난 것이었다. 이런 모습을 보면서 하나님은 찌꺼기로 남은 상태들을 모아 풀무불 속에 넣어 다시 녹이시겠다고 말씀하셨다. 그것은 끝을 의미했다. 연단과 제련이 목적이 아니라, 아예 완전히 녹여 사라지게 하는 데 목적이 있기 때문이다.

사람이 은이나 구리나 쇠나 납이나 주석을 도가니에 쓸어 넣고 풀무질하여 녹이듯이, 너희를 쓸어다가 한데 넣고 분노의 입김으로 녹여 버리리라. … 도가니 속에서 은이 녹듯이 너희도 그 안에서 녹아 없어지리라. … _겔 22:20,22 공동번역

이스라엘은 이처럼 희망없는 족속이었다. 에스겔을 통한 마임 퍼포먼스의 정점은 에스겔의 아내가 저녁에 죽었는데도 울거나 눈물을 흘리지 말라는 명령을 좇은 무언극에 있었다. 그는 다음 날 아침에 이스라엘 백성에게 이 예언을 말하였고, 아내는 그날 저녁에 죽었다. 아침에 에스겔로부터 미리 예언을 들었던 백성이 이 상황을 보면서 이 일의 의미를 묻는다.

사람들이 나에게 물었다. '당신은 어째서 이렇게 하시오? 당신이 우리에게 말하려고 하는 것이 무엇이오?' _겔 24:19 현대인의성경

이 마음을 통한 하나님의 메시지는 희망이었다. 하나님은 이스라엘을 버리신 적이 없었다. 하나님은 이스라엘의, 그리고 우리의 여호와이시기 때문이었다(겔 15:7; 20:20; 23:49; 28:22; 39:28).

에스겔 1장부터 24장까지의 개관

하나님이 임재하셔서(1), 에스겔을 부르셨다(2). 그는 파수꾼으로, 그러나 말 없는 예언자로 서야 하는(3) 무언극 배우였다. 눕는 것과 먹는 연극으로(4), 머리털과 수염을 깎음으로 예언하게 하셨다(5). 심판은 임박했다. 우상숭배로(6) 인한 이스라엘의 끝(7)이다. 그래서 하나님은 더러운 예루살렘에 분노를 쏟으시고(8-9) 성전을 떠나셨다(10). 심판을 받을 것이다(11). 그래서 에스겔은 '이사 무언극'으로(12) 멸망을 예언한다(13-14). 불의 땔감 같이(15), 음녀 같은 예루살렘은 멸망당한다(16). 그 까닭은 그들의 죄 때문이다(18). 얼마나 슬픈 일인가(19)? 여호와의 칼이(21) 예루살렘을 칠 때에, 오홀라와 오홀리바의 행음은 끝날 것이다(22-23). 녹슨 가마 같은 예루살렘 같기에(24).

Reading Bible Checklist														에스겔 1-24장
1	2	3	4	5	6	7	8	9	10	11	12	13	14	15
16	17	18	19	20	21	22	23	24						

39

에스겔 2

말하였으니 이루리라

• 에스겔 25-48장 •

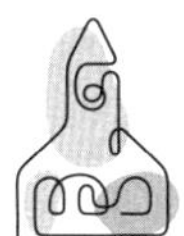

이스라엘은 그 수많은 환난과 연단을 거치면서도 정금(精金)으로 드러나지 않고 오히려 찌꺼기만 드러난 것을 깨달아야 했다. 그런데 이스라엘의 출신에 대한 하나님의 말씀이었는데, 놀라운 설명이었다.

이스라엘의 근본

그러니까 그들은 애굽에 있을 때부터 우상숭배자였고 원래 뿌리는 가나안 사람으로서, 언니는 사마리아이고 동생은 소돔이라는(겔 16:46) 사실이었다.

… 네 어머니는 헷 사람이요 네 아버지는 아모리 사람이며 네 형은 그 딸들과 함께 네 왼쪽에 거주하는 사마리아요 네 아우는 그 딸들과 함께 네 오른쪽에 거주하는 소돔이라 _겔 16:45-46

그러니까 원래 찌꺼기였다. 그런데 하나님이 이스라엘을 택하신 것은 그들이 의로워서가 아니라 모든 민족을 구원하려는 하나님의 예시적 민족이었기 때문이었다. 문제는 그들이 자신들의 근원을 잊어버리고 스스로 선민의식에 사로잡혀, 하나님을 자신들만의 하나님으로 여기며 제사장 나라로서의 사명을 감당하며 살지 않은 것이다. 그에 대한 결과가 지금의 포로 상황이었다. 그런데 여전히 하나님의 말씀을 듣지 않는 것이 문제였다. 그래도 하나님은 에스겔에게 계속 전하게 하셨다.

그들은 심히 패역한 자라 그들이 듣든지 아니 듣든지 너는 내 말로 고할지어다 _겔 2:7

여하튼 이스라엘의 멸망은 하나님의 말씀에 청종하지 않고 더러움을 행하며, 세상의 중심 나라로서 사명을 감당하지 않고, 우상을 섬기고 불의한 백성으로 산 것의 결과였다.

사실 이같은 유다의 멸망을 보면서 주변 나라들이 즐거워했는지 모르지만, 그들 역시 그들의 죄에서 벗어날 수 없었다. 25장에서 32장까지는 주변 나라들에 대한 심판의 예언이다. 암몬, 모압, 에돔, 블레셋, 두로, 시돈, 그리고 애굽이 멸망당하는 것이 자세히 기록되었다.

하나님의 회복 계획

이제 하나님은 회복에 대한 계획을 말씀하시기 시작했다. 하나님의 구원 계획의 핵심은 포로 생활이었다. 그들이 그동안 깨닫고 돌아서기만 하면 하나님이 새 영을 불어넣어 새롭게 하시려는 계획을 갖고 계셨다.

그들이 그리로 가서 그 가운데의 모든 미운 물건과 모든 가증한 것을 제거하여 버릴지라 내가 그들에게 한 마음을 주고 그 속에 새 영을 주며 그 몸에서 돌 같은 마음을 제거하고 살처럼 부드러운 마음을 주어 내 율례를 따르며 내 규례를 지켜 행하게 하리니 그들은 내 백성이 되고 나는 그들의 하나님이 되리라 _겔 11:18-20

이제 이스라엘에게 필요한 것은 하나님께로 돌아가면 되었다. 그것이 확고한 하나님의 계획이었다. 실제로 하나님은 그 계획의 도구로 고레스를 세우셨고 반드시 이루실 것이다. 이에 대해 하나님이 이렇게 말씀하셨다.

주 여호와께서 이같이 말씀하셨느니라 내가 너희를 모든 죄악에서 정결하게 하는 날에 성읍들에 사람이 거주하게 하며 황폐한 것이 건축되게 할 것인즉 전에는 지나가는 자의 눈에 황폐하게 보이던 그 황폐한 땅이 장차 경작이 될지라 사람이 이르기를 이 땅이 황폐하더니 이제는 에덴 동산 같이 되었고 황량하고 적막하고 무너진 성읍들에 성벽과 주민이 있다 하리니 너희 사방에 남은 이방 사람이 나 여호와가 무너진 곳을 건축하며 황폐한 자리에 심은 줄을 알리라 나 여호와가 말하였으니 이루리라 _겔 36:33-36

이 말씀의 확실한 성취를 말씀하시기 위해 37장에서 마른 뼈들에 살이 붙고 생기가 들어가 거대한 군대가 되는 환상을 에스겔에게 보여주셨다. 분명히 회복시키시겠다는 하나님의 의지였다. 그러므로 "나 여호와가 말하였으니 이루리라"는 말씀대로 그 일은 이뤄질 것이다. 하나님이 모든 걸 하시겠다는 약속을 파기하지는 않으실 것이기 때문이다. 이때 우리의 행위가 의미없다는 생각이 들 수 있다. 하나님의 뜻이기 때문이다. 더욱이 기도는 의미 없어 보인다. 그런데 놀라운 것은 이어서 하신 하나님의 말씀이었다. 이스라엘 백성에게 기도하라는 말씀이었다.

주 여호와께서 이같이 말씀하셨느니라 그래도 이스라엘 족속이 이같이 자기들에게 이루어 주기를 내게 구하여야 할지라 … _겔 36:37

그래도 단적으로 말해서, 하나님이 계획을 세우셨지만 이스라엘이 기도하지 않으면 실행하지 않으시겠다는 뜻이었다. 그러니까 하나님께서 역사를 진행하고 이끄실 때 우리의 기도를 통하여 하시겠다는 말씀이었다. 그만큼 우리의 기도가 중요하다는 뜻이다. 심각하게 말하면, 하나님은 우리의 기도 없이 일하지 않으신다는 뜻이다.

이같은 하나님의 뜻은 우리에게 정확한 메시지를 주는데, 바로 우리가 하나님의 자녀로서 특별한 권위를 가진 존재이고 하나님이 일하시는 통로라는 사실이다. 그런 의미에서 우리는 세상을 변화시키는 사람들이며, 같은 의미에서 하나님께서 우리를 하나님의 파트너로 부르신 것이라 할 수 있다. 그러니까 이스라엘은 제사장 나라로서 실제적인 힘을 가진 나라였다. 더불어 오늘 우리도 같은 권세를 지니고 있다. 그러므로 야고보의 증언은 말 그대로의 권세인 것이다.

믿음의 기도는 병든 자를 구원하리니 주께서 그를 일으키시리라 혹시 죄를 범하였을지라도 사하심을 받으리라 그러므로 너희 죄를 서로 고백하며 병이 낫기를 위하여 서로 기도하라 의인의 간구는 역사하는 힘이 큼이니라 _약 5:15-16

하나님의 말씀을 들을 수 있고 깨닫고 회개하고 돌아설 수만 있다면 충분하다. 하나님이 새 영을 부으시고 새롭게 하실 것이기 때문이다.

여호와 삼마

40장은 에스겔이 다시 하나님의 권능에 이끌려 이스라엘 땅으로 가는 내용이다. 예루살렘이 함락된 지 14년 후인 572년에 보여주신 환상이었다.

우리가 사로잡힌 지 스물다섯째 해, 성이 함락된 후 열넷째 해 첫째 달 열째 날에 곧 그 날에 여호와의 권능이 내게 임하여 나를 데리고 이스라엘 땅으로 가시되 하나님의 이상 중에 나를 데리고 이스라엘 땅에 이르러 나를 매우 높은 산 위에 내려놓으시는데 거기에서 남으로 향하여 성읍 형상 같은 것이 있더라 _겔 40:1-2

놀랍게도 그것은 앞으로 이뤄질 이스라엘의 회복 후에 펼쳐질 아름다운 성읍에 대한 환상이었다. 새 성전과 성전의 바깥 뜰과 안뜰에 관한 자세한 묘사가 42장까지 이어졌다. 이 가운데 가장 놀랍고 아름다운 광경은 예루살렘을 떠났던 하나님의 영광이 다시 돌아와 성전으로 들어가는 모습이었다.

이스라엘 하나님의 영광이 동쪽에서부터 오는데 하나님의 음성이 많은 물 소리 같고 땅은 그 영광으로 말미암아 빛나니 … 여호와의 영광이 동문을 통하여 성전으로 들어가고 영이 나를 들어 데리고 안뜰에 들어가시기로 내가 보니 여호와의 영광이 성전에 가득하더라 _겔 43:2,4-5

이처럼 새 성전에 대한 묘사에 이어 새 성전에서 드려지는 새 예배(에스겔 44-46장)의 회복이 놀라운 환상으로 이어졌는데, 성전에서 흘러나오는 물이 강이 되어 죽음의 바다로 들어가 생명을 회복하는 환상이었다.

그가 나를 데리고 성전 문에 이르시니 성전의 앞면이 동쪽을 향하였는데 그 문지방 밑에서 물이 나와 동쪽으로 흐르다가 성전 오른쪽 제단 남쪽으로 흘러 내리더라 … 이 흘러 내리는 물로 그 바다의 물이 되살아나리라 이 강물이 이르는 곳마다 번성하는 모든 생물이 살고 또 고기가 심히 많으리니 이 물이 흘러 들어가므로 바닷물이 되살아나겠고 이 강이 이르는 각처에 모든 것이 살 것이며 _겔 47:1,8-9

모든 회복이 성전으로부터 나오는 환상이었다. 그 환상은 당연히 그곳에 하나님이 계시고, 회복되어 예배하는 자들이 있으므로 벌어지는 하나님 나라의 도래에 대한 것이었다. 에스겔서는 그 성읍의 이름을 기록하고 끝맺음을 한다. 그 이름은 '여호와삼마'였다.

… 그날 후로는 그 성읍의 이름을 여호와삼마라 하리라 _겔 48:35

이 이름은 매우 중요하다. 에스겔이 그발 강 가에서 하나님의 권능이 처음 임할 때의 기록을 기억해보라.

갈대아 땅 그발 강 가에서 여호와의 말씀이 부시의 아들 제사장 나 에스겔에게 특별히 임하고 여호와의 권능이 내 위에 있으니라 _겔 1:3

개역개정 성경은 에스겔이 '갈대아 땅 그발 강 가에' 있을 때 '여호와의 권능이 내 위에 있으니라'라고 번역하였지만, 매우 중요한 단어 하나를 간과하였다. 히브리어 성경으로 다시 읽어보면 '왓테히(그리고 있으니라) 알라우(내 위에) 솸 (거기) 야드 아도나이(주의 권능이)'이다, 히브리어 원문을 읽으면 개역성경이 번역하지 않은 단어 '솸(거기)'이 있다. '솸'은 바로 '거기'라는 뜻의 단어이다. 그러니까 하나님이 계실 것 같지 않은 갈대아 땅 그발 강 가 바로 거기(솸)에 하나님이 계시며, 거기에 있는 에스겔 위에 하나님의 권능이 임했던 것이다. 그런데 마지막 회복될 성읍의 이름인 '여호와 삼마'가 바로 그 단어이다. 단지 방향을 표시하는 어미 '헤'가 붙는 바람에 '삼마'로 읽혀질 뿐, 사실은 같은 단어다. 그러므로 '여호와 삼마'는 눈에 보이는 성읍을 말하는 것일 수도 있지만, '하나님을 예배하는 자', 곧 바울이 말한 것처럼 '자신이 성전인 줄 알고 하나님을 믿는 자'가 있는 바로 거기에 하나님이 계신다는 의미임을 알 수 있다. 바로 그 하나님의 성전인 사람에게서 생수의 강이 흘러나오는 것이고 말이다.

에스겔 25장부터 48장까지의 개관

하나님은 암몬, 모압, 에돔과 블레셋(25), 두로(26-28), 시돈(28), 애굽(29-32)을 심판하실 것이다. 예루살렘이 함락되는데(33), 참 목자와 거짓 목자가 드러날 것이다(34). 나중에 하나님이 이스라엘을 정결케 하시는데(36), 비록 마른 뼈 같을지라도 회복시키실 것이다(37), 종말에 곡을 멸망시키시고(38-39), 다시 새 왕국과 새 성전을 회복시키시고(40-42), 그곳에 하나님의 영광이 임할 것이다(43). 성전은 영광이 가득하고(44), 구별되며(45-46), 성전으로부터 흐르는 강은 세상을 새롭게 할 것이다(47).

Reading Bible Checklist														에스겔 25-48장
25	26	27	28	29	30	31	32	33	34	35	36	37	38	39
40	41	42	43	44	45	46	47	48						

다니엘

사람이 중요하다

• 다니엘 1-12장 •

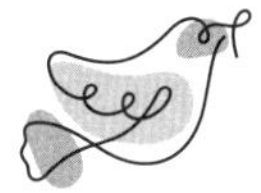

BC 605년 애굽 바로 느고와의 갈그미스 전쟁에서 이긴 바벨론의 느부갓네살은 명실상부 세계 최강 국가의 왕이 되었다. 힘을 얻게 된 바벨론의 느부갓네살은 친앗수르와 친애굽 정책을 편 팔레스타인 국가들을 점령하였다. 유다도 예외는 아니었다. 바벨론은 '이스라엘 사람 가운데서 왕족과 귀족들의 자제를 몇 명 뽑아'(단 1:3 공동번역) 포로로 잡아갔는데, 그것이 바벨론 1차 포로이다. 예루살렘에서 약 1400킬로미터 떨어진 거리에 있는 바벨론까지의 여정이었다. 그들 중에 다니엘을 비롯한 세 친구가 있었다. 그때 다니엘과 세 친구의 나이는 대략 15세 전후였다.

바벨론 살기

바벨론은 예전 북이스라엘을 점령했던 앗수르의 민족 혼합정책과 달리 이데올로기를 중요시하였다. 그래서 식민지 백성 중에서 엘리트, 특히 어린 청소년을 포로로 잡아 그들에게 엄청난 혜택을 주며, 교육을 통해 바벨론화시키고자 하였다. 그렇게 바벨론화된 이들을 통해 바벨론 예속 통치를 이어가고자 한 것이다. 그것이 다니엘 같은 엘리트 소년들을 포로로 잡아온 이유였다. 그런 까닭에 바벨론은 이들에게 왕의 음식을 주었으며, 최고의 시설에서 바벨론의 학문과 언어를 가르쳤다. 약 3년간의 특별 교육이었는데, 일종의 정신 개조 교육이었다.

… 그들에게 갈대아 사람의 학문과 언어를 가르치게 하였고 또 왕이 지정하여 그들에게 왕의 음식과 그가 마시는 포도주에서 날마다 쓸 것을 주어 삼 년을 기르게 하였으니 그 후에 그들은 왕 앞에 서게 될 것이더라 _단 1:4-5

바벨론은 교육을 시작하면서 먼저 이름을 바벨론식으로 바꾸었다. 바벨론이 바꾼 이름은 모두 종교적이었다. 바벨론은 이들의 원래 이름에 들어 있는 여호와 하나님을 의식했던 것이다. 예를 들어 '하나님의 재판관'이라는 뜻을 가진 다니엘의 이름은 벨드사살로 바꾸게 했는데, 그들이 섬기는 신 '벨'이 '생명을 지킨다'는 뜻이었다.

이처럼 다니엘을 비롯한 청소년들은 이름이 바뀌고, 당시로 보면 세계의 중심인 바벨론에서 교육을 받는다. 이후에는 왕의 어전에서 일할 수 있는 기회를 가질 수 있었다. 지금의 관점으로 보면 세상 모두가 부러워하는 권력과 부요와 명성을 얻을 수 있는 기회가 열린 것이었다. 바벨론의 회유와 전략이었다.

하지만 다니엘과 친구들은 바벨론이 아무리 기막힌 혜택을 주었어도 우선 음식부터 구별하였다. 아무리 왕의 음식이라도 바벨론의 신에게 바친 음식이기도 했기에 거절하였는데, 뜻을 정한 그들의 순결의 모습이었다. 진수성찬이 다니엘을 비롯한 세 친구의 뜻을 바꿀 수는 없었다.

다니엘은 뜻을 정하여 왕의 음식과 그가 마시는 포도주로 자기를 더럽히지 아니하리라 하고 … _단 1:8

'뜻을 정하다', 마음을 하나님께 드린 것이다. 이것이 믿는 것의 온전한 모습인데, 하나님을 신뢰하고 믿음의 순결을 지키는 것이었다. 그때 놀라운 일이 벌어졌다.

하나님이 이 네 소년에게 학문을 주시고 모든 서적을 깨닫게 하시고 지혜를 주셨으니 … _단 1:17

하나님이 다니엘과 친구들에게 주신 것은 지혜였다. '학문과 그 밖의 모든 것을 통달할 수 있는 지혜와 지식'(단 1:17 현대인의성경)이었다. 하나님을 의존하는 자들이 하나님을 닮아가는 것은 당연한 것이기에, 지혜 자체이신 하나님의 지혜로 가득해지는 것은 순리였다.

그것만이 아니었다. 그들 중에 특별히 다니엘에게 더해진 것이 있었는데, 그것은 비전, 곧 꿈을 보고 해석할 수 있는 능력이었다.

특별히 다니엘에게는 꿈과 환상을 해석할 수 있는 능력도 주셨다. _단 1:17 현대인의성경

느부갓네살이 하나님을 인정하다

바벨론 왕이 꿈을 꾸었을 때였다. 그런데 왕은 도무지 알 수 없었다. 나라의 모든 마술사와 점성가와 술객 등 소위 지혜자들을 불러들여 그 꿈의 내용을 해석하라고 명령하였지만 불가능했다. 화가 난 왕은 쓸모없는 마술사와 술객들, 소위 지혜자들 모두를 죽이라고 명령했다. 다니엘을 비롯한 친구들도 물론 예외는 아니었다.

하지만 다니엘은 그 명령을 들었을 때 왕의 명령을 수행하는 근위대장 아리옥에게 자신이 풀겠으니 점술사 등 지혜자들을 죽이지 말라고 부탁한다. 그리고 다니엘은 그의 세 친구 하나냐와 미사엘과 아사랴에게 그 일을 알리며(단 2:17) 기도를 요청하였고, 함께 기도로 나아간다. 그들은 하

나님을 전적으로 신뢰한 것이었고, 당연히 하나님은 다니엘에게 왕이 꾼 꿈을 보여주시고 풀게 하셨다. 느부갓네살은 매우 놀랐다. 그리고 다른 마술사나 술법사들이 했던 말, "인간과 동떨어져 있는 신들밖에는 임금님께 그것을 말씀드릴 자가 없습니다"(단 2:11 공동번역)라는 말이 떠올랐다. 그 때 왕이 하나님을 경험한 것이다. 그 순간, 왕은 갑작스레 다니엘에게 놀라운 행동을 하였다.

이에 느부갓네살 왕이 엎드려 다니엘에게 절하고 명하여 예물과 향품을 그에게 주게 하니라 _단 2:46

그것은 항복의 상징이었다. 다니엘과 하나님에게 굴복한다는 표현이었다. 뿐만 아니라 놀라운 고백을 하였다.

… 너희 하나님은 참으로 모든 신들의 신이시요 모든 왕의 주재시로다 네가 능히 이 은밀한 것을 나타내었으니 네 하나님은 또 은밀한 것을 나타내시는 이시로다 _단 2:47

그로 인해 죽을 뻔했던 모든 이들이 다니엘 덕분에 살 수 있었다. 뿐만 아니라 다니엘은 금세 정권의 중심으로 등용된다. 느부갓네살은 다니엘을 바벨론 온 지방의 통치자로 세우고 지혜자의 어른으로 삼았으며, 다니엘의 요구대로 세 친구에게도 바벨론 지방의 일을 다스리게 한다. 하나님 앞에 바르게 서 있는 자들이 있는 것이 세상의 축복임을 알게 하는 지점이다. 그들이 세상을 살리기 때문이다.

성읍은 정직한 자의 축복으로 인하여 진흥하고 악한 자의 입으로 말미암아 무너지느니라 _잠 11:11

이 사건으로 인해 느부갓네살이 하나님을 인정하기도 했지만, 하나님을 믿는 것은 아니었다. 그리고 어느 날, 느부갓네살은 왕권을 강화하려는 목적인지 아니면 자신을 스스로 신격화하려는 의도인지 알 수 없지만, 금

신상을 만들어 경배하게 하였다.

느부갓네살 왕이 금으로 신상을 만들었으니 높이는 육십 규빗이요 너비는 여섯 규빗이라 그것을 바벨론 지방의 두라 평지에 세웠더라 _단 3:1

왕이 변한 것이었다. 흥미롭게도 칠십인역의 기록은 시간을 표기하였는데, 칠십인역의 3장 1절의 시작은 '그의 18년에'라고 쓰고 있다. '느부갓네살 18년'이란 뜻인데, 그 해는 BC 587년 남유다를 정복한 때이고, 다니엘이 꿈을 해석한 지 16년이 흐른 후이다. 그러므로 느부갓네살이 금신상을 만든 것은 남유다를 멸망시킨 후 스스로 여호와 하나님보다 더 높은 존재임을 과시하기 위한 시도였던 것으로 보인다.

여하튼 느부갓네살은 금신상을 만든 후, '총독과 수령과 행정관과 모사와 재무관과 재판관과 법률사와 각 지방 모든 관원'(단 3:3)들을 낙성식에 참석하도록 하였다. '백성들과 나라들과 각 언어로 말하는 자들'(단 3:4)에게도 명령한 것을 볼 때, 피정복 국가들의 사절들도 오게 한 것으로 보인다. 그리고 모두로 하여금 주악에 맞춰 금 신상에게 절하도록 명령을 내린다. 그런데 다니엘의 세 친구가 거절한 것이다. 그것은 죽음을 의미했다.

세 친구는 형벌로 평소보다 일곱 배나 더 세게 가열된 풀무불에 던져졌다. 하지만 그들은 살아 있었고, 느부갓네살은 그들과 함께 있는 '신들의 아들'(단 3:25)을 발견한다. 예수를 알지 못하는 느부갓네살은 이렇게 표현했지만, 예수를 아는 우리에게 '신들의 아들'은 예수 그리스도임을 알 수 있다. 하나님의 임마누엘 사건이었다. 그 순간, 느부갓네살은 그동안 잊고 간과했던 하나님을 생각한 것으로 보인다. 그는 가만히 있을 수 없었다. 심지어 풀무불 근처까지 가서 소리쳐 '가장 높으신 하나님의 종'이라고 호칭하며 그들을 불렀다. 하나님이 하신 일임을 시인하면서, 동시에 놀라운 조서를 내린다.

그러므로 내가 이제 조서를 내리노니 각 백성과 각 나라와 각 언어를 말하는 자가 모두 사드락과 메삭과 아벳느고의 하나님께 경솔히 말하거든 그 몸을 쪼개고 그 집을 거름터로 삼을지니 이는 이같이 사람을 구원할 다른 신이 없음이니라 하더라 _단 3:29

뜻을 정한 지속적인 삶

재미있는 것은 1장의 마지막 절에서 다니엘이 고레스 왕 원년까지 있었다고 기록하고 있는 점이다. 고레스 원년은 바벨론의 마지막 왕인 벨사살이 고레스의 공격으로 죽고, 바벨론이 멸망한 후 2년이 지난 BC 537년을 말한다. 다니엘이 포로로 잡혀 왔던 BC 605년에 15살 정도였음을 생각하면 그때 그의 나이는 83세 정도의 고령이었다.

다니엘은 고레스 왕 원년까지 있으니라 _단 1:21

원래 고레스의 바사(페르시아)는 메대의 속국과 같았지만, 바사는 메대와의 결혼 동맹으로 명맥을 유지하고 있었다. 국력을 키우던 고레스가 BC 550년 메대를 멸망시키지만, 여전히 메대를 유지시킨 채 메대-바사 제국으로 남았고, 메대-바사 제국의 이름으로 BC 539년에 바벨론 제국을 멸망시킨 것이다. 그리고 고레스는 바벨론의 분봉왕으로 자신의 외삼촌이기도 한 62살의 다리오를 세운 것이다. 메대의 다리오는 약 2년간 통치하였는데, 그때 바벨론의 총리를 지냈던 다니엘을 페르시아의 총리로 중용한 것이다.

다리오가 자기의 뜻대로 고관 백이십 명을 세워 전국을 통치하게 하고 또 그들 위에 총리 셋을 두었으니 다니엘이 그 중의 하나이라 _단 6:1-2

절대 무시할 수 없는 아름다운 존재였기 때문이었을 것이다. 이때 다리오가 바벨론의 왕이 되지만 실제적인 권력이 있는 것은 아니었다. 고레스의 외삼촌이지만 허수아비 왕이었고, 실제 권력은 페르시아의 관료들에게 있었다. 그런데 그가 통치를 시작하면서 광범위한 왕국을 통치하기 위해 총리 3명을 두었고, 그 중에 한 사람으로 다니엘을 세운 것이다(단 6:2-3). 이같은 중용에 대해 페르시아 사람들은 당연히 불만을 가질 수밖에 없었을 것이다. 다리오를 허수아비 정도로 여기고 있었기 때문이고, 다니엘은 이스라엘 포로 신분이었다가 바벨론의 총리까지 지낸 까닭이었다. 그러므로 다니엘이 새로운 나라의 총리로 세워지는 것을 받아들이기 힘들었을 것이다. 그래서 그들이 음모를 꾸몄는데, 다니엘이 하나님 외에 다른 신을 섬기지 않는다는 것을 아는 그들의 기막힌 술책이었다. 그리고 실제 권력이 없던 다리오에게서 조서를 받아냈는데, 덫이었다. 하지만 다니엘은 흔들림이 없었다.

다니엘이 이 조서에 왕의 도장이 찍힌 것을 알고도 자기 집에 돌아가서는 윗방에 올라가 예루살렘으로 향한 창문을 열고 전에 하던 대로 하루 세 번씩 무릎을 꿇고 기도하며 그의 하나님께 감사하였더라 _단 6:10

'찍힌 것을 알고도', 이것이 다니엘의 신앙이었다. 그는 위기가 닥칠 것을 알면서도 행동한 것이었다. 다니엘의 이런 태도는 그가 맺은 삶의 관계가 하나님과의 관계이기 때문이었다. 처음 바벨론에 잡혀 왔을 때 정했던 '뜻을 정하여' 산 삶을 83세가 되도록 포기하지 않은 것이다. 하나님과의 관계를 놓치고 산 적이 없던 것이다. 그가 다니엘이었다.

다니엘 효과

이후 고레스가 다리오의 딸과 결혼하고, 다리오가 죽으면서 바사(페르시아) 제국의 왕으로 즉위하였다. 그때가 BC 537년으로 고레스 원년이다. 우리가 익히 알듯 '바벨론 왕 고레스 원년에 고레스 왕이 조서를 내려 하나님의 이 성전을 다시 건축하게'(스 5:13)하는 역사가 이때 일어난다.

> 바사 왕 고레스는 말하노니 하늘의 하나님 여호와께서 세상 모든 나라를 내게 주셨고 나에게 명령하사 유다 예루살렘에 성전을 건축하라 하셨나니 이스라엘의 하나님은 참 신이시라 너희 중에 그의 백성 된 자는 다 유다 예루살렘으로 올라가서 이스라엘의 하나님 여호와의 성전을 건축하라 그는 예루살렘에 계신 하나님이시라 _스 1:2-3

다니엘서의 아름다움은 다니엘이 종횡무진 활약했던 것만 아니라, 그가 '네 짐승 환상(7장)과 수양과 수염소 환상(8장) 그리고 칠십 이레 환상' 등을 보면서 현재와 가까운 미래와 종말까지 모든 예언한 것이다. 모든 것에 끝이 있다는 사실을 드러냈던 것이다. 가까운 종말부터 시작해서 완전한 종말까지 말이다.

종말에 대한 예언은 매우 중요한 하나님의 메시지를 드러내는데, 그것은 우리가 종말을 살 때 해야 할 가장 중요한 일에 대한 가르침이다. 그것은 '사람이 중요하다'는 것이다. 사람을 살리고 옳은 길로 돌아오게 하는 일은 영원한 가치이고, 영원히 빛날 만큼 아름다운 일이 된다는 말씀이다. 실제로 다니엘의 신앙은 하나님의 기적을 보게 하였고, 그의 신앙은 수많은 사람들, 심지어 이방인까지 주님께 돌아오게 하는 힘이 있었다. 뜻을 정한 자에게 주어지는 하나님의 역사였다. 그래서 그 모습을 이렇게 정리함으로 다니엘서는 마무리된다.

> 지혜 있는 자는 궁창의 빛과 같이 빛날 것이요 많은 사람을 옳은 데로 돌아오게 한 자는 별과 같이 영원토록 빛나리라 _단 12:3

다니엘 1장부터 12장까지의 개관

다니엘과 세 친구가 바벨론 포로가 되나, 하나님께 뜻을 정했다(1). 그 지혜로 다니엘은 느부갓네살의 꿈을 해석하여 중용되고(2), 세 친구는 금신상 앞에서 하나님만 인정한다(3). 왕의 두 번째 꿈도 다니엘이 해석하자 왕은 하나님을 인정한다(4). 벨사살의 꿈의 해석과(5), 바벨론 멸망 후 다리오가 총리로 임명되는데, 여전히 하나님 때문에 고난당하나, 사자굴에서 살아나며(6), 그후 다니엘은 네 짐승 환상(7)과 숫양과 숫염소 환상(8)을 보며, 그 비밀을 좇아 기도하였고, 가브리엘을 통하여 그 뜻을 알게 된다(9). 힛데겔 강 가에서 환상을 보며(10), 가까운 미래에 벌어질 일과(11), 종말에 대한 환상을 본다(12).

Reading Bible Checklist														다니엘 1-12장
1	2	3	4	5	6	7	8	9	10	11	12			
●	●	●	●	●	●	●	●	●	●	●	●			

41

호세아

하나님의 불타는 사랑

• 호세아 1-14장 •

호세아서는 북이스라엘이 가장 왕성했고 풍요로웠던 여로보암 2세 시대를 배경으로 한다. 당시 북이스라엘은 솔로몬 왕국의 회복으로 여겨질 만큼 부강하였고 대단히 큰 영토를 갖고 있었다(왕하 14:25). 하지만 그들의 번영은 패권을 잡고 있었던 다메섹(아람)이 힘을 잃어가고 앗수르가 왕성해지기 전에 있었던 일시적 현상이었다. 그리고 멀지 않은 시기인 BC 722년 디글랏빌레셀이 사마리아를 점령함으로 북이스라엘이 멸망한 것을 볼 때, 여로보암 2세의 통치 시기가 마지막 영화기였다. 이때는 대단히 풍요로웠다. 하지만 영적으로 가장 심각하게 타락했던 때였다.

우리는 여기서 물질적 풍요 혹은 육체적 성공이 언제나 하나님의 축복이라는 이상한 도식이 잘못되었음을 알게 된다. 엄밀히 말해, 우리가 하나님의 축복을 누리는 진정한 시기는 영적인 풍요가 이루어진 때이다. 그러므로 만일 내가 지금 영적 타락에 빠져 있고 죄에 늘 노출되어 있는데도 모든 것이 잘 되고 있다면, 하나님의 축복이 아니라 멸망에 이르기 전의 일시적 현상일지 모른다는 의심을 해야 한다.

고멜을 사랑하라

호세아서는 하나님이 호세아에게 음란한 여인 고멜을 아내로 삼고 자녀들을 낳으라는 명령으로 시작된다.

> 여호와께서 처음 호세아에게 말씀하실 때 여호와께서 호세아에게 이르시되 너는 가서 음란한 여자를 맞이하여 음란한 자식들을 낳으라 … _호 1:2

고멜은 호세아에게서 세 명의 아들을 낳았다. 하지만 '음란한 자식들을 낳으라'는 하나님의 말씀에서 알 수 있듯이, 고멜은 정결한 상태에서 아이를 낳은 것은 아니었다. 그런 까닭에 고멜이 낳은 두 아들과 딸 하나의 이름은 이스라엘을 향한 하나님의 마음을 표현하는 것이었다. 예를 들어 막내아들의 이름이 '로암미'는 '내 백성이 아니다'라는 뜻인데, 부가 설명에 주의할 필요가 있다.

> 여호와께서 이르시되 그의 이름을 로암미라 하라 너희는 내 백성이 아니요 나는 너희 하나님이 되지 아니할 것임이니라 _호 1:9

그런데 2장 1절에서 하나님은 '로암미'가 아니라 '암미' 곧 '내 백성'이라고 바꿔 부르셨다. 그러니까 고멜같이 부정한 이스라엘이지만 분노는 하나님의 뜻이 아니신 것을 드러냈음을 알 수 있다. 그러므로 이스라엘은 돌아오기만 하면 되었다. 비록 그가 여전히 음란한 여인으로 살고 정부를 좇아갈지라도 말이다.

> 그러므로 보라 내가 그를 타일러 거친 들로 데리고 가서 말로 위로하고 거기서 비로소 그의 포도원을 그에게 주고 아골 골짜기로 소망의 문을 삼아 주리니 그가 거기서 응대하기를 어렸을 때와 애굽 땅에서 올라오던 날과 같이 하리라 여호와께서 이르시되 그 날에 네가 나를 내 남편이라 일컫고 다시는 내 바알이라 일컫지 아

니하리라 _호 2:14-16

이처럼 하나님은 호세아와 고멜의 관계를 비유로 이스라엘과의 관계를 남편과 아내로 말씀하고 계신 것이다. 심지어 다시 회복되는 날에는 '내 바알이라 일컫지 않고 내 남편'이라 일컫게 하리라고 말씀하셨다. 이같은 번역이 약간 의아스럽게 보이지만, 히브리어 성경으로 읽으면 '내 바알'은 '바아리'의 번역인데, 일반명사 '바알'은 '주인'이란 뜻이다. 그런데 1인칭 어미가 붙은 '바아리'는 '내 주인'으로 번역된다. 그리고 '내 남편'의 히브리어 단어는 '이쉬이'인데 직역하면 '내 남자'이다. 매우 다정하게 부르는 표현인 것이다. 그래서 공동번역은 '낭군'이라고 번역한다. 이것이 하나님의 마음이었다.

문제는 고멜이 끊임없이 정부를 찾아다니는 일을 멈추지 않은 것이다. 이방신을 섬기는 이스라엘의 모습을 말한 것인데, 딸과 아들을 셋이나 낳았음에도 불구하고 음란한 삶을 포기하지 못하고 음부를 좇아간 것이다(호 2:7). 도무지 희망이 없는 행동이었다. 하지만 하나님은 놀랍게도 호세아에게 자식들까지 버리고 떠나 이미 다른 사람과 연애하고 음부가 된 여인 고멜을 다시 사랑하라고 말씀하셨다.

여호와께서 내게 이르시되 이스라엘 자손이 다른 신을 섬기고 건포도 과자를 즐길지라도 여호와가 그들을 사랑하나니 너는 또 가서 타인의 사랑을 받아 음녀가 된 그 여자를 사랑하라 하시기로 _호 3:1

하지만 고멜은 은 열 다섯 개와 보리 한 호멜 반을 주고 사와야 될 만큼 이미 비참한 창녀가 되어 있었다. 드디어 호세아가 고멜을 하나님 때문에 다시 아내로 데려오지만, 이 이야기는 하나님의 이스라엘을 향한 사랑, 곧 우리를 향한 사랑은 상상이 불가능하다는 걸 말하는 것이었다.

하나님을 알자

호세아는 이 기막힌 하나님의 사랑을 보면서 깨닫는다. 하나님이 원하시는 것은 정결하고 깨끗하고 완전한 모습이 아니라도 하나님께로 돌아오는 것이 중요하다는 것을 말이다. 그래서 호세아는 음란한 백성을 향하여 하나님께 돌아갈 것을 요청하였다.

오라 우리가 여호와께로 돌아가자 여호와께서 우리를 찢으셨으나 도로 낫게 하실 것이요 우리를 치셨으나 싸매어 주실 것임이라 _호 6:1

그런데 이스라엘은 이 사실을 전혀 몰랐다. 호세아가 찾아내기 전까지 음란한 여인으로 살아갔던 고멜처럼, 사람들은 하나님의 마음을 모른다는 점이다. 그래서 호세아가 여호와께로 돌아가자는 요청과 함께 강조한 것이 하나님의 마음을 알자, 곧 하나님을 공부하자는 말이었다.

내 백성이 지식이 없으므로 망하는도다 … 그러므로 우리가 여호와를 알자 힘써 여호와를 알자 그의 나타나심은 새벽 빛 같이 어김없나니 비와 같이, 땅을 적시는 늦은 비와 같이 우리에게 임하시리라 하니라 _호 4:6; 6:3

정말로 우리가 잊지 말아야 할 것이 있다. 하나님이 원하시는 것은 제사, 곧 예배가 아니다. 헌금이나 부요한 무엇을 드리는 것도 아니다. 하나님과 동일한 마음과 하나님을 아는 것뿐이다.

나는 인애를 원하고 제사를 원하지 아니하며 번제보다 하나님을 아는 것을 원하노라 _호 6:6

하나님이 원하시는 것은 인애(仁愛)이지 제사가 아니다. '인애'로 번역된 '헤세드'는 언제나 동일한 사랑, 충성, 정직, 경건, 곧 신실함을 의미하는데, 하나님이 원하시는 것이다. 달리 말해서 마음이다. 마음이면 충분하다고 하신 것이다.

이처럼 끊임없이 구애하고 하나님의 마음을 드러내지만, 이스라엘은 하나님을 사랑하지 않았고 진심으로 좇지 않았다. 오히려 앗수르를 의지했다가 애굽을 의지하는 등 오락가락하는 모습을 보였고, 하나님은 안중에도 없었다. 이처럼 전혀 돌아서지 않는 이스라엘을 보면서 하나님이 절망적인 말씀을 하셨다.

… 그들의 행위가 악하므로 내 집에서 그들을 쫓아내고 다시는 사랑하지 아니하리라 … _호 9:15

'다시는 사랑하지 않으시겠다!' 하지만 우리가 알다시피 하나님의 이 선언은 실현 불가능한 선언이었다. 고멜 사건에서 알 수 있듯이, 하나님이 사랑하지 않으시는 것은 불가능하기 때문이다. 결국 하나님은 멸망을 향해 가고 있는 이스라엘에게 드디어 입을 여셨는데, 불타는 사랑이었다.

… 내가 어찌 너를 버리겠느냐? … 너를 버리려고 하여도, 나의 마음이 허락하지 않는구나! 너를 불쌍히 여기는 애정이 나의 속에서 불길처럼 강하게 치솟아 오르는구나. _호 11:8 새번역

하나님이시기 때문에

호세아 전체, 아니 성경 전체를 보면서 알게 되는 것은 하나님이 이런 행동을 하실 수밖에 없다는 사실이다. 하나님께서 그 이유를 이렇게 말씀하셨다.

내가 나의 맹렬한 진노를 나타내지 아니하며 내가 다시는 에브라임을 멸하지 아니하리니 이는 내가 하나님이요 사람이 아님이라 … _호 11:9

하나님이 하신 이 모든 행동의 이유는 '하나님이 하나님이시기 때문'이라고 말씀하신 것이다. 그러므로 이스라엘이나 우리나, 하나님의 사랑 안에서 벗어날 방법은 존재하지 않는다. 하나님이 하나님이심을 포기하지 않는 한 말이다. 하나님은 그런 분이시기 때문이다. 그런 까닭에 호세아의

마지막 메시지는 간단하다.

이스라엘아 네 하나님 여호와께로 돌아오라 … _호 14:1

하지만 이 엄청난 사랑을 이야기하면서, 호세아는 답답한 마음을 표현하듯 호세아서를 끝맺는다.

누가 지혜가 있어 이런 일을 깨달으며 누가 총명이 있어 이런 일을 알겠느냐 여호와의 도는 정직하니 의인은 그 길로 다니거니와 그러나 죄인은 그 길에 걸려 넘어지리라 _호 14:9

우리가 평생토록 인생을 걸고 투자해 볼 만한 공부가 있다면 하나님을 아는 것이다. 하나님을 아는 것이 우리를 살게 만들 것이다. 하나님을 알면 알수록 하나님 사랑의 측량할 수 없는 깊이를 알게 될 것이다. 그저 아무것도 한 일이 없이 주님 앞에 나오기만 해도 된다는 놀라운 사실을 깨닫게 될 것이다. 어떻게 하겠는가? 이 어쩔 수 없으신 하나님의 불타는 사랑을 어떻게 하겠는가?

호세아 1장부터 14장까지의 개관

음란한 여인 고멜을 아내로 삼게 하셨다(1). 고멜은 이스라엘을 말하는 것이었다(2). 고멜은 다시 음녀가 되지만, 하나님이 회복하게 하셨다(3). 그래서 호세아는 이스라엘의 영적 간음으로서의 우상숭배(4-5)에도 불구하고, 하나님의 회복을 예언한다(6). 그러나 돌아오지 않으려는 이스라엘(7)의 고의적인 우상숭배는(8) 반드시 심판하실 것이다(9-10). 하지만 하나님은 버릴 생각이 없으시니, 돌아가기만 하면 된다(11). 그런데 이스라엘은 여전했다(12-13). 어찌할 것인가?

Reading Bible Checklist													호세아 1-14장	
1	2	3	4	5	6	7	8	9	10	11	12	13	14	
●	●	●	●	●	●	●	●	●	●	●	●	●	●	

42

요엘

나는 예배가 되는가

• 요엘 1-3장 •

이스라엘 땅에 어느 날 메뚜기가 갑자기 엄습해왔다. 그 엄습은 너무나도 무섭고 강력해서 모든 것이 하나도 남김없이 사라지고 만다. 흉측한 메뚜기 재앙은 이전에 경험해보지 못했던 치명적인 사건이었다. 요엘 선지자는 이스라엘 모두가 경험했을 그날을 떠올리며, 그 일에 비유하여 예언한다. 그 경험은 생각만으로도 끔찍했다.

팥중이가 남긴 것을 메뚜기가 먹고 메뚜기가 남긴 것을 느치가 먹고 느치가 남긴 것을 황충이 먹었도다 _욜 1:4

예배할 수 없을 때

사실 심각한 것은 메뚜기 재앙과 같이 모든 것이 사라지는 재난 현상이 아니다. 요엘을 통한 하나님의 예언은 갑자기 엄습했던 메뚜기 재앙과 비교가 되지 않을 만큼 심각한 여호와의 날에 대한 설명이었다. 그날은 멸망의 날, 곧 세상의 종말 같은 날이었다. 요엘이 본 환상은 기가 막혔다.

슬프다 그 날이여 여호와의 날이 가까웠나니 곧 멸망 같이 전능자에게로부터 이르리로다 먹을 것이 우리 눈 앞에 끊어지지 아니하였느냐 기쁨과 즐거움이 우리 하나님의 성전에서 끊어지지 아니하였느냐 씨가 흙덩이 아래에서 썩어졌고 창고가 비었고 곳간이 무너졌으니 이는 곡식이 시들었음이로다 _욜 1:15-17

이 예언이 심각한 것은 '기쁨과 즐거움이 하나님의 성전에서 끊어진' 것이기 때문이다. 요엘 선지자는 여호와의 날의 심각성이 예배할 수 없는 상황에 있는 것이라고 정확하게 말하였다. 요엘은 그 상황을 제물이 있어야 반드시 제사를 드리던 그들에게 제사에 사용할 곡식이 사라진 것으로 설명한다.

소제와 전제가 여호와의 성전에서 끊어졌고 여호와께 수종드는 제사장은 슬퍼하도다 밭이 황무하고 토지가 마르니 곡식이 떨어지며 새 포도주가 말랐고 기름이 다하였도다 _욜 1:9-10

이처럼 여호와의 날의 비극은 예배할 수 없는 것이다. 예배를 인도하는 제사장들은 더 이상 예배할 수 없기에, 굵은 베를 동이고 슬퍼할 수밖에 없다.

제사장들아 너희는 굵은 베로 동이고 슬피 울지어다 제단에 수종드는 자들아 너희는 울지어다 내 하나님께 수종드는 자들아 너희는 와서 굵은 베 옷을 입고 밤이 새도록 누울지어다 이는 소제와 전제를 너희 하나님의 성전에 드리지 못함이로다 _욜 1:13

정확하게 말해 메뚜기 재앙으로 말미암아 제물(곡식)이 없어서 예배를 드릴 수 없는 상황, 곧 예배할 수 없는 때이다. 그러니까 종말이다. 어떤 상황에서든지 예배할 수 없는 상황이 종말이라는 뜻이다.

여호와의 날이 오더라도

오늘 이 시대는 어떤 의미에서 메뚜기 재앙의 때이다. 우리의 예배가 물질적이고 눈에 보이는 것에 의해 제한되거나 조종당하기 때문이다. 예를 들어 밤을 새워 게임을 하는 상황이 메뚜기 상황이고, 돈 때문에 하나님을 예배할 수 없는 상황도 메뚜기 상황이다. 그것이 무엇이든 예배할 수 없게 만드는 모든 상황은 메뚜기 재앙의 상황이라 할 수 있다. 그렇다면 이미 여호와의 날을 만난 것과 다름없다. 예배하는 것보다 더 중요한 일은 없기 때문이다. 우리가 만났던 코로나19 상황이 메뚜기 재앙이라고 말할지도 모르겠지만, 오히려 어떤 이들에게는 예배를 더 갈급하게 하여 모든 처소에서 예배하는 영적 부흥의 상황이 되었을 것이다.

그러므로 호세아서를 깊이 살핀다면, 종말이 현상적으로는 제사에 드릴 곡식이 없다는 것으로, 곧 예배할 수 없는 상황으로 보이지만, 내면적으로 보면 죄를 지은 상황인 것을 알 수 있다. 가장 치명적인 죄는 예배할 수 없는 죄이기 때문이다. 반대로 내가 지금 예배할 수 있다면 이미 메뚜기 재앙을 벗어난 상황이라 할 것이다.

그러므로 자신에게 '나는 예배할 수 있는가'를 질문해야 한다. '어떤 상황에도 얽매이지 않고 예배하고 있는가?'라고 물어야 한다. 왜냐하면 예배의 문제는 구약의 상황에서도 제물의 문제가 아니라 마음의 문제이기 때문이다. 요엘 선지자가 지적한 것도 제물이 아니라 마음의 회개였다.

여호와의 말씀에 너희는 이제라도 금식하고 울며 애통하고 마음을 다하여 내게로 돌아오라 하셨나니 너희는 옷을 찢지 말고 마음을 찢고 너희 하나님 여호와께로 돌아올지어다 그는 은혜로우시며 자비로우시며 노하기를 더디하시며 인애가 크시사 뜻을 돌이켜 재앙을 내리지 아니하시나니 _욜 2:12-13

우리가 마음을 진심으로 주님께로 드릴 수 있다면 제물은 이차적이다.

하나님은 우리 마음만으로도 예배를 받으시기 때문이다. 그래서 반드시 제물이 있어야 예배가 가능한 것이 구약의 상황이었지만, '제물은 하나님이 주시지 않겠는가?'라고 요엘이 말한 이유다.

행여 주님께서 마음과 뜻을 돌이키시고 오히려 복까지 베푸셔서, 너희가 주 하나님께 곡식제물과 부어 드리는 제물을 바칠 수 있게까지 하실는지 누가 아느냐? _욜 2:14 새번역

3장은 구체적으로 다가올 군사적 공격과 위기를 예언하지만, 예배가 회복된 자들에게는 하나님께서 '북쪽 군대'(욜 2:20)로 상징되는 메뚜기 재앙 같은 상황을 만나지 않도록 이끄실 것이다. 뿐만 아니라 하나님의 영을 부어주셔서 현재를 넘어서는 꿈을 꾸며, 새로운 미래를 계획하게 하실 것이라고 말한다.

그 후에 내가 내 영을 만민에게 부어 주리니 너희 자녀들이 장래 일을 말할 것이며 너희 늙은이는 꿈을 꾸며 너희 젊은이는 이상을 볼 것이며 그 때에 내가 또 내 영을 남종과 여종에게 부어 줄 것이며 내가 이적을 하늘과 땅에 베풀리니 곧 피와 불과 연기 기둥이라 _욜 2:28-30

실제로 이 예언은 오순절 성령의 역사 때 이뤄진다. 그때 제자들과 성령의 임재를 경험한 사람들은 시대의 고통스러움에도 불구하고 다른 삶을 살 수 있었다.

그 이름을 부를 수 있는 자

어느 날 분명히 여호와의 날이 임할 것이다. 그러나 하나님을 예배하는 자, 곧 주의 영으로 하나님의 꿈을 꾸는 자들에게 여호와의 날은 상관이 없다. 그들은 하나님과 상관있는 이들이고, 그 이름을 부를 수 있는 존재들이기 때문이다. 우리가 하나님의 이름을 부르는 것 자체가 구원의 길이

되는 것이다.

여호와의 크고 두려운 날이 이르기 전에 해가 어두워지고 달이 핏빛 같이 변하려니와 누구든지 여호와의 이름을 부르는 자는 구원을 얻으리니 이는 나 여호와의 말대로 시온 산과 예루살렘에서 피할 자가 있을 것임이요 남은 자 중에 나 여호와의 부름을 받을 자가 있을 것임이니라 _욜 2:31-32

그러므로 정말 답답할 때, 아무것도 보이지 않는 캄캄함이 엄습할 때, 무엇을 해야 좋을지 전혀 알 수 없을 때, 우리는 주님의 이름을 부를 수 있는가? 실제로 불러본 적이 있는가? 그때 무슨 일이 일어났는가?

사실 그 상황에서 주님의 이름을 부를 수 있다는 것은 하나님을 온전히 예배하는 사람이라는 뜻이다. 기적이다. 또한 그 이름을 부를 때 하나님의 임재로 인한 평화가 임한다면, 그것은 하나님과 영적으로 교통하는 존재이기 때문이다. 그래서 기적이며 구원이다. 그러나 또한 당연한 일이다. 온전한 믿음을 지닌 예배자, 그런 기독교인에게는 당연히 벌어지는 일이기 때문이다. 그러므로 한번 불러보라.

"주여!"

"아버지여!"

"하나님, 우리 아버지여!"

이렇게 부를 수 있는가? 그 이름을 부를 때 무슨 일이 생겼는가? 더 나아가 이런 질문도 던져보라.

"나는 예배가 되는가?"

어떤 상황이든 관계없이, 하나님을 예배하는 일이 당신에게 쾌락인가 하는 물음이다. 예배가 전부인가 하는 물음이다.

"나는 언제나 예배가 되는가?"

요엘 1장부터 3장까지의 개관

언젠가 있었던 갑작스런 메뚜기 재앙처럼(1), 여호와의 날이 임할 것이니, 하나님께로 돌아가야 하지 않겠는가(2)? 그 날에 반드시 심판하시겠지만, 그러나 회복하실 것이기에(3).

Reading Bible Checklist														요엘 1-3장
1	2	3												

43

아모스

삶이 예배여야 한다

• 아모스 1-9장 •

유다 왕 웃시야의 시대 곧 이스라엘 왕 요아스의 아들 여로보암의 시대 지진 전 이년에 드고아 목자 중 아모스가 이스라엘에 대하여 이상으로 받은 말씀이라 _암 1:1

아모스 선지자는 북이스라엘 역사상 가장 강력하고 부요했던 여로보암 2세(BC 782-745) 시절에 활동한 선지자이다. 그는 예루살렘에서 남쪽으로 20킬로미터 떨어진 드고아 출신인데, 북이스라엘에 가서 예언하였다. 그만큼 북이스라엘에 온전한 선지자가 없다는 뜻이기도 하지만, 매우 시급한 상황임을 의미했다. 그만큼 이스라엘의 멸망이 가까워진 상태였다.

이상한 낙관주의

이때 하나님이 아모스에게 임하셨다. 하나님은 주변 나라들에 대한 심판(1장)과 유다와 이스라엘에 대한 심판(2장)을 말씀하셨다. 이같이 열방을 향한 예언에 유다와 이스라엘이 포함되었다는 것은 이스라엘이 제사장 나라로서 다른 나라들과의 구별이 사라졌다는 의미였다.

아모스는 이어 3장에서 6장까지 이스라엘을 향해 세 번의 설교를 하는데, 이스라엘의 죄악을 열거하며 회개를 촉구하였다. 그런데 이스라엘은 반응이 없었다. 아무리 멸망과 심판을 이야기해도, 하나님께서 반복하여 "너희가 내게로 돌아오지 아니하였느니라"(암 4:6,8,9,10,11)라고 말씀하신 것처럼 반응이 없었다. 돌아올 수 없는 무딘 존재가 된 것이다.

사실 이것은 그들 사이에 흐르는 이상한 낙관주의 때문이었다. 아마 그들이 예배를 드리는 데 열심이었기 때문일 것이다. 아침마다 희생제사를 드리고 3일마다 십일조를 드렸기 때문일 것이다. 또한 자신만을 위한 예배가 아니라 이웃을 위한 중보의 수은제를 드리며, 아무런 조건 없이 오직 하나님만 예배하는 낙헌제까지 드린 것 때문일 것이다.

너희는 벧엘에 가서 범죄하며 길갈에 가서 죄를 더하며 아침마다 너희 희생을, 삼일마다 너희 십일조를 드리며 누룩 넣은 것을 불살라 수은제로 드리며 낙헌제를 소리내어 선포하려무나 이스라엘 자손들아 이것이 너희가 기뻐하는 바니라 주 여호와의 말씀이니라 _암 4:4-5

그들은 이처럼 열심히 예배를 드렸다. 그런데 하나님은 그 예배들이 가증스럽다고 말씀하신 것이다.

내가 너희 절기들을 미워하여 멸시하며 너희 성회들을 기뻐하지 아니하나니 너희가 내게 번제나 소제를 드릴지라도 내가 받지 아니할 것이요 너희의 살진 희생의 화목제도 내가 돌아보지 아니하리라 _암 5:21-22

도대체 하나님께서 그들의 예배를 거부하시고 가증스럽게 여기신 이유는 무엇일까? 분명히 그들이 예배하였지만, 하나님이 보실 때 그 예배는 '너희가 즐겨하는 짓'(암 4:5 공동번역)에 불과했다. 기막히게 예배를 드렸지만, 오로지 자기만족에 근거한 예배였다는 뜻이다. 우리가 주의해야 할 예배의 모습이다.

우리는 즐거운 예배를 추구한다. 물론 그것이 나쁜 것은 아니지만, 다윗이 고백한 것처럼 우리가 죄 가운데 있다면, 죄를 범하다가 왔다면 우리의 즐거운 예배는 옳지 않다. 하나님이 즐거워하지 않으시기 때문이다. 그것이 하나님이 예배를 받지 않으시겠다는 이유였다. 실제로 그들의 삶은 '힘없는 자를 학대하며 가난한 자를 압제하며'(암 4:1) 사는 삶이었다. 그런데 예배를 즐겁게 드린 것이다. 마치 사장 자신은 주일 성수하면서 자기 회사 직원들은 일하게 하고, 외국인 노동자들은 24시간 일하게 하는 것과 같은 것이다. 하나님이 기뻐하지 않으시는 것이 당연했다. 그런 까닭에 하나님께서 분명하게 생각을 드러내셨는데, 삶이 예배가 되어야 하고, 정의가 예배가 되어야 한다는 말씀이었다.

네 노랫소리를 내 앞에서 그칠지어다 네 비파 소리도 내가 듣지 아니하리라 오직 정의를 물 같이, 공의를 마르지 않는 강 같이 흐르게 할지어다 _암 5:23-24

배부른 돼지 제사장

이스라엘은 왜 이 모양 이 꼴이 된 것일까? 그들은 깨어 있어야 했지만 모두 배부른 돼지였다. 나라가 부요해지고, 모든 것이 잘 되고 아무런 문제가 없자, 그것이 하나님의 축복인 줄 안 것이다. 그래서 배부른 돼지가 되어 드러누워 있었던 것이다. 곧 잡혀 먹을 돼지 신세, 심판이 임박한 줄 몰랐다. 부요가 그들의 눈을 멀게 한 것이다. 그러나 가장 근원적인 이유는 잘못된 메시지, 어리석은 선포를 하는 선지자와 제사장들 때문이었다.

그 시대에도 분명 선지자들이 존재하였다. 궁정에는 제사장이 있고 예언자도 있었다. 대표적으로 등장하는 궁정 제사장 아마샤를 보면 알 수 있다. 하지만 그 역시 배부른 돼지 제사장이었다. 이미 예루살렘이 아닌 벧엘의 부정한 제사장이었고, 그들이 듣고 있는 것은 왜곡된 하나님의 음성이었다. 하나님은 그들에게 말씀하지 않으셨다. 설령 말씀하셨어도 그들이 왜곡시켰다. 그것이 말씀의 기근을 낳았다. 결국 백성은 하나님의 음성을 듣지 못하는 돼지 신앙인이 되고 만 것이다. 그것이 그들을 망하게 한 것이다.

주 여호와의 말씀이니라 보라 날이 이를지라 내가 기근을 땅에 보내리니 양식이 없어 주림이 아니며 물이 없어 갈함이 아니요 여호와의 말씀을 듣지 못한 기갈이라 _암 8:11

분명 말씀은 넘쳐나고 있었지만, 하나님의 말씀이 선포되고 있지 않았기 때문이다. 자기 개인의 의견이나 농담이나 생각들은 하나님의 말씀이 아닌데, 하나님의 말씀이라고 포장하고서 선포한 것의 결과였다.

오늘도 마찬가지 현상이 일어난다. 말씀을 들어도 변화가 없고, 말씀을 들어도 죄에서 돌아서지 않으며, 말씀을 들어도 하나님을 두려워하지 않는다. 그것은 듣는 자의 문제 때문이기도 하지만, 동시에 온전히 하나님의 말씀을 전하는 설교자의 부재 때문이다. 하나님 앞에 있는, 하나님을 두려워하는 설교자의 부재 때문이다.

급기야 하나님이 부르신 사람이 뽕나무를 치는 목자 아모스였다. 하나님이 하도 답답해서 남유다 사람을 부른 것이다. 심지어 그는 선지자도 아니었다. 그래서 그가 예언할 때 면허증을 갖고 있던 아마샤가 "다시는 벧엘에서 예언하지 말라"(암 7:13)고 경고할 때 이렇게 대답한 이유였다.

아모스가 아마샤에게 대답하여 이르되 나는 선지자가 아니며 선지자의 아들도 아니라 나는 목자요 뽕나무를 재배하는 자로서 양 떼를 따를 때에 여호와께서 나를 데려다가 여호와께서 내게 이르시기를 가서 내 백성 이스라엘에게 예언하라 하셨나니 _암 7:14-15

요즈음 상황으로 말하면 정식으로 신학공부를 하고 목사 면허증을 가진 목사를 제치고, 신학도 전혀 하지 않은 자에게 말씀을 전하라고 하나님께서 시키신 것이다. 당연히 목사의 타락 때문이라 할 것이다. 그러므로 목사들이 말씀에 전념하지 않으며, 하나님과의 깊은 영적 교제 없이 세속적인 방법으로 마케팅 이론을 좇아 근사하고 포장된 설교를 하고 있는 것은 문제다.

내가 이 두루마리의 예언의 말씀을 듣는 모든 사람에게 증언하노니 만일 누구든지 이것들 외에 더하면 하나님이 이 두루마리에 기록된 재앙들을 그에게 더하실 것이요 _계 22:18

이것이 요한계시록의 말씀에만 한정되는 것이라고 볼 수는 없다. 모든 하나님의 말씀은 가감해서는 안 되는데, 하나님의 말씀을 전한다고 하면서 자신이 전하고 싶은 이야기를 위해 말씀을 함부로 도구로 쓰고 있는 것은 용서받을 수 없다. 그 말씀을 듣는 자들로 하여금 잘못된 기초에 신앙을 쌓게 하는 죄를 범하게 하는 것이기 때문이다.

내가 너희에게 명령하는 말을 너희는 가감하지 말고 내가 너희에게 내리는 너희 하나님 여호와의 명령을 지키라 _신 4:2

하지만 이같은 하나님의 명령을 지키지 않고, 자기 마음대로 설교하고 선포했던 부유하고 배부른 돼지 같은 제사장 아마샤에게 하나님은 이렇게 말씀하셨다.

이제 너는 여호와의 말씀을 들을지니라 네가 이르기를 이스라엘에 대하여 예언하지 말며 이삭의 집을 향하여 경고하지 말라 하므로 여호와께서 이와 같이 말씀하시기를 네 아내는 성읍 가운데서 창녀가 될 것이요 네 자녀들은 칼에 엎드러지며 네 땅은 측량하여 나누어질 것이며 너는 더러운 땅에서 죽을 것이요 이스라엘은 반드시 사로잡혀 그의 땅에서 떠나리라 하셨느니라 _암 7:16-17

정확한 설교

우리가 관심가져야 할 것은 우리 귀에 즐거운 설교가 아니다. 우리 죄를 건드리며 돌아서도록 부담감을 주는 설교를 들어야 한다. 그런 까닭에 가끔 말씀이 어려워 보일 수 있어도, 목사는 하나님의 말씀 그대로 가감없이 전하는 것이 중요하다. 성도들도 그런 말씀을 듣는 것이 중요하다. 쉬운 설교가 좋은 것이 아니라, 정확한 설교가 좋은 것이다. 그러므로 무엇보다 본문을 정확하게 해석한 설교가 중요하다. 더 쉽게 전할 수도 있고, 더 많은 예화를 써서 설명할 수도 있지만, 설교의 중심은 예화가 아니라 성경 말씀이어야 한다.

사실 설교자는 설교에 대해 걱정할 필요가 없다. 깨닫게 하시는 분도 하나님이시며 그 말씀을 통해 역사하시는 분도 하나님이시기 때문이다. 우리는 축복과 성공의 메시지를 찾아다닐 필요가 없다. 말씀이 진실로 하나님의 뜻이기 때문이다. 그러므로 늘 말씀을 묵상하며 하나님 앞에 겸손히 서 있을 때, 하나님은 말씀을 드러내실 것이 틀림없다.

아마샤와 달리 아모스의 예언은 심각한 재앙의 예언처럼 보여도 하나님의 뜻이 아니었다. 하나님께서 역시 다시 위로의 메시지를 하심으로, 아모스 선지자의 예언을 마무리하게 하신 것에서 알 수 있다.

내가 내 백성 이스라엘이 사로잡힌 것을 돌이키리니 그들이 황폐한 성읍을 건축하여 거주하며 포도원들을 가꾸고 그 포도주를 마시며 과원들을 만들고 그 열매를 먹으리라 내가 그들을 그들의 땅에 심으리니 그들이 내가 준 땅에서 다시 뽑히지 아니하리라 네 하나님 여호와의 말씀이니라 _암 9:14-15

아모스 1장부터 9장까지의 개관

하나님이 다메섹을 비롯한 나라들과 유다와 이스라엘을 심판하신다(1-2). 사마리아 곧 이스라엘을 심판함이 당연한 것은(3) 이스라엘이 돌아오지 아니하기 때문이다(4). 그 심판은 어두움으로, 당연히 멸망할 것이다(5-6). 하나님은 심판의 징조로 메뚜기 환상, 불의 환상, 다림줄 환상(7)과 여름 과일 환상(8), 그리고 성전 문지방이 부서지는 환상을 보여주시지만, 동시에 회복에 대한 약속을 하셨다(9).

Reading Bible Checklist														아모스 1-9장
1	2	3	4	5	6	7	8	9						
●	●	●	●	●	●	●	●	●						

오바댜

네가 형이다

• 오바댜 1장 •

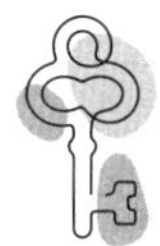

오바댜서를 읽을 때 우리는 약간 당혹스러움을 경험하게 된다. 그것은 구약성경 어디에서도 쉽게 볼 수 없는 한 민족, 곧 에돔의 멸망에 대한 하나님의 강력한 의지 표명 때문이다. 한 구절만 읽어도 알 수 있다.

나 이제 너희를 세상에서 가장 못난 나라로 만들어 가차없이 멸시를 받게 하리라 … 네가 네 형제 야곱에게 행한 포학으로 말미암아 부끄러움을 당하고 영원히 멸절되리라 _옵 1:2 공동번역, 옵 1:10 개정개역

하나님은 오바댜만이 아니라 다른 예언자들을 통해서도 강력하게 표현하였는데, 에돔을 하나님의 원수라고 말씀하신 것이다.

내가 내 백성 이스라엘의 손으로 내 원수를 에돔에게 갚으리니 그들이 내 진노와 분노를 따라 에돔에 행한즉 내가 원수를 갚음인 줄을 에돔이 알리라 주 여호와의 말씀이니라 _겔 25:14

여호와의 칼이 하늘에서 족하게 마셨은즉 보라 이것이 에돔 위에 내리며 진멸하시기로 한 백성 위에 내려 그를 심판할 것이라 _사 34:5

에돔과 이스라엘의 애증

하나님은 무엇 때문에 에돔에게 이토록 분노하신 것일까? 에돔의 멸망에 대한 이야기는 창세기의 에서 이야기와 관계가 있다. 사실 에돔이라는 나라 이름도 에서와 마찬가지로 그 뜻이 '붉다'이다. 옛날 에돔의 시조인 에서가 팥죽 한 그릇에 장자의 명분을 팔아넘긴 사건에서 연유한다. 분명 에서는 이삭(이스라엘) 가문의 장자였다. 하지만 간교한 야곱 때문에 장자권을 잃는다. 그로 인한 묵은 원한이 에돔 족속에게 뿌리깊게 자리잡게 된다. 그래서 에돔은 사사건건 야곱의 원수로서 반응했다. 어떤 의미에서 에돔은 억울한 면도 있다. 그런데도 왜 하나님은 에돔에 대해 혹독한 예언을 하시는 걸까? 우선 짐작할 수 있는 것은 에돔의 행태 때문이다.

이스라엘이 출애굽하여 에돔 땅을 통과하려 할 때였다. 이스라엘은 그 땅을 통해 지나가게 해달라고 정중히 부탁하였다. 모세는 사신을 보내 애굽에서의 힘들었던 삶을 이야기하며 사정까지 한 것이다.

> 모세가 가데스에서 에돔 왕에게 사신을 보내며 이르되 당신의 형제 이스라엘의 말에 우리가 당한 모든 고난을 당신도 아시거니와 우리 조상들이 애굽으로 내려갔으므로 우리가 애굽에 오래 거주하였더니 애굽인이 우리 조상들과 우리를 학대하였으므로 우리가 여호와께 부르짖었더니 우리 소리를 들으시고 천사를 보내사 우리를 애굽에서 인도하여 내셨나이다 이제 우리가 당신의 변방 모퉁이 한 성읍 가데스에 있사오니 청하건대 우리에게 당신의 땅을 지나가게 하소서 … _민 20:14-17

그것만이 아니었다. 이스라엘은 큰 길로만 지나가겠고, 만일 짐승을 포함해서 물을 마시게 되면 물값을 내겠다고 말하였다(민 20:17,19). 하지만 에돔 왕은 통과를 허락하지 않았고(민 20:18; 삿 11:17), 심지어 '무장한 많은 군대를 거느리고 그들을 치러'(민 20:20 공동번역) 나오기까지 한다. 그런 까닭에 이스라엘은 어쩔 수 없이 우회해야 했다.

원한의 시작은 분명 야곱 때부터였지만, 이미 430년 동안 애굽에서 노예로 살던 동생 이스라엘이 돌아오는 길인데도 에돔은 허락하지 않은 것이다. 그러니까 에돔은 옛날의 원한을 내려놓지 않고 살았음을 알 수 있다. 하지만 이것도 진짜 원인은 아니다. 이스라엘 백성이 가나안 땅 정복을 앞두고 모압 평야에 거할 때 하나님은 이스라엘에게 에돔에 대해 분명한 지침을 내렸는데, 그들을 미워하지 말라는 명령이었다.

너는 에돔 사람을 미워하지 말라 그는 네 형제임이니라 … _신 23:7

이같은 하나님의 바람과 상관없이 이스라엘과 에돔은 원수 관계를 유지하였다. 에돔은 다윗과 솔로몬 시절에 이스라엘에게 정복당했는데, 솔로몬 시절에 요압이 에돔의 모든 남자를 멸절하기까지 6개월 동안이나 그 땅에 거한 적도 있었다(왕상 11:16). 끊임없이 정복과 회복을 반복하던 에돔은 아하스 왕 때 자유롭게 되지만, 앗수르와 바벨론의 지배를 받기도 했다. 이같은 이유로 뿌리가 깊어진 적대감과 피해의식 때문에 에돔은 이스라엘이 어려움을 당할 때마다 고소해하는 반응을 보였다. 특히 예루살렘이 바벨론에게 멸망당할 때 누구보다 즐거워했던 나라가 에돔이었다.

여호와여 예루살렘이 멸망하던 날을 기억하시고 에돔 자손을 치소서 그들의 말이 헐어 버리라 헐어 버리라 그 기초까지 헐어 버리라 하였나이다 _시 137:7

이후 에돔은 BC 5세기경 나바티안 사람들에 의해 영토를 빼앗긴 후 팔레스틴 남부로 강제 이주되었고, 후에 이두메인으로 불리워졌다. 우리가 잘 아는 이두메 출신의 헤롯이 BC 37년에 유대 왕이 되는데, 그가 바로 예수님을 죽이려 했던 헤롯 왕이다. 이처럼 에돔과 이스라엘은 시종일관 원수 사이로 지낸 것이다.

에돔의 죄

하지만 이것들 때문에 하나님이 에돔을 심판하시는 것만은 아니다. 하나님이 심판하시는 가장 큰 이유는 에돔 자신의 죄 때문이었다. 스스로 교만하게 사는 삶 때문이었다.

너의 마음의 교만이 너를 속였도다 바위 틈에 거주하며 높은 곳에 사는 자여 네가 마음에 이르기를 누가 능히 나를 땅에 끌어내리겠느냐 하니 _옵 1:3

실제로 에돔은 사해 남부의 산악지대인 세일 산의 요새에서 살고 있었고, 수도인 페트라는 말 그대로 반석처럼 단단하게 보호될 수 있는 좁은 협곡의 보호를 받고 있었다. 그것이 그들로 하여금 하나님을 의지하지 않게 만들었다. 하나님의 심판은 그들의 교만에 대한 것이었다.

둘째 이유는 형제인 야곱, 곧 이스라엘에게 행한 죄 때문이었다. 에돔은 예루살렘이 멸망당할 때 방관하며 침략자의 편에 서 있었고, 에돔 사람 누구나 예루살렘의 멸망을 즐거워했다. 그것만이 아니었다. 도망치는 예루살렘 백성을 바벨론에게 팔아넘기기까지 하였다.

오랑캐가 예루살렘 성문을 부수고 밀려들어 약탈하여 서로 나누어가지던 날, 너희는 도와주기는커녕 도리어 한통속이 되었다. 동기인 유다가 재난을 당하는데 너희는 고소하게 여기고 유다 백성이 망하는데 흐뭇해 하며 몸을 뺄 수 없는 궁지에 몰리는데 마구 입을 놀려대는가 하면 내 백성이 참변을 당하는데 오히려 그 성문으로 밀려들고 처참한 일을 당하는데 '잘도 고생하는구나' 하며 고소해 하고 처참한 일을 당하는데 그 재물에 손을 대며 너희 동기들이 도망치는데 길목을 지키다가 쳐죽이며 몸을 뺄 수 없는 궁지에 몰리는데 겨우 살아 남은 자마저 남의 손에 팔아 넘기니 너희가 어찌 그럴 수 있느냐? _옵 1:11-14 공동번역

하나님은 에돔의 행동을 '아우 야곱에게 저지른 그 폭행'(옵 1:10 새번역)으로 여기셨다. 동생을 향한 패륜적 범죄처럼 여기신 것이다. 그래서 에돔

을 용서할 수 없다고 말씀하신 것이다.

앞에서 언급했듯이 에서부터 시작된 억울함이 있는 것은 사실이다. 하지만 그것은 해결된 것이었다. 다시 창세기로 돌아가서, 에서가 야곱에게 장자의 축복을 빼앗겼을 때였다. 에서는 이렇게 울부짖었었다.

… 나의 장자의 명분을 빼앗고 이제는 내 복을 빼앗았나이다 … _창 27:36

하지만 야곱은 그 복을 얍복강에서 하나님을 만난 후에 형 에서에게 돌려준다.

하나님이 내게 은혜를 베푸셨고 내 소유도 족하오니 청하건대 내가 형님께 드리는 예물을 받으소서 하고 그에게 강권하매 받으니라 _창 33:11

히브리어 성경을 보면 에서가 돌려받은 '예물'은 야곱의 빼앗았던 '복'과 같은 단어인 '베라카'를 쓰고 있다. 그러니까 야곱이 에서에게 돌려준 것은 장자의 축복(베라카), 다시 말해 장자권이었다. 그때 에서는 야곱의 형으로 회복되었고, 그는 최소한 그 축복을 누리며 살 수 있었다. 그래서 하나님은 신명기에서 "너는 에돔 사람을 미워하지 말라 그는 너의 형제임이니라"(신 23:7)라고 말씀하신 것이다. 이것이 하나님의 마음이었다. 이런 이유로 하나님은 에돔에게 형으로서의 의무를 요구했던 것이다. 하지만 그렇지 못한 에돔의 모습을 형제를 능욕한 패륜적 범죄로 규정하였다.

아쉬운 에돔

오바댜 예언의 바탕에 깔려 있는 것은 에돔이 하나님이 보시기에는 여전히 이스라엘의 형이라는 사실이다. 그런데 그것을 모르고 피해의식을 가진 채 비참한 삶을 살아온 것이다. 그러므로 오바댜 선지자를 통한 예언은 에돔 족속이 돌아오기를 원하는 하나님의 마음임을 알 수 있다.

그러므로 에돔의 모습에서 아쉬운 것은 평생 과거에 얽매여 피해 망상을 가지고 산 것이다. 이미 돌려받은 신분의 변화와 복을 사용하지 못하고, 스스로 파놓은 편견에 갇혀 살아온 절망적인 민족성이 그들의 문제였다. 뿌리깊은 원한이 그들을 진정한 자유에 이르지 못하게 한 것이다. 모든 것을 가지고 있고, 심지어 헤롯처럼 유대의 왕이 될만한 자질도 가지고 있었지만, 뿌리깊은 피해의식과 열등감이 그들을 계속 비참하게 만든 것이다.

잊지 말라. 하나님은 변하신 적이 없으시다. 우리만 변한 것이다. 우리만 어리석은 것이다. 그러므로 언제나 빨리 돌아와야 한다.

오바댜 1장의 개관

에돔의 죄의 내용과, 심판의 이유와 결과를 말씀하시다(1).

Reading Bible Checklist														오바댜 1장
1														

요나

하나님의 의지

• 요나 1-4장 •

열왕기서 기록을 보면, 요나는 여로보암 2세 때 활동하였던 선지자이다(왕하 14:25). 요나의 고향이 나사렛 북쪽에 인근한 '가드헤벨'이라는 기록을 볼 때, 그는 북이스라엘에서 활동하던 선지자였고 앗수르와 몹시 깊은 원한 관계였음을 알 수 있다. 그런데 어느 날, 하나님이 요나에게 이스라엘의 적국인 앗수르의 수도 니느웨로 가서 복음을 전할 것을 명령하신 것이다.

너는 일어나 저 큰 성읍 니느웨로 가서 그것을 향하여 외치라 그 악독이 내 앞에 상달되었음이니라 하시니라 _욘 1:2

요나의 거절

분명한 것은, 이 명령이 앗수르의 악독 때문이라는 것이었다. 또한 그것은 앗수르 멸망의 전 단계에 주어진 하나님의 경고임을 알 수 있다. 하지만 대단한 민족주의자였던 요나는 하나님의 음성을 듣고도 그 음성을 따라 행동하지 않았다. 니느웨의 멸망은 이스라엘 사람 누구라도 간절히 원하는 것이기 때문이었다. 그래서 요나는 니느웨로 가지 않고, 정반대인 다시스로 가는 배를 타고 배 밑창에 들어가 아무도 모르게 숨었다. 그것은 하나님에게 자신의 입장을 분명하게 표현한 것이었다.

그러나 하나님은 요나의 이런 행동에도 전혀 흔들림이 없으셨다. 니느웨를 구원하고 싶은 하나님의 의지는 너무나 확고하였다. 그래서 거역한 요나가 탄 배에 풍랑을 일으키시고 침몰 위기에 빠지게 하셨다. 결국 요나는 그 풍랑의 원인이 자신에게 있음을 알고, 자신을 하나님의 진노를 멈추게 하는 제물로 바다에 던질 것을 선원들에게 요청하였다.

… 나를 들어 바다에 던지라 그리하면 바다가 너희를 위하여 잔잔하리라 너희가 이 큰 폭풍을 만난 것이 나 때문인 줄을 내가 아노라 하니라 _욘 1:12

요나는 죽기를 선택한 것이다. 그것이 원수 니느웨의 구원보다 나았기 때문이었다. 그래서 선원들이 그를 바다에 던졌더니 바다는 다시 잔잔해졌지만, 요나는 큰 물고기에게 삼킨 채 물고기 뱃속에 있게 되었다. 그것은 죽음과 같은 것이었다.

여기서 우리는 이런 질문을 하게 된다. 요나가 매우 분명하게 자기 의견을 표현하였는데도 '하나님은 왜 흔들리지 않으셨을까' 하는 것이다. 사실 하나님이 흔들리실 때가 있다. 성경을 보면 당신의 계획을 철회하거나 바꾸실 때도 있다. 그런데 왜 이 경우에는 요나의 분명한 입장이 반영되지 않은 것일까?

분명한 것은 요나가 아무리 선지자이고 간절할지라도, 하나님은 요나의 뜻대로가 아니라 하나님의 뜻대로 움직이는 분이시라는 사실이다. 또한 가지, 하나님은 요나 혹은 이스라엘만의 하나님이 아니라는 사실이다. 무엇보다 중요한 것은, 주님께서 악인이 망하는 것을 기뻐하지 않으시며,

악인 역시 구원받기를 원하시기 때문이다.

주 여호와의 말씀이니라 내가 어찌 악인이 죽는 것을 조금인들 기뻐하랴 그가 돌이켜 그 길에서 떠나 사는 것을 어찌 기뻐하지 아니하겠느냐 _겔 18:23

하나님의 고집

하나님을 거역한 요나가 바다에 던져졌을 때, 하나님이 준비하신 것은 큰 물고기였다. 그 물고기가 요나를 삼키게 한 것은 즐거운 장면이다. 물고기의 뱃속은 하나님이 요나에게 주신 기회를 말하기 때문이다. 하나님은 요나도 포기하지 않으신 것이다. 사실 하나님은 얼마든지 다른 사람으로 그 계획을 진행시킬 수 있으시지만, 그렇게 하지 않으셨다. 앗수르도 중요하지만, 하나님에게는 요나도 중요했던 것이다. 어느 누구도 놓치기를 원하지 않는 하나님의 고집, 하나님의 열심을 우리는 볼 수 있다. 이것이 오늘 우리가 살아 있는 이유이기도 하다. 하나님의 고집 때문이다. 우리를 향한 하나님의 황소고집 때문이다. 그러니까 하나님은 악인이든 의인이든, 누구든지 포기할 마음이 없는 분이심을 우리는 알아야 한다.

요나가 들어간 큰 물고기 뱃속은 그가 표현했듯이 '스올의 뱃속'(욘 2:2), 일종의 지옥이었다. 그 지옥 같은 상황에서 요나가 한 것은 하나님께 기도하는 것이었다. 그런데 놀랍게도, 그곳에도 하나님은 계셨다. 계신 정도가 아니었다. 요나는 매우 명확하게 하나님을 경험할 수 있었다.

… 내가 받는 고난으로 말미암아 여호와께 불러 아뢰었더니 주께서 내게 대답하셨고 내가 스올의 뱃속에서 부르짖었더니 주께서 내 음성을 들으셨나이다 _욘 2:2

내 영혼이 내 속에서 피곤할 때에 내가 여호와를 생각하였더니 내 기도가 주께 이르렀사오며 주의 성전에 미쳤나이다 _욘 2:7

그 지옥 같은 곳에서 자신의 생명을 위한 기도를 드렸을 때, 하나님이 응답하신 이 엄청난 사건 앞에서 요나가 깨달은 것은 하나님의 주권이었다. 구원의 문제는 하나님에게 있음을 깨달은 것이다.

나는 감사하는 목소리로 주께 제사를 드리며 나의 서원을 주께 갚겠나이다 구원은 여호와께 속하였나이다 하니라 _욘 2:9

'구원은 여호와께 속해 있다.' 요나가 이 놀라운 깨달음에 이른 순간 하나님은 물고기로 하여금 그를 토해내게 하였다. 그때 요나가 도착한 곳이 니느웨였다.

선교의 주체

니느웨는 앗수르의 수도로서, 성읍의 크기가 사흘 동안 걸어야 할 만큼(욘 3:3) 큰 성이었다. 인구는 '좌우를 분변하지 못하는 자', 곧 아이만 십이만여 명(욘 4:11)이라는 기록을 볼 때, 전체 인구는 약 100만 명 전후가 될 만큼 큰 도시였던 것으로 보인다. 그러므로 도시 전체를 샅샅이 돌면서 하나님의 말씀을 전하려면 며칠이 걸릴지 모르는 일이었다. 그런데 요나는 고작 하루 동안 다니며 외친 것이 전부였다.

… 니느웨는 사흘 동안 걸을 만큼 하나님 앞에 큰 성읍이더라 요나가 그 성읍에 들어가서 하루 동안 다니며 외쳐 이르되 사십 일이 지나면 니느웨가 무너지리라 하였더니 _욘 3:3-4

그러니까 비록 구원이 하나님에게 있다는 사실을 알았더라도 니느웨에 대한 나쁜 감정이 쉽게 변할 수는 없었기 때문이었다. 정확하게 말해서 그는 변한 것이 아니었다. 그런 까닭에 그는 할 수 있는 최소한의 노력만 하였다. 소극적 선포였다. 불과 하루 동안만 멸망을 예언한 이유였다. 그렇게 행동한 후 요나는 니느웨의 멸망을 기대하면서, 일찌감치 니느웨 성이 잘 보이는 언덕에 올라가 초막집을 짓고 구경할 준비를 하였다. 그런 요나를 위해 하나님은 박넝쿨을 준비하셔서 그늘에서 니느웨를 보게 하셨다(욘 4:5). 그런데 놀라운 일이 벌어진다. 요나가 건성으로 선포한 예언을 들은 니느웨 거민들에게서 회개 운동이 일어난 것이다. 그 회개는 백성 사이에서 먼저 일어났다.

니느웨 사람들이 하나님을 믿고 금식을 선포하고 높고 낮은 자를 막론하고 굵은 베 옷을 입은지라 _욘 3:5

이 소식은 곧 왕에게 전해졌다. 왕 역시 왕복을 벗고 굵은 베 옷을 입고 재 위에 앉아(욘 3:6) 회개하였다. 그것만 아니라 왕은 조서를 내려 니느웨 안의 모든 사람은 물론 심지어 짐승들조차 완전한 단식으로 하나님께 회개하며 기도드리게 하였다. 그것은 니느웨의 부흥으로 나타났다.

하나님이 그들이 행한 것 곧 그 악한 길에서 돌이켜 떠난 것을 보시고 하나님이 뜻을 돌이키사 그들에게 내리리라고 말씀하신 재앙을 내리지 아니하시니라 _욘 3:10

우리가 이 사건을 통하여 알 수 있는 것은, 선교사역의 주체가 우리인 것처럼 보이지만, 진정한 주체는 하나님이시라는 사실이다. 하나님의 관심은 분명히 니느웨의 구원이었다. 이스라엘의 원수도 하나님의 사랑의 대상이었던 것이다. 그러나 요나는 못마땅했다.

편협한 신앙에서 벗어나야

요나는 니느웨의 회개와 구원을 보면서 하나님을 원망하기 시작했다. 원수가 회개하고 악인이 바른 길로 들어서기 때문이었다. 이것이 우리의 모습이다. 누구든 우리 공동체나 집단에서 벗어나면 미워하고, 서슴없이 저주한다. 심지어 교회에서도 그런 일이 벌어진다. 우리 교회를 떠나 다른 교회로 옮겨가면 몹쓸 사람처럼 취급한다. 이 얼마나 어리석은 모습인가?

요나가 그 기막힌 회개 운동을 보고 있는 도중에 박넝쿨이 말라비틀어졌다. 그는 보기 싫은 장면과 함께 더위 때문에 더 투덜댔다. "사는 것보다 죽는 것이 내게 나으니이다"(요 4:8)라고 말하며 스스로 죽기를 구한 것이다. 그때 하나님이 하신 말씀이시다.

하나님이 요나에게 이르시되 네가 이 박넝쿨로 말미암아 성내는 것이 어찌 옳으냐 하시니 그가 대답하되 내가 성내어 죽기까지 할지라도 옳으니이다 하니라 여호와께서 이르시되 네가 수고도 아니하였고 재배도 아니하였고 하룻밤에 났다가 하룻밤에 말라 버린 이 박넝쿨을 아꼈거든 하물며 이 큰 성읍 니느웨에는 좌우를 분변하지 못하는 자가 십이만여 명이요 가축도 많이 있나니 내가 어찌 아끼지 아니하겠느냐 하시니라 _욘 4:9-11

우리는 요나 사건을 통하여 하나님이 이스라엘만의 하나님이 아니시며, 또한 우리 교회만의 하나님도 아니시라는 것을 알아야 한다. 개교회주의와 교단주의, 편협한 이기적 신앙으로 행동하는 우리의 모습이 부끄러운 것이라는 점도 알아야 한다.

요나 1장부터 4장까지의 개관

하나님의 부르심을 피하여 도망하나, 피하지 못한다(1). 물고기 뱃속에서 요나가 기도하자 다시 기회가 주어졌고(2), 니느웨에게 회개를 요청하였다(3). 니느웨가 구원받으나, 요나의 불평이 이어진다. 하나님의 마음을 모른 까닭이다(4).

Reading Bible Checklist														요나 1-4장
1	2	3	4											

46

미가

누가 하나님과 같은가?

• 미가 1-7장 •

미가서의 첫 절에서, 미가는 유다 왕 요담(BC 740-735), 아하스(BC 735-715), 그리고 히스기야(BC 715-696)의 시대에 활동한 선지자로 기록돼 있으며, 모레셋 출신임을 알 수 있다. 모레셋은 예루살렘에서 남서쪽으로 40킬로미터 정도 떨어진 블레셋 접경 지역이다. 그러므로 미가의 예언 대상은 1절에서 밝힌 것처럼 남유다이지만, 사마리아, 곧 북이스라엘에 대한 예언도 같이 한 것으로, 멸망이 가까운 므나헴, 브가히야, 베가, 호세아 시대임을 알 수 있다. 따라서 미가서의 시작은 심판에 대한 이야기였다.

만민들아, 들어라. 만물들아, 귀를 기울여라. 주 야훼께서 너희 죄상을 밝히려고 당신 전을 나서신다. 보아라. 야훼께서 당신 처소를 나오시어 이 땅 높은 곳에 내려와 서시니 _미 1:2-3 공동번역

이스라엘의 죄 때문에

미가는 1장에서 하나님의 심판을 예언하면서 북이스라엘의 멸망을 다급

하게 예언한다(미 1:6-8). 동시에 그 멸망의 기운이 유다에게 이어져 예루살렘에 다다랐음을 예언하였다.

그래서 나는 사마리아를 포도나 심어 먹는 허허벌판에 돌더미로 만들어 버리리라 … 사마리아가 천벌로 받은 불치병이 유다에까지 번져와 기어이 예루살렘에 다다랐다. _미 1:6,9 공동번역

그런데 이 예언에서 중요한 것은 하나님의 인식이다. 유다가 만나고 있는 어려움뿐만 아니라 북이스라엘의 멸망이 야곱의 잘못, 곧 북이스라엘과 남유다를 통칭하는 이스라엘의 잘못이라고 말씀하신 점이다. 거기서부터 멸망의 원인이 발생하여, 사마리아와 예루살렘의 잘못, 곧 온전히 하나님을 예배하지 않은 잘못에 이른 것이라고 지적하였다.

이 모두가 거역하기만 하던 야곱의 죄 탓이다. 못할 짓만 하던 이스라엘 가문의 죄 탓이다. 거역하기만 하던 야곱의 죄, 그것은 누구의 짓이냐? 사마리아의 짓이 아니더냐? 못할 짓만 하던 유다 가문의 죄, 그것이 누구의 짓이냐? 예루살렘의 짓이 아니더냐? _미 1:5 공동번역

하지만 야곱 족속, 곧 이스라엘은 자신들의 잘못을 깨닫지 못할 뿐만 아니라 심각하게 여기지도 않았다. 스스로 '야곱 가문이 저주받을 리가 있겠는가?'라고 말하면서 '하나님이 그리 성급하게 행하실 리 있겠는가?'라는 말까지 하였다.

"야곱 가문이 저주를 받다니, 야훼께서 참을성이 없으시어 그런 일을 하신단 말이냐?" 하고 말한다만 너희가 올바로 살지 못했는데도 좋은 말씀을 내리시겠느냐? _미 2:7 공동번역

그들은 잘못된 메시지를 들었는데, 오로지 돈과 물질을 위해서 일하는 삯군 예언자와 선지자들이 판을 치고 있었다는 말이었다.

시온을 피로, 예루살렘을 죄악으로 건축하는도다 그들의 우두머리들은 뇌물을

위하여 재판하며 그들의 제사장은 삯을 위하여 교훈하며 그들의 선지자는 돈을 위하여 점을 치면서도 여호와를 의뢰하여 이르기를 여호와께서 우리 중에 계시지 아니하냐 재앙이 우리에게 임하지 아니하리라 하는도다 _미 3:10-11

이같은 까닭에 죄악을 간과하지 않으시는 하나님께서 멸망을 말씀하신 것이다.

시온이 갈아 엎은 밭이 되고, 예루살렘이 돌무더기가 되며, 성전 언덕이 잡초로 뒤덮이게 되거든, 그것이 바로 너희 탓인 줄 알아라. _미 3:12 공동번역

엄청난 예언

이같은 예언이 1장에서 3장까지 혹독하게 선포되지만, 4장부터 5장까지는 갑자기 하나님의 회복 계획을 예언하였다. 그것도 한참 시간을 앞서가서 바벨론 포로 생활에서 돌아오는 것을 예언한 것이다.

수도 시온아! 하기야 몸부림치며 신음해야지. 너희는 이제 정든 고장을 떠나 바빌론으로 끌려가 허허벌판에서 살게 되었다. 그러나 야훼께서 너희를 거기서 살려 내시리라. 원수의 손에서 건져 내시리라. _미 4:10 공동번역

그런데 이 정도의 예언이 아니라 미가는 훨씬 뒤로 가서 종말의 회복까지 예언한 것이다.

끝날에 이르러는 여호와의 전의 산이 산들의 꼭대기에 굳게 서며 작은 산들 위에 뛰어나고 민족들이 그리로 몰려갈 것이라 곧 많은 이방 사람들이 가며 이르기를 오라 우리가 여호와의 산에 올라가서 야곱의 하나님의 전에 이르자 그가 그의 도를 가지고 우리에게 가르치실 것이니라 우리가 그의 길로 행하리라 하리니 이는 율법이 시온에서부터 나올 것이요 여호와의 말씀이 예루살렘에서부터 나올 것임이라 _미 4:1-2

미가는 이 모든 것의 성취를 이루는 사건으로 메시아 탄생의 장소인 베

들레헴을 예언하였다. 엄청난 예언이 아닐 수 없다.

베들레헴 에브라다야 너는 유다 족속 중에 작을지라도 이스라엘을 다스릴 자가 네게서 내게로 나올 것이라 그의 근본은 상고에, 영원에 있느니라 _미 5:2

누가 하나님과 같은가

하나님은 이처럼 놀라운 회복과 구원 계획을 갖고 있었지만, 이스라엘은 여전했다. 죄 가운데 있었다. 물론 그들이 예배를 드리지 않은 것은 아니었다. 흥미롭게도 예배에 열심이었다.

내가 무엇을 가지고 여호와 앞에 나아가며 높으신 하나님께 경배할까 내가 번제물로 일 년 된 송아지를 가지고 그 앞에 나아갈까 _미 6:6

분명히 예배에는 열심이 있었지만, 무엇인가 이상했다. 이어지는 말씀을 보면 알 수 있다.

여호와께서 천천의 숫양이나 만만의 강물 같은 기름을 기뻐하실까 내 허물을 위하여 내 맏아들을, 내 영혼의 죄로 말미암아 내 몸의 열매를 드릴까 _미 6:7

놀랍게도 그들은 아들까지 제물로 바치려 하였다. 극도의 예배 지상주의에 빠진 것이다. 더불어 하나님을 물질적으로 이해하였다. 그 순간에 온전한 예배가 무엇인지 잃어버리고, 그저 물질적 풍요로 드리는 예배에 하나님이 감동하실 것이라 여겼다. 물질로 모든 것을 덮으려 한 것이다. 그런 까닭에 예배 자체를 드리는 것일 뿐, 하나님의 뜻과 관계없는 예배를 드린 것이다. 사실 하나님이 원하시는 예배는 삶을 통해 드러내는 정의인데 말이다.

사람아 주께서 선한 것이 무엇임을 네게 보이셨나니 여호와께서 네게 구하시는 것은 오직 정의를 행하며 인자를 사랑하며 겸손하게 네 하나님과 함께 행하는 것이 아니냐 _미 6:8

그들은 예배 만능주의에 빠져 과시적 예배로 자신을 드러내려 했지만, 실제는 불의를 행하고 압제를 자행하고 돈과 물질에 눈이 먼 이들이었다. 하나님이 이들을 향하여 심판을 말씀하는 것은 당연했지만, 우리가 그동안 예언서들에서 살핀 것처럼, 하나님은 동시에 회복을 계획하고 계셨다. 그 정점에 메시아의 탄생이 있었다. 그 순간 미가 선지자는 이 세상이 돌아가는 것을 보지 않고 하나님만 바라보겠다고 말한다.

오직 나는 여호와를 우러러보며 나를 구원하시는 하나님을 바라보나니 나의 하나님이 나에게 귀를 기울이시리로다 _미 7:7

그래서 미가 선지자가 할 수 있는 이야기는 없었다. 하나님의 마음을 알았기 때문이었다. '누가 하나님과 같은가"라는 탄성을 지르는 것으로 미가서가 끝나는 이유였다.

주와 같은 신이 어디 있으리이까 주께서는 죄악과 그 기업에 남은 자의 허물을 사유하시며 인애를 기뻐하시므로 진노를 오래 품지 아니하시나이다 다시 우리를 불쌍히 여기셔서 우리의 죄악을 발로 밟으시고 우리의 모든 죄를 깊은 바다에 던지시리이다 _미 7:18-19

미가 1장부터 7장까지의 개관

이스라엘의 죄가 상처를 입혀서(1) 멸망할 수밖에 없다(2). 미가는 우선 지도자들의 죄를 경고한다(3). 비록 심판에 이르나, 하나님이 회복시키실 것이다(4). 특히 베들레헴에서 메시야가 나실 것이다(5). 이스라엘이 하나님 앞에서 해야 하는 것은 무엇인가? 정의와 인자를 행할 것이 아닌가(6)? 오로지 하나님만 바라봐야 하는 것이 아닌가(7)?

Reading Bible Checklist														미가 1-7장
1	2	3	4	5	6	7								

나훔

오래 가지 않은 부흥

• 나훔 1-3장 •

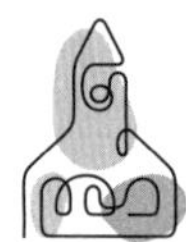

니느웨에 대한 경고 곧 엘고스 사람 나훔의 묵시의 글이라 _나 1:1

나훔의 예언은 정확하게 니느웨에 대한 예언으로 엘고스 사람 나훔의 묵시라 쓰고 있다. 엘고스가 어디인지에 대한 의견은 다양하지만, 나훔이 남유다 출신의 선지자로 보이게 하는 몇 구절이 그것을 드러낸다.

… 유다야 네 절기를 지키고 네 서원을 갚을지어다 악인이 진멸되었으니 그가 다시는 네 가운데로 통행하지 아니하리로다 … _나 1:15; 참조 2:2

회개했던 도시 니느웨

남유다의 선지자 나훔은 앗수르의 수도 니느웨의 멸망을 예언하였는데, 니느웨를 향한 예언의 말씀은 매우 혹독하였다.

여호와는 질투하시며 보복하시는 하나님이시니라 여호와는 보복하시며 진노하시되 자기를 거스르는 자에게 여호와는 보복하시며 자기를 대적하는 자에게 진노를 품으시며 여호와는 노하기를 더디하시며 권능이 크시며 벌 받을 자를 결코 내버

려두지 아니하시느니라 … _나 1:2-3

앗수르의 수도이면서 메소포타미아 문명의 중심인 티그리스 강 유역의 도시인 니느웨는 BC 612년에 바벨론에 의해 멸망한다. 하지만 니느웨는 하나님이 요나를 통해 기회를 주셨던 도시로, 전면적인 회개가 일어났던 적이 있었다. 그때는 BC 760년 경으로 요나가 하나님의 심판을 전하였을 때로 백성뿐 아니라 왕도 회개했는데, 왕은 아예 칙령을 내려 모든 백성이 회개에 참여하게 하였다. 심지어 키우던 가축도 금식하게 만든 대단한 역사였다(욘 3:5-8). 그 후 니느웨는 대단히 왕성해진다. 그 위세는 더욱 강해졌고, BC 721년에는 북이스라엘을 멸망시켰다. 뿐만 아니라 BC 701년에 산헤립이 이끄는 앗수르군은 히스기야 왕 때 남유다 예루살렘까지 거의 멸망시킬 뻔하였다. 우리는 그때의 기록을 주의해 볼 필요가 있다. 앗수르의 산헤립이 예루살렘을 침공할 때, 그의 장수 랍사게가 전하는 왕의 말이 놀랍기 때문이다.

내가 어찌 여호와의 뜻이 아니고야 이제 이 곳을 멸하러 올라왔겠느냐 여호와께서 전에 내게 이르시기를 이 땅으로 올라와서 쳐서 멸하라 하셨느니라 하는지라 _왕하 18:25

이 말 속에서 앗수르와 하나님과의 이전 관계를 추측해 볼 수 있다. 어쩌면 앗수르 역시 바벨론처럼 하나님의 도구였는지도 모른다. 그런데 지금 하나님께서 나훔을 통해 심판을 예언하게 하신 것이다. 나훔이 예언한 시기는 "네가 어찌 노아몬보다 낫겠느냐"(나 3:8)라는 기록을 통하여 추정할 수 있는데, 우선 '아몬'은 애굽의 수도인 데베스(테베)의 신(神)의 이름이다. 그래서 NIV 등이 번역했듯이 '노아몬'을 '데베스'로 본다. 그런데 데베스는 BC 664년에 멸망했다. 그렇다면 하나님은 요나의 예언 이후 100여 년이 지난 때에 나훔을 통해 예언하신 것임을 알 수 있다. 하지만 이번에는 니느웨가 회개하지 않은 것이다. 최종 멸망에 이른 이유였다.

홍수로 멸망하다

일반적으로 앗수르의 전성기는 앗술바니팔 왕이 통치하던 시기인 BC 669-633년 경으로 알려져 있다. 바로 나훔이 예언하던 시기였다. 그때 니느웨 성은 30m 높이의 성벽을 가졌는데, 마차 세 대가 나란히 달릴 수 있을 정도로 넓은 까닭에 지상에서 가장 강력한 성이었다고 알려진다. 더욱이 성벽이 45m의 넓이와 18m 깊이의 해자(물을 채운 방어선)로 둘러쌓인 난공불락의 성이었다. 모든 것이 완벽한 나라였다. 그런데 나훔이 멸망을 예언한 것이다.

만군의 여호와의 말씀에 내가 네 대적이 되어 네 병거들을 불살라 연기가 되게 하고 네 젊은 사자들을 칼로 멸할 것이며 내가 또 네 노략한 것을 땅에서 끊으리니 … _나 2:13

요나 때와 달리, 니느웨는 나훔의 이번 예언에 회개하지 않았다. 나훔은 니느웨가 결국 '범람한 물'(나 1:8)로 멸망할 것이라고 예언하였다.

그가 범람하는 물로 그 곳을 진멸하시고 자기 대적들을 흑암으로 쫓아내시리라 … 강들의 수문이 열리고 왕궁이 소멸되며 _나 1:8; 2:6

이 예언은 그대로 이뤄진다. 티그리스 강 유역의 도시인 니느웨는 BC 612년 경에 티그리스 강이 범람하면서 일어난 홍수로 무너진다. 홍수가 니느웨 성벽 일부를 붕괴시켰고, 무너진 틈으로 바벨론이 침략하면서 망한 것이다. 나훔서도 같은 내용을 예언하지만, 실제 역사적 증거는 없었다. 왜냐하면 앗수르는 BC 612년 니느웨가 멸망하자 수도를 하란으로 옮기지만 BC 609년에 완전히 멸망하면서 역사 속에서 흔적도 없이 사라졌기 때문이다. 그 후 니느웨는 역사 속의 기록으로만 남은 도시였는데,

1846년 영국의 고고학자 오스틴 헨리 레이어드(Austen Henry Layard)에 의해 발굴되면서 니느웨가 갑자기 사라진 이유가 드러난다. 놀랍게도 나훔의 예언대로 홍수로 물이 범람해 도시 위로 6미터 높이의 토사가 쌓인 상태로 발견되었는데, BC 609년부터 1845년까지 무려 2,450년 이상 묻혀 있었던 것이다.* 영적 부흥이 일어났던 도시, 대단한 힘으로 강력한 국가를 이루었던 도시, 하나님이 분명하게 일하시고 역사하셨던 흔적이 남아 있던 나라가 흔적도 없이 사라진 것이다.

오래 가지 않은 부흥

나훔 선지자의 예언을 통해 우리가 알 수 있는 것은, 니느웨의 멸망이 하나님이 원하신 것이 아니었다는 점이다. 서두에 기록한 "여호와는 질투하시며 보복하시는 하나님이시니라"(나 1:2)라는 말씀에서, 하나님께서 영적 부흥이 있었던 도시 니느웨를 기억하고 계셨음을 알 수 있기 때문이다. 그러니까 하나님은 그들의 타락과 불의를 보며 질투하고 계셨다. 안타까워하셨다는 뜻이다. 그러므로 하나님은 멸망을 예언하면서 동시에 하나님의 마음을 드러내신 것이다. 본문을 다시 읽어보면 행간에 있는 하나님의 마음을 살필 수 있다.

여호와는 질투하시며 보복하시는 하나님이시니라 여호와는 보복하시며 진노하시되 자기를 거스르는 자에게 여호와는 보복하시며 자기를 대적하는 자에게 진노를 품으시며 여호와는 노하기를 더디하시며 권능이 크시며 벌 받을 자를 결코 내버려두지 아니하시느니라 … _나 1:2-3

우리는 '여호와는 노하기를 더디하시며 권능이 크시며'라는 말씀을 통해 하나님의 마음을 알 수 있지만, 니느웨가 멸망했다는 것은 더 이상 희

* 조병호, 성경과 5대 제국, 통독원, 118

망을 가질 수 없을만큼 타락했다는 뜻이다. 나훔서의 마지막 예언에서 그것이 잘 드러난다.

네 상처는 고칠 수 없고 네 부상은 중하도다 네 소식을 듣는 자가 다 너를 보고 손뼉을 치나니 이는 그들이 항상 네게 행패를 당하였음이 아니더냐 하시니라 _나 3:19

부흥이 있었던 니느웨의 멸망, 아쉽게도 '오래 가지 않은 부흥'의 이야기이다. 영적 부흥의 흔적만 남아 있을 뿐 아무 위력도 발휘할 수 없는 니느웨의 모습을 보면서, 우리의 경건과 영적 부흥의 상태는 어떤지 생각할 필요가 있다. 우리의 부흥과 경건도 어쩌면 짧은 기간에 불과할지 모르기 때문이다. 누구나 한 번쯤은 영적 부흥에 노출될 수 있다. 하지만 계속된다고 보장할 수는 없다. 가끔 우리가 만나게 되는 목회자들의 타락을 보면 그것을 알 수 있다. 그들이 처음부터 그렇게 타락한 것은 아니다. 그들 역시 영적 부흥을 경험하였고 헌신하였던 사람들이었다. 그런데 지금은 무너져 있는 것이 사실이고, 심지어 그 사실조차 모른다는 것이 문제다. 그러므로 과거에 있었던 부흥을 자랑하거나 그것에 안심하지 말라. 언제나 현재 상태를 살펴야 한다. 그런 점에서 나의 현재 상태가 어떻다고 말할 수 있는가?

나훔 1장부터 3장까지의 개관

니느웨의 죄에 대한 하나님의 진노(1). 니느웨가 멸망한 이유다. 그 더러움과 악함을 무엇에 비할 수 있는가(2-3)?

Reading Bible Checklist														나훔 1-3장
1	2	3												

하박국

절대평가로 죄를 보라

· 하박국 1-3장 ·

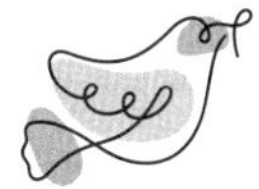

보라 내가 사납고 성급한 백성 곧 땅이 넓은 곳으로 다니며 자기의 소유가 아닌 거처들을 점령하는 갈대아 사람을 일으켰나니 … 내가 들었으므로 내 창자가 흔들렸고 그 목소리로 말미암아 내 입술이 떨렸도다 무리가 우리를 치러 올라오는 환난 날을 내가 기다리므로 썩이는 것이 내 뼈에 들어왔으며 내 몸은 내 처소에서 떨리는도다 _합 1:6; 3:16

이 기록을 보면 하박국서는 바벨론의 침략이 임박하였던 시기에 기록된 예언서임을 알 수 있다. 그렇다면 여호야김의 통치 때(BC 609-507)이다. 이 당시의 바벨론은 나보폴라살 왕의 뒤를 이어 느부갓네살이 통치하고 있었는데, 세계 패권을 갖고 있던 제국들이 무너져 갔다. 앗수르의 수도 니느웨는 이미 BC 612년에 멸망했고, 애굽의 바로 느고 역시 BC 605년 갈그미스 전쟁에서 패하면서 바벨론이 세계 패권을 잡은 상태였다. 고작 잔존 세력들만 부분적으로 남아 있을 뿐이었다. 하지만 여호야김은 이런 세계 정세를 읽지 못한 채 여전히 앗수르나 애굽을 의지하였고, 죄와 불의를 회개하지 않은 모습이었다.

하나님의 침묵

이런 상황을 보는 하박국은 답답하였다. 이스라엘에 임박한 멸망의 위기를 감지하지 못한 채 여전히 악을 행하는 것 때문이었다. 그는 도무지 용납할 수 없었다. 긍휼을 품어야 할 선지자인 하박국이 하나님보다 앞서 분노하며 이스라엘의 패역을 심판하실 것을 요청하였다.

여호와여 내가 부르짖어도 주께서 듣지 아니하시니 어느 때까지리이까 내가 강포로 말미암아 외쳐도 주께서 구원하지 아니하시나이다 어찌하여 내게 죄악을 보게 하시며 패역을 눈으로 보게 하시나이까 겁탈과 강포가 내 앞에 있고 변론과 분쟁이 일어났나이다 이러므로 율법이 해이하고 정의가 전혀 시행되지 못하오니 이는 악인이 의인을 에워쌌으므로 정의가 굽게 행하여짐이니이다 _합 1:2-4

하나님은 침묵하고 계셨다. 왜 아무런 반응도 보이지 않으시는 것인지, 그것이 하박국은 속상했다. 하지만 하나님은 준비하고 계셨다. 그런데 놀랍게도 하나님께서 심판의 주체로 삼은 세력은 이방신을 섬기는 바벨론이었다(합 1:5-11). 하박국은 이해할 수 없었다. 아무리 이스라엘이 악하더라도 바벨론은 비교되지 않을 만큼 더 악하기 때문이었다. 하박국은 다시 질문하였다.

주께서는 눈이 정결하시므로 악을 차마 보지 못하시며 패역을 차마 보지 못하시거늘 어찌하여 거짓된 자들을 방관하시며 악인이 자기보다 의로운 사람을 삼키는데도 잠잠하시나이까 _합 1:13

죄를 절대적으로 보라

'더 큰 악으로 덜 악한 우리를 심판하신다!' 그건 도무지 이해할 수 없었다. 하박국은 하나님이 무엇이라고 대답하실지 궁금했다. 그래서 성루에 서서 "내게 무엇이라 말씀하실는지 기다리고 바라보며 나의 질문에 대하여 어떻게 대답하실는지 보리라"(합 2:1) 하고 기다린다. 드디어 하나님이 말씀하시기 시작하셨는데, 하나님의 말씀은 놀랍게도 하박국의 질문에 대한 대답이 아니라, 이스라엘에 대한 심판을 기록하고 전할 것을 요청하실 뿐이었다. 그리고 놀라운 말씀을 하셨다.

이 묵시는 정한 때가 있나니 그 종말이 속히 이르겠고 결코 거짓되지 아니하리라 비록 더딜지라도 기다리라 지체되지 않고 반드시 응하리라 _합 2:3

이 말씀은 이스라엘만이 아니라 바벨론을 포함해서 모든 나라에 적용되는 말씀, 곧 하나님의 기준이었다. 쉽게 말해서, 하나님에게 죄는 죄일 뿐이지, 누구보다 죄를 더 지었거나 덜 지었기에 비교해서 벌을 부과하는 분이 아니시라는 뜻이었다.

그런데 왜 하박국 선지자는 하나님을 의롭지 못한 것처럼 본 것일까? 그것은 죄를 절대적으로 보시는 하나님과 달리, 하박국은 죄를 상대적으로 보기 때문이다. 예를 들어 길에서 우연히 주운 돈 1만 원을 주웠는데 자신이 썼기 때문에 괴로워해 본 적이 있는가? 아마 대개는 웃을 것이다.

안식일 성수와 율법이 강조되던 시절에는 주일에 돈을 쓰고 돼지고기를 먹는 것이 심각한 죄의식을 느끼게 했다. 주일에 예배를 빠지면 하나님이 벌을 주실 것이라고 생각했다. 요즘도 그럴까? 아마 아닐 것이다. 웃을 것이다. 혹시 십일조를 드리지 않으면 하나님의 것을 도둑질하는 것이라고 생각하는가? 아마 그렇게 생각하지 않을 것이다. 야한 비디오나 영화를 보면 죄를 범한다고 생각하는가? 세상과 일상이 온통 그런 것들이 되었으니 아마 심각하게 여기지 않을 것이다.

주님이 말씀하신 것처럼 형제를 미워하는 것을 살인이라고 생각한 적이 있는가? 어이없다고 말할 것이다. 거의 모두가 그렇게 생각할 것이다. 하박국도 순간적으로 그렇게 생각한 것이다. 그래서 바벨론을 통하여 유다를 치는 것이 못마땅했던 것이다.

그러나 잊지 말 것은 '죄는 그저 죄라는 사실이다.' 그러니까 죄는 늘 하나님 앞에서 절대적으로 측정되어야 한다. 다른 사람이 죄가 아니라 해도 하나님 앞에서, 하나님의 말씀에 비춰볼 때 죄이면 죄임을 받아들여야 한다. 예배의 태도와 헌금과 봉사도 마찬가지이다. 다른 사람을 통해 나의 신앙을 보는 것이 아니라, 하나님 앞에서 절대적으로 나를 바라보아야 한다. 그러니까 하나님의 사람들은 그런 사람들이었다. 하나님이 쓰시는 사람들은 아무도 보지 않아도 자신을 측정할 수 있는 잣대를 가지고 있는 사람이었고, 그 잣대는 말씀이었다. 아무도 보지 않을 때도, 다른 사람이 뭐라고 말해도 나의 죄를 죄라고 말할 수 있는 사람이 하나님이 쓰시는 사람이다.

하나님의 계획

하나님의 계획은 죄를 묻는 것이었고, 더 악한 자를 들어 치든지 그렇지 않든지, 내가 죄인이라는 것이 더 중요한 것이다. 왜냐하면 하나님은 그 악한 자를 향한 심판의 계획도 가지고 계시기 때문이다. 그래서 하나님은 불평하는 하박국에게 그들의 죄를 매우 자세히 알고 있음을 설명하셨다 (합 2:2-20). 반드시 심판하시겠다는 것도 확증하셨다.

그렇다 할지라도, 왜 하나님은 이런 방법을 택하시는 것일까? 그것은 하나님의 긍휼과 관계있는데, 더 악한 자를 들어 심판하시므로 이스라엘이 경성하고 회개할 수 있는 기회를 주신 것이다. 하나님의 실망과 분노를 느끼게 하는 하나님의 배려인 것이다.

여기서 하나님께서 반드시 죄에 대해 심판하실 것을 말씀하시면서, 하박국에게 하셨던 말씀을 주의깊게 읽을 필요가 있다.

보라 그의 마음은 교만하며 그 속에서 정직하지 못하나 의인은 그의 믿음으로 말미암아 살리라 _합 2:4

이 말씀은 로마서를 비롯한 성경의 여러 곳에, 특히 루터 등 종교개혁자들에게 매우 중요한 도전이 된 구절이다(롬 1:17; 갈 3:11; 히 1:38). 이 말씀은 다양하게 해석할 수 있지만, 그 뉘앙스를 정확하게 알려면 구약성경의 헬라어 번역본인 칠십인역을 참조할 필요가 있다. 칠십인역은 놀랍게도 단순히 '믿음으로 산다'라고 번역하지 않았다. 칠십인역은 '엑크 피스테오스 무'(나의 믿음으로)라고 번역함으로 '그의 믿음'이 누구의 믿음인지를 정확히 했다. 이 말씀을 하고 있는 주체가 바로 하나님이시기에, '그의 믿음'을 알기 쉽게 '피스테오스 무' 곧 '나의 믿음'으로 번역한 것이다. 그러므로 '나의 믿음'은 바로 '하나님의 믿음'을 말한다.

이것은 놀라운 의미를 내포한다고 볼 수 있다. 지금은 분명 하박국 선지자마저 분노한 것처럼 이스라엘이 용서받을 수 없는 상황이다. 그런데 그 상황을 바라보시는 하나님의 믿음, 우리를 향한 하나님의 믿음이 우리를 살게 한다는 뜻이다. 그러니까 의인은 그 하나님의 믿음을 의지해서 사는 사람이다. 이 말씀은 그런 뜻이다.

슬프지만 즐겁다

하박국 선지자는 하나님의 대답을 듣고 난 후, 하나님의 계획은 완벽한 것임을 깨닫는다. 그가 그 대답을 들으면서 하나님께 이렇게 기도한 이유이다.

여호와여 내가 주께 대한 소문을 듣고 놀랐나이다 여호와여 주는 주의 일을 이

수년 내에 부흥하게 하옵소서 이 수년 내에 나타내시옵소서 진노 중에라도 긍휼을 잊지 마옵소서 _합 3:2

이 말씀은 보통 교회 성장과 관련된 것이라고 생각하지만, 하나님의 계획이 속히 이루어지기를 원하는 기도이다. 곧 이스라엘은 빨리 바벨론에 의해 멸망당하고, 바벨론 역시 그 죄로 인해 빨리 멸망당하는 계획이 이뤄지기를 기도한 것이다. 그러니까 이 말씀은 이렇게 풀어 의역할 수 있다.

"여호와여 주는 주의 일을 이 수년 내에 계획하신 대로 진행되어 빨리 망하게 하옵소서!"

드디어 하박국은 더 적극적으로 하나님의 계획을 지지한다. 하지만 그것은 멸망에 대한 것이었기에 뼈가 썩는 것같이 고통스러웠다. 그러나 하나님의 계획을 알기에 하나님으로 인해 기뻐하였다. 울다가 웃다가 슬퍼하다가 즐거워하는 이중적 모습이었다. 그의 고백에 두 가지 감정이 버물린 이유였다. '슬프지만 즐겁다.'

내가 들었으므로 내 창자가 흔들렸고 그 목소리로 말미암아 내 입술이 떨렸도다 무리가 우리를 치러 올라오는 환난 날을 내가 기다리므로 썩이는 것이 내 뼈에 들어왔으며 내 몸은 내 처소에서 떨리는도다 비록 무화과나무가 무성하지 못하며 포도나무에 열매가 없으며 감람나무에 소출이 없으며 밭에 먹을 것이 없으며 우리에 양이 없으며 외양간에 소가 없을지라도 나는 여호와로 말미암아 즐거워하며 나의 구원의 하나님으로 말미암아 기뻐하리로다 주 여호와는 나의 힘이시라 나의 발을 사슴과 같게 하사 나를 나의 높은 곳으로 다니게 하시리로다 이 노래는 지휘하는 사람을 위하여 내 수금에 맞춘 것이니라 _합 3:16-19

하박국 1장부터 3장까지의 개관

"왜 이스라엘의 패역을 심판하지 않는지"에 대한 하나님의 답변은 바벨론이었다(1). 더 악한 이를 통한 하나님의 심판과 그 이유를 말씀하셨다(2). 하나님의 계획을 하박국이 인정하고 찬양하였다(3).

✓Reading Bible Checklist														하박국 1-3장
1	2	3												

49

스바냐

존재 자체를 기뻐하시는 하나님

• 스바냐 1-3장 •

자신을 히스기야의 4대 후손이라고 밝힌 스바냐가 활동하던 시기는 아몬의 아들 유다 왕 요시야 시대(BC 639-609)였다(습 1:1). 하지만 BC 612년에 이뤄질 니느웨의 멸망이 아직 이뤄지지 않은 상태에서 예언으로 언급되는(습 2:13) 반면, BC 627년 요시야의 종교개혁에 대한 언급은 나오지 않는 것으로 보아 요시야 통치 초기로 보인다. 그리고 요시야 왕이 행한 종교개혁이 통치 12년, 18살 되던 해에 일어났던 것을 감안하면, 스바냐는 BC 639-627년 경, 요시야 왕의 통치 초기에 활동했을 것이라 추측된다. 따라서 스바냐가 예언하던 시기는 이전 왕들인 므낫세와 아몬의 영향 아래 있었던 시기였다. 그렇다면 55년 동안 통치했던 므낫세의 영향으로 우상을 섬기고 죄를 범하는 일이 '생활화'되고 있을 때였다. 사실 이전 왕들의 영향으로 생활화된 우상 숭배와 범죄의 상황이 너무 심각해서, 요시야와 예레미야의 강력한 예언 선포와 개혁에도 불구하고 결국 소용없는 상황이 되는 것을 우리는 알고 있다.

하나님이 숨기시다

아직 그 '마지막 시간'이 온 것은 아니지만, 절망적인 멸망을 향해 가고 있던 상황이 스바냐가 예언하던 시기였다. 그런 까닭에 그의 예언의 핵심은 임박한 심판이었다.

여호와의 큰 날이 가깝도다 가깝고도 빠르도다 여호와의 날의 소리로다 용사가 거기서 심히 슬피 우는도다 그날은 분노의 날이요 환난과 고통의 날이요 황폐와 패망의 날이요 캄캄하고 어두운 날이요 구름과 흑암의 날이요 _습 1:14-15

이같이 절망적이어서, 요시야의 종교개혁에도 불구하고 개선되지 않고 결국 나중에 하나님이 요시야를 데려가셨는데, 그것은 이스라엘의 상황이 전혀 희망이 없다는 것을 말했다. 하지만 완전한 멸망은 아니었다. 분노와 진노의 그날이 오겠지만, 그때에도 하나님의 백성을 보호할 계획을 세우고 계셨다. 바로 하나님이 숨기신 사람들이다.

여호와의 규례를 지키는 세상의 모든 겸손한 자들아 너희는 여호와를 찾으며 공의와 겸손을 구하라 너희가 혹시 여호와의 분노의 날에 숨김을 얻으리라 _습 2:3

이처럼 '숨겨놓은 사람'이 있다는 것은 스바냐서의 중요한 주제 중 하나이다. 그런 관점에서 스바냐라는 이름도 의미가 있는데, '스바냐'로 번역된 히브리어 '쩨판야'의 뜻은 '여호와가 숨기시다' 혹은 '여호와가 숨으시다'로 번역할 수 있기 때문이다.

특별히 2장 3절의 '숨김을 얻으리라'는 '여호와가 숨기시다'라는 뜻으로 번역하는 것이 옳다. 당연히 하나님이 보호하신다는 뜻이기 때문이다. 그러니까 므낫세 시절 이후에 스바냐를 숨기시고 요시야를 숨기셨다는 뜻으로 이해할 수 있다. 개혁이 불가능할 만큼 죄에 빠진 상황에서, 하나님께서 의로운 자들을 품으시고 함께 숨으셨다는 뜻이다.

그렇다면 숨길만한 존재가 되지 않는 사람들은 멸망하는 것일까? 스바냐 선지자는 그렇지 않다고 말한다. 말로 하는 경고나 심판도 도무지 먹혀 들지 않는 유다는 분명히 멸망이 마땅한데, 놀랍게도 하나님께서 일방적으로 회복의 계획을 세우시기 때문이다. 그 미래를 스바냐가 예언하였다.

그 때에 내가 너를 괴롭게 하는 자를 다 벌하고 저는 자를 구원하며 쫓겨난 자를 모으며 온 세상에서 수욕 받는 자에게 칭찬과 명성을 얻게 하리라 내가 그 때에 너희를 이끌고 그 때에 너희를 모을지라 내가 너희 목전에서 너희의 사로잡힘을 돌이킬 때에 너희에게 천하 만민 가운데서 명성과 칭찬을 얻게 하리라 여호와의 말이니라 _습 3:19-20

하나님의 자녀이기 때문에

이미 생활화되어 돌아올 수 없어 보이고 소망이 없는 이스라엘인데, 그렇다면 하나님은 왜 이렇게 하시는 것일까? 두말할 것도 없이 이스라엘은 하나님께서 사랑하시는 자녀이기 때문이다. 그래서 스바냐는 이같은 하나님 때문에 기뻐하라고 요청하였다.

시온의 딸아 노래할지어다 이스라엘아 기쁘게 부를지어다 예루살렘 딸아 전심으로 기뻐하며 즐거워할지어다 _습 3:14

그러므로 비록 '그날'(합 3:16)이 올지라도 두려워하지 말고 '네 손을 늘어뜨리지도 말 것'을 요청하라고 하나님이 스바냐에게 말씀하신 것이다. 멸망은 하나님의 뜻이 아니고, 우리는 아무리 절망적인 상황이어도 포기할 수 없는 하나님의 자녀들이기 때문이다. 이 놀라운 하나님의 마음을 아는 스바냐 선지자가 이렇게 선포한 이유다.

너의 하나님 여호와가 너의 가운데에 계시니 그는 구원을 베푸실 전능자이시라 그가 너로 말미암아 기쁨을 이기지 못하시며 너를 잠잠히 사랑하시며 너로 말미암아 즐거이 부르며 기뻐하시리라 하리라 _습 3:17

'나를 인하여 기쁨을 이기지 못하신다!' 이상하신 하나님이시다. 이처럼 하나님이 우리를 기뻐하시는 이유는 우리의 행위 때문이 아니라, 하나님의 자녀라는 우리의 존재 자체가 기쁨이기 때문이다. 비록 우리가 죄 가운데 있을지라도 기뻐하시고 계획을 세우시는 이유이다. 하지만 우리는 무엇이 잘되지 않고 원치 않는 죄에 노출되었을 때, 누구보다 우리 자신이 스스로를 용서하지 않는다. 스스로 자책하고 자기 정죄를 쉽게 한다. 그때 스바냐를 읽을 필요가 있다. 우리가 살 수 있는 길, 곧 하나님의 마음을 볼 수 있기 때문이다. '나를 인하여 기쁨을 이기지 못하신다!' 우리 존재의 의미이다. 그러므로 하나님 앞에 정직하게 서는 것으로 충분하다. 하나님은 우리 존재 자체로, 보는 것만으로 기뻐하시기 때문이다. 하나님의 이 마음을 맛깔나게 번역한 공동번역을 읽어보자.

… "시온아, 두려워 마라. 기운을 내어라. 너를 구해 내신 용사 네 하느님 야훼께서 네 안에 계신다. 너를 보고 기뻐 반색하시리니 사랑도 새삼스러워라. 명절이라도 된 듯 기쁘게 더덩실 춤을 추시리라." _습 3:16-17 공동번역

그러므로 하나님께로 나아가라. 그의 그늘 아래로 들어가라. 죄와 더러움으로 잔뜩 오염되었을 때, 하나님의 긍휼을 구하러. 그것으로 충분하다. 우리는 하나님의 자녀이기 때문이다.

스바냐 1장부터 3장까지의 개관

여호와의 심판의 날이 임할 것이다(1). 블레셋을 비롯한 나라들도 마찬가지로 심판받을 것이다(2). 예루살렘도 죄로 인해 심판받을 것이나, 하나님이 사랑하심을 잊지 말아야 한다(3).

Reading Bible Checklist														스바냐 1-3장
1 ●	2 ●	3 ●												

50

학개

우선순위를 잊지 말아라

• 학개 1-2장 •

BC 537년 고레스 원년에, 고레스는 유대인들이 자기 땅으로 귀환할 것과 성전 재건을 하라는 조서를 내린다.

바사 왕 고레스 원년에 … 바사 왕 고레스는 말하노니 하늘의 하나님 여호와께서 세상 모든 나라를 내게 주셨고 나에게 명령하사 유다 예루살렘에 성전을 건축하라 하셨나니 이스라엘의 하나님은 참 신이시라 너희 중에 그의 백성 된 자는 다 유다 예루살렘으로 올라가서 이스라엘의 하나님 여호와의 성전을 건축하라 … _스 1:1-3

성전 건축이 유보된 이유

고레스의 칙령을 좇아 스룹바벨(스 1:8)의 인도 아래 포로 귀환이 이뤄졌을 때, 이스라엘의 관심사는 오로지 성전뿐이었다. 그들은 예배를 사모하였고, 성전을 사모하였다. 그러므로 BC 536년, 그들이 처음 예루살렘 성전 재건을 시작하는 지대를 놓을 때의 감격은 형언할 수 없는 것이었다.

특히 첫 성전을 보았던 노인들은 성전의 기초가 놓임을 보고 '대성통곡'(스 3:12)하였고, 백성 전체 역시 감격하기는 마찬가지였다.

백성이 크게 외치는 소리가 멀리 들리므로 즐거이 부르는 소리와 통곡하는 소리를 백성들이 분간하지 못하였더라 _스 3:13

하지만 예루살렘 성전 건축은 그렇게 쉬운 일은 아니었다. 특히 바벨론 포로기 동안 예루살렘 지역의 기득권을 갖게 되었던 새로운 세력들이 강력히 반대했다. 더욱이 예루살렘은 이미 황폐한 지역이 되어 있었고, 이스라엘 백성이 문화적으로 월등했던 바벨론에서의 생활에 익숙해진 까닭에 예루살렘에서의 생활은 불편했다. 이같은 이유들 때문에 그들은 성전 건축 사역을 유보하였다. BC 534년의 일이었다.

중요한 것은 그들이 성전을 짓는 것을 유보할 때 삼은 핑계였는데, "여호와의 전을 건축할 시기가 이르지 아니하였다"(학 1:2)라고 말한 것이다. 아마 그들은 평안과 잘 진행되는 상황만 '하나님의 뜻'으로 생각한 듯하다. 지금 만나는 반대와 어려움은 하나님의 뜻이 아니라고 스스로 핑계 삼은 것이다. 그들은 성전을 처음 지을 때 사용했던 백향목도 지금은 없다(학 1:8)는 등 여러 핑계를 더 하며 성전 건축을 연기하였다.

우리도 이런 태도를 취할 때가 많다. '평안하지 않다'는 것을 하나님의 일을 하지 않는 핑계로 삼는다. '하나님의 뜻이라면 만사형통해야 하지 않겠느냐' 하는 논리를 편다. 어떤 이들은 극단적으로, 기도했을 때 마음이 평안한 쪽이 하나님의 뜻이라고 해석하기도 한다. 물론 그런 측면이 없는 것은 아니지만, 절대 기준이 될 수는 없다.

이후 어이없는 일이 벌어졌다. 그들이 우선순위였던 성전 건축 대신 자신들의 집을 짓는 일에 집중한 것이다. 성전 짓는 일은 당연히 잊어버렸다. 대체로 BC 520년에 성전 건축을 재개한 것을 볼 때 무려 14년 동안이나 성전 건축을 방치한 것이다.

불안한 이유

우리도 이스라엘처럼 행동할 수 있다. 여러 가지 이유를 들어 우선 내게 필요한 것들을 먼저 한다. 그것이 당장 급해 보이기 때문이다. 그런데 성전 건축을 방치했다는 것은 심각한 일이었다. 왜냐하면 그 기간 동안 이스라엘이 하나님께 예배를 드리지 않았다는 뜻이기 때문이다. 이같이 예배가 유보되고 방치되자 심각한 현상이 나타났는데, 바로 영적 무감각이었다. 그것은 곧 영적 무기력으로 나타났다. 그 결과 그들에게서 영적 기쁨과 긍정적인 생각이 상실되었다. 불안해졌다. 평화가 사라졌다.

씨는 많이 뿌렸어도 수확은 적었고, 먹어도 배부르지 않으며, 마셔도 성이 차지 않고, 입어도 따뜻하지 않으며, 아무리 벌어 들여도 밑빠진 독에 물붓기다. _학 1:6 공동번역

하지만 이스라엘 백성은 이런 현상의 원인을 알지 못했다. 이것이 학개 선지자의 자리이다. 바로 그 원인을 학개 선지자가 예언한 것이다. 그는 그 원인을 14년 동안 방치된 신앙 태도 때문이라고 지적하며, 성전 건축을 먼저 하라는 하나님의 명령을 대언하였다.

여호와의 말씀이 선지자 학개에게 임하여 이르시되 이 성전이 황폐하였거늘 너희가 이 때에 판벽한 집에 거주하는 것이 옳으냐 그러므로 이제 만군의 여호와가 이같이 말하노니 너희는 너희의 행위를 살필지니라 … 너희는 산에 올라가서 나무를 가져다가 성전을 건축하라 그리하면 내가 그것으로 말미암아 기뻐하고 또 영광을 얻으리라 여호와가 말하였느니라 _학 1:3-5,8

이같은 학개의 선포는 강력했다. 드디어 이스라엘은 그 예언을 들으며 먼저 '자기의 행위를 살펴'(학 1:5,7) 보았고, 그들의 문제가 하나님께 죄

를 범한 문제임을 깨달았다. 당연히 학개의 예언을 듣고, 그들은 14년 동안의 침묵을 깨고 성전 건축을 시작한다. 학개의 하나님 말씀 대언에 그들 모두가 하나님의 말씀에 청종한 것이다. 이 결정은 백성 모두에게 동시에 일어난 일이었고, 그 말씀에 청종할 때 백성의 마음은 '흥분'되었다.

여호와께서 … 모든 백성의 마음을 감동시키시매 그들이 와서 만군의 여호와 그들의 하나님의 전 공사를 하였으니 _학 1:14

진정한 아름다움

학개의 예언을 듣고 성전 건축을 하려 마음 먹었지만 문제는 또 있었는데, 백향목이었다. 하나님의 성전을 백향목이 아닌 다른 나무로 지을 수 없다고 생각한 것이다. 하지만 하나님은 대단한 백향목이 아니어도 괜찮다고 말씀하셨다. 그들의 마음으로 충분하다는 것이었다.

너희는 산에 올라가서 나무를 가져다가 성전을 건축하라 그리하면 내가 그것으로 말미암아 기뻐하고 또 영광을 얻으리라 … _학 1:8

이스라엘 백성들은 학개의 이 예언을 듣자마자 성전 역사를 시작하였다. 결정하는 데 불과 23일이 걸린 것이다. 처음 하나님이 학개에게 말씀하신 것이 6월 1일(학 1:1)이었고 성전 역사를 시작한 것이 6월 24일(학 1:15)이었으니까 그렇다. 이렇게 쉽게 시작할 수 있는 일을 무려 14년을 허비했던 것이다. 그리고 약 5년 후인 BC 515년(스 6:15)에 성전은 완공된다. 이렇게 기적적으로 성전을 짓기 시작하였지만, 만족스럽지는 않았다. 그들이 짓고 있는 성전은 솔로몬의 성전보다 초라할 것이 분명했기 때문이었다. 그것 때문에 이스라엘은 속상했다.

너희 가운데에 남아 있는 자 중에서 이 성전의 이전 영광을 본 자가 누구냐 이제 이것이 너희에게 어떻게 보이느냐 이것이 너희 눈에 보잘것없지 아니하냐 _학 2:3

그러나 그것은 중요하지 않았다. 성전의 규모와 위용이 중요한 것이 아니라 그곳에 하나님이 계시는 것이 중요한데, 하나님께서 계시겠다고 말씀하신 것이다. 하나님이 그들을 위로하신 것이다.

그러나 여호와가 이르노라 스룹바벨아 스스로 굳세게 할지어다 여호사닥의 아들 대제사장 여호수아야 스스로 굳세게 할지어다 여호와의 말이니라 이 땅 모든 백성아 스스로 굳세게 하여 일할지어다 내가 너희와 함께 하노라 만군의 여호와의 말이니라 너희가 애굽에서 나올 때에 내가 너희와 언약한 말과 나의 영이 계속하여 너희 가운데에 머물러 있나니 너희는 두려워하지 말지어다 _학 2:4-5

사실 이같은 하나님의 말씀은 빈말씀이 아니었다. 하나님의 말씀은 매우 중요한 인식에서 비롯된 것이었다. 이 말씀을 보면 알 수 있다.

만군의 여호와가 이같이 말하노라 조금 있으면 내가 하늘과 땅과 바다와 육지를 진동시킬 것이요 또한 모든 나라를 진동시킬 것이며 모든 나라의 보배가 이르리니 내가 이 성전에 영광이 충만하게 하리라 만군의 여호와의 말이니라 은도 내 것이요 금도 내 것이니라 만군의 여호와의 말이니라 이 성전의 나중 영광이 이전 영광보다 크리라 만군의 여호와의 말이니라 내가 이 곳에 평강을 주리라 만군의 여호와의 말이니라 _학 2:6-9

놀랍게도 '지금 짓는 이 성전이 예전의 성전보다 더 영화로울 것'이라는 말씀이었다. 사실은 초라한데, 하나님은 영화로울 것이라고 말씀하신 것이다. 당연히 하나님의 영광이 그 성전에 임하시기 때문이라는 말씀이었다. 그러므로 성전의 아름다움은 외양과 들어간 물질의 크기에 따른 것이 아니라 하나님이 거하시기 때문이며, 동시에 그 성전을 짓기 위한 우리의 사랑과 헌신이 최고의 아름다움을 더하는 장식이라는 뜻이었다.

학개 1장부터 2장까지의 개관

다시 성전을 건축하라(1). 비록 초라할지라도, 새로운 성전의 영광은 하나님의 임재에 있음을 잊지 말아야 한다(2).

Reading Bible Checklist														학개 1-2장
1	2													

51

스가랴

하나님의 계획을 질문하라

• 스가랴 1-14장 •

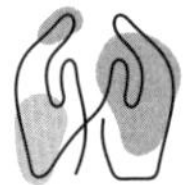

학개서에서 살핀 것처럼, 포로 귀환 후 성전 건축을 14년이나 멈추고 있었던 이스라엘이 학개 선지자의 책망을 듣고 우선순위인 성전 건축을 시작한 때는 다리오 왕 2년 6월 24일(학 1:15)의 일이었다.

먼저 하나님의 음성을 들어야

이번에는 스가랴 선지자를 통하여 말씀하셨다. 학개 선지자의 예언이 성전을 짓는 일을 멈추고 자신의 집을 짓는 일에 골몰한 이스라엘에 대한 예언이었다면, 스가랴 선지자를 통한 예언은 성전을 짓는 자들이 가져야 할 태도와 비전에 대한 것이었다. 그 첫 말씀은 '너희 조상들을 본받지 말라'(슥 1:4)는 것이었다. 듣지 않고 귀를 기울이지 않는 것, 곧 그들의 독선적인 태도를 본받지 말라고 말씀하신 것이다.

너희 조상들을 본받지 말라 옛적 선지자들이 그들에게 외쳐 이르되 만군의 여호와께서 이같이 말씀하시기를 너희가 악한 길, 악한 행위를 떠나서 돌아오라 하셨

다 하나 그들이 듣지 아니하고 내게 귀를 기울이지 아니하였느니라 여호와의 말이니라 _슥 1:4

그들이 들어야 할 것은 하나님의 음성이었다. 왜 그런가? 당연히 모든 것이 하나님의 계획과 섭리 가운데 있기 때문이다. 그래서 하나님은 다리오 왕 2년 12월 24일에 스가랴 선지자에게 과거의 역사와 미래에 대한 일들을 말씀하셨다. 여덟 개의 환상(1-6장)과 네 개의 메시지(7-8장), 두 개의 경고(9-14장)로 이루어진 말씀은 분명히 하나님의 계획 가운데 있는 역사, 곧 이스라엘의 미래에 대한 설명이었다. 미래에 대한 하나님의 계획의 핵심은 심판과 함께 회복에 대한 약속이었다. 그 약속의 중심에 성전이 있었다.

왜 하나님은 이토록 성전을 강조하시는 것일까? 이스라엘을 비롯하여 모든 사람들이 하나님을 경험하지 못하는 이유는 하나님을 눈으로 볼 수 없기 때문이다. 더욱이 우리가 자기중심적인 삶을 살고 있으므로 귀를 막고 눈을 감아버리기에, 설령 하나님이 자신을 계시하더라도 들을 수 없고 볼 수 없다. 그래서 하나님께서 성전을 강조하신 것이다. 하나님은 분명히 어디에나 계시지만, 성전은 하나님을 인지하지 못하는 우리를 위한 하나님의 배려이기 때문이다.

여호와가 이같이 말하노라 내가 시온에 돌아와 예루살렘 가운데에 거하리니 예루살렘은 진리의 성읍이라 일컫겠고 만군의 여호와의 산은 성산이라 일컫게 되리라 _슥 8:3

하나님의 계획

하나님이 성전을 강조하시는 또 다른 이유는 성전을 통한 하나님의 계획 때문이다. 먼저, 이스라엘이 성전을 지으면 그 안에 하나님이 거하시는 까닭에, 이스라엘은 예배하면서 하나님을 경험하게 될 것이다. 이처럼 하나님을 경험하는 이스라엘은 놀라운 삶을 살게 될 것이고, 세상은 하나님이 함께 하시는 이스라엘을 보면서 세상도 하나님을 만나고 싶어하는 일이 벌어질 수 있지 않겠느냐 하는 것이었다. 하나님의 계획은 바로 그것이었다.

만군의 여호와가 이와 같이 말하노라 그 날에는 말이 다른 이방 백성 열 명이 유다 사람 하나의 옷자락을 잡을 것이라 곧 잡고 말하기를 하나님이 너희와 함께 하심을 들었나니 우리가 너희와 함께 가려 하노라 하리라 하시니라 _슥 8:23

그러므로 이스라엘이 짓고 있는 것은 단순히 건물이 아니라 하나님의 계획을 짓는 것이었다. 더 나아가 그 완성은 하나님의 발전된 계획, 곧 메시아의 도래에 있음을 하나님께서 말씀하셨다.

시온의 딸아 크게 기뻐할지어다 예루살렘의 딸아 즐거이 부를지어다 보라 네 왕이 네게 임하시나니 그는 공의로우시며 구원을 베푸시며 겸손하여서 나귀를 타시나니 나귀의 작은 것 곧 나귀 새끼니라 내가 에브라임의 병거와 예루살렘의 말을 끊겠고 전쟁하는 활도 끊으리니 그가 이방 사람에게 화평을 전할 것이요 그의 통치는 바다에서 바다까지 이르고 유브라데 강에서 땅 끝까지 이르리라 _슥 9:9-10

성전과 예배자

성전의 회복은 역사 속의 이스라엘이나 모든 영적 이스라엘이 회복될 수 있는 길이다. 하나님이 세우신 계획이다. 그렇다면 이제부터 문제는 성전 건물이 아니라 예배자로 옮겨진다.

예수님이 사마리아 수가성을 지나시다가 한 여인을 만났을 때였다. 그녀는 예배하고 싶었지만, 그녀가 갈 수 없는 예루살렘 성전처럼 장소에 묶여 있었다. 그때 주님이 하신 말씀은 장소가 아니라 예배하는 자였다.

아버지께 참되게 예배하는 자들은 영과 진리로 예배할 때가 오나니 곧 이 때라 아버지께서는 자기에게 이렇게 예배하는 자들을 찾으시느니라 _요 4:23

주님의 이 말씀은 온전한 예배자가 있다면 성전이 없더라도, 곧 그 장소가 어디든지 하나님이 예배를 받으신다는 뜻이다. 하지만 여전히 성전이 필요한 이유는 우리가 아직 온전히 자유로운 예배자가 아니기 때문이다. 세상에 사는 동안 우리는 여전히 죄를 범하고 더러움에 노출된 삶을 살기 때문이다. 그래서 하나님께서 계신 성전, 거룩한 곳을 구별하는 은혜를 베푸신 것이다.

그러므로 하나님이 자신을 제한하여 거하시겠다는 성전에서 우리는 하나님을 만날 가능성이 세상보다 훨씬 높다. 이처럼 성전에서 예배하며 하나님을 만난 예배자들은 세상을 사는 동안에도 하나님과 동행하는 예배자로 살게 된다. 그때 세상은 그 예배자, 바로 우리에게서 하나님이 함께 계심을 보게 될 것이고, 그들도 하나님을 만나고 싶다고, 그곳으로 데려가 달라고 부탁할 것이라고 말씀하신 것이다.

나 만군의 주가 말한다. 그 때가 되면, 말이 다른 이방 사람 열 명이 유다 사람 하나의 옷자락을 붙잡고 '우리가 너와 함께 가겠다. 하나님이 너희와 함께 계신다는 말을 들었다' 하고 말할 것이다. _슥 8:23 새번역

세상이 우리에게서 하나님을 발견한다, 그리고 찾아온 성전에서 하나님의 임재를 경험한다, 얼마나 아름다운 이야기인가? 그렇다면 우리 자신은 어떤 예배자인가? 우리 성전은 아름다운 예배자들이 모여 드리는, 진정 교회인가?

스가랴 1장부터 14장까지의 개관

스가랴가 화석류 나무 사이에 선 자 환상(1), 측량줄을 잡은 사람 환상(2), 순금 등잔대와 두 감람나무 환상(4), 날아가는 두루마리 환상(5), 네 병거 환상(6) 등 여덟 개의 환상을 본다. 하나님이 원하시는 것은 순종이었다. 잡혀간 이유는 불순종 때문이다(7). 그러나 하나님이 회복하시리라(8). 구원을 베풀 왕 메시야가 오실 것이며(9), 구원을 이루실 것이다(10). 예루살렘은 구원받을 것이며(12), 유다의 구원과(13), 메시야 왕국이 이뤄질 것이다(14).

Reading Bible Checklist													스가랴 1-14장	
1	2	3	4	5	6	7	8	9	10	11	12	13	14	
●	●	●	●	●	●	●	●	●	●	●	●	●	●	

말라기

크고 두려운 날이 오기 전에

• 말라기 1-4장 •

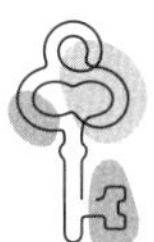

구약성경 마지막에 위치한 말라기서는 매우 중요하다. 말라기서가 구약의 마지막 책이고, 이후 약 400년 동안 하나님의 계시가 없는 암흑의 시대로 들어서기 때문이다. 그러니까 말라기는 400년의 암흑을 초래한 요인, 즉 하나님이 더 이상 이스라엘에 관심을 갖지 않게 된 가장 큰 요인이 무엇인지를 알려 준다.

변화가 없는 이유

포로 귀환 후 이스라엘은 우여곡절 끝에 예루살렘 성전을 짓고 희생제사를 다시 드리기 시작했지만, 이스라엘의 삶에는 특별한 변화가 없었다. 여전히 페르시아의 속국이었고 다윗 왕조의 회복도 이뤄지지 않았다. 에스라, 느헤미야, 스가랴서를 읽으며 보았던 것처럼 이스라엘은 변화되지 않은 채 있었다.

하지만 이스라엘은 이런 사실은 생각하지 않고, 여전히 회복되지 않은 다윗 왕조, 초라한 예루살렘 성전만 보았다. 눈에 보이는 상황만 바라보고 있었던 것이다. 급기야 그들은 하나님을 의심하기 시작하였고, 하나님을 예배하는 일의 중요성은 상실되어 갔다. 더욱이 그들이 예배를 드린 이유는 사명과 관계없이 복과 평안을 구하는 것 때문이었다. 그런데 그런 기대가 이뤄지지 않자, 예배는 형식만 남은 채 습관적 의식으로 변질된 것이다. 물론 제사장들은 예배를 집전하였고, 사람들은 제물로 '떡'과 '희생제물'을 하나님께 드렸다. 그런데 그들이 드린 제물로서의 떡은 우상에게 바쳤던 '더러운 떡'(말 1:7)이었고, 희생 제물은 '저는 것, 병든 것'(말 1:8), '흠 있는 것'(말 1:14)이었다. 더욱이 그들의 마음 상태는 말할 수 없을 만큼 더러워져 있었다. 그들이 하는 이야기를 들어보면 알 수 있다.

그런데 너희는 '주께 차려 올리는 제사 상, 더러우면 어떠냐? 아무 음식이나 차려 드렸으면 됐지.' 하면서, 나의 이름을 욕되게 하고 있다. '에이 귀찮아.' 이렇게 투덜거리면서 바치고는 나를 우습게 보지 않는다고 하는구나. 만군의 야훼가 말한다. 너희는 남의 짐승을 훔쳐다가 바치고, 절뚝거리거나 병든 짐승을 바친다. 그러는데 그 제물을 달갑게 받을 것 같으냐? 나의 말이 그르냐? _말 1:12-13 공동번역

그들은 하나님을 물질적인 분으로 이해하였고, 그저 자신들처럼 뭐든 바치면 좋아하는 분으로 이해할 뿐이었다. 그것만이 아니라, 하나님을 속일 수 있다고 생각하였다. "하나님, 대충 받아드시고 복이나 주시라" 하는 버릇없는 이들이었다. 그런 까닭에 하나님의 분노는 당연한 것이었다.

천벌받을 것들아, 서원제물로 바칠 만한 것이 양떼 가운데 있는데도 주께 바친다면서 쓸모없는 짐승을 골라 제물로 바치는 것들아. 나는 위대한 왕이다. 만군의 야훼가 말한다. 뭇 민족이 나의 이름을 두려워하리라. _말 1:14 공동번역

립 서비스 제사장

그렇다면 왜 이런 지경에 이른 것일까? 하나님은 그 이유를 제사장들에게서 찾으셨다. 제사장들과 레위인들은 이방사람들과 통혼하고 고리대금업을 하고 경건을 가장한 채 위선으로 가득 차 있었다. 그들의 마음에 하나님은 존재하지 않았다. 그것이 근본적인 이유였다. 왜곡된 방법으로 예배를 드리고, 하나님의 말씀은 제대로 드러나고 있지 않으니 당연한 결과였다.

너희 제사장들아 이제 너희에게 이같이 명령하노라 만군의 여호와가 이르노라 너희가 만일 듣지 아니하며 마음에 두지 아니하여 내 이름을 영화롭게 하지 아니하면 내가 너희에게 저주를 내려 너희의 복을 저주하리라 내가 이미 저주하였나니 이는 너희가 그것을 마음에 두지 아니하였음이라 _말 2:1-2

이처럼 그들의 마음에는 이미 하나님이 없었고 그저 입술에만 있었다. 립서비스(lip service) 제사장들이었다.

… 사람들은 그 입술만 쳐다보면서 인생을 바르게 사는 법을 배우려고 하였다. 그런데 너희는 바른 길을 떠났다. 법을 가르친다면서 도리어 많은 사람을 넘어뜨렸다. … _말 2:7-8 공동번역

사람들은 제사장, 곧 목사의 입만 쳐다보았는데, 그들이 전하는 메시지는 하나님의 법에서 벗어난 것이었다. 행동만이 아니라 그들이 전하는 말씀조차 이미 왜곡되어 있었다. 하나님의 법은 무용지물이 된 지 오래였다.

이같이 말씀의 통치가 이루어지지 못하면서 그들의 삶에는 하나님을 떠난 모습이 나타났는데, 대표적인 것이 문란한 결혼생활이었다. 자신들의 편의를 따라 결혼과 이혼을 자유롭게 하였다(말 2:11-16). 그들은 하나님 안에서 결혼한 조강지처를 버리고 쾌락을 좇는 이방신을 섬기는 여인들과 재혼하였다. 그러므로 이들이 드리는 제사를 하나님은 당연히 받지

않으셨다. 이런 모습은 백성에게도 영향을 미쳤고, 물질 영역에서도 타락한 모습을 보였다.

어떻게 보면 어울려 보이지 않지만, 하나님은 헌금에 대한 말씀으로 그들의 모습을 지적하셨는데, '도둑질'이라는 표현을 쓰신 것이다.

사람이 어찌 하나님의 것을 도둑질하겠느냐 그러나 너희는 나의 것을 도둑질하고도 말하기를 우리가 어떻게 주의 것을 도둑질하였나이까 하는도다 이는 곧 십일조와 봉헌물이라 너희 곧 온 나라가 나의 것을 도둑질하였으므로 너희가 저주를 받았느니라 _말 3:8-9

도둑질이라고 쓴 이유는 기본적으로 그들이 가진 모든 것이, 모든 만물이 하나님의 것이기 때문이다. 그러므로 우리가 살고 있는 모든 것은 전적으로 하나님의 은혜이다. 그것을 강조한 것이다. 그런데 이걸 모르고 마치 자기들의 것인 양, 그래서 하나님께 생색내듯, 남는 것을 동냥하듯이 던지는 예배와 삶을 꾸짖으신 것이다.

온전한 예배자의 모습

그러므로 만일 우리가 우리의 물질만이 아니라 삶의 모든 영역에서 모든 것이 나의 것이 아니고 하나님의 소유임을 인정하며 산다면, 우리 삶에는 다른 지경이 열릴 것이다. 하나님은 이 놀라운 사실을 우리가 좋아하는 물질적인 표현으로 말씀하셨다.

만군의 여호와가 이르노라 너희의 온전한 십일조를 창고에 들여 나의 집에 양식이 있게 하고 그것으로 나를 시험하여 내가 하늘 문을 열고 너희에게 복을 쌓을 곳이 없도록 붓지 아니하나 보라 _말 3:10

우리는 하나님의 방법대로 살아야 한다. 순간이나마 잠깐 불의를 행하며 사는데도 잘 살게 된다면 아무 문제 없는 것이라고 여길 수 있기 때문이다. 더구나 오해하여 이렇게 말할 수 있을지도 모른다.

너희가 정말로 하는 소리는, '하느님을 섬겨보아야 쓸데없는 일이다. 그의 분부를 지켜보았지만, 무슨 소용이 있더냐? 만군의 야훼 앞에서 베옷을 입고 울어보았지만 무슨 소용이 있더냐? 결국 살고 싶은 대로 살아야 살 길이 트이는 세상인걸. 못된 짓을 해야 성공하는 세상인걸. 하느님을 시험하고도 멀쩡하게 살아 있지 않은가!' _말 3:14-15 공동번역

이같은 모습이 된다면 치명적인 것이 아닐 수 없다. 가장 큰 이유는 곧 '여호와의 크고 두려운 날'(말 4:5)이 임할 것이기 때문이다. 하나님은 그 날을 이렇게 말씀하셨다.

너희는 내가 호렙에서 온 이스라엘을 위하여 내 종 모세에게 명령한 법 곧 율례와 법도를 기억하라 보라 여호와의 크고 두려운 날이 이르기 전에 내가 선지자 엘리야를 너희에게 보내리니 그가 아버지의 마음을 자녀에게로 돌이키게 하고 자녀들의 마음을 그들의 아버지에게로 돌이키게 하리라 돌이키지 아니하면 두렵건대 내가 와서 저주로 그 땅을 칠까 하노라 하시니라 _말 4:5-6

여기서 언급하고 있는 '여호와의 크고 두려운 날'은 그리스도 예수의 도래를 말한다. 왜냐하면 이 구절 가운데에서 '선지자 엘리야를 너희에게 보내리니'라는 말씀을 예수님께서 인용하셨는데, 바로 세례 요한을 가리키는 것이기 때문이다.

기록된 바 보라 내가 내 사자를 네 앞에 보내노니 그가 네 길을 네 앞에 준비하리라 하신 것이 이 사람에 대한 말씀이니라 … 모든 선지자와 율법이 예언한 것은 요한까지니 만일 너희가 즐겨 받을진대 오리라 한 엘리야가 곧 이 사람이니라 _마 11:10,13-14

그렇다면 우리는 예수님의 도래가 어떻게 '여호와의 크고 두려운 날인가' 하고 바로 질문할 수 있다. 답은 예수 그리스도가 마지막 지점이기 때

문이다. 예수 그리스도가 우리 구원의 분기점이어서 그렇다. 예수 없이는 종말과 심판이 기다릴 뿐이기 때문이다. 그러므로 그 날을 크고 두려운 날이라고 표현했지만, 동시에 우리 믿는 이들에게는 그 날이 영원한 구원의 날임을 잊지 말아야 한다. 그때 그리스도가 오셔서, 구속을 이룬 그날부터 영원히, 곧 '지금이 구원의 날'이며 동시에 심판의 날이 될 것이다. 그것을 알고 있던 바울이 이렇게 외친다.

우리가 하나님과 함께 일하는 자로서 너희를 권하노니 하나님의 은혜를 헛되이 받지 말라 이르시되 내가 은혜 베풀 때에 너에게 듣고 구원의 날에 너를 도왔다 하셨으니 보라 지금은 은혜 받을 만한 때요 보라 지금은 구원의 날이로다 _고후 6:1-2

그러므로 미뤄서는 안 된다. 지금 구원을 이루며 구원을 살아야 한다. 주어진 사명을 잊지 않고 걸어가야 한다. 그것이 우리의 존재 이유이기 때문이다.

말라기 1장부터 4장까지의 개관

모든 죄는 제사장들의 죄(1)다. 그러나 이스라엘의 죄(2)는 십일조로 대표되는 '하나님의 것을 훔친 것'이다(3). 그 날, 크고 두려운 날이 임할 것이다(4).

Reading Bible Checklist														말라기 1-4장
1	2	3	4											

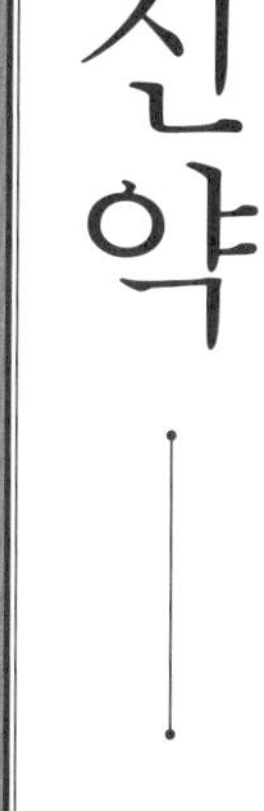

신약

분명히 말씀은 글자 이상의 것으로 하나님의 말씀이다. 그러므로 우리에게 계시된 하나님의 말씀, 성경은 스스로 일하신다. 마틴 루터를 비롯한 종교개혁자들이 '성경은 스스로 해석자'(Scriptura interpres sui ipsius)라고 고백한 이유이다. 심지어 요한복음은 말씀이 하나님이시라고 증거하였다. '말씀이 육신이 되어', 말씀 속에 하나님이 계시되었다는 뜻이다. 하나님의 말씀이 육신을 입은 것이다. 그 육체가 곧 예수 그리스도이시고 말이다. 따라서 성경은 사람이 쓴 것이지만, 임의대로 쓴 것이 아니라 '하나님의 감동으로'(딤후 3:16) 된 것이다. 그러므로 성경은 많이 읽는 것이 중요한 것이 아니라 하나님의 감동으로, 곧 영으로 읽어야 한다. 그렇다면 '영으로 말씀을 읽는다'는 말은 무슨 뜻일까? 그것은 우리가 이성적으로 읽고 이해하는 것으로는 성경 읽기가 불충분하다는 뜻으로, 성령이 우리 눈을 밝히 열어 주셔야 온전히 읽히고, 그 뜻을 깨닫게 된다는 뜻이다. 시편 기자(記者)가 고백한 것처럼 말이다. "내 눈을 열어서 주의 율법에서 놀라운 것을 보게 하소서"(시 119:18). 그러므로 성경 묵상에서 가장 중요한 것은 지식과 연구보다 하나님을 향한 태도와 기다림, 곧 성령의 역사를 사모함으로 기다리는 것이다. 성령이 역사하시지 않으면 우리가 그 말씀을 온전히 읽을 수 없기 때문이다. 묵상에 수동적인 측면이 있어야 하는 까닭이다. 그렇게 기다리며 묵상하는 우리에게 어느 순간 하나님의 음성이 들릴 것이다. 우리를 가르치시고, 우리에게 하나님의 말씀을 생각나게 하실 것이다. 성령이 역사하시기 때문이다. 하지만 주의 말씀을 사모하여 묵상하고 따르는 것은 이미 살핀 것처럼 쉬운 일이 아니다. 분명 용기가 필요하다. 하지만 용기를 내어 담대하게 말씀을 읽고 묵상하며 나아갈 때, 우리는 하나님의 뜻을 알게 될 것이고 말씀을 통하여 역사하시는 하나님을 만나게 될 것이다. 이후 벌어지는 우리의 길이 어떻게 될지는 상상 이상의 기적으로 나타나게 될 테니까. 이 책은 성경 전체를 통독하는 이들을 위해 썼는데, 더 깊게 성경을 읽을 수 있는 데 도움을 주기 위함이다. 예를 들어 사도행전을 통독하려 한다면 먼저 이 책의 사도행전 부분을 읽는다. 그때 사도행전의 전체 그림이 매우 쉽게 그려질 것이다. 이같은 읽기를 마치고 사도행전을 읽는다면, 그 전체 주제와 흐름을 놓치지 않고 본문을 이해하고 묵상하는 데 도움이 될 것이다. 또한 좀 더 용이하도록 각 장의 말미에 그 성경 부분의 전체 개관과 성경읽기표를 함께 넣었다. 아마 즐거운 성경통독이 되리라 믿는다.

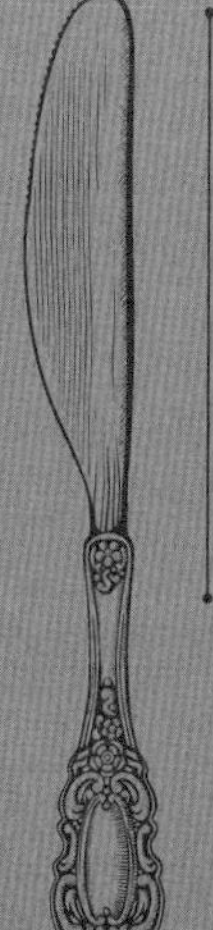

53

마태복음

하나님 나라의 자녀됨

• 마태복음 1-28장 •

복음서는 단순히 진공상태와 같은 환경에서 쓰여진 것이 아니라 역사적 예수의 복음과 초대교회의 삶의 자리에서 해석된 상황, 그리고 복음서 기자의 삶의 자리를 함께 이해해야 기본적으로 복음의 정확한 내용을 알 수 있다. 그런 이해를 가지고 각 복음서를 보면, 각기 다른 삶의 자리에서 정리된 책인 것을 알 수 있다.

마가복음은 고난과 핍박으로 인해 도피적 경향을 보이는 교회에게 주님의 수난을 강조함으로써 현재 삶의 중요성을 부각하려 했다. 누가복음은 구속사라는 큰 틀에서 이방인을 위해 쓴 것이라고 보고 있으며, 요한복음은 영지주의 등 헬라 철학의 영향을 받은 세대 앞에서 변증해야 하는 사명감을 가지고 쓴 것이라고 말할 수 있다. 이에 비해 마태복음은 개종하는 유대인들을 위한 초대교회의 교리문답서 혹은 교과서로서 쓴 것이라고 할 수 있다.

구약의 성취

많은 유대인들이 예수를 메시아로 고백하면서 개종하였지만, 그들의 고민은 구약과 신약의 관계였다. 더 자세히 말하면, 구약의 예언은 폐지될 리 없는 하나님의 약속인데, 그것이 어떻게 예수 그리스도와 관계있으며 성취되는 것인가 하는 질문이 그들을 사로잡고 있었다. 그러므로 마태복음은 구약과 신약의 관계성, 즉 언약의 성취를 설명하는 데 관심과 강조점을 두어 기록되었다.

그런 관점에서 보면, 마태복음 첫 장에 나오는 예수의 족보는 누가복음의 예수의 족보와 확연히 다른 기술 방식을 택한 것을 알 수 있다. 누가복음은 예수의 족보가 예수에게서 시작되어 아브라함, 더 나아가 아담과 하나님에게까지 이른다. 누가복음의 의도가 매우 정확하게 드러나는 대목이다. 하나님이 모든 인류의 하나님이심을 드러내므로, 복음이 이방인 혹은 계층과 관계없이 모든 이들을 위한 것임을 말하려 했음을 알 수 있다.

> 예수께서 가르치심을 시작하실 때에 삼십 세쯤 되시니라 사람들이 아는 대로는 요셉의 아들이니 요셉의 위는 헬리요 … 그 위는 에노스요 그 위는 셋이요 그 위는 아담이요 그 위는 하나님이시니라 _눅 3:23,38

반면에 마태복음은 족보의 시작을 유대인에게 매우 중요한 두 인물인 아브라함과 다윗을 중심으로 시작하여 예수에게 이른다.

> 아브라함과 다윗의 자손 예수 그리스도의 계보라 아브라함이 이삭을 낳고 이삭은 야곱을 낳고 야곱은 유다와 그의 형제들을 낳고 … 야곱은 마리아의 남편 요셉을 낳았으니 마리아에게서 그리스도라 칭하는 예수가 나시니라 _마 1:1-2,16

유대인 독자들은 이것을 처음 읽는 순간에 당연히 자신이 믿고 있는 예수가 어떤 위치에 계신지를 알게 된다. 하지만 이같은 족보보다 더 중요한 것은, 이 모든 것들이 구약의 성취라는 점을 강조한 것이다. 그래서 마태는 족보를 다 이야기한 후에 예수의 탄생이 구약의 성취임을 강조한다.

이 모든 일이 된 것은 주께서 선지자로 하신 말씀을 이루려 하심이니 … _마 1:22

이런 기술은 마태복음의 매우 중요한 특징이다. 마태는 책 전체에 걸쳐서도 매우 중요한 순간마다 9번에 걸쳐 '주께서 선지자로 하신 말씀을 이루려 하심'이라는 문구를 달아 구약의 성취임을 강조했다.

예수 탄생(마 1:23 - 사 7:14의 성취): "그러므로 주께서 친히 징조를 너희에게 주실 것이라 보라 처녀가 잉태하여 아들을 낳을 것이요 그의 이름을 임마누엘이라 하리라"(사 7:14).

탄생 장소(마 2:5,6 - 미 5:2의 성취): "베들레헴 에브라다야 너는 유다 족속 중에 작을지라도 이스라엘을 다스릴 자가 네게서 내게로 나올 것이라 그의 근본은 상고에, 영원에 있느니라"(미 5:2).

애굽 피난(마 2:14,15 - 호 11:1의 성취): "이스라엘이 어렸을 때에 내가 사랑하여 내 아들을 애굽에서 불러냈거늘"(호 11:1).

헤롯의 유아 학살(마 2:16-18은 렘 31:15의 성취): "여호와께서 이와 같이 말씀하시니라 라마에서 슬퍼하며 통곡하는 소리가 들리니 라헬이 그 자식 때문에 애곡하는 것이라 그가 자식이 없어져서 위로 받기를 거절하는도다"(렘 31:15).

갈릴리 거주(마 4:13-16은 사 9:1~2의 성취): "전에 고통 받던 자들에게는 흑암이 없으리로다 옛적에는 여호와께서 스불론 땅과 납달리 땅이 멸시를 당하게 하셨더니 후에는 해변 길과 요단 저쪽 이방의 갈릴리를 영화롭게 하셨느니라 흑암에 행하던 백성이 큰 빛을 보고 사망의 그늘진 땅에 거주하던 자에게 빛이 비치도다"(사 9:1-2).

마태는 이외에도 여러 곳에서(마 8:16-17: 12:17-21: 13:35: 21:4-5: 26:56: 27:9-10) 구약의 성취라는 것을 강조하면서 기록한다. 그러니까 마태는 구약의 성취로서 예수 그리스도를 설명함으로, 예수가 구약의 율법을 무시한 것이 아니라 완성하심을 강조한 것이다.

내가 율법이나 선지자를 폐하러 온 줄로 생각하지 말라 폐하러 온 것이 아니요 완전하게 하려 함이라 진실로 너희에게 이르노니 천지가 없어지기 전에는 율법의 일점 일획도 결코 없어지지 아니하고 다 이루리라 _마 5:17-18

하늘에 계신 아버지

이처럼 마태가 아브라함부터 족보를 시작함으로 구약의 성취를 강조하지만, 동시에 강조한 것이 다윗이다. 즉, 예수님은 유대인이 그토록 기다리는 '다윗적 메시아'의 성취로서, 바로 예수의 왕 되심을 강조한 것이다. 그래서 예수님이 예루살렘에 입성할 때 사람들의 외침을 정확하게 기록하였다.

무리의 대다수는 그들의 겉옷을 길에 펴고 다른 이들은 나뭇가지를 베어 길에 펴고 앞에서 가고 뒤에서 따르는 무리가 소리 높여 이르되 호산나 다윗의 자손이여 찬송하리로다 주의 이름으로 오시는 이여 가장 높은 곳에서 호산나 하더라 _마 21:8-9

특히 동방박사가 찾아온 것을 기록함으로, 예수가 단순히 유대인들의 왕이 아니라 모든 사람을 위한 '하나님 나라의 왕'되심을 드러낸다. 동방박사들의 물음에서 알 수 있다.

… 동방으로부터 박사들이 예루살렘에 이르러 말하되 유대인의 왕으로 나신 이가 어디 계시냐 우리가 동방에서 그의 별을 보고 그에게 경배하러 왔노라 … _마 2:1-2

이것은 마태복음이 유대인을 위한 편견을 가진 책이 아니라, 유대와 그 땅을 넘어 하나님 나라의 왕으로서 예수를 강조하려 한 것이다.

이같은 마태복음의 시각은 유대인만이 아니라 마태복음을 읽는 모두에게 우리가 어떤 존재이며 어떤 위치에 있는지를 보게 한다. 그래서 마태복음은 다른 복음서에서 강조하지 않는 매우 중요한 고백을 하게 하는데, 바로 '하늘에 계신 아버지'라는 표현이다. 놀랍게도 이 표현은 마가복음에 한 번(막 11:25)만 나올 뿐 다른 복음서에 없으며, 15번 전부 마태복음에만 나온다. 그런 까닭에 주님이 가르치신 주기도문에 대해서도 마태복음은 매우 단도직입적으로 "너희는 이렇게 기도하라 하늘에 계신 우리 아버지여"(마 6:9)라고 기록하여 부르게 한다.

이 기록은 주기도문이 기록된 누가복음에서 단순히 "너희는 기도할 때에 이렇게 하라 아버지여"(눅 11:2)라고 한 표현과 분명히 다르다. 마태복음은 매우 분명하게 하나님이 아버지 되심과 그 아버지가 하늘 곧 온 세상을 뛰어넘는 우주적 존재이심을 말함으로 우리가 어떤 존재인지 가르치고자 한 것이다. 그러므로 마태복음은 유대인들을 설득하기 위한 목적으로 쓴 것이지만, 그리스도 안에서 유대인과 이방인 모두가 하나님을 아버지로 부르는 한 형제 자매임을 말한 것을 알 수 있다.

다섯 개의 가르침

마태복음의 중심을 흐르고 있는 매우 중요한 것은 마태복음만 갖고 있는 예수님의 다섯 개의 가르침이다. 우리가 지금까지 살핀 것처럼, 하나님을 아버지라고 부르는 하나님의 자녀들이 어떻게 살아야 하는지를 강조했음을 당연히 알 수 있다. 하나님 나라의 백성으로서, 자녀답게 성숙한 윤리로 삶을 살아야 함을 말한 것이다. 그런 까닭에 다른 복음서에는 없는 아름다운 말씀들이 많은데, 그 중 몇 가지만 소개하면 다음과 같다.

나로 말미암아 너희를 욕하고 박해하고 거짓으로 너희를 거슬러 모든 악한 말을

할 때에는 너희에게 복이 있나니 기뻐하고 즐거워하라 하늘에서 너희의 상이 큼이라 … _마 5:11-12

이같이 너희 빛이 사람 앞에 비치게 하여 그들로 너희 착한 행실을 보고 하늘에 계신 너희 아버지께 영광을 돌리게 하라 _마 5:16

만일 네 오른 눈이 너로 실족하게 하거든 빼어 내버리라 … _마 5:29

또 너를 고발하여 속옷을 가지고자 하는 자에게 겉옷까지도 가지게 하며 또 누구든지 너로 억지로 오 리를 가게 하거든 그 사람과 십 리를 동행하고 _마 5:40-41

그러므로 염려하여 이르기를 무엇을 먹을까 무엇을 마실까 무엇을 입을까 하지 말라 _마 6:31

예수께서 이르시되 네게 이르노니 일곱 번뿐 아니라 일곱 번을 일흔 번까지라도 할지니라 _마 18:22

내가 주릴 때에 너희가 먹을 것을 주었고 목마를 때에 마시게 하였고 나그네 되었을 때에 영접하였고 헐벗었을 때에 옷을 입혔고 병들었을 때에 돌보았고 옥에 갇혔을 때에 와서 보았느니라 _마 25:35-36

주님의 지상명령

이처럼 마태복음은 우리가 누구인지와 어떻게 살 것인지를 강조한다. 그리고 매우 중요한 주님의 말씀 두 가지를 뒷부분에 넣었는데, 하나는 왕되신 예수, 즉 다윗의 후손으로서 '다윗적 메시아'이신 그리스도 예수께서 장차 무슨 일을 하실 것인지에 대한 주님의 예언적 말씀을 기록한 것이다. 곧 심판주로서 그리스도 예수이시다.

… 그러나 내가 너희에게 이르노니 이 후에 인자가 권능의 우편에 앉아 있는 것과 하늘 구름을 타고 오는 것을 너희가 보리라 … _마 26:64

더불어 마태는 복음서를 마무리하면서 제자들 곧 우리가 다시 오실 주님을 기다리면서 해야 할 일을 정확하게 적어놓았는데, 그것은 왕 되신 주님의 지상명령이었다. 우리가 반드시 해야 할 일임을 분명히 한 것이다.

예수께서 나아와 말씀하여 이르시되 하늘과 땅의 모든 권세를 내게 주셨으니 그러므로 너희는 가서 모든 민족을 제자로 삼아 아버지와 아들과 성령의 이름으로 세례를 베풀고 내가 너희에게 분부한 모든 것을 가르쳐 지키게 하라 볼지어다 내가 세상 끝날까지 너희와 항상 함께 있으리라 하시니라 _마 28:18-20

마태복음 1장부터 28장까지의 개관

예수 그리스도의 족보와 탄생(1)과 동방박사(2). 세례 요한과 예수의 세례(3). 광야에서 시험받으신 후 사역을 시작하시다(4). 팔복 강화를 비롯한 산상수훈을 하시다(5-7). 나병과 많은 환자를 고치시고 바람과 바다를 잔잔케 하시다(8). 친구와 함께 온 중풍병자와 혈루병 여인 등의 병을 고치시다(9). 열두 제자를 세우시고, 제자의 윤리를 말씀하시다(10). 세례요한에 대한 설명(11), 안식일 논쟁이 시작되다(12). 씨 뿌리는 자의 비유, 가라지 비유 등을 말씀하시다(13). 세례 요한의 죽음과, 오병이어의 기적(14), 칠병이어의 기적(15)을 행하시다. 가이사랴 빌립보에서 베드로의 신앙고백과 함께, 비로소 고난과 죽음과 부활을 말씀하고(16), 변화산 상 사건으로 드러내시다(17). 일만 달란트 비유(18)와 부자가 천국에 들어가지 못하는 이유(19)를 말씀하시고, 포도원 품꾼의 비유를 말씀하시다(20). 예루살렘 입성 사건과 포도원 농부 비유(21). 부활논쟁과 함께 가장 큰 계명을 말씀하시다(22). 바리새인과 서기관의 외식을 꾸짖으시다(23). 종말의 징조들을 언급하시고(24), 열처녀 비유와 양과 염소 비유를 말씀하시다(25). 마지막 만찬 이후, 겟세마네 동산에서 잡히시다. 베드로가 부인하고(26), 빌라도의 재판 후에, 십자가에 못박히시다(27). 부활하시고, 지상명령을 주시다(28).

Reading Bible Checklist														마태복음 1-28장
1	2	3	4	5	6	7	8	9	10	11	12	13	14	15
16	17	18	19	20	21	22	23	24	25	26	27	28		

마가복음

고난 받으신 예수와 제자됨

· 마가복음 1-16장 ·

마가복음은 다른 복음서와 달리 이 책이 어떤 성격인지를 첫 구절에서 매우 정확하게 드러낸다.

하나님의 아들 예수 그리스도 복음의 시작이라 _막 1:1

마가복음은 다른 어떤 것들보다 복음에 집중하겠다는 뜻이다. 마태복음처럼 유대인을 의식하고, 혹은 요한복음처럼 영지주의적 영향을 의식하는 것이 아니라, 오직 복음에 집중하겠다는 표현이다. 일반적으로 초대교회에 의해 복음이라고 불리는 것은 예수님의 생애, 사역, 죽음, 그리고 부활에 나타난 하나님의 구속행위에 관한 것들이었다. 이 내용들을 마가가 복음이라고 부른 것은 로마서 1장 16절에서 '모든 믿는 자에게 구원을 주시는 하나님의 능력'이라고 선언된 복음과 같은 것이기 때문이다.

바울과 마가

이처럼 마가가 복음을 강조하며 정확하게 기술할 수 있었던 이유는 바울 때문이다. 특히 바울로부터 고난받아 죽으신 예수, 정확하게 말해서 저주받아 죽은 예수가 어떻게 메시아인지를 분명히 알았을 것이다.

원래 마가가 바울을 알게 된 것은 바나바를 통해서였다(골 4:10). 바나바의 사촌인 마가는 함께 사역하고 있었던 바울을 잘 알았을 것인데, 마가는 바나바와 사울이 예루살렘에서 안디옥으로 돌아갈 때(행 12:25), 그리고 1차 전도여행을 떠날 때 동행한다. 하지만 한때 사이가 벌어지는데, 마가가 1차 전도여행 도중에 이탈하기 때문이었다. 이로 인해 바울과 바나바 사이에 분열이 일어났고, 2차 전도여행 때 바나바와 바울이 헤어지는 결과를 빚었다. 그때 바나바는 다시 마가에게 기회를 주는 의미로 데려가려 하였지만(행 15:37), 바울이 과거에 마가가 떠났던 경험 때문에 강력하게 거절하면서 벌어진 일인 것이다(행 15:38-39).

하지만 그로부터 약 12년 후, 바울이 1차로 로마의 감옥에 갇혔을 때인 61-63년 경에는 놀랍게도 그 감옥에 마가도 같이 있었다(골 4:10). 뿐만 아니라 어느 사이엔가 마가는 바울에게 바나바의 사촌보다 '동역자'(몬 1:24)라고 부르는 사이가 되어 있었다. 더 나아가, 바울은 그의 최후에 가장 가까운 시기에 디모데에게 쓴 편지인 디모데후서에서 마가를 데리고 올 것을 요청하였는데, 그때 바울은 마가를 '저가 나의 일에 유익하니라'(딤후 4:11)고 평가하였다. 이같은 기록들을 볼 때, 마가는 바울 사역의 후반부에 바울과 함께 있었고, 복음에 대한 바울의 풍부한 이해를 전수받았을 것으로 보인다. 마가가 복음의 초점이 그리스도의 십자가, 곧 수난에 있음을 정확하게 알게 된 계기였을 것이다.

베드로와 마가

그런데 마가는 베드로와도 각별했다는 사실이 중요하다. 당연히 마가는 베드로가 예수의 수제자였고 예수와 가까이 있었던 사실 때문에 베드로부터 예수의 모든 것을 들을 수 있었다. 더욱이 마가는 베드로에게 특별해서, 베드로가 '내 아들 마가'(벧전 5:13)라고 언급할 정도였다. 두 사람 사이의 친근함을 알 수 있는 것 중에 이런 이야기 있다.

헤롯이 예루살렘 공동체를 심하게 핍박하면서, 야고보가 죽고 베드로도 옥에 갇혔을 때였다. 하나님의 도우심으로 감옥을 나와 간 곳이 바로 '마가라 하는 요한의 어머니 마리아의 집'(행 12:12)이었다. 그런데 마가의 집의 계집종이 베드로의 목소리만 듣고도 베드로를 알아차린다. 베드로와 마가의 관계가 얼마나 친밀했는지를 알 수 있는 대목이다. 베드로가 마가를 아들이라고 부르는 것이 인사말 정도가 아니었음을 알 수 있다. 이같은 이유로, 마가는 베드로로부터 가장 정확하게 예수님에 대한 이야기를 들었을 것이 틀림없다.

마가와 관련해서 재미있는 기록은 예수님이 잡혔을 때 모든 제자들이 다 도망쳤다는 기록과 관계가 있다(막 14:50). 그때 한 청년이 벗은 몸에 베 홑이불을 두르고 예수를 따라오다가, 사람들에게 잡히자 벗은 몸으로 도망쳤다(막 14:51-52)고 기록하는데, 성서학자들은 그 청년이 마가일 것이라는 의견을 말한다.

어쨌든 마가는 베드로부터 예수님의 숨소리를 직접 듣는 것처럼 예수님 이야기를 생생하게 들었을 것이다. 그런 의미에서 다른 복음서들의 기자보다 예수님의 기적과 치유 역사를 자세히 기록하고 있는데, 특히 고난의 현장을 매우 상세히 기록할 수 있었던 것으로 보인다. 그러니까 마가는 바울에게서 신학적으로 정리된 예수님에 대한 이야기를 들었다면, 베드로에게서는 예수의 기적과 수난의 이야기를 경험적으로 들었을 것이다. 바로 이런 이유 때문에 신학자들이 마가의 복음서에 사도적 권위를 주는

데 인색하지 않은 이유이고, 더욱이 그의 바울과의 관계가 더욱 신뢰받는 복음서로 자리잡게 한 것이다.

마가가 서 있던 자리

복음서들은 주후 60년 이후에 쓰여졌지만, 바울서신 중에 갈라디아서는 48년, 그리고 데살로니가전서는 49년에 쓰였다는 것이 일치된 견해이다. 그러므로 우리는 바울서신 연구를 통해 복음서가 쓰인 시대의 상황을 충분히 유추할 수 있다.

우리는 바울의 시대에 대하여 특히 고린도서를 통하여 짐작할 수 있다. 개종한 지 얼마 안 된 신자들로 구성된 고린도의 기독교인 회중 사이에는 예수에 관한 잘못된 관념들이 퍼지고 있었다. 소위 영지주의의 영향으로 그리스도라고 불리는 천사의 우주적 인물에 대한 관심에 몰두한 나머지, 실제로 땅 위를 사신 예수의 중요성을 명백히 부인하는 경향이었다(고전 12:3; 고후 11:4ff). 사실 그 당시 가장 큰 관심사 가운데 하나가 영지주의였는데, 그것은 예수의 메시아 됨에 대해 심각한 도전을 일으키고 있었다. 더욱이 영지주의자들은 십자가 위에서의 예수의 죽음을 치욕스러운 죽음으로 생각하였다. 실제로 신명기에 의하면 나무에 달려 죽는 것은 하나님의 저주를 받는 일로 보았기 때문이다.

… 나무에 달린 자는 하나님께 저주를 받았음이니라 _신 21:23

결국 메시아가 하나님의 저주를 받았다는 것 자체가 유대인들, 심지어 유대 기독교인들에게까지 걸림돌이 되고 말았다(고전 1:23). 그러므로 메시아의 저주받은 죽음을 충분히 설명하지 못한다면 상당한 문제가 발생할 것은 자명하였다. 그런 까닭에 마가는 강력하게 수난과 복음을 베드로로부터 들었겠지만, 바울이 경험으로 정리한 신학적 지원 역시 강력했을 것이다. 사실 바울도 다메섹 도상에서 메시아 예수를 만났을 때 신명기 말씀이 걸림돌이 되었다. 하지만 아라비아에서의 묵상을 통하여 그것의 비밀을 알게 된다. 그의 고백에서 알 수 있다.

그리스도께서 우리를 위하여 저주를 받은 바 되사 율법의 저주에서 우리를 속량하셨으니 기록된 바 나무에 달린 자마다 저주 아래에 있는 자라 하였음이라 _갈 3:13

이같은 이해는 64년 7월 로마의 화재를 빌미로 기독교인들에 대하여 핍박이 주어지던 상황에서 놀라운 위로가 된다. 수난 이야기는 우리와 함께 고통받으신 그리스도 예수의 사랑을 드러내는 것이기 때문이었다. 그러므로 마가는 박해의 첫 열매를 맛본 기독교 공동체에게 복음을 위해 고난받는 것이 자랑스러운 일임을 말할 수 있었던 것이다.

긴 서문이 달린 수난 이야기

마가복음은 크게 1장 1절부터 8장 26절까지와 8장 27절 이후로 나눌 수 있는데, 이같은 구조에 대해 마틴 켈러는 '긴 서문이 달린 수난사'라고 표현했다. 그러면 우리는 여기서 이런 질문을 던질 수 있다. "긴 서문에서 말하고 있는 내용은 무엇인가?"

한 가지 재미있는 사실은, 총 661절에 달하는 마가복음 전체 가운데 200절이 기적과 치유 이야기로 차 있는데, 그 대부분의 내용이 이 긴 서문에 있다는 점이다. 여기에는 예수의 성공적인 목회, 놀라운 이적, 권위 있는 가르침, 자연을 압도하는 능력에 대한 이야기가 가득 채워져 있다. 무엇을 말하는 것일까? 당연히 예수 그리스도의 하나님 되심을 말하는 것이다.

1:21-28 회당에서 귀신들린 자를 고치심

29-31 열병을 앓은 베드로의 장모를 고치심

32-34 온 동네의 병든 자들을 고치심

38-39 갈릴리 지역의 귀신들린 자를 고치심

40-45 나병환자를 고치심

2:1-12 친구들이 메고 온 중풍병자를 고치심

3:1-6 손 마른 자를 고치심

3:7-12 갈릴리, 유대, 예루살렘, 이두메 등에서 몰려온 병자들을 고치심

4:35-41 바다를 잔잔케 하심

5:1-20 거라사에서 귀신들린 자를 고치심

21-43 야이로의 죽은 딸을 살리심

25-34 12년간 혈루병 앓은 여인을 고치심

6:30-44 오병이어의 기적을 베푸심

6:45-52 물 위를 걸으심

6:53-56 많은 무리를 고치심

7:24-30 수로보니게 여인의 귀신들린 딸을 고치심

7:31-37 귀먹고 어눌한 자를 고치심

8:1-9 칠병이어 기적을 베푸심

8:22-26 벳새다에서 맹인을 고치심

하지만 마가복음의 나머지 부분에는 이같은 예수의 기적과 치유에 대한 기록은 많지 않고 다른 관점에서 기록된 말씀들이 나온다. 8장 27절 이후에 나오는 치유과 기적들의 기록을 살펴보면 다음과 같다.

9:14-29 귀신들린 아이를 고치심

10:46-52 맹인 바디매오가 눈 뜨게 하심

11:12-14 무화과나무를 저주하여 시들게 하심

엄밀하게 말해서 8장 27절까지는 병을 고치고 바다를 잔잔케 하며 많은 기적들을 행하심으로 예수의 하나님 됨을 드러내시지만, 인간 예수는 잘 보이지 않는다. 기적과 능력이 기록돼 있기 때문이다. 하지만 베드로가 가이사랴 빌립보에서 신앙고백을 한 후(막 8:31-32)부터 갑자기 인간 예수, 고난받는 메시아가 강조된다. 또한 예수님 역시 자신이 고난 받으실 이야기를 처음으로 꺼내셨다.

인자가 많은 고난을 받고 장로들과 대제사장들과 서기관들에게 버린 바 되어 죽임을 당하고 사흘 만에 살아나야 할 것을 비로소 그들에게 가르치시되 드러내 놓고 이 말씀을 하시니 … _막 8:31-32

이전에는 전혀 말씀하지 않으셨던 메시아 사역에 대한 비밀을 말씀하기 시작한 것이다. 이후, 우리는 고난당하는 예수를 만나게 된다. 그의 당당한 기적과 권위들은 다 사라지고 연약한 예수의 모습이 집중적으로 부각되는 것이다.

9:30-32 변화산 사전 이후 수난에 대한 예고

14:32-34 예루살렘 도상에서의 수난 예고

14:32-42 예수님의 기도

15:18-20 병사들이 침 뱉고 꿇어 절하며 모욕함

이같은 기록에 등장하는 예수님의 모습은 무기력하다. 전혀 권세있는 자의 모습이 아니다. 특히 겟세마네에서 기도할 때 주님께서 “내 마음이 심히 고민하여 죽게 되었으니”(막 14:34)라고 하신 말씀은 기막히다. 더욱이, 아무런 대꾸 없이 수난당하는 주님의 모습을 보고 던지는 대제사장들과 서기관들의 조롱 소리에서 무기력은 극대화된다.

그와 같이 대제사장들도 서기관들과 함께 희롱하며 서로 말하되 그가 남은 구

원하였으되 자기는 구원할 수 없도다 _막 15:31

수난 이야기의 메시지

이같은 마가복음의 기록은 시기상으로 이후에 기록된 마태복음과 누가복음과 요한복음에까지 인용되는 것을 볼 수 있다. 분명 마가복음(16장)은 다른 복음서(마태복음 28장, 누가복음 24장, 요한복음 21장)들보다 짧고 간결하게 기록되었지만, 부가적인 첨가보다 복음과 수난을 정확하게 기술하고 있다는 점이 특징이다.

그런 까닭에 보통은 예수를 바라볼 때 기적과 치유를 기록한 8장 27절 이전에 집중하지만, 그 후부터 예수의 수난을 정확하게 기술함으로 기적과 수난을 어떻게 바라보아야 하는지를 명확하게 보여준 것에 우리는 더 집중해야 한다. 특히 모든 능력을 가지신 예수 그리스도의 고난과 함께 침묵하는 모습을 통해 이사야 53장의 고난 받는 종을 연상해야 한다.

제육시가 되매 온 땅에 어둠이 임하여 제구시까지 계속하더니 제구시에 예수께서 크게 소리 지르시되 엘리 엘리 라마 사박다니 하시니 이를 번역하면 나의 하나님, 나의 하나님 어찌하여 나를 버리셨나이까 하는 뜻이라 _막 15:33-34

이처럼 마가가 긴 수난 이야기를 통하여 말하는 것은, 주님도 우리와 같이 고난당하셨다는 사실을 통하여 우리를 위로하고 우리에게 새로운 힘을 주신다는 사실이다. 그러므로 당시 초대교회가 당하고 있는 고통은 반드시 이길 수 있는 것이라고 위로하고 격려하면서, 동시에 주님의 제자로서 주님을 좇기 위해서는 자기부인이 필요하다는 사실을 말한 것이다.

무리와 제자들을 불러 이르시되 누구든지 나를 따라오려거든 자기를 부인하고 자기 십자가를 지고 나를 따를 것이니라 _막 8:34

그러므로 마가복음은 하나님과 동일하신 예수 그리스도, 모든 능력 위의 능력을 가지신 하나님의 아들이 온전히 수난 받으심으로 우리의 구원을 위한 사역의 완전함을 드러내셨음을 강조한 것이다. 그러므로 우리 역시 예수를 좇는 제자로서 세상 방법을 좇아 자신을 주장하지 않고, 자기를 부인하고 예수를 좇는 제자가 되는 길을 마가복음에서 발견해야 한다.

베드로가 여짜와 이르되 보소서 우리가 모든 것을 버리고 주를 따랐나이다 예수께서 이르시되 내가 진실로 너희에게 이르노니 나와 복음을 위하여 집이나 형제나 자매나 어머니나 아버지나 자식이나 전토를 버린 자는 현세에 있어 집과 형제와 자매와 어머니와 자식과 전토를 백 배나 받되 박해를 겸하여 받고 내세에 영생을 받지 못할 자가 없느니라 _막 10:28-30

수난의 서문 그러나 영광과 능력의 결론

마가복음의 끝은 다른 복음서들과 달리, 8장 27절 이전의 예수 그리스도의 모습처럼 강력한 제자들의 모습을 기술함으로 마친다. 마태복음의 지상명령이나 누가복음의 성령을 기다릴 것을 요청하는 마무리와 달리, 자기부인이 이뤄진 제자들이 수난의 길을 걸으신 주님을 좇아 살아갈 때 주님처럼 놀라운 권능이 임한 것을 기록한다.

믿는 자들에게는 이런 표적이 따르리니 곧 그들이 내 이름으로 귀신을 쫓아내며 새 방언을 말하며 뱀을 집어올리며 무슨 독을 마실지라도 해를 받지 아니하며 병든 사람에게 손을 얹은즉 나으리라 하시더라 주 예수께서 말씀을 마치신 후에 하늘로 올려지사 하나님 우편에 앉으시니라 제자들이 나가 두루 전파할새 주께서 함께 역사하사 그 따르는 표적으로 말씀을 확실히 증언하시니라 _막 16:17-20

마가복음은 당시의 독자나 지금의 독자에게나 매우 중요한 메시지를 준다. 8장 27절 이전에서 우리에게 필요한 것은 자기를 부인하고 자신에게 주어진 십자가를 지고 주님을 좇아가는 것이고, 그러할 때 우리에게도 동일한 권세와 능력이 주어진다는 것이다. 마가복음이 마틴 켈러의 표현처럼 '긴 서문이 달린 수난사의 기록'이지만, 동시에 우리가 그 수난 앞에서 자기부인으로 기꺼이 수난, 곧 십자가를 지고 갈 때 하나님의 자녀로서의 영광과 능력이라는 결론을 만날 것이라고 말한 것이다. 그러므로 마가복음이 '긴 서문이 달린 수난사'이지만, 우리에게 이뤄질 것은 '수난의 서문이 있는 영광과 능력의 결론'이라는 사실을 증거한 것임을 알 수 있다.

마가복음 1장부터 16장까지의 개관

세례 요한의 등장, 세례, 시험, 어부들을 부르시고 많은 사람을 고치시다(1). 중풍병자를 고치시고, 금식과 안식일 논쟁(2)이 있었으나, 많은 무리가 예수께 나왔고, 오히려 열두 제자를 세우시다(3). 씨 뿌리는 자의 비유와 겨자씨 비유 등을 말씀하시고, 바람과 바다를 잔잔케 하시다(4). 거라사 귀신 사건, 야이로의 딸과 혈루증 여인을 고치시다(5). 고향에서 배척받으시나, 열두 제자를 파송하시다. 그즈음 세례 요한이 죽었다. 오병이어 사건과 물 위로 걸으신 사건이 있었다(6). 수로보니게 여인을 고치시고(7), 칠병이어 기적, 가이사랴 빌립보에서의 베드로의 고백(8) 후, 변화산 변형 사건이 있었다(9). 죽음과 부활을 말씀하셨지만, 제자들은 누가 큰지 논쟁하였다(9). 부자가 천국에 가지 못하는 이유의 말씀과, 야고보와 요한의 어리석은 요구가 있었다(10). 예루살렘 입성과 성전 정화 사건(11). 사두개인들과 부활 논쟁, 가장 큰 계명을 말씀하시다(12). 종말의 징조에 대한 예언(13). 향유 사건과 마지막 만찬, 그리고 겟세마네 사건 후 공회에서 베드로가 부인하였다(4). 십자가에 못박혀 죽으시고(15), 다시 부활하시고, 승천하시다(16).

✔Reading Bible Checklist														마가복음 1-16장
1 ●	2 ●	3 ●	4 ●	5 ●	6 ●	7 ●	8 ●	9 ●	10 ●	11 ●	12 ●	13 ●	14 ●	15 ●
16 ●														

누가복음

모든 사람을 위한 복음

· 누가복음 1-24장 ·

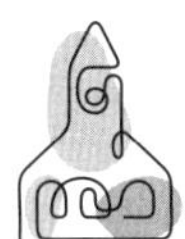

누가복음은 다른 복음서와 다른 느낌을 준다. 우선 누가는 매우 분명하게 수신인이 '데오빌로 각하'(눅 1:3)라고 밝힌다. 이 글을 쓰는 목적이 데오빌로가 그동안 공부한 내용들을 연대순으로 차근히 정리하는 데 있다는 것을 밝힌 것이다.

저 역시 이 모든 일들을 처음부터 자세히 조사해 둔 바 있으므로 그것을 순서대로 정리하여 각하께 써서 보내드리는 것이 좋겠다고 생각하였습니다. 그러하오니 이 글을 보시고 이미 듣고 배우신 것들이 틀림없는 사실이라는 것을 알아주시기 바랍니다. _눅 1:3-4 공동번역

이같은 기록은 사도행전으로 이어져, 예수의 부활 이후 복음이 어떻게 진행되었는지를 설명한다.

데오빌로여 내가 먼저 쓴 글에는 무릇 예수께서 행하시며 가르치시기를 시작하심부터 그가 택하신 사도들에게 성령으로 명하시고 승천하신 날까지의 일을 기록하였노라 _행 1:1-2

설득력있는 의사

일단 이 글을 읽는 대상이 데오빌로라는 이방인 고위 관료라는 사실은 매우 중요하다. 이방인을 마음에 두고 쓴 책이라는 것을 알 수 있기 때문이다. 이방인, 고위관료, 지식인인 사람에게 책을 쓰는 누가 역시 매우 설득력을 지닌 사람으로 평가된다.

노스웨스턴대의 존 스코트(John Scott) 박사는 누가가 당대에 가장 정확하고 뛰어난 헬라어를 구사했다고 말한다.* 더욱이 누가는 바울과 매우 가까운 사람으로 보인다. 특히 누가는 사도행전에서 바울의 사역을 기록하면서 '우리'라는 표현을 사용하였다(행 16:1-17; 20:5-21; 27:1-28:16). 누가가 바울과 동행하였음을 말한 것이다. 바울은 골로새서에서 누가를 '사랑을 받는 의원 누가'(골 4:14)라고 부른다.

누가는 의사였기 때문이기도 했겠지만, 서두에서 밝힌 대로 마치 임상 연구를 하듯이 '이 모든 일들을 처음부터 자세히 조사해 둔' 것을 가지고 정확하게 정리하였다. 이같은 시각은 다른 기술 방식을 낳았다.

예수님이 바다를 잔잔케 하신 기록은 누가복음과 마가복음과 마태복음에도 나온다. 그런데 약간의 미묘한 차이가 있다. 마가복음의 기록이다.

그 날 저물 때에 제자들에게 이르시되 우리가 저편으로 건너가자 하시니 그들이 무리를 떠나 예수를 배에 계신 그대로 모시고 가매 다른 배들도 함께 하더니 큰 광풍이 일어나며 물결이 배에 부딪쳐 들어와 배에 가득하게 되었더라 예수께서는 고물에서 베개를 베고 주무시더니 제자들이 깨우며 이르되 선생님이여 우리가 죽게 된 것을 돌보지 아니하시나이까 하니 예수께서 깨어 바람을 꾸짖으시며 '바다'더러 이르시되 잠잠하라 고요하라 하시니 바람이 그치고 아주 잔잔하여지더라 _막 4:35-39

* 짐 타운센드, 신약세계여행, 죠이선교회, 18

마가복음이 먼저 쓰였고, 누가가 마가복음을 참조했다면 같은 단어들을 썼을 텐데, 누가복음에서는 다르게 쓴다.

하루는 제자들과 함께 배에 오르사 그들에게 이르시되 '호수' 저편으로 건너가자 하시매 이에 떠나 행선할 때에 예수께서 잠이 드셨더니 마침 광풍이 호수로 내리치매 배에 물이 가득하게 되어 위태한지라 제자들이 나아와 깨워 이르되 주여 주여 우리가 죽겠나이다 한대 예수께서 잠을 깨사 바람과 물결을 꾸짖으시니 이에 그쳐 잔잔하여지더라 _눅 8:22-24

이 사건의 장소는 갈릴리 호수이다. 그런데 마가와 마태는 갈릴리 '호수'를 '바다'로 기술하고 있다. 아마 갈릴리 땅에서는 지중해를 경험해보지 못한 까닭에 일반적으로 갈릴리 호수를 바다라고 표현한 것으로 보인다. 하지만 누가는 바다라고 표현하지 않고 호수라고 적었다. 수리아 안디옥 출신으로 이방인인 누가는 의사였고, 바울을 따라 전도여행을 다니면서 이미 지중해를 경험했기 때문이다. 그러므로 아무리 갈릴리 호수가 끝없이 넓게 펼쳐졌을지라도 누가에게는 그저 '호수'였던 것이다.

한 가지 더 재미있는 장면을 보도록 하자. 의사라는 직업은 모든 것에 대해 깊은 관심을 가지고 정확한 묘사도 가능하였지만, 자기가 원하는 것만 기술하는 또 다른 '블라인드 스팟'(blind spot)이 존재하기는 마찬가지였다. 혈루병 여인을 고친 사건에 대한 기록만 보더라도 그렇다. 마가복음과 누가복음의 기록을 비교해 읽어보자.

열두 해를 혈루증으로 앓아 온 한 여자가 있어 많은 의사에게 많은 괴로움을 받았고 가진 것도 다 허비하였으되 아무 효험이 없고 도리어 더 중하여졌던 차에 예수의 소문을 듣고 무리 가운데 끼어 뒤로 와서 그의 옷에 손을 대니 이는 내가 그의 옷에만 손을 대어도 구원을 받으리라 생각함일러라 이에 그의 혈루 근원이 곧 마르매 병이 나은 줄을 몸에 깨달으니라 _막 5:25-29

이에 열두 해를 혈루증으로 앓는 중에 아무에게도 고침을 받지 못하던 여자가 예수의 뒤로 와서 그의 옷 가에 손을 대니 혈루증이 즉시 그쳤더라 _눅 8:43-44

재미있지 않은가? "많은 의사에게 많은 괴로움을 받았고 가진 것도 다 허비하였다"라고 기록한 마가와 달리, 누가는 그렇게 기록하지 않았다. 아마도 의사로서 동료 의식이 있었기 때문일 것이다. 누가는 상대적으로 두리뭉실한 표현인 '아무에게도 고침을 받지 못하던 여자'라고 쓸 뿐 아니라 아주 간단히 기록하였다.

누가의 구속사적 시각

누가는 확실히 다른 복음서들과 다르다. 우선 다른 것은 표면적으로 누가복음에만 나오는 이야기들 때문이라고 말할 수 있다. 누가복음은 복음서들에서 기록되지 않은 예수 탄생과 소년 시절의 이야기까지 기록하였다. 그 기록들을 자세히 읽어보면, 그곳에서 누가가 말하고 싶어 한 것이 무엇인지 알 수 있다.

우선 마리아에게 임한 수태고지 중 마리아를 '계집종의 비천함'(눅 1:48)이라고 표현하고 있는 것에서 누가의 강조점을 알 수 있다. 다른 복음서에 없는 누가복음의 예수 탄생에 대한 자세한 기록 가운데 묵을 '사관(여관)이 없다', '구유에 뉘었다'(눅 2:7)라는 기록과 함께, 예수의 탄생을 인지한 자들이 당시엔 매우 천한 신분으로 여겨졌던 목자들이었다는 점도 중요하다. 목자들은 하루도 양 떼를 굶길 수 없기에 안식일조차 준수할 수 없는 소외된 자들이었다. 주의 사자가 그런 목자들에게 아기 예수의 탄생을 맨 처음 알게 한 것은 생각해 볼 여지가 있다.

누가는 메시아 예수를 예비하는 세례 요한의 이야기를 예수 탄생 주변에 배치하고, 족보를 통하여 예수가 모든 이들의 주님이시라는 사실을 강조하였다. 그리고 드디어 사역의 시작에서 예수님이 스스로 어떤 분이신지를 말씀하는 장면을 넣음으로써 예수 자신의 '사명선언문'을 우리에게 정확하게 알려준다. 예수님이 광야 시험 후 고향인 나사렛 회당에서 하신 이사야 말씀을 인용한 것이 그것이다.

주의 성령이 내게 임하셨으니 이는 가난한 자에게 복음을 전하게 하시려고 내게 기름을 부으시고 나를 보내사 포로 된 자에게 자유를, 눈 먼 자에게 다시 보게 함을 전파하며 눌린 자를 자유롭게 하고 주의 은혜의 해를 전파하게 하려 하심이라 하였더라 _눅 4:18-19

그리고 3장에 나오는 예수의 족보가 마태복음과 달리 하나님부터 시작한다는 점에서, 누가가 이미 유대인을 넘어 이방인을 포함한 모든 사람을 위한 구속사의 시각을 갖고 있었음을 알 수 있다. 이같은 누가의 시각은 매우 특징이 강한 비유와 이야기들을 기록하게 하였다. 선한 사마리아인 이야기(눅 10:25-37)가 그런 예 가운데 하나이다.

누가복음에만 있는 비유 이야기들은 15장에서 19장까지 이어지는데, 이 부분에 누가가 말하고 싶었던 예수 복음의 핵심이 있다. 그것은 특히 잃은 양 한 마리 이야기에서 매우 정확하게 나오는데, 마태복음의 유사한 기록과 달리 누가복음은 긴박함과 절박함이 모두 내재돼 있음을 볼 수 있다.

너희 생각에는 어떠하냐 만일 어떤 사람이 양 백 마리가 있는데 그 중의 하나가 길을 잃었으면 그 아흔아홉 마리를 산에 두고 가서 길 잃은 양을 찾지 않겠느냐 진실로 너희에게 이르노니 만일 찾으면 길을 잃지 아니한 아흔아홉 마리보다 이것을 더 기뻐하리라 이와 같이 이 작은 자 중의 하나라도 잃는 것은 하늘에 계신 너희 아버지의 뜻이 아니니라 _마 18:12-14

너희 중에 어떤 사람이 양 백 마리가 있는데 그 중의 하나를 잃으면 아흔아홉 마리를 들에 두고 그 잃은 것을 찾아내기까지 찾아다니지 아니하겠느냐 또 찾아낸즉 즐거워 어깨에 메고 집에 와서 그 벗과 이웃을 불러 모으고 말하되 나와 함께 즐기자 나의 잃은 양을 찾아내었노라 하리라 내가 너희에게 이르노니 이와 같이 죄인 한 사람이 회개하면 하늘에서는 회개할 것 없는 의인 아흔아홉으로 말미암아 기뻐하는 것보다 더하리라 _눅 15:4-7

누가복음에는 반드시 찾는다는 절박감이 잘 묘사되어 있다. 이것만 아니라, 아예 누가복음에만 있는 중요한 비유와 이야기들을 살펴볼 수 있다. 이것을 통해 누가가 강조하려던 예수님은 어떤 분이셨는지가 확실히 드러난다. 잃어버린 동전 드라크마 비유(눅 15:8-10), 탕자의 비유(눅 15:11-23), 불의한 청지기 이야기(눅 16:1-13), 부자와 거지 나사로 이야기(눅 16:19-31), 바리새인과 세리 이야기(눅 18:9-14), 그리고 삭개오 이야기(눅 19:1-10) 등이 그것들이다. 이와 같이 누가복음에만 있는 이야기와 비유들을 통해 우리는 주님의 의지를 확인할 수 있다. 누가는 이렇게 연속된 비유 시리즈의 마지막 이야기인 삭개오 이야기를 마무리할 때 주님의 마음을 매우 정확하고 단순하게 기록하였다. 다른 복음서와 확연히 다른 기술 방식이다.

인자가 온 것은 잃어버린 자를 찾아 구원하려 함이니라 _눅 19:10

인자가 온 것은 섬김을 받으려 함이 아니라 도리어 섬기려 하고 자기 목숨을 많은 사람의 대속물로 주려 함이니라 _마 20:28; 막 10:45

이와 같은 기록을 통해, 우리는 예수님이 어느 한 지역이나 한 민족이나 계층의 주님이 아니라 온 세상의 주님이라는 것, 무엇보다 한 사람도 놓치지 않고 구원하신다는 하나님의 강력한 의지를 읽을 수 있다.

새로운 시각

누가는 우리가 놓치고 있는 예수님에 대한 새로운 시각을 또한 갖고 있다.

그것은 절대 놓칠 수 없는 구원의 대상으로서 여성에 대한 언급이다. 다른 복음서들이 열두제자, 곧 남성에게만 집중한 것과 달리, 누가복음에는 여성의 역할이 선명히 드러난다. 예수의 주변에 늘 여성이 있었고, 그들이 예수님을 적극적으로 도왔다는 내용이 대표적이다.

그 후에 예수께서 각 성과 마을에 두루 다니시며 하나님의 나라를 선포하시며 그 복음을 전하실새 열두 제자가 함께 하였고 또한 악귀를 쫓아내심과 병 고침을 받은 어떤 여자들 곧 일곱 귀신이 나간 자 막달라인이라 하는 마리아와 헤롯의 청지기 구사의 아내 요안나와 수산나와 다른 여러 여자가 함께 하여 자기들의 소유로 그들을 섬기더라 _눅 8:1-3

누가가 예수님이 하신 사역들에 대한 시각을 열면서 다른 복음서 기자들이 보지 못했던 '블라인드 스팟'을 보게 된 것으로 여겨진다. 그런 것들 중에 또 하나가 십자가상의 강도이다. 사실 강도들과 예수님의 대화는 별로 중요하지 않을 수 있다. 하지만 누가복음만이 구원받은 강도와의 대화를 적어놓고 있다. 그 대화 내용 역시 파격적이지 않을 수 없다. 예수님의 즉각적인 구원 선포 때문이다.

하나는 그 사람을 꾸짖어 이르되 네가 동일한 정죄를 받고서도 하나님을 두려워하지 아니하느냐 우리는 우리가 행한 일에 상당한 보응을 받는 것이니 이에 당연하거니와 이 사람이 행한 것은 옳지 않은 것이 없느니라 하고 이르되 예수여 당신의 나라에 임하실 때에 나를 기억하소서 하니 예수께서 이르시되 내가 진실로 네게 이르노니 오늘 네가 나와 함께 낙원에 있으리라 하시니라 _눅 23:40-43

이것은 당연히 '잃어버린 자'를 찾으러 오신 예수님의 사명의 마지막 상징적 행위라고 말할 수 있다. 특히 누가복음 15장에서부터 시작된 잃어버린 자를 찾는 사역의 마침표를 찍는 것이라고 말할 수 있을 것이다. 그러므로 누가복음은 특히 삶 속에서 소외감을 당하고 있는 이들이나 부자의 복음, 지나친 긍정의 뉴스만을 전하는 교회들에게 적절한 균형을 잡게 해주는 복음서라고 할 수 있을 것이다.

누가복음 1장부터 24장까지의 개관

세례 요한의 출생과 예수의 관계, 그리고 사가랴의 예언(1). 그 후 예수의 탄생, 목자들이 그 소식을 듣는다. 12살 때 예루살렘을 방문하시다(2). 세례 요한의 선포와 예수의 족보(3), 시험을 받으신 후, 나사렛 회당에서 사역 선언을 하시다(4). 제자들을 부르시고, 중풍병자 등을 고치시고, 레위를 부르시다(5). 안식일 논쟁과, 열두 제자를 세우시다(6). 백부장의 종과 나인성 과부의 아들을 살리시다. 세례 요한이 메시아인지 물어오다(7). 씨 뿌리는 자의 비유를 말씀하시고, 바람과 바다를 잔잔케 하시고, 야이로의 딸과 혈루병 여인을 고치시다(8). 열두 제자를 파송하시고, 오천 명을 먹이셨고, 베드로의 신앙고백과 변화산상 사건, 그리고 고난과 죽음을 예언하시다(9). 칠십인 전도대를 보내시고, 선한 사마리아 사람 이야기를 하시다(10). 바리새인을 문제 삼으시고(11), 그들의 외식을 주의하라고 하시다(12). 종말에 대한 예언과, 회개를 요청하시다(13). 제자가 되는 길(14)과, 잃은 양과 탕자의 비유를 말씀하시다(15). 불의한 청지기와, 부자와 거지 나사로(16) 사건과, 열 명의 나병환자 사건(17), 과부와 재판장 비유와 청년 부자 이야기를 하시다(18). 삭개오 사건과 열 므나 비유를 말하시고 성전에 들어가시다(19). 포도원 농부 비유와 부활 논쟁이 있었고(20), 성전 붕괴와 종말을 예언하시다(21). 마지막 만찬과 감람산에서의 기도, 그리고 그곳에서 체포당하시고, 베드로는 부인하였다(22). 십자가에 못 박히시고, 죽으시고, 장사되시다(23). 그러나 사흘 뒤에 부활하셨고, 엠마오로 가는 제자와 열 한 제자에게 나타나시다(24).

Reading Bible Checklist														누가복음 1-24장
1 ●	2 ●	3 ●	4 ●	5 ●	6 ●	7 ●	8 ●	9 ●	10 ●	11 ●	12 ●	13 ●	14 ●	15 ●
16 ●	17 ●	18 ●	19 ●	20 ●	21 ●	22 ●	23 ●	24 ●						

56

요한복음

믿는 것이 하나님의 일이다

• 요한복음 1-21장 •

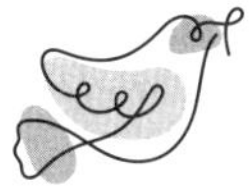

〈이단 논박〉(Against Heresies)을 쓴 이레네우스(185년 경)는 사도 요한의 제자였던 폴리캅의 제자였는데, 그는 이단 논박에서 요한을 복음서의 저자라고 밝히며, 동시에 요한이 로마 황제 트라잔(98-117) 시대까지 에베소에서 살았다고 기록한다. 그렇다면 요한은 헬라 세계의 중심도시 중의 하나인 에베소에서 심각한 철학적, 신학적 질문을 받았을 것으로 여겨진다. 그런 관점에서 보면, 요한복음이 다른 복음서와 달리 유난히 철학적이며 신학적인 주제로 시작한다는 것을 쉽게 이해할 수 있을 것 같다.

특히 매우 신학적인 기술인 요한복음 1장 1-18절까지의 해석 여부가 요한복음 전체를 읽는 중요한 열쇠가 되는데, 첫 구절부터 매우 강력하다.

태초에 말씀이 계시니라 이 말씀이 하나님과 함께 계셨으니 이 말씀은 곧 하나님이시니라 그가 태초에 하나님과 함께 계셨고 만물이 그로 말미암아 지은 바 되었으니 지은 것이 하나도 그가 없이는 된 것이 없느니라 _요 1:1-3

말씀이 하나님이시다

요한은 '태초에 말씀이 계셨다'라는 표현과 함께 말씀으로 만물을 창조하셨다고 기록하며, 결론으로 '말씀이 하나님이시다'라고 규정한다. 이같은 요한의 기술은 창세기의 설명을 재해석한 것이다. 창세기는 단지 하나님이 말씀하시는 것으로 기술한 것이고, 요한은 '하나님이 말씀이시다'라고 말한 차이이다.

하나님이 이르시되 빛이 있으라 하시니 빛이 있었고 … 하나님이 이르시되 천하의 물이 한 곳으로 모이고 뭍이 드러나라 하시니 그대로 되니라 _창 1:3,9

요한은 말씀이 하나님이시라는 것을 강조하기 위하여 여호와의 존재방식인 '나는 스스로 있다', 곧 '에고 에이미'라는 표현을 첫 구절에 사용한다. 그래서 '에고 에이미'의 위치에 '로고스', 곧 말씀을 넣는다. 한 걸음 더 나아가 말씀, 곧 로고스가 육신이 되어 오신 분이 바로 예수 그리스도라고 말한 것이다.

말씀이 육신이 되어 우리 가운데 거하시매 우리가 그의 영광을 보니 아버지의 독생자의 영광이요 은혜와 진리가 충만하더라 _요 1:14

이같은 요한의 기록은 매우 중요하다. 요한이 요한복음을 쓴 때는 세상이 이미 플라톤 철학에 지배받고 있었고 영지주의적 이해가 복음을 위협하던 시기였다. 특히 플라톤의 이데아 사상의 영향으로 눈에 보이는 것은 일시적이고 그림자와 같은 복사품에 불과하다는 인식이 지배적이었다. 이같은 사고는 육체와 영혼을 구분하는 이원론을 만들어냈고, 육체적인 감각에 의해 지각되는 현상세계와 이성에 의해서만 파악되는 이데아의 세계를 분리시켰다. 그러므로 육체를 통해 감각되는 세계는 진짜 세계일 수가 없기에 유한한 세상을 창조한 하나님은 열등하고, 우리 영혼을 구원하신 그리스도 예수가 우월하다는 황당한 주장에 이르게 된다. 하지만 예수가 육체로 오셨다는 사실이 걸림돌이 된 까닭에, 사람 눈에 유령처럼 보였다는 '가현설' 같은 주장이 힘을 얻거나, 인간 예수가 신에 이르렀다는 '양자론적 기독론'이 설득력을 얻던 시기였다.

요한은 이같은 주장들에 대한 답으로 복음서를 썼는데, 이때 사용한 것이 스토아주의의 로고스 개념이다. 스토아주의에서는 우주를 지배하는 궁극적인 통일 원리를 로고스(Logos)라고 불렀는데, 이를 '우주이성', '세계이성'이라고도 한다. 그런데 중요한 것은 우주의 일부로서의 인간은 누구나 선천적으로 로고스의 분신인 이성을 가지고 태어나기에 우주와 자연의 이치를 파악하고 이해할 수 있다고 주장한다. 따라서 인간 이성과 우주의 통일 원리인 로고스를 본질적으로 같다고 보았다.

또한 중요한 것은 이 로고스가 우주 안에 있는 모든 사물들에 내재해있다고 보았는데, 로고스는 신적인 것이며 동시에 우주적인 것으로 여겨졌다. 이런 관점에서 우주적 이성은 그 우주 이성의 한 조각인 인간의 정신 속에서도 발견될 수 있다고 보았다. 그래서 스토아주의자들은 이성을 극히 존중하였고, 이성을 좇아 생활할 것을 강조하였다. 이성에서 비롯되는 양심의 명령에 절대 순종해야 한다고 역설한 것이다. 그들이 철저한 극기와 금욕 및 준엄한 도덕주의를 강조한 이유이기도 하다.

요한의 로고스론

이같은 이해로 볼 때, 요한은 '구원이란 신에 대한 지식이 충만하여 그것이 넘쳐날 지경이 되었을 때 주어지는 것'이라는 스토아주의의 로고스 개념을 사용한 것을 알 수 있다. 하지만 그는 로고스에 이르는 것과 로고스를 추구하는 것이 우리 안에 있는 로고스의 한 조각인 인간의 이성을 통해서가 아니라, 그 로고스가 자신을 계시할 때만 가능하다고 말한다. 즉, 우리는 로고스가 될 수 없다는 점을 분명히 한 것이다.

요한은 이처럼 '알 수 없는 이유'를 플라톤적 사고로 설명한다. 플라톤주의는 눈에 보이는 것이 제한적이고, 우리가 '감각'할 수 있기 때문에 진실일 수 없고, 따라서 진리에 이를 수 없다고 설명한다. 요한은 그것을 '깨닫지 못함'이라고 설명하였다. 그래서 '알 수 없는 것'이라는 뜻이다.

… 어둠이 깨닫지 못하더라 _요 1:4-5

구원은 분명 언제나 그 로고스에 대한 지식으로 이르는 것이지만, 우리 스스로 그 지식에 이를 수는 없다. 우리가 타락하였기 때문이다. 그래서 로고스이신, 성육신하신 예수가 중요한 것이다.

말씀(로고스)이 육신이 되어 우리 가운데 거하시매 우리가 그의 영광을 보니 아버지의 독생자의 영광이요 은혜와 진리가 충만하더라 _요 1:14

이제 우리에게 중요한 것은 로고스, 곧 말씀을 듣는 것이다. 말씀을 알면 예수를 알고, 예수를 아는 것이 하나님을 아는 것이기 때문이다. 그러므로 예수님을 본 자는 하나님을 본 것이라고 말하였다.

… 나를 믿는 자는 나를 믿는 것이 아니요 나를 보내신 이를 믿는 것이며 나를 보는 자는 나를 보내신 이를 보는 것이니라 _요 12:44-45

그러므로 플라톤주의에서 말하는 이데아의 실현, 혹은 스토아주의에서 말하는 로고스에 이르는 것은 영지주의적 사고로 발전되어, 인간이 지식에 이를 수 있다는 것이나 극단적인 도덕주의를 통해서가 아니라, 하나님이신 예수 그리스도를 믿는 것을 통하여, 곧 예수 그리스도이신 말씀을 받는 것을 통하여 이루어진다고 요한은 말한 것이다. 예수 그리스도가 로고스이시기 때문이다. 그때 우리가 하나님의 자녀로서 신적 존재에 이르게 되고 말이다.

예수께서 이르시되 너희 율법에 기록된 바 내가 너희를 신이라 하였노라 하지

아니하였느냐 성경은 폐하지 못하나니 하나님의 말씀을 받은 사람들을 신이라 하셨거든 _요 10:34-35

예수의 하나님 되심

이제 요한이 강조한 것은 예수의 하나님 됨에 대한 논증이다. 이를 위해 요한은 예수님의 표현 중에서 하나님이심을 논증하는 것에 주목한다.

예수께서 이르시되 내가 곧 길이요 진리요 생명이니 나로 말미암지 않고는 아버지께로 올 자가 없느니라 너희가 나를 알았더라면 내 아버지도 알았으리로다 이제부터는 너희가 그를 알았고 또 보았느니라 _요 14:6-7

'너희가 나를 알았더면 내 아버지도 알았으리로다.' 정말 어려운 이야기이다. 제자들은 무슨 말인지 도무지 알 수 없었다. 빌립이 질문했다. 빌립의 수준에서 당연히 던질 수 있는 질문이었다.

빌립이 이르되 주여 아버지를 우리에게 보여 주옵소서 그리하면 족하겠나이다 _요 14:8

빌립의 이 요청에 주님은 앞에서 언급한 말씀을 거의 반복하듯 말씀하셨다.

예수께서 이르시되 빌립아 내가 이렇게 오래 너희와 함께 있으되 네가 나를 알지 못하느냐 나를 본 자는 아버지를 보았거늘 어찌하여 아버지를 보이라 하느냐 _요 14:9

예수님이 하시고 싶은 말은 단순했다. '나를 본 자는 아버지를 보았다.' 그러니 정말로 답답한 노릇이었다. 그래도 정확하게 이해하지 못한 제자들을 위해 예수님은 계속 말씀을 이어가셨지만, 여전히 이해하기 힘든 말씀이었다.

사실 유한한 우리가 하나님의 계시 없이 하나님을 알지 못하는 것은 당연한 일이다. 그래서 예수님은 매우 중요한 말씀을 하셨는데, 바로 보혜사 성령에 대한 말씀이었다. 성령을 통하여 제자들과 함께 있을 것이고, 성령을 통하여 모든 것을 알게 된다는 말씀이었다.

내가 아버지께 구하겠으니 그가 또 다른 보혜사를 너희에게 주사 영원토록 너희와 함께 있게 하리니 … 그 날에는 내가 아버지 안에, 너희가 내 안에, 내가 너희 안에 있는 것을 너희가 알리라 … 보혜사 곧 아버지께서 내 이름으로 보내실 성령 그가 너희에게 모든 것을 가르치고 내가 너희에게 말한 모든 것을 생각나게 하리라 _요 14:16,20,26

그러므로 제자들에게 필요한 것은 그리스도를 떠나지 않는 것이었다. 15장의 포도나무와 가지 비유를 통하여 예수를 떠나지 말고, 같이 거하고 있을 것을 요청한 이유이다. 그러면 성령께서 깨닫게 하실 것을 이어 강조하신 것이다.

내가 아버지께로부터 너희에게 보낼 보혜사 곧 아버지께로부터 나오시는 진리의 성령이 오실 때에 그가 나를 증언하실 것이요 _요 15:26

성령이 주님의 대책이셨다. 이같은 주님의 말씀, 곧 13장부터 시작하여 16장까지 이어진 긴 설명을 들으면서 제자들은 예수의 말씀이 무슨 뜻인지를 이해하기 시작한다. 예수님이 유월절 강화를 마치신 이유였다.

그제야 제자들이 "지금은 주님께서 조금도 비유를 쓰지 않으시고 정말 명백하게 말씀하시니 따로 여쭈어볼 필요도 없게 되었습니다. 이제 우리는 주님께서 모든 것을 다 알고 계신다는 것을 깨달았습니다. 그래서 우리는 주님께서 하느님께로부터 오신 분이심을 믿습니다." 하고 말하였다. _요 16:29-30 공동번역

믿는 것이 하나님의 일

예수님이 자신의 말을 이해하고 믿는 제자들을 보면서 하나님께 드린 마

지막 기도가 17장의 내용이다. 유일하게 전문(全文)인 것으로 보이는 예수님의 기도인데, 그 시작은 이렇다.

예수께서 이 말씀을 하시고 눈을 들어 하늘을 우러러 이르시되 아버지여 때가 이르렀사오니 아들을 영화롭게 하사 아들로 아버지를 영화롭게 하게 하옵소서 _요 17:1

'영화롭게 하다.' 모든 일의 성취를 말하는 것이었다. 이제 예수 그리스도 자신으로, 곧 영광으로 돌아갈 준비가 되었다는 뜻이었다. 하지만 주님의 일은 2절에서 기도한 것처럼 '모든 사람에게 영생을 주게'(요 17:2) 하시려는 것이었다. 주님을 알고 믿는 것이 구원이기 때문이다.

영생은 곧 유일하신 참 하나님과 그가 보내신 자 예수 그리스도를 아는 것이니이다 아버지께서 내게 하라고 주신 일을 내가 이루어 아버지를 이 세상에서 영화롭게 하였사오니 _요 17:3-4

이 놀라운 일의 모범이 제자들이었다. 그들이 예수를 알고 믿은 것이다. 믿음이라는 기적이었다.

나는 아버지께서 내게 주신 말씀들을 그들에게 주었사오며 그들은 이것을 받고 내가 아버지께로부터 나온 줄을 참으로 아오며 아버지께서 나를 보내신 줄도 믿었사옵나이다 _요 17:8

놀라운 것은 제자들이 믿는 것, 곧 우리가 믿는 것이 주님께는 영광이 된다는 말로 주님이 기도하신 것이다. 그러니까 우리가 비록 연약함으로 실패할지라도 예수를 '믿는 것만으로', 곧 주님에게 속하여 있는 것만으로 주님께 영광이 된다는 말이다.

내 것은 다 아버지의 것이요 아버지의 것은 내 것이온데 내가 그들로 말미암아 영광을 받았나이다 _요 17:10

사실 우리가 믿는 것은 하나님의 뜻이기 때문이다. 주님이 이루셔야 할 일이었다. 그런데 그것을 이루셨다는 뜻이다.

나를 보내신 이의 뜻은 내게 주신 자 중에 내가 하나도 잃어버리지 아니하고 마지막 날에 다시 살리는 이것이니라 내 아버지의 뜻은 아들을 보고 믿는 자마다 영생을 얻는 이것이니 마지막 날에 내가 이를 다시 살리리라 하시니라 _요 6:39-40

이제 공생애의 비밀이 보일 것이다. 주님의 3년 동안의 공생애는 바로 이 결과를 위함이었다. 우리가 예수님을 믿기 위하여 아는 것이 필요했기 때문이다. 그러므로 오늘 우리에게 전해진, 성령의 감동으로 된 성경은 중요하다. 계시된 하나님의 말씀이신 성경이 바로 로고스이기 때문이다.

믿게 하기 위하여

17장까지 이어진 예수님의 긴 담화가 끝난 후에, 18장부터는 예수님의 수난과 십자가와 부활 이야기가 20장까지 이어진다. 그런데 요한은 다른 복음서와 달리, 20장과 21장에서 예수님의 부활하신 후의 행적을 자세히 기록하였다.

사실 이미 믿고 있는 제자들의 모습을 본다면 예수의 지상 사역으로 모든 것은 다 마쳤다고 할 수 있다. 하지만 주님이 부활하신 후에 제자들을 찾아오신 이유는 놀랍게도 그들이 부활 소식을 듣고도 믿지 않기 때문이었다. 그래서 찾아오신 이유였고, 특히 여전히 믿지 못하는 도마, 한 사람을 위해서도 기꺼이 찾아오신 것이다.

도마에게 이르시되 네 손가락을 이리 내밀어 내 손을 보고 네 손을 내밀어 내 옆구리에 넣어 보라 그리하여 믿음 없는 자가 되지 말고 믿는 자가 되라 _요 20:27

도마가 믿게 하기 위함이었다. 실제로 요한복음을 기록한 이유가 우리로 하여금 믿게 하기 위함이라고 요한은 밝힌다.

예수께서 제자들 앞에서 이 책에 기록되지 아니한 다른 표적도 많이 행하셨으나 오직 이것을 기록함은 너희로 예수께서 하나님의 아들 그리스도이심을 믿게 하려 함이요 또 너희로 믿고 그 이름을 힘입어 생명을 얻게 하려 함이니라 _요 20:30-31

그러므로 우리가 예수를 주로 믿고 있는 것은 놀라운 일이다. 이미 우리는 하나님의 일을 다 이룬 것이기 때문이다. 우리가 믿음으로 구원받는 것이 하나님의 일이기 때문이다.

예수께서 대답하여 이르시되 하나님께서 보내신 이를 믿는 것이 하나님의 일이니라 하시니 _요 6:29

부록이 말하는 것

요한복음의 내용상 이 책의 결론은 20장까지이다. 그런데 21장이 있다는 사실이 놀랍다. 놀랍게도 21장에는 고기를 잡으러 떠난 제자들이 있던 디베랴 바다에 나타나신 예수님의 이야기가 나온다. 마치 영화가 다 끝난 다음에 부록으로 들어가는 장면 같다. 특히 153마리의 고기를 구체적으로 적시한 장면이나, 예수님이 제자들을 위해 숯불에 고기를 굽고 함께 드시는 장면에는 '정말 부활하신 예수님이 맞을까' 할 정도의 인간적인 내용이 들어 있다.

요한은 매우 인간적인 예수님의 모습을 강조한다. 그의 눈에는 그것이 중요하였던 것으로 보인다. 마지막까지 제자들의 처지를 이해하고 참고 기다리실 뿐 아니라, 우리의 처지로 내려오셔서 우리 입장에서 행동하시는 모습은 감동적이다. 특히 조반을 드신 후에 베드로와 나눈 대화는 아름답다. 그것은 성육신의 더욱 구체화된 표현이라 할 수 있다. 요한복음 1장에 나오는 '말씀이 육신이 되다'의 실현이었다.

그들이 조반 먹은 후에 예수께서 시몬 베드로에게 이르시되 요한의 아들 시몬아 네가 이 사람들보다 나를 더 사랑하느냐 하시니 이르되 주님 그러하나이다 내가 주

님을 사랑하는 줄 주님께서 아시나이다 이르시되 내 어린 양을 먹이라 하시고 _요 21:15

요한복음 1장부터 21장까지의 개관

말씀이 육신이 되시다. 하나님의 어린 양이라고 세례 요한이 증거했고, 그의 제자들이 예수를 좇았다(1). 가나의 혼인 잔치와 성전 정화 사건(2), 그리고 니고데모를 만나다(3). 수가에서 사마리아 여인을 만나시고(4), 베데스다 못 가에서 38년된 병자를 고치시다(5). 오병이어 사건과, 예수가 스스로 생명의 떡이라고 말씀하시다(6). 초막절을 지키러 올라가시다(7). 간음하다 잡힌 여인 사건이 있었고, "진리가 너희를 자유롭게 한다"는 말씀을 하셨다(8). 날 때부터의 맹인을 고치셨고(9), 선한 목자이심을 밝히셨는데, 유대인들이 예수를 죽이기를 시도하였다(10). 죽은 나사로를 살리시고, 부활이요 생명이심을 밝히셨다. 그러나 나사로 사건으로 대제사장들과 바리새인들이 예수를 죽이려고 모의한다(11). 나드 향유를 깬 사건 이후 예루살렘으로 가시다(12). 제자들의 발을 씻기시고, 유다가 팔아넘길 것과 베드로의 부인을 말씀하시다(13). "내가 곧 길이요 진리요 생명"이라는 말씀을 하시고(14), 포도나무와 가지 비유를 말씀하시다(15). 진리의 성령께서 하시는 일을 말씀하시고, 세상을 이기신 주님을 말씀하시다(16). 예수의 중보 기도(17), 그 후에 잡히시고 재판을 받으셨는데, 베드로는 예수를 부인하였다(18). 빌라도의 재판을 받으시고, 십자가에 못 박히시고, 영혼이 떠나시고 묻히시다(19). 빈 무덤 사건, 막달라 마리아를 만나시고, 제자들에게 나타나시나 도마가 의심하다(20). 디베랴 호수에서 제자들을 만나시고, 베드로와 마지막 대화를 나누시며 물으셨다. '네가 나를 사랑하느냐'(21).

Reading Bible Checklist														요한복음 1-21장
1 ●	2 ●	3 ●	4 ●	5 ●	6 ●	7 ●	8 ●	9 ●	10 ●	11 ●	12 ●	13 ●	14 ●	15 ●
16 ●	17 ●	18 ●	19 ●	20 ●	21 ●									

사도행전 1

사도행전이 아니라 성령행전이다

• 사도행전 1-12장 •

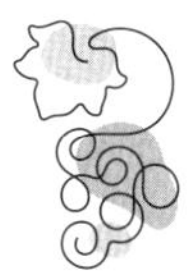

데오빌로여 내가 먼저 쓴 글에는 무릇 예수께서 행하시며 가르치시기를 시작하심부터 그가 택하신 사도들에게 성령으로 명하시고 승천하신 날까지의 일을 기록하였노라 _행 1:1-2

사도행전은 누가복음과 짝을 이루는 책이다. 누가는 사도행전의 첫머리에서 이 책이 누가복음에 이어 쓴 것임을 밝혔다. 누가복음이 예수의 생애와 그 정점인 승천까지를 기록한 것이라면, 사도행전은 승천 이후 오순절 성령의 도래, 교회의 생성과 성장과 더불어 주님의 지상명령을 이루어 가는 사도들의 행적을 쓴 것이다. 하지만, 단순히 사도들의 행전이라고만 말할 수는 없다.

성령행전

사도행전을 많은 이들이 성령행전이라고 부른다. 교회가 시작된 것도 오순절 성령 사건 이후였고, 베드로의 3천 명을 회심시키는 설교부터 시작해서 바울의 전도여행까지, 모든 일에 성령이 계셨다. 그래서 사도행전을 읽으면서 성령을 배제하고는 설명이 불가능하다 해도 틀리지 않다. 누가복음의 끝과 사도행전의 시작도 '성령을 기다리라'는 예수님의 부탁을 기록하면서 마무리하고 시작하고 있기도 하다.

볼지어다 내가 내 아버지께서 약속하신 것을 너희에게 보내리니 너희는 위로부터 능력으로 입혀질 때까지 이 성에 머물라 하시니라 _눅 24:49

… 예루살렘을 떠나지 말고 내게서 들은 바 아버지께서 약속하신 것을 기다리라 _행 1:4

복음서에서 살폈듯이, 비록 믿음은 갖게 되었지만 여전히 연약한 제자들을 새롭게 하는 유일한 대책이 성령의 임재였다. 그리고 한 가지 목적에 초점이 맞춰진다. 바로 지상명령의 성취이다. 그 일을 위해 하나님이 성령을 보내셔서 우리와 함께 하신다고 하신 것이다.

오직 성령이 너희에게 임하시면 너희가 권능을 받고 예루살렘과 온 유대와 사마리아와 땅 끝까지 이르러 내 증인이 되리라 하시니라 _행 1:8

그러므로 사도행전을 개관하는 매우 중요한 구절은 사도행전 1장 8절이다. 사도행전은 매우 정확하게 '너희'(베드로를 비롯한 제자들)에게서 시작하여 예루살렘을 너머 땅끝까지 복음이 증거되어가는 과정을 기록하기 때문이다. 그 역사의 중심에 성령이 계시고 말이다.

제자들은 분명히 나약했었다. 예수를 부인했고 도망쳤고 두려워 숨었었다. 3년 동안의 공생애 사역이 무익해 보일 정도였다. 하지만 오순절 성령의 역사 이후 그들은 다른 사람이 된다.

베드로가 열한 사도와 함께 서서 소리를 높여 이르되 유대인들과 예루살렘에 사는 모든 사람들아 이 일을 너희로 알게 할 것이니 내 말에 귀를 기울이라 _행 2:14

그 기막힌 변화, 특히 그렇게 두려워했던 베드로와 제자들이 예루살렘 저자거리에서 담대히 복음을 전하는 것은 상상할 수 없는 변화였다. 세계를 뒤흔들어놓는 사건이 오순절 성령사건을 통하여 시작된 것이다.

성령을 기다리다

제자들은 분명히 예수를 믿었고, 예수님은 그것을 하나님께 감사하였다. 복음서를 보면 알 수 있듯이, 그들의 믿음은 매우 의지적이었다. 그들은 예수의 기적과 치유사건을 보면서 예수에 대한 믿음을 다져갔고, 예수의 말씀을 들으며 믿음을 확인하였다. 예수님의 3년 공생애의 자리는 제자들이 예수를 아는 시간이었고, 그로 인해 믿음에 이른 것이다. 그때에도 성령의 감동이 있었지만, 믿는 것은 그 제자 자신의 의지와 결단이었다. 그런데 분명한 것은 오순절 역사 이전과 이후가 분명히 다르다는 점이다. 성령의 임재 때문이었다. 여기서 우리가 주의할 것은 주님이 강조하셨던 '아버지께서 약속하신 것' 곧 성령을 '기다리라'(행 1:4)는 말씀이다. 제자들은 그 말씀을 좇아 예루살렘을 떠나지 않고 기다렸다. 기도하면서 말이다.

> … 베드로, 요한, 야고보, 안드레와 빌립, 도마와 바돌로매, 마태와 및 알패오의 아들 야고보, 셀롯인 시몬, 야고보의 아들 유다가 다 거기 있어 여자들과 예수의 어머니 마리아와 예수의 아우들과 더불어 마음을 같이하여 오로지 기도에 힘쓰더라 _행 1:13-14

'무엇을 기도한 것일까?' 본문에서 '기도에 힘쓰더라'라는 구절은 헬라어 '프로스카룬테스 테 프로슈케'를 번역한 것이다. 여기서 '기도'에 해당하는 단어 '프로슈케'는 보통 '하나님을 부르는 기도'를 말하며, '프로스카룬테스'는 '향하여'란 뜻의 '프로스'와 '인내하다, 굳세다'라는 뜻의 '카르테레오'의 합성어이다. 그러므로 이 구절을 풀어 쓰면 '하나님을 향하여 그를 구하는 것을 끝까지 하다'라는 뜻이 된다. 그러니까 그곳에 모인 사람들은 하나님을 끝까지 구한 것이다. 그 결과 하나님이 주신 선물이 성령이었다.

너희가 악할지라도 좋은 것을 자식에게 줄 줄 알거든 하물며 너희 하늘 아버지께서 구하는 자에게 성령을 주시지 않겠느냐 하시니라 _눅 11:13

사실 이 번역은 한 단어를 놓쳤다. 헬라어 성경을 직역하면 '호 파테르 … 프뉴마 하기온 토이스 아이투신 아우톤', '아버지께서(호 파테르) 그를(아우톤) 구하는(아이투신) 자에게(토이스) 성령을(프뉴마 하기온)'이라고 해야 맞다. 그런데 '아우톤', 곧 인칭대명사 '아우토스'의 남성 3인칭 목적격을 번역하지 않은 것이다. 그러니까 바른 번역은 '그, 곧 하나님을 구하는 자에게 성령을 주신다'이다. 즉 하나님을 구할 때, 곧 믿을 때 성령께서 우리 안에 임재하시는 것이다. 그 조건은 단지 기다리는 것이다. 다만 그때 우리가 해야 하는 것이 회개이다. 예루살렘 거리에서 외쳤던 베드로의 메시지도 회개였다.

베드로가 가로되 너희가 회개하여 각각 예수 그리스도의 이름으로 세례를 받고 죄 사함을 얻으라 그리하면 성령을 선물로 받으리니 _행 2:38 개역한글

그러므로 제자들이 예수님의 3년 공생애 동안 말씀을 들으며 예수를 안 것처럼, 우리도 말씀을 통해 예수를 알고 죄인임을 인정하며, 예수님이 주님이신 것을 고백하고 믿으면 구원에 이른다. 하지만 아직 우리 자신이 살아서 내가 주인으로 살고 있는 것이 끝난 것은 아니다. 그래서 내가 주인으로 사는 삶의 방법으로서 자기주장, 곧 자기연민을 드러내는 죄를 버리는 회개와 함께 하나님을 구하면 하나님의 영, 곧 성령이 임재하는 것이다. 정확하게 내가 중심이 되어 살던 내 안에 성령께서 오시는 것이다.

여러분의 몸은 여러분이 하나님께로부터 받은 성령이 계시는 성전이라는 것을 모르십니까? 여러분의 몸은 여러분 자신의 것이 아닙니다. _고전 6:19 공동번역

그때부터 하나님과의 일치가 이뤄진 존재가 된다.

어느 때나 하나님을 본 사람이 없으되 만일 우리가 서로 사랑하면 하나님이 우리 안에 거하시고 그의 사랑이 우리 안에 온전히 이루어지느니라 그의 성령을 우리에게 주시므로 우리가 그 안에 거하고 그가 우리 안에 거하시는 줄을 아느니라 _요일 4:12-13

하나님의 말씀을 받은 사람들

당연히 우리 안에서 하나님이 말씀하시며, 우리는 그 말씀을 듣는 존재가 되기 때문이다. 그것이 주님이 말씀하신 하나님의 말씀을 받는 존재, 신적인 존재가 된다는 뜻이다. 정확하게 말하면 말씀이 되는 존재이다.

예수께서 이르시되 너희 율법에 기록된 바 내가 너희를 신이라 하였노라 하지 아니하였느냐 성경은 폐하지 못하나니 하나님의 말씀을 받은 사람들을 신이라 하셨거든 _요 10:34-35

개역성경은 분명히 '하나님의 말씀을 받은 사람들을'이라고 목적격으로 번역했지만 '호 로고스 투 데우', 곧 '하나님의 말씀이'라고 주격으로 번역해야 한다. 그리고 이어진 '받은'으로 번역된 '에게네토'에도 주의해야 한다. 이 문장과 똑같은 문장이 요한복음 1장 14절인데, '호 로고스 사륵스 에게네토', 곧 '말씀이 육신이 되어'라고 번역되었다. 그러므로 '하나님의 말씀을 받은 사람들'은 '하나님의 말씀이 된, 혹은 일치된 사람들'이라는 뜻이다. 어떻게 그것이 가능할까 하고 묻겠지만, 그래서 동사 '기노마이'의 중간태 디포넌트로 쓰인 것이다. 하나님이 하신다는 뜻이다. 곧 성령께서 하시는 것이다. 주님께서 이것을 이미 말씀하셨다.

사람들이 너희를 끌어다가 넘겨 줄 때에 무슨 말을 할까 미리 염려하지 말고 무엇이든지 그 때에 너희에게 주시는 그 말을 하라 말하는 이는 너희가 아니요 성령

이시니라 _막 13:11

그러므로 오순절에 성령이 임하였을 때, 그들이 방언을 한 것은 그들을 주도하신 분이 하나님이시라는 뜻이다. 그들이 배워서 한 것이 아니라 성령께서 임재함으로 벌어진 현상이었고, 예수께서 하신 말씀의 성취였다. 그러므로 방언이 중요한 것이 아니라, 그들이 말한 내용이 중요하다. 분명 각 나라에서 와서 그곳에 모인 사람들은 제자들이 여러 나라의 언어로 말하는 것에 놀랐지만, 더 놀라고 당황한 것은 제자들이 말하는 내용 때문이었다. 그 내용들은 사람들이 알던 지식을 뛰어넘는 놀라운 것이었기 때문이다.

다 놀라 신기하게 여겨 이르되 보라 이 말하는 사람들이 다 갈릴리 사람이 아니냐 우리가 우리 각 사람이 난 곳 방언으로 듣게 되는 것이 어찌 됨이냐… 그레데인과 아라비아인들이라 우리가 다 우리의 각 언어로 하나님의 큰 일을 말함을 듣는도다 하고 다 놀라며 당황하여 서로 이르되 이 어찌 된 일이냐 하며 또 어떤 이들은 조롱하여 이르되 그들이 새 술에 취하였다 하더라 _행 2:7-8,11-13

박해와 부흥

이같은 제자들의 변화와 성령의 역사는 교회의 탄생과 변화를 가져왔다. 그 중심에는 분명히 베드로가 있었다. 베드로의 예루살렘 저자거리 설교는 3천 명이 회개하고 세례받는 기적을 낳았다. 동시에 교회는 성장하였고, 교회의 지원을 받은 제자들은 더욱 담대해졌다. 영향력은 점점 극대화되었고, 급기야 '허다한 제사장의 무리'(행 6:7)까지 예수를 믿는 상황이 벌어진다.

하지만 예루살렘 교회는 여전히 문제가 있었다. 성장하면서 벌어진 것은 세력 싸움이었다. 성경은 구제 문제와 관련되어 벌어진 헬라파 유대인들의 항의(행 6:1)로 기술되고 있지만, 실제로는 기존 유대적 기독교인과, 개종했거나 예루살렘 출신이 아닌 디아스포라 유대인 출신의 헬라적 기독교인의 분쟁이었다. 벌써부터 본말이 전도되어가는 상황이었다. 그것을 계기로 일곱 집사를 선출하게 되지만, 이미 베드로를 비롯한 사도들의 리더십에 의문이 제기되었다. 주님의 지상명령을 수행하지 않는 교회의 위기가 생긴 것이기도 했다. 물론 사도들은 말씀과 기도에 전무하기로 하고 스데반을 비롯한 일곱 명의 집사를 세웠으며, 다시 새롭게 되고 부흥이 계속된다. 하지만 초대 교회의 성장은 기존 유대인 세력의 강력한 공격에 직면하였다. 박해가 시작된 것이다. 그 시작은 사울이 주동이 되어 스데반을 죽인 일처럼(7장) '예루살렘에 있는 교회에 있었던 큰 핍박'(행 8:1)이었다. 어쩌면 안주하려 했을지도 모를 사도들의 계획은 모두 수포로 돌아가고, 예루살렘은 다시 사도들 중심의 적막한 소규모 교회로 전락하였다.

사울이 그의 죽임 당함을 마땅히 여기더라 그 날에 예루살렘에 있는 교회에 큰 박해가 있어 사도 외에는 다 유대와 사마리아 모든 땅으로 흩어지니라 … 사울이 교회를 잔멸할새 각 집에 들어가 남녀를 끌어다가 옥에 넘기니라 _행 8:1,3

그런데 박해는 단순히 대제사장 등의 산헤드린 공의회 중심만이 아니라 헤롯왕의 박해로 발전되었다. 여기서 산헤드린 공의회와 헤롯당의 연계를 충분히 생각할 수 있다. 실제로 이들은 예수님을 모함하고 죽일 때 같은 편이었음을 복음서에서 찾을 수 있다. 그래서 헤롯 아그립바 1세(헤롯대왕의 손자)의 박해는 야고보의 순교(행 12:1)와 베드로를 죽이려는 시도로 이어지지만, 베드로는 성령의 도우심으로 목숨을 구한다.

이같은 박해 때문에 교회는 예루살렘을 떠나 유다와 사마리아를 넘어 땅끝을 향해 가고 있었다. 그 중심 기지가 안디옥이었다. 안디옥 교회는 스데반 박해로 인해 피난 간 디아스포라 유대적 기독교인들에 의해 세워진 자발적 교회였는데, 폭발적인 성장을 한 것이다(행 11:21). 그것은 사도들이 복음을 전한 것 때문이 아니라 순전히 성령의 역사였다.

다메섹 사건의 중요성

여기서 우리가 놓칠 수 없는 것이 바울의 다메섹 도상에서의 회심이다. 그것과 더불어 그의 3년간의 아라비아 묵상이 세계선교의 지형을 바꿔놓았다. 그 중심은 예루살렘 공동체나 열두 사도가 아니라 성령이셨다. 성령이 직접 지휘하신 것이다. 그런 까닭에 바울이 다메섹 체험 후 바로 예루살렘으로 가지 않은 이유이기도 하다. 오히려 아나니아의 도움으로 회복된 후에 아라비아로 갔다. 그리고 다시 다메섹으로 돌아왔다. 그 후에 예루살렘으로 올라간 것이다.

또 나보다 먼저 사도 된 자들을 만나려고 예루살렘으로 가지 아니하고 아라비아로 갔다가 다시 다메섹으로 돌아갔노라 그 후 삼 년 만에 내가 게바(베드로)를 방문하려고 예루살렘에 올라가서 그와 함께 십오 일을 머무는 동안 _갈 1:17-18

이처럼 바울이 3년 동안의 아라비아 묵상을 통하여 깨달은 것은 (갈라디아서를 참조해 볼 때) 예수가 저주받아 십자가에 매달린 것은 사실이지만, 예수가 받은 저주가 예수 자신의 죄로 인한 저주가 아니라 우리들의 죄를 대신 짊어지심으로 받은 것이라는 사실이었다. 그것은 매우 치명적인 인식으로 작용하였다. 더 나아가, 예수가 받은 저주는 바로 바울 자신의 죄 때문에 받은 저주였다는 것을 깨달은 것이다. 드디어 이 놀라운 고백을 바울이 하게 된다.

그리스도께서 우리를 위하여 저주를 받은 바 되사 율법의 저주에서 우리를 속량하셨으니 기록된 바 나무에 달린 자마다 저주 아래에 있는 자라 하였음이라 _갈 3:13

이 놀라운 사건을 깨닫게 한 다메섹에서의 사건은 견딜 수 없는 것이었다. 그때부터 바울은 주를 위하여 미친 듯이, 죽도록, 견딜 수 없는 열정으로 일하기 시작한다.

우리가 살아도 주를 위하여 살고 죽어도 주를 위하여 죽나니 그러므로 사나 죽으나 우리가 주의 것이로다 _롬 14:8

바울과 바나바

바울이 3년 간의 아라비아 묵상 후에 간 곳은 예루살렘이었다. 그곳은 그가 과거 스데반을 죽였던 곳, 그리고 자신을 지지하던 대제사장을 비롯해서 예수와 기독교를 혐오하던 무리들이 있는 곳이다. 그러나 그가 예루살렘으로 가는 가장 큰 이유는 예수와 함께 3년 동안 살았던 제자들을 만나 보고 싶었기 때문이었다.

드디어 바울이 예루살렘을 방문하였을 때, 베드로를 비롯해 초대교회 지도자들을 만났다. 베드로와 사도들은 의심의 눈초리로 보고 있었겠지만, 바울 자신에게는 대단한 감격이었다. 그때 가장 강하게 바울을 도와준 이가 뜻밖에 베드로였다. 바울은 무려 15일 동안 베드로와 함께 있었다.

그의 아들을 이방에 전하기 위하여 그를 내 속에 나타내시기를 기뻐하셨을 때에 내가 곧 혈육과 의논하지 아니하고 또 나보다 먼저 사도 된 자들을 만나려고 예루살렘으로 가지 아니하고 아라비아로 갔다가 다시 다메섹으로 돌아갔노라 그 후 삼 년 만에 내가 게바를 방문하려고 예루살렘에 올라가서 그와 함께 십오 일을 머무는 동안 주의 형제 야고보 외에 다른 사도들을 보지 못하였노라 _갈 1:16-19

이것이 바울 사역의 공식적인 시작이었다. 여기서 우리가 주의깊게 생각해야 할 것은 예루살렘에서의 바울의 행적이다. 바울이 예루살렘에서 15일 동안 베드로와 함께 있었다고 갈라디아서에 기록하고 있지만, 사실 그당시 바울은 예루살렘 기독교인들의 공공의 적이었다. 그래서 바울이 예루살렘에 올라갔을 때 바울의 마음과 달리 모두 그를 두려워했다. 의심하기까지 하였다. 바울의 순수성을 도무지 받아들이지 못했다는 말이다.

사울이 예루살렘에 가서 제자들을 사귀고자 하나 다 두려워하여 그가 제자 됨을 믿지 아니하니 _행 9:26

당연한 일이었다. 우리는 여기서 '바울이 어떻게 베드로와 깊이 교제할 수 있었을까?' 하는 질문이 생긴다. 여러 가지 가능성을 말할 수 있지만, 놀라운 실마리가 이어지는 이 말씀에서 그 답을 찾을 수 있다.

바나바가 데리고 사도들에게 가서 그가 길에서 어떻게 주를 보았는지와 주께서 그에게 말씀하신 일과 다메섹에서 그가 어떻게 예수의 이름으로 담대히 말하였는지를 전하니라 사울이 제자들과 함께 있어 예루살렘에 출입하며 _행 9:27-28

그곳에 바나바가 있었다. 바나바는 바울을 도왔지만, 예루살렘 교회의 반대로 바울은 고향 다소로 내려가야 했다. 그런데 이것과 관계없이 그 즈음에 이상한 일이 벌어지고 있었다. 그것은 스데반을 비롯한 바울의 기독교인 박해사건의 여파가 복음 확장의 역사로 전개된 것이다. 사도행전에 이렇게 기록하고 있다.

그 때에 스데반의 일로 일어난 환난으로 말미암아 흩어진 자들이 베니게와 구브로와 안디옥까지 이르러 유대인에게만 말씀을 전하는데 그 중에 구브로와 구레네 몇 사람이 안디옥에 이르러 헬라인에게도 말하여 주 예수를 전파하니 주의 손이 그들과 함께 하시매 수많은 사람들이 믿고 주께 돌아오더라 _행 11:19-21

그리스도인의 유래

스데반 사건으로 흩어진 유대 기독교인들이 전방위적으로 말씀을 전하는 사건이 벌어진 것이다. 베니게, 구브로, 안디옥 등 흩어진 곳에서 말씀을 전하자 수많은 사람들이 복음을 받아들였다. 그 중에서도 안디옥이 제일 들썩였다. 이같은 소식에 화들짝 놀란 그룹이 예루살렘 교회였다. 드디어 예루살렘 교회는 가장 신뢰할만한 지도자이며 거의 사도 수준인 바나바를 안디옥으로 파송하였다. 바나바는 로마 시민권자이며 헬라어와 율법에 정통한 바울을 사역에 합류시켰는데, 바울의 전도 사역이 본격적으로 진행되는 계기가 되었다. 그런데 보통 일이 아니었다. 복음이 걷잡을 수 없이 퍼져나간 것이다. 그때 처음으로 '그리스도인이라 일컫음'(행 11:26)을 받는다. 하지만 바울에게 그것은 시작에 불과했다. 바울에게 복음은 존재의 이유였고 그가 감당할 수 있는 영광이기 때문이었다. 그 열망은 전도 여행으로 드러날 수밖에 없었다. 드디어 세상이 들썩이는 복음의 폭파 사건이 벌어지는 일이 시작된 것이다(행 11:26).

사도행전 1장부터 12장까지의 개관

예수의 승천 후에 맛디아를 제자로 뽑다(1). 오순절에 성령이 임했고, 베드로의 설교에 삼천 명이 세례를 받았다(2). 베드로와 요한이 미문의 병자를 고치고, 솔로몬 행각에서 회개를 설교하였다(3). 남자만 오천 명이 믿자 공회에 회부되지만, 의미 없었다. 오히려 교회는 하나가 되었다(4). 아나니아와 삽비라 사건도 있었고, 사도들은 더 심한 능욕을 받는다(5). 사도들이 일곱 집사를 세웠는데, 스데반이 첫 번째로 잡혔다(6). 스데반이 설교한 후에 사울의 주도로 순교하였다(7). 그 순교 사건 후에 제자들이 흩어지나, 복음은 오히려 퍼져나갔다. 빌립이 에디오피아 내시에게 복음을 전하는 사건도 있었다(8). 다메섹 도상에서 주님이 사울을 만나고, 그가 크리스천이 되었다(9). 베드로가 욥바 피장이 시몬의 집에서 환상을 보고 고넬료의 집에서 말씀을 전하자, 이방인들에게 성령이 임하였다(10). 이 사건을 베드로가 예루살렘 교회에 보고하였다. 또한 그때 박해의 여파로 흩어진 자들이 복음을 전하였고, 안디옥교회가 형성되었다(11). 야고보가 순교하고 베드로가 투옥되는 등 어려움이 있었지만, 헤롯이 죽었다(12)

Reading Bible Checklist												사도행전 1-12장		
1	2	3	4	5	6	7	8	9	10	11	12			
●	●	●	●	●	●	●	●	●	●	●	●			

58

사도행전 2

복음이 존재 이유였다

• 사도행전 13-20장 •

… 둘이 교회에 일 년간 모여 있어 큰 무리를 가르쳤고 제자들이 안디옥에서 비로소 그리스도인이라 일컬음을 받게 되었더라 _행 11:26

그 이후 안디옥 교회는 더 커져갔다. 급기야 글라우디오 황제 때 있었던 흉년으로 예루살렘 교회가 어려울 때 안디옥교회는 헌금하여 바나바와 바울 편에 보낼 정도가 되었다. 드디어 선교의 중심이 예루살렘에서 안디옥으로 옮겨지는 순간이었다.

1차 전도여행과 사도회의

안디옥교회는 엄청난 부흥을 경험하면서 가만히 있을 수 없었다. 안디옥교회가 금식하며 기도할 때, 성령께서 바나바와 바울을 따로 세워 선교사로 보낼 것을 '감동'시키셨다. 안디옥 교회가 역사상 처음으로 정식 선교사를 파송하는 순간이었다. 그리고 첫 번째 선교지로 택한 곳은 바나바의 고향인(행 4:36) 구브로 섬이었는데, 안정적인 방향을 택한 것으로 보인다.

하지만 구브로를 시작으로 비시디아 안디옥, 이고니온, 루스드라 같은 갈라디아 지역에서 선교하는 1차 전도여행은 성공적이었다. 그리고 다시 안디옥으로 돌아왔는데, 전혀 예상하지 못한 문제가 기다리고 있었다. 유대로부터 온 사람들이 제기한 문제인데, 기독교인이 되려면 먼저 '모세의 법대로 할례를 받고' 믿어야 한다는 주장이었다.

너희가 모세의 법대로 할례를 받지 아니하면 능히 구원을 받지 못하리라 … _행 15:1

이같은 주장은 설득력이 있었다. 자세히 기록되지는 않았지만, 그들이 예루살렘의 사도들의 가르침을 받은 자들이었다면 더 심각했을 것이다. 그런 까닭에 이 갈등은 쉽게 정리되지 않았다. 다툼과 격론이 벌어졌고, 누군가의 정리가 필요했다. 예루살렘에 있는 사도들의 인정이 필요하게 된 것이다. 그렇지 않을 경우 다른 지역에서도 같은 갈등이 충분히 벌어질 수 있는 일이었다. 결국 교회가 결정한 일은 예루살렘 교회의 추인을 받기 위해 바울과 바나바를 예루살렘으로 보내기로 한 것이었다.

바울과 바나바가 예루살렘에 도착해서 사도들과 성도들을 만났지만, 분위기는 역시 좋지 않았다. 특히 바리새파 출신 기독교인들이 강력히 문제를 제기하였다. 사도들은 이 문제에 대한 입장을 정리하기 위해 사도회의를 개최했고, 당연히 '많은 변론'(행 15:7)이 있었다. 의견이 분분했다는 뜻이다. 하지만 베드로의 이방인 백부장 고넬료 집 사건에 대해 알고 있던 사도회의는 '이방인들이 믿는 것은 하나님의 뜻'이라는 것에 동의하기에 이른다. 드디어 그들이 이런 결정을 하였다.

그러므로 내 의견에는 이방인 중에서 하나님께로 돌아오는 자들을 괴롭게 하지 말고 다만 우상의 더러운 것과 음행과 목매어 죽인 것과 피를 멀리하라고 편지하는 것이 옳으니 … 이에 사도와 장로와 온 교회가 그 중에서 사람들을 택하여 바울과 바나바와 함께 안디옥으로 보내기를 결정하니 곧 형제 중에 인도자인 바사바라 하는 유다와 실라더라 … 그리하여 유다와 실라를 보내니 그들도 이 일을 말로 전하리라 성령과 우리는 이 요긴한 것들 외에는 아무 짐도 너희에게 지우지 아니하는 것이 옳은 줄 알았노니 우상의 제물과 피와 목매어 죽인 것과 음행을 멀리할지니라 이에 스스로 삼가면 잘되리라 평안함을 원하노라 하였더라 _행 15:19,20,22,27-29

2차 전도여행

사도회의에서 결정된 내용을 담은 편지는 유다와 실라의 손에 들려졌다. 일종의 사도회의 추인문서였다. 그리고 사도회의의 편지를 가지고 돌아온 바울과 바나바의 위치와 그들이 전하던 복음의 타당성은 안정되었다. 바울이나 교회에 남은 것은 복음 중심의 삶뿐이었다. 그러자 그들은 당연히 1차 전도여행을 다녔던 지역이 궁금해졌다. 그래서 바울이 바나바에게 제안하였다.

며칠 후에 바울이 바나바더러 말하되 우리가 주의 말씀을 전한 각 성으로 다시 가서 형제들이 어떠한가 방문하자 하고 _행 15:36

바울의 이 결정에 바나바는 동의했지만, 그 다음이 쉽지 않았다. 당장 걸린 것은 마가 요한이었다. 바나바는 마가를 데리고 가고자 하였지만, 바울은 1차 전도여행 도중에 도망친 그가 못마땅하였다. 데리고 갈 수 없다고 벼텼다. 결국 그 일 때문에 바울과 바나바는 '심히 다투어 피차'(행 15:39) 결별할 수밖에 없었다. 그러나 바울은 예루살렘 교회가 보내준 증인인 실라를 데리고 2차 전도여행을 떠난 까닭에 그의 위치는 보장된 상태였다. 이런 분열을 주님이 기뻐하지 않으셨는지, 아니면 다른 계획이 있었는지 알 수 없지만, 바울의 전도 계획은 계속 차질을 빚었다. 차질의 원인은 주님이셨다. 주님이 막으신 것이다.

성령이 아시아에서 말씀을 전하지 못하게 하시거늘 … _행 16:6a

그러나 바울은 아랑곳하지 않았다. 성령이 아시아에서 복음 전하는 것을 막자 방향을 선회하였다. 그는 브루기아와 갈라디아, 무시아 땅을 지나 비두니아 쪽으로 가기로 결정하였다. 하지만 주님은 이 길도 막으셨다.

… 브루기아와 갈라디아 땅으로 다녀가 무시아 앞에 이르러 비두니아로 가고자 애쓰되 예수의 영이 허락지 아니하시는지라 _행 16:6b-7

마게도냐인의 환상

주님이 막으셨지만, 바울은 그래도 멈추지 않았다. 그는 비두니아로 가는 것이 막히자 무시아 지방을 지나 드로아로 내려간다. 그때 바울이 주님께서 허락하신 환상을 본다. 이제야 주님이 응답하신 것이다. 그 유명한 마게도냐 사람의 환상이었다.

무시아를 지나 드로아로 내려갔는데 밤에 환상이 바울에게 보이니 마게도냐 사람 하나가 서서 그에게 청하여 이르되 마게도냐로 건너와서 우리를 도우라 하거늘 _행 16:8-9

바울이 마게도냐 환상을 좇아 도착한 도시가 바로 빌립보이다. 바울은 그 도시를 발칵 뒤집어 놓았다. 누구도 그의 전도 열정을 막을 수 없었다. 하지만 빌립보에서 벌어진 복음의 역사는 더 강력한 반대에 직면하였고, 결국 피해서 찾아간 다음 도시가 데살로니가였다. 그곳에는 회당이 있었다. 그는 회당을 근거로 복음을 증거하였지만, 여기서도 유대인들의 반대는 강력하였다. 폭동까지 일어났다. 그래서 또 피신하여 베뢰아로 이동했는데, 유대인들이 베뢰아까지 좇아와 선동하는 바람에 다시 피하여 아예 아가야 지역으로 옮기게 되었고, 도착한 도시가 아덴이었다. 바울은 그곳에서 실라와 디모데를 기다렸다. 물론 바울이 기다리면서 한 일은 물론 복음 전파였다. 그 유명한 아레오바고 설교가 이 신들의 도시 아덴에서 이루어진다.

바울은 이후 아덴에서 디모데와 실라를 만나지만, 도망치듯 데살로니가를 그냥 떠나온 것이 마음에 몹시 아팠다. 특히 데살로니가 교회의 성도들은 개종한 이방인들이 대다수였기 때문에(살전 1:9) 더욱 염려된 것이다. 그래서 바울은 데살로니가 교회의 상황을 좀더 자세히 알기 위하여 디모데를 데살로니가로 보낸다(살전 3:1-3). 그리고 바울은 아가야 지방의 수도인 고린도로 옮겨 간다. 그런데 바울은 데살로니가 교회의 상황을 살피고 돌아온 디모데로부터 그 교회의 아름다운 소식을 듣는다. 그가 데살로니가 교회에 편지를 쓴 이유였다.

고린도 교회

바울은 고린도에서 그의 일생에 매우 중요한 평신도 부부를 만나는데, 아굴라와 브리스길라이다. 그들은 로마 교회의 교인들이었다. AD 49년 클라우디우스 황제의 유대인 추방령 때문에 로마를 떠난 사람들이었다.

그 후에 바울이 아덴을 떠나 고린도에 이르러 아굴라라 하는 본도에서 난 유대인 한 사람을 만나니 글라우디오가 모든 유대인을 명하여 로마에서 떠나라 한 고로 그가 그 아내 브리스길라와 함께 이달리야로부터 새로 온지라 바울이 그들에게 가매 _행 18:1-2

아굴라와 브리스길라는 바울과 같은 생업인 천막을 만드는 직업을 갖고 있어서 한동안 바울과 함께 사역하였다. 바울은 고린도에서 1년 6개월 동안이나(행 18:11) 복음을 전하였고 많은 역사가 일어났다. 심지어 회당장 그리스보가 예수를 믿는 일이 있었다(행 18:8). 바울의 이런 행동에 불만을 품고 있던 유대인들이 바울을 고소하기에 이르기도 하지만, 바울은 그 후에도 열심히 복음을 전하다 아굴라와 브리스길라 부부와 함께 에베소로 옮긴다. 하지만 바울은 그 부부만 에베소에 남겨놓고 다시 안디옥으로 돌아온다(행 18:22). 이것이 2차 전도여행의 끝이었다.

3차 전도여행

그리고 다시 시작한 바울의 3차 전도여행은 갈라디아와 브루기아 땅을 지나 에베소로 향한다. 아굴라와 브리스길라에게 위임했던 곳이었다. 바울은 그곳 에베소에서 거의 3년 동안 사역했는데, 두란노서원을 세우고 복음을 전하였다. 에베소가 소아시아 복음 사역의 거점이 된 것이다. 그 사역은 강력한 힘을 발휘하였고, 아데미 신전을 중심으로 살고 있던 이방 세계를 요동치게 하였다. 바울은 결국 아데미 신전을 섬기던 자들의 폭동을 만나면서 피해야 했고, 다시 마게도냐를 지나 아가야 지방에 이른다. 고린도였다(행 20:1-2). 이곳에서 석달 정도 체류하였다(행 20:3).

소요가 그치매 바울은 제자들을 불러 권한 후에 작별하고 떠나 마게도냐로 가니라 그 지방으로 다녀가며 여러 말로 제자들에게 권하고 헬라에 이르러 거기 석 달 동안 있다가 … _행 20:1-3

이때 바울은 예루살렘으로 돌아가기로 작정한다. 실제로 이후의 여정은 예루살렘으로 가는 것이었다.

바울이 아시아에서 지체하지 않기 위하여 에베소를 지나 배 타고 가기로 작정하였으니 이는 될 수 있는 대로 오순절 안에 예루살렘에 이르려고 급히 감이러라 _행 20:16

로마 교회와 서바나

바울은 석달 동안 머물렀던 고린도에서 로마서를 쓴 것으로 보이는데, 그 편지에서 우리는 바울의 후반기 사역 모습과 심정을 잘 이해할 수 있다. 로마서를 보면, 바울이 소아시아 중심 사역은 정리해야 한다고 생각한 것 같다. 복음은 충분히 전하였고, 이제는 복음을 듣지 않은 자들에게 전해야 할 때가 왔다고 판단한 것이다. 사도행전의 이 부분이 로마서 15장과 연결되는 부분이다. 바울은 로마 교회에 보낸 편지에서 그 소회를 밝혔다.

… 내가 예루살렘으로부터 두루 행하여 일루리곤까지 그리스도의 복음을 편만하게 전하였노라 _롬 15:19

그래서 바울은 '이제는 이 지방에 일할 곳이 없다'(롬 15:23)라고 결론을 내린다. 이제 바울의 관심은 '그리스도의 이름이 알려진 곳 말고, 알려지지 않은 곳에서 복음을 전하는 것'(롬 15:20 새번역)이었다. 그곳이 바로 서바나(스페인)였다. 서바나는 그가 아는 한 아직 복음이 전해지지 않은 곳이었다. 사실 로마는 그의 관심 밖이었다. 바울의 관점에서 로마는 복음이 전해진 지역이었기 때문이다. 소아시아 선교의 전초기지로 안디옥이 쓰인 것처럼, 바울은 서바나 선교를 위해 로마가 쓰이기를 원한 것이다. 무엇보다 그는 땅끝까지 가고 싶었다. 주님의 지상명령을 좇아서 말이다.

이제는 이 지방에 일할 곳이 없고 또 여러 해 전부터 언제든지 서바나로 갈 때에 너희에게 가기를 바라고 있었으니 이는 지나가는 길에 너희를 보고 먼저 너희와 사귐으로 얼마간 기쁨을 가진 후에 너희가 그리로 보내주기를 바람이라 _롬 15:23-24

여하튼 바울은 이같은 이유를 가지고 로마로 갈 예정이었다. 하지만 먼저 예루살렘에 들려야 했다. 바울은 예루살렘에 가는 목적을 분명하게 '마게도냐와 아가야 사람들이 예루살렘 성도 중 가난한 자들을 위하여 기쁘게 얼마를 연보한'(롬 15:26) 것을 전달하기 위함이라고 밝히고 있지만, 그동안의 바울 사역을 정리하는 데도 목적이 있었던 것으로 보인다.

또한 예루살렘에 이방 교회의 헌금을 전달하는 것은 매우 중요한 의미가 있었다. 그것은 첫째, 그 헌금이 이방 교회와 유대 교회가 하나가 되는 상징이었기 때문이다. 예루살렘 교회가 헌금을 받음으로써 이방 교회를 정당한 교회로 인정하는 것이 되었다. 둘째, 바울이 그 헌금을 종말에 이방인들이 자기들의 보화를 가지고 시온을 찾아온다는 순례 사상의 일환으로 이해하였기 때문이었다.

위험한 예루살렘

바울이 이같은 이유와 계획을 가지고 예루살렘으로 가는 것은 새로운 시작이었지만 위험한 계획이었다. 이미 예루살렘 안에서는 바울을 죽이려는 계획이 차근차근 진행되고 있었다. 그러므로 그가 예루살렘으로 들어가는 것은 곧 죽음을 의미하였다. 바울은 그걸 알고 있었지만 아랑곳하지 않았다. 그런 까닭에 그는 예루살렘으로 가는 것을 삶의 마지막으로 생각하였다. 그래서 돌아가던 길에 에베소 교회 장로들을 밀레도 해변으로 불렀다. 다시 보지 못할 것을 안 것이다(행 20:25). 그 자리에서 바울은 자기의 심경을 털어 놓았다.

보라 이제 나는 성령에 매여 예루살렘으로 가는데 거기서 무슨 일을 당할는지 알지 못하노라 오직 성령이 각 성에서 내게 증언하여 결박과 환난이 나를 기다린다 하시나 내가 달려갈 길과 주 예수께 받은 사명 곧 하나님의 은혜의 복음을 증언하는 일을 마치려 함에는 나의 생명조차 조금도 귀한 것으로 여기지 아니하노라 _행 20:22-24

성령께서는 이미 바울에게 이 기막힌 환란이 기다린다는 사실을 알려주셨다. 하지만 바울의 열정을 바꿀 수는 없었다. 바울은 자신의 생명이 아깝지 않았다. 오히려 즐거워하였다. 복음이 그의 존재의 이유였기 때문이었다.

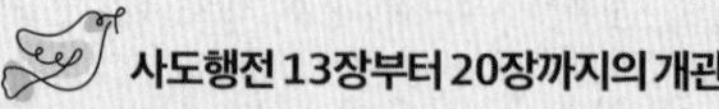

사도행전 13장부터 20장까지의 개관

바나바와 바울이 1차 전도여행을 떠나 구브로와 비시디아 안디옥으로 갔다(13). 이고니온과 루스드라에서 전도하였다(14). 이방인의 회심 문제 때문에 바울과 바나바는 예루살렘 사도회의에 참석하여 허락을 받았다(15). 마가의 문제로 2차 전도여행은 바울과 바나바가 따로 떠났고, 바울은 마게도냐인의 환상을 보고 빌립보로 넘어갔다. 거기서 감옥에 투옥되지만, 교회가 시작되었다(16). 데살로니가와 베뢰아에서 복음을 전하나 어려움을 겪고, 아덴으로 내려오지만 거기서도 복음을 전하였다(17). 이후 고린도에서 일년 육개월을 머물며 복음을 전하였고, 그후 안디옥으로 돌아갔다(18). 3차 전도여행은 에베소가 핵심으로, 에베소에 두란노서원을 세우고 2년 동안 복음을 전하였다. 하지만 아데미 신을 섬기는 자들의 폭동으로 인해(19) 그곳을 떠나 마게도냐와 헬라를 다니고, 밀레도 해변에서 에베소 장로들을 만나 작별을 고하였다(20)

Reading Bible Checklist 사도행전 13-20장

13	14	15	16	17	18	19	20							
●	●	●	●	●	●	●	●							

59

사도행전 3

그가 바로 바울이다

• 사도행전 21-28장 •

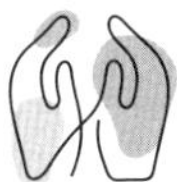

오직 성령이 각 성에서 내게 증언하여 결박과 환난이 나를 기다린다 하시나 _행 20:23

성령의 만류

성령께서 바울에게 예루살렘에 가면 벌어질 일을 미리 알리셨다. 가지 말라는 뜻이었다. 그러나 바울은 에베소의 장로들과 눈물의 이별을 하고, 지중해를 건너 팔레스틴 땅 두로에 도착한다. 예루살렘까지는 얼마 남지 않은 곳이었다. 바울이 그곳에서 일주일을 지내는 동안, 그곳의 기독교인들은 자신들에게 임한 성령의 음성을 듣고 바울을 만류하였다.

제자들을 찾아 거기서 이레를 머물더니 그 제자들이 성령의 감동으로 바울더러 예루살렘에 들어가지 말라 하더라 _행 21:4

하지만 바울의 마음은 확고했고 변함이 없었다. 그런 바울을 보는 두로의 교인들의 마음은 밀레도 해변의 에베소 교인들처럼 무거웠다. 그들이 바울을 전송한 바닷가 또한 기막힌 곳이었다.

그러나 이레가 지난 뒤 우리는 그 곳을 떠났는데 그 때 모든 신도들은 부인들과 아이들과 함께 동네 밖까지 우리를 따라 나왔다. 우리는 모두 바닷가에서 무릎을 꿇고 기도를 드렸다. _행 21:5 공동번역

이어 가이사랴에 도착했을 때도 마찬가지였다. 이번에는 선지자 아가보가 바울 일행을 찾아왔다. 그는 성령이 보여주신 계시를 가지고 찾아온 것이었다. 그가 바울의 허리띠를 달라고 하더니 그 허리띠로 자신을 묶으며, 그가 받은 계시의 환상을 퍼포먼스처럼 보여주었다.

우리에게 와서 바울의 띠를 가져다가 자기 수족을 잡아매고 말하기를 성령이 말씀하시되 예루살렘에서 유대인들이 이같이 이 띠 임자를 결박하여 이방인의 손에 넘겨 주리라 하거늘 _행 21:11

성령을 통한 하나님의 염려였다. '가지 말라'는 사인이었다. 그 퍼포먼스를 보던 사람들은 모두 예루살렘으로 가지 말라고 사정하였다. 하지만 그의 뜻은 확고했다.

바울이 대답하되 여러분이 어찌하여 울어 내 마음을 상하게 하느냐 나는 주 예수의 이름을 위하여 결박 당할 뿐 아니라 예루살렘에서 죽을 것도 각오하였노라 하니 _행 21:13

로마 시민권자 바울

예루살렘에 도착하자마자 바울은 성전모독죄로 체포된다. 하지만 그가 로마 시민권자인 까닭에 일방적인 테러를 당하지 않고 로마의 보호를 받을 수 있었지만, 유대인들은 고소하며 집요하게 공격하였다. 그들이 내건 바울의 죄목은 '반정부적 소요를 주동한 자'였는데, 그들의 주장이 기막혔다.

우리가 보니 이 사람은 전염병 같은 자라 … _행 24:5

하지만 유대인들이 그것 이상 어쩔 수 없었다. 바울이 로마 시민으로서 가이사에게 상소했기 때문이었다(행 25:11). 로마로 가는 도중 태풍을 만나 죽을 위기도 겪지만, 그런 까닭에 바울은 로마로 호송된다. 그리고 로마에 도착한 바울은 비록 재판을 기다리는 신분이었지만 미결수였던 까닭에 비교적 자유로웠다. 그가 자유롭게 복음을 말하고 가르칠 수 있는 이유였다.

바울이 온 이태를 자기 셋집에 머물면서 자기에게 오는 사람을 다 영접하고 하나님의 나라를 전파하며 주 예수 그리스도에 관한 모든 것을 담대하게 거침없이 가르치더라 _행 28:30-31

바울의 가르침을 들었던 이들 중에는 2년 동안 그를 보호하고 관찰한 가이사 황제의 친위대도 있었는데, 그들에게도 복음을 전한 것으로 보인다. 특히 바울이 죄인의 몸으로 온 것이 매우 자발적이며 복음 때문이라는 것이 알려지자, 복음의 핵심인 예수 그리스도에 대한 관심이 증폭되었기 때문이다. 그것이 바울을 감시하던 가이사의 친위대조차 예수를 영접한 일로 나타난 것이다. 빌립보서를 보면 알 수 있다.

이러므로 나의 매임이 그리스도 안에서 모든 시위대 안과 그 밖의 모든 사람에게 나타났으니 … 모든 성도들이 너희에게 문안하되 특히 가이사의 집 사람들 중 몇이니라 _빌 1:13; 4:22

사도행전의 마지막 기록처럼, 바울은 AD 60년에서 62년 경으로 보이는 약 2년 동안 재판을 기다리면서 가택 연금 상태에서 있다가 풀려나는데, 더 이상 유대인들이 재판을 요청하지 않았던 것으로 보인다.*

바울이 온 이태를 자기 셋집에 머물면서 자기에게 오는 사람을 다 영접하고 하나

* 부르스 윌킨스 외, 한눈에 보는 성경, 디모데, 813

님의 나라를 전파하며 주 예수 그리스도에 관한 모든 것을 담대하게 거침없이 가르치더라 _행 28:30-31

2년 가택연금 후

2년여의 가택 연금 상태에서 풀려난 바울은 그로부터 약 4년여 동안 복음을 전한 것으로 보인다. 그는 에베소 교회나 골로새 교회 같은 소아시아 교회들을 방문하였고, 특히 마게도냐로 갈 때는 디모데를 에베소에 남겨두어 그곳의 교회를 치리하게 하였다(딤전 1:3). 디모데전서는 이같은 배경에서 디모데에게 보낸 목회서신이다. 그리고 바울이 계속 전도여행을 하면서 간 곳이 그레데 섬이었는데, 그곳에서 여행을 마치고 떠날 때는 디도를 그곳에 남겨두었고, 그것이 목회서신 디도서의 배경이 된다.

로마 연금에서 풀려난 후, 바울의 전도여행은 마게도냐와 소아시아의 여러 지역을 넘어, 그가 그토록 가고 싶어했던 서바나(지금의 스페인)까지 계속되었을 가능성도 있다. 한 가지 분명한 것은, 바울이 매우 폭넓게 전도여행을 다녔다는 것이다. 그에 대한 흔적은 이후 다시 감옥에 갇힌 2차 투옥 시절에 쓴 디모데후서를 보면 알 수 있다. 디모데에게 부탁하는 내용에서 바울이 다녔던 곳을 추측할 수 있다.

네가 올 때에 내가 드로아 가보의 집에 둔 겉옷을 가지고 오고 또 책은 특별히 가죽 종이에 쓴 것을 가져오라 … 에라스도는 고린도에 머물러 있고 드로비모는 병들어서 밀레도에 두었노니 _딤후 4:13,20

만일 바울이 최종 목적지인 스페인에 가 있었다면, 그곳을 떠나 그리스, 소아시아, 고린도, 밀레도, 그리고 드로아를 지나 예루살렘 혹은 안디옥을 향하여 갈 때 체포된 것으로 보인다. 디모데후서에 나오지만, 나중에 디모데에게 가져오라고 부탁한 것은 '겉옷, 특별히 가죽 종이에 싼 책'(딤후

4:13)인데, 이 책은 모세오경으로 보인다. 이것을 두고 로마로 돌아갔을 리가 없기 때문이다.

다시 체포된 후

만일 바울이 드로아에서 체포되었다면, AD 64년 7월에 일어난 로마 대화재 사건과 관계있을 것이다. 그때 네로는 로마 화재의 책임을 피하기 위해 기독교인을 희생양으로 삼았는데, 그때부터 기독교는 로마를 위협하는 종교로 평가되었고, 본격적인 핍박이 시작되기 때문이다. 여하튼 그 배경이 어떠하든지 바울은 2차로 로마에서 투옥되었는데, '로마의 기독교 박해'가 시작된 지점이었다.

바울이 1차 투옥 때는 자유롭게 사람들을 만날 수 있었고 빌립보서, 에베소서 같은 옥중서신을 쓸 정도로 평화로운 분위기였지만, 2차 투옥이 이루어진 시점에서는 분위기가 매우 얼어붙어 있었다. 로마의 강한 박해 때문이었다. 그런 까닭에 바울을 떠나거나 변호를 회피하는 이들이 생겨났다. 결국 바울은 재판받고 순교당한 것으로 보인다. 순교당하기 전에 가장 가까운 시기에 쓴 책이 디모데후서인데, 그때 바울은 자신의 마지막을 예감했던 것 같다. 디모데후서의 분위기에서 그가 아들처럼 여기던 디모데를 향한 애틋함이 느껴지기 때문이다.

> 너는 어서 속히 내게로 오라 데마는 이 세상을 사랑하여 나를 버리고 데살로니가로 갔고 그레스게는 갈라디아로, 디도는 달마디아로 갔고 … 너는 겨울 전에 어서 오라 … _딤후 4:9-10,21

하지만 슬프지는 않다. 디모데후서 4장의 마지막 기록이 오히려 장엄하게 느껴지기 때문이다. 바울이 하나님 나라를 위한 최고의 경주를 한 경주자였기 때문일 것이다.

나는 선한 싸움을 싸우고 나의 달려갈 길을 마치고 믿음을 지켰으니 이제 후로는 나를 위하여 의의 면류관이 예비되었으므로 주 곧 의로우신 재판장이 그 날에 내게 주실 것이며 내게만 아니라 주의 나타나심을 사모하는 모든 자에게도니라 _딤후 4:7-8

29장 1절

사도행전의 마지막 구절인 28장 30-31절로 다시 돌아가 보자. 사실 사도행전은 28장으로 끝나지만, 우리가 살핀 것처럼 끝나지 않았다. 바울만이 아니라 다른 사도들과 집사들, 초대교회의 수많은 성도들의 이야기는 더욱이 끝나지 않았다. 그 이야기들은 쓰여지지 않은 사도행전 29장에 기록될 것이기 때문이다. 우리는 분명 마지막 날 주님 앞에 설 때 29장에 기록될 사람들을 만날 것이다.

이러므로 우리에게 구름 같이 둘러싼 허다한 증인들이 있으니 모든 무거운 것과 얽매이기 쉬운 죄를 벗어 버리고 인내로써 우리 앞에 당한 경주를 하며 믿음의 주요 또 온전하게 하시는 이인 예수를 바라보자 … _히 12:1-2

이런 점에서 사도행전 28장 마지막 절이 미완성의 모습을 띠는 것은 당연한 것 같다. 아직 끝나지 않았기 때문이다.

바울이 온 이태를 자기 셋집에 머물면서 자기에게 오는 사람을 다 영접하고 하나님의 나라를 전파하며 주 예수 그리스도에 관한 모든 것을 담대하게 거침없이 가르치더라 _행 28:30-31

끝난 것이 아니기에, 무언가 어색한 마무리가 아닐 수 없다. 사도행전의 끝이 'the END'로 끝나지 않은 이유는 성령의 역사가 계속되는 까닭 때문이다. 사도행전의 마지막 절은 마치 바울이 여전히 살아 있는 것처럼 기록하고 있다. 땅끝까지 복음이 다 전해지지 않았기 때문이다. 그러므로 아직 끝나지 않은 것이다.

성령께서는 지금 이 순간에도 여전히 누군가를 파송하고 계시다. 이것이 사도행전이 결론을 짓지 않고 28장 31절에서 끝난 이유일 것이다. 그러므로 29장 1절 이후는 바로 우리가 써야 할 부분이다. 당신은 어떻게 쓰고 싶은가? 나는 이렇게 쓰고 싶다.

그때 잃어버린 청년을 회복하라는 주님의 음성을 듣고 일어선 이가 있었더라 그와 함께 꿈이있는교회가 세상과 소통하며 복음을 전하기를 힘쓰더라 _사도행전 29:1

하정완의 기록

사도행전 21장부터 28장까지의 개관

바울이 예루살렘에 가서 야고보를 방문한 후, 유대인들에게 성전모독죄로 붙잡히다(21). 동족 유대인들 앞에서 자신을 설명하지만(23), 로마 시민권자이므로 죽음의 위기에서도 공정한 재판을 받게 되어 공회, 곧 총독 앞에 선다(23). 유대인들이 바울을 고발하자(24), 바울은 가이사에게 상소하였다(25). 아그립바 앞에서 자신을 변호하였지만(26), 결국 로마로 압송된다. 가는 도중에 유라굴로 태풍으로 죽을 위기를 맞고 표류한다(27). 멜리데 섬에 머물게 되었고, 이후 로마로 가서 2년 동안 연금되지만, 복음 전하기를 멈추지 않았다(28).

✓Reading Bible Checklist														사도행전 21-28장
21	22	23	24	25	26	27	28							
●	●	●	●	●	●	●	●							

60

로마서 1

명확한 복음의 이해

• 로마서 1-6장 •

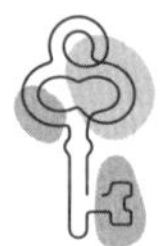

바울의 3차 전도여행의 경유지는 갈라디아와 브루기아 땅이었고, 목적지는 에베소였다. 아굴라와 브리스길라가 있는 곳이었다. 바울은 에베소에서 두란노서원을 세우고 약 3년 동안 복음을 전한다. 에베소 사역의 끝자락에 아데미 신전을 섬기던 자들의 폭동이 있었고, 그 후 바울은 에베소를 떠나 마게도냐를 지나 아가야 지방에 이르는데, 고린도의 수도였다(행 20:1-2). 이곳에서 석 달 정도 체류한다(행 20:3).

소요가 그치매 바울은 제자들을 불러 권한 후에 작별하고 떠나 마게도냐로 가니라 그 지방으로 다녀가며 여러 말로 제자들에게 권하고 헬라에 이르러 거기 석 달 동안 있다가 … _행 20:1-3

로마서를 쓴 이유

바울은 이때 고린도에서 로마서를 쓴 것으로 보인다. 그 글을 보면 바울이 그동안 진행했던 소아시아 중심 사역을 정리해야 한다고 생각한 것 같다. 로마 교회에 보낸 편지에서 밝혔듯이, 충분히 복음을 전했다고 여긴 것이다.

… 내가 예루살렘으로부터 두루 행하여 일루리곤까지 그리스도의 복음을 편만하게 전하였노라 _롬 15:19

바울은 그래서 로마를 생각한 것 같다. 일루리곤을 넘으면 바로 이탈리아 반도를 만나기 때문이다. 로마가 코앞이었다. 그래서 일루리곤을 넘어 로마로 가려 했던 것으로 보인다. 그러나, 몇 번을 시도했지만 로마로 가려는 길이 막혔다.

그래서 여러분을 찾아가려던 나의 계획이 번번이 좌절되었습니다. _롬 15:22 공동번역

그래서 계획을 전환한다. 그가 늘 그래왔던 것처럼, '그리스도의 이름이 알려진 곳 말고, 알려지지 않은 곳에서 복음을 전하는 것'(롬 15:20 새번역)이 옳다고 판단한 것이다. 그래서 가려고 한 곳이 바로 당시에 땅끝으로 여겨지던 서바나(스페인)였다. 서바나는 그가 아는 한 아직 복음이 전해지지 않은 곳이었다. 그러므로 로마 교회에 편지를 쓰는 목적은 서바나 때문이었다. 안디옥이 소아시아 선교의 전초기지로 쓰인 것처럼, 서바나 선교를 위해 로마가 쓰이기를 기대한 것으로 보인다.

이제는 이 지방에 일할 곳이 없고 또 여러 해 전부터 언제든지 서바나로 갈 때에 너희에게 가기를 바라고 있었으니 이는 지나가는 길에 너희를 보고 먼저 너희와 사귐으로 얼마간 기쁨을 가진 후에 너희가 그리로 보내주기를 바람이라 _롬 15:23-24

하지만 바울의 의도를 잘 모르고 있던 로마 교회 입장에서는 바울을 경계했을지 모른다. 그런 것을 의식해서 그랬는지 모르지만, 바울은 '들렀다가 서바나로 가리라'(롬 15:28)는 것을 재차 강조한다.

아, 로마 교회

바울이 그동안 썼던 서신들은 대체로 심각한 문제가 발생한 배경을 가지고 있다. 유대적 기독교인들이 강세를 보이거나, 바울의 사도성을 여전히 문제 삼는 교회들에게 주로 쓴 것이다. 그러므로 편지에서 자신의 의견을 자유롭게 펼치기보다 목적을 나타내려는 경향이 짙어 보였다. 물론 로마서에도 그런 경향이 없는 것은 아니다.

로마 교회 역시 복잡한 모습을 갖고 있던 것은 사실이다. 하지만 다른 교회들과는 현저한 차이가 있다. 우선 바울이 직접 목회한 적이 없는 교회였기 때문에 그는 비교적 담담하게 복음 자체를 말할 수 있었다. 그 덕분에 어디에서도 찾을 수 없는 복음의 핵심을 우리는 만날 수 있다.

복음에는 하나님의 의가 나타나서 믿음으로 믿음에 이르게 하나니 기록된 바 오직 의인은 믿음으로 말미암아 살리라 함과 같으니라 _롬 1:17

로마 교회

이제 이 편지의 의도를 더 알기 위하여, 로마 교회가 어떤 교회인지를 살필 필요가 있다. 우선 로마 교회를 누가 세웠는지를 살펴보자. 신학자들은 일반적으로 사도행전 2장 10절을 주목한다. 바로 오순절 때의 기록이다. 그때 오순절의 강력한 역사를 경험한 사람들 중에는 로마에서 온 사람들도 있었다(행 2:10). 로마로부터 온 나그네 곧 유대인과 유대교에 들어온 사람들이다. 대개의 학자들은 이들이 오순절 때 강력하게 성령을 체험하고 난 후, 로마에 복음을 전하고 교회를 세웠을 것으로 본다. 4세기의 교부 암브로시우스도 같은 의견을 낸다.

"로마의 교회는 어떤 특정한 사도에 의해서 세워진 것이 아니라 유대인의 의식을 따라-유대인들 사이에서-그리스도에 대한 믿음을 소유하게 되었다."*

예루살렘에서 복음을 받고 돌아온 이들은 유대인의 규칙을 따라 회당에서 예배를 드렸을 것이다. 그곳에서 복음이 전해지기 시작하였고, 특히 개종한 이방인 유대교인들이 복음을 적극적으로 받아들였을 것이다. 그러나 그들의 수가 점점 많아져가자 유대 기독교인들과 유대인들 사이에 갈등이 생기게 되었다. 이같은 갈등은 로마 사회에 적지 않은 파장을 일으켰다. 드디어 클라우디우스 황제가 AD 49년에 칙령을 내리기에 이른다. 클라우디우스 황제의 전기를 쓴 수에토니우스(Suetonius)의 기록을 보면 이런 내용이 있다.

"크레스토(그리스도) 때문에 집요하게 분란을 선동하는 유대인들을 그는 로마로부터 추방하였다."**

이런 역사는 앞에서 살핀 것처럼 성경이 뒷받침하고 있다. 바울이 고린도에 갔을 때 아굴라와 브리스길라 부부를 만난 기사에서 이 역사적 사실을 기록하기 때문이다.

그 후에 바울이 아덴을 떠나 고린도에 이르러 아굴라라 하는 본도에서 난 유대인 한 사람을 만나니 … _행 18:1-2

클라우디우스 황제가 내린 추방령의 대상은 모든 유대인이었다. 기독교인이든 아니든, 모든 유대인이 추방 대상이었다. 이 말은 그동안 유대인 중심의 로마 교회가 완전히 이방인 중심의 교회로 바뀌게 되었다는 뜻이기도 했다. 유대 기독교인이 중심이던 때와 달리 모임의 모습과 색깔도 바뀌게 된다. 우선 교회로 모이는 장소가 회당에서 '인슐라'와 같은 일터와 주거 공간이 합쳐진 곳으로 바뀌었다. 동시에 그동안 그들에게 끊임없이

* PL 17, col, 46. 한천설, '로마서 설교를 위한 배경 연구', 로마서 어떻게 설교할 것인가, 두란노아카데미, 14에서 재인용.

** Iudaeos impulsore Chresto assidue tumultuantes Roma expulit, Life of Claudius, 25, 4

요구해왔던 '안식일과 정결법 준수 같은 유대교 전통과 관습은 점차 불필요한 것으로 간주'되었다.***

그리고 54년, 클라우디우스가 죽고 네로가 황제가 되면서, 유대인들은 로마로 다시 돌아올 수 있었지만, 이미 교회는 이방인 기독교인을 중심으로 재편된 후였다. 유대인 기독교인이 소수로 전락한 것이다. 실제로 람페(P. Lampe)의 분석에 의하면, 16장에서 거명되는 이름 중 대략 15퍼센트가량만이 유대적 기원을 지니는 이름일 것으로 추정하는 것에서도 알 수 있다.**** 여기서 우리는 로마서에 왜 이방인에 대한 적극적 우호 분위기가 없는지, 그리고 유대인을 무조건 책망하는 논조가 왜 사라졌는지, 그 이유를 이해할 수 있다.

이렇게 바뀐 로마 교회의 상황을 알고 있던 바울은 유대인에게도 이방인에게도 모두 비교적 자유로울 수 있었다. 그동안 수세에 몰린 이방인들을 격려하고 북돋던 서술 방식에서, 이방인들에게도 자유롭게 복음에 기초하여 하고 싶은 말을 한 이유일 것이다. 유대인의 위치에 대해서도 객관적으로 설명할 수 있었는데, 그 유명한 돌감람나무 비유를 읽어보면 알 수 있다.

> 그런데 참올리브 나무 가지들 가운데서 얼마를 잘라 내시고서, 그 자리에다 돌올리브 나무인 그대를 접붙여 주셨기 때문에, 그대가 참올리브 나무의 뿌리에서 올라오는 양분을 함께 받게 된 것이면, 그대는 본래의 가지들을 향하여 우쭐대지 말아야 합니다. 비록 그대가 우쭐댈지라도, 그대가 뿌리를 지탱하는 것이 아니라, 뿌리가 그대를 지탱한다는 것을 명심해야 합니다. _롬 11:17-18 새번역

*** 정승우, 로마서의 예수와 바울, 이레서원, 31

**** 정승우, 32 / P. Lampe, 'The Roman Christians of Romans', 16

놀라운 복음

우선 바울은 로마서 1장에서 3장까지 유대인들의 특수성을 인정하면서도 복음이 유대인이 갖고 있던 우월감이나 선민사상에 의해 제한된 것에 대하여 문제를 제기한다. 이어서 복음이 모든 사람에게 믿음을 통해 열려 있음을 강조한다. 하지만 바울은 9장에서 11장까지에서 유대인 기독교인들을 인정하는 것과 함께, 약간 교만해진 이방인 기독교인들을 질책한다. 물론 그 초점은 복음에의 순종과 믿음으로 나아갈 것을 강조하기 위함이었다. 바울은 로마서를 통하여, 믿음 안에서는 유대인 기독교인이나 이방인 기독교인이나 동등하다는 것을 강조하고 싶었던 것이다. 그것은 유대인이나 이방인이나 모두 본래적인 죄인이라는 사실에 근거한 것이었다.

… 유대인이나 헬라인이나 다 죄 아래에 있다고 우리가 이미 선언하였느니라 기록된 바 의인은 없나니 하나도 없으며 _롬 3:9-10

이 놀라운 구원은 유대인이나 이방인이나 어떤 차별도 없음을 강조한다. 우리 모두가 그리스도의 십자가 대속으로 인해 예수를 믿을 때 구원을 받은 것이기 때문이다.

곧 예수 그리스도를 믿음으로 말미암아 모든 믿는 자에게 미치는 하나님의 의니 차별이 없느니라 모든 사람이 죄를 범하였으매 하나님의 영광에 이르지 못하더니 그리스도 예수 안에 있는 속량으로 말미암아 하나님의 은혜로 값 없이 의롭다 하심을 얻은 자 되었느니라 _롬 3:22-24

더 놀라운 사실은, 그리스도 예수를 통한 대속 사건이 믿음을 통해 하나님의 은혜로 의롭다 함을 얻었다는 사실이다. 우리가 더 이상 하나님과 원수된 관계가 아니라 화목된 관계가 되었음을 바울이 강조한 것이다.

그러므로 우리가 믿음으로 의롭다 하심을 받았으니 우리 주 예수 그리스도로 말미암아 하나님과 화평을 누리자 _롬 5:1

심지어 그리스도의 구속의 효과는 우리의 연약함을 넘어서고 우리의 죄인 됨도 넘으며, 심지어 원수가 되었을지라도 넘어간나는 사실을 강조한다.

우리가 아직 연약할 때에 기약대로 그리스도께서 경건하지 않은 자를 위하여 죽으셨도다 … 우리가 아직 죄인 되었을 때에 그리스도께서 우리를 위하여 죽으심으로 하나님께서 우리에 대한 자기의 사랑을 확증하셨느니라 … 곧 우리가 원수 되었을 때에 그의 아들의 죽으심으로 말미암아 하나님과 화목하게 되었은즉 화목하게 된 자로서는 더욱 그의 살아나심으로 말미암아 구원을 받을 것이니라 _롬 5:6,8,10

완벽한 은혜였다. 그래서 바울은 오로지 하나님의 은혜였음을 강조한다. 로마서에 드러난 명확한 복음이다.

모든 사람이 죄를 범하였으매 하나님의 영광에 이르지 못하더니 그리스도 예수 안에 있는 속량으로 말미암아 하나님의 은혜로 값 없이 의롭다 하심을 얻은 자 되었느니라 _롬 3:23-24

이처럼 그리스도 예수가 하나님의 은혜 안에서 완벽한 구원을 이루셨기에 우리에게 필요하고 충분한 것은 믿음이다. 그래서 바울은 로마서를 시작하면서 매우 중요한 명제, 곧 믿음으로 말미암는 구원을 말한 것이다.

복음에는 하나님의 의가 나타나서 믿음으로 믿음에 이르게 하나니 기록된 바 오직 의인은 믿음으로 말미암아 살리라 함과 같으니라 _롬 1:17

이 놀라운 말씀을 해석하기 위하여 먼저 주의해야 할 말씀은 16절이다.

… 이 복음은 모든 믿는 자에게 구원을 주시는 하나님의 능력이 됨이라 _롬 1:16

바울이 감격하는 이유이다. 믿는 자들에게 구원을 주시는 하나님의 능력 때문이다. 뿐만 아니라, 우리가 구원의 감격을 계속해서 유지하고 우리의 작은 믿음을 지탱하게 하는 것은 하나님의 거룩한 믿음, 곧 신실하심 때문이라고 말한다. 우리의 믿음조차 하나님의 믿음에 근거한다는 말이다. 이 놀라운 고백, '믿음으로 믿음에 이르게 하나니'를 칼 바르트는 그의 로마서강해에서 '하나님의 신실로부터 우리의 믿음에게로'라고 번역하였다. 또한 17세기의 신학자 요한 벵겔도 이 부분을 '그 제안을 하신 하나님의 믿음으로부터 그것을 받은 인간들의 믿음으로'*****라고 해석하였다. 놀라운 복음이 아닐 수 없다.

로마서 1장부터 6장까지의 중심 구절

오직 의인은 믿음으로 말미암아 살리라(1:17). 하나님 앞에서는 율법을 듣는 자가 의인이 아니요 오직 율법을 행하는 자라야 의롭다 하심을 얻으리니(2:13). 의인은 없나니 하나도 없으며(3:10). 아브라함이 하나님을 믿으매 그것이 그에게 의로 여겨진 바 되었느니라(4:3). 우리가 아직 죄인 되었을 때에 그리스도께서 우리를 위하여 죽으심으로 하나님께서 우리에 대한 자기의 사랑을 확증하셨느니라(5:8). 너희 자신을 죄에 대하여는 죽은 자요 그리스도 예수 안에서 하나님께 대하여는 살아 있는 자로 여길지어다(6:11)

Reading Bible Checklist														로마서 1-6장
1 ●	2 ●	3 ●	4 ●	5 ●	6 ●									

***** 존 스토트, 로마서 강해, IVP, 73

61

로마서 2

존재의 목적을 알다

• 로마서 7-16장 •

그러면 어떠하냐 우리는 나으냐 결코 아니라 유대인이나 헬라인이나 다 죄 아래에 있다고 우리가 이미 선언하였느니라 … 기록된 바 의인은 없나니 하나도 없으며 _롬 3:9-10

로마서 7장과 8장

분명히 믿음으로 구원에 이르지만, 바울의 고민은 여전히 죄였다. 믿음이 있어도 우리 힘으로 완전한 구원 곧 성화에 이를 방법이 없다는 사실은 그를 괴롭게 하였다. 그런 까닭에 바울은 늘 죄로 인해 괴로워했다. 특히 로마서 7장의 고백이 그의 비참한 모습을 적나라하게 드러낸다.

내가 원하는 바 선은 행하지 아니하고 도리어 원하지 아니하는 바 악을 행하는도다 _롬 7:19

그렇다면 왜 '원하는 바 선은 하지 못한' 것일까? 바울은 그 원인을 '내 속 곧 내 육신에 선한 것이 거하지 아니'(롬 7:18)하기 때문이라고 말하면서, 심지어 우리에게 선한 것이 거하지 않는 것만 아니라 '악이 함께 있다'(롬 7:21)고 고백하였다. 더욱이 그 악이라는 것이 자신에게 강력하게 영향을 행사하는 실제적인 힘이라는 것을 시인한다.

내 지체 속에서 한 다른 법이 내 마음의 법과 싸워 내 지체 속에 있는 죄의 법으로 나를 사로잡는 것을 보는도다 _롬 7:23

이같은 죄의 대한 묵상의 끝은 "오호라 나는 곤고한 사람이로다 이 사망의 몸에서 누가 나를 건져내랴"(롬 7:24) 하는 고백으로, 자신이 '죽음의 육체' 곧 썩은 시체와 같은 존재라는 사실에 이른다. 놀랍게도 그 절망하는 순간에 바울에게 보인 것은 바로 예수 그리스도였다.

우리 주 예수 그리스도로 말미암아 하나님께 감사하리로다 그런즉 내 자신이 마음으로는 하나님의 법을 육신으로는 죄의 법을 섬기노라 _롬 7:25

이것 때문에 바울은 그의 마지막 순간까지도 자신의 의로움, 곧 '정의'(justice)를 말하지 않았다. 그가 하나님의 의(righteousness), 곧 예수 그리스도에만 집중한 이유이기도 했다. 또한 그가 스스로를 언제나 '죄인 중에 내가 괴수니라'(딤전 1:15)라고 말한 이유였다.

자신이 죄인이라는 고백은 자기 안에 죄가 있다는 것을 인정하는 것이고, 깨어있는 것이고, 조금도 용납할 틈을 주지 않는 것이고, 잘난 척하지 않는 것을 말한 것이다. 하나님이 우리의 죄를 그 행위대로 갚지 않으시고, 은혜로 말미암아 언제나 우리를 의롭게 여기시는 하나님을 경험했기 때문이었다. 그래서 바울이 이렇게 외친다.

그러므로 이제 그리스도 예수 안에 있는 자에게는 결코 정죄함이 없나니 이는 그리스도 예수 안에 있는 생명의 성령의 법이 죄와 사망의 법에서 너를 해방하였음이라 _롬 8:1-2

하나님 사랑의 이유

이같이 우리를 대하시는 하나님의 은혜를 이유로, 우리가 우리의 믿음으로 인해 하나님의 자녀가 되었다는 사실을 바울은 깊이 깨닫는다. 그 놀라운 확증을 성령께서 매일 하신다는 사실도 깨닫는다.

너희는 다시 무서워하는 종의 영을 받지 아니하고 양자의 영을 받았으므로 우리가 아빠 아버지라고 부르짖느니라 성령이 친히 우리의 영과 더불어 우리가 하나님의 자녀인 것을 증언하시나니 _롬 8:15-16

우리가 하나님의 자녀이기 때문에, 하나님과 믿음의 관계가 끊어지지 않는 한 하나님이 성령을 통해 우리를 도우시고(롬 8:26), 그리스도께서도 계속해서 기도하시는 것이다(롬 8:34). 또한 하나님께서 우리가 이기고 극복할 때까지 역사하신다는 사실을 바울이 말한다. 그러므로 우리가 이길 수 있는 이유는 우리의 힘 때문이 아니라 하나님이 우리를 위하시기 때문이며, 우리가 죄를 이긴 것도 우리의 힘 때문이 아니라 하나님이 우리를 위하시기 때문에 이루어진 일이라고 말한 것이다. 이것에 대해 존 스토트는 '성도에 대한 하나님의 견인'이라고 표현했다.

"우리의 확신은 하나님에 대한 우리의 사랑 곧 연약하고, 변하기 쉬우며 비틀거리는 사랑에 있는 것이 아니라, 확고부동하고 신실하며, 끈기있는 하나님의 사랑에 있다. '성도의 견인'이라는 교리는 이름이 바뀌어야 한다. 그것은 성도에 대한 하나님의 견인이다."*

하나님은 우리가 무너지고 부서지는 것을 용납하지 않으신다. 우리가 비록 넘어지고 쓰러질지라도 우리를 붙들어 일으키신다. 우리가 이길 때까지 힘을 불어넣으신다. 그분이 마음먹은 것이다. 그러므로 어느 누구도 우리의 구원을 빼앗을 수 없다. 바울은 이것을 강조하기 위하여 우리

* 존 스토트, 340

를 넘어뜨리려는 모든 것들을 다 써넣는다. 그것이 선하든 악하든, 아무리 큰 권세가 있더라도, 아니 '가장 높은 높이도 가장 깊은 깊이라 할지라도'**, 어떤 것이라도 하나님의 의지를 꺾거나 가로막을 수는 없다고 강조하였다.

내가 확신하노니 사망이나 생명이나 천사들이나 권세자들이나 현재 일이나 장래 일이나 능력이나 높음이나 깊음이나 다른 어떤 피조물이라도 우리를 우리 주 그리스도 예수 안에 있는 하나님의 사랑에서 끊을 수 없으리라 _롬 8:38-39

이처럼 하나님은 이미 계획을 세우셨기 때문에, 이 계획은 무조건 진행된다. 그것이 하나님의 의지이고 뜻이다. 우리는 반드시, 무조건 승리한다는 것을 바울이 강조한 이유였다.

그러나 이 모든 일에 우리를 사랑하시는 이로 말미암아 우리가 넉넉히 이기느니라 _롬 8:37

성도의 책임

이제 바울은 이와 같이 놀라운 하나님의 계획과 깨달음 앞에서 어떻게 살아야 하는지 성도의 책임을 말하기 시작하는데, 우선 자신의 '몸의 행실을 죽이며'(롬 8:13) 성령의 인도를 따라 사명을 좇아 살아야 한다고 말한다. 이것이 우리가 드릴 수 있는 최고의 제사이기 때문임을 또한 강조하였다.

그러므로 형제들아 내가 하나님의 모든 자비하심으로 너희를 권하노니 너희 몸을 하나님이 기뻐하시는 거룩한 산 제물로 드리라 이는 너희가 드릴 영적 예배니라 _롬 12:1

그러나 바울은 우리가 여전히 무너지는 모습을 알기 때문에, 구체적으로 바울 자신이 수련을 통하여 깨달은 방법을 제시하였다.

** 존 스토트, 340

너희는 이 세대를 본받지 말고 오직 마음을 새롭게 함으로 변화를 받아 하나님의 선하시고 기뻐하시고 온전하신 뜻이 무엇인지 분별하도록 하라 _롬 12:2

그가 제일 먼저 강조한 것은 '이 세대를 본받지 말고'라는 권면이다. 알다시피 우리 안에는 이미 무엇을 읽을 때 그것을 읽는 독법(讀法), 소위 세계관이 형성되어 있다. 그 밑그림에 의해 우리는 자동적으로 움직이고 있는 상태이다. 마치 패턴처럼 움직이는 것이다. 이것을 NIV가 재미있게 번역하였다.

Do not conform any longer to the pattern of this world.

우리에게는 어떤 패턴이 있다는 말이다. 왜 그런 것일까? 우리에게 주입된 세계관에 의해 우리가 당연히 왜곡되었기 때문이다. 이미 세상의 생각이 우리를 사로잡은 것이다. 그러므로 우리가 우선 시도해야 할 것은 이 세상에 의해 학습된 패턴을 따라 아무 생각 없이 살지 않는 것이다.

다음으로 바울이 중요하게 이어 강조한 것은, 근본적으로 그런 생각과 패턴이 흘러나오는 장소인 마음을 새롭게 하라는 것이다.

… 오직 마음을 새롭게 함으로 변화를 받아 … be transformed by the renewing of your mind _롬 12:2

여기서 우리가 할 수 있는 것이 바로 '침묵기도'이다. 실제로 침묵기도는 우리를 정화시켜준다. 침묵기도 자체가 정화시키는 것이 아니라, 침묵기도를 하는 동안 우리 안의 거짓 자아의 정체가 드러나기 때문이다. 거짓 자아의 정체가 드러나면서 자신의 죄를 의식하게 되는 것이고 말이다. 그러므로 깊이있는 침묵은 이렇게 무의식 혹은 반의식에 숨어 있던 숨은 동기들을 드러낸다. 그때 하나님을 받아들인 사람들은 당연히 그 드러나는 죄와 싸우게 될 것이고, 그 죄의 문제들을 하나씩 해결해가기 때문에 정화되어가는 것이다.

그러니까 '마음을 새롭게 함으로'는 우리가 능동적으로 수련하는 측면이라면, 우리에게 실제적 변화가 일어나는 것은 하나님이 주도하시는 수동적 역사이다. 그래서 '변화를 받아'라고 말한 것이다. 침묵기도를 수동적 기도라고 말하는 이유이다.

로마서를 쓴 이유

바울은 이같은 권면과 함께, 로마서를 쓴 이유를 15장에서 설명한다. 앞에서 살핀 것처럼 세상의 끝으로 여겼던 서바나까지 복음을 전하는 데 로마 교회가 도와주기를 바라는 마음으로 편지를 썼음을 밝힌 것이다.

이제는 이 지방에 일할 곳이 없고 또 여러 해 전부터 언제든지 서바나로 갈 때에 너희에게 가기를 바라고 있었으니 이는 지나가는 길에 너희를 보고 먼저 너희와 사귐으로 얼마간 기쁨을 가진 후에 너희가 그리로 보내주기를 바람이라 _롬 15:23-24

그러나 의도와 달리, 바울은 정상적인 상태로 로마를 방문하지는 못한다. 예루살렘에서 유대인들의 공격과 고소를 받고 붙잡혔기 때문이다. 그때 자신이 로마 시민권자임을 밝히고 가이사에게 재판을 받겠다고 한 것은 서바나와 로마에 대한 꿈 때문이었는지도 모른다. 어쩌면 그런 그림을 그렸던 것인지도 모른다. 놀랍게도 그의 꿈대로 로마에서 2년간의 연금생활을 한 후(행 28:30-31)에 풀려난다. 이후 바울은 자유롭게 온 세상을 다니며 복음을 전한 것으로 알려지는데, 그가 그토록 가고 싶어했던 서바나(지금의 스페인)에도 간 것으로 보인다. 1세기가 지나기 전에 기록된 로마의 클레멘트의 기록에 보면 바울이 "서방세계 끝에 도착했다"***라고 기록하기 때문이다.

바울은 복음을 위한 사람으로, 오직 복음을 위해 살았다. 이처럼 바울에

*** 클레멘트전서 5:7

게는 주를 위해 사는 것이 최고의 영광이었고 존재의 목적이었다. 주님의 복음이 그의 전부였다.

로마 교회가 바울의 선교사역을 어떻게 도왔는지는 알 수 없지만, 바울이 로마로 압송되었을 때 그를 마중 나온 로마 교회 형제들의 모습에서, 바울이 쓴 로마서가 그들에게 충분히 영향을 주었음을 알 수 있다.

로마에 있는 교우들은 우리가 온다는 소식을 듣고 아피오 광장까지 마중 나온 사람들도 있었고 트레스 타베르네라는 동네까지 나온 사람들도 있었다. 그들을 본 바울로는 하느님께 감사를 드리고 용기를 얻었다. _행 28:15 공동번역

바울은 이후 2년 동안 로마의 유대인과 기독교인들에게 하나님 나라 복음을 가르친다. 이후 풀려났을 때, 바울이 기도하던 대로 로마 교회는 바울을 도왔을 것으로 보인다. 그러니까 그 2년은 그가 꿈꿨던 로마 교회 목회였다고 말할 수 있을 것 같다.

바울이 온 이태를 자기 셋집에 머물면서 자기에게 오는 사람을 다 영접하고 하나님의 나라를 전파하며 주 예수 그리스도에 관한 모든 것을 담대하게 거침없이 가르치더라 _행 28:30-31

로마서 7장부터 16장까지의 중심 구절

내가 원하는 바 선은 행하지 아니하고 도리어 원하지 아니하는 바 악을 행하는도다(7:19). 그러나 이 모든 일에 우리를 사랑하시는 이로 말미암아 우리가 넉넉히 이기느니라(8:37). 누구든지 주의 이름을 부르는 자는 구원을 받으리라(10:13). 하나님의 은사와 부르심에는 후회하심이 없느니라(11:29). 너희는 이 세대를 본받지 말고 오직 마음을 새롭게 함으로 변화를 받아 하나님의 선하시고 기뻐하시고 온전하신 뜻이 무엇인지 분별하도록 하라(12:2). 밤이 깊고 낮이 가까웠으니 그러므로 우리가 어둠의 일을 벗고 빛의 갑옷을 입자(13:12). 우리가 살아도 주를 위하여 살고 죽어도 주를 위하여 죽나니 그러므로 사나 죽으나 우리가 주의 것이로다(14:8). 너희가 선한 데 지혜롭고 악한 데 미련하기를 원하노라(16:19).

Reading Bible Checklist 로마서 7-16장

7	8	9	10	11	12	13	14	15	16					
●	●	●	●	●	●	●	●	●	●					

62

고린도전서

하나님의 영광을 위하여

• 고린도전서 1-16장 •

바울의 2차 전도여행은 마게도냐 사람의 환상을 보는 것에서 극대화되었다. 복음이 소아시아를 넘어 유럽으로 확장되기 때문이다. 드디어 마게도냐의 중요한 도시 빌립보와 데살로니가와 베뢰아에서 전도가 이뤄진다. 그리고 이어진 것이 아가야 지방의 아덴과 고린도 사역이다.

1년 6개월의 고린도 교회 사역

바울이 고린도에 도착한 것은 정황상 AD 50년 경으로 추측된다. 바울은 그곳에서 AD 49년에 있었던 클라디우스 황제의 유대인 추방령 때문에 피신해 먼저 와 있던 아굴라와 브리스길라 부부를 만난다. 그들은 고린도에서 천막을 만드는 일을 하고 있었다. 바울 역시 천막을 만들었던 터라 서로 돕는 관계로 같이 살게 된다.

… 바울이 그들에게 가매 생업이 같으므로 함께 살며 일을 하니 그 생업은 천막을 만드는 것이더라 _행 18:2-3

바울에게 아굴라와 브리스길라는 하나님이 준비하신 첫 번째 사람들이었다. 그리고 바울의 아들과 같았던 디모데와 실라도 데살로니가로부터 오자 사역은 매우 안정되었다. 이때부터 바울은 주간에는 천막 일을 하고, 안식일에는 늘 하던 대로 회당에서 말씀을 전하였다. 1년 6개월 동안의 바울의 고린도 사역은 이렇게 시작되었다. 하지만 이곳에서도 역시 유대인들의 강력한 반대가 있었다. 그래서 바울은 어쩔 수 없이 회당에서 나와 디도 유스도라는 사람의 집에 자리를 잡고서 이방인 전도 사역을 시작한다. 아예 이방인 사역을 본격적으로 하는 계기가 된 것이다.

바울의 전도 사역은 많은 열매를 맺었다. 회당장 그리스보와 온 집안이 믿었고 '수많은 고린도 사람'(행 18:8)들이 말씀을 듣고 믿고서 세례를 받았다. 바울이 고린도에 머물며 폭발적으로 사역하게 된 결정적 이유 중의 하나는 고린도의 총독으로 갈리오가 부임한 것 때문이었다. 갈리오는 로마 원로원 회원인 세네카의 아들로서 실세였다. 유대인들이 갈리오에게 "이 사람이 율법을 어기면서 하나님을 경외하라고 사람들을 권한다"(행 18:13)라는 죄목으로 바울을 고소하였지만, 갈리오는 이 송사(訟事)를 단순히 유대교인들의 종교적 문제로 취급하여 개입하기를 거부한다.

> 바울이 입을 열고자 할 때에 갈리오가 유대인들에게 이르되 너희 유대인들아 만일 이것이 무슨 부정한 일이나 불량한 행동이었으면 내가 너희 말을 들어 주는 것이 옳거니와 만일 문제가 언어와 명칭과 너희 법에 관한 것이면 너희가 스스로 처리하라 나는 이러한 일에 재판장 되기를 원하지 아니하노라 하고 _행 18:14-15

갈리오의 이런 판결은 바울의 선교에 유리하게 작용하였다. 갈리오처럼 영향력 있는 지방 장관의 판결이 최소한 자유롭게 복음을 전할 수 있는 상황을 만든 것이다. 사실 그전까지는 반대하는 사람들을 만나면 데살로니가에서 그랬던 것처럼 도망가야 했다.

이와같은 복음의 자유로운 환경과 달리 고린도의 정서는 매우 부도덕했다. 당시에 '고린도 소녀'는 '창녀'와 동의어였고, '고린도 사람처럼 행한다'는 말은 부도덕과 방탕의 의미로 쓰이는 관용어였다. 그런 점에서 고린도는 신들의 도시 아덴보다 더 위험한 도시였다. 고린도 시내가 보이는 높은 언덕에는 1,000여 명의 여사제들이 거주하며 매춘행위를 하는 아프로디테 신전이 있었고, 치유의 신 아스클레피우스와 바다의 신 포세이돈과 이집트 여신 이시스 등의 사원들이 있었다. 성적으로도 매우 개방적이고 문란했던 도시였다. 그것이 오히려 아덴에서처럼 바울의 심장을 뜨겁게 했다.

이처럼 열심히 사역하던 바울은 고린도 사역을 마무리하고 아굴라 브리스길라 부부와 함께 고린도를 떠나 에베소로 간다. 그러나 바울의 목적지는 에베소가 아니라 안디옥이었던 까닭에 두 부부를 에베소에 머물게 하고, 자신은 가이사랴와 예루살렘에 들렀다가 안디옥으로 돌아갔다. 그 후 바울이 3차 전도여행을 시작하면서 갈라디아 지역의 교회들을 위로하며 이동하지만 바울이 가려고 했던 목적지는 에베소였고, 도착한 그곳에서 그는 아굴라와 브리스길라와 함께 사역을 시작하였는데, 그 전에 아볼로가 사역하고 있었던 곳이었다.

고린도 교회의 문제

흥미롭게도 바울이 에베소에 오기 전에 에베소를 떠났던 아볼로는 고린도에서 사역을 시작한다. 아볼로가 고린도 교회에 온 것은 매우 신선한 충격이었다. 그는 고린도 교회에 큰 감명을 주었다. 일부 교인은 아볼로를 베드로와 견주거나, 눌변이던 바울보다 아볼로가 더 훌륭하다고 생각할 정도였다. 그런 상황은 안타깝게도 고린도 교회의 분열과 분쟁을 가져오게 하였다. 이같은 분열은 에베소에 있던 바울이 고린도 교회에 편지를 쓰게 된 강력한 이유였다. 고린도전후서의 배경이 된 것이다.

내 형제들아 글로에의 집 편으로 너희에 대한 말이 내게 들리니 곧 너희 가운데 분쟁이 있다는 것이라 내가 이것을 말하거니와 너희가 각각 이르되 나는 바울에게, 나는 아볼로에게, 나는 게바에게, 나는 그리스도에게 속한 자라 한다는 것이니 그리스도께서 어찌 나뉘었느냐 바울이 너희를 위하여 십자가에 못 박혔으며 바울의 이름으로 너희가 세례를 받았느냐 _고전 1:11-13

첫 번째 편지

여기서 우리가 알아야 할 것은, 바울이 고린도전서보다 먼저 써서 보낸 편지가 있다는 점이다. 대부분의 학자들은 고린도전서는 두 번째 편지이고, 이보다 먼저 쓴 편지가 있었다고 지적한다. 고린도전서 5장 9절에서 그 힌트를 찾을 수 있다.

내가 여러분에게 쓴 편지에서 음란한 사람들과 사귀지 말라고 했지만 음행이나 탐욕이나 약탈이나 우상 숭배를 일삼는 이교도들과 전혀 사귀지 말라는 말은 아닙니다. 그렇게 하려면 여러분은 이 세상 밖으로 나가야 할 것입니다. _고전 5:9-10 공동번역

이 첫 번째 편지가 무엇이고 언제 쓴 것인지는 알 수 없지만, 분파 문제보다 심각한 음란과 많은 신들을 섬기는 고린도의 상황을 염두에 둔 것을 볼 때, 아볼로가 오기 이전에 보낸 것으로 추측된이다. 아쉽게도 이 편지의 전문은 발견되지 않았다. 그러나 바울의 언급에서 알 수 있듯이, 고린도 교회는 바울의 편지를 오해하였다. 우상을 섬기고 음행하는 세상 사람들과 아예 상종하지 말라는 말로 오해한 것이다.

두 번째 편지, 고린도전서

바울은 '첫 번째 편지'를 보낸 후에 고린도 교회의 반응을 들었다. 그런데 바울이 언급한 음행이나 세속화의 문제도 심각했지만, 그에 못지않게 심각한 것은 교회 내부의 상황이었다. 특히 '글로에의 집 편으로'(고전 1:11) 들은 고린도 교회의 소식은 분열에 관한 것이었다. 또한 충분하지는 않지만, 고린도에서 온 '스데바나와 브드나도와 아가이고'(고전 16:17)를 통해 들은 소식도 마찬가지였다. 뿐만 아니라 바울은 고린도 교회의 질문이 담긴 편지를 직접 받는다. 바울은 이 모든 소식과 반응을 종합하여 문제들을 자세히 다루었다. 특히 7장에서 16장까지는 고린도 교회의 질문에 대한 답이다.

이제 여러분이 적어보낸 여러 가지 질문에 대답해 드리겠습니다. … _고전 7:1 공동번역

그러니까 바울이 고린도 교회의 소식과 질문을 듣고서 이 편지를 쓴 것이다. 그것이 그가 고린도 교회에 두 번째로 보낸 편지인 고린도전서로서 디모데가 전달한 것이다(고전 4:17, 16:10-11). 바울은 고린도전서에 교회의 파벌 문제뿐만 아니라 우상에게 바쳤던 고기를 먹는 문제, 예배와 여성의 복장 문제, 성령의 은사, 부활, 헌금 등 다양한 문제에 대해 답을 써서 보낸다. 결론부터 말하면, 이같은 문제들의 원인이 고린도 교회가 온전히 그리스도의 터 위에 기초하지 않았기 때문이라고 바울은 생각한 것이다. 특히 십자가를 무시하고 간과한 것이 문제라고 판단하였다.

십자가의 도가 멸망하는 자들에게는 미련한 것이요 구원을 받는 우리에게는 하나님의 능력이라 _고전 1:18

그런 까닭에, 바울이 볼 때 복음이 중요했다. 그에겐 아볼로나 게바와 비교되는 것이 중요한 것이 아니었다. 복음이 전부였다.

내가 복음을 전할지라도 자랑할 것이 없음은 내가 부득불 할 일임이라 … _고전 9:16

하지만 바울 자신 역시 항상 자신을 두려워하였다. 열심히 복음을 전하고 선포하였는데, 자신은 정작 그 구원에 이르지 못하는 존재가 될지도 모른다는 두려움이었다. 그래서 바울은 매일 자신을 쳐서 복종시키는 삶을(고전 9:27)을 추구하였고, 시선은 오직 하나님의 영광에 두었다. 그래서 고린도 교회에게 "먹든지 마시든지 무엇을 하든지 다 하나님의 영광을 위하여 하라"(고전 10:31)고 부탁한 것이다.

사랑과 복음

'그렇다면 이제 어떻게 살아야 하는가?' 바울은 그 정점에 있는 단 하나의 강력한 윤리와 행동을 말하는데, 그것은 사랑이었다. 고린도전서에 주옥같은 사랑 이야기가 쓰인 이유이다.

원래 고린도 교회는 현상적인 은사에 대해 관심이 많았다. 그것이 영적 깊이를 분간하는 기준이 되었다. 사람이 가진 은사의 정도를 가지고 영적 서열을 매기는 척도로 삼기도 했다. 그래서 바울이 '모든 황홀한 은사들'을 뛰어넘는 '가장 큰 은사'를 말한 것인데, 그것이 바로 13장 전체에서 설명하는 '사랑'이다.

내가 사람의 방언과 천사의 말을 할지라도 사랑이 없으면 소리 나는 구리와 울리는 꽹과리가 되고 내가 예언하는 능력이 있어 모든 비밀과 모든 지식을 알고 또 산을 옮길 만한 모든 믿음이 있을지라도 사랑이 없으면 내가 아무 것도 아니요 내가 내게 있는 모든 것으로 구제하고 또 내 몸을 불사르게 내줄지라도 사랑이 없으면 내게 아무 유익이 없느니라 사랑은 오래 참고 사랑은 온유하며 시기하지 아니하며 사랑은 자랑하지 아니하며 교만하지 아니하며 무례히 행하지 아니하며 자기의 유익을 구하지 아니하며 성내지 아니하며 악한 것을 생각하지 아니하며 불의를 기뻐하지 아니하며 진리와 함께 기뻐하고 모든 것을 참으며 모든 것을 믿으며 모든 것을 바라며 모든 것을 견디느니라 _고전 13:1-7

바울은 이같이 그리스도의 십자가 사랑의 기초 위에서 연합하여 온전한 교회를 세워야 할 것을 강조하였다. 그래야 할 이유는 오직 한 가지, 복음 때문이라고 말한다. 그래서 그가 받았던 복음의 내용을 고린도전서의 마지막 부분에서 강조한 이유였다.

형제들아 내가 너희에게 전한 복음을 너희에게 알게 하노니 이는 너희가 받은 것이요 … 내가 받은 것을 먼저 너희에게 전하였노니 이는 성경대로 그리스도께서 우리 죄를 위하여 죽으시고 장사 지낸 바 되셨다가 성경대로 사흘 만에 다시 살아나사 _고전 15:1,3-4

'이는 성경대로'부터 시작되는 네 개의 절은 초대교회가 전하였던 복음의 바로 그 내용이다. 그 복음의 완성은 '다시 살아나사' 곧 부활에 있음을 말한 것이 중요하였다. 15장 전체에서 죽은 자의 부활을 강조한 이유이다.

만일 그리스도 안에서 우리가 바라는 것이 다만 이 세상의 삶뿐이면 모든 사람 가운데 우리가 더욱 불쌍한 자이리라 그러나 이제 그리스도께서 죽은 자 가운데서 다시 살아나사 잠자는 자들의 첫 열매가 되셨도다 _고전 15:19-20

바울은 고린도 교회가 부활의 복음을 잊지 말 것을 강조하면서, 부활을 사는 삶에 대해 말함으로써 편지를 마무리한다. 그것은 바로 '매일 죽는 삶'이었다.

형제들아 내가 그리스도 예수 우리 주 안에서 가진 바 너희에 대한 나의 자랑을 두고 단언하노니 나는 날마다 죽노라 _고전 15:31

우리는 분명히 마지막 날에 예수 그리스도와 연합함으로 얻는 부활의 영광, 곧 '하늘에 속한 이의 형상'을 입을 것이기 때문이었다. 그래서 이런 말로 마무리한 것이다.

보라 내가 너희에게 비밀을 말하노니 우리가 다 잠 잘 것이 아니요 마지막 나팔에 순식간에 홀연히 다 변화되리니 나팔 소리가 나매 죽은 자들이 썩지 아니할 것으로 다시 살아나고 우리도 변화되리라 _고전 15:51-52

이것이 그들은 물론 지금의 우리도 흔들리지 않고 '항상 주의 일에 더욱 힘쓰는 자'(고전 15:59)가 되어야 하는 이유가 아닌가?

고린도전서 1장부터 16장까지의 중심 구절

하나님께서 세상의 미련한 것들을 택하사 지혜 있는 자들을 부끄럽게 하려 하시고 세상의 약한 것들을 택하사 강한 것들을 부끄럽게 하려 하시며(1:27). 하나님의 일도 하나님의 영 외에는 아무도 알지 못하느니라(2:11). 너희는 너희가 하나님의 성전인 것과 하나님의 성령이 너희 안에 계시는 것을 알지 못하느냐(3:16). 하나님의 나라는 말에 있지 아니하고 오직 능력에 있음이라(4:20). 너희 몸이 그리스도의 지체인 줄을 알지 못하느냐(6:15). 각 사람은 부르심을 받은 그 부르심 그대로 지내라(7:20). 너희의 자유가 믿음이 약한 자들에게 걸려 넘어지게 하는 것이 되지 않도록 조심하라(8:9). 내가 복음을 위하여 모든 것을 행함은 복음에 참여하고자 함이라(9:23). 너희가 먹든지 마시든지 무엇을 하든지 다 하나님의 영광을 위하여 하라(10:31). 내가 그리스도를 본받는 자가 된 것 같이 너희는 나를 본받는 자가 되라(11:1). 성령으로 아니하고는 누구든지 예수를 주시라 할 수 없느니라(12:3). 믿음, 소망, 사랑, 이 세 가지는 항상 있을 것인데 그 중의 제일은 사랑이라(13:13). 하나님은 무질서의 하나님이 아니시요 오직 화평의 하나님이시니라(14:33). 만일 그리스도 안에서 우리가 바라는 것이 다만 이 세상의 삶뿐이면 모든 사람 가운데 우리가 더욱 불쌍한 자이리라(15:19).

Reading Bible Checklist 고린도전서 1-16장

1	2	3	4	5	6	7	8	9	10	11	12	13	14	15
16														

63

고린도후서

새로운 피조물의 삶

· 고린도후서 1-13장 ·

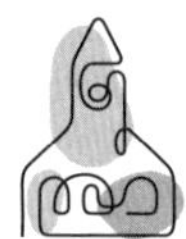

바울은 고린도 교회에 보낸 사실상의 두 번째 편지인 고린도전서를 디모데 편으로 보낸 후에 기다렸다. 그 편지가 고린도 교회에 도움이 되리라 믿었다. 그런 까닭에 고린도전서를 쓸 때의 계획은 먼저 마게도냐를 들렀다가 고린도에도 가려 한 것이었다.

내가 마게도냐를 지날 터이니 마게도냐를 지난 후에 너희에게 가서 혹 너희와 함께 머물며 겨울을 지낼 듯도 하니 이는 너희가 나를 내가 갈 곳으로 보내어 주게 하려 함이라 _고전 16:5-6

하지만 바울이 디모데를 통해 들은 소식은 고린도 교회의 심각한 상황이었다. 심지어 바울의 사도됨에 대해 의심한다는 소식까지 듣는다. 그래서 그는 급히 계획을 변경하고 바로 고린도 교회를 방문하지만, 별 도움이 되지 못했을 뿐 아니라 일부 교인들로부터는 모욕까지 당한다. 그러자 마음이 아팠던 바울은 원래의 계획대로 마게도냐로 가지만, 돌아올 때는 고린도를 들르지 않고 그냥 에베소로 온다.

세 번째 편지

이같이 아픈 마음을 가지고 돌아온 바울이 '눈물의 편지' 혹은 '혹독의 편지'*라고 불리는 '세 번째' 편지를 써서 디도 편에 고린도 교회로 보낸다. 이것도 소실되어 어떤 편지였는지 알 수 없다. 다만 그 후에 쓴 고린도후서로 미루어 보면, 그 편지의 내용이 매우 강했던 것 같다. 그 편지를 보낸 후에 바울은 마음이 매우 힘들어했던 것을 보면 알 수 있다. 그래서 "내가 편지로 너희를 근심하게 한 것을 후회하였으나"(고후 7:8)라는 말을 꺼낸 것이다. 바울이 써놓고도 후회할 만큼 '혹독한 어조의 편지'를 보낸 것이다. 그런 까닭에 바울은 답장을 마냥 기다릴 수는 없었다. 우울증에 걸릴 만큼 마음이 편치 않았던 그는 궁금해서 디도를 만나려고 드로아까지 갔지만, 디도가 더디 오자(고후 2:13) 마게도냐로 넘어간다. 사실 드로아에 도착했을 때 복음의 문이 열려 전할 기회가 주어졌으나, 그의 평생 목적인 복음 전도조차 할 마음이 아니었다. 고린도 교회 때문이었다.

내가 그리스도의 복음을 위하여 드로아에 이르매 주 안에서 문이 내게 열렸으되 내가 내 형제 디도를 만나지 못하므로 내 심령이 편하지 못하여 그들을 작별하고 마게도냐로 갔노라 _고후 2:12-13

바울이 마게도냐에 도착했을 때, 그의 마음과 육체의 상태는 말이 아니었다. 근심으로 인해 폐허처럼 된 상태였다.

우리가 마게도냐에 이르렀을 때에도 우리 육체가 편하지 못하였고 사방으로 환난을 당하여 밖으로는 다툼이요 안으로는 두려움이었노라 _고후 7:5

네 번째 편지

이처럼 바울의 모든 것이 무너진 상황이었다. 그러다가 바울은 마게도냐

* 김세윤, 고린도전서 강해, 두란노아카데미, 27

에서 디도가 가지고 온 소식을 듣게 되는데, 그가 사모하는 것처럼 그들도 바울을 사모하고 지지하고 있다는 소식이었다. 뿐만 아니라 그가 그토록 근심했던 것과 달리 '효과'가 있다는 소식이었다. 그들을 그리스도 안에서 근심하게 한 것이 아름다운 일이었음을 안 것이다.

그러므로 내가 편지로 너희를 근심하게 한 것을 후회하였으나 지금은 후회하지 아니함은 그 편지가 너희로 잠시만 근심하게 한 줄을 앎이라 내가 지금 기뻐함은 너희로 근심하게 한 까닭이 아니요 도리어 너희가 근심함으로 회개함에 이른 까닭이라 너희가 하나님의 뜻대로 근심하게 된 것은 우리에게서 아무 해도 받지 않게 하려 함이라 _고후 7:8-9

이같은 고린도 교회의 거룩한 근심과 회개에 대한 소식을 듣고 쓴 편지가 바로 네 번째와 다섯 번째 편지를 합친 고린도후서이다. 고린도후서에서는 우리가 질그릇 같은 존재(고후 4:7)이지만 그리스도 안에 있기에 새로운 존재임을 강조한다. 그리스도 때문이다.

그런즉 누구든지 그리스도 안에 있으면 새로운 피조물이라 이전 것은 지나갔으니 보라 새 것이 되었도다 _고후 5:17

이런 이유로 세상의 기준(고후 5:16)은 의미 없다고 말한다. 세상이 평가하는 것이 중요한 것이 아니니, 그리스도 안에서 자신을 평가할 것을 요청한다.

그런즉 우리는 몸으로 있든지 떠나든지 주를 기쁘시게 하는 자가 되기를 힘쓰노라 이는 우리가 다 반드시 그리스도의 심판대 앞에 나타나게 되어 각각 선악간에 그 몸으로 행한 것을 따라 받으려 함이라 _고후 6:9-10

이제 바울은 고린도 교회가 자기 말을 충분히 이해하고 받아들인 것으로 알았다. 그래서 바울은 두 번째 편지(고린도전서)를 쓸 때 언급했던 예루살렘을 위한 헌금 이야기를(고전 16:1-3) 다시 꺼낸다. 그걸 디도 편에 보내는데, 그것이 네 번째 편지, 곧 우리가 보고 있는 고린도후서의 1장에서 9장까지의 내용이다.

예루살렘에 있는 성도들에게 보낼 구제금에 관하여는 여러분에게 달리 써 보내지 않아도 될 줄 압니다. 나는 여러분이 이 일에 얼마나 열성적인지 잘 알고 있습니다. 그래서 여러분이 그 사업을 작년부터 아카이아(아가야) 지방에서 준비해 왔다는 것을 마케도니아 사람들에게 자랑까지 했습니다. 그랬더니 많은 사람들이 여러분의 열성을 보고 분발했습니다. 내가 이 일에 관해서 여러분을 자랑해 온 것이 빈말이 아니라는 것을 보이려고 이제 형제들을 보내니 아무쪼록 내가 말한 대로 준비를 갖추어두기 바랍니다. _고후 9:1-3 공동번역

다섯 번째 편지

하지만 바울의 헌금 계획은 고린도 교회의 오해를 받는다. 더욱이 고린도에 들어온 새로운 이들이 예루살렘의 사도들과 관계가 있다고 주장하며, 바울의 사도성을 부정하면서 고린도 교인들을 선동한 것이다. 그래서 다섯 번째 편지가 시작되는 10장에서 사도직을 변호하는 이야기를 쓴 것이다. 바울은 우선 오해를 풀기 위하여, 헌금이 자신을 위한 것이 아니라 오로지 주를 위한 것임을 강조한다. 그가 아무런 대가 없이 고린도 교회를 섬겼고, 오히려 마게도냐의 형제들로부터 도움을 받으며 사역했던 것이라고 말한다. 뿐만 아니라 헌금을 권유한 것은 고린도 교회를 높이려는 의도였음을 강조하였다.

여러분을 높이려고 내가 나 자신을 낮추면서 하느님의 복음을 아무 대가도 받지 않고 여러분에게 전한 것이 죄가 된단 말입니까? 나는 다른 교회들이 주는 삯을 받아가지고 여러분에게 봉사했습니다. 말하자면 다른 교회들의 것을 빼앗아 여러분을 도운 셈입니다. 내가 여러분과 함께 있을 때에 빈곤했지만 여러분 중 어느 누구

에게도 폐를 끼친 일이 없습니다. 마케도니아에서 온 교우들이 나에게 필요한 것들을 다 공급해 주었기 때문입니다. 나는 여러분에게 조금도 짐이 되지 않으려고 애썼고 또 앞으로도 그럴 작정입니다. _고후 11:7-9 공동번역

거짓을 말하고 선동하는 이들이 오히려 '다른 예수', '다른 복음'(고후 11:4)을 전하는 자들이며 '거짓 사도요 속이는 일꾼이니 자기를 그리스도의 사도로 가장하는 자들'(고후 11:13)이라고 혹독하게 말한다. 그리고 늘 스스로 자랑을 조심하던 바울이 "무익하나마 내가 부득불 자랑하노니"(고후 12:1)라고 말하면서, 자신이 경험했던 환상과 계시를 말한다. 그러나 그것이 자랑이 될 수 없는 이유는 오히려 자신이 약할 때 그리스도께서 임재하셨기 때문임을 이야기하며, 하나님의 은혜에 의존하며 사는 삶의 아름다움을 말한다.

나에게 이르시기를 내 은혜가 네게 족하도다 이는 내 능력이 약한 데서 온전하여짐이라 하신지라 그러므로 도리어 크게 기뻐함으로 나의 여러 약한 것들에 대하여 자랑하리니 이는 그리스도의 능력이 내게 머물게 하려 함이라 그러므로 내가 그리스도를 위하여 약한 것들과 능욕과 궁핍과 박해와 곤고를 기뻐하노니 이는 내가 약한 그 때에 강함이라 _고후 12:9-10

늘 근심되는 것

바울은 복음을 위해 헌신할 수 있는 삶의 아름다움을 말하면서, 세 번째 방문 계획을 밝힌다. 하지만 바울을 여전히 사로잡고 있던 근심이 있었다. 그 근심의 첫째는 지난번에 방문할 때처럼 고린도 교회가 그를 곤혹스럽게 만들지 않을까 하는 것이었다.

내가 염려하는 것은 내가 가서 여러분을 만나게 될 때 혹시 여러분이 내 기대에 어긋나지 않을까, 또 내가 여러분의 기대에 어긋나지 않을까 하는 것입니다. 나는

여러분 가운데 혹시 서로 다투거나 시기하거나 성을 내거나 자기 속만 채우거나 남을 욕하거나 험담을 일삼거나 거만을 떨거나 난동을 부리거나 하는 일이 있지 않을까 염려합니다. _고후 12:20 공동번역

이것 말고도 더 큰 둘째 근심은 자신이 생각하는 것과 달리 '고린도 교회가 변화되지 않은 채 예전의 모습 그대로가 아닐까' 하는 것이었다. 그것은 바울에게 고통스러운 일이었다. 변화되지 않은 교회와 성도들, 그것은 사역자로서 하나님께 불충하고, 하나님 앞에서 부끄러운 일이기 때문이었다.

그리고 내가 여러분에게 다시 갈 때에 여러분 때문에 내가 내 하느님께 부끄러움을 당하지나 않을까 걱정이 됩니다. 전에 더럽고 음란하고 방탕한 생활에 빠져 있던 많은 사람들이 아직도 그 죄를 회개하지 않고 있다면 나는 그들을 보고 슬피 울게 되지 않겠습니까? 나는 그런 일이 없기를 바랍니다. _고후 12:21 공동번역

이 말씀 앞에서, 교회를 담임하는 목사로서 바울의 근심에 동감한다. 변하지 않는 기독교인, 변하지 않는 공동체, 변하지 않는 교회, 이 얼마나 슬픈 일인가? 사실 이것의 책임은 목사에게 있다. 그래서 더 근심이 생긴다. 변화되지 않은 성도들을 두고 목회를 마칠지도 모른다는 걱정이다. 이 걱정이 하정완 목사로 하여금 더 전심으로 경주하게 하는 요인인지도 모르겠다.

이후 고린도 교회가 어떻게 반응했는지 추측할 수 있는 내용이 로마서에 나온다. 3차 전도여행의 끝자락인 에베소 사역을 마치고 3개월 정도 고린도에 들렀을 때였다. 그곳에서 로마 교회에 보내는 편지를 쓰면서 아가야, 곧 고린도 교회를 언급하며 칭찬하기 때문이다.

그러나 이제는 내가 성도를 섬기는 일로 예루살렘에 가노니 이는 마게도냐와 아가야 사람들이 예루살렘 성도 중 가난한 자들을 위하여 기쁘게 얼마를 연보하였

음이라 저희가 기뻐서 하였거니와 또한 저희는 그들에게 빚진 자니 만일 이방인들이 그들의 영적인 것을 나눠 가졌으면 육적인 것으로 그들을 섬기는 것이 마땅하니라 _롬 15:25-27

'저희가 기뻐서 하였거니와', 바울은 마치 주님이 자랑하신 것처럼 현재의 그들의 헌신을 자랑하고 있음을 알 수 있다. 이전 것은 다 잊고서 말이다. 결국에는 고린도 교회도 예루살렘 교회를 돕는 일에 아름답게 참여했음을 알 수 있다. 바울의 걱정과 근심의 기도가 열매를 맺은 것이다.

고린도후서 1장부터 13장까지의 중심 구절

하나님의 약속은 얼마든지 그리스도 안에서 예가 되니(1:20). 우리는 구원 받는 자들에게나 망하는 자들에게나 하나님 앞에서 그리스도의 향기니(2:15). 너희는 우리의 편지라 우리 마음에 썼고 뭇 사람이 알고 읽는 바라(3:2). 우리가 이 보배를 질그릇에 가졌으니 이는 심히 큰 능력은 하나님께 있고 우리에게 있지 아니함을 알게 하려 함이라(4:7). 그런즉 누구든지 그리스도 안에 있으면 새로운 피조물이라 이전 것은 지나갔으니 보라 새 것이 되었도다(5:17). 근심하는 자 같으나 항상 기뻐하고 가난한 자 같으나 많은 사람을 부요하게 하고 아무 것도 없는 자 같으나 모든 것을 가진 자로다(6:10). 하나님의 뜻대로 하는 근심은 후회할 것이 없는 구원에 이르게 하는 회개를 이루는 것이요 세상 근심은 사망을 이루는 것이니라(7:10). 자랑하는 자는 주 안에서 자랑할지니라(10:17). 내가 부득불 자랑할진대 내가 약한 것을 자랑하리라(11:30). 나에게 이르시기를 내 은혜가 네게 족하도다 이는 내 능력이 약한 데서 온전하여짐이라 하신지라(12:9). 너희는 믿음 안에 있는가 너희 자신을 시험하고 너희 자신을 확증하라(13:5).

✔Reading Bible Checklist												고린도후서 1-13장		
1	2	3	4	5	6	7	8	9	10	11	12	13		
●	●	●	●	●	●	●	●	●	●	●	●	●		

64

갈라디아서

기독교 대헌장, 마그나 카르타

• 갈라디아서 1-6장 •

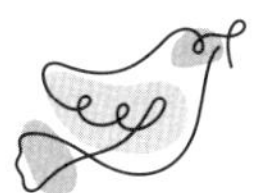

갈라디아서의 첫머리는 다른 서신들과 확연히 다르다. 다른 서신들의 첫머리와 먼저 비교해보자.

사람들에게서 난 것도 아니요 사람으로 말미암은 것도 아니요 오직 예수 그리스도와 그를 죽은 자 가운데서 살리신 하나님 아버지로 말미암아 사도 된 바울은 _갈 1:1

예수 그리스도의 종 바울은 사도로 부르심을 받아 하나님의 복음을 위하여 택정함을 입었으니 _롬 1:1

하나님의 뜻을 따라 그리스도 예수의 사도로 부르심을 받은 바울과 형제 소스데네는 _고전 1:1

그리스도 예수의 종 바울과 디모데는 그리스도 예수 안에서 빌립보에 사는 모든 성도와 또한 감독들과 집사들에게 편지하노니 _빌 1:1

하나님의 뜻으로 말미암아 그리스도 예수의 사도 된 바울은 에베소에 있는 성도들과 그리스도 예수 안에 있는 신실한 자들에게 편지하노니 _엡 1:1

하나님의 뜻으로 말미암아 그리스도 예수의 사도 된 바울과 형제 디모데는 _골 1:1

바울과 실루아노와 디모데는 하나님 아버지와 주 예수 그리스도 안에 있는 데살로니가인의 교회에 편지하노니 … _살전 1:1

우리 구주 하나님과 우리의 소망이신 그리스도 예수의 명령을 따라 그리스도 예수의 사도 된 바울은 _딤전 1:1

갈라디아서의 자리

바울의 모든 서신들이 하나님의 뜻과 하나님의 택하심을 먼저 기술하지만, 갈라디아서의 시작의 표현이 다른 서신들과 유독 분명히 다른 것은 자신의 사도직이 주님께 받은 것임을 강조한 것이다.

사실 사도행전 15장에 소개된 사도회의에서 바울과 이방인을 향한 선교를 인정하기 전까지, 바울의 이방인 선교와 사도적 행위는 의심과 도전을 함께 받고 있었다. 그러므로 바울이 갈라디아서의 시작에서 "사람들에게서 난 것도 아니요 사람으로 말미암은 것도 아니요 오직 예수 그리스도와 … 하나님 아버지로 말미암아"(갈 1:1) 사도가 되었다고 서술한 이유이다. 이같은 서술은 갈라디아서가 쓰인 시기와 장소가 사도행전 15장에 기록된 예루살렘 사도회의에 참여하기 이전, 곧 1차 전도여행을 다녀온 직후에 안디옥에서 쓴 것이라는 주장에 설득력을 더한다. 그렇다면 갈라디아서는 AD 48-49년 경에 기록된 것으로 보이며, 그런 견지에서 갈라디아서가 바울의 첫 번째 서신이라고 평가되는 이유이다.

이같은 것을 볼 때 갈라디아서는 이방인 선교에 대한 도전과 함께 바울의 사도됨에 대한 강력한 반대를 염두에 두고 썼음을 알 수 있다. 그러므로 바울 자신이 시작부터 하나님으로 말미암아 사도가 되었음을 강조한 이유는 이방인도 믿음으로 구원에 이를 수 있다는 바울의 주장과, 이방인이 예수를 믿기 위해서는 할례와 율법이 필요하다는 유대인 기독교인들의 주장이 충돌했기 때문이다.

특히 '어떤 사람들이 유대로부터 내려와서'(행 15:1) 이같은 주장을 하였는데, 사람들이 그 주장에 흔들린 이유는 바울이 열두제자 중의 한 사람이 아닌 까닭도 있었다. 이것을 바울은 단순히 자신의 사도직 문제 때문만이 아니라 '그리스도의 은혜로 믿음을 통한 구원'이라는 복음을 희석(稀釋)시키려는 '다른 복음'(갈 1:6,9)이라고 본 것이다.

여기서 말하는 '다른 복음'이란 '예수 그리스도의 구속과 믿음을 통한 구원'이 아닌 '인간의 노력이 가미된 율법과 할례'가 필요하다는 주장을 말한다. 그런데 이런 '다른 복음'에 사람들이 흔들린 것이다. 뭔가 다른 것을 요구하는 유대주의자들의 요청에 설득력이 있었던 것이다. 하지만 이것은 복음을 확연하게 훼손시키는 일이었다.

다른 복음은 없나니 다만 어떤 사람들이 너희를 교란하여 그리스도의 복음을 변하게 하려 함이라 _갈 1:7

바울도 행위에 익숙했던 유대인들의 형편을 이해하지 못하는 것은 아니었다. 그럴수록 그는 더 강력하게 비판하였다. 심지어 '저주'라는 말까지 사용하였다. 그것도 두 번이나 반복해서 강조하면서 말이다.

… 우리가 너희에게 전한 복음 외에 다른 복음을 전하면 저주를 받을지어다 우리가 전에 말하였거니와 내가 지금 다시 말하노니 만일 누구든지 너희가 받은 것 외에 다른 복음을 전하면 저주를 받을지어다 _갈 1:9

흔들리는 이방인 선교

사도행전의 기록을 볼 때, 안디옥에서 이방인에게 복음이 전해지고 부흥하는 상황을 보고서 바나바를 파송한 일이 있었고(행 11:19-22) 바나바가 다소에 있는 바울을 불러 함께 사역하는 일이 있었지만(행 11:25-26), 하나님은 그보다 앞서 이미 예루살렘 교회의 베드로를 욥바 피장이 시몬의 집에 보내 부정한 짐승이 담긴 바구니 환상을 보게 하셨다(행 10:9-16). 이어서 이방인 백부장 고넬료 집에서는 성령 강림 역사(행 10:17-48) 사건을 체험하게 하셨다. 이 사실을 베드로가 예루살렘 교회에 보고함으로써(행 11:1-15) 사실 이방인 사역은 이미 허용된 것이나 다름없었다.

그런즉 하나님이 우리가 주 예수 그리스도를 믿을 때에 주신 것과 같은 선물을 그들에게도 주셨으니 내가 누구이기에 하나님을 능히 막겠느냐 하더라 그들이 이 말을 듣고 잠잠하여 하나님께 영광을 돌려 이르되 그러면 하나님께서 이방인에게도 생명 얻는 회개를 주셨도다 하니라 _행 11:17-18

단지 문서적으로 공인된 허용이 이뤄지지 않았을 뿐이었다. 그러므로 바울과 바나바가 흉년이 든 예루살렘 교회를 위해 헌금을 들고 올라갔을 때(행 11:29-30), 갈라디아서의 기록처럼 사도들이 호의적으로 반응했던 것이다.

베드로에게 역사하사 그를 할례자의 사도로 삼으신 이가 또한 내게 역사하사 나를 이방인의 사도로 삼으셨느니라 또 기둥 같이 여기는 야고보와 게바와 요한도 내게 주신 은혜를 알므로 나와 바나바에게 친교의 악수를 하였으니 우리는 이방인에게로, 그들은 할례자에게로 가게 하려 함이라 _갈 2:8-9

하지만 그 후 베드로가 안디옥을 방문하러 왔을 때 그 역시 이방인들과 식사하기도 했지만, 할례를 주장하는 유대주의자들의 반대 앞에서 도망친 사실을 볼 때 이방인 선교는 여전히 쉬운 일이 아니었다. 그때 바울이 베드로를 책망하였고, 심지어 그렇게 외식하는 분위기에 바나바마저 유혹되었다고 기록하였다.

게바가 안디옥에 이르렀을 때에 책망 받을 일이 있기로 내가 그를 대면하여 책망하였노라 야고보에게서 온 어떤 이들이 이르기 전에 게바가 이방인과 함께 먹다가 그들이 오매 그가 할례자들을 두려워하여 떠나 물러가매 남은 유대인들도 그와 같이 외식하므로 바나바도 그들의 외식에 유혹되었느니라 _갈 2:11-13

이처럼 베드로마저 주저하고 있었다면, 할례파 유대인 혹은 유대 기독교인들의 강력한 공격에 이방인을 향한 복음은 배척당할 수밖에 없었다. 하지만 바울이 볼 때 이것은 단순한 문제가 아니었다. 이런 상황이 믿음을 통한 구원의 복음을 흔들고 있었기 때문이다. 그래서 믿음을 반드시 강조해야 했다.

사람이 의롭게 되는 것은 율법의 행위로 말미암음이 아니요 오직 예수 그리스도를 믿음으로 말미암는 줄 알므로 우리도 그리스도 예수를 믿나니 … _갈 2:16

이같은 위기는 1차 전도여행에서 만났던 교회들도 위험하다는 뜻이었다. 이미 바울은 전도여행 중에 심한 핍박과 저항을 받았고 죽을 위기를 몇 번이나 넘겼다. 그런데 이 도시들이 '다른 복음'에 흔들리는 소식을 들은 것이다. 이런 상황이 그의 편지 내용을 강력하게 만든 이유임을 알 수 있다.

여기서 바울은 가장 중요하고 근본적인 질문을 던졌다. 그들이 믿고 구원받은 것이 율법이 아니라 믿음으로 말미암은 것이기 때문이었다.

어리석도다 갈라디아 사람들아 예수 그리스도께서 십자가에 못 박히신 것이 너희 눈 앞에 밝히 보이거늘 누가 너희를 꾀더냐 내가 너희에게서 다만 이것을 알려 하노니 너희가 성령을 받은 것이 율법의 행위로냐 혹은 듣고 믿음으로냐 _갈 3:1-2

아브라함 카드

'다른 복음'은 믿음만이 아니라 할례와 율법이 필요하다는 주장이었는데, 복음을 현저히 방해하는 시도였다. 그래서 구약에 정통한 바울이 꺼낸 것은 '아브라함 카드'였다. 아브라함이 의롭게 된 것은 의로운 행동 때문이 아니라 오직 '믿음'을 통한 것임을 말한 것이다.

너희에게 성령을 주시고 너희 가운데서 능력을 행하시는 이의 일이 율법의 행위에서냐 혹은 듣고 믿음에서냐 아브라함이 하나님을 믿으매 그것을 그에게 의로 정하셨다 함과 같으니라 그런즉 믿음으로 말미암은 자들은 아브라함의 자손인 줄 알지어다 _갈 3:5-7

6절 말씀은 정확히 창세기 15장 6절을 인용한 것이다.

아브람이 여호와를 믿으니 여호와께서 이를 그의 의로 여기시고 _창 15:6

이 말씀은 중요하다. 바로 그 이후의 행보 때문이다. 이후 아브라함은 엄청난 잘못들을 저지른다. 하나님의 약속을 믿지 못하고 사라의 제안을 받아들여 하갈을 첩으로 삼았고 그 사이에서 이스마엘을 낳은 일이 있다(16장). 그 후에도 하나님이 아브라함과 할례를 통하여 언약을 다시 세우시지만, 그는 여전히 온전히 믿지 않았다. 심지어 이미 이삭이 사라의 뱃속에 있는 상황이었지만, 사라와 함께 그랄에 내려갔다가 자기 목숨을 보전하려고 아내를 아비멜렉 왕에게 넘기기도 했다. 이런 일들은 아브라함이 행위적으로 온전치 못한 불의한 자였음을 보여준다. 그런데 성경은 아브라함이 그런 행위 이전에 믿음으로 구원받았다고 선언하고 있다는 점이다. 바울은 갈라디아서보다 이후에 쓴 로마서에서 아브라함 이야기를 좀 더 구체적으로 설명하였다.

만일 아브라함이 행위로써 의롭다 하심을 받았으면 자랑할 것이 있으려니와 하나님 앞에서는 없느니라 성경이 무엇을 말하느냐 아브라함이 하나님을 믿으매 그것이 그에게 의로 여겨진 바 되었느니라 _롬 4:2-3

그러므로 아브라함이 의롭게 된 것은 그의 의로운 행동 때문이 아니라 오직 '믿음'을 통해서였다. 바울이 이 지점에서 매우 중요한 비밀, 바로 하나님의 구원 계획을 꺼낸다.

그런즉 믿음으로 말미암은 자들은 아브라함의 자손인 줄 알지어다 _갈 3:7

할례와 율법, 곧 우리의 행위와 관계없이 이미 그리스도께서 대신 저주받으시고 죽으심으로 이루신 구속 사건은 '우리가 믿을 때 모두 누리게 되는 것'임을 말한 것이다. 그것은 우리가 율법의 저주에서 풀렸다는 뜻이었다.

그리스도께서 우리를 위하여 저주를 받은 바 되사 율법의 저주에서 우리를 속량하셨으니 기록된 바 나무에 달린 자마다 저주 아래에 있는 자라 하였음이라 _갈 3:13

더욱이 중요한 것은, 우리가 믿음으로 인해 하나님을 '아빠 아버지'라 부를 수 있게 되었는데, 그것 역시 율법이나 할례 때문이 아니라 성령의 역사라는 사실을 강조한다.

너희가 아들이므로 하나님이 그 아들의 영을 우리 마음 가운데 보내사 아빠 아버지라 부르게 하셨느니라 그러므로 네가 이 후로는 종이 아니요 아들이니 아들이면 하나님으로 말미암아 유업을 받을 자니라 _갈 4:6-7

갈라디아서의 이같은 논지와 전개는 로마서의 축소판처럼 보인다. 그래서 어떤 이들은 갈라디아서를 '작은 로마서'라고 부르기도 한다. 엄밀하게 말해서 갈라디아서가 복음을 처음 접하는 이들에게 복음과 그 핵심인 믿음을 잘 요약하듯이 설명한 것이라면, 로마서는 그 복음을 더 자세히 설명하여 완성한 것이라고 볼 수 있다. 하지만 기본적인 복음의 내용은 같다. 몇 가지만 살펴도 충분히 알 수 있다.

이신칭의

사람이 의롭게 되는 것은 율법의 행위로 말미암음이 아니요 오직 예수 그리스도를 믿음으로 말미암는 줄 알므로 우리도 그리스도 예수를 믿나니 이는 우리가 율법의 행위로써가 아니고 그리스도를 믿음으로써 의롭다 함을 얻으려 함이라 율법의 행위로써는 의롭다 함을 얻을 육체가 없느니라 _갈 2:16

그런즉 자랑할 데가 어디냐 있을 수가 없느니라 무슨 법으로냐 행위로냐 아니라 오직 믿음의 법으로니라 그러므로 사람이 의롭다 하심을 얻는 것은 율법의 행위에 있지 않고 믿음으로 되는 줄 우리가 인정하노라 _롬 3:27-28

아브라함의 믿음

아브라함이 하나님을 믿으매 그것을 그에게 의로 정하셨다 함과 같으니라 _갈 3:6, 갈라디아서 3:18절까지 참고

성경이 무엇을 말하느냐 아브라함이 하나님을 믿으매 그것이 그에게 의로 여겨진 바 되었느니라 _롬 4:3, 로마서 4장 참고

성령론

너희가 아들이므로 하나님이 그 아들의 영을 우리 마음 가운데 보내사 아빠 아버지라 부르게 하셨느니라 _갈 4:6

너희는 다시 무서워하는 종의 영을 받지 아니하고 양자의 영을 받았으므로 우리가 아빠 아버지라고 부르짖느니라 _롬 8:15

성령의 통치

내가 이르노니 너희는 성령을 따라 행하라 그리하면 육체의 욕심을 이루지 아니하리라 _갈 5:16. 갈라디아서 5:13-25 참고

너희가 육신대로 살면 반드시 죽을 것이로되 영으로써 몸의 행실을 죽이면 살리니 _롬 8:13, 로마서 8:12-13 참고

바울은 갈라디아서의 끝에서 하고 싶은 마지막 말을 드디어 꺼냈다. 다시는 유대교로, 율법으로 돌아가지 말라는 것이었다. 또한 더 이상 종의 자녀로 살지 말고 자유할 것을 요청한다. 오직 은혜로만 살아도 된다고 말한 이유이다. '은혜로 자유하라!' 이런 까닭에 갈라디아서를 '기독교 대헌장'이라 부르는 이유일 것이다.

그리스도께서 우리를 자유롭게 하려고 자유를 주셨으니 그러므로 굳건하게 서서 다시는 종의 멍에를 메지 말라 … 율법 안에서 의롭다 함을 얻으려 하는 너희는 그리스도에게서 끊어지고 은혜에서 떨어진 자로다 _갈 5:1,4

갈라디아서 1장부터 6장까지의 중심 구절

만일 누구든지 너희가 받은 것 외에 다른 복음을 전하면 저주를 받을지어다(1:9). 내가 그리스도와 함께 십자가에 못 박혔나니 그런즉 이제는 내가 사는 것이 아니요 오직 내 안에 그리스도께서 사시는 것이라 이제 내가 육체 가운데 사는 것은 나를 사랑하사 나를 위하여 자기 자신을 버리신 하나님의 아들을 믿는 믿음 안에서 사는 것이라(2:20). 그리스도께서 우리를 위하여 저주를 받은 바 되사 율법의 저주에서 우리를 속량하셨으니 기록된 바 나무에 달린 자마다 저주 아래에 있는 자라 하였음이라(3:13). 너희가 아들이므로 하나님이 그 아들의 영을 우리 마음 가운데 보내사 아빠 아버지라 부르게 하셨느니라(4:6). 너희는 성령을 따라 행하라 그리하면 육체의 욕심을 이루지 아니하리라(5:16). 우리가 선을 행하되 낙심하지 말지니 포기하지 아니하면 때가 이르매 거두리라(6:9).

Reading Bible Checklist														갈라디아서 1-6장
1	2	3	4	5	6									

65

에베소서

그리스도의 완전성에 이르도록

• 에베소서 1-6장 •

바울은 1년 6개월 동안 고린도에서의 사역을 마치고 아굴라와 브리스길라와 함께 에베소로 간다. 그러나 바울은 그들을 에베소에 남겨두고 예루살렘 교회를 방문하였다가 안디옥으로 돌아간다. 하지만 이내 다시 전도여행을 떠나는데, 그것이 3차 전도여행이다. 그가 꼭 다시 돌아보고 싶었던 소아시아 지역의 교회들을 살피면서 도착한 곳은 에베소였다.

에베소 교회

바울의 생애 가운데서 가장 열심히 사역한 곳을 꼽으라면 그가 처음 목회했던 안디옥 교회, 빌립보 교회, 고린도 교회 그리고 에베소 교회일 것이다. 그중에서도 목회의 고향이었던 안디옥 교회를 제외한다면 에베소 교회를 첫손에 꼽을 수 있다. 바울이 가장 오랜 기간인 3년 동안이나 머물며 목회한 곳이 바로 에베소 교회이기 때문이다(행 20:31).

에베소는 바울이 오기 전에 이미 아볼로가 성경을 가르쳤던 곳이었다.

분명 아볼로는 탁월한 성경 해석가였지만 무엇인가 부족한 것이 있었다. 그는 분명히 예수 그리스도에 대하여 알고 있었고 구약을 관통하여 예수 그리스도를 보고 있었지만, 세례 요한의 회개 세례만 알고 성령 체험을 경험하지 못한 사람이었다. 그래서 에베소 사람들은 요한의 세례밖에 몰랐는데, 바울이 에베소 사람들에게 세례를 베풀고 안수할 때 성령이 그들에게 임한다. 아볼로와의 결정적인 차이였다.

바울이 그들에게 안수하매 성령이 그들에게 임하시므로 방언도 하고 예언도 하니 모두 열두 사람쯤 되니라 _행 19:6-7

에베소에 임한 성령의 임재는 바울을 설레게 했을 것이다. 성령의 임재를 경험한 열두 명을 바라보며 열두 제자를 생각했을지도 모른다. 그가 에베소에 머물 수밖에 없는 이유였을 것이다. 바울은 그 즉시 회당에서 하나님 나라, 곧 복음을 전하는 일을 시작하였다. 이것이 시작이었다.

3년이란 기간에서 알 수 있듯이, 바울은 에베소 교회를 무척 사랑한 듯하다. 그가 에베소 교회를 얼마나 사랑했고 열심히 목회했는지는 3차 전도여행을 마치고 돌아오는 길에 교회의 장로들을 밀레도로 불러 만나는 장면을 보면 알 수 있다. 바울은 밀레도에서 장로들에게 권면하는 도중에 얼마나 에베소 교회를 사랑했었는지를 이렇게 표현한다.

그러므로 여러분은 언제나 깨어 있으시오. 그리고 내가 삼 년 동안이나 밤낮으로 눈물을 흘리며 각 사람에게 쉬지 않고 훈계하던 것을 잊지 마시오. _행 20:31 공동번역

에베소 교회는 바울의 표현대로 눈물로 세운 교회였다. 바울이 밀레도 해변을 떠나서 헤어지게 될 때, 그들의 애절한 모습만 봐도 알 수 있다.

이 말을 한 후 무릎을 꿇고 그 모든 사람들과 함께 기도하니 다 크게 울며 바울의 목을 안고 입을 맞추고 다시 그 얼굴을 보지 못하리라 한 말로 말미암아 더욱 근

심하고 배에까지 그를 전송하니라 _행 20:36-38

만나고 헤어지는 모습에서 알 수 있듯이, 바울이 견딜 수 없을 만큼 사랑한 교회가 바로 에베소 교회였다. 그래서 로마 감옥에 갇혀 있으면서도 에베소 교회에 대한 애절함으로 이 편지를 보내게 된 것이다.

단순한 구원이 아니다

에베소 교회는 매우 다양한 것을 소유한 도시 교회였다. 특히 에베소는 내륙으로 5킬로미터 정도 들어온 항구 도시인 까닭에 상업과 물류 등이 발달했고 그리스와 로마에게 매우 중요한 도시국가였는데, 로마, 알렉산드리아, 안디옥과 더불어 로마제국의 4대 도시 중 하나였다. 무려 25만 명 정도가 거주하는 큰 도시로 아시아의 시장 경제를 좌우하였고, 정치적으로도 로마에서 자유를 인정한 이른바 자유무역 도시였다.

에베소의 규모를 측정할 수 있는 것이 '아고라'라는 광장인데, 상업과 민회(民會)와 재판 등 다양한 일이 벌어졌으며, 약 2만 5천 명이나 수용하는 큰 원형극장이 있었다. 아시아의 유명한 운동경기는 에베소에서 개최됐다고 전해진다. 문화적으로는 세계 3대 도서관으로 평가받는 셀수스 도서관이 있었는데, 1만 2천 권의 양피지와 파피루스로 된 책이 보관되어 있었다. 뿐만 아니라 종교적으로는 세계 7대 불가사의 중의 하나로 알려져 있는 아데미 신전이 있었다. 경제와 문화뿐 아니라 종교적 영향력까지 있는 도시였다는 말이다.

이처럼 정치, 종교, 문화, 경제의 중심이었던 에베소는 오늘 우리가 살고있는 도시와 비슷한 모습을 가진 도시로, 당시에도 가장 현대화된 도시의 모형이라고 말할 수 있다. 그런 의미에서 에베소 교회를 향한 바울의 권면은 다른 서신들과 달리 '성숙'을 말한다. 자신의 사도직을 변호하는 글도 없고, 치열한 싸움과 분쟁을 중재하는 내용도 없다.

사실 다른 교회들과 달리 에베소서에 어떤 논쟁이나 토론이 필요 없는 것은 당연하다. 에베소 교회는 바울이 3년을 지내는 동안 매우 깊은 가르침을 받고서 그의 가르침을 충분히 이해하고 있었을 것이기 때문이다. 그래서 바울의 관심은 오히려 성숙에 있었다. 그런 까닭에 우선 신앙의 기본적 이해로, 마치 그동안의 가르침을 정리하려는 듯이 교회론, 신론, 기독론, 성령론, 구원론, 인간론, 종말론과 윤리론으로 이어지는 구속사를 아름답게 서술한다. 다른 서신에서 볼 수 없는 평온함과 수려한 전개이다.

바울은 무엇보다 우리가 어떤 존재인지를 먼저 설명하는데, '허물과 죄로 죽었던'(엡 2:1) 우리라고 말한다. 하나님께서 그런 우리를 살리셨으며, 그 구원의 은총은 믿음으로 말미암은 하나님의 선물임을 강조한다.

너희는 그 은혜에 의하여 믿음으로 말미암아 구원을 받았으니 이것은 너희에게서 난 것이 아니요 하나님의 선물이라 _엡 2:8

하지만 단순히 구원받은 것이 아니라 '그리스도 예수 안에서 선한 일을 위하여 지으심을 받은 자'(엡 2:10)임을 강조한다. 그것은 하나님이 원래 창조하신 존재의 회복을 말하는데, '우리는 그가 만드신 바라'는 구절에 그 내용이 들어 있다.

우리는 그가 만드신 바라 그리스도 예수 안에서 선한 일을 위하여 지으심을 받은 자니 이 일은 하나님이 전에 예비하사 우리로 그 가운데서 행하게 하려 하심이니라 _엡 2:10

'우리는 그가 만드신 바라', 매우 아름다운 표현이다. 헬라어 성경으로 읽으면 '아우투 가르 에스멘 포이에마'인데, 직역하면 '우리는 그의 지음받은 작품이다'이다. 여기서 눈에 띄는 단어가 '포이에마(작품)'이다. 포이에마란 단어가 포임(poem), 즉 시(詩)와 같은 어원을 갖고 있는 데 주목해

야 한다. 존 스토트는 '걸작품'이라는 말로 해석하였다. 공동번역이 나름대로 적절하게 번역하였다

> 우리는 하느님의 작품입니다. 곧 하나님께서 미리 마련하신 대로 선한 생활을 하도록 그리스도 예수를 통해서 창조하신 작품입니다. _엡 2:10 공동번역

성숙에 이르러야 한다

분명히 우리가 예수를 믿음으로 구원 곧 의롭다 함을 받았지만(칭의), '그리스도의 장성한 분량이 충만한 데까지'(엡 4:13) 이른 '온전한 사람'(성화)이 된 것은 아니다. 그래서 우리는 하나님의 시(작품)와 같은 존재로 성숙해야 하는데 그렇지 못한 상태에 머물러 있는 것이 문제다.

나중에 주님이 요한계시록에서 에베소 교회를 책망하시는데, 책망의 핵심은 성숙에 이르지 못한 것이었다. 분명히 에베소 교회는 괄목할 만큼 성장하고 화려하고 대단한 교회였다. 하지만 그들이 놓친 것은 처음 사랑, 곧 처음 행위였다.

> 그러나 너를 책망할 것이 있나니 너의 처음 사랑을 버렸느니라 그러므로 어디서 떨어졌는지를 생각하고 회개하여 처음 행위를 가지라 만일 그리하지 아니하고 회개하지 아니하면 내가 네게 가서 네 촛대를 그 자리에서 옮기리라 _계 2:4-5

그런데 에베소 교회는 퇴보하고 있었다. 그 이유는 처음 사랑, 처음 행위로 표현되는 그 아름다운 전심으로 하던 추구를 상실한 것에 있었다. 그런데 정체되자 퇴보가 이뤄진 것이다. 그 순간 그들은 '유혹의 욕심을 따라 썩어져 가는 구습을 따르는 옛사람'을 산 것이었다. 그래서 문화적으로 엄청나게 발전하고, 지적으로 종교적으로도 완벽했던 도시였던 에베소 같은 세상에서 사는 기독교인의 삶의 추구는 성숙이어야 함을 바울은 강조한 것이다. 아예 그리스도에게까지 이를 것을 요청한다.

우리가 다 하나님의 아들을 믿는 것과 아는 일에 하나가 되어 온전한 사람을 이루어 그리스도의 장성한 분량이 충만한 데까지 이르리니 … 오직 사랑 안에서 참된 것을 하여 범사에 그에게까지 자랄지라 그는 머리니 곧 그리스도라 _엡 4:13,15

그렇다면 지금 교회의 위기는 무엇인가? 미성숙이다. 과거의 부흥에 도취되어 그 상태로 정체되어버린 것이다. 그리스도에게까지 이르기를 추구하지 않으므로 정체되었고, 그것이 부패 혹은 퇴보에 이르게 한 것이다.

이런 이유로 바울은 성숙을 추구하기 위한 방법을 제시하는데, 그것은 가이사랴 빌립보에서 주님이 말씀하셨던 의(義), 곧 '자기부인' 명령의 구체적 실행방법이었다.

너희는 유혹의 욕심을 따라 썩어져 가는 구습을 따르는 옛 사람을 벗어 버리고 오직 너희의 심령이 새롭게 되어 하나님을 따라 의와 진리의 거룩함으로 지으심을 받은 새 사람을 입으라 _엡 4:22-24

그럼에도 불구하고, 우리가 이후의 에베소 교회의 몰락을 보면서 기억해야 할 것은 성숙에 이르지 못하는 것이 큰 죄라는 사실이다. 우리가 믿음으로 구원에 이르는 것은 문제가 없지만, 미성숙으로 사는 것을 보시는 하나님 아버지의 마음은 아프시다. 집을 떠난 탕자를 보는 아버지의 마음과 같다. 그 아들의 죄는 자기 마음대로 산 것이다. 그것이 아버지의 아들됨을 붕괴시키지는 않지만, 아버지가 기대하는 아름다운 삶은 놓치고 말았다.

미성숙과 방종적 삶은 우리가 그 놀라운 하나님의 사랑과 계획을 모르고 사는 어리석은 인생이라는 결과를 낳을 뿐이며, 동시에 하나님께서 우리에게 주고자 하시는 더 크고 놀라운 계획과 은총을 누리지 못한다. 당연히 그런 모습을 보시며 아파하는 하나님을 보게 될 것이고 말이다.

반드시 성숙을 추구해야 하는 이유

우리가 성숙을 추구해야 하는 또 다른 이유가 있는데, 그것은 이 세상의 강력함 때문이다. 그래서 아예 바울은 '영적 전쟁'이라는 관점에서, 온전히 더럽고 악한 영의 세력들을 상대하고 온전히 서야 하기 때문이라고 그 심각성을 말했다.

> 우리의 씨름은 혈과 육을 상대하는 것이 아니요 통치자들과 권세들과 이 어둠의 세상 주관자들과 하늘에 있는 악의 영들을 상대함이라 그러므로 하나님의 전신갑주를 취하라 이는 악한 날에 너희가 능히 대적하고 모든 일을 행한 후에 서기 위함이라 _엡 6:12-13

사실 그때나 지금이나 이미 영적 전쟁의 상황은 치열하다. 진리가 비진리가 되고 복음은 편의적 복음으로 변질되며, 하나님의 말씀은 번영신학에 의해 왜곡되었다. 온전한 목사들과 기독교인을 찾아보기 힘든 시대를 만났고, 주님의 말씀처럼 믿음을 찾아보기 힘든 시대가 되었다.

만일 이같은 삶이 계속된다면 어떻게 될까? 우리는 에베소 교회의 이후 모습으로 설명할 수 있을 것 같다. 분명 아름다운 에베소 교회가 있던 도시 에베소는 이후 잦은 지진으로 인해 토사가 퇴적하기 시작하였다. 점차 항구를 잠식해가기 시작하여 육지화되어가다가, 612년의 대지진으로 에베소의 일부가 파괴되면서 주민들이 이주하기 시작하였다. 그 이후에도 침하와 퇴적이 계속되었고, 어느 날 도시가 아예 사라지고 만다. 1863년 영국박물관의 지원을 받은 우드(J. T. Wood)에 의하여 발굴되기 전까지 말이다.

성숙은 명령이다. 그것이 영적 전쟁의 승리 방법이지만, 동시에 하나님이 세우신 계획이다. 그리스도의 완전성에 이르기까지 우리가 자라는 것 말이다. 아름다운 시와 같이 포이에마적인 존재로 사는 것 말이다. 그러므로 처음 사랑, 처음 행위를 놓치지 말고 추구해야 하는 것은 당연하지 않은가?

오직 사랑 안에서 참된 것을 하여 범사에 그에게까지 자랄지라 그는 머리니 곧 그리스도라 _엡 4:15

에베소서 1장부터 6장까지의 중심 구절

그 기쁘신 뜻대로 우리를 예정하사 예수 그리스도로 말미암아 자기의 아들들이 되게 하셨으니(1:5). 너희는 그 은혜에 의하여 믿음으로 말미암아 구원을 받았으니 이것은 너희에게서 난 것이 아니요 하나님의 선물이라(2:8). 우리가 그 안에서 그를 믿음으로 말미암아 담대함과 확신을 가지고 하나님께 나아감을 얻느니라(3:12). 우리가 다 하나님의 아들을 믿는 것과 아는 일에 하나가 되어 온전한 사람을 이루어 그리스도의 장성한 분량이 충만한 데까지 이르리니(4:13). 세월을 아끼라 때가 악하니라(5:16). 마귀의 간계를 능히 대적하기 위하여 하나님의 전신 갑주를 입으라(6:11).

Reading Bible Checklist														에베소서 1-6장
1	2	3	4	5	6									

66

빌립보서

엔크리스토의 비밀

· 빌립보서 1-4장 ·

빌립보는 역사적으로 보면 BC 365년에 알렉산더 대왕의 아버지인 빌립 2세에 의해 세워진 도시이다. 그때부터 도시 이름이 빌립보가 된다. 빌립보는 그 후 BC 168년 로마가 페르시아를 정복하면서 로마제국의 식민지가 되었다. 그리고 BC 42년 옥타비아누스와 안토니우스의 군대가 줄리어스 시저를 살해한 부르투스와 카시우스 군대와의 싸움에서 승리하자, 공로를 세운 자신의 군인들에게 땅을 주어 정착하게 한 곳이 바로 빌립보이다.

작은 로마 빌립보

전쟁에 승리한 옥타비아누스와 안토니우스는 그 후 갈등을 겪다가 BC 31년 두 세력 간의 유명한 전투인 악티움 해전을 벌이는데, 옥타비아누스가 승리하여 로마 전체의 황제로 등극한다. 그때부터 옥타비아누스는 아우구스투스라는 호칭을 얻는다.

옥타비아누스는 자신과의 전쟁에서 진 안토니우스의 부하였던 퇴역 군인들과 자신의 부하였던 퇴역 군인들을 빌립보에 살게 하였다. 빌립보는 비록 로마의 식민지였지만, 그때부터 특별한 대우를 받는다. 작은 로마처럼 취급받았고, 로마 시민이 누리는 모든 법적, 문화적 혜택을 받았다. 그들 스스로 로마 시민처럼 자랑스럽게 여겼다.

이처럼 작은 로마처럼 여기게 된 빌립보는 종교적으로도 헬라적이었다. 그래서 매우 혼합주의적인 다신 숭배가 이뤄지고 있었다. 그러나 오로지 가이사에게만 '주'(퀴리오스)라는 호칭을 쓰는 것이 당연했다. 이같은 분위기가 근처의 다른 도시와 달리 빌립보에 회당이 없었던 이유인지도 모른다. 하나님은 마게도냐 환상을 통해 2차 전도여행의 첫 도시로 이 놀라운 도시 빌립보로 바울을 이끄신 것이다. 당시 세계의 중심인 '로마로 상징되는 세상'을 향한 실험 무대 같은 것이었는지도 모른다.

동시에 빌립보는 변방의 서자(庶子) 같은 도시였다. 빌립보 시민은 로마 시민으로 인정받았을지라도 도시는 로마와 비교할 수 없는 변방이었다. 그런 까닭에 그들은 이상한 자부심과 함께 까칠한 모습을 보였다. 실제로 '점하는 귀신 들린 여종'에게서 귀신을 쫓아냈다는 이유로 바울과 실라를 잡아 법정에 끌고 갔을 때 그들이 하는 말을 보면 알 수 있다.

… 이 자들은 유다인들인데 우리 도시에서 큰 소란을 일으키고 있습니다. 우리 로마 사람으로서는 받아들일 수도 없고 실행할 수도 없는 잘못된 풍속을 선전하고 있습니다. … _행 16:20-21 공동번역

복음밖에 없다

빌립보의 묘한 분위기를 감안할 때, 소아시아를 넘어선 전도 사역에는 바울이 가장 적합한 자였다. 그가 로마 시민권자이기 때문이다. 아마 베드로

나 다른 사도들이 이곳에 왔다면 아예 전도 자체가 불가능했을 것이다. 그런 점에서 볼 때 바울은 적합했다.

알다시피 바울은 소아시아의 중심이며 헬레니즘의 문화적 본산인 다소에서 태어난 로마 시민이었다(행 22:3). 동시에 뼈대있는 유대인 자체였다. 가말리엘 문하에서 공부하였고, 성전과 율법에 대한 열성을 예배 방식으로 여기던 열혈당을 지지하는 열성 신학자였으며(빌 3:5), 바리새인으로서 보수 극단을 따르던 삼마이 학파였다고 여겨진다.

특히 열혈당은 이스라엘을 더럽히는 자를 죽여 피를 흘리면 속죄의 효과가 있다고 보았는데, 이런 의미에서 예수와 그분을 믿는 자들은 열혈당의 주된 공격 대상이었다(요 16:2). 바울이 열혈당원이라는 건 스데반을 돌로 쳐죽이는 일을 주동하여, 그가 돌에 맞아 죽는 것을 보면서도 눈 하나 깜짝하지 않으며 그 '죽임 당함을 마땅히 여긴'(행 8:1) 것에서도 충분히 짐작할 수 있다.

바울은 강한 사람이었다. 잔인했고 살육을 일삼는 흡혈귀 같은 존재였다. 개역성경은 이런 바울의 모습을 '사울이 주의 제자들을 대하여 여전히 위협과 살기가 등등하여'(행 9:1)라고 표현했다. 이 구절을 헬라어로 읽어보면 더 섬뜩한 표현임을 알 수 있다. 특히 '여전히 살기가 등등하다'는 헬라어로 '에피 엠프네온 포누'인데 '포누'의 원형 '포노스'는 '살인' 혹은 '살해'라는 의미를 지니고 있고, '엠프네온'의 원형 '엠프네오'는 '들이마시다' '숨쉬다'라는 의미를 가지고 있다. 직역하면 '여전히 살해를 숨쉬고 있다'(still breathing murder)가 된다. 그러니까 피맛을 본 흡혈귀 같은 살인마가 바울이었다. 악해질 때로 악해져서 더 이상 돌이킬 수 없는 지경에 이른 것이다. 지나친 표현일지 모르지만 살인마 바울, 그런 바울에게 메시아이신 예수님이 나타나신 것이다. 악한 바울에게 선한 예수님이 나타나신 것이다.

예수님이 바울에게 하신 말씀은 "왜 나를 핍박하느냐"는 음성이었다. 바울의 생애가 하나님의 마음에 전혀 합당하지 않을 뿐 아니라 하나님을 대적하는 행동이었다는 뜻이다. 그때야 비로소 바울은 자신이 얼마나 악한 존재인지를 깨닫게 된다. 그래서 바울의 '죄인 인식'은 그가 평생 늘 기억하던 것이었다. 죽음이 가까운 시기에도 '죄인 중에 내가 괴수'(딤전 1:15)라는 표현을 스스로 스스럼없이 사용한 것에서 알 수 있다.

사실 바울이 생각할 때 자신에게 남은 것은 심판밖에 없었다. 그는 죽어 마땅한 적그리스도요 사탄의 앞잡이였고 살인마였기 때문이다. 하지만 다메섹 체험 후 아라비아에서의 묵상을 통해 예수가 받은 저주는 바로 바울 자신의 죄 때문에 받은 것이었다는 것을 깨달은 까닭에, 그는 복음을 위해 사는 것이 소원이었다. 아예 자신에게 저주를 걸었던 이유였다.

내가 복음을 전할지라도 자랑할 것이 없음은 내가 부득불 할 일임이라 만일 복음을 전하지 아니하면 내게 화가 있을 것이로다 _고전 9:16

빌립보 교회의 시작

그래서 하나님의 은총으로 드로아에서 마게도냐 사람의 환상을 보았을 때 그는 견딜 수 없이 기뻤다. 더욱이 하나님이 그에게 복음 전도 확장의 사명을 주셨다는 것은 감격이었다. 그를 부르신 것이기 때문이다.

밤에 환상이 바울에게 보이니 마게도냐 사람 하나가 서서 그에게 청하여 이르되 마게도냐로 건너와서 우리를 도우라 하거늘 바울이 그 환상을 보았을 때 우리가 곧 마게도냐로 떠나기를 힘쓰니 이는 하나님이 저 사람들에게 복음을 전하라고 우리를 부르신 줄로 인정함이러라 _행 16:9-10

여기서 '곧'이라고 번역된 '유데오스'는 영어로 immediately로 번역되는데, 바울이 '즉시, 당장' 출발했다는 뜻이다. 그리고 넘어간 마게도냐의 첫 도시가 빌립보였고, 유럽의 첫 번째 교회였다. 그곳에서 자주 장사 루디아를 만나 복음을 전하고, 그 집안 전부가 세례를 받는 흥분된 사건이 일어났다(행 16:14-15). 그리고 귀신들린 여종을 고친 사건으로 인해 감옥에 갇힌다. 모질게 매를 맞고 깊은 옥에 갇혔지만, 그는 불행하지도 괴롭지도 않았다. 그래서 그가 정신을 차린 것으로 보이는 한밤중에 기도와 찬송을 드린 이유였다. 슬픈 상황이 아니었다.

무리가 일제히 일어나 고발하니 상관들이 옷을 찢어 벗기고 매로 치라 하여 많이 친 후에 옥에 가두고 간수에게 명하여 든든히 지키라 하니 그가 이러한 명령을 받아 그들을 깊은 옥에 가두고 그 발을 차꼬에 든든히 채웠더니 한밤중에 바울과 실라가 기도하고 하나님을 찬송하매 죄수들이 듣더라 _행 16:22-25

하나님의 역사로 옥문이 열렸지만, 바울은 도망가지 않았다. 그 모습에 감동한 간수가 예수를 믿고, 그의 온 집안이 믿고 세례받는 사건도 아름다웠다. 그 간수의 질문인 "내가 어떻게 하여야 구원을 받으리이까"(행 16:30)에 대한 대답은 환상적으로 멋있다.

… 주 예수를 믿으라 그리하면 너와 네 집이 구원을 받으리라 … _행 16:31

빌립보 교회는 이렇게 형성되었다. 그때부터 빌립보 교회는 진심으로 바울을 사랑했고 그 사역에 깊이 참여한 교회가 된다. 바울의 기쁨은 분명 예수 그리스도 때문이지만, 빌립보 교회도 기쁨의 한 부분이었다. 비록 이 힘든 세상을 살지만, 빌립보 교회를 생각하는 것만으로 기쁘고 감사했다.

내가 너희를 생각할 때마다 나의 하나님께 감사하며 간구할 때마다 너희 무리를 위하여 기쁨으로 항상 간구함은 너희가 첫날부터 이제까지 복음을 위한 일에 참여하고 있기 때문이라 _빌 1:3-5

바울의 가슴 속 교회

바울은 정말로 빌립보 교회가 고마웠다. 이후에도 한결같았다. 빌립보 교회는 바울을 위한 재정적 지원만이 아니라 감옥에 갇힌 그의 옥바라지를 위해서 에바브로디도를 보내는 등, 단순히 후원자가 아니라 동역자였다.

바울의 사역의 특징은 '자비량'이었는데, 전도 대상자에게 부담을 주지 않으려는 생각도 있었지만, 사실은 교회들이 바울을 자발적으로 돕지 않았던 이유도 있었다. 하지만 빌립보 교회는 달랐다. 바울은 그것을 언급하며 고마워하였다.

그러나 너희가 내 괴로움에 함께 참여하였으니 잘하였도다 빌립보 사람들아 너희도 알거니와 복음의 시초에 내가 마게도냐를 떠날 때에 주고 받는 내 일에 참여한 교회가 너희 외에 아무도 없었느니라 _빌 4:14-15

더욱이 바울이 감옥에 갇혔을 때 어느 누구도 보증하려 하지 않았지만, 빌립보 교회는 바울을 위하여 기꺼이 '매임과 복음을 변명함과 확정함에'(빌 1:7) 다 참여하였다. 착한 교회였다.

너희 안에서 착한 일을 시작하신 이가 그리스도 예수의 날까지 이루실 줄을 우리는 확신하노라 _빌 1:6

그런 까닭에 바울은 그 착한 일을 이루기 위해 그리스도의 마음을 품는(빌 2:5) 것이 중요하다고 말하면서, 아름다우신 주님을 이렇게 설명하였다.

그는 근본 하나님의 본체시나 하나님과 동등됨을 취할 것으로 여기지 아니하시고 오히려 자기를 비워 종의 형체를 가지사 사람들과 같이 되셨고 사람의 모양으로 나타나사 자기를 낮추시고 죽기까지 복종하셨으니 곧 십자가에 죽으심이라 _빌 2:6-8

바울은 우리가 주님의 이런 모습을 좇아 사는 것은 당연하다고 말했지만, 동시에 주님이 시작하신 '착한 일'을 이루기 위해 언제나 두렵고 떨림으로 구원을 이루는 삶을 살아야 한다고 강조한다. 물론 이 구절에 나오는 구원은 '칭의적 구원'이 아니라, 이미 구원받은 이들이 이뤄야 할 '성화적 구원'을 말하는 것이라 할 것이다.

그러므로 나의 사랑하는 자들아 너희가 나 있을 때뿐 아니라 더욱 지금 나 없을 때에도 항상 복종하여 두렵고 떨림으로 너희 구원을 이루라 _빌 2:12

이렇게 바울을 사랑하고 후원하는 빌립보 교회가 없어도 그의 복음 전도 사역은 흔들림이 없었을 것이다. 죄인의 괴수인 그가 주를 위해 일할 수 있다는 것은 놀라운 축복이었고, 심지어 고난당하는 것도 즐거운 일이었기 때문이다.

나의 간절한 기대와 소망을 따라 아무 일에든지 부끄러워하지 아니하고 지금도 전과 같이 온전히 담대하여 살든지 죽든지 내 몸에서 그리스도가 존귀하게 되게 하려 하나니 이는 내게 사는 것이 그리스도니 죽는 것도 유익함이라 _빌 1:20-21

그러므로 바울은 매 순간이 기뻤다. 그리스도가 그를 기쁘게 하였기 때문이다. 그리스도를 위하여 살 수 있다는 것은 아예 쾌락이 되었다. 빌립보서 전체에서 무려 18번(빌 1:4,18-25; 2:4,13,17,18,28,29; 3:1; 4:1,4,10,18)이나 기쁘다고 소리치는 바울의 이유이다. 이때 그는 연금 상태였고 심지어 재판을 기다리는 신세였다. 그래도 기뻤다. 그런데 감사하게도 빌립보 교회가 있었다. 그 교회는 바울에게 은총의 통로였고 선물이었다. 그래서 더 기뻤다. 주님이 사랑하시는 사람들을 위하여 자신을 제물로 드릴 수 있고, 간구할 수 있고, 목숨을 바쳐 살 수 있는 기회가 너무나 기뻤던 것이다.

만일 너희 믿음의 제물과 섬김 위에 내가 나를 전제로 드릴지라도 나는 기뻐하고 너희 무리와 함께 기뻐하리니 이와 같이 너희도 기뻐하고 나와 함께 기뻐하라 _빌 2:17-18

엔 크리스토의 비밀

바울은 이처럼 아름다운 교회를 보면서 자신이 깨달은 비밀을 소개한다. 그것은 예수 그리스도를 아는 것의 놀라움이었다. 바로 예수 그리스도의 아름다움이었다. 실제로 바울이 그리스도를 온전히 아는 순간, 그가 자랑하던 모든 것들이 '배설물'*에 불과하다는 것을 깨닫는다. 그래서 자신의 모든 것을 더 버리고 싶었다. 버리고 버리고 버리면 그리스도를 더 알게 되고, 그로 인해 자신을 더 깨닫게 될 것임을 알았기 때문이었다.

또한 모든 것을 해로 여김은 내 주 그리스도 예수를 아는 지식이 가장 고상하기 때문이라 내가 그를 위하여 모든 것을 잃어버리고 배설물로 여김은 그리스도를 얻고 그 안에서 발견되려 함이니 … _빌 3:8-9

그러므로 이렇게 자신을 버리고 주를 아는 것을 추구하면서 깨닫게 된 지식 때문에 모든 상황은 즐거움이었다. 하나님이 섭리하시는 까닭에 걱정할 것도 없었다. 그래서 이렇게 권면하는 것이 당연했다.

주 안에서 항상 기뻐하라 내가 다시 말하노니 기뻐하라 … 아무 것도 염려하지 말고 다만 모든 일에 기도와 간구로, 너희 구할 것을 감사함으로 하나님께 아뢰라 그리하면 모든 지각에 뛰어난 하나님의 평강이 그리스도 예수 안에서 너희 마음과 생각을 지키시리라 _빌 4:4,6-7

이 놀라운 권면을 바울이 할 수 있었던 것은 그리스도를 아는 지식으로 인한 다른 차원의 깨달음 때문이었다. 물론 그 비밀은 그리스도 안에 거함으로써 그와 일치되는 자들에게 임하는 놀라운 능력이기도 했다. 이 세상의 모든 환경과 상황을 초월하는 하나님의 능력이기 때문이다.

나는 비천에 처할 줄도 알고 풍부에 처할 줄도 알아 모든 일 곧 배부름과 배고픔과 풍부와 궁핍에도 처할 줄 아는 일체의 비결을 배웠노라 내게 능력 주시는 자 안

* 빌 3:8, 배설물, '스쿠발라'는 '똥, 오물, 쓰레기'라는 뜻

에서 내가 모든 것을 할 수 있느니라 _빌 4:12-13

"내게 능력 주시는 자 안에서 모든 것을 할 수 있느니라", 이것은 바울이 빈번하게 쓰는 표현인 '그리스도 안에서'(엔 크리스토)가 이뤄질 때 생기는 능력이다. 놀라운 비밀이다. 그래서 바울은 빌립보 교회에 어려움과 환난이 닥칠 때 어떻게 해야 하는지를 말한다. 바울이 사는 비밀이었고, 우리도 살 수 있는 또 다른 비밀이었다.

아무 것도 염려하지 말고 다만 모든 일에 기도와 간구로, 너희 구할 것을 감사함으로 하나님께 아뢰라 그리하면 모든 지각에 뛰어난 하나님의 평강이 그리스도 예수 안에서 너희 마음과 생각을 지키시리라 끝으로 형제들아 무엇에든지 참되며 무엇에든지 경건하며 무엇에든지 옳으며 무엇에든지 정결하며 무엇에든지 사랑 받을 만하며 무엇에든지 칭찬 받을 만하며 무슨 덕이 있든지 무슨 기림이 있든지 이것들을 생각하라 너희는 내게 배우고 받고 듣고 본 바를 행하라 그리하면 평강의 하나님이 너희와 함께 계시리라 _빌 4:6-9

빌립보서 1장부터 4장까지의 중심 구절

너희 안에서 착한 일을 시작하신 이가 그리스도 예수의 날까지 이루실 줄을 우리는 확신하노라(1:6). 그러므로 나의 사랑하는 자들아 너희가 나 있을 때뿐 아니라 더욱 지금 나 없을 때에도 항상 복종하여 두렵고 떨림으로 너희 구원을 이루라(2:12). 형제들아 나는 아직 내가 잡은 줄로 여기지 아니하고 오직 한 일 즉 뒤에 있는 것은 잊어버리고 앞에 있는 것을 잡으려고 푯대를 향하여 그리스도 예수 안에서 하나님이 위에서 부르신 부름의 상을 위하여 달려가노라(3:14). 나는 비천에 처할 줄도 알고 풍부에 처할 줄도 알아 모든 일 곧 배부름과 배고픔과 풍부와 궁핍에도 처할 줄 아는 일체의 비결을 배웠노라 내게 능력 주시는 자 안에서 내가 모든 것을 할 수 있느니라(4:12-13).

Reading Bible Checklist														빌립보서 1-4장
1 ●	2 ●	3 ●	4 ●											

67

골로새서

위의 것을 생각하라

• 골로새서 1-4장 •

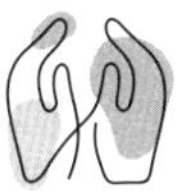

바울은 골로새에서 온 에바브라가 로마의 감옥에 함께 있었던 일 외엔 골로새 교회와 직접적인 관계가 없다. 물론 그 감옥에는 에바브라만이 아니라 골로새와 관계없는 아리스다고, 마가, 누가, 데마 등 여러 명이 함께 투옥돼 있었다.

나와 함께 갇힌 아리스다고와 바나바의 생질 마가와 … 그리스도 예수의 종인 너희에게서 온 에바브라가 너희에게 문안하느니라 … _골 4:10,12

회람서신

에바브라가 로마의 감옥에 어떻게 갇혔는지 알 수 없지만, 그곳에서 골로새 교회의 지도자(담임목사)로 섬기는 그가 골로새 교회의 문제들을 바울에게 의논한 것으로 보인다. 그것에 대한 답장이 바울이 골로새 교회에 보낸 이 편지이다.

그렇다면 골로새 교회가 바울과 구체적으로 어떤 관계이길래 바울이 이 교회에 목회서신을 보낸 것일까? 그것은 바울이 3차 전도여행 중에 에베소에 머물면서 두란노서원을 세우고 말씀을 가르친 것과 관계가 있다.

초대교회의 전승에 의하면 두란노서원은 오전 11시부터 오후 4시까지 사용되었고, 바울은 남은 시간에 장막을 제작했다고 전해진다. 그때 바울은 두란노서원에서 아시아 지역의 사람들을 가르치는 데 주력했는데, 많은 교회 지도자들이 세워진 것으로 추측된다.

두 해 동안 이같이 하니 아시아에 사는 자는 유대인이나 헬라인이나 다 주의 말씀을 듣더라 _행 19:10

에바브라 역시 두란노서원에서 공부한 제자로 보인다. 에베소를 중심으로 동쪽에 위치한 라오디게아, 골로새, 히에라볼리, 빌라델비아를 비롯해 북쪽으로는 서머나, 사데, 두아디라, 버가모까지, 바울이 전도했던 소아시아 지역의 많은 교회들의 지도자들이 에바브라처럼 두란노서원에서 공부하였을 것이다. 그러므로 이 편지의 대상은 골로새 교회가 우선이었지만 동시에 그들만을 위한 것은 아니었다. 바울의 편지들은 회람되었다. 골로새서는 라오디게아 교회에도 전달되어야 했고, 라오디게아 교회에 먼저 보냈던 편지는 골로새 교회도 읽어야 했다.

이 편지를 너희에게서 읽은 후에 라오디게아인의 교회에서도 읽게 하고 또 라오디게아로부터 오는 편지를 너희도 읽으라 _골 4:16

따라서 다른 교회들도 이 편지를 읽었을 확률이 높다. 여하튼 에바브라는 바울과 함께 감옥에 있었던 까닭에, 바울이 골로새 교회를 걱정하여 쓴 목회서신은 두기고 편에 보내진다. 그때 오네시모도 함께 동행하는데, 이에 대해선 빌레몬서를 다룰 때 나누려 한다.

두기고가 내 사정을 다 너희에게 알려 주리니 그는 사랑 받는 형제요 신실한 일꾼이요 주 안에서 함께 종이 된 자니라 내가 그를 특별히 너희에게 보내는 것은 너

희로 우리 사정을 알게 하고 너희 마음을 위로하게 하려 함이라 _골 4:7-8

편지를 전달하는 역할을 한 두기고가 골로새 교회만 아니라 에베소 교회에도 전달했던 것으로 보아(엡 6:21) 이 편지들은 두루 회람되었을 것이다.

골로새 교회

바울이 보낸 편지의 수신인들이 있는 골로새는 소아시아 브리기아 지방에 속하여 로마의 통치를 받는 지역이었다. 골로새는 원래 원주민이 있었지만, 요세푸스의 기록에 의하면 BC 213년에 안티오쿠스 3세가 유대인 2천 가정을 골로새로 이주시키면서 유대인들이 많이 사는 도시가 되었다.

원래 골로새는 소아시아와 시리아로 이어지는 무역로에 있었고, 양털 생산과 관련하여 중요한 도시였다. 그런 까닭에 BC 62-63년 무렵이 되었을 때는 골로새에 거주하던 유대인들이 예루살렘에 내는 성전세로 20 파운드의 금을 수송한 기록이 나온다. 이같은 것을 볼 때 적어도 11,000 명의 유대인 성인 남자가 거주한 것으로 추측된다. 하지만 이후 무역의 중심이 인근의 라오디게아로 옮겨지면서 도시는 급격히 쇠퇴하기 시작하였고, AD 60-61년 경에 발생한 지진으로 인해 거의 몰락하는 단계에 이른다. 이같은 역사적 정황을 볼 때, 골로새서는 지진이 발생하기 전에 쓰인 것으로 여겨진다.

골로새 교회가 겪고 있던 어려움은 그 당시 로마의 통치 아래 있던 도시 교회들의 어려움과 일반적으로 공통분모가 있다. 특히 골로새는 화려하고 부요한 도시였던 까닭에 다양한 종교들이 자리잡고 있었는데, 키벨레 여신과 페르시아에서 시작된 미드라 신을 비롯해 다양한 형태의 신비적인 신들을 섬기고 있었다. 이같은 신비주의적 경향이 유대교와 만나 혼합

주의 종교 형태로 복잡하게 전개된다. 그것이 골로새서를 흐르는 주요 논지인 '거짓 교훈'의 문제를 일으켰다.

특히 골로새 교회에 들어온 거짓교사들은 '철학과 헛된 속임수'(골 2:8)로 미혹했는데, 그 중 핵심이 예수 그리스도를 부정하는 것이었다. 더욱이 시대적 분위기는 로마제국의 강력한 황제숭배와도 맞물려 있었다. 이같이 황제를 주(主)로 고백하며 숭배하기 때문에 예수를 '주'로 고백하는 기독교인들을 로마가 박해하는 것은 당연했다. 왜냐하면 오로지 로마 황제에게만 '주'(主, 큐리오스, 도미누스)라는 칭호를 붙일 수 있었기 때문이었다. 그러므로 기독교인들이 황제 숭배를 요청받은 것은 고통스러웠다. 교회의 위기였고, 기독론이 변질될 수 있었다.

기독론

그런 까닭에 바울은 이 편지에서 가장 중요한 논지로 기독론을 말한다. 특히 1장 15절에서 20절에 아름다운 기독론이 등장하는데, 그 논지는 다음과 같이 시작한다.

> 그는 보이지 아니하는 하나님의 형상이시요 모든 피조물보다 먼저 나신 이시니 만물이 그에게서 창조되되 하늘과 땅에서 보이는 것들과 보이지 않는 것들과 혹은 왕권들이나 주권들이나 통치자들이나 권세들이나 만물이 다 그로 말미암고 그를 위하여 창조되었고 _골 1:15-16

이같은 표현들은 레위서나 에녹서 같은 유대 묵시 문학에 등장하는 것으로 '주관자들'(퀴리오테테스), '정사들'(아르카이), '권세들'(엑수시아이)은 '천사들'*을 가리킨다. 하지만 이 모든 것들은 '만물'은 물론이고, 심지어 '왕권들이나 주권들이나 통치자들' 모두 피조된 존재들로서, 모든 것이 오

* 목회와신학 편, 에베소서 골로새서 어떻게 설교할 것인가, 두란노아카데미, 347

로지 예수 그리스도에게 종속되어 있음을 바울은 강조한 것이다. 결국 로마 황제도 신격화되어 있지만, 피조물에 불과하다고 설명한 것이다.

골로새서의 중요한 접근 중에 하나는 특히 기독론의 마지막 부분에 있다.

아버지께서는 모든 충만으로 예수 안에 거하게 하시고 그의 십자가의 피로 화평을 이루사 … _골 1:19-20

여기서 바울이 사용하고 있는 '모든 충만'은 단순한 표현이 아니다. '충만'으로 번역된 헬라어 단어 '플레로마'는 영지주의 개념에서 최고의 신의 빛으로 가득한 영적 상태를 말한다. 그로부터 떨어져 나온 '이온'들이 물질세계를 이룬다고 생각했다. 그러므로 영적 지식으로 저급한 이온에서 플레로마에 이르기 위해 지식(그노시스)을 중요하게 여겼다. 이로 인해 만연한 것이 바로 '영지주의'였다.

그때는 영지주의 영향이 본격적으로 드러나지 않았어도, 우주적 구원에 대한 지식을 추구하던 헬라적 세계관이 영향을 주던 시기였다. 그런 까닭에 더글러스 무는 이 개념을 그리스도교화하려고 '십자가에서 흘린 그의 피를 통해서'라는 구절을 덧붙인 것**이라고 보았다. 즉 하나님이 그리스도 안에 충만하시기 때문에, 우리는 그리스도 안에서, 그리스도를 통하여 하나님과 온전한 화해를 이룰 수 있다는 뜻이었다. 이런 이해로 공동번역을 읽으면 흥미롭다.

하나님께서는 당신의 완전한 본질을 그리스도에게 기꺼이 주시고 그리스도를 내세워 하늘과 땅의 만물을 당신과 화해시켜 주셨습니다. 곧 십자가에서 흘리신 예수의 피로써 평화를 이룩하셨습니다. _골 1:19-20 공동번역

** 더글러스 무, 골로새서 빌레몬서, 부흥과개혁사, 184

그리스도의 남은 고난

하지만 이 세상은 고통의 현장이다. 특히 세상은 그리스도를 인정하지 않는 까닭에 기독교인은 고난에 노출될 수밖에 없다. 이것은 바울의 다메섹 체험과 더불어 새롭게 이해된다. 그는 다메섹 도상에서 자신이 직접 핍박한 적이 없는 예수로부터 예수를 핍박했다는 말을 들은 것이다. 예수께서 자신을 교회와 동일시하신 것이다.

주여 뉘시오니이까 가라사대 나는 네가 핍박하는 예수라 _행 9:5 개역한글

이같은 인식은 바울로 하여금 교회와 기독교인이 당하는 현재의 고난에 예수가 참여하고 계시며, 그러므로 그 고난에 참여하는 것이 그리스도의 고난에 동참하는 것이라는 것을 깨닫게 하였다. 여기서 '그리스도의 남은 고난'이라는 인식이 나왔다. 바울은 이런 이해에서 여전히 고난 당하는 기독교인들로 인해 주님의 고난이 남아 있다고 말하지만, 또한 그 이유 때문에 그 고난을 자신의 몸에 채우겠다고 고백한다.

나는 이제 너희를 위하여 받는 괴로움을 기뻐하고 그리스도의 남은 고난을 그의 몸된 교회를 위하여 내 육체에 채우노라 _골 1:24

바울이 이같은 다짐을 하였지만, 기독교인들은 고난이 일반화되어가는 세상에서 고난을 회피하려 했다. 세상의 쾌락과 물질적 삶을 통해 망각하려는 경향을 보였던 것이다. 그것은 땅만 바라보며 땅에 속하여 살겠다는 변질이었다. 바울은 그같이 땅에 속한 삶은 옳지 않다고 말하면서 이렇게 요청한다.

그러므로 너희가 그리스도와 함께 다시 살리심을 받았으면 위의 것을 찾으라 … _골 3:1

우리는 이미 그리스도와 함께 죽었고 그리스도와 함께 살리심을 받은 존재들이기 때문이다. 그래서 바울은 '살리심을 받았다'의 시제로 과거 수

동태를 사용했다. 우리가 비록 이 땅에 살고 있지만, 세상의 논리에 종속되어 살 이유가 없다고 반복하여 강조한 것이다.

위의 것을 생각하고 땅의 것을 생각하지 말라 이는 너희가 죽었고 너희 생명이 그리스도와 함께 하나님 안에 감추어졌음이라 _골 3:2-3

그러므로 위의 것을 찾고, 위의 것을 생각하고, 땅의 것을 생각하지 말라는 권면의 시제는 모두 현재 능동태이다. 헬라어의 현재 시제는 '계속해서'라는 내용을 담고 있다. 그러므로 "계속해서 찾고 생각하라"는 뜻임을 알 수 있다.

위의 것을 찾으라

그렇다면 왜 위의 것을 추구해야 하는가? '너희가 죽었기'(골 3:3) 때문이라고 바울은 말한다. 우리가 위의 것을 생각하고 찾아야 하는 이유이다. 그런데 우리는 여전히 이 땅의 것을 생각하고 땅에 연연하며 산다. 그 이유는 우리가 죽었지만 여전히 살아 있기 때문이라고 바울은 보았다. 그래서 '땅에 있는 지체를 죽이라'고 권면하였다. 공동번역은 "모든 세속적인 욕망을 죽이십시오"라고 번역했다. 사실 우리가 주님을 믿는 것에서 가장 큰 적은 자신의 욕망이다. 바울은 아예 이것을 '우상숭배'라고 직설적으로 표현했다.

그러므로 땅에 있는 지체를 죽이라 곧 음란과 부정과 사욕과 악한 정욕과 탐심이니 탐심은 우상 숭배니라 _골 3:5

또한 우리가 우리 자신을 죽여야 하는 결정적인 이유는 이미 새 사람을 입었기 때문이다. 그러므로 '옛사람과 그 행위를 벗어 버리고'(골 3:9)라고 요구하였다.

새 사람을 입었으니 이는 자기를 창조하신 이의 형상을 따라 지식에까지 새롭게

하심을 입은 자니라 _골 3:10

'새 사람을 입었으니'라고 마치 이미(already) 이뤄진 느낌으로 번역했지만, 헬라어 성경은 수동태 현재형을 썼다. 그 의미는 "아직 완성되지 않은 상태로 끊임없이 새로워지고 있는 상태에 있다"라는 뜻이다.

그러므로 착각하지 말아야 한다. 우리가 그리스도 안에서 이미 새로운 피조물이지만(already) 아직(not yet) 그리스도의 완전함에 이른 상태는 아니다. 우리는 지금 공사 중이다. 단 하루도 쉬지 않고 자신을 쳐서 복종시키며 개혁해야 한다. '참된 지식' 곧 온전한 지식에 이르도록 말이다.

골로새서 1장부터 4장까지의 중심 구절

나는 이제 너희를 위하여 받는 괴로움을 기뻐하고 그리스도의 남은 고난을 그의 몸된 교회를 위하여 내 육체에 채우노라(1:24). 너희가 세상의 초등학문에서 그리스도와 함께 죽었거든 어찌하여 세상에 사는 것과 같이 규례에 순종하느냐(2:20). 너희가 그리스도와 함께 다시 살리심을 받았으면 위의 것을 찾으라 거기는 그리스도께서 하나님 우편에 앉아 계시느니라 위의 것을 생각하고 땅의 것을 생각하지 말라(3:1-2). 기도를 계속하고 기도에 감사함으로 깨어 있으라(4:2).

Reading Bible Checklist														골로새서 1-4장
1 ●	2 ●	3 ●	4 ●											

68

데살로니가전서

사람이 사람을 살린다

• 데살로니가전서 1-5장 •

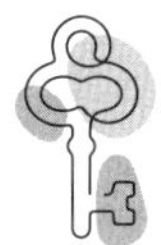

데살로니가는 바울의 2차 전도여행 때 마게도냐 사람의 환상을 보고 넘어간 첫 도시 빌립보에 이어 도착한 두 번째 도시인데, 로마의 마게도냐 지방의 수도였다. 그런 까닭에 유대인들이 많이 살고 있었고 빌립보와 달리 회당이 있어서, 바울은 그곳에서 늘 익숙한 전도 방식으로 말씀을 전할 수 있었다. 세 번의 안식일 동안 했던 바울의 증거는 효과적이어서 데살로니가 사람들이 복음을 받아들였는데, 그들 중에는 유대인보다 경건한 헬라인이 더 많았다.

… 거기 유대인의 회당이 있는지라 바울이 자기의 관례대로 그들에게로 들어가서 세 안식일에 성경을 가지고 강론하며 뜻을 풀어 그리스도가 해를 받고 죽은 자 가운데서 다시 살아나야 할 것을 증언하고 이르되 내가 너희에게 전하는 이 예수가 곧 그리스도라 하니 그 중의 어떤 사람 곧 경건한 헬라인의 큰 무리와 적지 않은 귀부인도 권함을 받고 바울과 실라를 따르나 _행 17:1-4

본이 된 교회

유대인들은 바울의 이같은 복음 증거를 못마땅하게 여겼다. 그로 인해 회당에서 복음 전할 기회를 바울은 상실한다. 그때부터 바울은 야손의 집에 모여(행 17:6) 말씀을 전하였다. 하지만 이 사역도 순조롭게 진행되지는 않았다. 유대인들이 야손의 집에서 이뤄지는 모임을 용납하지 않은 것이다. 급기야 '거리의 불량배들'(행 17:5 공동번역)까지 모아 폭동을 일으켰고 야손의 집을 습격하였다. 바울은 어쩔 수 없이 급하게 밤을 틈타 데살로니가를 떠나 베뢰아로 이동해야 했다.

밤에 형제들이 곧 바울과 실라를 베뢰아로 보내니 그들이 이르러 유대인의 회당에 들어가니라 _행 17:10

그런데 다행히 베뢰아 유대인들은 데살로니가 유대인들보다 훨씬 너그럽고 말씀에 대한 간절함이 깊었다.

그 곳 유다인들은 데살로니카 유다인들보다 마음이 트인 사람들이어서 말씀을 열심히 받아들이고 바울로의 말이 사실인지 알아보려고 날마다 성서를 연구하였다. 이리하여 그들 중 많은 사람이 예수를 믿게 되었다. … _행 17:11-12 공동번역

하지만 오래가지 않아 데살로니가 유대인들이 베뢰아까지 좇아와 선동하기 시작하는 바람에, 바울은 다시 피해 급하게 아가야 지역으로 옮기게 되는데, 도착한 도시가 아덴이었다. 그러나 혼자 먼저 피한 까닭에 아덴에서 바울은 실라와 디모데를 기다려야 했다.

이후 아덴에서 디모데와 실라를 만나지만, 바울은 데살로니가를 도망치듯 떠나온 것을 너무 마음 아파하였다. 특히 데살로니가 교회의 성도들 대부분이 개종한 이방인들이었기 때문에(살전 1:9) 더욱 염려됐던 것이다. 그래서 바울은 데살로니가 교회의 상황을 좀더 살피기 위하여 디모데를 데살로니가로 다시 보냈고(살전 3:1-3), 바울은 아가야 지방의 수도인

고린도로 옮겨 간다. 하지만 데살로니가 교회의 상황을 살피고 돌아온 디모데로부터 교회의 아름다운 소식을 듣게 되는데, 그것은 엄청난 기쁨이었다.

지금은 디모데가 너희에게로부터 와서 너희 믿음과 사랑의 기쁜 소식을 우리에게 전하고 또 너희가 항상 우리를 잘 생각하여 우리가 너희를 간절히 보고자 함과 같이 너희도 우리를 간절히 보고자 한다 하니 _살전 3:6

바울이 칭찬하며 이 편지를 쓴 이유이다. 짧은 기간의 사역이었지만, 이미 데살로니가 교회는 '마게도냐와 아가야에 있는 모든 믿는 자의 본'(살전 1:7)이 되어 있었다. 이같은 모습이 된 것은 데살로니가 교회가 바울을 본받았기 때문이었다.

사실 바울은 데살로니가에 있을 때, 당시 작업장인 '인슐라'에서 밤낮으로 일하면서 동시에 복음을 전했다. 이것은 부정할 수 없는 사실이었고, 데살로니가 교인들도 알고 있었다. 데살로니가후서를 보면 짐작할 수 있는데, 야손의 집에 거하면서 어떤 부담도 전혀 주지 않았고, 심지어 생활비와 식비도 다 내며 생활한 것이다.

누구에게서든지 음식을 값없이 먹지 않고 오직 수고하고 애써 주야로 일함은 너희 아무에게도 폐를 끼치지 아니하려 함이니 _살후 3:8

뿐만 아니라 데살로니가에 있는 바울을 도운 교회는 빌립보였다. 사실 빌립보 교회도 가난했을 텐데, 더 가난했을지 모를 데살로니가의 바울을 도운 것이다(고후 8:1-2). 바울은 이렇게까지 데살로니가 교회에 부담을 주지 않으려 했다.

빌립보 사람들아 … 데살로니가에 있을 때에도 너희가 한 번뿐 아니라 두 번이나 나의 쓸 것을 보내었도다 _빌 4:15-16

믿음이 믿음을 치료하다

어떤 면에서 바울은 결벽증을 가진 사람처럼 살았다. 이런 모습을 데살로니가 교인들은 잘 알고 있었다. 그런 그들이 바울을 본받아 열심히 신앙생활을 하였고, 더 발전하여 그리스도를 닮은 삶으로 나아간 것이다. 바울은 견딜 수 없는 감격에 빠진다.

> 여러분은 많은 환난 중에서도 성령께서 주시는 기쁨을 가지고 말씀을 받아들여 우리뿐만 아니라 주님까지 본받았습니다. _살전 1:6 공동번역

그런 까닭에 바울은 더 자랑스러웠다. 어느 사이엔가 데살로니가 교인들은 다른 이들의 본이 되어 있었다. 본받은 자가 본받을 자가 된 것이다.

> 그러므로 너희가 마게도냐와 아가야에 있는 모든 믿는 자의 본이 되었느니라 _살전 1:7

믿은 지 얼마 되지 않은 교회가 세상을 뒤흔든 것이다. 그같은 모습은 무엇보다 바울에게도 영향을 주었다. 데살로니가를 도망치듯 빠져나온 것이 못내 속상했던 바울이 데살로니가 교회의 아름다운 모습과 그들의 믿음을 보면서 회복된 것이다. 말하자면 그들의 믿음이 바울을 살린 것이다. 믿음이 믿음을 치료한 것이다.

> 이러므로 형제들아 우리가 모든 궁핍과 환난 가운데서 너희 믿음으로 말미암아 너희에게 위로를 받았노라 그러므로 너희가 주 안에 굳게 선즉 우리가 이제는 살리라 _살전 3:7-8

바울이 특히 고무된 이유는 그들이 '어떻게 살아야 하나님을 기쁘게 해드릴 수 있는지 우리에게서 배웠고 또 배운 대로 살고'(살전 4:1 공동번역) 있었기 때문이었다.

물론 데살로니가 교회에 문제가 없었던 것은 아니다. 비록 그들이 '우상을 버리고'(살전 1:9) 주를 믿었지만, 생활화된 습성을 버리는 것은 쉽지 않

았기 때문이다. 특히 우상을 섬기는 일반적 종교문화 때문에 오랫동안 생활로 자리잡은 성적 문란의 문제와, 믿음의 연조가 짧아 잘 이해할 수 없었던 종말론의 문제는 고치거나 이해하기 힘들어했다. 죽음에 대해 유난히 두려워하는 그들에게, 죽음은 소멸되거나 사라지거나 헤어지는 것이 아니라, 모두 함께 부활하여 함께 살 것이란 말로 위로하였다.

주께서 호령과 천사장의 소리와 하나님의 나팔 소리로 친히 하늘로부터 강림하시리니 그리스도 안에서 죽은 자들이 먼저 일어나고 그 후에 우리 살아 남은 자들도 그들과 함께 구름 속으로 끌어 올려 공중에서 주를 영접하게 하시리니 그리하여 우리가 항상 주와 함께 있으리라 그러므로 이러한 말로 서로 위로하라 _살전 4:16-18

비록 신앙의 연수가 짧은 교회였지만, 이토록 근사하고 아름다운 모습 앞에서 바울은 책망할 것이 거의 없었다. 모두 하나님이 하신 일이었다. 데살로니가 교회는 그 같은 삶을 충분히 살 수 있는 교회였던 것이다. 그런 까닭에 다른 서신에서 볼 수 없는 이 아름다운 윤리를 말할 수 있었던 것으로 보인다.

항상 기뻐하라 쉬지 말고 기도하라 범사에 감사하라 이것이 그리스도 예수 안에서 너희를 향하신 하나님의 뜻이니라 _살전 5:16-18

우리는 데살로니가 교회를 통해 놀라운 비밀을 본다. 희생과 헌신으로 사는 바울이 데살로니가 교회를 바르게 살게 했고, 그 본을 받아 바르게 믿은 데살로니가 교회가 바울을 위로하였다는 사실이다. 또한 같은 방법으로, 지금의 우리가 또 다른 사람을 위로하고 강하게 한다는 사실이다. 사람이 사람을 살리는 비밀이다.

데살로니가전서 1장부터 5장까지의 중심 구절

우리 복음이 너희에게 말로만 이른 것이 아니라 또한 능력과 성령과 큰 확신으로 된 것임이라(1:5). 우리의 소망이나 기쁨이나 자랑의 면류관이 무엇이냐 그가 강림하실 때 우리 주 예수 앞에 너희가 아니냐 너희는 우리의 영광이요 기쁨이니라(2:19-20). 형제들아 우리가 모든 궁핍과 환난 가운데서 너희 믿음으로 말미암아 너희에게 위로를 받았노라(3:7). 하나님이 우리를 부르심은 부정하게 하심이 아니요 거룩하게 하심이니(4:7). 너희는 다 빛의 아들이요 낮의 아들이라 우리가 밤이나 어둠에 속하지 아니하나니 그러므로 우리는 다른 이들과 같이 자지 말고 오직 깨어 정신을 차릴지라(5:5-6).

Reading Bible Checklist														데살로니가전서 1-5장
1 ●	2 ●	3 ●	4 ●	5 ●										

69

데살로니가후서

자랑스러운 교회

• 데살로니가후서 1-3장 •

나 바울은 친필로 문안하노니 이는 편지마다 표시로서 이렇게 쓰노라 _살후 3:17

편지 말미에 이같이 자신의 편지라는 것을 강조하는 것은 처음 편지를 쓴 후에 미진한 부분이 있거나, 아니면 다뤄야 할 새로운 상황이 발생했음을 의미한다. 실제로 데살로니가후서는 첫 번째 편지를 쓴 후 몇 달쯤 있다가 고린도에서 쓴 편지이다.

계속 성장하는 교회

두 번째 편지를 쓴 것은 무슨 특별한 문제가 있기 때문이 아니라, 데살로니가 교회가 성장하고 있다는 소식이 바울로 하여금 이같이 반응하게 한 것이다. 사랑하는 교회에게 무엇이든 좀 더 주고 싶었던 것이다. 그래서 편지를 쓰는 것이지만, 여전히 그들의 아름다운 신앙 때문에 기분이 좋았다. 그래서 그들이 계속 성장하는 모습에 감사한다고 말을 꺼낸다.

형제들아 우리가 너희를 위하여 항상 하나님께 감사할지니 이것이 당연함은 너

희의 믿음이 더욱 자라고 너희가 다 각기 서로 사랑함이 풍성함이니 _살후 1:3

데살로니가 교회는 그 사이에도 성장하고 있었다. 그래서 바울은 하나님께 감사하는 것이 '당연하다'고 말한다. 무엇보다 믿음이 더욱 자랐기 때문이다. 이것은 일반적으로 자랐다는 뜻이 아니다. 이 표현의 헬라어 성경은 '휘페라욱사노'란 단어를 쓰고 있는데, 단순한 성장이 아니라 '과도하게 자라다'는 의미이다. 데살로니가 교회가 바울의 기대 이상으로 성숙해간 것이다. 그것만이 아니었다. 첫 번째 편지에서는 여전히 있는 환난과 박해를 걱정했는데, 그것마저 잘 견디는 본을 보이고 있었다. 그래서 바울이 두 번째 편지를 쓴 것인데, 그 아름다운 모습이 자랑스럽다고 말하며 칭찬하고 싶었던 것이다.

그러므로 너희가 견디고 있는 모든 박해와 환난 중에서 너희 인내와 믿음으로 말미암아 하나님의 여러 교회에서 우리가 친히 자랑하노라 _살후 1:4

물론 약간의 문제도 있었다. 특히 종말에 대한 잘못된 가르침이 있었는데, 바울은 첫 번째 편지에서 주의 재림과 모든 죽은 자(자는 자)와 지금 살아 있는 자들이 '끌어 올려' 함께 한다는 미래적 사건을 설명했었다. 하지만 데살로니가 교회 안에 '예수 그리스도의 강림하심과 우리가 그 앞에 모임에 관하여'(살후 2:1) 거짓 가르침이 흐르고 있었다. 그 거짓 가르침의 핵심은 '주의 날이 이미 이르렀다'(살후 2:2), 곧 주님이 재림했다는 주장이었다. 이같은 거짓 가르침에 대하여 데살로니가 교인들은 두 개의 극단적인 반응을 보였는데, 하나는 주님이 재림했다고 믿고서 매우 흥분한 반응이었고, 다른 하나는 극도의 두려움에 사로잡힌 것이었다. 특히 거짓교사들은 그같은 주장을 뒷받침하기 위하여 직접 계시를 받았다고 하거나, 바울이 그런 편지를 보냈다고 위조 편지를 들이민 것으로 보인다. 그래서 바울은 그같은 거짓된 교훈을 주의시키려고 직접 '친필로'(살후 3:17) 편지를 써서 보낸 것이다.

영으로나 또는 말로나 또는 우리에게서 받았다 하는 편지로나 주의 날이 이르렀다고 해서 쉽게 마음이 흔들리거나 두려워하거나 하지 말아야 한다는 것이라 _살후 2:2

특히 바울은 매우 분명한 현상, 곧 주님의 재림 전에 일어날 두 가지 현상을 것을 말했는데, 하나는 믿던 자들이 그리스도를 버리고 떠나는 '배교'이고, 다른 하나는 스스로 모든 종류의 우상과 신이라고 주장하는 것을 뛰어넘는 '멸망의 아들'(살후 2:3)의 등장이라고 말했다. '하나님의 성전에 앉아 자기를 하나님'(살후 2:4)이라고 주장하는 완벽한 '적그리스도'가 나타나는 현상이 있을 것이라고 주의시킨 것이다. 그러므로 지금 주님이 재림했다는 소식은 거짓이라고 바울은 말한다. 이런 관점에서 볼 때, 주님의 재림보다 먼저 일어날 일들, 곧 '전면적인 배교'와 '완벽한 적 그리스도의 등장'이라는 기준은 오늘 우리에게도 의미가 있다.

걱정할 것이 없는 교회

사실 데살로니가 교회는 크게 걱정할 교회가 아니었다. 오히려 기도를 부탁할 만큼 단단한 교회였다. 늘 독립적으로 활동하는 바울이 데살로니가 교회에 기도를 요청한 이유이다.

교우 여러분, 마지막으로 부탁합니다. 우리를 위해서 기도해 주십시오. … _살후 3:1 공동번역

더구나 바울의 사역은 하나님의 뜻을 좇는 사역이기 때문에 기도가 더 필요했다. 앞에서 언급한 것처럼 '불법의 비밀이 이미 활동'(살후 2:6)하고 있었고, 그것을 주동하고 있는 적그리스도에게 속한 이들이 있었기 때문이다. 그들은 강력한 악을 갖고 있었다.

결정적으로 기도를 부탁한 이유는, 바울 자신이 가진 믿음이라 할지라도 자신의 믿음을 온전히 믿을 수 없기 때문이었다. 믿음은 사람이 결정하고 소유할 수 있는 것이 아니라는 것을 알고 있었던 것이다.

… 믿음은 모든 사람의 것이 아님이라 _살후 3:2

마지막으로 바울은 데살로니가 교회가 더 열심을 내고 게으르지 말고 열심히 살 것을 요청하면서, 바울 자신이 얼마든지 수고의 삯을 받을 권리가 있었지만(살후 3:9) 직접 노동하며 산 이유를 설명하였다. 그리스도 안에서 사는 옳은 삶이 무엇인지를 보여주기 위함이었다고 말한다.

우리에게 권리가 없는 것이 아니요 오직 스스로 너희에게 본을 보여 우리를 본받게 하려 함이니라 … 형제들아 너희는 선을 행하다가 낙심하지 말라 _살후 3:9,13

누구든지 선한 일을 시작할 수 있다. 데살로니가 교회가 복음을 받아들인 후에 지금까지 멋있게 걸어온 것처럼 말이다. 하지만 꾸준히 성실하게 생활하는 것이 중요하다. 바로 그 모습이 진정 주님의 재림을 기다리며 사는 것이라고 바울은 말하고 싶었던 것이다. 실제로 그들 중 일부가 이상한 염세적 낙관주의 태도를 취하여 일하지도 않고, 현실을 부정하는 모습을 보이기도 했다. 그래서 그런 그들을 보고서 강조하였다. '낙심하지 말라' (살후 3:13)고 위로한 것이다. 그리고 바울은 편지를 마무리하면서, 정말 하고 싶은 진심어린 축복을 하며 편지를 끝맺는다.

평강의 주께서 친히 때마다 일마다 너희에게 평강을 주시고 주께서 너희 모든 사람과 함께 하시기를 원하노라 _살후 3:16

참 아름답다. 누구에게도 걱정할 필요가 없는 교회, 그런 기독교인이 되는 것이 얼마나 아름다운 일인지 알려주는 교회이다.

데살로니가후서 1장부터 3장까지의 중심 구절

형제들아 우리가 너희를 위하여 항상 하나님께 감사할지니 이것이 당연함은 너희의 믿음이 더욱 자라고 너희가 다 각기 서로 사랑함이 풍성함이니(1:3). 영으로나 또는 말로나 또는 우리에게서 받았다 하는 편지로나 주의 날이 이르렀다고 해서 쉽게 마음이 흔들리거나 두려워하거나 하지 말아야 한다는 것이라(2:2). 형제들아 우리 주 예수 그리스도의 이름으로 너희를 명하노니 게으르게 행하고 우리에게서 받은 전통대로 행하지 아니하는 모든 형제에게서 떠나라(3:6).

Reading Bible Checklist														데살로니가후서 1-3장
1	2	3												

70

디모데전서

먼저 자신을 수련하라

· 디모데전서 1-6장 ·

바울은 로마에서 2년 동안의 연금 생활이 끝날 조짐이 보이자 늘 걱정하던 빌립보 교회를 안심시키기 위해 에바브로디도를 먼저 보냈다. 옥바라지를 하던 에바브로디도도 바울처럼 거의 죽을 뻔하다 살아나자, 그의 편에 자신의 소식을 전했던 것이다. 하지만 더 자세한 소식을 전하기 위하여 디모데를 보낼 계획과, 가능하면 자신도 직접 방문할 계획을 세우고 있다고 편지에 적었다.

그러니 내가 디모테오를 보낼 수 있는 형편이 되면 곧 그를 보낼 생각입니다. 그리고 주님께서 허락하신다면 나도 곧 가게 되리라고 믿습니다._빌 2:23-24 공동번역

그러다가 바울이 연금에서 풀렸다. 그때 바울은 제일 먼저 사랑하는 빌립보 교회로 가고 싶었다. 하지만 빌립보에는 디모데만 보내고 자신은 에베소로 간다. 가고 싶은 곳은 빌립보 교회였지만, 바울의 사명은 두란노서원 사역에서의 훈련이 지속되어야 할 에베소 교회였기 때문이었다. 또한 밀레도 해변에서 에베소 장로들과 만났던 일 때문이었는지도 모른다(행

20:24-25).

편지를 쓰는 이유

이후 바울은 에베소에서 빌립보 교회를 방문하고 돌아온 디모데를 만났는데, 바울은 디모데에게 에베소 교회를 목회하도록 맡긴다. 그리고 자신은 그토록 그리웠던 빌립보로 떠난다. 물론 빨리 에베소로 다시 돌아오는 계획도 세운다. 그런데 생각대로 되지 않고(딤전 3:14) 여러 가지 이유로 지체하게 되자 빌립보에서 디모데에게 편지를 썼는데, 그것이 바로 목회서신 디모데서이다.

내가 속히 네게 가기를 바라나 이것을 네게 쓰는 것은 만일 내가 지체하면 너로 하여금 하나님의 집에서 어떻게 행하여야 할지를 알게 하려 함이니 이 집은 살아 계신 하나님의 교회요 진리의 기둥과 터니라 _딤전 3:14-15

바울은 디모데와 에베소 교회 모두가 걱정되었다. 먼저 디모데를 바라보면서 걱정한 까닭은 그가 아직 나이가 어리기 때문에 휘둘림당하거나 자신의 리더십을 스스로 의심할지 모른다는 생각 때문이었다.

누구든지 네 연소함을 업신여기지 못하게 하고 오직 말과 행실과 사랑과 믿음과 정절에 있어서 믿는 자에게 본이 되어 _딤전 4:12

그러나 더 큰 걱정은 에베소 교회였다. 아직 나이 어린 자신의 후계자 디모데를 신뢰하기보다 '다른 교훈'을 좇아갈지도 모른다는 염려 때문이었다. 그런 까닭에 바울이 편지의 머리에서 이것을 강조하였다.

내가 마게도냐로 갈 때에 너를 권하여 에베소에 머물라 한 것은 어떤 사람들을 명하여 다른 교훈을 가르치지 말며 신화와 끝없는 족보에 몰두하지 말게 하려 함이라 이런 것은 믿음 안에 있는 하나님의 경륜을 이룸보다 도리어 변론을 내는 것이라 _딤전 1:3-4

이같이 부탁하였지만, 이내 초점은 디모데에게 모아졌다. 목회자가 바로 서는 것이 무엇보다 중요한 것을 알았기 때문이었다. 그래서 목회 전반에 대한 이야기를 쓴 것이다. 그런 까닭에 디모데전서는 단순한 서신이 아니라, 아직 완전하지 않은 리더에게 보내는 목회 코칭 지침서라고 할 수 있다.

자신에 대한 목회

먼저 바울은 디모데에게 교회에 대한 염려와 리더십의 방향을 이야기한 후, 에베소를 떠나기 전에 부탁했던 내용을 상기시켰다(딤전 1:3-11). 그런 다음 목회자가 가져야 할 매우 중요한 것을 말하였다. 그것은 목회자 자신에 대한 것이었는데, 그 시작이 파격적이다. 자신을 스스로 '죄인 중에 내가 괴수'(딤 1:15)라고 고백한 것이다.

내가 전에는 비방자요 박해자요 폭행자였으나 도리어 긍휼을 입은 것은 내가 믿지 아니할 때에 알지 못하고 행하였음이라 우리 주의 은혜가 그리스도 예수 안에 있는 믿음과 사랑과 함께 넘치도록 풍성하였도다 미쁘다 모든 사람이 받을 만한 이 말이여 그리스도 예수께서 죄인을 구원하시려고 세상에 임하셨다 하였도다 죄인 중에 내가 괴수니라 _딤전 1:13-15

디모데가 보기에는 바울이 탁월한 복음전도자였지만 사실은 죄인의 괴수이고, 전적으로 하나님의 은혜로 사역하고 있음을 강조한 것이다. 사역은 우리의 의로움으로 하는 것이 아니라 전적인 하나님의 은혜 때문인 것을 말한 것이다.

내가 맡은 일을 감당할 수 있도록 힘을 주신 우리 주 그리스도 예수께 나는 감사합니다. 주께서 나를 성실한 사람으로 인정하셔서 당신을 섬기는 직분을 나에게 맡겨주신 것입니다. _딤전 1:12 공동번역

그러므로 가장 먼저 해야 할 목회의 중심은 목회자 자신에 대한 목회, 곧 리더 자신에 대한 목회라고 생각했던 것이다. 교인들을 양육하기 전에 목회자 자신이 먼저 온전히 서는 것이 목회의 시작이라는 뜻이었다. 그래서 '선한 싸움, 믿음, 착한 양심'을 강조하였다. 목회자와 리더는 그래야 한다고 말한 것이다. 이것이 중요한 이유를 후메내오와 알렉산더의 예로 드는데, 그들은 분명 믿음이 있었던 사람이었지만 그 믿음이 파선당했기 때문이다. 그 이유는 착한 양심이 무너졌기 때문이라고 말한다.

아들 디모데야 내가 네게 이 교훈으로써 명하노니 전에 너를 지도한 예언을 따라 그것으로 선한 싸움을 싸우며 믿음과 착한 양심을 가지라 어떤 이들은 이 양심을 버렸고 그 믿음에 관하여는 파선하였느니라 _딤전 1:18-19

리더를 세울 때

이어 바울은 목회하면서 리더를 세울 때 어떤 기준으로 세워야 하는지를 말하였는데, 감독(목사)과 집사(평신도 지도자)를 세우는 기준을 말한 것이다. 여러 가지 자격 요건들을 열거하였지만, 감독과 집사의 자격 중에 가장 중요한 것은 이런 것이다. 감독은 '선한 일을 사모하는'(딤전 3:1) 자여야 하고, 집사는 '깨끗한 양심에 믿음의 비밀을 가진 자'(딤전 3:9)여야 한다는 것이다. 그리고 리더(감독, 집사)의 자격을 매우 꼼꼼히 기술하면서 기준들을 제시하였는데, 이 기준들은 크게 둘로 나눌 수 있다. 하나는 부정적 의미에서, 다른 하나는 긍정적 의미에서이다.

부정적 의미에서는 한 아내의 남편(딤전 3:2 집사, 딤전 3:12)이어야 하며, 탓할 데가 없어야(손가락질받지 않아야, 딤전 3:2 공동번역) 하고, 술을 즐기지 않으며(딤전 3:3 집사, 딤전 3:8 술에 인박히지 아니하고), 난폭하지 아니하며(딤전 3:3), 온순하고 남과 다투지 않으며(딤전 3:3), 돈을 사랑하지 아니하며

(딤전 3:3), 일구이언하지 아니하고(딤전 3:8), 부정한 이득을 탐내지 않아야(딤전 3:8 공동번역) 한다.

긍정적 의미에서는 절제할 줄 알고(딤전 3:2), 나그네를 잘 대접하며(딤전 3:2), 가르치는 능력이 있어야 하고(딤전 3:2), 교회 밖의 사람들에게도 좋은 평을 받는 자여야(딤전 3:7 공동번역) 하며, 자기 집을 잘 다스리고(딤전 3:4 집사, 딤전 3:12), 자녀들의 존중을 받아야(딤전 3:4 집사, 딤전 3:12) 한다.

그리고 목회의 중심에 관한 것을 적었는데, 판단할 일이 있을 때는 언제나 말씀과 기도로 생각하고 결정하고 행동할 것을 요청한 것이다. 그것이 거룩의 방법이라고 말하였다.

하나님께서 지으신 모든 것이 선하매 감사함으로 받으면 버릴 것이 없나니 하나님의 말씀과 기도로 거룩하여짐이라 _딤전 4:4-5

먼저 자신을 구원하라

바울은 이어 더 구체적으로 온전한 목회자는 어떻게 해야 하는지를 말하는데, 그 핵심은 훈련에 있다고 강조하였다. 디모데에게 꼭 해주고 싶은 이야기였다. 사실 모든 교회가 바르게 되는 최고의 방법은 바른 목사가 바른 목회를 하는 데 있다.

망령되고 허탄한 신화를 버리고 경건에 이르도록 네 자신을 연단하라 _딤전 4:7

그리고 주의할 것으로 자신의 연소함을 무기로 삼지 말라고 하였다. 사실 '연소함'은 무기이다. '엄마' 하고 뛰어가면 다 용인된다. 그것이 연소함이라는 무기이다. 바울은 그것을 경계한 것이다. '너는 네가 책임져라'는 말이었다. 자기가 자기 삶에 책임을 지고 그 삶을 결정하는 것이다. 누구를 본 받는 것이 아니라, 자기 인생의 독립적 존재로 하나님 앞에서 자기의 삶을 살라는 뜻이었다. 그러므로 무엇보다 전심으로 자기를 훈련함으로 온전한 성숙에 이르기를 추구하라고 요청한 것이다. 그것이 자신을 구하고 다른 사람들을 구하는 방법이기 때문이었다.

이 모든 일에 전심 전력하여 너의 성숙함을 모든 사람에게 나타나게 하라 네가 네 자신과 가르침을 살펴 이 일을 계속하라 이것을 행함으로 네 자신과 네게 듣는 자를 구원하리라 _딤전 4:15-16

1989년 그날, 내 앞에서 한 청년이 익사하는 것을 구해내지 못한 필자에게 삶은 하찮게 살 수 있는 것이 아니었다. '반드시 살려야 한다'는 것은 사명 이상의 것이었다. 그때 눈에 들어온 것이 바로 나 자신의 모습이었다. 무기력한 모습, 자기 연민에 빠져 나를 위해 살아가는 모습이었다. 필자는 그 모습을 보았다. 그것이 시작이었다. 반드시 변화해야 했다. 반드시 준비되어야 했다. 내가 온전해지는 것이 다른 사람을 살리는 방법이라는 것을 알았기 때문이다. 그것이 내가 매진해온 훈련의 이유이다. 바울이 그것을 말하고 있는 것이다.

바울은 마지막으로 어떻게 살아야 하는지를 말하며 편지를 마무리한다. 가장 중요한 것은 우리가 '하나님의 사람'이라는 사실을 주지시켰다. 그러므로 하나님의 사람이 해야 할 첫 번째는 세상적인 것들을 피하는 것이다. 특히 복음의 신비를 '한밑천 잡는 수단'으로 삼거나 자신의 이익을 추구하는 정도로 사는 삶을 피해야 한다. 하나님의 사람답게 살아야 함을 강조한 것이다.

오직 너 하나님의 사람아 이것들을 피하고 의와 경건과 믿음과 사랑과 인내와 온유를 따르며 믿음의 선한 싸움을 싸우라 … _딤전 6:11-12

그렇다면 왜 우리는 선한 싸움을 싸워야 하는 것일까? 우리는 단순한 존재가 아니라 하나님의 사람으로서 '부르심'을 받았기 때문이라고 말한다.

… 영생을 취하라 이를 위하여 네가 부르심을 받았고 많은 증인 앞에서 선한 증언을 하였도다 _딤전 6:12

더욱이 단순한 부르심이 아니라 주님이 우리에게 사명을 주셨기 때문이다. 그래서 바울은 디모데에게 이렇게 명령하였다.

만물을 살게 하신 하나님 앞과 본디오 빌라도를 향하여 선한 증언을 하신 그리스도 예수 앞에서 내가 너를 명하노니 우리 주 예수 그리스도께서 나타나실 때까지 흠도 없고 책망 받을 것도 없이 이 명령을 지키라 _딤전 6:13-14

디모데전서 1장부터 6장까지의 중심 구절

미쁘다 모든 사람이 받을 만한 이 말이여 그리스도 예수께서 죄인을 구원하시려고 세상에 임하셨다 하였도다 죄인 중에 내가 괴수니라(1:15). 하나님은 한 분이시요 또 하나님과 사람 사이에 중보자도 한 분이시니 곧 사람이신 그리스도 예수라(2:5). 집사들도 정중하고 일구이언을 하지 아니하고 술에 인박히지 아니하고 더러운 이를 탐하지 아니하고 깨끗한 양심에 믿음의 비밀을 가진 자라야 할지니(3:8). 네가 네 자신과 가르침을 살펴 이 일을 계속하라 이것을 행함으로 네 자신과 네게 듣는 자를 구원하리라(4:16). 향락을 좋아하는 자는 살았으나 죽었느니라(5:6). 오직 너 하나님의 사람아 이것들을 피하고 의와 경건과 믿음과 사랑과 인내와 온유를 따르며 믿음의 선한 싸움을 싸우라(6:12).

Reading Bible Checklist														디모데전서 1-6장
1 ●	2 ●	3 ●	4 ●	5 ●	6 ●									

디모데후서

최고의 영광

• 디모데후서 1-4장 •

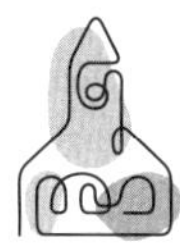

디모데전서는 바울이 마게도냐 빌립보에 있을 때 디모데에게 보낸 목회서신이다. 이후 바울이 계속 전도여행을 하면서 간 곳이 그레데 섬이다. 그곳에서 여행을 마치고 떠날 때 디도를 그곳에 남겨두었는데, 그 일이 목회서신인 디도서의 배경이 된다.

내가 너를 그레데에 남겨 둔 이유는 남은 일을 정리하고 내가 명한 대로 각 성에 장로들을 세우게 하려 함이니 _딛 1:5

디모데후서의 위치

바울의 전도여행은 마게도냐와 소아시아의 여러 지역을 넘어, 그가 그토록 가고 싶어했던 서바나(지금의 스페인)까지 계속되었을 가능성이 있다. 하지만 앞에서 살핀 것처럼, 바울은 '세상 끝까지' 가는 여행 도중에 드로아에 있을 때 체포된 것으로 보인다. 그후 로마로 압송된 바울이 감옥에 투옥되었는데 바로 2차 투옥이다. 네로 로마 화재 사건 이후 기독교인들에 대한 강력한 핍박 때문이었다. 그로 인해 이전과 달리 로마 감옥 생활은 죽음 앞에 있는 것 같았고, 그를 아는 사람들은 피하는 경향이 있었다.

데마는 이 세상을 사랑하여 나를 버리고 데살로니가로 갔고 그레스게는 갈라디아로, 디도는 달마디아로 갔고 누가만 나와 함께 있느니라 … _딤후 4:10-11

이들 중에 눈에 띄는 사람이 데마이다. 사실 데마는 3-4전까지만 해도 로마의 1차 투옥 상황에서 누가와 함께 바울을 지키던 이였다. 골로새서를 보면 알 수 있다.

사랑을 받는 의사 누가와 또 데마가 너희에게 문안하느니라 _골 4:14

하지만 지금 데마를 비롯한 여러 사람들이 바울을 떠나고 없었다. 그런 까닭에 바울이 법정으로 나서는 것은 외로운 여행일 수밖에 없었고, 바울을 심하게 고통스럽게 하는 일이었다.

내가 처음으로 재판정에 나갔을 때에 한 사람도 나를 도와주지 않고 모두가 버리고 가버렸습니다. 그러나 나를 버리고 간 그들이 엄한 벌을 받지 않게 되기를 바랍니다. _딤후 4:16 공동번역

'한 사람도 나를 도와주지 않고'라는 표현이 마음을 무겁게 하지만, 마지막 순간이 가까운 바울의 태도는 예수를 닮은 모습이었다. 그는 그의 소원대로 온전한 예수의 제자로서 끝까지 그렇게 산 것이다.

홀로 재판정에 선 바울은 외로웠을 것이다. 하지만 그의 내면은 단단했다. 편지에 쓴 것처럼, 그는 자신을 버린 이들을 긍휼히 여겼다. 끝까지 바른 경주를 하고 있었다. 그가 홀로 있을 때에도 주님을 깊이 경험하고 있었기 때문이다. 이어지는 구절을 보면 알 수 있다.

주께서는 나와 함께 계시며 나에게 힘을 주셨습니다. 그리하여 나는 하느님의 말씀을 완전히 선포할 수 있었고 그 말씀이 모든 이방인들에게 미치게 되었습니다. 그리고 주께서 나를 사자의 입에서 구해 주셨습니다. 앞으로도 나를 모든 악한 자

들에게서 건져내어 구원하셔서 당신의 하늘 나라로 인도하여 주실 것입니다. 그분께 영광이 영원 무궁토록 있기를 빕니다. 아멘. _딤후 4:17-18 공동번역

디모데가 보고 싶다

그래도 바울은 외로웠다. 그래서 바울은 편지에서 마가와 디모데를 찾은 것이다.

너는 어서 속히 내게로 오라 … 누가만 나와 함께 있느니라 네가 올 때에 마가를 데리고 오라 … 너는 겨울 전에 어서 오라 … _딤후 4:9,11,21

이것이 사도 바울의 마지막 기록이다. 이후 바울이 디모데와 마가를 만났는지는 확인할 길이 없다. 혹시 만나지 못했을지라도, 모든 경주를 마치는 날에는 분명히 만날 것이다.

나는 선한 싸움을 싸우고 나의 달려갈 길을 마치고 믿음을 지켰으니 이제 후로는 나를 위하여 의의 면류관이 예비되었으므로 주 곧 의로우신 재판장이 그 날에 내게 주실 것이며 내게만 아니라 주의 나타나심을 사모하는 모든 자에게도니라 _딤후 4:7-8

누구를 축복할 수 있는 무게와 함께 하나님의 은혜를 매일 경험하는 삶을 살고 있었던 바울이었지만, 디모데가 그리웠다. 그것은 바울만이 아니라, 디모데 역시 진심으로 바울을 사랑하고 있었기 때문이었을 것이다. 그래서 옛날에 헤어질 때 흘리던 디모데의 눈물이 생각하면서, 그리움이 가득해진 것이다.

내가 얼마나 그대를 다시 만나고 싶어하는지 아마 그대는 모를 것입니다. 그날이 어서 빨리 왔으면 얼마나 좋겠습니까? 지금도 나는 우리가 작별할때 눈물을 흘리던 그대의 얼굴을 생생하게 기억하고 있습니다. _딤후 1:4 현대어성경

하나님이 바울과 계셨지만, 그래도 하나님의 사람 디모데가 그리웠던

것이다. 고작 인간적인 정을 나누는 정도가 아니라, 그리스도의 복음을 전하는 동역자였기에 더욱 그러했던 것이다.

나는 그대의 눈물을 기억하면서, 그대를 보기를 원합니다. 그대를 만나봄으로 나는 기쁨이 충만해지고 싶습니다. _딤후 1:4 새번역

이토록 보고 싶어 사모하는 디모데이다. 비록 자신이 선생이었지만, 그토록 그가 보고 싶었다. 왜 보고 싶은 것이었을까? 바울은 디모데를 만나면 기쁨이 충만해질 것이기 때문이라고 말했는데, 그것은 디모데의 맑은 눈물 때문이었다.

나는 그대가 눈물을 흘리던 일을 기억하고 있기 때문에 그대를 만나기를 간절히 바라고 있습니다. 만나게 되면 내 기쁨은 더할 나위 없이 클 것입니다. _딤후 1:4 공동번역개정판

'그대가 눈물을 흘리던 일', 그렇다면 이 '디모데의 눈물'의 의미는 도대체 무엇일까? 바울은 그것을 '거짓이 없는 믿음'이라고 말했다.

이는 네 속에 거짓이 없는 믿음이 있음을 생각함이라 … _딤후 1:5

바울이 볼 때 디모데는 아름다운 사람 자체였다. 그것이 보고 싶은 이유였다. 그를 보면 자신도 맑고 아름다워지는 것을 느꼈기 때문이었다. 싱싱한 진정성을 만나기 때문이었다. 아름다운 사람이 그 자체로 치유인 까닭이다.

볼 수 없을지 몰라서

이토록 디모데가 보고 싶었지만, 바울은 매우 중요한 내용을 편지에 쓴다. 어쩌면 다시 볼 수 없을지 모른다는 생각을 하고 있던 것인지도 모른다. 그래서 꺼낸 말은 '고난을 받으라'는 말이었다. 사실 그것은 스스로 죄인의 괴수임을 알고 있던 바울의 해법이었다. 고난을 즐기는 것이다.

그러므로 너는 내가 우리 주를 증언함과 또는 주를 위하여 갇힌 자 된 나를 부끄러워하지 말고 오직 하나님의 능력을 따라 복음과 함께 고난을 받으라 _딤후 1:8

분명 주를 위한 고난이 아름답고 고귀한 일이지만, 고난인 까닭에 누구나 쉽게 초청할 수는 없다. 그런데 바울은 디모데에게 거듭해서 말하였다.

너는 그리스도 예수의 좋은 병사로 나와 함께 고난을 받으라 _딤후 2:3

그리고 바울 자신이 했던 매우 중요한 목회와 양육 방법을 가르쳤는데, 그 대표적인 말씀이 많은 이가 인용하는 제자훈련의 원리인 디모데후서 2장 2절이다.

또 네가 많은 증인 앞에서 내게 들은 바를 충성된 사람들에게 부탁하라 그들이 또 다른 사람들을 가르칠 수 있으리라 _딤후 2:2

이 구절에서 반드시 주의해야 할 것은 누구를 제자로 삼아야 하느냐인데, 바울은 아무나 제자로 삼으라고 하지 않았다. 정확하게 '충성된 사람들'이라고 말했다. 그 의미는 '나와 함께 고난을 받자'라고 말할 수 있는 사람이란 걸 알 수 있다. 사실 여기에 한국교회가 추구했던 제자훈련이 실패한 이유를 찾을 수 있다. 제자의 훈련에서 고난과 희생을 빼고서 가르친 것이다. 주님이 말씀하신 자기를 부인하고 자기 십자가를 지고 좇는 것을 빼고, 교회성장의 수단으로 사용했기 때문이다.

그러므로 주님의 제자로 산다는 것은 일정 부분 고난이 따른다는 것을 잊지 말아야 한다. 바울이 언급한 것처럼, 우선 우리가 살고 있는 환경 때문이다. 불의를 거절하는 것은 언제나 고난으로 다가올 것이고, 정직은 고난을 자초할 것이기 때문이다. 그래서 바울은 당시보다 그에겐 말세였을 오늘날을 더 걱정하였다. 주님이 주신 마음이었다.

너는 이것을 알라 말세에 고통하는 때가 이르러 사람들이 자기를 사랑하며 돈을 사랑하며 자랑하며 교만하며 비방하며 부모를 거역하며 감사하지 아니하며 거룩하지 아니하며 … 배신하며 조급하며 자만하며 쾌락을 사랑하기를 하나님 사랑하는 것보다 더하며 경건의 모양은 있으나 경건의 능력은 부인하니 이같은 자들에게서 네가 돌아서라 _딤후 3:1-2,4-5

그래서 가장 중요한 비밀, 말씀에 집착하고 '배우고 확신한 일에 거하는'(딤후 3:14) 것, 곧 말씀대로 사는 것을 강조한 것이다.

모든 성경은 하나님의 감동으로 된 것으로 교훈과 책망과 바르게 함과 의로 교육하기에 유익하니 이는 하나님의 사람으로 온전하게 하며 모든 선한 일을 행할 능력을 갖추게 하려 함이라 _딤후 3:16-17

바울이 마지막에 원한 것

분명 복음은 고난일 수 있다. 하지만 바울이 볼 때는 고난이 아니었다. 행복이었다. 왜냐하면 나를 위해 죽으신 예수 그리스도를 위하여 살 수 있는 것이었고, 또한 하나님이 준비하신 '면류관'이 보였기 때문이었다. 그래서 바울에게는 복음을 위해 사는 것은 고난이 아니라 축복이었다. 편지의 분위기를 볼 때, 그는 죽음이 가까워온 것을 분명히 느꼈던 것으로 보인다.

나는 이미 피를 부어서 희생제물이 될 준비를 갖추었습니다. 내가 세상을 떠날 때가 왔습니다. _딤후 4:6 공동번역

그때 바울이 자신을 돌아본 것으로 생각된다. 그런데 오히려 그 순간에 바울은 신이 났다. 자신이 걸어온 삶이 주님을 위한 최선의 삶이었다는 사실 때문이었다.

나는 훌륭하게 싸웠고 달릴 길을 다 달렸으며 믿음을 지켰습니다. 이제는 정의의 월계관이 나를 기다리고 있을 뿐입니다. _딤후 4:7-8 공동번역

전설에 의하면 바울은 목이 잘려 순교당한 것으로 알려진다. 그런 죽음을 직감했던 바울이 디모데에게 오라고 편지를 쓴 것은 디모데의 위로를

받고 싶었기 때문이 아니라, 그 거룩한 자리에 초청하고 싶었기 때문이었을 것이다.

너는 어서 속히 내게로 오라 _딤후 4:9

바울은 죽음 앞에서 그가 꼭 보고 싶은 사람 디모데를 초청했고, 더불어 가지고 올 것을 요청한 것은 드로아를 급하게 떠날 때 두고 왔던 '겉옷'과 '양피지로 만든 책들'(딤후 4:13 공동번역), 모세 오경으로 보이는 것이었다. 이것들이 바울이 마지막에 원한 전부였다. 겉옷 한 벌과 늘 들고 다니던 성경, 그리고 사랑하는 사람들, 예수 그리스도와 함께 이것들이면 충분했다. 이 세상을 살다가 떠날 때 마지막까지 곁에 두고 싶은 것의 전부였다.

디모데후서 1장부터 4장까지의 중심 구절

너는 내가 우리 주를 증언함과 또는 주를 위하여 갇힌 자 된 나를 부끄러워하지 말고 오직 하나님의 능력을 따라 복음과 함께 고난을 받으라(1:8). 병사로 복무하는 자는 자기 생활에 얽매이는 자가 하나도 없나니 이는 병사로 모집한 자를 기쁘게 하려 함이라(2:4). 또 어려서부터 성경을 알았나니 성경은 능히 너로 하여금 그리스도 예수 안에 있는 믿음으로 말미암아 구원에 이르는 지혜가 있게 하느니라(3:15). 나는 선한 싸움을 싸우고 나의 달려갈 길을 마치고 믿음을 지켰으니 이제 후로는 나를 위하여 의의 면류관이 예비되었으므로 주 곧 의로우신 재판장이 그 날에 내게 주실 것이며 내게만 아니라 주의 나타나심을 사모하는 모든 자에게도니라(4:7-8).

Reading Bible Checklist														디모데후서 1-4장
1	2	3	4											

72

디도서

선한 일의 본이 되어야

• 디도서 1-3장 •

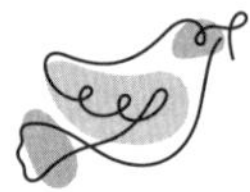

바울 사역에 등장하는 디도에 대한 언급은 갈라디아서에 먼저 나온다.

십사 년 후에 내가 바나바와 함께 디도를 데리고 다시 예루살렘에 올라갔나니 … 그러나 나와 함께 있는 헬라인 디도까지도 억지로 할례를 받게 하지 아니하였으니 _갈 2:1,3

참 아들 디도

갈라디아서를 살필 때 말했지만, 이 시점은 1차 전도여행을 다녀온 후로, 디도는 바나바와 함께 예루살렘에 올라갈 때 동행한 것으로 보인다. 이미 살핀 것처럼 욥바 피장이 시몬의 집에서 경험한 일과 고넬료 집에서의 성령강림 사건 때문에, 예루살렘 교회는 이미 이방인 선교에 대해 관대한 상태였던 까닭에 헬라인인 디도에게 할례를 강요하지 않았다. 이것은 디도가 헬라인으로서 안디옥 교회 출신이었음을 짐작하게 한다.

이후 디도가 언제부터 언제까지 바울과 전도여행을 같이 다녔는지 알 수 없지만, 3차 전도여행 때 바울과 함께 있었던 것은 확실하다. 고린도전후서를 살필 때 언급했지만, 디도는 바울이 에베소 교회에 있을 때 고린도 교회에 편지를 전하는 역할을 했다.

내가 그리스도의 복음을 위하여 드로아에 이르매 주 안에서 문이 내게 열렸으되 내가 내 형제 디도를 만나지 못하므로 내 심령이 편하지 못하여 그들을 작별하고 마게도냐로 갔노라 _고후 2:12-13

이처럼 디도가 고린도에 보낸 편지들을 전달하는 역할을 했던 것으로 보아, 그는 디모데와 가까이 있던 아들 같은 제자였다. 실제로 바울은 디도를 '같은 믿음을 따라 나의 참 아들된 디도'(딛 1:4)라고 불렀다. 이후 디도는 바울이 두 번째 감금되었을 때도 함께 있었던 것으로 보이는데, 그 후 디모데에게 보낸 편지에서 '디도는 달마디아로 갔고'(딤후 4:10)라고 썼다. 디도는 바울과 함께 있던 아들과 같은 사람이면서, 동시에 그의 친구이며 동역자였다.

디도로 말하면 나의 동료요 너희를 위한 나의 동역자요 우리 형제들로 말하면 여러 교회의 사자들이요 그리스도의 영광이니라 _고후 8:23

바울에게 중요한 사실은 디도 역시 디모데처럼 아들 같았다는 것이다. 재미있게도 바울의 아들이라고 자칭하는 자들이 많았기 때문이었는지 몰라도, 바울은 이 두 사람에게만 '참 아들'(딤전 1:2, 딛 1:4)이라는 칭호를 붙였다.

그레데교회 담임목사

정황상 바울은 로마의 감금에서 풀려난 후, 아들 같은 디모데와 디도와 누가 등 몇몇과 동행한 것으로 보인다. 추측이지만, 바울의 연금이 풀리자 로마 정부는 처음에 그를 가이사랴에서 로마로 압송했던 과정처럼, 이번에는 거꾸로 로마에서 가이사랴로 가는 배편을 마련해줬을 것으로 보인다. 이랬을 경우를 가정할 때, 그들이 먼저 도착한 곳은 그레데(크레타) 섬일 것이다. 그레데 섬은 지중해 중간에 있는 섬으로, 바울이 로마로 압송될 때 탔던 배가 머물렀던 '미항'(행 27:8)이 있다. 로마로 갈 때는 겨울이 가까운 까닭에, 같은 섬에서 환경이 더 나았던 '뵈닉스'(행 27:12)에서 겨울을 보내기로 했고, 이동하던 중에 유라굴로 태풍을 만나 표류하다가 만난 섬이 '멜리데' 섬(행 28:1)이다.

멜리데는 이탈리아 반도 남쪽 끝에 있는 시칠리아 아래의 작은 섬이고, 그레데는 지중해 중간쯤에 있는 섬으로 아덴 아래에 있다. 놀랍게도 그레데 섬에는 이미 복음이 전해져 교회가 세워져 있었다. 아마 오순절 성령의 역사가 일어났을 때 그 놀라운 광경을 목도하고 자신들의 언어로 제자들이 말하는 것을 보고 반응한 사람들 가운데 있던 그레데 사람들이(행 2:11) 돌아가서 세운 것으로 추측된다.

우리가 우리 각 사람이 난 곳 방언으로 듣게 되는 것이 어찌 됨이냐 우리는 바대인과 메대인과 엘람인과 또 메소보다미아, 유대와 갑바도기아, 본도와 아시아, 브루기아와 밤빌리아, 애굽과 및 구레네에 가까운 리비야 여러 지방에 사는 사람들과 로마로부터 온 나그네 곧 유대인과 유대교에 들어온 사람들과 그레데인과 아라비아인들이라 우리가 다 우리의 각 언어로 하나님의 큰 일을 말함을 듣는도다 하고 _ 행 2:8-11

디도에게 보낸 편지에서 알 수 있듯이, 이미 그레데 섬에는 교회가 각 성에 있었고, 장로를 세울 필요가 있을 정도로 교인이 많았다. 이같은 배경을 종합해 볼 때, 바울이 돌아가던 중 긴 여행의 중간 기착지로 그레데 섬에 머물게 되었을 것이다. 그런데 바울이 그들의 신앙 상태를 보고, 그냥 떠날 수 없어 디도를 거기에 남겨둔 것으로 보인다.

내가 너를 그레데에 남겨 둔 이유는 남은 일을 정리하고 내가 명한 대로 각 성에 장로들을 세우게 하려 함이니 _딛 1:5

그런 까닭에 디도서는 그레데 섬에서 목회하고 있는 디도를 위해 쓴 목회서신이다. 편지에서 언급했듯이, 그레데 교회의 문제는 그레데 사람의 평판과 관계있었는데, 그들의 부도덕은 유명했다.

그레데인 중의 어떤 선지자가 말하되 그레데인들은 항상 거짓말쟁이며 악한 짐승이며 배만 위하는 게으름뱅이라 하니 _딛 1:12

그러므로 바울은 먼저 허탄한 이야기를 말하는 유대인들을 경계하고, 엄히 꾸짖어 믿음을 온전하게 하라고 권면하였다.

이 증언이 참되도다 그러므로 네가 그들을 엄히 꾸짖으라 이는 그들로 하여금 믿음을 온전하게 하고 유대인의 허탄한 이야기와 진리를 배반하는 사람들의 명령을 따르지 않게 하려 함이라 _딛 1:13-14

선한 일의 본이 되어야

바울은 이 모든 문제의 근원을 지도자의 문제로 보았다. 그래서 장로와 감독을 세우는 조건으로 부도덕하지 않아야 하고, 무엇보다 '선행을 좋아하며 신중하며 의로우며 거룩하며 절제하며 미쁜 말씀의 가르침을 그대로 지켜야'(딛 1:8-9) 함을 강조한다. 이를 위해 무엇보다 중요한 것은 디도 자신이 모범을 보이는 것이었다.

너는 이와 같이 젊은 남자들을 신중하도록 권면하되 범사에 네 자신이 선한 일의 본을 보이며 교훈에 부패하지 아니함과 단정함과 책망할 것이 없는 바른 말을 하게 하라 이는 대적하는 자로 하여금 부끄러워 우리를 악하다 할 것이 없게 하려 함이라 _딛 2:6-8

디도서의 전체 흐름에서 알 수 있듯이, 그레데 교회는 신앙과 삶이 분리된 채 여전히 부도덕한 삶을 살면서도 예수를 믿고 있었다. 그래서 바울이 강조한 것이 바로 믿음과 함께하는 선한 행실이었다. 그런 삶을 위해 적극적으로 움직일 것을 요청하는 편지를 쓴 것이다.

이 말이 미쁘도다 원하건대 너는 이 여러 것에 대하여 굳세게 말하라 이는 하나님을 믿는 자들로 하여금 조심하여 선한 일을 힘쓰게 하려 함이라 이것은 아름다우며 사람들에게 유익하니라 _딛 3:8

사실 기독교인에게 가장 중요한 것은 믿음이지만, 반드시 따라와야 하는 것은 선한 행실이다. 바르게 사는 삶이다. 그러므로 기독교인이 도덕적으로 해이하거나 타락한 것은 이미 복음을 상실한 것이라 말해도 틀리지 않을 것이다.

디도서 1장부터 3장까지의 중심 구절

깨끗한 자들에게는 모든 것이 깨끗하나 더럽고 믿지 아니하는 자들에게는 아무 것도 깨끗한 것이 없고 오직 그들의 마음과 양심이 더러운지라(1:15). 그가 우리를 대신하여 자신을 주심은 모든 불법에서 우리를 속량하시고 우리를 깨끗하게 하사 선한 일을 열심히 하는 자기 백성이 되게 하려 하심이라(2:14). 이 말이 미쁘도다 원하건대 너는 이 여러 것에 대하여 굳세게 말하라 이는 하나님을 믿는 자들로 하여금 조심하여 선한 일을 힘쓰게 하려 함이라 이것은 아름다우며 사람들에게 유익하니라(3:8).

Reading Bible Checklist														디도서 1-3장
1 ●	2 ●	3 ●												

73

빌레몬서

복음이 능력이다

• 빌레몬서 1장 •

빌레몬은 바울의 3차 전도여행 기간 중에 에베소에서 바울을 만나 예수를 믿은 것으로 보인다. 그 후 빌레몬의 집은 교회가 되었다. 그리고 골로새서에서 언급된 것처럼 아들 아킵보가 교회의 지도자가 되었음을 볼 때(골 4:17), 빌레몬은 부유하지만 믿음이 좋은 기독교인임을 알 수 있다.

그런데 바울이 로마의 감옥에 있을 때 한 사람을 만나는데, 바로 오네시모이다. 그의 신분이 노예인 까닭에 선한 일을 하다가 잡혀 온 것은 아니었을 것이다. 어찌 됐든 그 감옥에서 오네시모는 바울의 복음을 듣고 받아들인 것으로 여겨진다. 급기야 바울은 그를 자신의 믿음의 아들로 삼는다.

내가 갇혀 있는 동안에 얻은 내 믿음의 아들 오네시모의 일로 그대에게 이렇게 간청하는 것입니다. _몬 1:10 공동번역

오네시모는 빌레몬 집의 노예였다. 사실 언급조차 부적절한 사람이 오네시모였다. 그는 당시 천민인 노예였고, 빌레몬서를 볼 때 주인의 재물에 손해를 입혔거나 훔쳐서 도망쳤던 자로 보인다(몬 1:18). 그런 그가 예수를

믿고 바울을 돕는 일을 하게 된 것이다.

하나님의 일이라도

바울은 처음에 오네시모를 주인 빌레몬의 집으로 돌려보내지 않고 자기 곁에 두려고 하였다(몬 1:13). 하지만 이내 빌레몬의 허락 없이는 아무것도 해서는 안 된다고 생각하였다.

내가 복음을 위하여 일하다가 갇혀 있는 터이니 그를 내 곁에 두어 그대를 대신해서 내 시중을 들게 하려고도 나는 생각해 보았습니다. 그러나 그대의 승낙이 없이는 아무것도 하지 않기로 했습니다. 그대가 선을 행하는 것이 마지못해서가 아니라 자진해서 하는 것이 되어야 하겠기 때문입니다. _몬 1:13-14 공동번역

이같은 결정에 대해 오네시모 역시 기독교인으로서 동의한 것으로 보인다. 그래서 골로새 교회에게 보내는 편지를 두기고 편에 보내면서, 동시에 오네시모의 손에 주인 빌레몬에게 보내는 바울의 개인 편지를 가져가게 한 것이다. 바로 빌레몬서이다.

신실하고 사랑을 받는 형제 오네시모를 함께 보내노니 그는 너희에게서 온 사람이라 그들이 여기 일을 다 너희에게 알려 주리라 _골 4:9

이같은 바울의 결정은 매우 중요하다. 보통 우리는 우리 마음대로 용서하고 우리 마음대로 결정하는 경향이 있다. 특별히 하나님의 일을 할 때 말이다. 하지만 바울은 아무리 하나님의 일을 위해 필요했을지라도 순리를 택했다. 하나님의 일을 하는 것보다 더 중요한 것은 불의하지 않은 정결이었다.

어떤 사람이 하나님 앞에 나와 예물, 헌금을 바치려 했다. 그런데 형제에게 원망들을 만한 일을 한 사람이었다. 우리는 하나님께 헌금을 바칠 때, 형제나 누구에게 불이익을 끼쳤을지라도 헌금하는 것과 원망들을 만

한 일을 해결하는 것은 구분하여 생각한다. 하지만 주님은 다르게 말씀하셨다.

그러므로 예물을 제단에 드리려다가 거기서 네 형제에게 원망들을 만한 일이 있는 것이 생각나거든 예물을 제단 앞에 두고 먼저 가서 형제와 화목하고 그 후에 와서 예물을 드리라 _마 5:23-24

그러므로 바울의 결정은 옳은 것이었다. 하나님의 일을 하는 것을 핑계로 삼는 작은 불의와 잘못도 용납하지 않은 것이다. 하나님의 일은 능력이 중요한 것이 아니라 정직과 성결이 중요하기 때문이다.

그런데 더 중요한 것은, 언급한 것처럼 어느 사이엔가 오네시모가 다른 존재가 되어 있었던 사실이다. 분명히 오네시모가 빌레몬에게는 피해를 준 노예에 불과했겠지만, 바울에게는 쓸모있는 사람이 되어 있었다. 심지어 바울의 심장 같은 사람이 되어 있었다.

그가 전에는 그대에게 쓸모없는 사람이었지만 이제는 그대에게와 또 나에게 쓸모있는 사람이 되었습니다. 나는 그를 그대에게 돌려보냅니다. 그것은 내 심장을 떼어 보내는 셈입니다. _몬 1:11-12 공동번역

복음의 힘

이것이 복음의 힘이고, 누구든지 간에 그리스도 안에서 새로운 피조물이 되는 이유이다. 아름다운 모습이다. 어쩌면 오네시모는 복음을 접하고 난 후 죄인의 괴수라고 고백하는 바울을 보면서 강력한 도전을 받았을지 모른다. 자기를 아들처럼 여기며 사역에 동참시켜준 바울을 보며, 동시에 하나님의 은혜를 경험하며 분명히 다른 존재가 되기를 추구했을 것이다. 이것이 십자가의 은혜를 좇아 사는 삶이다. 반드시 변화해야 하고, 그 변화를 위해 바울처럼 자기 몸을 쳐서 복종시키는 삶을 전적으로 살아야 한다.

오네시모는 그렇게 산 것으로 보인다. 바울이 그를 아들이라고 부른 이유일 것이다.

사실 이같은 바울의 처신은 당시로는 파격적인 것이었다. 왜냐하면 로마 시민권자인 바울이 짐승만도 못하게 취급받는 천민인 노예를 '차별 없이'(골 3:11) 바라보며, 심지어 아들처럼 여겼기 때문이다. 하지만 그것은 거짓이 아니었다. 그런 까닭에 바울은 빌레몬에게 편지를 쓸 때 오네시모가 빚진 모든 것을 자신이 갚겠다고 말한다.

그가 만일 네게 불의를 하였거나 네게 빚진 것이 있으면 그것을 내 앞으로 계산하라 _몬 1:18

이것은 단순히 동정 같은 사랑 때문으로 한 일 정도가 아니었다. 바울은 오네시모를 진심으로 새로운 피조물, 다른 존재로 여기고 있었던 것이다. 그러므로 이미 그리스도 안에서 새로운 존재인 오네시모를 차별하는 것은 의미없는 일이었던 것이다.

새 사람을 입었으니 이는 자기를 창조하신 이의 형상을 따라 지식에까지 새롭게 하심을 입은 자니라 거기에는 헬라인이나 유대인이나 할례파나 무할례파나 야만인이나 스구디아인이나 종이나 자유인이 차별이 있을 수 없나니 오직 그리스도는 만유시요 만유 안에 계시니라 _골 3:10-11

어떤 경우에도 차별은 옳지 않다. 그것이 사회 통념적으로 문제가 되어 보여도 차별해서는 안 된다. 차이를 인정하고, 그 간격을 좁히며 이해하는 노력을 기울이는 것이 중요할 뿐이다. 그리고 복음을 말해야 한다. 복음보다 차별을 먼저 말해서는 안 되는 이유이다. 그래서 바울이 이렇게 강조했다.

그러므로 우리가 이제부터는 어떤 사람도 육신을 따라 알지 아니하노라 비록 우리가 그리스도도 육신을 따라 알았으나 이제부터는 그같이 알지 아니하노라 그런즉 누구든지 그리스도 안에 있으면 새로운 피조물이라 이전 것은 지나갔으니 보라 새 것이 되었도다 _고후 5:16-17

오늘 우리에게 필요한 것은 어느 누구도 차별해서는 안 되지만, 더 중요한 것은 차별 없이 비루한 우리를 살리신 그리스도 예수의 십자가 앞에서 오네시모처럼 다른 삶을 추구하며 살아야 한다. 그런 모습이 당연해야 한다. 얼마나 아름다운 기회인가?

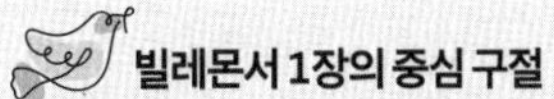

빌레몬서 1장의 중심 구절

그가 전에는 네게 무익하였으나 이제는 나와 네게 유익하므로 네게 그를 돌려 보내노니 그는 내 심복이라(1:1).

Reading Bible Checklist														빌레몬서 1장
1														

74

히브리서 1

완벽한 대속 제사

• 히브리서 1-9장 •

히브리서를 쓴 저자가 바울 혹은 바나바, 심지어 빌립이거나 브리스길라라고 주장하는 등 의견이 매우 분분하지만, 정확하게 누구라고 단정지을 수는 없다. 하지만 분명한 것은, 주님께 직접 말씀을 들었던 자이거나 그들로부터 들은 자임에는 틀림이 없다.

… 이 구원의 소식은 주님께서 처음으로 전해 주신 것이며 그 말씀을 들은 사람들이 또한 우리에게 확증해 준 것입니다._히 2:3 공동번역

히브리서가 제사와 율법 등 구약에 대한 이해를 가진 자들임을 전제하고 설득한 내용인 것으로 보아, 히브리서의 수신자는 유대 기독교인인 것이 틀림없다. 일부 신학자들은 이들이 믿음에 복종하게 된 제사장의 큰 무리라고 주장한다. 그러나 중요한 것은 제사장들이든 아니든, 어떤 유대인들이든지 간에 예수를 믿었는데 위기를 만난 것으로 보인다. 그래서 자신들이 이전에 믿었던 유대교로 되돌아가려는 갈등을 겪고 있음을 알 수 있다. 그러니까 '살아계신 하나님에게서 떨어질'(히 3:12) 위험이 있는 사람

들이었다.

형제자매 여러분, 여러분 가운데에 믿지 않는 악한 마음을 품고서, 살아 계신 하나님을 떠나는 사람이 아무도 없도록, 여러분은 조심하십시오 _히 3:12 새번역

복음이 흔들렸기 때문에

이처럼 어떤 유대 기독교인들이 유대교로 돌아가려 한 이유는 무엇일까? 유대인들이 처음 예수를 믿게 되었을 때, 그들은 예수를 믿고 세례받음으로 죄 씻음을 받고 하나님과 화해되었다고 생각하였다. 그런데 그 후에도 거룩한 성도가 되지 못하고 자꾸 죄를 범하는 것이 부담으로 다가왔다. 특히 세례받은 후에도 지은 죄에 대한 문제가 만족할 만큼 해결되지 않았다.

사실 유대교에 속해 있을 때는 죄의 문제가 성전 제사와 대속죄일의 제사를 통해 해결되는 유대 종교의 확실함이 있었다. 그렇지만 기독교에는 그와 같이 눈에 보이는 확실한 방법이 존재하지 않았다. 더욱이 유대교에서 기독교로 개종한 유대인 기독교인들은 환난과 핍박을 만나자 흔들렸다. 그래서 유대교에 익숙해 있었던 이들이 다시 유대교 의식, 곧 속죄의식으로 돌아가려는 유혹을 받게 된 것이다.

이와 같은 문제가 발생한 것은 수신자들이 처음 받았던 복음의 근거가 흔들렸기 때문이다. 우선 히브리서의 독자들이 받은 복음, 곧 "예수께서 우리 죄를 위하여 죽으셨다"(고전 15:3)라는 가장 기본적인 선포를 과거에 지은 죄에 대한 속죄로 이해하였다. 그렇지만 세례받은 후에 지은 죄에 대하여는 아무 말도 없었기에 죄로 인한 양심의 가책을 느끼고 있었던 것이다. 이와 같은 죄의식은 예배를 통한 확신의 부족함에 기인하는 것이었다. 그래서 히브리서 기자는 유대교로 돌아가려는 유대 기독교인들을 위해 이 글을 썼는데, 강조점은 분명하다.

첫째, 히브리서 기자는 독자들이 받은 초대교회의 공통 케리그마인 복음을 다시 요약하여 상기할 필요가 있었고, 둘째는 예수님의 대속적인 죽음의 지속적인 효과에 대하여 보여주어야 했다. 셋째로 예수님의 메시아됨을 말하고자 하였다. 마지막으로 넷째는 구약의 제사, 곧 율법보다 예수님의 대속적인 죽음의 우월성을 말하려는 것이었다. 즉, 유대교가 생각하는 우월성보다 예수님의 우월성을 말하려 한 것이다.

이런 의도를 가지고 히브리서를 쓴 기자는 매우 정교하고 논리적으로 설명하기 시작했다. 우선 교회를 떠나 유대교로 돌아가고자 하는 독자들을 보면서 섬세한 목회자의 관점에서 접근한다. 왜냐하면 그들이 의도적으로나 반항적으로 불순종한 것이 아니라, 죄에 대한 양심의 가책 때문에 움직였기 때문이었다. 그래서 히브리서 기자는 먼저 그리스도 예수가 우리 죄를 대속하신 대제사장이 되시지만, 동시에 우리의 형제가 되실 뿐 아니라 '모든 일에 우리와 똑같이 시험을 받으신 이로되 죄는 없으신 분'(히 4:15)이기에 시험받는 자들을 능히 도우심을 강조하였다.

그러므로 그가 범사에 형제들과 같이 되심이 마땅하도다 이는 하나님의 일에 자비하고 신실한 대제사장이 되어 백성의 죄를 속량하려 하심이라 그가 시험을 받아 고난을 당하셨은즉 시험 받는 자들을 능히 도우실 수 있느니라 _히 2:17-18

멜기세덱 반차의 대제사장 예수

히브리서 기자는 배교의 상황을 심각한 위기로 보면서 그 이유를 살핀다. 그 결과, 히브리서 독자들이 처해 있는 위기를 그들이 처음 받은 케리그마, 곧 복음이 흔들리고 있는 것으로 판단하였다. 그래서 무엇보다 먼저 예수 그리스도가 창조 전부터 선재(先在)하신 하나님의 아들로서 하나님의 종말의 완성된 계시자임을 강조한다. 주로 1장과 2장을 할애한 내용이다. 이를 위해 히브리서 기자는 유대인에게 잘 알려진 구약의 다윗적 메시아 예언을 인용하여 예수의 메시아가 되심을 강조하였다(히 1:5-9). 또한 히브리 독자들이 당시에 처한 상황을 배려해서, 죽음과 부활이라는 과거 시제보다 현재 하늘에 계신 대제사장임을 현재형으로 강조하였다.

이는 하나님의 영광의 광채시요 그 본체의 형상이시라 그의 능력의 말씀으로 만물을 붙드시며 죄를 정결하게 하는 일을 하시고 높은 곳에 계신 지극히 크신 이의 우편에 앉으셨느니라 _히 1:3

이를 통해 히브리서 기자는 그리스도가 유대교의 완성이며, 그리스도의 구원은 충분하다고 말하려 한 것이다. 과거와 현재와 미래의 죄를 사하시기에 충분하다는 뜻이었다. 하지만 이것을 입증하기 위하여는 "예수 그리스도의 대속 제사가 완전한가?"라는 질문에 먼저 대답해야 했다. 이 질문은 제사장직이 레위 지파 중 아론의 반차를 따라야 하는데, 예수가 레위 지파가 아니라는 점 때문에 히브리 독자들이 그 효력성에 의의를 제기했기 때문이다.

여기서 히브리서 기자는 놀라운 언급을 하는데 예수의 대제사장직은 아론의 반차를 좇지 않고 멜기세덱 반차를 좇는 제사장이라는 사실이었다. 동시에 히브리서 기자는 레위 반열의 대제사장직보다 멜기세덱의 대제사장직의 우월성을 논증하였다. 이를 논증하기 위해 창세기 14장 18절에서 20절 말씀과 시편 110편 4절에 언급된 내용을 인용하여 정리하기 시작했다.

또한 이와 같이 다른 데서 말씀하시되 네가 영원히 멜기세덱의 반차를 따르는 제사장이라 하셨으니 _히 5:6, 참조 시 110:4

히브리서 기자는 '멜기세덱의 반차'를 따르는 제사장 계보에 대하여 시편 110편 4절을 인용하지만, 이 사건은 창세기 14장에 잘 기록된 것이다.

아브라함이 전쟁에서 이기고 돌아올 때 자신의 전리품의 십분의 일을 멜기세덱(창 14:20)에게 주는데, 놀랍게도 멜기세덱은 하나님의 제사장이었다. 더욱이 멜기세덱이 아브라함에게 복을 비는 장면은 상상을 초월하는 것이었다.

살렘 왕 멜기세덱이 떡과 포도주를 가지고 나왔으니 그는 지극히 높으신 하나님의 제사장이었더라 그가 아브람에게 축복하여 이르되 천지의 주재이시요 지극히 높으신 하나님이여 아브람에게 복을 주옵소서 _창 14:18-19

뿐만 아니라 그때는 레위가 아직 태어나지도 않은 상태였으므로, 멜기세덱은 아론 계열의 제사장직이 있기 전에 있던 하나님의 제사장이었던 것이다. 그러므로 멜기세덱 반차를 좇은 예수의 대제사장 됨이 먼저인 것과 우월함을 입증한 것이었다.

단 한 번의 완전한 제사

그리고 히브리서 기자가 강조한 것은 예수가 멜기세덱의 반차를 이어받은 하나님의 대제사장으로서 현재 사역하고 계시다는 사실이었다. 지금 예수가 하나님 우편에 앉아 계셔서, 우리를 위해 대제사장 역할을 하시며 중보기도를 하는 분이심을 강조하였다.

예수는 영원히 계시므로 그 제사장 직분도 갈리지 아니하느니라 그러므로 자기를 힘입어 하나님께 나아가는 자들을 온전히 구원하실 수 있으니 이는 그가 항상 살아 계셔서 그들을 위하여 간구하심이라 _히 7:24-25

이같은 현재적 그리스도의 사역이 가능한 이유는 예수가 구약의 대제사장들과 다르기 때문이다. 아론 계열의 제사장들은 우리와 똑같은 인간이기에 여전히 거룩하지 않고 더러운 죄인이다. 그래서 언제나 제사를 위해 자기 제사를 드리는 일을 먼저 해야 했다. 그 핵심 단어가 '날마다'(카타

헤메라)인 이유이다. 그러나 주님은 자신이 대속제물이 되어 드린 대제사장으로서의 대속제사는 완벽하였다. 반복할 필요가 없었다. 그래서 히브리서 기자는 그것을 표현하기 위해 '날마다' 대신에 '단번에'(엡 하팍스)라는 단어를 썼다. He did once! 단 한 번이면 충분했다.

그는 저 대제사장들이 먼저 자기 죄를 위하고 다음에 백성의 죄를 위하여 날마다 제사 드리는 것과 같이 할 필요가 없으니 이는 그가 단번에 자기를 드려 이루셨음이라 _히 7:27

더욱이 대제사장 예수의 대속적 제사는 구약의 제사와 마찬가지로 율법을 따라 이뤄진 단 한 번의 피흘림으로 충분한 '완전 속죄제'임을 히브리서 기자는 강조하였다.

이 뜻을 따라 예수 그리스도의 몸을 단번에 드리심으로 말미암아 우리가 거룩함을 얻었노라 제사장마다 매일 서서 섬기며 자주 같은 제사를 드리되 이 제사는 언제나 죄를 없게 하지 못하거니와 오직 그리스도는 죄를 위하여 한 영원한 제사를 드리시고 하나님 우편에 앉으사 그 후에 자기 원수들을 자기 발등상이 되게 하실 때까지 기다리시나니 그가 거룩하게 된 자들을 한 번의 제사로 영원히 온전하게 하셨느니라 … 또 그들의 죄와 그들의 불법을 내가 다시 기억하지 아니하리라 하셨으니 이것들을 사하셨은즉 다시 죄를 위하여 제사 드릴 것이 없느니라 _히 10:10-14,17-18

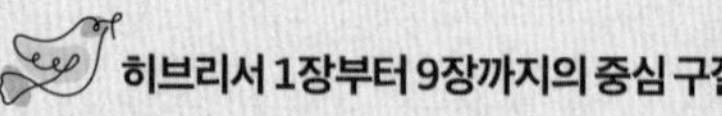

히브리서 1장부터 9장까지의 중심 구절

이는 하나님의 영광의 광채시요 그 본체의 형상이시라(1:3). 그가 시험을 받아 고난을 당하셨은즉 시험 받는 자들을 능히 도우실 수 있느니라(2:18). 거룩한 형제들아 우리가 믿는 도리의 사도이시며 대제사장이신 예수를 깊이 생각하라(3:1). 우리에게 있는 대제사장은 우리의 연약함을 동정하지 못하실 이가 아니요 모든 일에 우리와 똑같이 시험을 받으신 이로되 죄는 없으시니라(4:15) .한 번 빛을 받고 하늘의 은사를 맛보고 성령에 참여한 바 되고 하나님의 선한 말씀과 내세의 능력을 맛보고도 타락한 자들은 다시 새롭게 하여 회개하게 할 수 없나니(6:4-5). 그는 저 대제사장들이 먼저 자기 죄를 위하고 다음에 백성의 죄를 위하여 날마다 제사 드리는 것과 같이 할 필요가 없으니 이는 그가 단번에 자기를 드려 이루셨음이라(7:27). 염소와 송아지의 피로 하지 아니하고 오직 자기의 피로 영원한 속죄를 이루사 단번에 성소에 들어가셨느니라(9:12).

Reading Bible Checklist 히브리서 1-9장

1	2	3	4	5	6	7	8	9						
●	●	●	●	●	●	●	●	●						

75

히브리서 2

믿음의 주 예수 그리스도

• 히브리서 10-13장 •

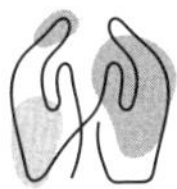

히브리서 기자는 예수 그리스도께서 완전한 대제사장으로서, 단 한 번의 구속제사로 우리를 죄에서 영원히 구원하셨음을 증거하는 것에 집중하였다. 동시에 그들의 배교 가능성을 문제 삼기보다 시험받는 자들을 능히 도우시는 예수를 강조한다.

그가 시험을 받아 고난을 당하셨은즉 시험 받는 자들을 능히 도우실 수 있느니라 _히 2:18

왜냐하면 예수 또한 '모든 일에 우리와 똑같이 시험을 받으신 이로되 죄는 없으신'(히 4:15) 분이시기 때문이었다. 그렇다고 히브리서 기자가 마냥 격려만 한 것이 아니라, 유대교로 돌아가고자 하는 자들을 향해 배교의 대가에 대해서도 쓴다(히 6:4-12). 기자가 볼 때 배교는 예수를 '십자가에 못 박아 현저히 욕을 보이는 것'(히 6:6 개역한글)으로, 예수가 하나님의 아들이며 그의 죽음이 죄를 정결케 했다는 믿음의 근거를 부정하는 것을 의미했기 때문이었다. 결국 그것은 '은혜의 성령을 욕되게 하는 것'(히 10:29)

이라고 말한다. 용서받을 수 없는 죄라는 뜻이었다.

우리가 진리를 아는 지식을 받은 후 짐짓 죄를 범한즉 다시 속죄하는 제사가 없고 오직 무서운 마음으로 심판을 기다리는 것과 대적하는 자를 태울 맹렬한 불만 있으리라 _히 10:26-27

믿음이 중요하다

이같이 강력한 경고를 하는 것도 사실은 회복시키려는 의도임을 우리는 잊어선 안 된다. 히브리서는 경고와 달램의 구조를 가지고 쓴 책이다. 그러므로 이제 중요한 것은 믿음이었다. 우리의 모든 죄를 단 한 번의 제사로 완벽하게 구속하신 대제사장 예수 앞에서 필요한 것은 믿음임을 강조한다. 그래서 히브리 기자는 먼저 믿음을 가지고 그리스도께서 열어놓으신 휘장을 지나 하나님께로 나아가자고 말한다.

그러므로 형제들아 우리가 예수의 피를 힘입어 성소에 들어갈 담력을 얻었나니 그 길은 우리를 위하여 휘장 가운데로 열어 놓으신 새로운 살 길이요 휘장은 곧 그의 육체니라 또 하나님의 집 다스리는 큰 제사장이 계시매 우리가 마음에 뿌림을 받아 악한 양심으로부터 벗어나고 몸은 맑은 물로 씻음을 받았으니 참 마음과 온전한 믿음으로 하나님께 나아가자 _히 10:19-22

이러한 권면에도 여전히 의심할지 모른다는 생각에, 믿음이 무엇인지 설명한다. 놀라운 말씀이다.

믿음은 바라는 것들의 실상이요 보이지 않는 것들의 증거니 선진들이 이로써 증거를 얻었느니라 _히 11:1-2

이어 히브리서 기자는 승리한 신앙의 영웅들을 설명하였는데, 믿음으로 충분하다는 말을 하려는 것이었다. 그들이 믿음으로 살았던 것이 헛되지 않은 것은 믿음으로 인한 결과가 있기 때문임을 강조한다.

믿음이 없이는 하나님을 기쁘시게 하지 못하나니 하나님께 나아가는 자는 반드시 그가 계신 것과 또한 그가 자기를 찾는 자들에게 상 주시는 이심을 믿어야 할지니라 _히 11:6

11장 전체는 이같은 믿음으로 승리한 믿음의 영웅들을 열거한다. 아벨, 에녹, 노아, 아브라함으로 이어지는 믿음으로 살았던 사람들의 이야기는 사사시대를 거쳐 다윗과 사무엘 등을 대표로 하여 이스라엘 전 역사에 걸쳐 이어진 믿음의 영웅담이다. 그 이야기의 마지막은 신앙을 굽히지 않고 우상을 거부하여 순교당한 마카비 시대의 순교 이야기를 언급한 것으로 보인다(히 11:35b).

돌로 치는 것과 톱으로 켜는 것과 시험과 칼로 죽임을 당하고 … _히 11:37

특히 톱으로 켜서 순교를 당한 사건은 "이사야가 성전 파괴를 예언하였기 때문에 므낫세 왕의 명령으로 톱으로 켜서 죽임을 당했다"*라는 전승(외경의 이사야의 승천, 1-5장)을 언급한 것으로 보인다. 히브리서 기자는 이 기막힌 믿음의 영웅들을 기술하면서 다음과 같은 결론을 짓는다.

이런 사람은 세상이 감당하지 못하느니라 … _히 11:38a

'이런 사람'이란 11장 내내 강조한 것처럼 이 세상을 영원한 것으로 여기지 않고 하나님 나라를 바라보며 나그네처럼 사는 사람을 말한다.

또한 '세상이 감당하지 못한다'라는 말은 다시 해석할 필요가 있는데, 특히 '감당치'로 번역된 헬라어 '악시오스'는 '가치 있는, 무게가 나가는' 등의 뜻을 갖고 있다. 그러므로 헬라어 성경을 직역하면 다음과 같다.

이 사람들에게 이 세상은 가치가 없는 것이었다. _하정완의 역, 히 11:38a

그런 까닭에 그들이 사는 곳이 궁궐이든 광야든 차이가 없었다. 오히려 광야와 산과 동굴과 땅굴이 이 화려하고 근사한 세상보다 훨씬 더 좋았다.

* 그랜트 오스본, 히브리서, 성서유니온선교회, 316

당연히 하나님과 동행하는 삶이었기 때문이었다

… 그들이 광야와 산과 동굴과 토굴에 유리하였느니라 _히 11:38b

믿음의 저자 예수

그런데 히브리서 기자는 이런 사람들이 한두 명이 아니라고 말한다. '구름 같이 둘러싼 허다한 증인들이 있으니'(히 12:1a)라고 말한 것이다. 그러므로 이제 우리를 무겁게 하고 얽매이게 하는 죄를 벗어버리고, 주님께 시선을 고정하고 꾸준히 믿음의 경주를 하자고 말한다.

이러므로 우리에게 구름 같이 둘러싼 허다한 증인들이 있으니 모든 무거운 것과 얽매이기 쉬운 죄를 벗어 버리고 인내로써 우리 앞에 당한 경주를 하며 믿음의 주요 또 온전하게 하시는 이인 예수를 바라보자 … _히 12:1-2

너무 아름다운 말씀인 '믿음의 주'로 번역된 이 구절의 헬라어 성경은 '톤 테스 피스테오스 아르케곤'이라고 썼다. 여기서 '주'로 번역된 '아르케곤'의 원형 '알케고스'는 '아르케'(시작, 기원)와 '아고'(인도하다)의 합성어로 '최고 지도자'라는 의미도 있지만, 시작을 만들어가는 존재로서 '저자'(author)라는 의미가 있다. 그래서 대부분의 영어 번역본들은 'the author'(NIV, KJV, NASB 등)라고 번역하였다. 그러니까 주님은 11장에서 살핀 것처럼 우리의 믿음을 시작하게 하시고 세워가시는 '저자'(著者) 곧 '창시자'(새번역)가 되신다. 뿐만 아니라 믿음을 시작하게 하신 저자이신 그리스도 예수께서 시작만이 아니라 우리의 믿음을 완성시키실 것이다.

NIV는 재미있게 'the author and perfecter of our faith'(NIV)라고 번역했는데, 예수 그리스도는 우리 믿음의 저자이시자 완성자(perfecter)란 뜻이다. 그런데 완성자보다는 KJV이 번역한 것처럼 'finisher' 곧 '종결자'라고 번역하는 것이 더 적절해 보인다. 우리가 온전한 믿음에 이르도록 종결(finish)하는 분이시기 때문이다.

그러므로 이제 가장 중요한 것은 믿음의 걸음을 내딛는 것이다. 늘 고민하고 의심하며 헤매던 어거스틴에게 암브로시우스 감독이 먼저 믿을 것을 요청한 것처럼, 우리 역시 온전한 믿음의 결단이 필요하다. 그때 주님이 우리 믿음을 만들어 가실 것이다. 결국 완성시키실 것이다.

이제 남은 것은 늘 주님께 우리의 시선을 고정하고(fix our eyes on Jesus) 걸어가는 것이다. 주님을 바라보는 것을 멈춰서는 안 된다. 어느 날 '철이 철을 날카롭게 하는 것 같이'(잠 27:17) 우리를 온전한 믿음을 가진 성숙한 사람으로 이끄실 것이다.

성숙으로 나아가야

히브리서는 복음의 근거를 말한 것으로, 믿음의 기초가 흔들리고 복음의 내용이 불확실해진 유대 기독교인을 위하여 쓰인 것이다. 그러므로 히브리서는 복음의 근거와 구원의 확신이 불확실한 현대 기독교인에게도 유효한 책임을 알 수 있다.

특히 현재의 한국교회가 코로나19와 같은 전염병과 사회의 부정적 시각에 믿음이 흔들린 것은 그동안 우리의 믿음에 무엇인가 문제가 있음을 말한다. 그것은 너무나 외형적이고 율법적인 겉모습에 강조점을 둔 신앙의 문제 탓일 것이다. 결국 구원을 받은 자를 진리 안에서 자유를 누리는 자발적 신앙인이 되도록 세우는 일에 교회가 소홀했고, 번영과 성공이 신앙의 목표인 양 가르치는 잘못을 범한 것의 결과임을 알 수 있다. 이것이 코로나19 같은 상황에서도 흔들렸지만, 신천지를 비롯한 여러 이단에도 쉽게 넘어지는 이유일 것이다. 기독교인이지만 세상에서 전혀 소금의 맛을 내지 못하는 무미건조한 종교인이 된 이유이기도 하다. 이같은 관점에서, 히브리서 기자는 예수 그리스도를 바르게 이해하고 온전한 믿음에 이름으로써 성숙으로 나아가게 돕는 것이 이 서신의 목적임을 드러낸다.

그러므로 우리가 그리스도의 도의 초보를 버리고 죽은 행실을 회개함과 하나님께 대한 신앙과 세례들과 안수와 죽은 자의 부활과 영원한 심판에 관한 교훈의 터를 다시 닦지 말고 완전한 데로 나아갈지니라 _히 6:1-2

히브리서 10장부터 13장까지의 중심 구절

형제들아 우리가 예수의 피를 힘입어 성소에 들어갈 담력을 얻었나니 그 길은 우리를 위하여 휘장 가운데로 열어 놓으신 새로운 살 길이요 휘장은 곧 그의 육체니라(10:19). 믿음은 바라는 것들의 실상이요 보이지 않는 것들의 증거니 선진들이 이로써 증거를 얻었느니라(11:1). 이러므로 우리에게 구름 같이 둘러싼 허다한 증인들이 있으니 모든 무거운 것과 얽매이기 쉬운 죄를 벗어 버리고 인내로써 우리 앞에 당한 경주를 하며 믿음의 주요 또 온전하게 하시는 이인 예수를 바라보자(12:2). 그러므로 예수도 자기 피로써 백성을 거룩하게 하려고 성문 밖에서 고난을 받으셨느니라 그런즉 우리도 그의 치욕을 짊어지고 영문 밖으로 그에게 나아가자(13:12-13).

Reading Bible Checklist														히브리서 10-13장
10	11	12	13											

야고보서

행동하는 믿음

· 야고보서 1-5장 ·

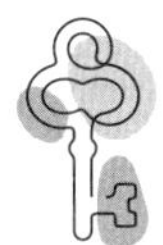

일반적으로 야고보서의 저자는 예수의 형제 야고보라는 데 거의 모든 학자들이 동의한다. 재미있는 것은, 야고보가 예수가 살아 있을 때는 예수를 반대한 형제였다는 점이다. 그는 분명 형제였지만, 예수님을 전적으로 추종하는 제자가 아니었다. 실제로 성경의 기록에도 예수님이 살아계실 당시 형제들은 예수님에 대하여 배타적이었다. 형제들은 예수님의 사역을 의심스러운 눈초리로 바라보았다. 그래서 예수님이 귀신의 왕 바알세불에 붙잡혀 귀신 들려 있다는 소문을 듣고 예수님을 찾으러 오기도 했었다.

예수의 친족들이 듣고 그를 붙들러 나오니 이는 그가 미쳤다 함일러라 예루살렘에서 내려온 서기관들은 그가 바알세불이 지폈다 하며 또 귀신의 왕을 힘입어 귀신을 쫓아낸다 하니 _막 3:21-22

그런 까닭에, 어머니와 형제들이 왔을 때 주님이 보인 반응은 집 밖으로 나가보지도 않으며 "누가 내 모친이며 동생들이냐"(막 3:33)라는 매우 치명적인 말씀을 하신 것이다. 자신을 따르는 제자들과 주변 사람들을 향하여 오히려 '내 모친과 내 동생들'이라고 표현하셨다. 주님이 그렇게 표현한 이유를 '하나님의 뜻대로 행하는 자(막 3:34-35)이기 때문'이라고 설명하셨는데, 이 말을 거꾸로 짚어보면, 예수님의 형제들은 하나님의 뜻대로 반응하지 않았고 인간적인 태도를 취하고 있었다는 뜻이 된다. 거기에 야고보가 포함되었을 것이다.

긍정적인 제자 야고보

사도행전 15장의 사도회의를 보면, 야고보는 예수의 형제이면서 세계에 흩어진 디아스포라들의 어머니 교회인 예루살렘 교회의 감독으로 등장한다. 야고보는 분명히 예수가 살아 있을 때 전적으로 신뢰하지 않은 것으로 보이는데, 그렇다면 언제 예루살렘 교회의 초대 감독이 될 만큼 강력한 예수의 사람이 된 것일까?

여러 전승들이 존재하지만, 가장 중요한 단초는 예수께서 부활하신 후 야고보에게 나타나신 기록이다. 바울이 열두 제자와 야고보를 분리하여 기록하고 있는 것을 볼 때, 학자들은 이 야고보가 제자 야고보가 아니라 예수의 형제 야고보라는 의견에 동의한다.

> 게바에게 보이시고 후에 열두 제자에게와 그 후에 오백여 형제에게 일시에 보이셨나니 … 그 후에 '야고보'에게 보이셨으며 그 후에 모든 사도에게와 맨 나중에 만삭되지 못하여 난 자 같은 내게도 보이셨느니라 _고전 15:5-8

또한 이것을 뒷받침하는 기록 중에 2세기 초 자료인 '히브리 복음서'가 있는데, 거기에 이런 기록이 있다.

> 주님은 제사장의 종에게 세마포 옷을 주시고 나서 야고보에게로 가셔서 그에게 나타나셨다. 야고보는 주께서 잠든 자들 가운데서 일어나신 것을 보기 전까지는 주의 잔으로 포도주를 마셨던 시간 이후로 빵을 먹지 않겠다는 맹세를 했었기 때

문이다. 그리고 나서 주님은 짧게 말씀하셨다. 식탁과 빵을 가져오라. 그러자 즉시 그것이 주어졌다. 그분이 빵을 취하시고 축복하시고 그것을 나누어 의로운 야고보에게 주시며 "내 형제여 너의 빵을 먹으라 인자가 잠든 자들 가운데서 일어났느니라"고 말씀하셨다.*

예수님이 동생 야고보에게 나타나신 것이다. 그 일이 강력한 도전이 되었을 것이다. 야고보의 모든 의심이 눈 녹듯 녹은 것은 분명했을 것이고, 그동안 행동의 부끄러움이 자신의 전 인격을 찔렀을 것이다. 그때부터 그에게는 앉아서 말하는 믿음, 내면적 믿음은 사소한 것으로 보였을 것이고, 그가 할 수 있었던 것은 오직 행동과 실천이었을 것이다.

… 나는 행함으로 내 믿음을 네게 보이리라 하리라 _약 2:18

이처럼 야고보가 은혜나 믿음보다 행동을 강조하는 모습 때문에, 믿음을 강조하는 마틴 루터는 야고보서를 별로 중요하게 여기지 않았다. 심지어 '지푸라기 같은 서신서'라는 극단적 표현을 썼다. 이런 입장은 루터만이 아니라 이 시대의 설교자들 사이에서도 야고보서가 주목받지 못하는 이유이기도 하다. 물론 단편적으로 보면, 즉 바울의 로마서를 근거로 '오직 믿음으로만'을 강조하며 종교개혁을 이끈 루터 입장에서 보면, 행위만 강조하는 것처럼 보이는 야고보서를 약간 경계한 것은 이해가 된다.

행위를 강조한 이유

야고보가 행위만 강조하고 믿음을 강조하지 않은 것은 아니다. 야고보 역시 믿음과 은혜를 강조하였지만, 그가 행위를 더욱 강조한 데는 이유가 있다. 당시 야고보는 세계에 흩어진 디아스포라 교회의 감독이었다. 그런데

* Hennecke and Schneemelcher, New Testament Apocrypha, I:165. 랄프 P. 마틴, 야고보서, 솔로몬, 50에서 재인용.

시간이 지날수록 지형이 변화하였다. 특히 환난과 핍박이 심해지자 믿음이 흔들리는 일이 빈번해졌다. 슬그머니 고난을 피하려 하고, 신앙의 형태는 내면화되어가고 있었다. 머리에만 있는 신앙이 된 것이다. 야고보는 이렇게 나약해지는 신앙에 대하여 강하게 경고하고 싶었다. 그런 점에서 바울의 은혜에 기반한 믿음의 강조점은 왜곡될 가능성이 있었다. 값없이 은혜로 구원을 받았다는 바울의 강조가 '행위는 필요없다'는 자기 합리화로 이어질 가능성이었다. 야고보는 바로 이같은 경향을 주의한 것이다.

영혼 없는 몸이 죽은 것 같이 행함이 없는 믿음은 죽은 것이니라 _약 2:26

사실 우리 믿음이 행동으로 드러나지 않는다면, 혹은 그냥 내버려둔다면 입술에만 있는 믿음으로 끝날 수 있다. 심지어 귀신들의 지껄임 정도일 수 있다. 야고보는 그것을 심각하게 여긴 것이다.

네가 하나님은 한 분이신 줄을 믿느냐 잘하는도다 귀신들도 믿고 떠느니라 _약 2:19

물론 믿음이 연약한 이들을 배려하지 않고 무조건 행함만 강조하는 것은 위험하다. 이럴 경우, 반대로 행위가 믿음의 잣대로 등장할 위험성이 발생하기 때문이다. 그때 우리의 믿음은 지푸라기처럼 여겨질 수 있다. 그런 의미에서 바울이 말한 '값없이 은혜로 믿음으로 말미암는 구원'은 언제나 강조되어야 한다.

그러나 반드시 알아야 할 것은, 야고보가 행위를 '공로를 얻는 수단'으로 강조한 것이 아니라, 믿음으로 구원 얻은 자의 당연한 결과라는 사실에 기초한 것이라는 점이다. 즉, 믿음이 있다고 하고 오랫동안 신앙생활을 했음에도 불구하고 이름뿐인 기독교인에게 경종을 울린 것임을 잊지 말아야 한다. 어쩌면 그런 믿음이야말로 지푸라기 믿음일 수 있기 때문이다.

내 형제들아 만일 사람이 믿음이 있노라 하고 행함이 없으면 무슨 유익이 있으

리요 그 믿음이 능히 자기를 구원하겠느냐 _약 2:14

분명히 바울과 야고보는 충돌하는 것처럼 보인다. 그러나 야고보가 바울을 비난할 수 없고, 바울이 옳고 야고보가 틀리다고 말할 수 없다. 하지만 오늘 우리가 사는 시대는 바울의 '값없이 은혜로 얻는 구원'에 대한 강조보다, 오히려 야고보의 '행동하는 믿음'에 대한 강조가 필요한 상황이라고 생각한다.

야고보의 의도

야고보가 이토록 믿음과 함께 믿음의 확인으로서 행위를 강조하는 이유는 야고보서 수신자들에게 드러난 소모적인 싸움, 전혀 기독교인 같지 않은 싸움이 비일비재하게 일어났기 때문이었다.

너희 중에 싸움이 어디로부터 다툼이 어디로부터 나느냐 너희 지체 중에서 싸우는 정욕으로부터 나는 것이 아니냐 _약 4:1

또한 이같은 모습이 안타까운 것은, 이 모든 것이 믿음이 없다는 것을 말하기 때문이었다. 그로 인해 기도는 힘이 없으며, 온통 욕정에 사로잡힌 자의 기도처럼 천박했다. 야고보가 볼 때 이것은 믿음이 아니라 이방인들의 우상제사 같았다.

너희는 욕심을 내어도 얻지 못하여 살인하며 시기하여도 능히 취하지 못하므로 다투고 싸우는도다 너희가 얻지 못함은 구하지 아니하기 때문이요 구하여도 받지 못함은 정욕으로 쓰려고 잘못 구하기 때문이라 간음한 여인들아 세상과 벗된 것이 하나님과 원수 됨을 알지 못하느냐 그런즉 누구든지 세상과 벗이 되고자 하는 자는 스스로 하나님과 원수 되는 것이니라 _약 4:2-4

하지만 믿음이 온전하지 못한 까닭에 마귀 같은 것들에게 허망하게 무너지고 있을 뿐 아니라(약 4:7-8) 아무런 능력도 없으니, 기도가 의미없는 것이 되고 있음을 야고보는 안타까워했다.

드디어 야고보가 도전한 것은 기도의 능력이다. 온전한 믿음을 가진 자는 당연히 그의 기도가 놀라운 능력의 통로가 되기 때문이라고 말한 것이다. 심지어 이런 엄청난 말까지 꺼냈다. 우리는 이것이 진실로 하나님의 마음임을 알아야 한다.

믿음의 기도는 병든 자를 구원하리니 주께서 그를 일으키시리라 혹시 죄를 범하였을지라도 사하심을 받으리라 그러므로 너희 죄를 서로 고백하며 병이 낫기를 위하여 서로 기도하라 의인의 간구는 역사하는 힘이 큼이니라 _약 5:15-16

야고보서의 의미

오늘 우리 시대가 만나는 교회와 기독교인의 문제는 야고보서를 간과했기 때문인지도 모른다. 우리의 부와 축복에 대한 끝없는 욕망, 개인적인 안위와 평안에 대한 욕구, 그리고 타락과 변질이 도를 넘어서고 있기 때문이다. 더욱이 믿음의 능력은 사라졌고, 그저 세상과 구별되지 않은 이름뿐인 기독교인으로 남아 있기 때문이다. 본회퍼가 말한 것처럼, 성숙하지 못한 시대일수록 은혜와 용서가 필요하지만, 성숙한 시대에는 그 성장 상황에 맞는 행위가 필요하다는 윤리적 요청이 옳기 때문이다. 그런 의미에서 볼 때, 지금 한국교회는 삶으로 신앙을 말해야 하는 때이다.

분명히 지금 한국교회는 믿음의 초보를 말하는 이방인도 아니고, 배고프고 가난하기 때문에 축복이 절실했던 초기 교회도 아니다. 이기적인 기독교인, 축복과 은혜만을 구하는 교회, 언제나 자신만 위해 존재해달라는 어린아이와 같은 기독교인으로 살아도 되는 시대도 지났다. 그만큼 충분히 축복받았고 성장했기 때문이다.

이제 분명 필요한 것은 야고보의 메시지이다. 한국교회가 유아기적이고 미성숙한 신앙의 모습에서 벗어나 성숙한 시대의 종교로서 행동해야 하는 책임이 있기 때문이다. 성숙한 믿음은 당연히 행함으로 나타나는 것이고, 그것이 성숙을 증명하는 것이기 때문이다.

어떤 사람은 말하기를 너는 믿음이 있고 나는 행함이 있으니 행함이 없는 네 믿음을 내게 보이라 나는 행함으로 내 믿음을 네게 보이리라 하리라 _약 2:18

야고보서 1장부터 5장까지의 중심 구절

내 형제들아 너희가 여러 가지 시험을 당하거든 온전히 기쁘게 여기라 이는 너희 믿음의 시련이 인내를 만들어 내는 줄 너희가 앎이라(1:2-3). 어떤 사람은 말하기를 너는 믿음이 있고 나는 행함이 있으니 행함이 없는 네 믿음을 내게 보이라 나는 행함으로 내 믿음을 네게 보이리라 하리라(2:18) .그런즉 너희는 하나님께 복종할지어다 마귀를 대적하라 그리하면 너희를 피하리라 하나님을 가까이하라 그리하면 너희를 가까이하시리라(4:7-8). 믿음의 기도는 병든 자를 구원하리니 주께서 그를 일으키시리라 혹시 죄를 범하였을지라도 사하심을 받으리라 그러므로 너희 죄를 서로 고백하며 병이 낫기를 위하여 서로 기도하라 의인의 간구는 역사하는 힘이 큼이니라(5:15-16).

Reading Bible Checklist														야고보서 1-5장
1	2	3	4	5										

77

베드로전서

왕 같은 제사장 나그네

• 베드로전서 1-5장 •

로마의 박해 기간 동안 가장 큰 화두는 '황제 숭배'였는데, 베드로가 그에 대해 언급하기보다 정부나 왕에 대하여 매우 호의적으로(벧전 3:13-14) 쓴 것을 볼 때, 베드로전후서의 기록 연대는 본격적인 기독교 박해가 시작되기 전이라고 보인다. 그렇다면 베드로전후서를 관통하는 주제인 박해의 원인은 네로 황제(54-68년) 때문일 것이다.

비록 나그네이지만

네로의 박해는 황제 숭배에 대한 기독교인들의 반대 때문은 아니다. 64년에 새로운 도시를 계획하던 네로가 일부러 로마에 화재를 낸 것이 요인이 되었다. 당시 역사가였던 수에토니우스는 로마 화재를 네로가 한 짓으로 기록하였고, 타키투스는 그의 책 〈연대기〉에서 네로가 당시 기독교인들이 화재를 일으켰다고 죄를 뒤집어씌워 박해하였다고 기록하였다.

여하튼 로마의 화재로 도시의 거의 3분의 2가 파괴되었고, 약 200만 명이던 인구의 대부분이 집을 잃었다. 이같은 사태에서 기독교는 희생양이 되어 서서히 박해의 중심에 들어선다. 사도행전 8장에 나오지만, 이 사태는 예루살렘에서 있었던 초대교회 박해사건과 더불어 그들이 '흩어진 나그네'가 된 이유였다.

예수 그리스도의 사도 베드로는 본도, 갈라디아, 갑바도기아, 아시아와 비두니아에 흩어진 나그네 … 택하심을 받은 자들에게 편지하노니 … _벧전 1:1,2

'흩어진 나그네', 그 단어에 있는 느낌만으로도 쓸쓸해 보인다. 말 그대로 나그네라는 의미이지만, 그러나 다른 존재임을 베드로는 강조한다. 쓸쓸하지 않은 이유였다.

여러분은 하느님 아버지께서 미리 세우신 계획에 따라 뽑혀서 성령으로 거룩하게 되어 예수 그리스도께 복종하게 되었으며 그분의 피로 죄가 씻겨진 사람들입니다. … _벧전 1:2 공동번역

그래서 슬프지 않은 것이다. 애틋함이나 비참함도 지배하지 않는다. 더욱이, 이 세상으로 모든 것이 끝나지 않게 하는 산 소망이 있기 때문이라고 말한다.

… 그의 많으신 긍휼대로 예수 그리스도를 죽은 자 가운데서 부활하게 하심으로 말미암아 우리를 거듭나게 하사 산 소망이 있게 하시며 썩지 않고 더럽지 않고 쇠하지 아니하는 유업을 잇게 하시나니 곧 너희를 위하여 하늘에 간직하신 것이라 _벧전 1:3-4

비록 네로 황제의 기독교 박해 등 여러 가지 시험으로 말미암아 '갖가지 시련'(벧전 1:6 공동번역)을 겪고 있지만, 그로 인해 '불로 연단하여도 없어질 금보다 더 귀한'(벧전 1:7) 영광과 존귀를 얻는 존재로서 살게 될 것을 기대하라고 말한다.

너희 믿음의 확실함은 불로 연단하여도 없어질 금보다 더 귀하여 예수 그리스도

께서 나타나실 때에 칭찬과 영광과 존귀를 얻게 할 것이니라 _벧전 1:7

다르게 살아야 한다

그러므로 오히려 그 영광스러운 은혜의 날을 기다리면서 이 세상을 정신 차리고 살아야 한다. 하나님의 사람답게 말이다. 이미 형성된 믿음의 확실함을 가지고서 말이다.

그러므로 너희 마음의 허리를 동이고 근신하여 예수 그리스도께서 나타나실 때에 너희에게 가져다 주실 은혜를 온전히 바랄지어다 … 오직 너희를 부르신 거룩한 이처럼 너희도 모든 행실에 거룩한 자가 되라 _벧전 1:13,15

'다르게 살아야 한다!' 왜냐하면 다른 존재이기 때문이다. 그래서 베드로는 정체성에 관한 설명으로 이어가는데, 바로 우리가 '거룩한 제사장'으로 부름받았다는 것이다. 그렇게 부르신 이유는 이 어두운 세상에 아름다운 덕, 곧 구원의 소식을 증거해야 하기 때문이라고 강조한다.

너희는 택하신 족속이요 왕 같은 제사장들이요 거룩한 나라요 그의 소유가 된 백성이니 이는 너희를 어두운 데서 불러 내어 그의 기이한 빛에 들어가게 하신 이의 아름다운 덕을 선포하게 하려 하심이라 _벧전 2:9

사실 '전에는 백성이 아니었는데 이제는 하나님의 백성'(벧전 2:10)이 된 자들에게 제사장으로 부름받은 것은 거룩한 영광이다. 베드로는 그것을 강조하고 싶었다. 또한 그 '아름다운 행위' 때문에 우리를 비방하던 이들이 언젠가 하나님께 영광을 돌릴지도 모를 것이라는 기대와 함께 말이다.

너희가 이방인 중에서 행실을 선하게 가져 너희를 악행한다고 비방하는 자들로 하여금 너희 선한 일을 보고 오시는 날에 하나님께 영광을 돌리게 하려 함이라 _벧전 2:12

그것의 구체적인 방법으로, 베드로는 주님의 말씀을 좇아(마 5:43-44)

오히려 그들을 위하여 복을 빌라고 요청한다. 이를 위해 부름받았기 때문이라고 또한 말한다.

마지막으로 말하노니 너희가 다 마음을 같이하여 동정하며 형제를 사랑하며 불쌍히 여기며 겸손하며 악을 악으로, 욕을 욕으로 갚지 말고 도리어 복을 빌라 이를 위하여 너희가 부르심을 받았으니 이는 복을 이어받게 하려 하심이라 _벧전 3:8-9

물론 단순히 복을 비는 정도로 끝나는 것이 아니다. 우리 속에 있는 여유와 소망을 보며 사람들이 물을 때, 대답할 준비도 되어 있어야 한다고 말한다.

너희 마음에 그리스도를 주로 삼아 거룩하게 하고 너희 속에 있는 소망에 관한 이유를 묻는 자에게는 대답할 것을 항상 준비하되 온유와 두려움으로 하고 선한 양심을 가지라 … _벧전 3:15-16

종말론적 태도로

베드로가 마지막으로 강조한 것은, 주님께서 우리를 위해 고난을 받으신 것을 기억하여 담대할 것과, 무엇보다 '육체의 남은 때'를 하나님의 뜻대로 살자고 권면한 것이다. 그것이 얼마나 멋있는 일인지를 말한 것이다. '그동안 내 뜻대로 충분히 죄를 지었으니 더욱 그래야 하지 않은가'라는 말이기도 했다.

그 후로는 다시 사람의 정욕을 따르지 않고 하나님의 뜻을 따라 육체의 남은 때를 살게 하려 함이라 너희가 음란과 정욕과 술취함과 방탕과 향락과 무법한 우상 숭배를 하여 이방인의 뜻을 따라 행한 것은 지나간 때로 족하도다 _벧전 4:2-3

우리가 비록 나그네 같지만, 주님과 함께 하나님 나라를 향해 걷는 자들이다. 그러므로 이 세속화된 세상을 살지만, 함부로 살아서는 안 되는 하나님의 자녀라는 사실을 좇아, 하나님의 뜻을 따라 종말론적인 태도로 살 것을 요청한 것이다. 아름다운 권면이 아닐 수 없다.

만물의 마지막이 가까이 왔으니 그러므로 너희는 정신을 차리고 근신하여 기도하라 무엇보다도 뜨겁게 서로 사랑할지니 사랑은 허다한 죄를 덮느니라 _벧전 4:7-8

베드로전서 1장부터 5장까지의 중심 구절

오직 너희를 부르신 거룩한 이처럼 너희도 모든 행실에 거룩한 자가 되라(1:15). 너희는 택하신 족속이요 왕 같은 제사장들이요 거룩한 나라요 그의 소유가 된 백성이니 이는 너희를 어두운 데서 불러 내어 그의 기이한 빛에 들어가게 하신 이의 아름다운 덕을 선포하게 하려 하심이라(2:9). 너희 마음에 그리스도를 주로 삼아 거룩하게 하고 너희 속에 있는 소망에 관한 이유를 묻는 자에게는 대답할 것을 항상 준비하되 온유와 두려움으로 하고 선한 양심을 가지라(3:15-16). 만물의 마지막이 가까이 왔으니 그러므로 너희는 정신을 차리고 근신하여 기도하라 무엇보다도 뜨겁게 서로 사랑할지니 사랑은 허다한 죄를 덮느니라(4:7-8). 근신하라 깨어라 너희 대적 마귀가 우는 사자 같이 두루 다니며 삼킬 자를 찾나니 너희는 믿음을 굳건하게 하여 그를 대적하라(5:8-9).

Reading Bible Checklist														베드로전서 1-5장
1 ●	2 ●	3 ●	4 ●	5 ●										

78

베드로후서

신의 성품을 가진 자

• 베드로후서 1-3장 •

베드로의 첫 번째 편지가 외부적인 환난과 박해에 대해 소망을 주려는 데 있었다면, 베드로후서는 내부의 거짓 선생들에 대해 초점이 맞춰져 있다. 특히 2장에서 '거짓 선생들'(벧후 2:1)의 거짓 예언, 곧 '성경의 모든 예언을 사사로이' 해석하므로 멸망에 이르게 하는 그들을 주의할 것을 요청하며, 성경은 성령의 감동을 좇아 해석되어야 한다고 강조하였다(벧후 1:19-20).

신의 성품에 참여하는 자

이어 베드로는 그같은 적들보다 중요한 것은 우리 자신이 하나님 앞에 바르게 서서 주님을 더 알기를 추구하는 것이라고 말한다. 주님을 알기를 추구하면 할수록 우리는 '신기한 능력으로'(벧후 1:3) '경건한 생활을 하는 데 필요한 모든 것'(벧후 1:3 공동번역)이 생길 것이다. 소위 '신의 성품'(벧후 1:4 개역)에 참여하는 자, 공동번역의 표현으로 말하면 '하나님의 본성을 나누어 받는' 존재가 되는 것을 말한다.

이로써 그 보배롭고 지극히 큰 약속을 우리에게 주사 이 약속으로 말미암아 너희로 정욕을 인하여 세상에서 썩어질 것을 피하여 신의 성품에 참예하는 자가 되게 하려 하셨으니 _벧후 1:4 개역한글

그러므로 우리의 믿음에 모든 경건의 노력을 더할 것을 강조하였다.

그러므로 너희가 더욱 힘써 너희 믿음에 덕을, 덕에 지식을, 지식에 절제를, 절제에 인내를, 인내에 경건을, 경건에 형제 우애를, 형제 우애에 사랑을 더하라 _벧후 1:5-7

중요한 것은 이같은 추구를 할수록 우리에게는 주님을 알고 싶은 마음이 더 생길 것이라고 말하였다.

여러분이 이런 것들을 풍성하게 갖추면 여러분은 부지런히 우리 주 예수 그리스도를 알려고 할 것이며 마침내는 그를 잘 알게 될 것입니다. _벧후 1:8 공동번역

그런데 베드로의 말이 좀 이상하다. '이런 것들을 풍성하게 갖추면 … 주 예수 그리스도를 알려고 할 것이다'라는 뜻이기 때문이다. 그러니까 주님을 알기를 추구하는 자들은 믿음만이 아니라 삶 자체가 선을 추구하게 될 것이고, 그같은 선의 추구가 주님을 잘 알게 되는 지경에 이른다는 말이다.

당연하다. 주님을 사랑하는 자는 주님을 사랑하는 삶을 살 것이다. 세상의 것들을 즐기기보다 주님을 즐거워함으로 세상에 대하여 절제하고, 주님을 아는 자들과 깊은 인격적인 교제와 사랑을 나누며, 가능한 주님의 말씀들을 공부하고 그 깊은 의미를 깨달으려고 노력할 것이다. 이런 것들이 풍성해지면 더 알기를 사모할 것이고, 그 사모함이 결국 알게 되는 결론에 이를 것이라고 베드로는 말한 것이다. 아름답다.

기본이 흔들렸기 때문에

그런데 언제부터인가 기독교인들이 하나님 알기를 게을리하고, 그저 나를 축복하기를 기원하는 편의주의적인 신앙과 가르침으로 스스로를 위로하며, 그런 이상한 복음을 전하는 교회와 목사들을 찾아다니는 기막힌 현상이 만연해졌다. 이런 일이 왜 벌어진 것일까? 그 이유를 베드로는 '부르심과 택하심'의 이유를 잊고 그 기본이 흔들렸기 때문이라고 강조한다.

그러므로 형제들아 더욱 힘써 너희 부르심과 택하심을 굳게 하라 너희가 이것을 행한즉 언제든지 실족하지 아니하리라 _벧후 1:10

베드로가 '부르심'을 먼저 말한 것은 자신이 경험한 것이기 때문이다. 베드로를 '사람 낚는 어부'로 부르신 것은 그의 경건과 의로움에 기초한 것이 아니었다. 오로지 은혜로 부르신 것이었다. 베드로는 그것을 알고 있었다. 그러므로 우리는 베드로의 지적처럼 먼저 '부르심'에 주의를 기울여야 한다. '나에게 주신 부르심, 사명, 소명은 무엇인가' 하는 것 말이다. 세상이 힘들고 교회가 위기를 만나는 것은 교회로서, 목사로서, 기독교인으로서 부르심을 잊거나 잃어버렸기 때문이다.

이제 베드로는 거짓 선지자들과 거짓 선생들의 문제를 꺼냈다. 베드로는 그 전에 먼저 자신이 경험했던 변화산에서의 주님의 변화 사건(벧후 1:17-18)을 언급한다. 사실 베드로는 이 놀라운 경험을 충분히 자신의 영적 권위로 사용할 수 있었다. 하지만 그는 그같은 경험을 토대로 함부로 예언하지 않았다. 더욱이 성경을 읽고 풀 때도 사사롭게 해석하지 않았다. 언제나 성령의 감동하심을 구한 것이다.

먼저 알 것은 성경의 모든 예언은 사사로이 풀 것이 아니니 예언은 언제든지 사람의 뜻으로 낸 것이 아니요 오직 성령의 감동하심을 받은 사람들이 하나님께 받아 말한 것임이라 _벧후 1:20-21

그런데 거짓 선지자나 이단들은 하나님의 말씀을 해석하는 데 있어서 성령의 감동을 받아서 하는 것이 아니라, 자신들의 생각을 가지고 사사로이 해석하고 있었다. 심지어 자신만이 하나님의 계시자라고 말하면서, 자신의 해석만이 옳다고 주장하였다. 그러나 결국은 주님을 부인하고 진리를 훼손하는 것에 이르게 하는데, 그 동기를 탐심이라고 베드로는 지적하였다. 그러므로 자신의 이익과 탐심을 채우는 자들의 가르침이 아무리 신령해 보여도 주의해야 하는 이유라고 말한다.

… 그들은 멸망하게 할 이단을 가만히 끌어들여 자기들을 사신 주를 부인하고 임박한 멸망을 스스로 취하는 자들이라 … 그들이 탐심으로써 지어낸 말을 가지고 너희로 이득을 삼으니 그들의 심판은 옛적부터 지체하지 아니하며 그들의 멸망은 잠들지 아니하느니라 _벧후 2:1,3

'탐심으로써 지어낸 말을 가지고 너희로 이득을' 삼으려는 거짓 선생들의 의도에서 알 수 있듯이, 그들은 육체를 따른 더러운 정욕을 추구하는 까닭에 주님의 강림 약속을 우습게 여기며 조롱했다.

먼저 이것을 알지니 말세에 조롱하는 자들이 와서 자기의 정욕을 따라 행하며 조롱하여 이르되 주께서 강림하신다는 약속이 어디 있느냐 조상들이 잔 후로부터 만물이 처음 창조될 때와 같이 그냥 있다 하니 _벧후 3:3-4

놀라운 것은 이들에 대한 하나님의 태도이다. 베드로가 이렇게 말한다.

이제 하늘과 땅은 그 동일한 말씀으로 불사르기 위하여 보호하신 바 되어 경건하지 아니한 사람들의 심판과 멸망의 날까지 보존하여 두신 것이니라 _벧후 3:7

그날을 만나기 전에

'심판과 멸망의 날까지 보존하여 두신 것', 놀라운 말씀이 아닐 수 없다. 불의하고 경건하지 않은 자들을 '보존하여 두신 것'이라고 베드로가 표현한 것은 종말의 때에 제대로 심판하겠다는 뜻으로 이해할 수 있지만, 그런 뜻만은 아니다. 다른 이유, 곧 하나님은 오래 참고 계신다는 말씀이다. 아무리 죄를 범하고 불의를 행했을지라도 '점과 흠'처럼 날려가고 사라지고 멸망되는 것은 주님의 뜻이 아니라는 것을 말한 것이다.

사랑하는 자들아 주께는 하루가 천 년 같고 천 년이 하루 같다는 이 한 가지를 잊지 말라 주의 약속은 어떤 이들이 더디다고 생각하는 것 같이 더딘 것이 아니라 오직 주께서는 너희를 대하여 오래 참으사 아무도 멸망하지 아니하고 다 회개하기에 이르기를 원하시느니라 _벧후 3:8-9

여기서 우리가 주의할 것이 있다. 종말은 주님이 재림하시는 날만을 이야기하는 것이 아니라, 어느 날 우리가 어떤 마음의 변화와 결정도 할 수 없이 당할 갑작스러운 죽음과, 이미 모든 것이 다 무너져 다시 마음을 가다듬을 수 없는 상태가 올 때도 포함하고 있음을 알아야 한다.

분명히 그날에 '모든 일이 드러날'(벧후 3:10) 것이다. 추하고 더럽고, 숨겨놓았던 모든 악한 것들이 드러날 것이고, 그때 그 더러운 것들과 함께 죄된 존재들은 폐기될 것이다. 그렇다면 이제 어떻게 살아야 하는가? 베드로의 질문과 대답이다.

이 모든 것이 이렇게 풀어지리니 너희가 어떠한 사람이 되어야 마땅하냐 거룩한 행실과 경건함으로 하나님의 날이 임하기를 바라보고 간절히 사모하라 그 날에 하늘이 불에 타서 풀어지고 물질이 뜨거운 불에 녹아지려니와 _벧후 3:11-12

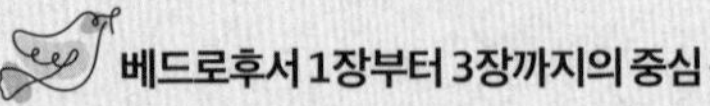

베드로후서 1장부터 3장까지의 중심 구절

이로써 그 보배롭고 지극히 큰 약속을 우리에게 주사 이 약속으로 말미암아 너희가 정욕 때문에 세상에서 썩어질 것을 피하여 신성한 성품에 참여하는 자가 되게 하려 하셨느니라(1:4). 만일 그들이 우리 주 되신 구주 예수 그리스도를 앎으로 세상의 더러움을 피한 후에 다시 그 중에 얽매이고 지면 그 나중 형편이 처음보다 더 심하리니(2:20). 주의 약속은 어떤 이들이 더디다고 생각하는 것 같이 더딘 것이 아니라 오직 주께서는 너희를 대하여 오래 참으사 아무도 멸망하지 아니하고 다 회개하기에 이르기를 원하시느니라(3:9).

Reading Bible Checklist 베드로후서 1-3장

1	2	3												
●	●	●												

요한일서

사랑함이 마땅하다

• 요한일서 1-5장 •

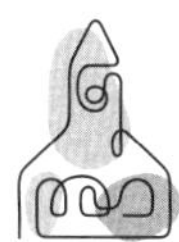

공관복음서들은 대체로 일찍이는 60년부터 시작해서 80년 이전에 쓰여졌다. 제일 먼저 쓰여진 것으로 보이는 마가복음은 예루살렘 함락(AD 70) 이전인 64-69년 경에 쓰여진 것으로 본다. 누가복음은 예루살렘 함락을 반영하고 있는 까닭에(눅 21:20,24) 그 기록 연대를 70년 이후로 추정한다. 물론 사도 바울의 죽음(AD 68년 경)에 대한 언급이 없는 것으로 보아 그 이전으로 보기도 한다. 저작 시기에 대한 논쟁이 가장 많은 책은 마태복음인데, 예루살렘 함락을 암시하는 내용(마 22:7)과 함께 교리적인 측면이 강조된 것을 볼 때 교회 형성이 웬만큼 진행된 것으로 보아 80년대까지로 추측한다.

요한복음의 형성

반면에 요한복음은 다른 복음서들이 토론하지 않는 '육신으로 오신 예수 그리스도'를 길게 설명하는 것을 볼 때, 육체는 악하고 영은 선하다는 영지주의의 영향을 받고 있는 이방 기독교인을 염두에 두었음을 알 수 있다. 영지주의가 AD 100년을 전후해서 활발하게 활동하기 시작하였고, 요한이 로마의 핵심 도시인 에베소에서 사역한 것을 생각할 때, 요한복음은 일반적으로 80-100년 경에 쓴 것으로 여긴다. 이어 밧모섬에 유배되기 전에 요한서신을 썼고, 그 이후에 밧모섬에서 요한계시록을 썼다고 보는 것이 일반적이다.

그렇다면 왜 요한복음과 요한서신 같은 요한의 글들이 공관복음서들과 달리 길게는 20년 이상 후에 쓰인 것일까? 여러 가지 전승이 있지만, 유력한 전승은 예수님이 돌아가시면서 어머니 마리아를 돌보라고 부탁받은 것과 관련이 있다. 그것이 요한이 치열한 선교와 순교의 현장에서 사라졌다가 최소 70년 이후에 드러난 이유라고 본다.

대체적으로 사도 요한은 어머니 마리아를 모시고 에베소로 와서 마리아를 위한 집을 지어, 마리아가 죽을 때까지 돌본 것으로 알려진다. 마리아의 집으로 알려진 곳이 지금까지 에베소에 남아 있는데, 1961년에 교황 요한 23세가 성모 마리아의 집으로 공식 인정하고 성지(聖地)로 선포하였다. 이것이 교회 전승의 입장이지만, 실제로는 나이가 많은 마리아가 에베소까지 왔을 것이라는 데 의문을 제기하는 학자들도 많다. 그런 까닭에 예루살렘 인근 어디에서 마리아가 죽을 때까지 함께 있었던 것으로 보는 의견도 있다.

여하튼 요한복음은 영지주의 영향을 받고 있는 아시아의 이방인 기독교인들을 위해 쓴 것으로 본다.* 하지만 시간이 지날수록 영지주의 영향을 받은 거짓교사들이 등장하였고, 더 심각하게 되자 경고하며 쓴 서신이 요한1,2,3서이다. 이 서신들은 단순히 에베소 교회만이 아니라 소아시아의

* 그랜트 오스본, 요한1,2,3서, 성서유니온선교회, 16

일곱 교회를 비롯하여 많은 이방 기독교인들에게 전해진 것으로 보이는데, 85-90년 경에 쓴 것으로 여겨진다.**

에베소 교회와 요한

여기서 에베소 교회 사역을 살필 필요가 있는데, 바울의 에베소 사역은 52년 전후 2년 동안 이뤄졌다. 그후 에베소 교회는 디모데가 이끌었지만, 바울의 영향력은 대단했다. 바울이 로마 대화재 사건의 주모자로 체포되어 64년 경에 순교한 후 디모데가 계속 목회하지만, 전승에 의하면 디모데는 아데미 여신이 우상에 불과하다는 그의 지적에 광분한 군중들이 던진 돌에 맞아 80년 경에 순교했다고 전해진다.

사도 요한이 있었을 때 에베소는 종교혼합주의가 강력한 상황이었다. 특히 오랫동안 달의 여신이면서 풍요와 다산의 상징인 키벨레(Cybele) 여신을 섬겨왔다. 하지만 알렉산더의 그리스는 자신들이 섬기던 아데미 여신을 아나톨리아 지역으로 가져와서 키벨레와 섞어 강화된 여신으로 대신하였는데, 여신을 섬기던 아나톨리아 에게해 인근 사람들은 '어머니 신'이 마음 한켠에 있던 까닭에 별로 부담없이 아데미를 받아들였다.

바울이 없는 에베소 교회, 심지어 디모데마저 죽은 에베소 교회는 이미 위기 가운데 있었다. 그 즈음에 요한이 에베소에 나타난 것으로 보인다. 예수의 제자로서 이렇게 늦게 나타난 이유는 앞에서 본 것처럼 주님이 부탁하신 어머니 마리아를 돌보며 은거 생활을 한 까닭으로 여겨진다.

그 즈음, 그러니까 요한이 요한일서를 썼던 85-90년 경, 에베소에서 강력한 인기를 누렸던 한 사람이 등장하는데, 바로 케린투스이다. 그는 '물질이 열등한 힘에 의해 창조되었다는 견해를 포함한 일반적인 이원론적

** 그랜트 오스본, 16

세계관을 받아들여 새로운 형태의 기독론'***을 주장했는데, 사도 요한과는 상극이었다. 특히 케린투스가 주장한 가현설(doceticism), 곧 예수와 그리스도를 구분하여, 예수가 죽기 전에 영으로서의 그리스도가 육신으로서의 예수를 떠났다는 주장이 지지를 얻었다. 이같이 주장한 케린투스와 사도 요한의 충돌은 불가피한 것이었다.**** 이런 분위기에서 사도 요한은 요한복음의 연장선상에서 육체로 오신 예수 그리스도를 설명함으로 편지를 시작한 것이다.

태초부터 있는 생명의 말씀에 관하여는 우리가 들은 바요 눈으로 본 바요 자세히 보고 우리의 손으로 만진 바라 _요일 1:1

성령을 통하여 그리스도 예수가 우리 옆에 계시듯 말씀하시고 실제적 능력으로 경험하게 된 것이라고 요한은 말한 것이다. 그것이 요한을 비롯한 사도들과 믿음의 사람들이 경험한, 예수 그리스도의 말씀을 통한 현재적 임재 현상이었다. 또한 요한은 중요한 것을 말하는데, 오늘 우리가 요한이 전한 말씀을 들을 때 하나님과 그의 아들 예수와 직접적 사귐을 경험할 수 있다는 것이다.

우리가 보고 들은 바를 너희에게도 전함은 너희로 우리와 사귐이 있게 하려 함이니 우리의 사귐은 아버지와 그의 아들 예수 그리스도와 더불어 누림이라 _요일 1:3

이것이 이 말씀을 기록한 이유이다. 오늘 우리에게 그런 경험은 없지만, 요한의 경험을 공유함으로써 우리 역시 그리스도 예수와 사귐에 이를 수 있다는 사실 때문이다. 그래서 요한은 이 서신을 쓰는 목적이 '이 놀라운 사실을 알므로 우리의 기쁨이 충만하게 하려'(요일 1:4) 함이라고 말했다.

*** F.F.브루스, 요한1,2,3서, 아가페출판사, 22

**** F.F.브루스, 22-23

사랑이 답이다

하지만 영지주의와 가현설의 경향은 강했다. 이로 인해 인간 예수보다 신성과 인성을 가진 예수를 낳은 어머니 마리아 숭배 조짐이 벌어지고 있었다. 특히 로마의 박해가 본격화될 조짐을 보이면서 가이사 아래로 모든 신들이 재편되고 있었던 까닭에, 유일신 하나님과 독생자 예수 그리스도와 달리 혼합된 이방신의 모습으로 변질되는 것이 편하다고 일부 거짓교사들은 여기고 있었다. 소위 '다른 사랑'을 하기 시작한 것이다.

예수를 사랑하는 것이 아니라 마리아를 사랑하는 것 역시 변질된 가르침이었다. 그러니까 물질과 세상의 부요, 성공과 안락, 편리함과 자기연민 등 세상의 온갖 것을 사랑하는 아데미 신앙이 예수를 사랑하는 것을 잊어버리게 하고 왜곡시키고 있었다. 주님이 정말 근사하고 멋있던 에베소 교회에서 촛대를 옮기겠다고 하신 이유가 '처음 사랑'을 잃어버렸기 때문이라고 하셨는데, 처음 사랑인 그리스도 외에 다른 것을 사랑하거나 타협한 것 때문임을 알 수 있다. 그러므로 요한이 강조한 것은 변질된 사랑이 아니라 원래 처음 가졌던 사랑이었다. 요한은 그 사랑에 대해 찬찬히 설명하는데, 하나님의 일방적 사랑임을 강조하였다.

사랑은 여기 있으니 우리가 하나님을 사랑한 것이 아니요 하나님이 우리를 사랑하사 우리 죄를 속하기 위하여 화목제물로 그 아들을 보내셨음이라 _요일 4:10

그런 까닭에 요한이 말할 수 있는 것은 사랑이 전부였다. 사랑이 모든 것의 중심이었고 답이었다.

사랑하는 자들아 우리가 서로 사랑하자 … 사랑하는 자들아 하나님이 이같이 우리를 사랑하셨은즉 우리도 서로 사랑하는 것이 마땅하도다 _요일 4:7,11

더욱이 이 말씀은 주님이 부탁하셨던 말씀이었다. 주님이 주신 새 계명을 요한은 잊지 않았던 것이다.

새 계명을 너희에게 주노니 서로 사랑하라 내가 너희를 사랑한 것 같이 너희도 서로 사랑하라 _요 13:34

그런데 사실 사랑하는 것은 쉽지 않다. 왜냐하면 우리가 온전한 믿음에 이르지 못했기 때문이다. 그러나 주님을 믿으므로 하나님을 안다는 것은 우리가 하나님의 자녀가 된다는 뜻이고, 하나님의 자녀가 되는 것으로 우리 안에 하나님의 DNA같은 것이 생기는데, 그것이 사랑인 것이다. 그러므로 사랑하지 아니하는 자는 하나님을 아는 것이 아니라고 요한은 말한다.

… 사랑은 하나님께 속한 것이니 사랑하는 자마다 하나님으로부터 나서 하나님을 알고 사랑하지 아니하는 자는 하나님을 알지 못하나니 이는 하나님은 사랑이심이라 _요일 4:7-8

바꿔 말해서 사랑이 있다는 것은 믿음이 온전하다는 뜻이고, 하나님 안에 거하는 사람이라는 뜻임을 알 수 있다.

하나님이 우리를 사랑하시는 사랑을 우리가 알고 믿었노니 하나님은 사랑이시라 사랑 안에 거하는 자는 하나님 안에 거하고 하나님도 그의 안에 거하시느니라 _요일 4:16

이처럼 요한이 사랑을 강조하는 이유는 하나님을 사랑하는 것이 우리의 사랑 때문이 아니라 하나님이 일방적으로 먼저 사랑하신 것 때문이라고 말한다. 그래서 우리가 사랑할 때 하나님이 우리 가운데 임재하신다고 말한다. 이미 요한복음에서 강조한 것이었다.

… 나를 사랑하는 자는 내 아버지께 사랑을 받을 것이요 나도 그를 사랑하여 그에게 나를 나타내리라 _요 14:21

이같은 사랑이 우리에게 올 때, 사랑은 놀랍게도 모든 것을 이해하게 한다. 갑자기 두려움이 사라진다. 심판에 대한 걱정도 없어진다. 하나님의 사랑을 경험했기 때문이고, 지금 내가 사랑하기 때문이다. 사랑이 두려움을 밀어내는 것이다.

사랑 안에 두려움이 없고 온전한 사랑이 두려움을 내쫓나니 두려움에는 형벌이 있음이라 두려워하는 자는 사랑 안에서 온전히 이루지 못하였느니라 _요일 4:18

그러므로 요한이 전한 메시지는 한 가지였다. '사랑하라'는 것이다. 거짓교사들의 유혹과 왜곡된 가르침이 들어올수록 그리스도를 더 사랑하는 것이 이길 수 있는 힘이라고 말했다. 그 사랑이 우리 믿음의 기초이기 때문이다.

예수께서 하나님의 아들이심을 믿는 자가 아니면 세상을 이기는 자가 누구냐 _요일 5:5

이 능력은 우리 기도를 통하여 구현된다. 우리가 하나님의 자녀인 까닭이다. 하나님의 사랑을 확인하고 사랑함으로써 하나님의 임재를 경험하는 우리들이 무엇을 구하더라도 하나님이 당연히 자연스럽게 주시기 때문이다.

그를 향하여 우리가 가진 바 담대함이 이것이니 그의 뜻대로 무엇을 구하면 들으심이라 _요일 5:14

오늘 필요한 것

오늘 이 시대도 그 시대와 마찬가지로 교회에서 파생된 이단들이 등장하고 있고 엄청난 세속적 쾌락의 유혹 앞에 노출되어 있다. 이럴 때 적그리스도와 같은 이들의 공격 앞에서 우리를 지킬 수 있는 방법은 하나님을 사랑하는 것이고 그 사랑 안에 거하는 것임을 잊어서는 안 된다. 더 사랑하는 것이 이기는 방법이다.

에베소에서 활동하던 요한은 95년경에 진행된 도미티안 황제(91-96년)의 강력한 기독교 박해의 결과로 밧모섬에 유배당한다. 그리고 96년

도미티안 황제가 암살된 후 사면되어 다시 에베소로 돌아온다. 사도 요한의 제자인 폴리캅의 제자 이레네우스는 그의 〈이단에 대항하여〉(Against Heresies)에서 요한이 황제 트라잔(98-117년) 시대까지 살았다고 기록하였다.***** 전승에 의하면 요한은 AD 100년경 94살에 죽었다고 전해진다.

훗날 존 후스와 함께 체코의 종교개혁을 이끈 제롬은 말하길, 사도 요한이 나이가 들어 설교하기 힘들었지만, 제자들이 부축하여 서서 설교할 때마다 늘 했던 말씀은 "서로 사랑하라"는 한 마디였다고 한다. 사랑이 답이었다는 뜻이다.

요한일서 1장부터 5장까지의 중심 구절

만일 우리가 우리 죄를 자백하면 그는 미쁘시고 의로우사 우리 죄를 사하시며 우리를 모든 불의에서 깨끗하게 하실 것이요(1:9). 이 세상이나 세상에 있는 것들을 사랑하지 말라 누구든지 세상을 사랑하면 아버지의 사랑이 그 안에 있지 아니하니(2:15). 하나님께로부터 난 자마다 죄를 짓지 아니하나니 이는 하나님의 씨가 그의 속에 거함이요 그도 범죄하지 못하는 것은 하나님께로부터 났음이라(3:9). 사랑하는 자들아 우리가 서로 사랑하자 사랑은 하나님께 속한 것이니 사랑하는 자마다 하나님으로부터 나서 하나님을 알고 사랑하지 아니하는 자는 하나님을 알지 못하나니 이는 하나님은 사랑이심이라(4:7-8). 무릇 하나님께로부터 난 자마다 세상을 이기느니라 세상을 이기는 승리는 이것이니 우리의 믿음이니라(5:4).

Reading Bible Checklist														요한일서 1-5장
1 ●	2 ●	3 ●	4 ●	5 ●										

***** 브루스 윌킨슨 외, 한 눈에 보는 성경, 디모데, 920

80

요한이서

다만 진리 안에서의 사랑

• 요한이서 1장 •

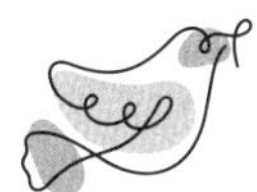

장로인 나는 택하심을 받은 부녀와 그의 자녀들에게 편지하노니 … _요이 1:1

'요한은 왜 굳이 두 번째 편지를 쓸 필요가 있었을까?' 이런 질문이 드는 것은 당연하다. 요한이서의 상당 부분이 요한일서와 다르지 않기 때문이다. 이런 까닭에 요한일서와 달리 요한이서는 교회의 큰 관심을 받지 못했다. 그 내용보다, 주로 편지를 쓴 이유와 대상에 관심이 몰렸다. 특히 첫 절에 나오는 '택하심을 받은 부녀와 그의 자녀들이 누구인가' 하는 것에 연구에 집중되었다. 초기 교부들의 관심도 그랬다.

알렉산드리아의 클레멘스는 '초고'에서 '이 편지의 구체적인 수신인은 엘렉타라는 이름의 바빌로니아 여인'*이라고 주장했다. 이같은 주장은 헬라어 성경의 '엘렉테 큐리아'란 표기 때문이다. 이것은 '선택받은 자 퀴리아인가 아니면 귀부인 엘렉타인가'**라는 논쟁으로 이어지기도 했지만,

* 제럴드 브레이 편, 교부들의 성경주해 신약성경 XIII, 분도출판사, 337

** F.F. 브루스, 요한 1.2.3서, 아가페출판사, 177

여전히 은유적 표현으로 어떤 지역 교회를 지칭하는 것으로 이해하는 경향이 있었다. 이같은 논란 때문에 요한이서는 삼서와 마찬가지로 정경으로 인정받는 데 시간이 걸렸다. 특히 유세비우스는 그의 〈교회사〉에서 '안티레고메나', 곧 논란이 되는 문서로 분류하였고, 그런 까닭에 니케아 공의회(주후 325년) 직후에 정경으로 인정***된다.

사랑 때문에

한 가지 분명한 것은 요한이서는 첫 번째 편지를 보충한 편지인데, 수신자가 '택하심을 받은 부녀와 그의 자녀들'(요이 1:1)이라는 점에 주의할 필요가 있다.

> 부녀여, 내가 이제 네게 구하노니 서로 사랑하자 이는 새 계명 같이 네게 쓰는 것이 아니요 처음부터 우리가 가진 것이라 _요이 1:5

이 말씀은 요한일서에서 매우 중요한 내용인 까닭에, 다시 반복하는 것을 보면 이 여인과 그 자녀들이 정황상 첫 번째 편지를 읽었을 것으로 여겨진다. 부가적인 설명 없이 핵심을 정리하는 것을 볼 때 그렇게 판단된다. 그렇다면 요한은 요한일서에서 놓친 무엇인가를 강조하려 했음이 틀림없다.

그러면 놓친 것은 무엇이고, 무엇을 강조하고 싶었던 것일까? 그것은 아마 요한이 첫 번째 편지에서 강조한 사랑의 메시지에 어떤 부담을 느꼈던 것으로 보인다. 혹시 첫 번째 편지에서 강조한 사랑의 강조 때문에 '거짓교사들마저 받아들이며 분별없이 사랑하는 것으로 나타날까' 걱정한 것이다.

사실 요한이 강조한 사랑은 죄인인 우리를 향한 하나님의 사랑이다. 그

*** 그랜트 오스본, 요한1.2.3서. 성서유니온선교회, 194

것은 당연히 죄인과 원수된 우리까지 사랑하신 것이다. 그러니까 주님의 사랑이 맹목적인 사랑이 아니라 진리 안에서 이뤄져야 함을 주의시키고자 한 것이다. 그것이 불과 1-4절까지의 짧은 구절에서 '진리'라는 단어를 다섯 번이나 사용한 이유이다.

… 나는 여러분을 진정으로 사랑합니다. 나뿐만 아니라 진리를 아는 모든 사람들이 여러분을 사랑합니다. 지금 우리 안에 있고 또 영원히 우리와 함께 있을 진리 때문에 우리는 여러분을 사랑합니다. _요이 1:1-2 공동번역

사랑은 진리와 함께

요한은 단순히 감정적인 사랑에 흔들려 거짓 교훈을 따르며, 비진리에 속한 자마저 사랑하는 것은 아니라고 강조한 것이다. 특히 예수가 육체로 오심을 부정하는 잘못된 가르침을 전하진 자들에게 관대해서는 안 된다고 말했다. 그들은 '미혹하는 자요 적그리스도'(요이 1:7)이기 때문임을 말하면서, 아예 그들과 상종하지 말 것을 요청하였다.

누구든지 이 교훈을 가지지 않고 너희에게 나아가거든 그를 집에 들이지도 말고 인사도 하지 말라 _요이 1:10

'너무 야박한 것이 아닌가' 하는 생각이 들 수도 있지만, 호의가 그들을 용인하는 것으로 비춰질 수 있고, 그로 인해 그들을 동조하는 것으로 비춰질 수도 있기 때문이었다.

그런 자에게 인사를 하면 그의 악한 사업에 참여하는 것이 됩니다. _요이 1:11 공동번역

그러므로 사랑은 진리와 함께 움직여야 한다. 또한 사랑이란 말에는 분별이 있음을 기억해야 한다. 비진리를 용납하는 것이나 진리 없는 사랑은 무지이고, 사랑 없는 진리는 교만이기 때문이다. '진리와 사랑'이 함께 하

는 것이 중요한 이유이다.

진리와 사랑으로 살아가는 우리에게 하느님 아버지와 그 아들 예수 그리스도께서 은총과 자비와 평화를 내려주시기를 빕니다. _요이 1:3 공동번역

요한이서 1장의 중심 구절

부녀여, 내가 이제 네게 구하노니 서로 사랑하자 이는 새 계명 같이 네게 쓰는 것이 아니요 처음부터 우리가 가진 것이라(1:5).

Reading Bible Checklist														요한이서 1장
1														

81

요한삼서

축복하고 싶은 사람

• 요한삼서 1장 •

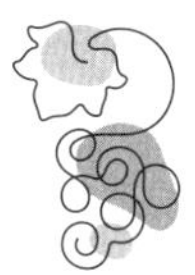

두란노서원이 있는 에베소는 바울과 디모데 이래 매우 중요한 복음 파송 사역을 감당하고 있었다. 사도 요한 역시 그 사역의 연속선상에서 순회 선교사들을 파송하고 있었다. 그들은 주로 이방인 선교사역에 주력하였기 때문에 자비량으로 사역할 수밖에 없었다. 그래서 요한은 편지의 수신자인 가이오에게 그들을 돕는 것이 마땅하다고 말한다.

그들은 주님을 위해서 나선 사람들로서 이교도들에게서는 아무것도 받지 않습니다. 그러니 우리가 그런 사람들을 돌보아 주어야 하겠습니다. 그래야 우리가 진리를 위해서 그들과 함께 일하는 협력자가 될 것입니다. _요삼 1:7-8 공동번역

디오드레베와 가이오

이같이 자비량 사역인 까닭에 지역 교회의 도움이 필요했다. 그런데 어느 교회인지 특정되지 않지만, 그 지역 교회가 순회 선교사들을 홀대한 것이다. 그래서 교회의 원로인 장로 가이오에게 도움을 요청하며 쓴 편지가 요

한삼서이다. 그런데 더 큰 문제는, 요한이 이 편지를 써서 보냈으나 디오드레베라는 교회 지도자가 아예 그의 권위조차 인정하지 않아서, 그들을 받아들이지 않고 그들을 받아들이는 이들조차 교회 밖으로 내쫓은 일이었다.

내가 두어 자를 교회에 썼으나 그들 중에 으뜸되기를 좋아하는 디오드레베가 우리를 맞아들이지 아니하니 그러므로 내가 가면 그 행한 일을 잊지 아니하리라 그가 악한 말로 우리를 비방하고도 오히려 부족하여 형제들을 맞아들이지도 아니하고 맞아들이고자 하는 자를 금하여 교회에서 내쫓는도다 _요삼 1:9-10

그렇다면 디오드레베는 왜 이같은 태도를 취한 것일까? 그에게 붙은 수식어처럼 '그들 중에 으뜸되기를 좋아하는'(요삼 1:9) 의도 때문이다. 교회를 자기 의도대로 쥐락펴락하는 오만함으로 자신의 권력을 행사한 것이다. 오늘 교회들에도 이런 자들이 있다. 이같은 경험을 여러 순회 선교사들이 요한에게 말한 것으로 보이는데, 그것은 주의 복음을 증거하는 선교사들에게 큰 어려움이 되었던 것으로 보인다. 바울은 그같은 무관심과 냉대는 '악한 것'(요삼 1:11)이라고 말한다.

사랑하는 자여 악한 것을 본받지 말고 선한 것을 본받으라 선을 행하는 자는 하나님께 속하고 악을 행하는 자는 하나님을 뵈옵지 못하였느니라 _요삼 1:11

이같은 상황을 보면서 요한이 이 문제를 적극적으로 해결하고자 가이오에게 쓴 편지가 바로 이 요한삼서이다. 이번에도 분명히 디오드레베에게 홀대 경험을 받았던 것으로 보이는 데메드리오 편에 편지를 들려보낸다.

데메드리오는 뭇 사람에게도, 진리에게서도 증거를 받았으매 우리도 증언하노니 너는 우리의 증언이 참된 줄을 아느니라 내가 네게 쓸 것이 많으나 먹과 붓으로 쓰기를 원하지 아니하고 속히 보기를 바라노니 또한 우리가 대면하여 말하리라 _요삼 1:12-14

하지만 감사한 것은 그 교회 안에 가이오가 있었다는 사실이다. 그는 개인의 의견이 아니라 진리 안에서 행동하는 사람이었다. 요한이 하나님께 감사한 이유였다.

형제들이 와서 네게 있는 진리를 증언하되 네가 진리 안에서 행한다 하니 내가 심히 기뻐하노라 내가 내 자녀들이 진리 안에서 행한다 함을 듣는 것보다 더 기쁜 일이 없도다 _요삼 1:3-4

그 교회에 디오드레베도 있지만 가이오도 있었다는 사실은 중요하다. 분명 디오드레베처럼 진리가 아니라 개인의 욕망과 권위를 내세우며 하나님의 교회에서 영향력을 행사하는 이들이 있어서 교회가 어려움을 겪기도 하지만, 가이오 같은 하나님의 사람이 있어서 복음은 계속 증거되고 교회는 부흥할 수 있었음을 알 수 있다.

복이 유통되는 경로

여기서 우리는 놀라운 비밀을 보게 된다. 그것은 사도 요한의 축복이다. 요한이 진리 안에서 하나님의 사역을 하고 순회 선교사들을 돕는 가이오를 보면서, 간절히 하나님께 구한 것이 축복이기 때문이다. 그는 진실로 축복하고 싶은 사람이었기 때문이다. 그래서 요한은 진리 안에서 사는 자에 대해 자신이 할 수 있는 최고의 축복을 구하였다.

사랑하는 자여 네 영혼이 잘됨 같이 네가 범사에 잘되고 강건하기를 내가 간구하노라 _요삼 1:2

우리가 충분히 알 수 있는 것은, 사도 요한의 축복만이 아니라 순회 선교사들을 비롯한 많은 사람들 역시 가이오를 축복하는 기도를 했을 거라고 여겨진다. 가이오가 보여준 사랑(요삼 1:6)을 순회 선교사들이 증언한 것에서 짐작할 수 있다.

사랑하는 자여 네가 무엇이든지 형제 곧 나그네 된 자들에게 행하는 것은 신실한 일이니 그들이 교회 앞에서 너의 사랑을 증언하였느니라 … _요삼 1:5-6

하나님의 교회가 부흥하고 하나님의 선한 사역이 퍼져나간 것은 가이오 같은 이들 때문이고, 그들의 사랑과 헌신을 보며 성도들이 축복하는 기도를 주님이 들었기 때문일 것이다. 그로 인하여 축복을 구하는 자 역시 복을 받는 은혜가 주어지기 때문이다. 이것이 하나님이 아브라함에게 약속하신 '믿음으로 하나님의 자녀가 된 자들이 지닌 복의 내용'임을 기억해야 한다.

너를 축복하는 자에게는 내가 복을 내리고 너를 저주하는 자에게는 내가 저주하리니 땅의 모든 족속이 너로 말미암아 복을 얻을 것이라 하신지라 _창 12:3

요한삼서 1장의 중심 구절

사랑하는 자여 네 영혼이 잘됨 같이 네가 범사에 잘되고 강건하기를 내가 간구하노라(1:2).

Reading Bible Checklist														요한삼서 1장
1														

82

유다서

믿음의 기본을 세우라

• 유다서 1장 •

유다서의 저자인 유다는 1절에서 언급한 것처럼 자신을 '예수 그리스도의 종이요 야고보의 형제'(유 1:1)라고 소개한다.

야고보의 형제 유다

그가 열두 제자 중 다대오로도 알려진 '야고보의 아들 유다'(눅 6:16)라고 주장하는 이들도 있지만, 그와는 다른 인물로 보인다. 왜냐하면 유다는 마태복음과 마가복음에서는 다대오(마 10:3; 막 3:18)로, 누가복음과 사도행전에서는 '야고보의 아들'(눅 6:14-16; 행 1:13)로, 요한복음에서는 '가룟인 아닌 유다'(요 14:22)로 소개되기 때문이다. 하지만 유다서에서는 정확하게 '야고보의 형제인 유다'로 소개된다. 야고보의 아들과 야고보의 형제는 분명히 다르기 때문이다.

사실 복음서에서 드러난 것처럼, 예수의 공생애 기간에는 예수의 형제들이 예수를 믿지 않았다(요 7:5). 하지만 그들은 오순절 성령의 역사의 현장(행 1:13)에 있었고, 그때 성령의 역사로 예수를 믿었을 것으로 보인다. 그들은 그곳에 모였던 120명 중에 있었다.

… 베드로, 요한, 야고보, 안드레와 빌립, 도마와 바돌로매, 마태와 및 알패오의 아들 야고보, 셀롯인 시몬, 야고보의 아들 유다가 다 거기 있어 여자들과 예수의 어머니 마리아와 예수의 아우들과 더불어 마음을 같이하여 오로지 기도에 힘쓰더라 _행 1:13-14

예수의 아우들은 이처럼 성령을 받은 후에 모두 예수를 주로 고백하고, 스스로 유다처럼 '예수 그리스도의 종'으로 자처하였다. 마가복음은 예수에게 네 명의 형제들이 있었다고 기록하고 있는데, 요셉을 제외한 다른 아우들의 행적은 교회 전승 속에 있다.

이 사람이 마리아의 아들 목수가 아니냐 야고보와 요셉과 유다와 시몬의 형제가 아니냐 그 누이들이 우리와 함께 여기 있지 아니하냐 하고 예수를 배척한지라 _막 6:3

야고보는 예루살렘 교회의 대표 역할을 하였고, AD 62년에 그 야고보가 순교한 후에는 시몬이 그 자리를 물려받았다고 유세비우스의 교회사에 기록되어 있다. 이후 야고보가 스스로 '하나님과 주 예수 그리스도의 종 야고보'(약 1:1)라고 표현한 것처럼, 유다 역시 자신을 '예수 그리스도의 종'(유 1:1)이라는 사실을 밝힌다. 이처럼 유다는 예수의 그리스도 되심을 경험하고, 그 사실을 증거하는 데 열심이었던 것을 알 수 있다.

유다가 사역한 곳은 정확하게 드러나지 않는다. 어쨌든 '교회로 가만히 들어온'(유 1:4) 거짓교사들이 잘못된 가르침으로 교회를 미혹하고 있음을 보고서 경고하고 가르치기 위해 쓴 편지가 유다서이다.

위험한 육체

사랑하는 자들아 우리가 일반으로 받은 구원에 관하여 내가 너희에게 편지하려는 생각이 간절하던 차에 성도에게 단번에 주신 믿음의 도를 위하여 힘써 싸우라는 편지로 너희를 권하여야 할 필요를 느꼈노니 이는 가만히 들어온 사람 몇이 있음이라 … _유 1:3-4a

그런데 거짓교사들은 단순하지 않았다. 그들은 하나님의 은혜로 얻은 구원을 함부로 남용하여 말할 뿐 아니라 주 예수 그리스도를 부인하는 자들이었다.

… 그들은 옛적부터 이 판결을 받기로 미리 기록된 자니 경건하지 아니하여 우리 하나님의 은혜를 도리어 방탕한 것으로 바꾸고 홀로 하나이신 주재 곧 우리 주 예수 그리스도를 부인하는 자니라 _유 1:4b

요한삼서가 이같은 거짓교사들과 이단 때문에 쓴 서신이라는 점에서 요한의 다른 서신과 유사해 보이지만, 다른 점은 그들의 비윤리적 모습과 잘못된 지식을 매우 공격적으로 주의시킨 부분이다. 그들은 세상적으로 매우 육체적이고 음란한 모습을 보였는데, 그래서 영적인 지식을 가지면 구원에 이르고 육체는 별로 문제가 없다는 주장을 펴는 영지주의자들로 보인다. 이처럼 그들은 영은 거룩하나 육은 악하다는 이원론적 세계관을 가진 까닭에 도덕 무용론에 빠져 있었고, 그것은 비윤리적인 모습으로 드러났다.

소돔과 고모라와 그 이웃 도시들도 그들과 같은 행동으로 음란하며 다른 육체를 따라 가다가 영원한 불의 형벌을 받음으로 거울이 되었느니라 그러한데 꿈꾸는 이 사람들도 그와 같이 육체를 더럽히며 권위를 업신여기며 영광을 비방하는도다 _유 1:7-8

이처럼 육체를 함부로 대함으로 하나님의 은혜를 훼손한 까닭에 주 예수 그리스도를 부인하는 태도로 나타났다. 쉽게 풀어 말하면 예수의 그리스도 되심을 부인한 것이다. 문제는 이같은 주장에 교회가 영향을 받은 것이다. 그래서 유다가 원래 구원에 대해 가르치려는 편지를 쓰려 했던 것인데, 이런 소식을 듣고 믿음을 지키기 위한 싸움을 독려하는 내용으로 쓴 것이다.

사랑하는 여러분, 본래 나는 우리가 함께 받은 구원에 관해서 여러분에게 편지를 써 보내려고 여러 가지로 애쓰던 참에 이제 여러분에게 간곡한 권고의 편지를 쓸 필요가 생겼습니다. 그것은 성도들에게 한번 결정적으로 전해진 그 믿음을 지키기 위해서 여러분이 힘써 싸우라는 것입니다. _유 1:3 공동번역

믿음의 기본 위에

유다는 구체적으로 어떻게 싸워야 하는지를 이야기하는데, 믿음을 늘 단단히 세우고 성령을 힘입어 기도하며, 하나님의 사랑을 의심하지 말고 그 안에 거하라는 요청이었다.

사랑하는 자들아 너희는 너희의 지극히 거룩한 믿음 위에 자신을 세우며 성령으로 기도하며 하나님의 사랑 안에서 자신을 지키며 영생에 이르도록 우리 주 예수 그리스도의 긍휼을 기다리라 _유 1:20-21

이같은 모습으로 믿음을 유지하며 자신을 지켜야 하는 것을 말하면서, 유다가 마지막으로 권면한 것은 거짓 가르침 때문에 흔들린 사람들과 이미 그 욕정에 빠진 사람들을 긍휼히 여길 것에 대한 요청이다.

어떤 의심하는 자들을 긍휼히 여기라 또 어떤 자를 불에서 끌어내어 구원하라 또 어떤 자를 그 육체로 더럽힌 옷까지도 미워하되 두려움으로 긍휼히 여기라 _유 1:22-23

사실 이것이 원칙이다. 누구든지 이단이나 거짓 교훈에 쉽게 흔들리는

것은 믿음의 기본이 무너졌기 때문이다. 그러므로 언제나 내가 먼저 나를 지키고 단단히 서는 것이 이단에 빠진 자나 죄악에 허덕이는 자, 그리고 연약한 자들을 살릴 수 있는 가능성의 시작이 된다. 내가 무너지면 아무것도 할 수 없기 때문이다.

유다는 이같은 자세를 견지하고 살아가는 우리를 하나님이 지키시고 이끄실 것을 강조함으로써 편지를 마무리한다.

능히 너희를 보호하사 거침이 없게 하시고 너희로 그 영광 앞에 흠이 없이 기쁨으로 서게 하실 이 곧 우리 구주 홀로 하나이신 하나님께 우리 주 예수 그리스도로 말미암아 영광과 위엄과 권력과 권세가 영원 전부터 이제와 영원토록 있을지어다 아멘 _유 1:24-25

유다서 1장의 중심 구절

사랑하는 자들아 너희는 너희의 지극히 거룩한 믿음 위에 자신을 세우며 성령으로 기도하며 하나님의 사랑 안에서 자신을 지키며 영생에 이르도록 우리 주 예수 그리스도의 긍휼을 기다리라 (1:21).

Reading Bible Checklist														유다서 1장
1														

83

요한계시록 1

처음 행위 처음 사랑

· 요한계시록 1-3장 ·

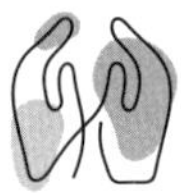

사도 요한이 영지주의 영향을 받고 있는 아시아의 이방인 기독교인들을 위해 쓴 책이 80-85년 경의 요한복음이다. 하지만 시간이 지날수록 영지주의 영향을 받은 거짓교사들이 등장하였고, 더 심각하게 되자 경고하며 쓴 서신이 요한1,2,3서인데, 85-90년 경에 쓴 것들로 본다. 그리고 요한계시록은 요한이 밧모섬에 유배된 시점에서부터 풀려난 후까지 약 95년에서 100년 경에 쓴 것으로 본다.

… 네가 본 것과 지금 있는 일과 장차 될 일을 기록하라 _계 1:19

이 구절에서 알 수 있듯이, 요한계시록은 세 가지 시제가 섞여 있음을 알 수 있다. 현재와 미래의 기록 속에 과거가 반영된 기록이라는 뜻이다. 우리는 그것을 처음 언급한 소아시아의 일곱 교회 이야기에서 알 수 있다. 즉, 그동안 걸어온 과거의 교회 모습과 지금의 모습, 그리고 장차 되어질 교회에 대한 것이었다. 일곱 교회 이야기로 시작하는 것은 종말에 벌어질 일보다 지금 이 세상을 사는 성도들과 교회에 초점이 맞춰져 있음을 알 수 있다. 일곱 교회에게 보낸 편지이지만, 사실은 전 역사에 걸친 서신이었던 것이다. 그런 의미에서 일곱 교회에 대한 주님의 말씀을 잘 읽는 것이 요한계시록의 나머지 부분을 잘 읽는 방법이라고 할 수 있다.

에베소 교회

주님이 처음 언급한 교회는 에베소 교회다. 사실 에베소 교회가 모든 교회를 설명하는 대표적 교회라 해도 틀리지 않다. 우선 그들이 과거에 걸어온 길은 강력했다. 분명히 수고와 인내가 있었고 악한 자들을 용납하지 않았으며, 이단과 거짓교사들을 분별했고 주를 위해 견디고 게으르지 않았다(계 2:2-3). 이처럼 에베소 교회는 매우 놀랍고 괄목할만한 성장과 간증을 가진 교회였지만 주님은 경고하시며, 심지어 촛대를 옮기겠다고 말씀하신 것이다. 이어지는 교회들 중에 버가모 교회는 믿음을 지켰고 순교자 안디바가 있는 교회였지만(계 2:13) 그 처음 행위를 놓쳤다. 두아디라 교회는 사랑과 믿음과 섬김과 인내가 있었으나 이세벨을 용납하는 변질이 있었고(계 2:20), 사데 교회는 살았다는 이름만 가진 죽은 교회였다. 라오디게아 교회는 부요하기에 신앙의 중심을 잃어버린 미지근한 교회였다. 에베소 교회는 이런 교회의 모습을 다 갖고 있다는 점에서 대표적이며, 동시에 오늘의 교회 모습이라 할 것이다.

반면에 이들과 달리 아름다운 교회들이 언급되는데, 에베소 교회가 회복해야 할 처음 행위, 곧 처음 사랑의 모습을 가진 서머나와 빌라델비아 교회이다. 서머나 교회는 환난과 궁핍을 겪었지만 여전히 처음 행위를 지켰고, 빌라델비아 교회는 작은 능력을 갖고 있으면서도 처음과 같이 말씀을 지키며 배반하지 않았다. 가난하고 작은 능력을 가졌지만 믿음을 지키고 처음 행위를 지닌 교회들이었다. 하지만 에베소 교회는 이 교회들과 비교할 수 없을 정도로 근사한 교회였다. 실제로 에베소 교회는 현상적으로는 여전히 이 편지를 쓰던 때에도 잘 하고 있었다.

그런데 네게는 잘 하는 일이 있다. 너는 니골라 당이 하는 일을 미워한다. 나도 그것을 미워한다. _계 2:6 새번역

'여전히 잘하고 있는 일이 있다.' 오히려 그래서 문제라는 말이었다. 지금 우리도 마찬가지다. '우리가 잘하는 일이 있다'고 자랑할 수 있다. 그러나 그 잘하는 일이 못하는 일을 덮지 못한다는 사실이다. 못하는 것이 모든 잘하는 것을 덮을 수 있다는 뜻이다.

주님은 그런 에베소 교회에게 심지어 촛대를 옮기겠다(계 2:5)고 말씀하셨다. 사실 일곱 교회 중 칭찬받은 서머나와 빌라델비아 교회와 비교해도 상대가 되지 않을 만큼 괄목한 모습의 교회가 에베소 교회였다. 그런데 하나님이 회개하지 않으면 심판하시겠다는 것이다. 더 기막힌 것은, 그 잘못의 이유란 것이 매우 형이상학적이다. '처음 사랑을 버렸다'는 것이다.

그러나 너를 책망할 것이 있나니 너의 처음 사랑을 버렸느니라 그러므로 어디서 떨어졌는지를 생각하고 회개하여 처음 행위를 가지라 … _계 2:4-5

다른 사랑을 하다

도대체 주님은 무슨 말씀을 하고 계신 것일까? 우리가 요한서신에서 살핀 것처럼 에베소에는 영지주의적 이원론과 종교 혼합주의가 매우 심각했다. 이것은 에베소라는 도시가 가지고 있던 '어머니 신' 숭배와 관계있다. 그 대표 여신이 아데미인데, 엄청난 영향력이 있는 까닭에 그 아데미 신으로 먹고 사는 '은장색 조합(Guild)'의 폭동이 일어날 만큼 지배적인 여신이었다. 그런 까닭에 바울과 디모데의 순교 이후에 교회는 강력한 도전을 받을 수밖에 없었다. 그때 어머니 마리아가 중요해진 것으로 보인다. 타협하

기 시작한 것이다.

역사를 좀 더 살펴보면, 에베소에서는 어머니 마리아를 성모(聖母)로 인정하는 분위기가 깊어진 것으로 보인다. 마리아가 살던 집이 에베소에 있다는 주장이나, 그후 그곳에 성모 마리아 기념교회가 세워진 것에서 짐작할 수 있다. 이같은 분위기는 계속 이어져, 후에 AD 431년에 에베소 3차 공의회가 열렸을 때, 에베소의 '어머니 신' 숭배와 맞물려 '하나님을 낳으신 분'으로 마리아를 인정하는 분위기가 지배적이 된다. 그때 이같은 주장에 반대한 이가 콘스탄티노플 대주교인 네스토리우스인데, 그는 마리아를 '그리스도를 낳으신 분'이란 뜻의 '크리스토토코스(Christotokos)'로 부를 것을 주장한다. 하지만 에베소의 성모 마리아 기념교회에서 데오도시우스 2세 황제에 의해 소집된 에베소 공의회는 오히려 네스토리우스를 출교시키고 마리아를 '하나님을 낳은 어머니'라는 뜻의 '테오토코스'(Theotokos)라고 존칭하기로 결의한다.

'처음 사랑'이 무엇인가에 대한 여러 해석이 가능하지만, 이같은 정황에서 볼 때 '처음 사랑'을 버렸다는 것은 어느 순간 예수 그리스도를 처음, 곧 첫 번째의 우선순위 사랑에서 두 번째 혹은 세 번째로 밀어냈다는 의미라고 해석할 수 있다. 그러니까 그 자리에 슬그머니 마리아가 들어선 것이고, 어쩌면 그 시대의 종교와 문화 현상인 아데미 여신을 섬기는 타협을 했다는 뜻인지도 모른다. 무엇보다 먼저 그리스도를 사랑해야 하는 우선순위에서 성모 마리아 사랑으로, 심지어 지금은 돈과 물질로 대표되는 세상을 사랑하는 모습으로 변형돼 추락하였다고 말하지 않을 수 없다.

현대 교회가 분명히 에베소 교회처럼 부흥하고 성장하였고 여전히 수많은 근사한 일들을 하고 있으며, 특히 이단들과의 싸움을 처절히 하면서도 이미 윤리적으로 타락하였고, 주님이 보여주신 겸비와 종으로서의 삶은 포기하고 물질과 성공의 번영신학을 좇고 있기 때문이다. 열심히 믿고 기도하지만, 그 목적이 그리스도가 아니라 세상 성공에 놓여 있는 모습에서 알 수 있듯이 말이다. 사실 바울은 이것을 걱정하며 이렇게 예언하였다.

너는 이것을 알라 말세에 고통하는 때가 이르러 사람들이 자기를 사랑하며 돈을 사랑하며 자랑하며 교만하며 비방하며 부모를 거역하며 감사하지 아니하며 거룩하지 아니하며 무정하며 원통함을 풀지 아니하며 모함하며 절제하지 못하며 사나우며 선한 것을 좋아하지 아니하며 배신하며 조급하며 자만하며 쾌락을 사랑하기를 하나님 사랑하는 것보다 더하며 경건의 모양은 있으나 경건의 능력은 부인하니 이같은 자들에게서 네가 돌아서라 _딤후 3:1-5

처음 사랑을 상실하고 세상을 사랑하는 물질적 신앙은 비록 경건의 모양, 곧 예배는 드리고 신앙생활은 잘 하는 것처럼 보이지만, 경건의 능력, 곧 실제적인 믿음은 없는 지경에 이르게 한다. 바울은 그것을 '말세'라고 표현하였다. 오늘 우리가 만나고 있는 상황이 아닐 수 없다.

결국 에베소 교회로 대표되는 일곱 교회 이야기는 지금을 사는 모든 교회와 기독교인에게 주는 메시지이며, 현대 교회가 무엇을 회복해야 하는지를 알게 한다. 하지만 그것들이 회복되지 못한 채, 바울이 말한 것과 같은 경건의 모양만 남아 있는 신앙, 즉 껍데기만 있는 교회와 기독교인, 주님의 말씀으로 하면 맛을 잃은 소금의 모습이 된 것이 바로 종말이라는 것을 말하고 있음을 알 수 있다.

그래서 요한계시록은 '이 일 후에'라는 표현으로 처음 사랑을 상실하고 껍데기만 남아 있는 교회와 기독교인, 그리고 세상을 향한 하나님의 심판을 예언한 것이다.

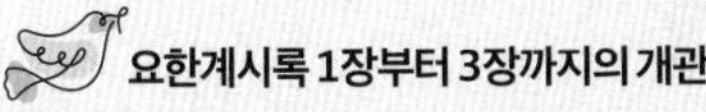

요한계시록 1장부터 3장까지의 개관

밧모섬에서 그리스도를 만나다(1). 소아시아 일곱교회에 보내는 편지, 에베소, 서머나, 버가모, 두아디라(2), 사데, 빌라델비아, 라오디게아교회(3).

Reading Bible Checklist 요한계시록 1-3장

1	2	3												
●	●	●												

84

요한계시록 2

성도들의 기도

· 요한계시록 4-7장 ·

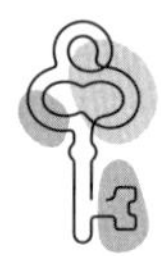

일곱 교회 이야기를 마친 다음, 4장은 이렇게 시작한다.

이 일 후에 내가 보니 하늘에 열린 문이 있는데 내가 들은 바 처음에 내게 말하던 나팔 소리 같은 그 음성이 이르되 이리로 올라오라 이 후에 마땅히 일어날 일들을 내가 네게 보이리라 하시더라 _계 4:1

'이 일 후에'라는 표현은 '요한이 지금 만나고 있는 교회와 세상의 현재를 보여주고 난 후에'라고 말할 수 있다. 동시에, '이 일 후에'는 이 세상의 모든 현재가 끝난 후를 암시하는 것이기도 하다. 그러므로 '이 일 후에'는 곧 모든 현재가 끝난 후에 전개되는 종말을 드러낸 것으로, 4장부터 18장까지 이어진다.

요한이 주님의 음성을 듣고 열린 문을 통해 들어가 본 것은 하나님 나라였는데, '보좌에 앉으신 이'(계 4:2), 곧 하나님이셨다. 하나님은 설명할 수 없는 분이셨다. 요한의 기술을 보면 알 수 있다.

앉으신 이의 모양이 벽옥과 홍보석 같고 또 무지개가 있어 보좌에 둘렀는데 그

모양이 녹보석 같더라 _계 4:3

이것이 우리에게 하늘이 열려도, 우리가 볼지라도 기록할 수 있는 한계이다. 묘사할 수 없는 존재이시기 때문이다. 그런 까닭에 요한의 눈은 금방 하나님 주변에 있는 존재들에게로 모아진다.

요한이 보았던 하늘나라 모습의 핵심은 방향성이었다. 모든 것들의 방향이 하나님을 향하고 있었기 때문이다. 이십사 장로들과 '하나님의 일곱 영으로 표현된 사자, 송아지, 사람, 독수리 같은 네 생물 역시 하나님을 향하고 있었고, 그들의 목적은 하나님을 높이고 영화롭게 하는 것이었다.

우리 주 하나님이여 영광과 존귀와 권능을 받으시는 것이 합당하오니 주께서 만물을 지으신지라 만물이 주의 뜻대로 있었고 또 지으심을 받았나이다 하더라 _계 4:11

인봉을 떼는 열쇠

그 거룩한 영광을 경험하면서 요한이 본 것은 '보좌에 앉으신 이' 곧 하나님의 오른손에 들려 있는 '두루마리'였다. 그것은 일곱 인으로 인봉되어 있었다. 그런데 그 두루마리를 어린 양이 취했다. 그때였다. 네 생물과 이십사 장로들이 금 대접을 가져왔는데, 성도들의 기도가 담긴 대접이었다. 그것은 하나님의 역사의 종지부를 찍는 열쇠 같은 것이었다.

그 두루마리를 취하시매 네 생물과 이십사 장로들이 그 어린 양 앞에 엎드려 각각 거문고와 향이 가득한 금 대접을 가졌으니 이 향은 성도의 기도들이라 _계 5:8

그것이 시작이었다. 그들은 새 노래를 부르기 시작하였는데, 그 첫마디는 어린양이신 주님이 심판을 여는 인봉을 떼기에 합당하다는 가사였다.

그들이 새 노래를 불러 이르되 두루마리를 가지시고 그 인봉을 떼기에 합당하시도다 일찍이 죽임을 당하사 각 족속과 방언과 백성과 나라 가운데에서 사람들을 피로 사서 하나님께 드리시고 그들로 우리 하나님 앞에서 나라와 제사장들을 삼으셨으니 그들이 땅에서 왕 노릇 하리로다 하더라 _계 5:9-10

찬송과 존귀와 영광과 권능을 어린 양에게 돌리는 찬양으로 계속하여 경배하자 어린 양이 첫 번째 인을 떼었다. 이처럼 성도들의 기도가 담긴 금 대접 앞에서 어린 양이 두루마리를 취하시고 봉인을 떼자 일곱 인의 재앙이 시작되었다.

그런데 자세히 보면 첫 번째부터 네 번째 재앙은 한 그룹으로 묶을 수 있는 것으로, 세상이 파괴되는 내용을 보여주고 있다. 첫 번째 인을 떼었을 때의 현상이다.

이에 내가 보니 흰 말이 있는데 그 탄 자가 활을 가졌고 면류관을 받고 나아가서 이기고 또 이기려고 하더라 _계 6:2

흰 말을 탔기 때문에 그를 그리스도로 착각할 수 있지만, 그리스도는 승리하신 존재이기에 '이기려고 하는' 존재는 유사 그리스도라고 볼 수 있다. 종교적 권력의 남용과 이단의 왕성함을 말하며, 기성교회가 번영신학으로 무장된 상태와 같은 것임을 알 수 있다. 두 번째 인을 떼자 드러난 것은 '붉은 말'과 '그 탄 자'(계 6:3-4)가 주도하는 세상이었는데, 그 세상의 구조는 서로가 서로를 죽이는 약육강식이었다. 세 번째 인을 뗐을 때 검은 말을 탄 자가 등장했고, 그 후에 묘사되는 것은 세상에 넘쳐나는 기근이었다. 이어 네 번째 인을 뗐을 때는 청황색 말과 그걸 탄 자가 등장했는데, 그 이름은 '사망'(계 6:8)이었다. 단순히 전쟁의 문제만이 아니라, 세상에 기근과 가난이 난무하고 결국은 사망, 곧 멸망의 길로 들어선다는 내용이다.

종말의 때의 교회

그렇다면 교회는, 기독교인은 어떻게 되는가 하는 질문이 생길 것이다. 그것에 대한 대답이 다섯 번째 인을 뗄 때 드러났다.

다섯째 인을 떼실 때에 내가 보니 하나님의 말씀과 그들이 가진 증거로 말미암아 죽임을 당한 영혼들이 제단 아래에 있어 큰 소리로 불러 이르되 거룩하고 참되신 대주재여 땅에 거하는 자들을 심판하여 우리 피를 갚아 주지 아니하시기를 어느 때까지 하시려 하나이까 하니 _계 6:9-10

그러자 이어진 대답은 '그 수가 차기까지'(계 6:11) 계속된다는 것이었다. 믿는 자들에게도 고난과 환난이 계속된다는 뜻이었다. 이것은 이미 초기 교회의 순교의 역사와 지금도 일어나고 있는 순교적 상황을 볼 때 이해되는 내용이다. 하지만 '그 수가 차기까지'라는 표현에는 '그 수가 차는 때' 곧 끝이 날 것이라는 메시지가 동시에 담겨 있음을 알 수 있다.

여섯 번째 인은 '진노의 큰 날'(계 6:17)의 도래를 말하는 것이었다. 이것은 우주적 종말을 의미하였다.

내가 보니 여섯째 인을 떼실 때에 큰 지진이 나며 해가 검은 털로 짠 상복 같이 검어지고 달은 온통 피 같이 되며 하늘의 별들이 무화과나무가 대풍에 흔들려 설익은 열매가 떨어지는 것 같이 땅에 떨어지며 하늘은 두루마리가 말리는 것 같이 떠나가고 각 산과 섬이 제 자리에서 옮겨지매 _계 6:12-14

그런데 이 종말의 순간에 하나님은 7장에 기록된 '막간'(intermezzo)을 통하여 구원받은 성도들, 곧 144,000명(계 7:4)의 환상을 보여주셨는데, 일반적으로 이 숫자는 구약의 열두 지파와 신약의 열두 제자가 결합된 숫자로, 구원받은 모든 하나님의 백성을 말하는 것으로 해석한다. 하지만 요한은 144,000명을 모든 구원받은 하나님의 백성을 말하는 상징적인 숫자인 것을 하늘에서 확인한다. 그것의 의미가 '아무도 능히 셀 수 없는 큰 무리'(계 7:9)였다.

이 일 후에 내가 보니 각 나라와 족속과 백성과 방언에서 아무도 능히 셀 수 없는 큰 무리가 나와 흰 옷을 입고 … 이는 큰 환난에서 나오는 자들인데 어린 양의 피에 그 옷을 씻어 희게 하였느니라 _계 7:9,14

주님은 7장 막간을 통해, 심판의 저주가 교회와 기독교인에게는 관계 없다는 것을 요한에게 보여주신 것이다.

우리가 분명히 알아야 할 것은 종말, 곧 심판의 날이 온다는 사실이다. 하지만 동시에 그때는 믿는 자들의 구원의 때이기도 하다. 요한계시록은 그것을 분명히 보여준 것이다. 그리고 잊지 말아야 할 것은 우리가 쌓은 기도로 하나님의 종말의 문이 열린다는 사실이다. 우리의 기도가 하나님의 역사에 참여하는 방법임을 잊어서는 안 된다.

요한계시록 4장부터 7장까지의 개관

요한이 하늘의 예배를 보다(4). 어린 양이 봉인된 두루마리를 취하시고(5), 인봉을 떼자 일곱 인의 재앙이 시작되며, 여섯 번째 인까지 떼다(6). 막간으로 144,000명의 흰옷 입은 무리를 보다(7).

Reading Bible Checklist														요한계시록 4-7장
4	5	6	7											

요한계시록 3

반드시 승리하리라

• 요한계시록 8-22장 •

주님은 7장에 기록된 막간을 통해 심판의 저주가 교회와 기독교인에게는 관계없다는 것을 요한에게 보여주셨다. 이어서 일곱째 인을 떼신다.

성도들의 기도

일곱째 인은 심판의 마지막이 아니라 새로운 시작이었는데, 일곱 나팔 재앙이었다. 여기서 우리가 주의할 것은, 일곱 나팔 재앙이 시작되기 전에 하나님 앞에 드려지는 기도가 담긴 금향로(금대접)이다.

그 두루마리를 취하시매 네 생물과 이십사 장로들이 그 어린 양 앞에 엎드려 각각 거문고와 향이 가득한 금 대접을 가졌으니 이 향은 성도의 기도들이라 _계 5:8

놀랍게도 일곱 나팔 재앙 역시 일곱 인의 재앙과 같이(계 5:8) 성도들의 기도가 담긴 금향로를 쏟을 때부터 시작되었다.

향연이 성도의 기도와 함께 천사의 손으로부터 하나님 앞으로 올라가는지라 천사가 향로를 가지고 제단의 불을 담아다가 땅에 쏟으매 우레와 음성과 번개와 지진

이 나더라 일곱 나팔을 가진 일곱 천사가 나팔 불기를 준비하더라 _계 8:4-6

뿐만 아니라 이어지는 재앙 시리즈의 마지막인 대접 재앙 역시 그 시작은 금대접과 관계가 있다. 성경은 재앙이 '하나님의 진노를 가득히 담은 금 대접 일곱을 그 일곱 천사들에게'(계 15:7) 건네는 것으로 시작된다고 기록한다. 그러니까 우리가 살폈듯이 기도는 신원의 기도이고, 그것이 하나님의 진노를 일으켜 심판을 시작한다고 볼 때, 금 대접의 내용은 성도의 기도임을 알 수 있다.

네 생물 중의 하나가 영원토록 살아 계신 하나님의 진노를 가득히 담은 금 대접 일곱을 그 일곱 천사들에게 주니 … 또 내가 들으니 성전에서 큰 음성이 나서 일곱 천사에게 말하되 너희는 가서 하나님의 진노의 일곱 대접을 땅에 쏟으라 하더라 _계 15:7; 16:1

흰 옷 입은 무리

일곱 인, 일곱 나팔, 그리고 일곱 대접으로 나타나는 세 개의 재앙 시리즈는 그 구조가 재앙의 시작(계 5:8; 8:3-4; 15:7), 재앙의 내용(6장; 7:4,8-13,15-18), 분명한 승리(7:9-12; 14:3; 19:1), 그리고 승리한 성도들의 모습(7:14; 14:4-5; 19:8)으로 구성되어 있는 것을 알 수 있다. 그러므로 이같은 것을 볼 때 전혀 다른 세 가지 재앙이라기보다, 한 가지 재앙의 세 가지 다른 형태의 기술로 보는 것이 적절하다. 특히 각 재앙의 끝에 쓰여진 마지막 묘사들로 승리한 성도들의 모습에 대해 기록한 것을 봐도 알 수 있다. 먼저 일곱 인 재앙 후의 기록이다.

내가 인침을 받은 자의 수를 들으니 이스라엘 자손의 각 지파 중에서 인침을 받은 자들이 십사만 사천이니 … 이 일 후에 내가 보니 각 나라와 족속과 백성과 방언에서 아무도 능히 셀 수 없는 큰 무리가 나와 흰 옷을 입고 손에 종려 가지를 들고

보좌 앞과 어린 양 앞에 서서 _계 7:4,9 일곱 인 재앙 시리즈

이후 두 번째 시리즈인 일곱 나팔 재앙은 8장부터 15장까지 기록되는데, 그 후 여자와 용(12장)과 짐승 두 마리 환상(13장) 이후에 승리한 성도들의 모습이 등장한다.

또 내가 보니 보라 어린 양이 시온 산에 섰고 그와 함께 십사만 사천이 서 있는데 그들의 이마에는 어린 양의 이름과 그 아버지의 이름을 쓴 것이 있더라 _계 14:1

마지막으로 일곱 대접 재앙 시리즈가 15장과 16장에 나오고 난 후, 큰 음녀(17장)에 대한 심판과 세상 바벨론의 멸망(18장)을 기록한 다음, 역시 승리한 성도들의 모습이 드러난다.

이 일 후에 내가 들으니 하늘에 허다한 무리의 큰 음성 같은 것이 있어 이르되 할렐루야 구원과 영광과 능력이 우리 하나님께 있도다 _계 19:1 일곱 대접 재앙 시리즈

이같은 요한계시록의 기록을 볼 때, 유진 보링은 요한계시록 주석에서 이같은 재앙 시리즈는 다른 재앙의 연대기적인 연속이라기보다 '좀 더 격렬한 수준에서 첫 번째 주기의 고쳐진 이야기'*라고 해석하였다.

요한계시록의 관점

요한계시록의 관점은 하나님 나라에서 이 세상을 바라보는 것으로 기술되고 있다. 이같은 관점에서 요한계시록은 매우 중요한 것을 우리에게 말한다. 현대도 로마 시대처럼 세상화, 도시화, 물질화에 따른 사탄의 세상화 전략에 교회와 기독교인들이 현혹된 채, 경제적 풍요, 정치적 안정, 문화적 쾌락이라는 팍스 로마나의 '토탈리안 체제'를 좇아 살고 있음을 보여준다는 것이다.

에베소 교회로 대표되는 소아시아의 일곱 교회를 통하여 알 수 있었던

* M. 유진 보링, 요한계시록, 한국장로교출판사, 204

것처럼, 교회는 영적 나태와 게으름, 윤리적 타락과 물질적 부요에 취한 채 요한계시록이 말하는 666 물질주의 시스템으로 산다. 666 짐승의 표를 받지 않으면 살 수 없는 시대가 된 것이다.

그가 모든 자 곧 작은 자나 큰 자나 부자나 가난한 자나 자유인이나 종들에게 그 오른손에나 이마에 표를 받게 하고 … 그의 수는 육백육십육이니라 _계 13:16,18

'666 짐승의 표'는 토탈리안 체제에서 황제 숭배가 살아남기 위한 조건이었고, 이같은 상황이 당시 기독교인에게는 상당한 위협이 되었다. 물론 약간만 타협하여 그 세상에 순응하면 풍요와 쾌락을 누릴 수 있었다. 실제로 로마의 여러 지방, 특히 소아시아 지방에서 적당한 타협, 즉 표(sign)를 받고 팍스 로마나에 참여하려는 일이 기독교인 사이에서도 일어나고 있었다. 이것은 결국 짐승으로 상징화된 황제 숭배를 용인하는 것을 의미하였다. 이것은 도미티안 황제 이후 더 가속화된 황제 숭배와 팍스 로마나 상황을 통해 기독교인을 더욱 공포로 몰아넣는 역할을 하였다.

여기서 조금 더 거슬러 올라가 로마 역사를 알 필요가 있다. 네로(재위 54-68)는 로마의 5대 황제였다. 그 이후 군인 황제 시대가 약 1년여간 짧게 지나가는데, 갈바, 오토, 비텔리우스 황제이다. 이어진 9대 황제가 최초의 평민 출신 황제인 베스파시안(재위 69-79)이다.

베리칩이 666이고 짐승의 수라고 주장하는 이들이 간혹 있다. 그것이 일루미나티와 프리메이슨들이 계획하여 일어난 일이라고 주장한다. 그러나 네로나 베리칩 등의 해석과 마찬가지로, 그동안 13장의 666(계 13:18)이라는 짐승의 수를 받게 하는 '짐승'은 여러 존재로 해석되어왔다. 네로 외에도 로마제국, 칼리굴라, 교황, 니므롯, 솔로몬, 느부갓네살로 해석되었고, 심지어 한국교회에서는 김일성도 짐승으로 해석되기도 한다.

이같이 해석한 이유는 히브리어나 헬라어에서 숫자 값을 이용한 해석 때문이다. 예를 들어 헬라어 알파(A)는 1, 베타(B)는 2등 각 알파벳은 숫자로 적을 수 있다. 그런 까닭에 글자를 숫자로 변환시키는 놀이 혹은 암호화 작업이 즐겨 사용되었는데, 이런 해석 방법을 게마트리아(Gematria)라고 한다. 특히 이같은 해석 방법은 유대교 신비주의의 한 분파인 카발라가 즐겨 암호로 사용하던 방법이었다.

그 예를 우리는 79년 8월 24일 베수비오 화산 폭발로 감쪽같이 사라진 이탈리아의 폼페이 도시 사건에서 찾을 수 있다. 2만여 명이 거주하던 도시 폼페이가 하루 아침에 사라졌는데, 592년 운하를 건설하던 중에 그 존재가 드러나기 시작하였고, 1861년 이탈리아가 통일되면서 본격적으로 발굴된다. 그런데 폼페이가 다시 복원되면서 그곳의 흙더미를 파헤치던 도중에 재미있는 글귀들이 발견된다. 예를 들어 그 중에 "나는 숫자가 545인 소녀를 사랑한다"라는 글귀가 있었다. 이 545는 게마트리아식 암호임이 분명한데, 해석이 복잡할 수밖에 없었다. 왜냐하면 545가 될 수 있는 방법은 5+4+5일 수도 있지만 500+44+1일 수도 있다. 이렇게 따지면 경우의 수는 매우 많을 수밖에 없다.

이같은 게마트리아식 해석은 매우 자의적으로 다양하게 풀 수밖에 없는 까닭에, 666 역시 앞의 언급처럼 숫자를 조합하여 매우 다양한 사람으로 설명할 수 있게 된다. 그러므로 666을 베리칩으로 해석한다든지 네로 등 거의 원하는 사람들의 이름을 풀어낼 수 있다. 이같은 해석 방법이 자의적으로 흐를 수밖에 없는 이유이고 위험한 이유이다.

거룩한 전쟁을 치르는 교회

팍스 로마나와 같은 시대적 상황에서 우리 교회가 요한계시록에서 배워야 하는 매우 중요한 교훈은 무엇일까?

이미 예수 그리스도께서 십자가 위에서 결정적인 승리를 이루셨지만, 구원의 완성이 있기까지 교회는 예수 그리스도로부터 구원 사역을 위임 받았다. 그런데 요한이 하늘에서 교회가 승리하는 모습을 어린 양이 떼는 일곱 봉인 된 책을 통하여 미리 보게 된 것이다. 이 책의 내용은 교회가 진리에 대해 증거함으로 고난과 순교를 당하고, 죽임당한 어린양이신 그리스도의 뒤를 따라가, 교회도 예수께서 사탄의 세력과 성전을 치르고 승리한 것처럼 승리한다는 것이다(계 12:11).

그러므로 요한은 일곱교회를 향한 편지를 통하여 로마와 타협하여 살고 있는 교회에 대한 경고 메시지와 함께, 비록 지금은 고통스러운 상황이지만 하늘의 시각에서 볼 때 반드시 승리하게 된다는 계시적 측면을 말함으로써, 우리가 하나님의 수행자(agent)로서 바른 세계관을 가지고 담대히 살 것을 요청한 것임을 알 수 있다.

요한계시록을 해석할 때 특히 주의할 것은, 요한의 계시록이 마지막 때에 일어날 일들의 시간표가 아니라는 점이다. 오히려 요한계시록은 '교회를 통해서 이 세상을 구원하려는' 주님의 구원 계획을 분명히 보여주고 있는 예언서이다. 교회는 이러한 주님의 수행자(agent)로서 그리스도의 '파루시아'까지 성전을 벌이는 군사이고 말이다(계 2-3: 7:4-14). 특히 7장 4절의 144,000명으로 묘사된 교회의 모습에서, 성전(聖戰)을 준비하는 자들은 정절이 있는 자(계 14:4)여야 하며 거짓말이 없고 흠 없는 자(계 14:5)여야 한다. "영성은 도덕성으로 표현되어야 한다"는 유대교의 성전 숙어 그대로이다. 이런 의미에서 요한계시록은 우리가 주님의 제자로서, 곧 세상을 향한 주님의 수행자로서 어떻게 살 것인가 하는 중요한 메시지를 주고 있는 것이다.

물론 우리는 지금 두렵고 떨리는 시대를 만난 것이 틀림없다. 하지만 더 두렵고 떨리는 것은 마지막 심판이다. 영원한 것이기 때문이다. 동시에 흥분되는 기다림이기도 하다. 영원한 하나님 나라가 준비된 것 때문이다. 그 나라는 오로지 어린 양 예수의 공로로 갈 수 있으며, 그 나라에 들어가는 것은 영광스러운 혼인 잔치이기 때문이다. 이 기막힌 환상의 끝에서 주님이 말씀하셨다.

이것들을 증언하신 이가 이르시되 내가 진실로 속히 오리라 하시거늘 … _계 22:20a

그때 요한은 지체할 수가 없었다. 기다리던 순간이었기 때문이다. 그는 이렇게 외쳤다.

… 아멘 주 예수여 오시옵소서 _계 22:20b

주님은 오실 것이다. 더뎌 보이지만 곧 이루어질 것이다. 그러므로 두루마기를 빨고, 책임을 다하며 사는 기독교인이 되어야 한다. 자신있게 "아멘 주 예수여 오시옵소서"라고 말할 수 있도록 말이다.

요한계시록 8장부터 22장까지의 개관

일곱째인과 나팔재앙이 시작되다(8-9.) 막간으로 작은 책 환상과(10) 두 증인 환상, 그리고 일곱 번째 나팔을 분다(11). 막간으로 여자와 용 곧 옛 뱀의 교회 공격 환상(12)과 두 짐승과 666 짐승의 수 환상(13). 144,000명 환상과 세상 바벨론의 멸망 환상(14). 일곱 대접 재앙이 시작되다(15-16). 일곱 번째 대접 재앙과 함께 이뤄지는 큰 음녀 심판과 어린 양의 승리(17). 큰 바벨론의 멸망(18). 어린 양의 혼인 잔치와 그리스도의 재림(19). 천년 왕국의 시작과 사탄의 결박, 그리고 흰 보좌 심판이 이뤄지다(20). 새 하늘과 새 땅, 곧 새 예루살렘이 이뤄지다(21). 영원한 나라 환상을 보며 외치다. "아멘, 주여 오시옵소서"(22).

Reading Bible Checklist														요한계시록 8-22장
8	9	10	11	12	13	14	15	16	17	18	19	20	21	22
●	●	●	●	●	●	●	●	●	●	●	●	●	●	●